鍑の研究
― ユーラシア草原の祭器・什器 ―

Studies on Ancient Cauldrons
Cultic or Daily Vessels in the Eurasian Steppes

草原考古研究会 編

Steppe Archaeology Society (ed.)

雄山閣

故 藤川繁彦氏に本書を捧ぐ
(1942年 – 2005年)

中国漢代の鍑 ［髙濱論文 p.39：Ed-2］
天理大学附属天理参考館所蔵　髙濱秀撮影

口絵 2

2-1 南シベリア、ミヌシンスク盆地の鍑［畠山論文 p.147：I.1.A.biii-014］
　　ハカシヤ国立郷土博物館所蔵（所蔵品番号 XKM 253-2）畠山禎撮影

2-2 ミヌシンスク盆地ボリシャヤ=ボヤルスカヤ岩壁画に刻まれた鍑の図像［畠山論文 p.176］
　　畠山禎撮影

口絵 3

3-1　ケレルメス古墳群シュリツ発掘 4 号墳出土鍑［雪嶋論文 p.260：Ⅱ-1-2-1］
　　　エルミタージュ博物館所蔵（所蔵品番号Ky1904 1/14, Ky1903-1904 1/33, 34, 35）
　　　Alexander Koksharov 氏撮影

3-2　ラスコパナ・モギーラ出土鍑［雪嶋論文 p.271：Ⅳ-1-5-1］
　　　エルミタージュ博物館所蔵（所蔵品番号Dn 1897 2/14）Alexander Koksharov 氏撮影

口絵 4

カポシュヴェルヂ鍑 ［林論文 p.346：Ⅰ-b-3］
ハンガリー国立博物館所蔵　林俊雄撮影

序にかえて ―漢字名称「鍑」について―

川又 正智

　本書では対象当該遺物を鍑と称している。現在この遺物を漢字鍑（フク・フウ）にあてることは、日中両国の学界でだいたい普通である。しかしこれはおそらく鍑字本来の用法ではなく、仮称の定着である。古代中国での名称は知られない。

　以下にこの鍑字そのものについて述べる。これは既に多くの先学の言及しているところであるので（林巳奈夫 1984, p. 45などを参照されたい）、要点のみを記すことにする。

　鍑字は後漢代の『説文解字』には既にある。
　　　鍑　如釜而大口者　　（金部）
　　　鍑は釜の如くで口の大きいものをいう。
とある。このあとにも、
　　　鏊　鍑属
　　　鏊(ボウ)は鍑の類である、
　　　錪　朝鮮謂釜曰錪
　　　錪(テン)、朝鮮では釜を錪という、
　　　鉊　鉊鑹鍑也
　　　鉊(ザ)、鉊・鑹(ラ)は鍑である、
と関係の項目がある。
　さらに、
　　　錡　江淮之間謂釜錡
　　　錡(キ)、長江と淮水の方では釜を錡という、
とある。鍑の条にも如釜とあったから釜字関係をみると、
　　　鬴　鍑属也
　　　鬴(フ)は鍑の類である、
　　　䰙　三足鍑也
　　　䰙(ギ)は三足の鍑である、
　　　鬹　三足鬴也
　　　鬹(キ)は三足の鬴である、
　　　釜　鬴或　　（鬲部）
　　　釜は鬴の異体字である、
である。
　前漢末の『方言』巻第五　には、

鍑、北燕朝鮮洌水之間或謂之錪、或謂之鉼、江淮陳楚之間謂之錡、或謂之鏤、呉揚之間謂之鬲

　　鍑は、北燕・朝鮮・洌水（大同江）の方では錪あるいは鉼ともいい、長江・淮水・陳・楚の方では錡あるいは鏤ともいい、呉・揚州の方では鬲という、

　　釜、自關而西或謂之釜、或謂之鍑

　　釜は、關より西では釜とも鍑ともいう、

とある。

　　つまり、釜・鍑・鏊・鬴などはほぼ同類で、釜はやや古い字であろうか。

『詩経』国風召南「采蘋」には、

　　于以湘之、維錡及釜

　　（蘋という水草を採って）錡・釜で煮る（湘は煮）、

といい、この毛伝に、

　　錡釜属、有足曰錡、無足曰釜、

　　錡は釜の類で、足の有るものを錡といい、足の無いものを釜という、

とあり、鄭箋に、

　　（錡）三足釜也

　　錡は三足の釜である、

とする。

　　音について、藤堂明保説では、腹・蝮・覆・鍑　は同音のグループ（また　膨・富）としている（字原義には、口が大きい釜・口のすぼまった釜の両説を載せる、『学研漢和大字典』p. 1386鍑の項、他）。プックリ、プクっと、ふっくらと、胴腹のふくれた丸味を帯びた器、というほどの意味になるであろう。

　　上記以外の文献にもいくらかの記述はあり、総合すれば、戦国から漢代ころ、丸味を帯びた三足の湯わかし（ふくれた鼎という感じのもの）を錡といい、その足の無いものを、釜・鍑などと称したのであろう。加熱・烹煮器は有足で竈を伴わないほうが鼎などでわかるように古来タイプであるから、この場合の釜・鍑は華夏にとって後出のものである。それに、殷周青銅礼器の自名器には鍑字が無い。初期自名器のある器種名は器種象形の単字（『説文解字』でいう"文"）を基礎として、金を部首とする字は無い。鍑が殷周古来の器形名称でないことはその点からも推定できる。

　　郭物は師同鼎（西周晩期、陝西扶風下務子窖蔵出土、『殷周金文集成』02779）金文中の、戎から獲た戦果「鋪五十」の鋪を本書でいう鍑と考えた（郭 2002　p. 400）。このとおりなら、師同鼎が鍑の最古の記録となる。

　　清代『西清續鑑』では、鍑の名称で、圏足・三足・無足、いずれをも載せる。現在、日本でも

中国でも鍑字を本書でいう鍑にあてる研究者が多い。

　髙濱の調査によると、本書の遺物を鍑とする出版物は、『内蒙古長城地帯』（江上・水野 1935）が古く、中国では内蒙古の研究者が1960年代から使用して（鄭 1961；内蒙古文物工作隊 1962；他）、現在一般的になっている（田・郭 1986；中国社会科学院考古研究所編 2004；他）。「鍑類器」の提唱もある（陳 2008）。

　しかし、鍑字でなく、釜字を使用する人もある。「圏足釜」（林巳奈夫 1989, p. 52）、「北方系釜」（馮恩学 1993, p. 318）、などである。「陶制曰釜、銅制称鍑」ともいう（宝鶏市考古隊他 2007, p. 11）。豆(トウ)その他の名称も使用されている。鍑が烹煮器でないなら、外形は豆と呼び得るものに近いであろう。

　本書では、鍑を用いることにした。

参考文献

江上波夫・水野清一
　1935『内蒙古長城地帯』（東方考古学叢刊　乙種第一冊）
林巳奈夫
　1984『殷周時代青銅器の研究　殷周青銅器綜覧一』吉川弘文館
　1989『春秋戦国時代青銅器の研究　殷周青銅器綜覧三』吉川弘文館

宝鶏市考古隊・扶風県博物館
　2007「陝西扶風新発現一批西周青銅器」『考古与文物』2007－4
陳光祖
　2008「欧亜草原地帯出土"鍑類器"研究三題」『欧亜学刊』8
馮恩学
　1993「中国境内的北方系東区青銅釜研究」『青果集』吉林大学考古学系編
郭物
　2002「論青銅鍑的起源」『21世紀中国考古学与世界考古学』中国社会科学出版社
内蒙古文物工作隊
　1962「内蒙古呼和浩特美岱村北魏墓」『考古』1962－2
田広金・郭素新
　1986『鄂爾多斯式青銅器』文物出版社
鄭隆
　1961「内蒙古扎賚諾爾古墓群調査記」『文物』1961－9
中国社会科学院考古研究所編
　2004『中国考古学　両周巻』中国社会科学出版社

■鍑の研究―ユーラシア草原の祭器・什器―■目次
Studies on Ancient Cauldrons：Cultic or Daily Vessels in the Eurasian Steppes / Contents

序にかえて―漢字名称「鍑」について―＜川又 正智＞……………………………………… 1

出版にあたって ＜草原考古研究会＞ ……………………………………………………… 7

中国の鍑 ＜髙濱 秀＞ ………………………………………………………………… 9
Chinese Cauldrons ＜Takahama Shu＞
 1．はじめに ……………………………………………………………………………… 9
 2．研 究 史 …………………………………………………………………………… 10
 3．中国の鍑の型式分類 ……………………………………………………………… 12
 4．ま と め ……………………………………………………………………………… 72
  Summary ……………………………………………………………………………… 92

朝鮮の鍑と日本の鍑 ＜諫早 直人＞ ……………………………………………… 95
The study of cauldrons excavated in Korea and Japan ＜Isahaya Naoto＞
 1．はじめに ……………………………………………………………………………… 95
 2．研 究 史 …………………………………………………………………………… 95
 3．朝鮮半島北部 ……………………………………………………………………… 100
 4．朝鮮半島南部 ……………………………………………………………………… 104
 5．日本列島 …………………………………………………………………………… 107
 6．系譜の検討 ………………………………………………………………………… 108
 7．おわりに …………………………………………………………………………… 111
  Summary ……………………………………………………………………………… 117

シベリアの鍑 ＜畠山 禎＞ ………………………………………………………… 119
Siberian Cauldrons ＜Hatakeyama Tei＞
 1．はじめに …………………………………………………………………………… 119
 2．これまでの研究 …………………………………………………………………… 120
 3．青銅製鋳造鍑の型式分類 ………………………………………………………… 121
 4．関連資料 …………………………………………………………………………… 174
 5．まとめ ……………………………………………………………………………… 178
 6．おわりに …………………………………………………………………………… 179
  Summary ……………………………………………………………………………… 189

天山北方地域における前1千年紀の鍑 ＜柳生 俊樹＞ ……… 191
Cauldrons of 1st Millennium B. C. in the North Tianshan Region ＜YAGYU Toshiki＞

 1．はじめに ……………………………………………………………… 191
 2．鍑研究の流れと問題点 ……………………………………………… 191
 3．A　類 ………………………………………………………………… 194
 4．B　類 ………………………………………………………………… 198
 5．C　類 ………………………………………………………………… 201
 6．D　類 ………………………………………………………………… 216
 7．その他の鍑 …………………………………………………………… 237
 8．天山北方地域における鍑の展開 …………………………………… 243
 9．おわりに ……………………………………………………………… 244
  Summary ………………………………………………………………… 252

先スキタイ～スキタイ時代の中央ユーラシア草原西部の鍑 ＜雪嶋 宏一＞ …… 255
Cauldrons in the Western Region of the Central Eurasian Steppes
in the Pre-Scythian and the Scythian Periods ＜YUKISIMA Koichi＞

 1．はじめに ……………………………………………………………… 255
 2．研　究　史 …………………………………………………………… 255
 3．型式分類 ……………………………………………………………… 257
 4．型式分類順の鍑カタログ …………………………………………… 259
 5．スキタイの鍑の編年・特徴・系統 ………………………………… 278
 6．鍑の用途について …………………………………………………… 281
 7．おわりに ……………………………………………………………… 282
  Summary ………………………………………………………………… 289

サウロマタイ・サルマタイ青銅製鋳造鍑 ＜セルゲイ・デミデンコ＞ ………… 293
Sauromatian - Sarmatian cauldrons ＜DEMIDENKO S. V.＞ （近藤さおり訳）

 1．はじめに ……………………………………………………………… 293
 2．サウロマタイ・サルマタイの鍑の研究史 ………………………… 293
 3．サウロマタイ・サルマタイの鋳造鍑の型式分類 ………………… 296
 4．サウロマタイ・サルマタイの鍑の製作技法 ……………………… 314
 5．サウロマタイ・サルマタイ諸族の埋葬儀礼における鍑 ………… 318
 6．おわりに ……………………………………………………………… 319
  Summary ………………………………………………………………… 336

フン型鍑 ＜林　俊雄＞ ………………………………………………………………… 341
Hunnic Cauldrons ＜Hayashi Toshio＞
　　はじめに ……………………………………………………………………… 341
　Ⅰ. 東ヨーロッパ ………………………………………………………………… 342
　Ⅱ. 黒海西北岸からウラルまで ………………………………………………… 354
　Ⅲ. 中央アジアからモンゴルまで ……………………………………………… 361
　　まとめ ………………………………………………………………………… 369
　　Summary ……………………………………………………………………… 381

後　記 ＜草原考古研究会＞ ………………………………………………………… 383

出版にあたって

草原考古研究会

　本書の主題であるところの「鍑(フク)」とは、青銅器時代から鉄器時代にかけての、初期騎馬遊牧民の加熱烹煮器－なべ・かま・湯わかしの類－である。主として青銅製で、口縁に二把手の付く深鉢形器体に、やや高い圏足のあるもの、を典型とする。

　本書では、六地域と一型の計七篇に分けて鍑を集成し、それぞれ、

- 研究史
- 型式分類（器体、把手、圏足、紋様・鋳造痕跡を基準とする）
- 製作技術・成分
- 編年
- 系統
- 分布
- 用途・出土状況
- 他地域との関連

について考察を行い、文献目録を付した。本書で検討した数は青銅製以外の土鍑なども含めて総計約七百点である。

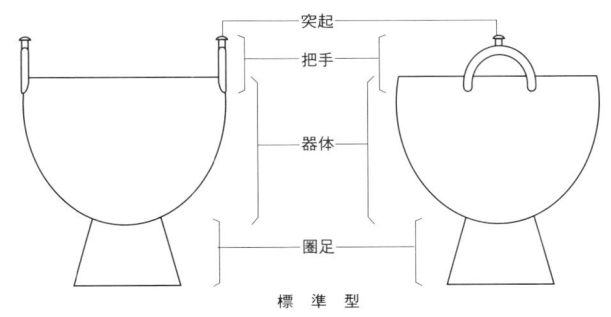

標 準 型

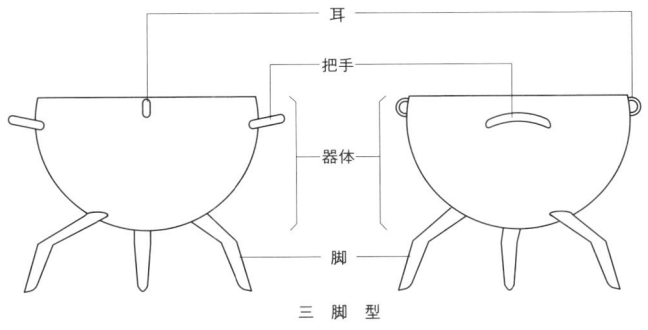

三 脚 型

鍑部分名称図（畠山禎作図）

　現在のところ、最古の鍑は、中国北京市延慶県西撥子村出土品である。これは夏家店上層文化に属し、中原の西周後期あるいは中期に相当し、年代は前第9世紀まで遡る可能性がある（p.12）。初現期の鍑はこれの同型品である。おそらく騎馬遊牧という生活が各地域へ拡大し始めるころ、中国北方から広く西方は中央ユーラシア西部まで、相当する型式が分布し（本書、中国地域分類A；天山北方地域分類A；中央ユーラシア西部地域先スキタイ分類Ⅰ）、各地域で鍑の最古例となる。水平断面が円形の深鉢形器体で、口縁上に二把手が付き、その把手上に小突起が付く。その把手は環が口縁に埋めこまれたような形状が多い。ただ、各地域ともこの初現期鍑から型式としては後へ連続しないものの、器種としてはみな鍑と呼ぶことができる。

　この初現期鍑以後、各地域でいろいろなバリエーションができてくる。その性質が、日常具であるか何か特別なものであるか、あるいは何でも兼ねる道具であるかは、以下の本文中で考察さ

れる。鍑は後第6世紀までその存在が確認できる。

　鍑全体としては、墓葬出土でない一括埋納品が多いこと、あるいは共伴物の無い単独出土品が多いことと、墓葬出土の場合には上層クラスの墓葬が多いこと、が注意される。埋納品であることは、遺跡とは気づかれない所での偶然の発見につながり、発掘出土品でない資料が多いことになる（本書で検討したものの中、発掘出土品は半数以下）。これは鍑研究の弱点であることになるが、遺物としての鍑の特徴をしめすものである。

　現在のところ、鍑はまだひろく知られている遺物とはいえないけれども、中央ユーラシア草原地帯古代騎馬遊牧民の活動を知るためには有力な手がかりであることを御覧いただきたいとおもう。本書は、そのような鍑そのものを、鍑の起源・影響関係・意義などからユーラシア草原の騎馬遊牧民全体を見とおすべく、鍑をまず地域あるいは時代ごとにまとめた各章を書き、これを一冊にあわせた、世界初の試みである。次の段階は、地域・時代を超えて、ユーラシア草原の騎馬遊牧民全体から鍑の意義などを見る、総合的な研究であろう。本書がその出発点となることを、われわれは期待している。

　本書全体を通して用語や表記法をなるべく統一するように努めたが、各篇の時代や地域が異なることを考慮して、細部まで完全に統一することはしなかった。読者諸氏に御寛恕のほどをお願いしたい。

　なお、本書各論文の執筆者は以下の通りである。
　・序にかえて—漢字名称「鍑」について—　川又　正智
　・中国の鍑　　髙濱　秀
　・朝鮮の鍑と日本の鍑　諫早　直人
　・シベリアの鍑　　畠山　禎
　・天山北方地域における前1千年紀の鍑　　柳生　俊樹
　・先スキタイ時代～スキタイ時代の中央ユーラシア草原西部の鍑　　雪嶋　宏一
　・サウロマタイ・サルマタイ青銅製鋳造鍑　　セルゲイ＝デミデンコ（近藤　さおり訳）
　・フン型鍑　　林　俊雄

中国の鍑

髙濱　秀

1. はじめに

　遊牧民の煮炊具と考えられる鍑は、中国の北に東西に延びる長城地帯を中心として多く発見されている。またその西の新疆ウイグル自治区でも多く見られる。新疆ウイグル自治区については柳生論文を参照して頂くこととして、ここではそれ以外の、現在の中国に行政的に属している地域から出土した鍑について考えることにする。加えて、ロシアのザバイカリエ、モンゴル国および韓国で発見されている鍑についても述べていきたい。

　鍑の名称や定義一般については、詳しくは川又論文で述べられるが、ここで検討する「鍑」について、お断りしておきたい。中国における考古学などの文献では、数種類の器が「鍑」と名づけられている。しかしここで扱うのはユーラシア草原地帯の初期遊牧民によって使用された青銅製あるいは鉄製の容器であり、それと関連した器である。基本的な形は、器体が深鉢形・円筒形・球形などを呈し、把手が2つ付き、圏足が付くというものである。圏足がないものもあるが、それも全体の形、把手の形、装飾などにより、基本形と関連することが明らかなものである。

　中国の北辺では、戦国時代以前は鍑は青銅で作られていたが、漢代近くなると、鉄製のものも見られるようになった。中国で鉄製の鍑が出てくるのは、おそらく戦国時代から漢代への移り変わりの時期の頃と思われる。青銅と鉄を共に使用したものも現れた。後漢の初め頃と思われる赤峰林西出土の鍑（Ｅｃ－１）などは、器体の上部は青銅製で、下半部は鉄製である。また器体は青銅製で、圏足は鉄製という鍑も見られるようになった。東京国立博物館所蔵の鍑（Ｅｆ－３）などはおそらく鉄製の圏足が付属していたと思われる。

　鍑は中央ヨーロッパ、黒海沿岸など西方では儀礼用の容器と考えられることがある。そして非実用的な装飾が付いている例がしばしば見られる。しかし中国の鍑にはそのような例はほとんどなく、実用されない儀礼用の器と考える根拠は乏しい。逆に多くの例の外面に、煤などの痕跡が観察されており、実際に火にかけて使用されたことは明らかである。呼和浩特市鋼鉄廠工地出土の鍑（Ｅｃ－３）や、モンゴルのゴル・モド出土の鍑（Ｅｃ－９）の中からは、動物の骨が発見されている。また一般的に鋳造がかなり粗雑である。鋳造後に甲バリを完全に磨り取ったり、表面を磨いたりしたものは殆どない。下記の個々のリストの記述では一々述べなかったが、鋳掛けや鋳直しの痕跡がしばしば見られ、それを目立たなくする努力も見られない。これは鍑が草原地帯東部において実用品であったことを物語っている。何らかの儀礼の場で用いられたことがあったとしても、鍑自体の見栄えをよくしようとする意思は見られないといってよい。また最近甘粛武威張義鎮で発見された巨大な鍑（Ｄａ－５）を除くと、儀礼と結び付けられるような例は殆どない。

草原地帯の西部とは、その付与された意義が幾分異なるのであろうか。墓から出土する割合も、東のほうが多いであろう。

2. 研 究 史

　中国においては、清代、乾隆帝の時代に編纂された『西清続鑑』に、典型的な鍑が著録されており、その頃から、この種の器が古銅器の一種として知られていたことがわかる。しかし最初に中国の鍑を取り上げて論じたのは、梅原末治であろう［梅原 1930］。彼によっていくつかの例が紹介され、また中央ヨーロッパの「フンの鍑」との関係も論じられた。

　続いて江上波夫・水野清一による『内蒙古長城地帯』「綏遠青銅器」［江上・水野 1935］のなかの銅容器の章において取り上げられた。そこでは、圏足の有無によりA型、B型、把手の形から、1. 環状、2. 扁平紐状、3. 矩形、に分類し、その組み合わせにより、A1、A2、A3、B2、B3、の5型式を設定した。そしてA1は南ロシア、シベリアから伝わった型式で、そこから北中国でA2、A3が生まれ、A3は逆に西方へ伝播して、フンの鍑になったことを述べている。そしてB2、B3はA2、A3に併行して北中国で生まれた特有の型式であることを指摘している。鍑の流れに関する基本的な考え方は、ほぼここで述べられたということができよう。

　その後しばらく専ら中国の鍑を論じた論文はなかったが、新中国において1950年代に、他の器物を伴った北魏時代の確実な出土例が知られるようになり［李逸友 1956、1957、静宜 1956］、その後発掘例、出土例が増えてきた。

　それらの出土例を型式分類し、年代を考察した最初の論文が、顧志界の論文である［顧志界 1986］。浅円腹のものをA型とし、圏足の形によってAⅠ、AⅡに分けた。長円腹のものをB型とし、圏足の有無によってBⅠ、BⅡに分類した。C型は口がすぼまり肩のあるものである。この型式分類と、それぞれに属する年代の明らかな鍑の年代によって、採集品・購入品の年代についても論じている。

　同じ頃、オルドス青銅器について総合的な著作を著した田広金と郭素新も、そのなかで鍑について一章をさいて述べている［田・郭 1986］。そこでは圏足のないものをA類、圏足のあるものをB類とし、ともに環状、扁平鈕状、方形の把手によって3型式ずつに分けた。これはAとBが入れ替わっただけで、江上・水野の分類と同じであるが、延慶西撥子村出土の鍑を環状把手があり圏足のないものと考えたために、A1式が増えたことになる。A類とB類は併行関係にあるものとし、把手は、環状→扁平鈕状→方形の順に変化すると述べた。

　劉莉は西周後期／春秋前期から戦国時代の鍑を考察し、黒海沿岸などのスキタイの鍑と比較して、中国北辺の方が早いことを述べ、中国の鍑が変化してシベリア・スキタイの鍑になったと考えた［劉莉 1987］。また使用した民族は北狄や山戎と述べている。

　馮恩学は、「北方系釜」のうち蒙古高原を中心に分布するものを「北方系東区青銅釜」と呼び、その中国領（新疆以外）で出土するものを論じた［馮恩学 1993］。彼は足のあるものをA型、無いものをB型、矮圏足のものをC型、短足のものをD型とした。そしてA型の筒状腹をAa、鼓状腹

をＡｂと分類した。そして圏足の孔の、無いものから小孔、そして大孔への変化や、口縁の上に付く把手から、口縁の外側に貼り付けられる把手への変化などの基準から、Ａａ、Ａｂのそれぞれを４亜型式に分類した。Ｂ型は細めで高いものから、太く低いものへの変化を考え、それも４亜型式に分類した。そして、北方系東区青銅釜の流れを概観している。しかしここでＤ型とされたものは、実際は圏足の破損したものであろう。またＣ型もそうである可能性がある。

　筆者も中国の鍑を年代順に型式設定をしながら論じたことがある［高浜 1994］。

　卜揚武と程瑾は、主として内蒙古地区出土の鍑を円底鍑、圏足鍑、平底鍑の３型式に分けて考察した［卜・程 1995］。しかし例えば北京延慶西撥子村出土の鍑は円底鍑に分類されているようであるが、それは圏足が破損して失われているのであり、またジャライノール出土の鍑も同様であろう。それらの元来の形は圏足鍑とあまり変わりがないように思われる。

　中国人以外でも、Érdyは中国からハンガリーにいたる広大な地域の、匈奴－フンに関連すると思われる鍑を多数集め、全体的に匈奴の西方への移動を示すものとした［Érdy 1995］。

　尚曉波は、大凌河流域の鮮卑に属するとされる遺跡から出土した「双耳鏤孔圏足釜」を主として考察し、その型式変化を考えた［尚曉波 1996］。そして西周から戦国時代の「豆形釜」は火の上に掛けて食物を煮るのに比べ、「双耳鏤孔圏足釜」は地面の上に置いて食物を煮るものだと考え、「豆形器」とは別系統で、その起源は夏家店上層文化の三足器に遡ると考えた。

　滕銘予は、両周時期の鍑について、詳細に論じた［滕銘予 2002］。Ａ型は、口部がまっすぐに立ち、器体下腹部がすぼまるものである。把手の上に突起があるものをＡａ、無いものをＡｂとして区別している。Ｂ型は口部がすぼまるものである。これも把手の上の突起の有無でＢａ、Ｂｂと区別している。平面形が楕円形のものをＣ型として設定している。同じく把手の上の突起の有無でＣａ、Ｃｂとして区別している。

　李朝遠は早期の鍑５点を秦式の鍑として論じた［李朝遠 2004］。

　郭物は1999年の論文において、戦国時代以前の鍑を取り扱い、劉莉と同様に鍑が中国北部に起源することを述べ、なかでも陝北地方を具体的な起源地として挙げた［郭物 1999］。また2007年の論文では漢代以降の鍑と、いわゆるフンの鍑を第二群の鍑として論じている［郭物 2007］。彼は第二群としてＧ－Ｊの４形式を設定した。そのうちＧは圏足のある鍑、Ｈは、いわゆるフンの鍑で、中欧など中国以外から出土するもの、Ｉは平底の鍑である。Ｊとして三板形足のものを挙げているが、これは圏足の下部が破損したものではないだろうか。ＧａとＧｂ－ｄとの違いについて認識していることは高く評価できるが、ＧａⅠとＧａⅡ以降とのつながりが、いささか疑問である。

　このように鍑についてはすでに多くの研究者が論じており、型式分類においても、本質的には互いにそれほどの差異はないようにも見える。しかし筆者の考えとは、それぞれ幾分異なるところがあり、特に後漢時代以降の、郭物のいう第二群の鍑については、これまでの論とは少し異なった分類ができると考えている。以下に筆者の考えを述べていきたい。

3．中国の鍑の型式分類

　以下におよその型式ごとに中国の鍑を記述していく。郭物にならって、戦国時代までのものをⅠ、漢以降のものをⅡとして区別する。Ⅰには、AからDまでの4型式、ⅡにはEからGまでの3型式を含める。この7型式が中国の鍑の主要なものであるが、そこに入れることのできないものもあり、それらはXとして後にまとめ、個々に記述する。

　Ⅰ．戦国時代までの鍑

　ⅠのうちA型式は、西方との関係が強く、おそらく西方に起源をもつと思われる。B型式はそれを模倣して中国で作ったもので、C、D型式もB型式に出自すると考えられる。

A型式

　今のところ、中国の鍑でもっとも古いと考えられるものである。大きな特徴は、器体に縦方向の鋳型の合わせ目の見られないことである。器体は深鉢形で、2つの把手には上に小さな突起が付くことが多い。

A-1　北京市延慶県西撥子村　[北京市文物管理処1979、図二-1、図版五-1]

　　この遺跡は北京の郊外、延慶県の東南部にあり、八達嶺を越えて約4kmのところにある。出土したのは西撥子村の東で、地表から1mの砂のなかで50点余りの青銅器が発見された。青銅製の鍑のなかに入っていたという。

　　鍑は深鉢形を呈し、小さな突起の1つある把手が口縁上に2つ付き、紋様はない。現高27cm、口径38cmである。底は破損し、長く使用されたためか、火を受けた痕跡があるという。図では把手は少し縦長の半円形で、口縁に接するところから下方へ凸線が伸びているように見えるが、写真では円形の把手が口縁の上に乗っているように見える。あるいは2つの把手は形が異なるのかもしれない。

　　鍑のなかに入っていた青銅器は、平たい変わった形の、大小のみ異なる鼎が11点、匙1点、刀子7点、鉤1点、錐1点、斧9点、鑿4点、戈1点、小銅泡8点、耳環1点、このほか、弦紋の間に重環紋が並ぶ紋様のある鼎片が2片あり、また銅塊が6点あるという。

　　刀子には横畝紋や1列の列点紋などの幾何学紋が施されたものがあり、また柄頭に三角形の孔の開くものもある。横畝紋などにはミヌシンスク地方のカラスク文化の刀子と一定の類似が見られる。動物紋様がないところを見ると、南山根101号墓や小黒石溝8501号墓などの夏家店上層文化の墓よりも少し古い段階であろう。銅泡のなかには放射状の紋様をもつものがあるが、これは夏家店上層文化のものと類似する。また重環紋の施された中国の銅器は西周時代後期のものと推測されている。

A-2 京都大学1 ［江上・水野 1935，第百十三図1，図版二三；京都大学文学部 1963，金属製品 No. 392；東京国立博物館編 1997，No.54］

　　2つの把手の上には突起がある。1つの把手の下には、鋸歯紋状の紋様が見える。他の把手は最初の鋳造の失敗により、鋳直されたものである。器体は深鉢形で、比較的上方に弦紋が一周する。縦方向の鋳型の合わせ目は見られない。圏足は器体に鋳継ぎされたもので、縦方向の鋳型の合わせ目が2本見える。京都大学総合博物館所蔵。高41.1cm、口径33cm。

A-3 西安市北郊范家寨 ［王長啓 1991，図一-2］

　　器体は深鉢形で、その上部に凸線による弦紋が一周する。上に突起のある環形の把手が口縁部に2つ付く。環形把手の下半部を囲んで凸線がある。喇叭形の圏足が付く。通高37.2cm、口径26.5cm。

A-4 内蒙古自治区包頭市麻池古城 ［内蒙古自治区文物考古研究所編 2004，p.201，図10］

　　九原区麻池古城あたりで徴集されたもの。三角形に近いような形の把手が、器体に埋め込まれたような形で、口縁の上に立つ。1つの把手は壊れている。器体は深鉢形で、補修痕があり、喇叭形の圏足がある。腹部には弦紋が巡る。通高23cm、口径19.8cmである。

A-5 陝西省岐山県王家村 ［龐文龍・崔玫英 1989，図一］

　　1974年12月に、麦禾営郷王家村において、銅製短剣と銅製鏨が鍑に入って発見された。鍑は深鉢形で、口縁の上に、把手が2つ付く。把手は上に突起があり、「回紋」を飾る。小さな圏足が付く。下腹部と底部には燻した跡と補修痕があるという。高さ39.5cm、口径37.6cmである。短剣は柄が鋬になり、剣身は中途で折れている。断面は菱形を呈する。銅製鏨は鑿のような形をした工具である。報告では、鍑は北京延慶県西撥子村出土の鍑、剣は内蒙古翁牛特旗大泡子出土の青銅短剣と比較されているが、鍑はともかく、剣については類例が乏しいので、比較が正しいかどうか、判断は難しい。

A-6 ホイト・コレクション Hoyt Collection ［梅原 1930，第二十五図-1］

　　上に小さな突起のある半円形の把手が付き、胴部の上方に凸線による弦紋が巡る。下には喇叭形の圏足が付く。京都大学1（A-2）に似た形である。高さ1尺1寸（33cm）。

A-7 ロイヤル・オンタリオ博物館 The Royal Ontario Museum, Toronto

　　口縁上に、横に広い長方形の小さな把手が2つ付く。把手の上中央にはごくわずかに突起のようなものが認められる。外側では、下垂した弧状の沈線によって把手部分を区画している。器体は深鉢型で、喇叭形の圏足が付く。器全体に鋳型の合わせ目は見られず、圏足の内側の、器体の外底にも湯口の跡はない。通高23.3cm、口径19.8×18.3cm。

A-8 『西清続鑑』甲編所載

　　上に突起のある逆V字形の把手が口縁の上に付く。把手の下に3本の曲線が見えるが、この型式の鍑に時折見られる、把手の環が器体に埋め込まれたような形を表現したものであろう。器体は深鉢形で上部に凸線による弦紋が巡り、下に喇叭形の圏足が付く。

A-9 モンゴル民族歴史博物館1

　　上に突起のある環の形の把手が口縁上に付き、器体は半球形で、喇叭形の高い圏足がつく。

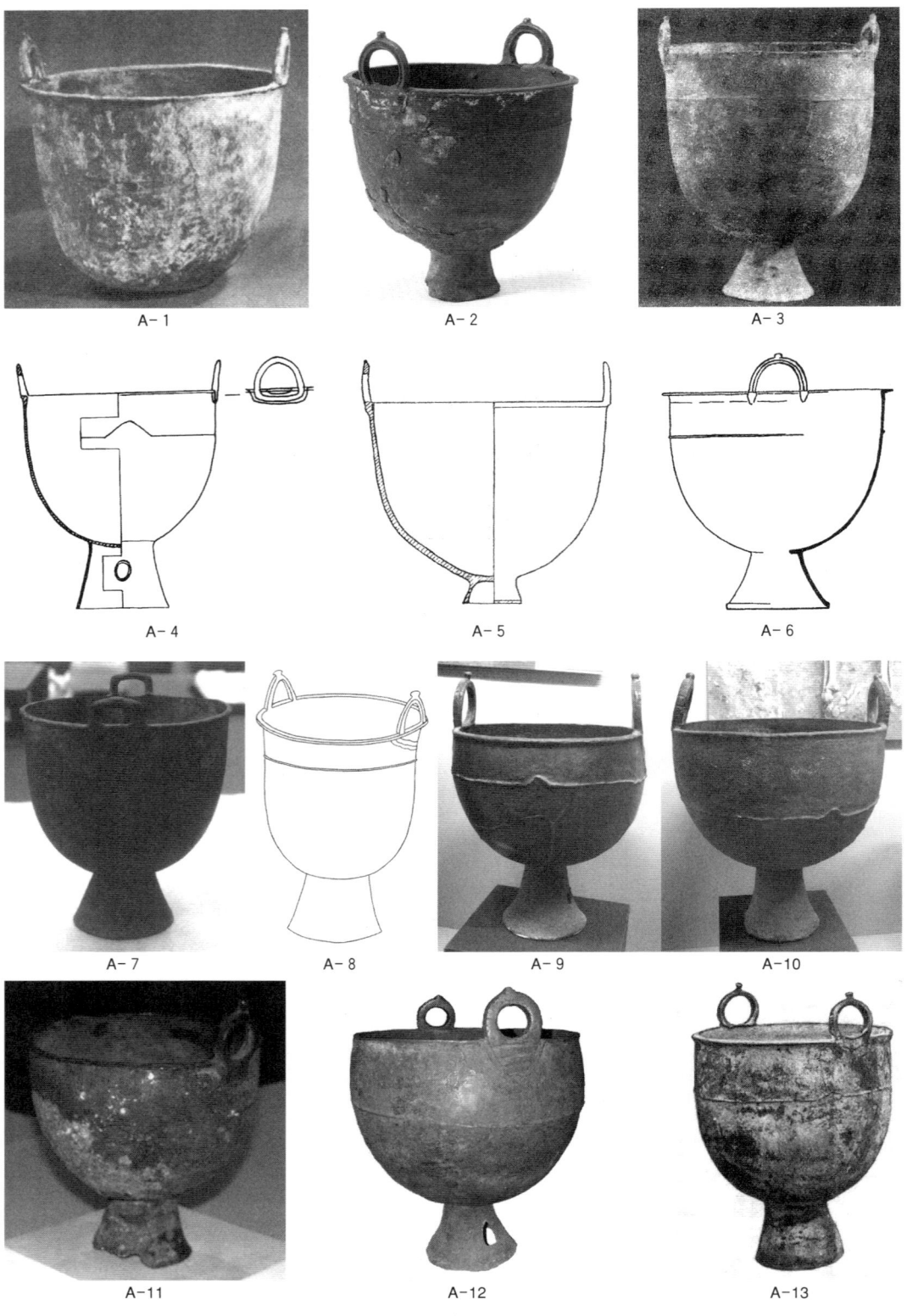

図1 A型式（縮尺不同）

器体には中ほどより上に凸線による弦紋が巡る。圏足には小さな透かし孔がある。
A-10 モンゴル民族歴史博物館2
　　上に突起のある環の形の把手が口縁上に付き、器体はほぼ半球形で、喇叭形の高い圏足が付く。把手の周囲は刻み目のようなもので装飾される。器体には中ほどに凸線による弦紋が回る。
A-11 モンゴル、ザナバザル美術館1
　　ザフハン・アイマク出土。把手は上に突起があり、卵形が器体に埋め込まれたような形をしている。把手の周囲は刻み目のようなもので装飾される。器体中ほどより少し上に凸線による弦紋が回る。圏足は喇叭形である。通高約25.5cm。
A-12 モンゴル、フブスグル・アイマク博物館1
　　上に突起のある環が器体に埋め込まれたような形で、把手が付く。器体中ほどに凸線による弦紋が回る。圏足は喇叭形で、透かし孔が開く。通高46cm、口径41.3cm。
A-13 ザバイカリエ、アギンスカヤ草原［Grishin 1981, Ris. 35-2］
　　上に小さな突起の付く環形の把手が口縁上に立つ。把手の環はその下にある凸線紋様とともに、器体の中に埋め込まれたような形になっている。器体は深鉢形で、胴部には凸線が一周し、下には圏足が付く。

　これらの鍑の多くに見られる共通点のひとつは、器体が深鉢形を呈することである。また把手には、上に小さな突起が1つ付く場合が多い。把手は、環形が口縁に埋め込まれたような形を取ることが多い。例えば京都大学1などが典型である。これはおそらく把手を先に鋳造してそれを器体に埋め込むような技法を使ったことに起源しているのであろう。京都大学の鍑では、把手の周囲に鋳型の合せ目の線が見える。2枚の鋳型で鋳造したと思われる。鍑の装飾としては、口縁の少し下に弦紋が一周することがある。この弦紋は、延慶西撥子村出土品、岐山王家村、ロイヤル・オンタリオ博物館所蔵品以外のものすべてに見られる。面白いのは、包頭麻池出土品およびモンゴル民族歴史博物館所蔵の2点の鍑、アギンスカヤ出土品には、弦紋の途中に屈曲した箇所が見られることで、これは鋳造法に関連しているのであろう。
　これらの鍑に共通する特徴でもっとも重要なものは、縦方向の鋳型の合わせ目が見られないことである。少なくとも、筆者の実見することのできた京都大学1、ロイヤル・オンタリオ博物館の鍑、そしてモンゴル民族歴史博物館所蔵の2点の鍑、ザナバザル美術館の鍑、フブスグル・アイマク博物館所蔵の鍑、そしておそらく西安北郊范家寨の鍑には、そのような范の線が見られない。これは次に述べる中国の鍑とはまったく異なる点であり、製作技法の違いが表れている。この型式の鍑は、草原地帯のさらに西方で一般に見られる鍑と、共通した技法で製作されたと考えられる。
　これらの鍑と類似した鍑は、シベリア、東カザフスタン、新疆ウイグル地区にも知られている（畠山 I.1. A.a-007〜009、柳生A類）。もっとも西方に見られる例は、北カフカスのベシュタウで、先スキタイ時代であるノヴォチェルカッスク期の青銅器とともに発見されている（雪嶋論文 I-1）。すなわち前8世紀あるいは前7世紀初に遡るであろう。中国のもので伴出品が明らかな

のは、北京延慶西撥子村および岐山王家村出土品だけであるが、岐山王家村は、伴出品の年代が明確ではない。

　北京延慶西撥子村出土品は、伴出した刀子などを考えると、南山根101号墓などよりも早く、南シベリアのカラスク文化と併行する時期のものと思われる。西周時代後期、あるいは中期まで遡りうるであろう。すなわち前9世紀まで遡ることが考えられる。ベシュタウ出土品とこの西撥子村の年代を基準として考えると、この種の鍑がいわゆる初期遊牧民文化の広まる直前の時期にユーラシア草原地帯一帯に広まったことが窺われる。この時期には、シベリアなど東方の文物が西へ広まったことが知られているが、鍑もその一つの例ということができるであろう。ただ、この型式の鍑の中での変遷は、中国ばかりでなく、シベリアなどの同型式の鍑をも考慮して判定されるべきであり、その起源がどこにあったか、中国の北なのかあるいはシベリアであったのかもまだ決めがたいところである。

　B型式
　器形はA型式と類似しているが、中国風の紋様をもち、中国の鋳造技術による痕跡のあるものである。BaとBbの2型式に分けておく。Baは鋳造が粗雑で、鋳造の痕跡も明瞭に残っているもの、Bbは一般の中国製青銅器と同様にていねいに鋳造されたものである。例数が少ないので確実ではないが、Bbのほうが器体の丈が短い傾向がある。

Ｂａ-1　西安市北郊白楊庫1［王長啓1991，図一-6］
　　陝西省の物資回収社である白楊庫に収集されたもの。器体は深鉢形で、その上部に重環紋が回る。上に突起のある環形の把手が口縁部に2つ付く。円形の小孔の開く喇叭形の圏足が付く。通高22.3cm、口径17.4cm。

Ｂａ-2　甘粛省礼県［李永平2000，背表紙裏2；アサツー・ディ・ケイ編集2004］
　　甘粛省礼県の秦墓から出土したといわれる。2つの縄状の把手が口縁上に立ち、器体は深鉢形で、口縁下に窃曲紋帯と垂鱗紋がある。下には小孔の開いた喇叭状の圏足が付く。器体と圏足には3箇所に縦方向の鋳型の合わせ目があり、また所々スペイサーも見え、これが中国青銅器と似た鋳造技術で作られたことが分かる。通高21.8cm、口径18.8cm。

Ｂａ-3　ニューヨーク范氏蔵1［So and Bunker 1995, No.22；Bunker 2002, No.185］
　　口縁上に立つ把手は縄の形、器体は深鉢形を呈する。縄状の凸線で区切られた器体上部には窃曲紋、下部には垂鱗紋が施され、下には喇叭状の圏足が付く。器体と圏足には縦方向の鋳型の合わせ目があり、また所々スペイサーも見える。通高21.9cm、径18.7cm。

Ｂｂ-1　陝西省鳳翔県雍城遺跡［陝西省雍城考古隊1984，図七-2］
　　南指揮公社の東社において採集されたもの。上に突起のある半円形の把手が2つ、口縁の上に立つ。器体は半球形で、一周する弦紋で区画して上部に龍紋を施す。下には圏足が付く。製作は中国青銅器と同様で丁寧な作りであり、また製作後きれいに磨かれていて、鋳型の合わせ目など、鋳造の痕跡は見られない。通高18.6cm、口径19.4cm。

Ｂｂ-２　陝西省宝鶏県甘峪［高次若・王桂枝1988，図版二-２］

　　甘峪で発見された１基の墓に納められていたもの。墓には銅鍑のほか、陶罐１個、銅戈１点、銅刀子１点、衝４点、銅環４点、車馬飾２点、金糸２点が納められていた。鍑の器体は少し長めの半球形に近い形で、口縁上に把手が２つ付き、圏足が付く。把手には上に突起がある。全体の高さは24㎝、口径は22㎝である。鍑は雍城出土の鍑や甗と、銅戈は河南省上村嶺虢国墓地出土の虢太子元徒戈と比較され、春秋時代前期と考えられている。この鍑には中国風の紋様はないが、器形が雍城出土例や聞喜県上郭村例と類似するので、このグループに入れておく。

Ｂｂ-３　山西省聞喜県上郭村［山西省考古研究所1994ａ，図十三-１］

　　上郭村の東北に水庫を掘る際に発見された墓群の、76Ｍ１において出土した。墓は長方形竪穴墓で、人骨は頭骨と下肢骨が残っていた。鍑の器体は半球形に近い形を呈し、口縁上に把手が２つ付き、圏足がつく。把手には上に逆円錐形の突起がある。腹部には凸線による弦紋が一周する。通高29.2㎝、口径27.2㎝である。この墓からはほかに、陶製鬲１点、銅戈１点、鏃35点、衝２点、骨器２点が出土している。副葬品はすべて木棺の外側、足先の方から出土した。報告では、この鍑は鼎に代えて副葬されたものと考えられ、陶製鬲と戈の型式により、墓の年代は春秋時代前期から中期への境目頃とされている。

　　なお春秋時代前期と考えられている同じ墓群の76Ｍ４からは、銅鼎が出土しているが、それには鍑の把手としてしばしば見られるような、上に突起の付く縄形の把手が付いている。これは夏（中華）文化と北方草原文化の融合を示すと指摘されている。

Ｂｂｍ型式　形はＢｂであるが、高さが10㎝前後以下の小型のもの（ミニアチュア）をここに分類しておく。大まかな形は同時期の鍑と類似しているが、用途は異なるであろう。

Ｂｂｍ-１　陝西省韓城市梁帯村26号墓［孫秉君他2006，p.86］

　　梁帯村では895基に及ぶ墓群が発見されているが、26号墓は７基ある大墓の１つで、盗掘を受けていなかった。平面形は甲字形を呈し、墓口は7.1×5.65ｍで、26ｍの長さの墓道が付く。棺の外、槨の西南隅に青銅礼器が23点あったが、鍑はそこではなく、棺の東側にまとまって置かれた愛玩用と考えられる６点の小型礼器の１つとして発見された。口縁上に、上に小さな突起のある把手が２つ付く。器体には龍の紋様が施され、下には圏足が付く。通高6.7㎝。26号墓からは武器は発見されていないので、女性の墓と考えられ、また青銅器の組み合わせが、その東側にある中字形墓27号墓の副葬品と比較して一級劣ることから、国君夫人、芮公夫人の墓と考えられている。年代は春秋時代前期とされる。

Ｂｂｍ-２　西安市北郊白楊庫２［王長啓1991，図一-13］

　　口縁の上に立つ把手の１つは破損しているが、縄状を呈する。器体の上部を凸線の弦紋で区切り、上に変形窃曲紋が回る。圏足の上部には孔が開く。高11.8㎝、口径9.8㎝。この大きさはミニアチュアといってよいであろう。

Ｂｂｍ-３　和泉市久保惣記念美術館［東京国立博物館1997，No.100］

　　喇叭形の圏足と、長方形に近い形の２つの把手が付く。器体には龍の紋様が施される。頭が

３つ見える。高6.2cm、口径5.4cm。

Ｂｂm-４ 陝西省鳳翔県侯家荘［趙叢蒼 1991，図一-９］

　　南指揮公社東指揮大隊侯家荘村で発見された墓から出土した。同じ墓には盤があったという。２つの把手が口縁上に立ち、圏足がある。圏足には不規則な形の孔が１つ開く。高７cm、口径6.6cm。共伴した盤の型式・紋様から春秋時代前期の遅い頃と考えられている。

Ｂｂm-５ 山西省侯馬市上馬村13号墓［山西省文物管理委員会侯馬工作站 1963，図一三-５，一四-17］

　　２つの把手と圏足が付く。器体は半球形というよりは、下に向かってすぼまる形をとる。通高7.5cm、口径６cm。この鍑の出土した13号墓はこの上馬墓地では大墓で、青銅器を初めとする豊かな副葬品が発見された。鍑は被葬者の西側や南側でまとまって発見された礼器類の中ではなく、東側で武器類などとともに発見されている。この墓の年代は、林巳奈夫氏の編年に従えば、春秋時代中期後半（前６世紀前半）である。

Ｂｂm-６　山西省侯馬市上馬村2008号墓［山西省考古研究所 1989，図一五-７；山西省考古研究所 1994ｂ，図60-２，図123］

　　方形に近い形の把手が２つ付き、圏足には孔が１つ開く。器の表面にはいぶした跡があるというが、何らかの実用に供されたのであろうか。鍑は被葬者の東側や南側でまとまって発見された礼器類と一緒ではなく、西側で武器や工具類などとともに発見されている。通高６cm、口径5.2cm。

Ｂｂm-７ 山西省侯馬市上馬村1010号墓［山西省考古研究所 1994ｂ，図103，図版76-１］

　　陶製。手捏ねで作られている。口縁上に孔の開いた把手が２つある。中国ではきわめて珍しい陶鍑である。この墓でも、青銅礼器類と一緒ではなく、武器、車馬具、工具類とともに被葬者の頭の側に置かれていた。通高６cm、把手の間の距離５cm。

Ｂｂm-８ 山西省臨猗県程村0002号墓１［趙慧民他 1991，図三-３］

　　臨猗程村において土地の人々によって２基の墓が発見され、後に調査が行われた。発見物のなかには２点の小型鍑があり、それらは0002号墓で発見されたとされる。この鍑は、方形に近い把手が２つ口縁上に立ち、腹部には凸線の弦紋が巡る。圏足が付く。通高5.4cm、口径5.7cm。この墓の年代は、春秋時代中後期と考えられている。

Ｂｂm-９ 山西省臨猗県程村0002号墓２［趙慧民他 1991，図三-４］

　　同じく臨猗程村の0002号墓から出土したとされる。方形に近い把手が２つ口縁上に立ち、圏足が付く。通高6.8cm、口径6.6cm。

Ｂｂm-10 山西省臨猗県程村1072号墓［中国社会科学院考古研究所他 2003，図90-９，図版58-６］

　　槨の中、外棺の外側、右側中央に、青銅製甗、鬲、舟とともに置かれていた。方形に近い把手が２つ口縁上に立ち、腹部には凸線の弦紋が回る。圏足が付く。圏足には４つの小孔が開く。通高６cm、口径5.8cm。この墓の時期は、侯馬上馬村13号墓とほぼ同じで、前６世紀中葉と考えられている。

Ｂｂm-11 山西省太原市趙卿墓１［山西省考古研究所他 1996，図六八-５，図版八八-５］

　　２つの把手が口縁上に付き、小さな透かし孔のある圏足がある。通高7.3cm、口径7.3cm。こ

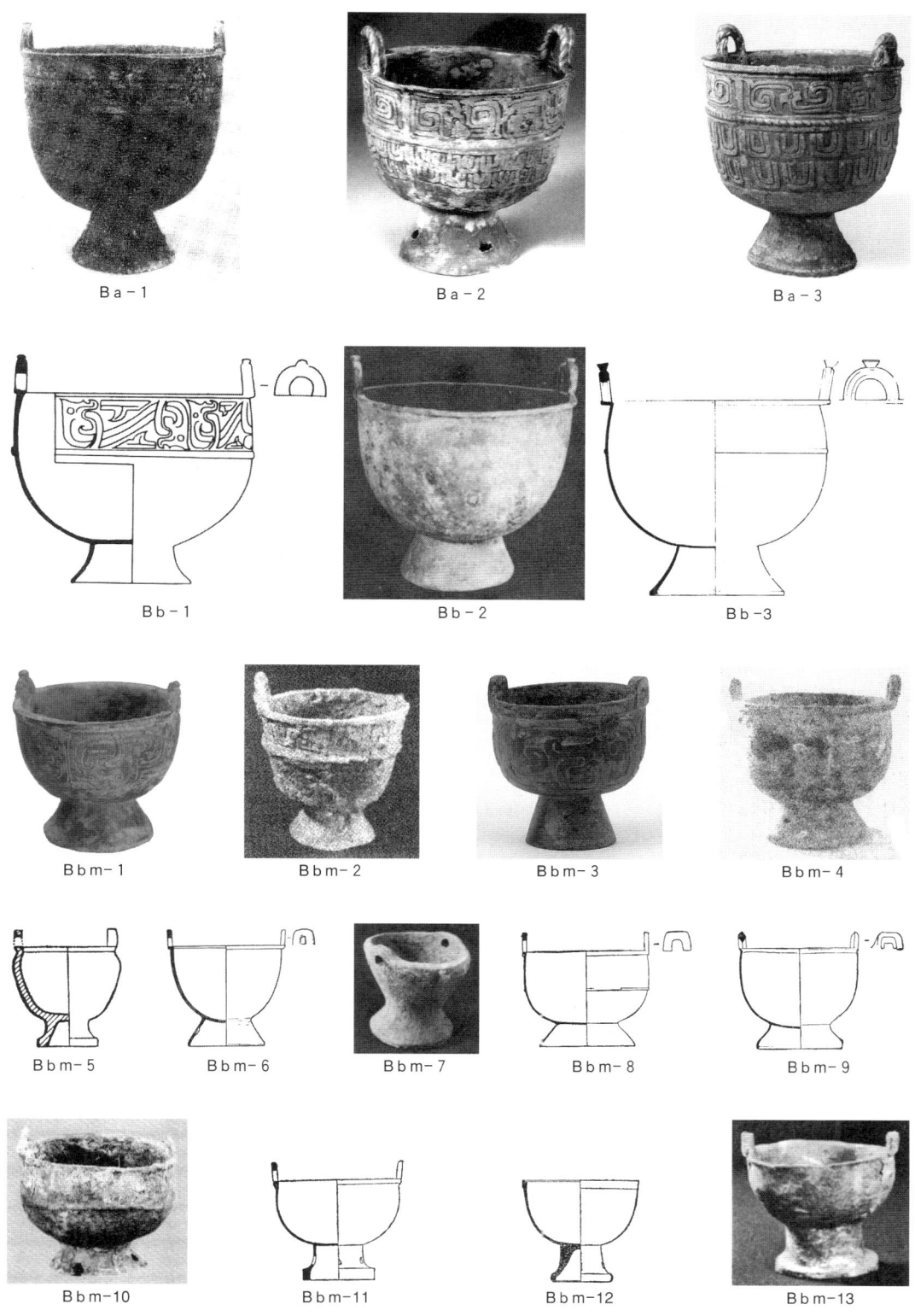

図2　B型式（縮尺不同）

の墓は趙鞅すなわち趙簡子の墓と考えられており、前5世紀の前半頃になる。
Ｂｂｍ-12 山西省太原市趙卿墓２［山西省考古研究所他 1996，図六八-４，図版八八-４］
　　同じものが２点出土している。把手はなく、圏足がある。通高6.3㎝、口径７㎝。中には顔料が残っており、顔料を調整するための器と考えられている。
Ｂｂｍ-13 河北省新楽県中同村［河北省文物研究所 1985，図九-３，図一〇］
　　中同村で発見された墓から出土した。墓からは金製の装飾品、鼎・豆・盤・壺・甗などの青銅器、剣なども発見されている。鍑は、口縁上に２つの把手が付き、圏足が下に付くもので、通高5.5㎝、口径6.4㎝である。盤・豆・舟・壺とともに墓室内に置かれていた。この墓は春秋時代後期のものであろう。中山国を作った鮮虞と関連付けられている。

　甘粛礼県出土品（Ｂａ-２）と范氏所蔵品（Ｂａ-３）は、縦方向の鋳型の合わせ目やスペイサーの存在によって分かるように、中国の青銅器製作技法により、把手や圏足も含めて、全体が一鋳で鋳造されている。Ｂ型式はおそらく、北方系青銅器の鍑を中国の技法で模倣して作り、それに中国風の紋様を付けたことによって成立したのであろう。縄状の把手も、中国青銅器からの影響と思われる。逆に、劉莉・郭物のように、Ｂ型式からＡ型式が生まれた、すなわち、中国の技術で作られた鍑を西方の技術で作ったことによって、ユーラシア草原地帯の鍑ができたと解釈することも可能ではあるが、この器種そのものが、中原の普通の青銅葬器には見られないことを考慮する必要がある。また、Ａ型式は西周時代後期あるいはそれ以前まで遡りうるのに対し、Ｂ型式の年代は現在知られている資料によれば、春秋時代初めからと考えられる。Ａ→Ｂの流れのほうが自然であろう。把手の上の突起にしても、中国の銅器には元来見られないものである。これはＢ型式にあったものがＡ型式に継承されたと考えるよりも、製作上の何らかの痕跡としてＡ型式に存在したものが、Ｂ型式に残ったと考える方が無理がないように思える。

　すでに数人の研究者によって指摘されているように、Ｂ型式の鍑の早いものは陝西省から甘粛省の秦の領域に分布している。これは北方系の民族と関わりの深い秦の国の性格を示しているのであろう。

　上海博物館の李朝遠は秦式の鍑として５点を数えている［李朝遠 2004］。上でＢａとして挙げた甘粛省礼県出土品、范氏所蔵品に加えて、ロイヤル・オンタリオ博物館所蔵品（ここで挙げたＡ-６とは別）、上海博物館所蔵品２点（Ｃａ-５、Ｃａ-６とは別）の５点であるが、筆者としては、あとの３点については、精査して確信の持てるまで態度を保留しておきたい。

Ｃ型式
　平面形が長方形あるいは楕円形を呈するもの。２つの把手は短辺に付けられる。鋳型の合わせ目が短辺の中央を通って、器体の外表面を一周する形で回ることがある。２個からなる外型を使用して、器体・圏足を一体として鋳造したのであろう。
　この型式の鍑ときわめてよく似た器形で、中国の紋様を持つものが、山西省や内蒙古の墓から出土している。これらをＣｂ、他のものをＣａとして区別しておく。

Ca-1 陝西省志丹県張渠郷［姫乃軍 1989，封三-5］
　　平面形は楕円形を呈する。口縁の上に2つの把手が立つ。把手の上には突起がある。下には、小さな孔の開く喇叭形の圏足がある。通高23cm、長さ24.1cmである。6点の鹿形飾金具とともに出土したという。

Ca-2 陝西省綏徳県城関鎮1［盧桂蘭 1988，封三-1］
　　1979年に城関鎮において徴集されたもの。平面形は楕円形で、両端の口縁上に縄形の把手がそれぞれ付く。把手の上には突起がある。腹部には凸線による弦紋が回り、喇叭形の圏足が付く。通高19.5cm、口径14〜21.4cmである。

Ca-3 西安市紡織四廠廠区［王長啓 1991，図一-7］
　　上に突起のある把手が2つ口縁上に立つ。器体の平面形は楕円形を呈し、凸線による弦紋が腹部を一周する。5個の孔の開いた喇叭形の圏足が付く。通高19.5cm、口縁は21.5cmと15cmを測る。王氏によると、西安市北郊白楊倉庫にも、同じ形の楕円形の鍑があるという。高22.5cm、口縁は25cm×17.5cmで、圏足には対称形に2つの孔が開く。

Ca-4 陝西省歴史博物館1
　　口縁は長方形を呈する。上に突起のある半楕円形の把手が、長方形の短辺の上に付く。把手の端部から短い凸線が垂下する。鍑の外表面を2分割するように、短辺の中央から相対する短辺の中央へと、器体・圏足を通じて鋳型の合わせ目の線が走る。凸線による弦紋が器腹部を一周するが、鋳型の合わせ目の線の位置で食い違っている。下に付く喇叭形の圏足には，小さな孔があく。

Ca-5 上海博物館1
　　口縁は長方形を呈する。上に突起のある半楕円形の縄状の把手が、長方形の短辺の上に付く。鍑の外表面を2分割するように、短辺の中央から相対する短辺の中央へと、器体・圏足を通じて鋳型の合わせ目の線が走る。器腹には凸線による弦紋が走るが、鋳型の合わせ目の線の位置で食い違っている。喇叭形の圏足が下に付くが、その内面には、4箇所に凸線で囲まれた三角形の窪みがあり、小さな孔があく箇所もある。通高20.2cm、口縁21.4×13.3cm。

Ca-6 上海博物館2
　　口縁は長方形を呈する。半楕円形の把手が、長方形の短辺の上に付く。把手の端部から短い凸線が垂下する。鍑の外表面を2分割するように、短辺の中央から相対する短辺の中央へと、器体・圏足を通じて鋳型の合わせ目の線が走る。圏足は長方形で、鋳造し直したものと思われる。圏足外側の長辺側に、それぞれ1箇所窪みがある。通高25.3cm、口縁21.3×15.4cm。

Ca-7 陝西省歴史博物館2
　　口縁は長方形を呈する。上に突起の痕跡が見える半楕円形の把手が、長方形の短辺の上に付く。把手の端部から短い凸線が垂下する。鍑の外表面を2分割するように、短辺の中央から相対する短辺の中央へと、器体・圏足を通じて鋳型の合わせ目の線が走る。下に付く喇叭形の圏足には，小さな孔があく。

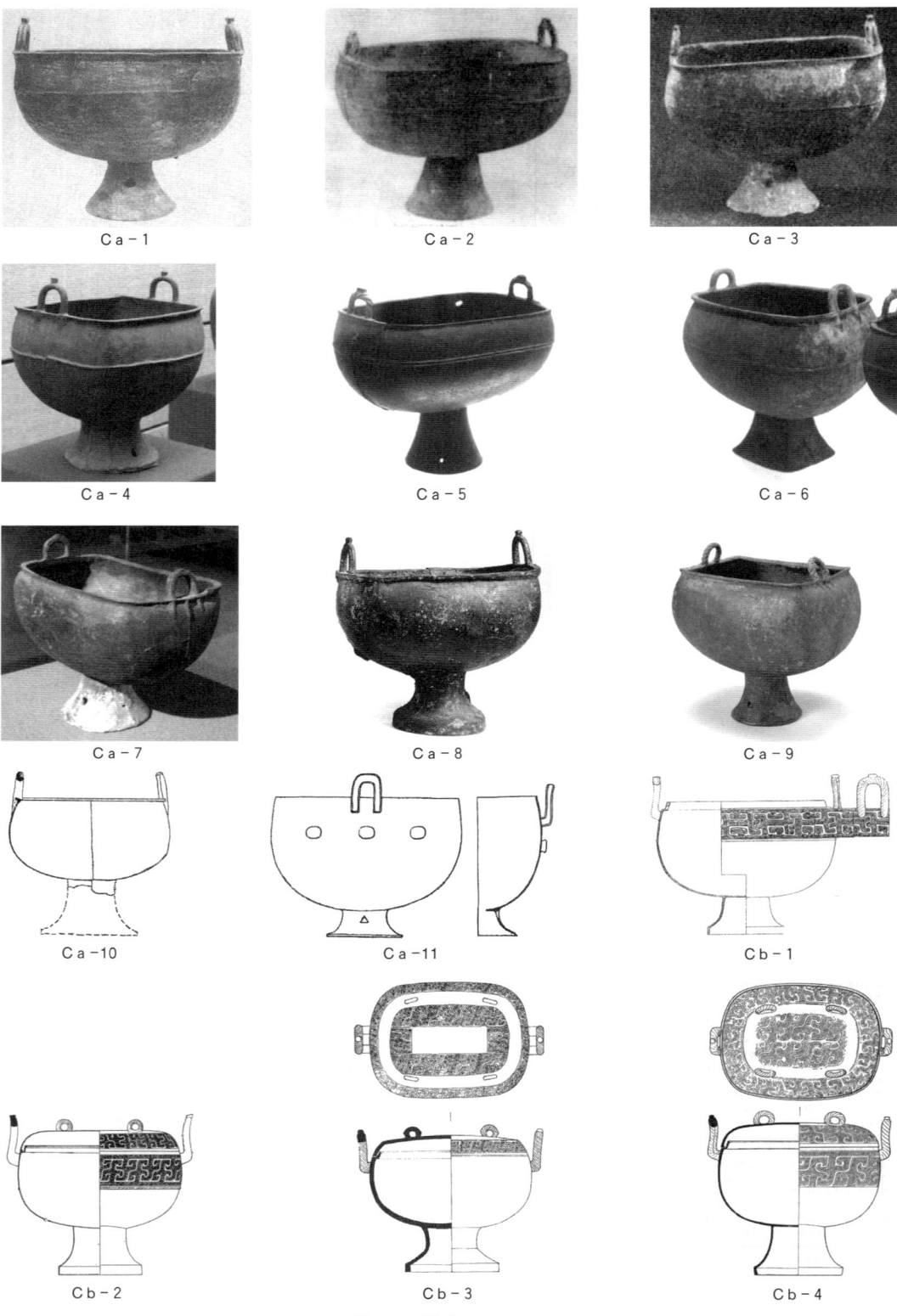

図3 C型式（縮尺不同）

Ｃａ-８　サックラー・コレクション１　Arthur M. Sackler Collections［Bunker 1997, No.195］

　　平面形は長方形である。小さな突起のある楕円形の把手が２つ、口縁の上に立つ。把手の外側には斜めの沈線があり、縄状に見える。器体の短辺に鋳型の合わせ目の線があり、圏足と一鋳である事がわかる。型持たせも見える。通高22.8㎝、口縁22.2×14㎝。

Ｃａ-９　横浜ユーラシア文化館１

　　口縁は角張った長方形を呈する。縄状半長円形の把手が口縁の短辺上にそれぞれ立つ。把手の付く口縁下に、把手の端の位置から短い凸線が垂下する。鍑の外表面を２分割する形で、短辺の中央から相対する短辺の中央へと、器体・圏足を通じて鋳型の合わせ目の線が走る。圏足は喇叭形で下方に孔が１つ開き、その相対する位置にも、孔にならなかった窪みがある。通高27.7㎝、胴部27.7×20.9㎝。

Ｃａ-10　山西省原平県練家溝［忻州地区文物管理処・李有成 1992，図２］

　　瓿、提鏈壺、勺、匕、衝などとともに、墓から発見されたと考えられる。平面は楕円形である。把手が口縁上に立つ。圏足が下に付くが、現在、その大部分が失われている。器体は下方が開いて比較的浅く、全体に煤の痕跡が著しい。通高16.2㎝、口縁14.5×10.9㎝。瓿、提鏈壺などや、その他の青銅器からも戦国時代前期とされているが、春秋後期と考えておきたい。

Ｃａ-11　フィラデルフィア博物館　The Pennsylvania Museum, Philadelphia［梅原 1930，第二十五図-3］

　　器体の平面形は隅丸方形を呈する。方形の把手が、両長辺の中央に、器体上部からＬ字形に立ち上がる形で付いている。片側の長辺の腹部に３つのボタン状突起があるという。圏足には小さな三角形の孔が開く。通高１尺１寸３分（33.9㎝）。把手が長辺に付くことや、３つの突起の存在も特殊である。

Ｃｂ-１　内蒙古自治区准格爾旗宝亥公社［伊克昭盟文物工作站 1987，図一，図三-１］

　　農民によって一括の青銅器が発見され、墓だと判断された。鍑は平面形が楕円形で、蓋は失われているが、口縁は子母口を呈している。１つは失われているが、短辺側の口縁下に２つの把手がＬ字状に立つ。把手には上に突起がある。把手は分鋳で、器体の外范は２つであったと推定されている。器体上部には紋様が回っているが、紋様の表出はきわめて浅い。この一括遺物には、ほかに中国製銅器の蓋などがあり、また銅製刀子、帯扣、斧、鑿の類、環、装飾金具など、北方系の青銅器も含まれている。通高30.2㎝、口径20.4×29㎝。

Ｃｂ-２　山西省原平県塔梁崗３号墓［山西忻州地区文物管理処 1986，図五，図版五-１］

　　平面形は楕円形で、縄状の鈕が４つ付いた蓋が付属する。器体の口縁は子母口をなし、短辺側の口縁下に２つの把手がＬ字状に立つ。把手には上に突起がある。喇叭状の圏足が付く。器体及び蓋には雷紋風の紋様が表わされている。通高22.4㎝、口径20.5×22.5㎝。同じ墓からはほかに蓋豆、単耳壺、舟、匕、金糸、金泡、金串珠、柱状ガラス製品などが出土している。この墓地は春秋後期と推定されている。

Ｃｂ-３　山西省原平市塔梁崗［忻州地区文物管理処・原平市博物館 1998，図一〇-１，図一一］

　　平面形は楕円形で、縄状の鈕が４つ付いた蓋が付属する。器体の口縁は子母口をなし、短辺

側の口縁下に２つの把手がＬ字状に立つ。把手には上に突起がある。喇叭状の圏足が付く。蓋には雷紋風の紋様が表わされるが、器体は無紋である。通高20cm、口径20.5×14.2cm。Ｃｂ-２と同じ墓地で発見されたものであるが、盗掘のため詳しい出土状況は明らかでない。

Ｃｂ-４ 山西省渾源県李峪 ［山西省考古研究所 1983，図二-１］
　　1963年に李峪村で徴集された青銅器の１つである。平面形は隅丸長方形で、蓋がつく。蓋には縄状の鈕が元来４つ付いていたが、今は１つ失われている。口縁は子母口をなし、口縁下にやはり縄状の２つの把手が短辺側にＬ字状に立つ。把手には上に突起がある。喇叭状の圏足が付く。器体及び蓋には紋様が表わされている。通高16.4cm、口径11.5×17.4cm。

　　Ｃ型式の把手は、時折縄状を呈することがある。これはＢ型式の特徴でもある。また把手の上に突起が付き、腹部に凸線の弦紋が回ることが多いが、これらはＡ、Ｂ型式にも見られる特徴である。この型式の特徴は、おそらくＢ型式から受け継いだのであろう。今のところ、Ｃａの鍑の多くは陝西省の秦の領域から発見されているが、年代の明らかな墓から出土した例はなく、年代の直接的な手掛かりは得られない。滕銘予は、陝西省志丹県張渠郷で鍑と伴出した鹿形金具を根拠に戦国時代に年代付けているが［滕銘予 2002，pp.41-42］、馬荘類型の鹿形金具との類似はそれほど強いものとは思われない。むしろＣｂの年代を援用したほうがよいであろう。Ｃｂは蓋が付き、それに応じて器の口縁も子母口になり、把手も器の横から出るなどの違いがみられるが、Ｃａの影響を受けて作られたものと思われる。４点とも、ほぼ同種の中国銅器の紋様で装飾されており、ほぼ同じ時期と考えられる。おそらく前６世紀の後半頃のものであることが知られる。なお黒海沿岸のスキタイにおいても、楕円形の鍑は出土しているが、シベリアなどの中間地域にはそれらに相当するものが見られない。また黒海沿岸の長方形・楕円形の鍑は、普通、把手が長辺側に付けられていることも、このＣ型式の鍑と異なっている。おそらくこれら両地域の長方形の鍑は、互いに無関係に出現したのであろう。

　Ｄ型式
　　平面形は円形で、器体がほとんど球形を呈するものである。完全な球形に近いものをＤａ、少し上下が短く平たくなったものをＤｂとして区別する。
Ｄａ-１ シカゴ、フィールド・ミュージアム１　Field Museum of Natural History, Chicago
　　上に突起のある半楕円形の把手が２つ口縁上に立つ。口縁の下に、把手の端部から続くような形で、斜め方向へ短い凸線がある。器体は球形で、把手の間の位置に器体と圏足を通じて鋳型の合わせ目の線が縦に走る。孔のある喇叭形の圏足が下に付く。
Ｄａ-２ 陝西省靖辺県小圏村 ［盧桂蘭 1988，図一］
　　席麻湾郷小圏村出土。上に突起のある半環形の把手が２つ口縁の上に立つ。器体は球形を呈し、下には喇叭形の圏足が付く。圏足には不規則な三角形の孔が開く。通高30cm、口径18cm。
Ｄａ-３ 陝西省神木県橋岔灘 ［盧桂蘭 1988，図版四-３］
　　半環形の２つの把手が口縁の上に付く。器体はほぼ球形を呈する。圏足は喇叭形を呈し、三

角形の孔が3つ開く。通高29cm、口径21cm。

Ｄａ-４ サックラー・コレクション２［Bunker 1997, No.93；東京国立博物館 1997，No.143］

　半円形の把手が２つ、口縁上に立ち、把手の端部から下へ器体上に短い凸線紋様として垂下している。器体は球形を呈し、下には喇叭形の圏足が付く。把手の間の位置に鋳型の合わせ目の線が縦に２本見える。足にも縦方向の鋳型の線が２本あるが、器体のそれとは食い違っている。通高27.5cm、口径17.3cm。

Ｄａ-５ 甘粛省武威市張義鎮

　2010年に甘粛省博物館で催された展覧会《鯤鵬之動――新中国成立60年甘粛考古発現成果展》に、巨大な鍑が展示されていた。2009年４月に甘粛省武威市張義鎮で出土したもので、高さ1.18m、口径87cm、重さ150kg余りというものである。口縁上に把手はないが、口縁のすぐ下３か所に虎形が付けられ、下腹部に小さな鈕が４か所に付いている。腹部下方に水平方向の鋳型の合わせ目があり、その上、器体上部には垂直方向の鋳型の合わせ目が４か所にある。器体の下には脚があり、ほぼ虎の下にあたる位置に３か所楕円形の小さな孔があいている。これは単独で発見されたもので、他に伴ったものはなかったという。

　この鍑は、些か大げさに言えば、今までの中国の鍑の概念を変えるものといってよい。まず、高さ1.18mという大きさは、中国では他に例を見ない。この鍑を除くと、最も大きなもので、高さ70cmほどに過ぎない。中国だけではなく、これほど大きなものは、ユーラシア草原地帯の他の地域にも知られておらず、今のところ、ユーラシア草原地帯最大の鍑といえる。しかしさらに重要なことは、その推測される用途であろう。中国の他のほとんどの鍑は、実用に用いられたことが明らかであり、ことさらに儀礼的な用途を考えさせるものはない。しかしこの巨大な鍑は、表面の煤と内側に付着した残滓から牛や羊を煮たことが推測されているとはいえ、日常的に使用されたものとは考えにくい。むしろ、多数の人の集まる宴会あるいはなんらかの儀礼の場で用いられたと考えた方が自然であろう。他の鍑には見られない虎形の装飾も、それを裏付けるものである。中国の鍑のうちで、儀礼的な使用に結び付けられる可能性の高い貴重な例である。

　甘粛省博物館における陳列では、鍑の年代を戦国時代末から前漢初めと考えていた。文物考古研究所で聞いた話でも、このような大きな鍑を作る可能性のあるのは、匈奴の勃興期あるいは盛期と考えているようである。しかし形からいえば、この鍑は匈奴と関係の深いＥ型式ではなく、Ｄ型式に属している。この例は器形からいえばＤｂというよりＤａに属するであろう。地理的にも、Ｄｂの多い河北省ではなく、またＤａの鍑の発見される陝西省よりもさらに西の甘粛省から出土している。Ｄ型式の他の例を考えると、時期は春秋時代中期から戦国時代の初めの間に入ることになる。甘粛省でこの年代から連想されるのは沙井文化であるが、この出土地は沙井文化の現在知られている分布地域より少し南に外れている。

Ｄｂ-１ 山西省沁水県桃花溝［李継紅 2000，図七，図九-４］

　おそらく土壙墓から出土したと考えられ、同じ墓に納められていた青銅器には、盆子形の器と帯鉤があったことが知られている。把手が２つ口縁上に付き、下には喇叭形の圏足が付く。

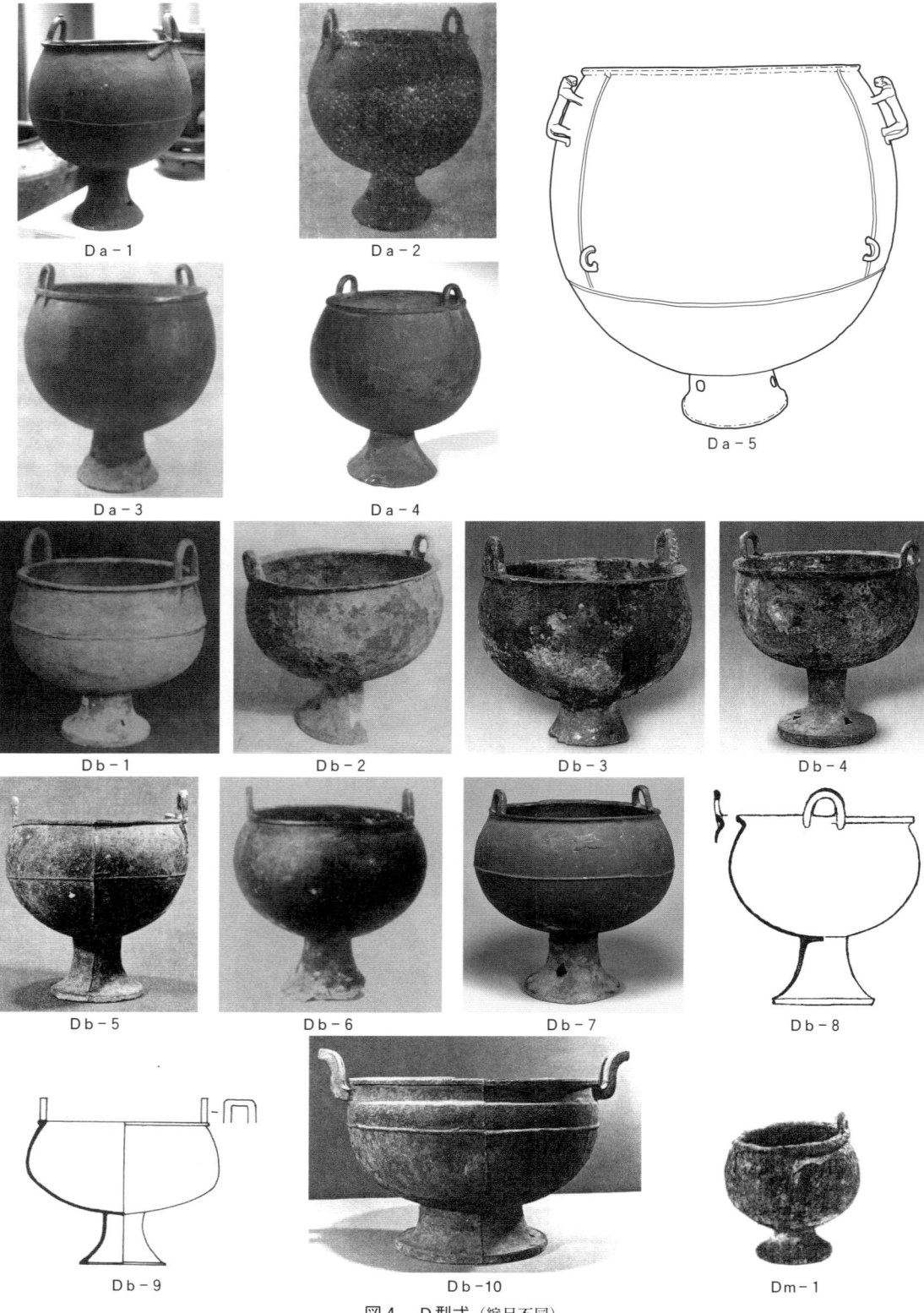

図4　D型式（縮尺不同）

圏足には三角形の孔が3つ開いている。腹部には凸線による弦紋が一周し、器表面には煤の跡があるという。通高24.8㎝、口径20.5㎝。

Ｄｂ-２　河北省懐来県甘子堡８号墓［賀勇・劉建中 1993, 図四-３］

　　半環形の把手が２つ口縁の横に付き、喇叭形の圏足が下に付く。全体に、燻した跡が明らかに見えるという。通高21.3㎝、口径22㎝。甘子堡の墓地は、玉皇廟墓地などと地理的に近く、同様な性格の遊牧民の墓地と考えられる。年代は春秋時代中期後半あるいは後期に属するであろう。同じ墓からは、戈、蟠螭紋で飾られた北方式の剣やアキナケス式の剣、虎形飾板、青銅製銜、帯鉤などが出土している。

Ｄｂ-３　北京市延慶県玉皇廟18号墓［北京市文物研究所 2007, pp.290, 908, 図五七二-１, 彩版五〇］

　　２つの縄状の把手が口縁上に立つ。器体は球形で、下には円錐台形の低い圏足が付く。器体外壁と圏足にかけて縦方向の鋳型の合わせ目が走る。器体の表面にはいぶした痕跡が見え、層をなした麻布が付着していたという。通高20.9㎝、口径19.8㎝。18号墓は玉皇廟墓地のなかで最高級の規格を持つ３基の墓の１つである。被葬者は40歳ほどの男性である。敦や甗などの中国の青銅器や、戈、北方式の短剣、金製の虎形飾金具など豊かな副葬品が発見されている。鍑は棺の中、被葬者の足元から出土した。

Ｄｂ-４　北京市延慶県玉皇廟250号墓［北京市文物研究所 2007, pp.328, 908, 図五七二-１, 彩版五一-１］

　　口縁下から２つの把手が立つ。器腹には鋳型の合わせ目が走る。下部の広がる高い圏足が付く。圏足には三角形の透かし孔がある。通高23.3㎝、口外径21㎝。250号墓も18号墓同様に、玉皇廟墓地のなかで最高級の規格を持つ３基の墓の１つで、被葬者は25歳ほどの男性である。鍑は棺の中、被葬者の頭部付近から出土した。甗などの中国の青銅器や、戈、北方式の短剣、金製飾金具など豊かな副葬品が発見されている。ここで出土した甗は、18号墓出土のものと、きわめてよく似た器形・紋様をもっている。この墓地出土の２点の鍑が、器形は幾分異なるがほぼ同時代であり、またこの墓地の最高級の墓から見出されたことは、注目すべきであろう。

Ｄｂ-５　河北省行唐県李家荘［河北省文化局文物工作隊・鄭紹宗 1963；河北省博物館・文物管理処編 1980, No.160］

　　行唐県の西北、李家荘で発見された。青銅器などの15点の遺物とともに、墓に納められていた。２つの把手が口縁上に立つ。器体は半球形で、４つの外型を使用して鋳造したと考えられている。圏足は喇叭形を呈する。出土した青銅器は、唐山賈客荘のものと比較されている。通高21.5㎝、口径17.5㎝。

Ｄｂ-６　河北省唐県釣魚台［胡金華・冀艶坤 2007, 図十］

　　1966年に住民によって発見された墓から出土したもの。口縁上に把手が２つ付く。器体は球形を呈し、菱形の孔が３つ開いた喇叭形の圏足が付く。器体全体は２つの鋳型で作ったと推定されている。通高22.6㎝、口径17～17.5㎝。墓からは青銅器や緑松石の装飾品とともに、金製虎形飾板や、螺旋状に巻いた金製の針金も出土した。墓の時期は、春秋時代中期あるいはその少し後で、鮮虞族の文化を示すと推測されている。

Db-7 東京国立博物館1　［東京国立博物館 1997, No.144；東京国立博物館編 2005, p.214, 鍑1］
　　方形に近い形の把手が2つ、口縁上に立つ。腹部に凸線で表わされた1本の弦紋が一周する。鋳型を合わせた線は、両耳の中間の場所1箇所と対面する側に2箇所、計3箇所に、圏足の先まで縦に走る。圏足は下部が広がった円筒形であるが、下部に近く、鋳型の合わせ目の間の位置3箇所にそれぞれ小さな菱形の孔が開いている。外型を3分割するという、典型的な中国青銅器の鋳造技法で鋳造されている。通高26.0cm、口径22.3cm。

Db-8 ペンシルヴェニア博物館　［梅原 1930, 第二十五図-2］
　　器体は上下に少し短い球形を呈し、馬蹄形の把手と喇叭状の圏足が付く。圏足に透かしはない。北京購入と伝えられる。通高8寸4分（25.5cm）。

Db-9 河北省順平県壇山　［保定市文物保管所 2002, 図二-1］
　　順平県斉各荘郷壇山村において1基の土坑竪穴積石墓が発見され、鍑のほか、青銅製の斧や、金製の虎形飾板、鍍金の動物紋円形飾金具、柄付鏡、土器などが発見された。鍑には方形の2つの把手が口縁上に立ち、器体は比較的浅い形で、下には喇叭形の圏足が付く。通高22.2cm、口径22.6cm。

Db-10 河北省懐来県北辛堡1号墓　［河北省文化局文物工作隊 1966, 図版二-6；河北省博物館・文物管理処編1980, No.153］
　　きわめて大型の器である。大きさに比して丈の低い形で、2つの把手が頸部から上方へ付けられている。下には圏足が付く。器体上部に凸弦紋が回る。器表には外范を分割した4本の縦線が見え、外底には燻した痕跡がある。通高50.5cm、口径61cm。把手の形に見られるように、この器は中国青銅器の影響を強く受けており、中国青銅器と北方系青銅器の中間形というべきかもしれない。懐来北辛堡1号墓は春秋時代後期から戦国時代前期にかけての墓で、中国青銅器とともに、短剣や飾金具などの北方系青銅器をも出土している。

Dm-1 河北省唐県北城子　［鄭紹宗 1991, p.20照4］
　　唐県北店頭郷北城子で発見された2基の墓のうち、2号墓から出土したものとされる。大きさからミニアチュアである。器体はほぼ球形を呈し、2つの把手が口縁上に立つが、1つは欠けている。喇叭形の圏足が付く。高さ6.92cm、径4.5cmである。この鍑はミニアチュアではあるが、形はこのD型式に分類されるものであり、また年代や出土地も、このD型式とすることができる。この墓からは鼎、豆、壺など28点以上の青銅器が発見され、馬坑も近くに発見されている。墓の年代は前6世紀末から前5世紀初めの春秋晩期にあたり、戦国初年以後ではないとされている。また後に中山国を作った鮮虞と関連付けられている。

　　D型式の鍑は、今のところ甘粛省から河北省にかけて発見されているが、むしろ河北省と北京市における出土が多いことが、C型式の鍑との分布上の違いである。また把手の上に突起を持つ例（Da-1, 2だけ）、縄形把手（Db-3だけ）、そして器腹に弦紋の回る例も少なくなり、B型式からの距離が遠くなっていることが窺われる。しかし把手の間の位置に縦方向の鋳型の合わせ目

が見られることは、中国の技術で作られた鍑の特徴であり、特に河北行唐県李家荘の例（Db-5）や、東京国立博物館例（Db-7）は、おそらく縦に3分割した外型を用いて作られたものと思われる。それはやはりB型式の流れを汲むことを示すといってよいであろう。器体が完全に近い球形を呈するDaは、陝西省出土と考えられるものが多く、Dbには河北省の出土品が多い。地域的な特色と言えるが、それは陝西のほうから河北へ影響を与えた過程での変化を示すと推測してもよいであろう。

図5　琉璃閣甲墓出土蟠螭紋蓋豆

　河南省輝県琉璃閣甲墓から出土した蟠螭紋蓋豆は、その圏足がこの種の鍑の圏足ときわめて類似している［河南博物院・台北国立歴史博物館　2003，pp.78-82］。先端の広がった喇叭形で紋様がなく、菱形の透かし孔が開くものがある。前500年頃と考えられているが、時期もD型式とほぼ似た時期で、北方の鍑との何らかの影響関係を示すと考えられる。CaとCbの関係に似たものと言えよう。

　Ⅱ. 漢代以降の鍑

　前漢時代以降の北方系の鍑は、春秋戦国時代のものとは、型式が一変する。郭物が第2群の鍑と呼んだ所以である。まずこの時期から現れる特徴として、圏足の内側、器体の外底に一文字形の突出があることを挙げることができる。これは湯口の痕跡と見られ、ここから湯を入れて把手と器体を、あるいは圏足をも一度に鋳造したと考えられる。

　この時期以降の型式は、大きく分けると圏足を持つもの（E、G）と、平底のもの（F）に分かれる。圏足を持つ2つの型式のうち、E型式の大きな特徴は、把手の断面が凹字形を呈することである。すなわち外面から見ると周囲が突出して枠状になる。第2の特徴としては、圏足に2つ、あるいは4つの透かし孔があることを指摘したい。また透かし孔の間の脚（ここでは仮に脚と呼んでおく）に、しばしば3本あるいは1本の縦の凸線がある。この把手の断面形、2つか4つの透かし孔、および脚に付く縦の凸線が、このE型式の特徴である。

　平底のF型式はE型式と似た特徴を持ち、時期もほぼ同じ頃に始まったが、後になるとG型式と並行して用いられた。

　G型式は、E型式より遅れて現れる。あるいはE型式に取って代わったといってもよいかもしれない。その特徴は、把手の断面が蒲鉾形をなすことと、圏足の透かし孔が3つであることである。脚の部分に凸線は見られず、平坦である。

　E型式から述べていくが、説明の都合上、なかでも年代のほぼ明らかなEb、そしてEcを先に記し、次にそれに先立つと思われるEaについて述べたい。

E型式
　Eb　器体は深鉢形を呈する。把手の断面は凹字形で、器体には凸線による曲線紋様が施され

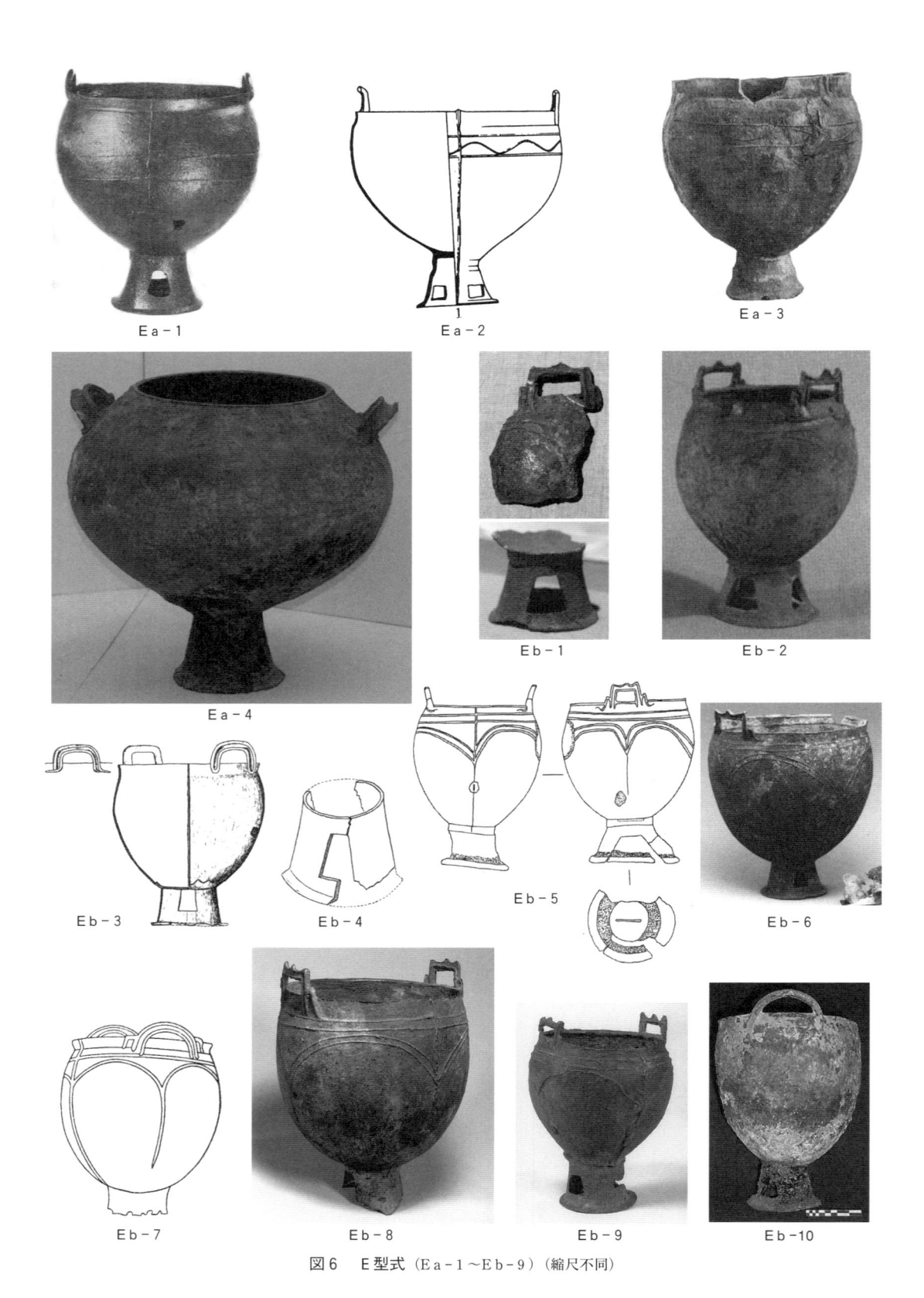

図6 E型式（Ea-1〜Eb-9）（縮尺不同）

ることが多い。器体の外底には一文字形の湯口の痕がある。器体の把手の中間に鋳型の合わせ目の線があり、外范は2分割であったと考えられる。しかしその線は圏足まで達しておらず、器体と圏足は一鋳ではない。圏足には2つの孔が開くことが多い。

Ｅｂ-1　モンゴル、ノヨン・オール（ノイン・ウラ）6号墓［Rudenko 1962, Ris. 29-6, Tabl. Ⅶ-5, 6；梅原末治 1960, 第二一図-左］

　　　把手を含む口縁部の破片と、圏足が出土している。口縁の下には凸線の弦紋が回り、その下に2本1組の弧線紋がある。器体と圏足は一鋳ではなく、圏足の内側、器体外底には一文字形の湯口の痕跡が僅かに見える。ノヨン・オール6号墓は、ノヨン・オールで発掘された古墳の中でも副葬品の豊かな古墳である。よく知られた動物闘争紋の壁掛けや、建平五年（前2年）銘のある漆耳杯もこの古墳から発見されている。

Ｅｂ-2　吉林省楡樹市老河深56号墓［吉林省文物考古研究所編 1987, 彩版二］

　　　2つの把手が口縁の横から立つ。把手は全体に方形で、その上部には3つの突起があって山字形を呈する。把手の両側には小さな突起が付く。器体上部に凸線の弦紋が2本回り、その下に2本1組の凸線からなる4組の弧線紋が配置される。圏足には4つの台形の孔が開く。吉林省博物館におけるケース越しの観察によると、把手の間にはそれぞれ、鋳型の合わせ目と思われる縦方向の凸線があるが、それは圏足には達していない。器体と圏足は一鋳ではないと思われる。通高25cm、口径14cm。鍑は被葬者の脚下から発見された。この墓は老河深の中層に属しているが、中層の年代は前漢末から後漢の初め頃とされている。

Ｅｂ-3　ザバイカリエ、デレストゥィ **Derestui** 43号墳［Minyaev 1998, Tabl. 21-6］

　　　デレストゥィ墓地はザバイカリエの匈奴墓地である。43号墳は8歳以下の幼児の墓であった。この墓からは、土器1点、漆器1点、角製の合成弓の部分品、鉄片などが出土している。鍑は方形に近い形の2つの把手が口縁外側に付き、器体は口縁より少し下が膨らんで下方へ向かってすぼまる形で、透かし孔のある圏足が付く。把手の断面は凹字形をなすようである。スケールによると通高18cmほどであろう。デレストゥィ墓地の年代は、前2～1世紀と考えられている。

Ｅｂ-4　ザバイカリエ、チェリョムホヴァヤ・パチ **Cheremkhovaya pad'**［Konovalov 1976, Tabl. ⅩⅧ-14］

　　　ここもザバイカリエの匈奴墓地であり、鍑の圏足部分の断片が発見されている。おそらく透かし孔が2つ開いた、ノヨン・オール6号墓やデレストィ43号墓出土のものと同類であろう。残念ながら、発掘の状況は詳しく分からない。

Ｅｂ-5　モンゴル、ボルガン＝アイマク、ボルハン・トルゴイ63号墓［Törbat *et al.* 2003, p.153, 225；Desroshes 2000, No.139］

　　　モンゴル中西部のエギン・ゴル Egiin gol 川流域で、フランスとモンゴルの共同調査によって出土したもの。上が山字形で両側に突起のある方形の把手が2つ付く。器体は口縁がすぼんだ形で口縁の下に凸弦紋が2本巡り、その下に2本1組の弧線紋が4組回る。器体には把手の間の位置にそれぞれ鋳型の合わせ目の線があるが、これは圏足までには達していない。器体と圏足部分の金属の色はまったく異なっており［Desroches 2000, No.139］、器体と圏足は一鋳では

ないと思われる。器体の外底、圏足の内側には一文字形の突起があるらしい。圏足には台形の透かし孔が２つ開く。

Ｅｂ-６ モンゴル、ヘンテイ＝アイマク、ドールリク・ナルス Duurlig Nars ４号墓［韓国国立中央博物館 2009, p.28］

　　把手の１つは失われているが、上が山字形の方形を呈し、両側に小さな装飾がある。口縁下に２本の凸弦紋が巡り、その下には２本１組の弧線が４組配置される。器体には把手の間の位置にそれぞれ鋳型の合わせ目がある。范の線は圏足には達しておらず、圏足は器体と一体に鋳造されたものではない。圏足には２つの透かし孔が開く。なかに牛骨が入って発見された。通高37.5㎝。韓国国立中央博物館とモンゴル国との共同調査により、出土したものである。

Ｅｂ-７ モンゴル、キロン川［Rudenko 1962, Ris.29-в］

　　モンゴルのキロン Kiron 川で発見されたもの。弧形の把手が２つ、口縁の横に付き、小さな弧がその両側に付いている。把手の断面はおそらく凹字形をなすと思われる。口縁の下に１条の凸線が回り、その下に弧による紋様がある。把手の間に凸線と思われる線が縦に走る。器体の下には圏足があるが、その下部は失われている。

Ｅｂ-８ 東京国立博物館２［東京国立博物館編 2005, 鍑２］

　　２つの把手は上に３つの突起のある方形を呈し、その両側に小さな突起が付く。把手の間の位置２箇所に縦方向の鋳型の線がある。肩部には２本の凸線による弦紋が回り、その下に、２本１組の弧線が４組、連続して回る。圏足は器体と一鋳ではなく、器体の鋳型を合わせた線も足の上には伸びていない。圏足の中、器体の外底には一文字形の湯口の跡がある。足には元来台形の透かし孔が２箇所に開けられていたと思われるが、足の下部は欠失している。現高35.1㎝、口径25.9㎝。

Ｅｂ-９ 東京国立博物館３［東京国立博物館編 2005, 鍑３］

　　２つの把手は上に３つの突起のある方形を呈する。把手の間の位置２箇所に縦方向の范の線がある。口縁部の下には２本の凸線による弦紋が走り、その下に４本の弧線が連続して回る。足には１箇所に台形の孔が開き、ほぼそれに対面する位置に、台形からさらに不規則に広がった孔がある。本体と足は別鋳である。円錐台形を呈する足の、本体に接する部分には、足部分と一体である平たい棒（それには３本の凸線がある）が渡され、それが本体部分と鋳掛けによって接着されているようである。その鋳掛けの痕跡は、本体の内底中央にも見える。圏足の下部の１箇所に、圏足部分の湯口の痕跡と思われるものがある。高17.8㎝、口径11.6㎝。

Ｅｂ-10 モンゴル、アルハンガイ＝アイマク、タミル Tamir 墓地97号墓［Purcell and Spurr 2006, p.25；Batsaikhan 2006, fig.2］

　　器体は青銅、圏足は鉄で作られている。弧形の把手が口縁の上に立ち、圏足には三角形あるいは台形の透かし孔がある。把手の断面形は写真からは明らかでなく、また錆のためか紋様も見えないが、明らかに器体と圏足が別鋳であり、圏足の形もこのグループに近いので、ここに入れておく。同じ墓からは、角・鉄製の飾金具、漆器、銜なども出土している。この墓地は匈奴の墓地と考えられているが、この墓は、通常より深く造られていることや、被葬者の頭位な

どから、匈奴連合に含まれる外部の民族の人を葬ったと推定されている。

Ｅｃ　Ｅｂと似ているが、器体と圏足が一鋳に鋳造されたものをここに入れる。器体は深鉢形で、弧線紋で飾られるものが多く、圏足には４つの孔が開くことが多い。

Ｅｃ-１　内蒙古自治区赤峰市林西県大営子郷［王剛 1996, 図二］

上部が山字形で両側に突起のある２つの把手を持ち、器体には口縁の下に１条の凸線と、その下にも凸線紋様がある。鍑の上部は青銅製であるが、下部は鉄製である。圏足には透かし孔がある。通高67cm、口径34cm。ずば抜けて大型の鍑といえよう。

Ｅｃ-２　内蒙古博物院１

烏蘭察布市徴集。鉄製。２つの把手は上部が山字形で両側に突起がある。器体は深鉢形で、口縁の下に１条の凸弦紋が巡り、その下に２本一組の弧線が４組回る。下に付く圏足には、４つの台形の透かし孔が開き、脚にはそれぞれ３本の凸線がある。通高約60cm。

Ｅｃ-３　内蒙古自治区呼和浩特市鋼鉄廠［卜揚武・程璽 1995, 図一-10］

鋼鉄廠工地で発見された。上部が山字形の把手が２つ付く。器体上部は２本一組の弧線紋様で飾られ、把手の間には鋳型の合わせ目の線が縦にある。下には喇叭状の圏足が付く。全体に煤が付き、出土した時には中に牛骨の残片があったという。

Ｅｃ-４　ストックホルム東アジア博物館１　The Museum of Far Eastern Antiquities, Stockholm ［Andersson 1932, Pl. XIX-４, 説明はFig. 1 参照］

上部が山字形で両側に突起のある方形把手が２つ、口縁に付く。把手の間に、鋳型の合わせ目の線が縦に走る。器体の、口縁のすぐ下に凸線による弦紋が２本回り、その下に２本一組の弧線紋が施される。器体は下に向かってすぼまる丸い形である。圏足は見られないが、元来あったものが失われたのではないだろうか。口縁高17.2cm、腹径18.7cm。アンダーソンの論文では、図版の説明が混乱している。

Ｅｃ-５　大原美術館［梅原 1960, 第二二図］

上部が山字形で両側に突起のある把手が２つ、口縁に付く。把手の間に、器体・圏足を通じて鋳型の合わせ目の線が縦に走る。器体の、口縁のすぐ下に凸線による弦紋が１本回り、その下に弧線紋が４本施される。圏足は喇叭形で、鋳型の合わせ目のある２方向に孔が開く。外底には湯口の突起は見えないが、圏足下部の内側２箇所が厚くなっているところを見ると、そこが湯口だったのかもしれない。通高19.2cm、口径13.7cm。

Ｅｃ-６　陝西省楡林市菠蘿灘村［盧桂蘭 1988, 図二］

小紀汗郷菠蘿灘村徴集。上部が山字形を呈し両側に突起のある方形の把手が２つ口縁上に立つ。口縁下に凸線の弦紋が２本回り、腹部にも４本の凸線があるという。器体は深鉢形で、圏足は破損している。現高25cm、口径17cmである。

Ｅｃ-７　モンゴル、アルハンガイ＝アイマク、ナイマ・トルゴイ　Naima Tolgoi　３号墓［Erdelyi et al. 1967, Fig. 26 a ］

モンゴル・ハンガリー合同調査団による発掘で、モンゴル中西部、フヌイ川流域のナイマ・

Ec-1

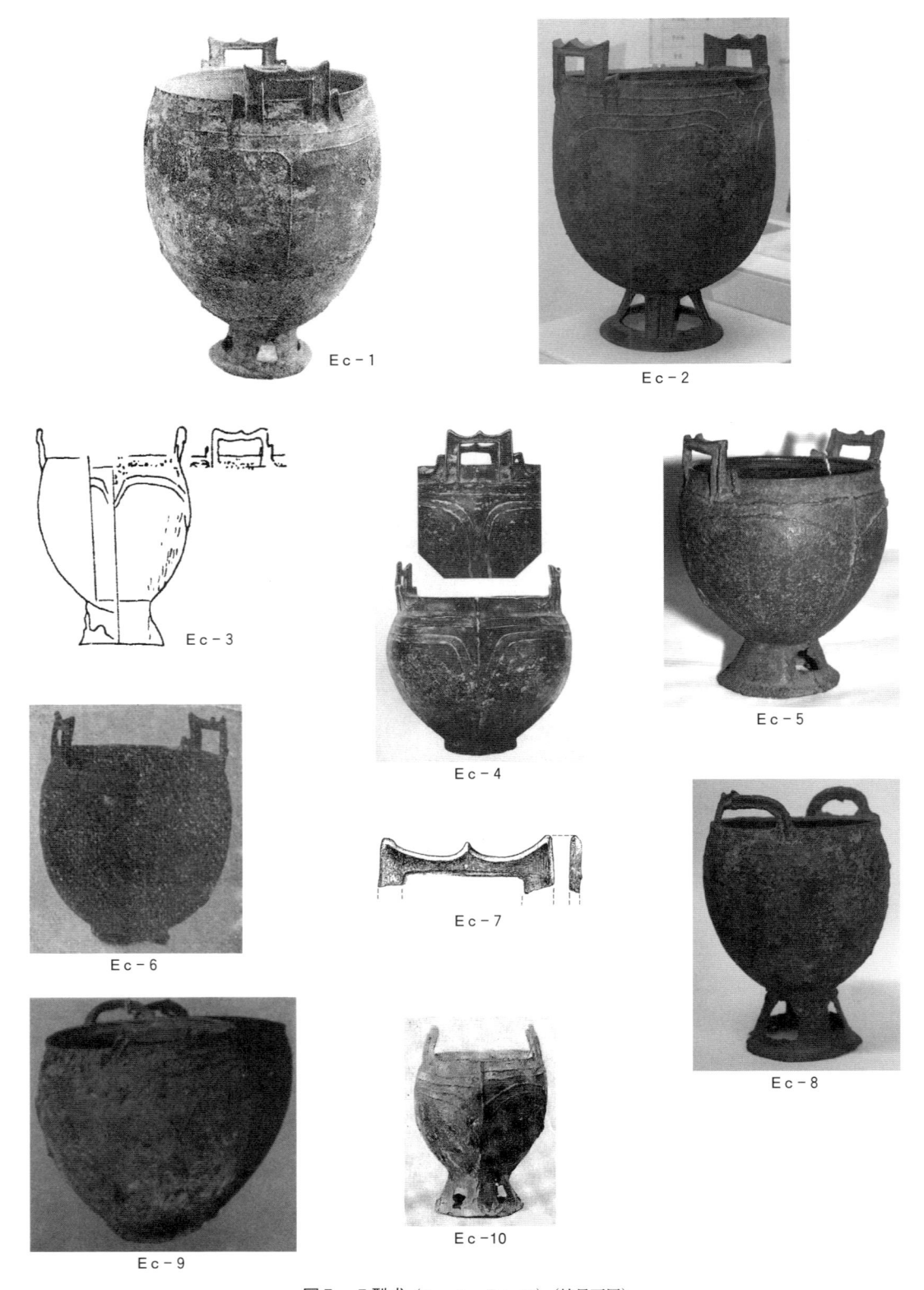

Ec-2

Ec-3

Ec-4

Ec-5

Ec-6

Ec-7

Ec-8

Ec-9

Ec-10

図7　E型式（Ec-1〜Ec-10）（縮尺不同）

トルゴイ3号墓から出土した。上部が山字形を呈する、鍑の方形把手の一部であり、この型式に多い形である。同じ墓からは、土器片や鉄器の断片が出土している。

Ｅｃ-8 東京大学考古学研究室 ［江上・水野 1935，第百五図-3］

　弧形の把手が口縁側に立つ。器体は深鉢形で、口縁の下に凸線が2条回り、その下に弧形の線が表わされる。下には4つの透かし孔のある圏足が付く。この鍑がきわめて特異であるのは、鋳型の合わせ目の縦の線が2つの把手の上にあることである。これは器体表面を通って圏足の上まで達しており、また器体と圏足の間を回る横方向の凸線も、鋳型の合わせ目のように見える。すなわち圏足部分は別の鋳型を組み合わせて、把手を含めて全体を一鋳にしたものであろう。圏足の内側、外底に湯口の痕跡と思われる一文字形の突起がある。通高21.3㎝、口径13.7×13.2㎝。江上・水野によると、張家口で購入したという。

Ｅｃ-9 モンゴル、アルハンガイ＝アイマク、ゴル・モド **Gol Mod** ［Erdelyi *et al.* 1967，Fig. 29 c，note16］

　モンゴル中西部、フヌイ川流域にあるゴル・モド墓地で、ドルジスレンにより発掘された。弧形の把手が付いた深鉢形の鍑で、口縁下に弦紋が2条、その下に凸線による弧線紋がある。圏足の有無については不明であるが、ここに含めておく。発掘された時、なかに動物の骨があったという［Erdelyi *et al.* 1967, note 19］。

Ｅｃ-10 旅順博物館1 ［杉村・後藤 1953，図版16-10］

　把手が2つ付き、口縁の下には2本の凸線による弦紋が回り、その下には2本一組の弧線が4組配されているようである。把手の間には鋳型の合わせ目の縦の線が器体・圏足を通じて走っている。圏足には透かし孔がある。

　Ｅｂの代表的な例であるノヨン・オール6号墳、楡樹老河深などの例は、圏足だけを先に鋳造して、それを器体の鋳型に組み合わせて鋳造したと思われる。東京国立博物館3は、圏足が別鋳であり、鋳掛けによって接合したのであろう。いずれにせよＥｂは単純な一鋳ではない鍑の一群である。

　ノヨン・オール6号墳出土の把手と圏足は、同じ古墳から出土した建平五（前2）年の銘文を持つ漆耳杯により、前漢の末、紀元前後の変わり目の時期のものと思われる。吉林省楡樹老河深出土の鍑も、ほぼ同じ時期のものとされている。この型式の鍑の年代が窺われる。

　ＥｃはＥｂが変化してできたものであろう。2個の外型を使い、圏足をも含めて全体を一度の鋳造で作るように、製作法が定型化したことが窺われる。時期は紀元前後頃のＥｂよりも後の、後漢時代の比較的早い頃と考えられる。

　なお、ＥｂやＥｃなどＥ型式の比較的早い頃には、把手の形が、上部が山字形で、その両側に小さな突起のあるものが特に多い。

　Ｅａ　Ｅｂとした一群の鍑よりも古いと考えられるものに、ザバイカリエのイヴォルガ墓地 Ivolginskii mogil'nik 119号墓出土品、扎賚諾爾墓地1986年出土品がある。またザバイカリエのキャフタの博物館にも、扎賚諾爾出土品とよく似た紋様を持ったものが保管されている。それらを

Eaとして区別したい。

Ea-1 ザバイカリエ、イヴォルガ119号墓［Davydova 1968, Fig.20；Давыдова 1996, cc.18, 55, Табл.35-4］

　　墓には木棺の痕跡があり、40〜55歳の女性の骨が発見された。鍑は被葬者の頭の上方から、１個の土器とともに出土している。ほかに発見されたのは、鉄製環、鉄製留金、トルコ石製垂飾である。鍑の中には、毛織物の断片と魚の骨が発見された。また鍑の下には赤い漆の痕跡があったという。鍑には半環形の２つの把手が口縁両側に付き、器体には２本の凸線による弦紋が回る。透かし孔のある圏足が付く。把手の間に縦方向の鋳型の合わせ目の線があるが、器体と圏足は一鋳ではない。これはEbと共通するが、ただ、Ebにおいては器体の下端が圏足の上に被さっているのに対し、このイヴォルガ例では、逆に圏足の上端が器体の下端の上に被さっていることが異なっている。通高26.8cm。イヴォルガ墓地の年代は、発掘者ダヴィドヴァにより、前２〜１世紀と考えられている。

Ea-2 内蒙古自治区満州里市ジャライノール3014号墓［内蒙古文物考古研究所 1994，図九-１，図版八-１］

　　方形の２つの把手が口縁に付き、下部に４つの方形の孔の開いた圏足が下に付く。器体の上部には２本の凸線による弦紋が回り、その間に波曲線が施される。把手の高さ３cm、口縁から器体底部まで20.5cm、圏足高７cm、口径27.5cm。3014号墓の被葬者は、右側を向いて仰臥伸展葬で葬られた30〜40歳の男で、木棺の中からはほかに陶壺、骨簪、樺皮製品などが出土した。鍑は被葬者の頭の横に置かれていたものである。ジャライノール墓地は、後漢時代の鮮卑の墓地として知られているが、1986年の調査では、より早い時期、おそらく前漢時代に相当する時期のものと考えられる石製帯飾板の出土した墓も調査されている。この鍑は、器形がイヴォルガ出土品Ea-1と幾分類似しており、同時代である可能性を考えることができる。

Ea-3 ザバイカリエ、キャフタ博物館所蔵［Grishin 1981, Ris.35-3］

　　口縁の一部が欠けているようで、把手の有無もわからない。器体上部に２条の凸線による弦紋があり、その間に凸線によるゆったりした波線紋があることがEa-2と共通する。器体は下がすぼまり、圏足が付く。

　Ebの鍑が出土したデレストィ墓地、チェリョムホヴャヤ・パチ墓地は、前２〜１世紀の匈奴の墓地と考えられており、年代としてはノヨン・オールなどよりも１段階古いことになる。しかしデレストィ墓地出土の鍑（Eb-3）や、チェリョムホヴャヤ・パチ出土の圏足断片（Eb-4）は、ノヨン・オール６号墳などの鍑とほとんど変わりはない。デレストゥィ墓地の鍑は把手が弧形であるが、器体や圏足の形はよく似ている。それに加えて、中央アルタイのヤロマンⅡ（Yaloman-Ⅱ）51号墳出土の鍑（畠山論文 Ⅱ.1.A-006）も、把手の形は異なるようであるが、よく似た形の圏足を持っており、墓は前２世紀から後１世紀に年代付けられている。これらの匈奴墓地やアルタイの墓の年代の下限はノヨン・オール６号墳と接するのであり、ほぼ同型式、同時代と考えてよいであろう。

イヴォルガ墓地119号墓の鍑はこれらとは異なった形をしている。また扎賚諾爾墓地3014号墓の鍑も、イヴォルガのものと幾分似た輪郭を持っており、類品と考えることができる。3014号墓については年代の直接的な証拠はないが、この鍑は前漢時代まで遡ると考えることができよう。すなわち、これらの鍑はノヨン・オール6号墓出土品などより型式的に一段階古い可能性がある。仮にＥｂの年代を前1世紀と考えれば、Ｅａの年代は前2世紀を中心とすると考えられよう。

　これらの鍑の起源はどこにあるのであろうか。中国でこれらに先行するものとして、長方形のＣ型式と円形のＤ型式があるが、長方形のものは、今のところ春秋時代の中期頃のものと考えられ、戦国時代にまで下がる例は知られていない。円形のものにしても、戦国時代と明確に年代付けられるものはなく、むしろ春秋時代の中期から後期のものが多いように思われる。前漢時代とは年代の上で少し開きがある。

　また製作技術の上でも違いがみられる。Ｄ型式においては、例えば東京国立博物館所蔵のもの（Ｄｂ-7）は器体と圏足が一鋳で、鋳型の外型が縦に3分割される。河北行唐県李家荘のもの（Ｄｂ-5）も4つの鋳型を使ったと考えられている。これらはさらに古いＢ型式からすでに見られるように、中国青銅器の製作技術を取り入れたものであろう。そして器体と圏足は一鋳であり、湯口は器の外底にはない。しかしノヨン・オールなどで出土した鍑は、同様に縦方向の鋳型の合わせ目が見られるとはいえ、圏足部分は別に作ってそれを器体の鋳型に挿入したことが考えられる。また器の外底に湯口の一文字形突起がある。いずれにしても圏足と器体は一鋳ではない。Ｄ型式とＥ型式の間には、年代ばかりではなく、製作技術の上でも違いがある。

　Ｅ型式の起源を考える上に問題になるのは、2008年9月に内蒙古博物院に陳列されていた鍑である。

Ｅａ-4 内蒙古博物院2

　ラベルによると烏蘭察布盟四子王旗で徴集されたものである。鉄製で、2つの横方向の把手が器体肩部に付き、縦方向の鋳型の合わせ目が器体に見える。合せ目の線は把手の内側を通っており、把手は器体の鋳造後に接着されたものかもしれない。また線は圏足まで達せず、器体と圏足は一鋳ではない。圏足には2つの三角形の孔が開いている。通高60cmほどである。

　この鍑の圏足の特徴はノヨン・オール出土品の特徴と一致するが、一方ではシベリア出土のいくつかの鍑とも似たところがある。すなわち例えばボコヴェンコとザセツカヤの紹介するミヌシンスク地方出土の鍑は（畠山論文 Ⅱ.1.B-002）[Bokovenko and Zasetskaya 1993, No.23]、肩に横方向の把手が付き、圏足は破損しているが、割れた形からすると、元来三角形の孔が開いていたように見える。肩部には波線の紋様帯がある。またチュメン地方サヴィノフカ出土例も同じで（同 Ⅱ.1.A-003）[op cit., No.31]、肩部に2つの横方向の把手と波線紋様帯があり、その下に曲線紋様が施され、圏足には菱形の孔がある。器体には縦方向の鋳型の合わせ目があるらしい。ミヌシンスク地方クズクル出土品は（同 Ⅱ.1.A-001）[op cit., No.24]、把手が縦に付く弧形のものでその両側に小さな突起があり、肩部と器体の紋様はサヴィノフカ出土品と同じである。これらやイズィフスキー=コピ1-1墓地出土鍑（同 Ⅱ.1.B-001）の肩部の波線紋は、ジャライノール出土品（Ｅａ-2）やキャフタ博物館のもの（Ｅａ-3）と共通する。内蒙古博物院の鍑は、さらに西シベリア

のシドロフカで出土した3個の青銅鍑にも、きわめて類似している（同 Ⅱ.1.A-005, Ⅱ.1.B-004, 006）[Matyushchenko and Tataurova 1997, Ris.16-1, 3, 70-3]。それらは鋳型の合わせ目が縦にあり、肩部に横方向の把手があることも同じである。シドロフカでは石を象嵌した匈奴型式の帯飾板が出土しており、中国の戦国時代末から前漢時代初めに相当する時期と考えることができるであろう。すなわち匈奴の最盛期である。そしてここに挙げたような型式の鍑が、ノヨン・オールなどから出土した鍑の原型を示すと考えることができよう。これらの例は、匈奴がそれらの地方へ進出したことによって与えた影響を示すと考えることもできるが、鍑の型式としては、こちらのほうが古いと考えることが可能である。まだ中国ではほとんど出土例がないが、今後の調査に期待したい。

図8　トゥバ出土土器

　ここで挙げた横方向の把手を持った鍑は、柳生論文で述べられている天山北方C類の鍑や雪嶋論文のⅢ類の鍑と外形が類似している。この種の鍑は、西では黒海沿岸からも出土し、シベリア、カザフスタン、南ウラル、セミレチエ、中国新疆ウイグル自治区、そして後述するようにモンゴルという、きわめて広い分布地域を示している。また中国でも存在した可能性もある（X-3参照）。それらには中国的な技術を示す縦方向の鋳型の合わせ目が見られず、異なった技術で製作されたものと思われる。しかし上述の西シベリアのシドロフカやサヴィノフカ、そしてミヌシンスク地方などの鍑の成立の背景として、この型式の鍑を考えておく必要があるであろう。

　E型式とシベリア方面の関連を示すもう一つの事象として、Eb、Ecに見られる弧線紋について述べておきたい。この種の紋様を持つ鍑は、平底のFbに類するものが、トゥバの匈奴墓と考えられる墓から出土している（畠山論文 Ⅱ.2.A-003）。トゥバでは、似た紋様が土器に施された例も見られる[Vainshtein 1974, Ris.27-3, 5]。土器に付けられた紋様が、鍑を製作するときに応用された可能性を考えてもよいであろうか。そうするとEbが成立した地域としてトゥバが考えられることになる。

　さてEcの次に来る型式は、器体の弧線紋が変化して直線的になったものである。把手から続く形の弧線が加わることもある。把手の形では、上が山字形で両側に突起のあるものは少なくなり、方形のものが多くなる。また多くのものに、脚に凸線がある。器形によってEdとEeに分ける。

　Ed　器体が深鉢形をしたもの。
Ed-1　東京藝術大学大学美術館［東京国立博物館編 1997, No.230］
　　2つの把手は、上部が3つの突起のある方形を呈し、把手の両側にも三角形の突起がある。器体は深鉢形で、上部に1本の弦紋があり、その下に1本の角張った線による紋様や把手の両側の突起から続く凸線紋様などがある。把手の間には、それぞれ鋳型の合わせ目の線が、縦に

器体から圏足へ通じている。圏足には大きな透かし孔が4つあり、脚には1本凸線がある。器体の外底には湯口の跡と考えられる突起がある。高26.5cm、口径15.0cm。

Ed-2　天理大学附属天理参考館［口絵1］

　　上部が波状になり、両側下に三角形の突起の付く方形の把手が2つ、口縁に付く。器体は球形に近い深鉢形で、下に円錐形の圏足が付く。圏足には4つの大きな透かしがあり、脚には中央に凸線がある。把手の間にそれぞれ鋳型の合わせ目の線が、器体から圏足にかけて縦に走る。口縁のすぐ下に細凸線による鋸歯紋帯が回るが、これは、器体の円周を鋳型の合わせ目の線と把手の下で4分割すると、対面する位置の、2つの4分の1にしか、はっきりと表わされていない。2つの把手の下からは3本の凸線が、縦長の二等辺三角形の左右の線と中心線のように、圏足の基部に向けて垂下している。圏足の下部にも、脚の中央凸線の途中から斜めに垂下する線がところどころ見える。内底の中央は円形に窪んでおり、そこに鋳掛けによる修理痕がある。外底にも修理痕に対応する痕跡がある。通高25.2cm、口径18.3cm。このような、弧線紋あるいはそれに由来する紋様以外の紋様で装飾された鍑は、きわめて珍しい。

Ed-3　鄂爾多斯青銅器博物館1

　　把手は上部が山字形をなす方形で、断面は凹字形である。器体には口縁の下に2本の凸弦紋が巡り、その下にも一部がV字形になった直線紋様が巡る。器体は深鉢形で下に4つの透かし孔のある圏足が付く。脚には3本の凸線がある。

Ed-4　甘粛省慶陽市［梅原1930, 第二十八図-1］

　　1920年に、甘粛省慶陽府の東北にある古塞址付近で、天津の北疆博物院のリサン師によって発掘されたという。出土地が明確な貴重な例である。把手は上が波形を呈する方形で、器体は深鉢形を呈し、透かし孔のある圏足が付く。器体上部には凸線が1本回り、その下に角ばった線による装飾がある。圏足の脚には、2本あるいは3本の凸線が縦に走る。高さ1尺06分（32.1cm）。

Ed-5　ハンガリー、**Rath Gyorgy Museum**［Érdy 1995, Table. 6．2．16］

　　上端が波状になった方形の把手が2つ付き、器体には直線的な紋様が回る。把手の間にも線があるが、おそらく鋳型の合わせ目であろう。圏足には透かし孔があり、脚の部分に1本の凸線があるようである。通高23.5cm、口径15cm。

Ed-6　奈良国立博物館3［奈良国立博物館 2005, No.266］

　　奈良国立博物館所蔵。方形の2つの把手が口縁横に付く。器体は深鉢形で、口縁の下に1条の凸線が巡り、把手の外側から続く凸線や曲線紋様が施される。把手の間の位置に鋳型の合わせ目の線が縦に走る。下には4つの透かし孔のある圏足が付き、脚には1本の凸線がある。圏足の内側、器体の外底に一文字形の湯口の痕跡と見られる突起がある。これは鋳型の線とほぼ同じ方向である。通高22.6cm、口径14.3cm。

Ed-7　ストックホルム東アジア博物館2［Andersson 1932, Pl. XIX-3、説明はFig. 5参照］

　　口縁の側に2つの把手が付く。器体は深鉢形で口縁の下に1条の凸線が回り、その下に角ばった凸線がある。把手の間には鋳型の合わせ目と考えられる線が縦に走り、それは圏足下部ま

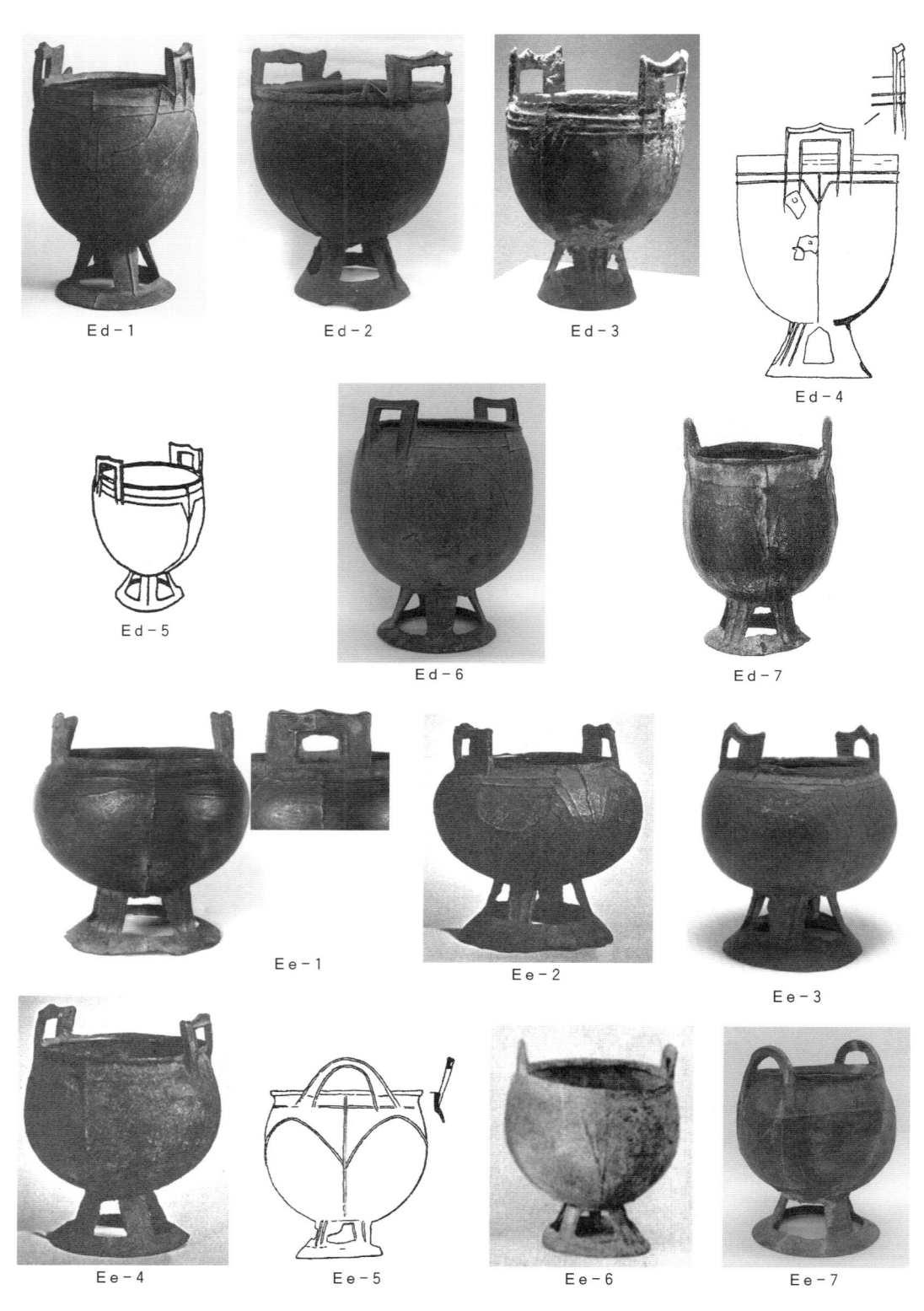

図9 E型式（Ed-1〜Ee-7）（縮尺不同）

で達している。圏足には４つの透かし孔が開き、脚には３本の凸線が施される。高15.6cm、最大径11.6cm。

Ee 器体が、口がすぼまって球形をなすもの。

Ｅｅ-１ 京都大学２［江上・水野 1935，第百十三図-３，図版三四；京都大学文学部 1963、金属製品 No.397］

上が波形になる方形の把手が２つ口縁に付く。その断面は中央の窪む凹字形である。器体は球形を呈する。口縁の下に凸線による弦紋が一周し、その下にも弧を描く曲線が、把手の端から延びている。把手の間には鋳型の合わせ目の線があり、これは圏足の下端にまで続いていて、全体が一鋳されたことが分かる。圏足内側、外底に湯口の跡と考えられる一文字形の突起がある。圏足には４つの透かし孔があり、その間には各々３本の凸線で飾られた脚がある。京都大学総合博物館所蔵。高さ18.7cm。

Ｅｅ-２ 内蒙古文物考古研究所１［田広金・郭素新 1986，図一〇六-４，図版九四-２；中国青銅器全集編輯委員会編 1995，No.207と同一か］

２つの把手が口縁に付き、器体には弧線から変化した直線的な紋様で飾られる。圏足には４つの透かし孔が開き、脚には３本の凸線がある。

Ｅｅ-３ 横浜個人蔵［東京国立博物館編 1997，No.231］

２つの把手は方形で上部中央が尖った形になる。器体は上部のすぼまった球形を呈し、口縁下に１本の弦紋が巡り、その下に凸線紋様がある。把手の間には、范の合わせ目の線が縦に２本、器体から圏足へ通じている。圏足の４本の脚は３本ずつの縦の凸線で飾られている。器体の外底には湯口の跡と考えられる突起がある。高21.9、口径14.0cm。

Ｅｅ-４ 内蒙古博物院３［田広金・郭素新 1986，図版九四-１］

２つの把手は方形で、把手の間には鋳型の合わせ目の線がある。下には圏足が付く。

Ｅｅ-５ チェルヌスキ美術館１［梅原 1930，第二十三図-２］

逆Ｕ字形の把手が２つ、口縁側に付く。把手の断面は凹字形と思われる。口縁の下に凸線が１条回り、その下は弧線によって飾られる。器体の下には透かし孔のある圏足が付く。圏足の間には凸線がある。通高６寸２分（18.8cm）。

Ｅｅ-６ 旅順博物館２［杉村・後藤 1953，図版16-11］

把手の形は不明。器体は球形に近い形で、弧線紋に由来するＶ字形の凸線紋様が見える。圏足にはおそらく４つの透かし孔が開く。

Ｅｅ-７ 奈良国立博物館１［奈良国立博物館 2005，No.264］

弧形の２つの把手が口縁横に付く。把手は外側の幾分高くなって枠状になる形である。器体上部に凸線による弦紋が一条巡る。把手の下は、把手から続く曲線やアステリスク形などの凸線によって装飾される。器体は小型でほぼ球形をなしており、把手の間の位置に鋳型の合わせ目の線が縦に走り、圏足の下部にその続きが見られる。下には３つの透かし孔のある圏足が付く。脚の部分の断面は菱形に近い形となる。圏足の内側、器体の外底に一文字形の湯口の痕跡

と見られる突起がある。これは鋳型の線とはほぼ直交している。通高17.2cm、口径11.7cm。3つの透かし孔は、G型式の影響と考えておきたい。

　Ｅｆ　器体に元来の紋様がなくなったものをここに分類する。
Ｅｆ-1 寧夏回族自治区固原市塞科郷［固原県博物館・姚蔚玲 2001，図一-5，図三］
　　上部が波状になり、両側下に三角形の突起の付く方形の把手が2つ、口縁横に付く。器体は深鉢形で、両面に鋳型の合わせ目と燻した痕が明らかに見えるという。圏足には透かしがあり、3本の凸線がある。通高26cm、口径17cm。陶罐、金耳環、金指輪、金頸飾とともに発見された。同じ器形で通高25.7cm、口径16.7cmのものが、固原県高台郷乾旦村でも出土しているという。
Ｅｆ-2 内蒙古自治区烏蘭察布盟二蘭虎溝1 ［内蒙古文物工作隊編 1964，図版二一-一〇六］
　　察哈爾右翼后旗察漢淖郷二蘭虎溝墓地出土。上部が波形になった2つの方形の把手が付き、把手の両側には突起がある（田・郭 1986，図一〇五-7に見える実測図は上述文献の写真と幾分異なっている）。把手の間にはそれぞれ鋳型の合わせ目の線がある。Ｅｆ-3と同様に、底部には元来圏足が付いていたのではないだろうか。現高16cm。二蘭虎溝は後漢時代の墓地と考えられる。
Ｅｆ-3 東京国立博物館4 ［東京国立博物館編 2005，鍑4］
　　2つの把手は上に3つの突起のある方形を呈し、その両側に小さな突起が付く。把手の間の位置に縦方向の范の線がある。足は欠失しているが、本体側の足の基部に鉄が見えることからすると、鉄製の足が付いていた可能性がある。現高15.5cm、口径12.3cm。
Ｅｆ-4 内蒙古自治区烏蘭察布盟石家溝1 ［内蒙古博物館 1998，図一一-2］
　　卓資県梅力蓋図郷石家溝出土。鉄製。方形の把手が2つ口縁の外側に立つ。把手の断面は凹字形を呈する。器体の、把手の下の部分に、アステリスク形の紋様が凸線で表わされている。透かし孔のある圏足が付く。通高28cm、口径16.2cm。
　　この墓地からは鉄製の鍑3点と青銅製の鍑3点が発見された。また五銖銭、鉄刀、位至三公鏡や長宜子孫鏡などの後漢鏡、そしてさまざまな装飾品も発見され、後漢後期の鮮卑の墓地と考えられている。
Ｅｆ-5 范氏蔵2 ［So and Bunker 1995, No.10；Bunker 2002, No.186］
　　上辺の中央のとがった方形の把手が2つ付く。把手の断面の形は凹字形を呈する。把手の間の位置に鋳型を合わせた線が縦に走り、その下端は圏足の下部にまで達している。圏足には透かし孔が開く。孔の間には縦の凸線がある。通高17.8cm、口径11.4cm。
Ｅｆ-6 東京国立博物館7 ［東京国立博物館編 2005，鍑7］
　　中央が少し山形に尖った方形の把手を2つ持つ。把手の間に外型の合わせ目の線がそれぞれ縦に走る。外底の中央には湯口と思われる一文字形の突起がある。底には4本の脚の痕跡が残る。下部は環状になっていたと思われる。高21.0cm、口径12.9×14.0cm。
Ｅｆ-7 京都大学3 ［江上・水野 1935，第百十三図-6，図版二六］
　　方形の把手が口縁の両側に付くが、その1つは失われている。把手の断面は中央の窪む形である。把手のそれぞれ中間に鋳型の合わせ目の線が縦に走る。圏足の一部が残り、鉄が多く付

中国の鍑（髙濱　秀）

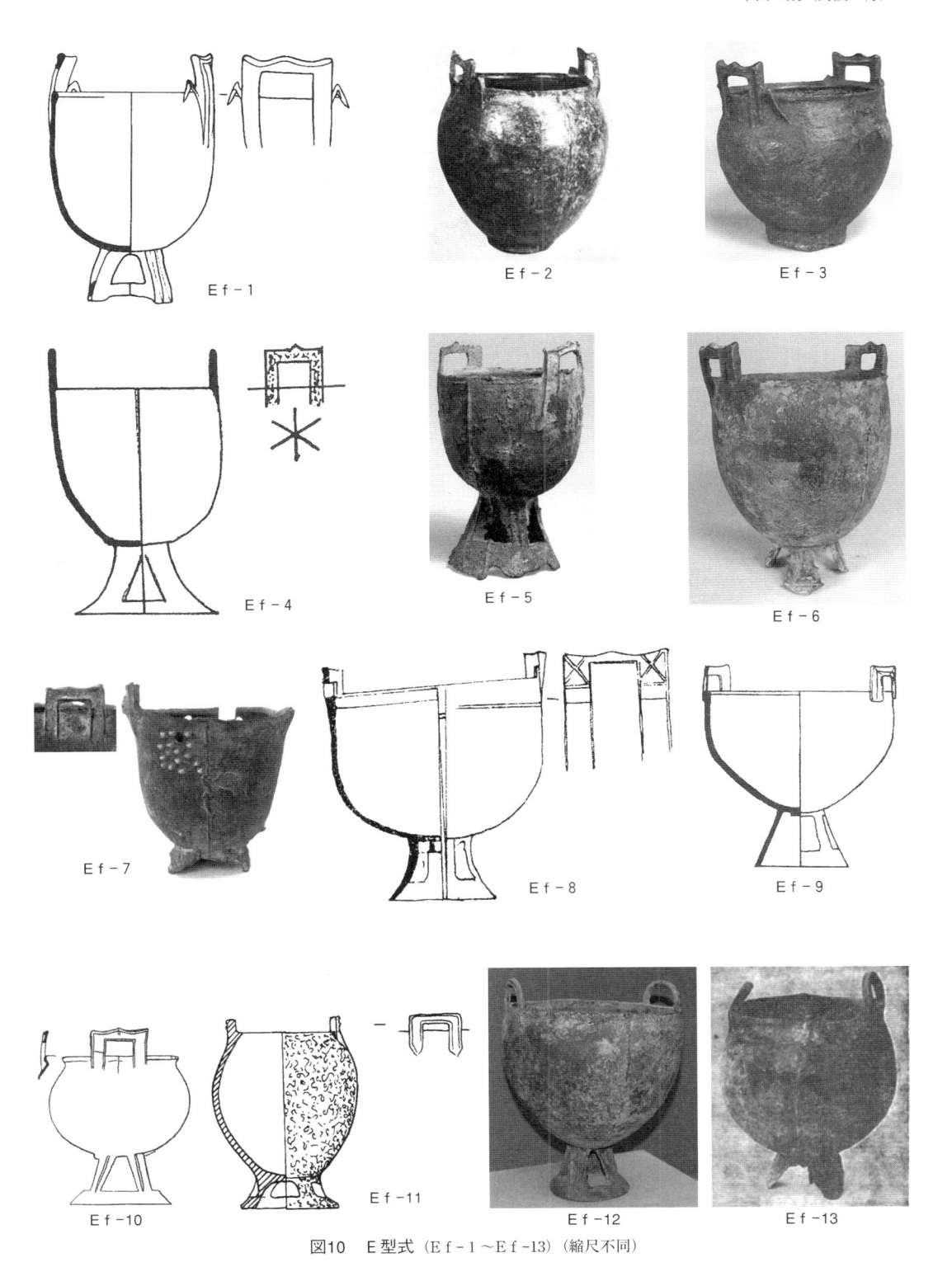

Ef-1　Ef-2　Ef-3
Ef-4　Ef-5　Ef-6
Ef-7　Ef-8　Ef-9
Ef-10　Ef-11　Ef-12　Ef-13

図10　E型式（Ef-1～Ef-13）（縮尺不同）

着している。外底には鋳掛けによる修理の痕がある。京都大学人文科学研究所所蔵。現高14.1cm、口径10.9cm。

Ｅｆ－8　内蒙古自治区伊克昭盟烏審旗［卜揚武・程璽 1995，図一－3］

　　烏審旗発見の窖蔵から出土した2点の鉄鍑の1つである。窖蔵は北魏時代とされる。方形の把手が口縁に付き、口縁下には1条の凸線が巡る。把手には、凸線によるX字状の紋様がある。下には透かし孔のある圏足が付く。口径37cm。

Ｅｆ－9　遼寧省喀左県于杖子1［尚暁波 1996，図二－5］

　　草場郷于杖子の北魏時代遺跡の住居址から出土したという。記述では鉄製であるが、図の説明では銅製である。方形の把手が2つ口縁の横に付き、器体は下半分がすぼまる形で、4個の透し孔のある喇叭形の圏足が付く。

Ｅｆ－10　チェルヌスキ美術館2［梅原 1930，第二十三図－1］

　　方形の把手が2つ口縁側に付く。器体は口縁が僅かに外反した球形で、透かし孔のある圏足が下に付く。脚には凸線が縦に1本通る。通高7寸（21.2cm）余。

Ｅｆ－11　内蒙古自治区准格爾旗二里半［内蒙古自治区文物考古研究所編 2004, p.207，図三－1，彩版二五－1］

　　鉄製。哈岱高勒郷陽窯子村二里半で発見された墓から出土した。伴ったものは陶罐1個である。口のすぼまった長めの器体を持ち、方形の2つの把手が口縁外側に付く。把手の断面は、外面に溝のある凹字形を呈する。圏足は喇叭形で4つの台形の孔が不規則に開く。通高20.4cm、口径12.2cm。

Ｅｆ－12　鄂爾多斯青銅器博物館2

　　断面が凹字形の半環形の把手が2つ口縁上に付く。器体には、把手の間の位置に鋳型の合わせ目の線が縦に走る。圏足は把手、器体と一鋳に鋳造されたと考えられるが、4つの透かし孔が開き、脚には3本の凸線がある。器体は下のすぼまる形である。

Ｅｆ－13　河南省淇県楊晋荘村［淇県文管所 1984，図一］

　　把手は半円形で、圏足は4つに分かれ、外表面は煤に覆われているという。通高18cm、口径10.5cm。

Ｅｆ－14　西安市北郊白楊庫3［王長啓 1991，図一－3］

　　口縁の外側に把手が2つ立つ。器体は深鉢形を呈し、台形の孔のある喇叭形の圏足が付く。通高22.3cm、口径14.2cm。

Ｅｆ－15　河北省尚義県［河北省博物館・文物管理処 1980，No.281］

　　口縁の外側に2つの弧形の把手が立つ。写真では断面が凹字形に見えるので、ここに入れる。把手の間には鋳型の合せ目の線がある。圏足の透かし孔の数は分からない。通高22.4cm、口径13.2cm。

Ｅｆ－16　シカゴ、フィールド・ミュージアム2

　　2つの逆U字形の把手が、幾分外側へ反った形で口縁の外に付く。把手の断面は凹字形に近い形である。下には4つの透かし孔のある圏足が付く。圏足の脚には、中央に縦の凸線が1本

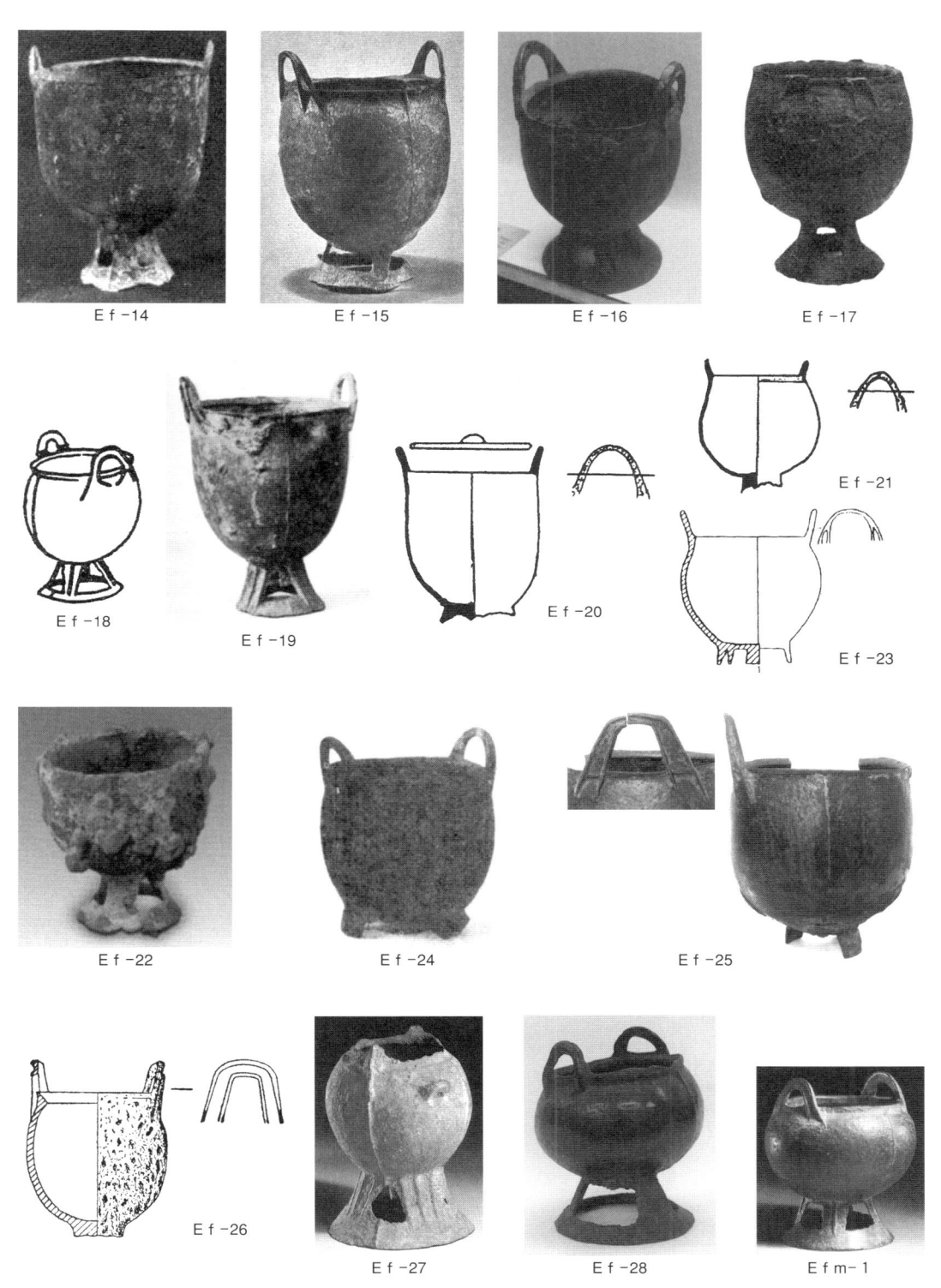

図11　E型式（Ef-14〜Efm-1）（縮尺不同）

ある。
Ｅｆ-17 東亜考古学会［江上・水野 1935，第百五図-２］
　　北京で購入したという。把手の上半は失われているが、逆Ｕ字で断面は凹字状のものと思われる。器体は深鉢形で、透かしのある圏足が付く。
Ｅｆ-18 M. Érdy Collection［Érdy 1995, Table. 6．2．7］
　　２つの弧形の把手が付き、把手の間には線が表わされるが、鋳型の合わせ目であろう。圏足にはおそらく４つの透かし孔が開く。通高14㎝、最大腹径9.6㎝。
Ｅｆ-19 旅順博物館３［杉村・後藤 1953，図版16-７］
　　逆Ｕ字形と思われる把手が２つ口縁横に付き、器体は深鉢形で、下には透かし孔のある圏足が付く。圏足の間には３本の縦の凸線のある脚がある。器体には把手の間に鋳型の合わせ目の線が縦に走り、それは圏足の下部まで達している。高７寸２分（21.8㎝）。
Ｅｆ-20 内蒙古自治区烏蘭察布盟石家溝２［内蒙古博物館 1998，図一一-３］
　　鉄製。口縁外側に半環形の把手が２つ付く。器体は深鉢形で、圏足はすでに失われている。中央に半球形のつまみのある円形の蓋が付く。残高21㎝、口径15.4㎝。
Ｅｆ-21 内蒙古自治区烏蘭察布盟石家溝３［内蒙古博物館 1998，図一一-１］
　　この鍑は鉄製。半環形の把手が口縁の外側に立つが、その１つは失われている。圏足もすでにない。残高13㎝、口径10.4㎝。
Ｅｆ-22 寧夏回族自治区固原市南塬［寧夏文物考古研究所 2009，図四Ｂ-１,彩版五-６］
　　固原城区西の原州区南塬にある墓地の31号墓から出土したもの。鉄製。２つの把手は既になくなり、全体にゆがんだ形になっている。圏足には透かし孔がある。仮にここに入れておくが、錆のため紋様の有無は判然としない。口径15.5㎝、通高19.4㎝。墓は東側に長い墓道をもつ甲字形の単室土洞墓で、陶器、青銅製のかんざし、11枚の貨泉、棺に付く鉄製の環が発見された。墓の型式などから年代は新から後漢前期と考えられている。
Ｅｆ-23 内蒙古自治区赤峰市林西県蘇泗汰［林西県文物管理所 1997，図二-１］
　　林西県十二吐郷蘇泗汰村発見の墓から出土した。青銅製鍑とともに、青銅製腕輪片１、陶製の罐１点、三鹿紋を表わした金製飾板１枚、緑松石の珠が１点発見されたという。鍑は、口縁上に半円形の把手が２つ立ち、長方形の板状の足が３本あるという。腹部には鋳型の合わせ目が残り、底部には燻した跡がある。通高14㎝、口径11㎝。葬制や遺物などから、後漢末の墓と考えられている。３本の板状の足とあるが、おそらく圏足の下の環状部分が失われているのであろう。
Ｅｆ-24 内蒙古自治区赤峰市林西県十二吐郷［王剛 1996，図一］
　　半円形の把手が２つ付き、足は板形を呈する。圏足の破損したものであろう。底部には燻した跡がある。高14㎝、口径10㎝。
Ｅｆ-25 京都大学４［江上・水野 1935，第百十三図-４，図版二五］
　　Ｖ字形に近い形の把手が付くが、その一つは失われている。把手の断面は中央の窪む凹字形を呈する。把手のそれぞれ中間に鋳型の合わせ目の線が縦に走る。器体の下には圏足の一部で

ある4本の板状の脚が部分的に残っている。器体の外底には湯口の痕と思われる一文字形の突起がある。京都大学人文科学研究所所蔵。現高16.0cm、口径10.9cm。

Ef-26 山西省右玉県善家堡墓地1 ［王克林他 1992，図十七-5，図十八-6］

　　鉄製。断面凹字形の把手が2つ口縁の横に付く。元来あった圏足は失われている。現高14cm、口径10cm。この鍑の出土した16号墓は、上層に児童、下層に男女2体の合葬された墓で、鍑は下層の死者の足元から発見されている。善家堡墓地からは、後漢後期の長宜子孫銘鏡の破片や後漢桓帝前後の五銖銭が出土しており、墓地の年代は、後漢後期の桓帝－霊帝頃以後、魏晋時期以前とされている。

Ef-27 サックラー・コレクション3 ［Bunker 1997, No.197］

　　2個の外型を用いて鋳造された粗雑な鍑。中国の鍑に通有の把手がなく、代わりに肩部に小さな環が付いている。器体は球形あるいは卵形を呈し、下に透かし孔のある圏足が付く。鋳型の合わせ目の線が、器体・圏足の外側を通じて、器を2つに分割している。圏足部分には3本一組の凸線がある。圏足内側、外底には、鋳造の湯口の跡がある。通高15.5cm、口径7.9cm。把手がなく肩部に小さな環が付くことはほかにない特徴であるが、圏足の凸線はE型式の特徴と見ることができる。

Ef-28 奈良国立博物館5 ［奈良国立博物館 2005，No.268］

　　弧形の把手が2つ、口縁の横に付く。器体は小さな球形を呈する。把手の間の位置に鋳型の合わせ目の線が縦に走る。下には3つの透かし孔のある圏足が付く。圏足の内側、器体の外底に一文字形の湯口の痕跡と見られる突起がある。これは鋳型の線とほぼ同じ方向である。通高15.8cm、口径11.0cm。

　　把手の断面形と圏足の3つの透かし孔から考えれば、この鍑はのちに述べるG型式に入る。しかしG型式にはこのような器形の鍑はないので、Eの系統のもっとも遅いものがGの影響を受けたと考えておきたい。

Efm-1 サックラー・コレクション4 ［Bunker 1997, No.196］

　　Ef型式のミニアチュアである。逆U字形の2つの把手が口縁の側に立つ。把手の断面は、凹字形を呈している。器体は球形で、4つの透かし孔のある圏足が下に付く。器体の、把手の間に鋳型の合わせ目がある。圏足の透かし孔の間の脚の部分には、一本の凸線がある。圏足の内側、外底に湯口の痕跡と見られるものがある。高11.4cm、口径11.5cm。

　　Efで年代の推定されているものをまとめると、寧夏回原市南塬の例が新から後漢前期、二蘭虎溝が後漢、烏蘭察布盟卓資県石家溝墓地が後漢後期、林西県十二吐郷蘇泗汰の墓は後漢末、山西省右玉県善家堡墓地は後漢後期の桓帝－霊帝頃以後で魏晋時期以前、遼寧喀左于杖子の住居址と内蒙古伊克昭盟烏審旗の窖蔵は、北魏時代と考えられている。多くのものが後漢時代末に年代付けられるとは考えられるが、その下限年代についてはまだ確定できないであろう。遼寧喀左于杖子の住居址と内蒙古伊克昭盟烏審旗の窖蔵にしても、北魏時代という根拠は、述べられていない。

Eg　器体が球形をなす特異なものをここに集める。口唇部にわずかに立ち上がりがあり、変わった装飾をもつ把手が器体肩部からL字形に付いたり、蓋が付いたりするものがある。器体にあった鋳造の痕跡は磨き取られているものが多いようである。鍑のなかでは特殊なものであるが、脚が4本あったり、脚に3本の凸線がある場合がある。把手などの特徴は失われているが、E型式の系統を引くという意味でここに入れておく。

Ｅｇ－１　内蒙古自治区和林格爾県另皮窯［日本経済新聞社 1983, No.53；内蒙古自治区博物館・和林格爾県文化館 1984, 図版二-5］

　　三道営公社另皮窯村で墓が発見されて破壊された。回収された文物は38点で、金碗、野猪紋様帯飾板などの金製品、銀器、薫炉などの青銅器があり、また青銅製の鍑が1点あった。鍑の器体はほぼ球形で、肩部に、上に3つの突起の付く環の形の、装飾的な把手が2つ付く。その下には凸稜が一周し、器体に下には小さな圏足が付く。長期の使用のため、内壁には滓が、外壁には煤が付いているという。通高52㎝、口径35㎝。報告では北魏時代とされている。

Ｅｇ－２　范氏蔵3［Bunker 2002, No.187］

　　蓋の付いた鍑。器体は球形で、肩部に把手が2つ付く。把手は3つの突起の付いた環の付く形で、似た形の装飾が蓋の上にも付く。この装飾は和林格爾另皮窯出土のもの（Ｅｇ－１）と似ている。下の圏足は喇叭形で不規則な形の透かし孔が開き、E型式の鍑の脚に付く3本一組の凸線がある。高37.5㎝、幅22.3㎝。

Ｅｇ－３　山西省太原市庫狄業墓［太原市文物考古研究所 2003, 図二三, 図二四-4］

　　太原市の東部で発見された北斉時代の庫狄業の墓（567年）から出土したもの。器体は球形で、肩部には対称的な位置の2箇所に小さな鈕がある。その間の位置1箇所の頸部の下に、蓋と連接するための小さな鈕があるが、蓋は発見されていない。圏足は透かしになっているが、鍑に通常見られる下の環はない。底部には煤の跡があり、墓主の生活実用品であったろうという。高23.7㎝、腹径19.1㎝。

Ｅｇ－４　新疆ウイグル自治区ロプノール北部庫魯克山地区［赫定 1997, 図39；Hedin 1905, Figs.73, 75］

　　スヴェン・ヘディン探検隊が新疆ロプノールで発見したもので、郭物が鍑であることを指摘している［郭物 2007］。本稿では新疆出土品は扱わないが、これは他のものとの関連上、特にここで述べる。これは庫狄業墓出土品および、次の奈良国立博物館4とよく似ている。いずれも脚が4本であると思われ、またヘディン発見のこの鍑には、脚に凸線が3本ある。これはE型式の特徴である。

Ｅｇ－５　奈良国立博物館4［奈良国立博物館 2005, No.267］

　　奈良国立博物館所蔵。把手はなく、蓋が付く。肩部に2つの小さな鈕があり、その間の位置1箇所に蓋を留めるための鈕がある。3つの鈕にはそれぞれ鉄の針金状のものが入っていたらしく、鉄の痕跡が見られる。器体は球形で、下には4つの透かし孔のある圏足が付く。脚は比較的細い。器体に鋳型の合わせ目の線は見られず、圏足の内側、器体の外底にも、1箇所小さな突起とも思われるものがある以外には、鋳造の痕跡は見られない。江上・水野 1935におい

中国の鍑（髙濱　秀）

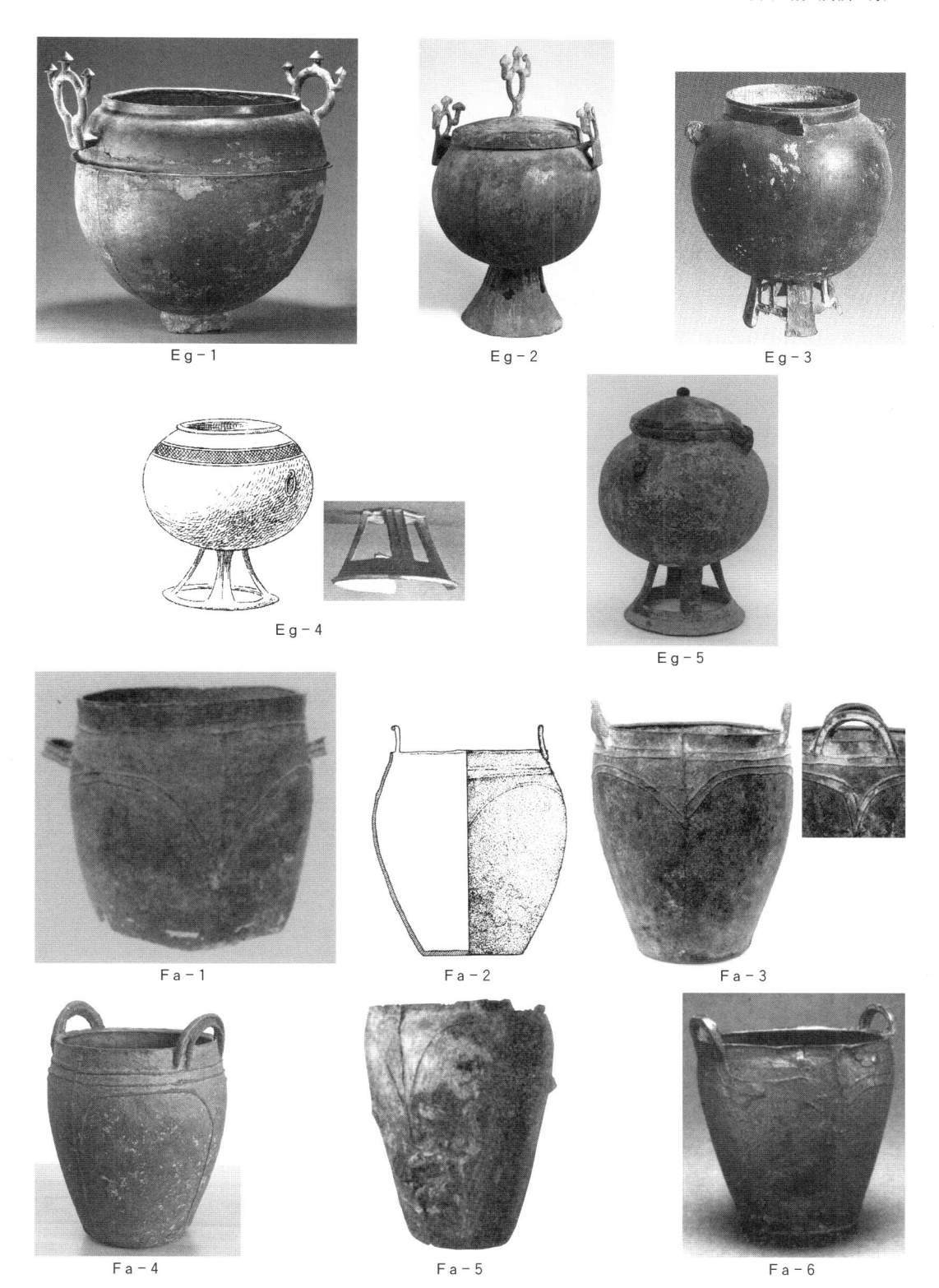

Eg-1　　　　　　　　Eg-2　　　　　　　　Eg-3

Eg-4　　　　　　　　Eg-5

Fa-1　　　　　　　　Fa-2　　　　　　　　Fa-3

Fa-4　　　　　　　　Fa-5　　　　　　　　Fa-6

図12　E型式・F型式（Eg-1～Fa-6）（縮尺不同）

49

て紹介された、斎藤悦蔵氏所蔵のものと思われる。通蓋高20.8cm、口径9.2cm。

　この一群の鍑は、中国の鍑のなかでは珍しく装飾的な要素が多い。また、Ｅg－5などは鋳型の范の線なども磨り消されている。另皮窯出土品と范氏所蔵品は、共に3つの突起の付く環形の、特殊な把手を持っている。庫狄業墓、ロプノール北部出土品、奈良博4は脚が4本である。范氏所蔵品もそれに近いかもしれない。范氏所蔵品とロプノール北部出土品は脚に3本の凸線がある。范氏所蔵品、庫狄業墓出土品、奈良国立博物館4にはほぼ同じ形の蓋が付属している。この1群は、4本の脚、3本の凸線などの特徴によってE型式に関連付けることができるが、その年代は庫狄業墓を標準とすると6世紀後半となる。他のE型式のものはもっとも晩い年代が後漢末頃と考えられるが、それとは300年以上の隔たりがあることになる。しかし另皮窯出土品が北魏時代だとするとその年代差は少し縮まるし、また他のE型式の年代にしても、まだ確定しているわけではない。

　なお提梁と蓋の付くよく似た形の小壺が、寧夏回族自治区固原市の北周の李賢墓から出土している（寧夏回族自治区博物館、寧夏固原博物館 1985, 図二七－1、図版三－3）。李賢は北周天和4(569)年、すなわち庫狄業の2年後に卒した人物である。これは銀製で高さが5.5cmであるが、この型式の年代の参考となるであろう。

Ｆ型式
　圏足のない平底の鍑である。これは上述のE型式の鍑と共通点が多く、並行して使用されたと考えられる。E型式とほぼ同じような凸線紋様が見られ、外底には一文字形の湯口の跡が多くの例に見られる。方形の把手はほとんど見られず、ほぼ弧形の把手に限られるが、把手の断面の形はE型式と同様、凹字形を呈しているのが多い。断面が蒲鉾形のものもあるが、それは、後にG型式の鍑の影響を受けて出現したのであろう。

Ｆa－1　京都大学5　[江上・水野 1935, 第百十三図－5, 図版二八；京都大学文学部 1963, 金属製品 No.394]
　　把手の形は他のものとは異なり、また特別に大型であるが、この型式の古いものと考えて、ここに入れておく。水平方向の2つの把手が肩部に付くが、その1つは半分以上失われている。把手は、中央に凸線があって、断面が山字形を呈する。器体は筒形であるが、底部が失われている。口縁の下に凸線による弦紋が1条回り、その下に2本一組の弧線紋様が4組表わされている。E型式の考察において、その早い時期の例に水平方向の把手が見られることを述べたが、そこからも、この例がF型式の早い時期のものと推測できる。前漢時代と考えてよいであろうか。京都大学総合博物館所蔵。現高31.5cm、口径29.1cm。

Ｆa－2　吉林省楡樹市老河深97号墓　[吉林省文物考古研究所編 1987, 図四二－2]
　　出土した墓は成年男女の合葬墓で、西側に置かれた男性の西側から、副葬品の多くが発見されている。鍑も男性頭骨の少し西側で見出された。半環形の把手が2つ付く。器体上部に凸線の弦紋が2本回り、その下に4本の弧線紋が配置される。底は平らで圏足はない。通高26cm、

口径16.4㎝。この墓は老河深の中層に属しており、年代は前漢末から後漢の初め頃とされている。

Ｆａ-３　京都大学６［江上・水野 1935, 第百十三図-８, 図版二七］

　　　弧形の把手が口縁の両側に付く。その断面は中央が窪む凹字形を呈する。把手の一つは鋳直したものかもしれない。器体は筒形で腹部がわずかに膨れ、下へ向かってすぼまる。把手の中間の位置に縦に鋳型の合わせ目の線がある。口縁の下に凸線による弦紋が２本回り、その下に２本一組の弧線が４組ある。底は平らで一文字形の凸線が２本ある。全体に煤が付いている。京都大学人文科学研究所所蔵。通高26.9㎝、口径19.2㎝。

Ｆａ-４　モンゴル軍事博物館

　　　断面が凹字形の弧形の把手が２つ、口縁の両側に付く。２本の凸線による弦紋が口縁下に回り、その下に凸線の弧線が施される。把手の間の位置に鋳型の合わせ目の線が縦にある。底には、湯口の痕跡と考えられる一文字形の凸線が１本ある。

Ｆａ-５　モンゴル、ノヨン・オール４号墳［Dorzhsuren 1962, Ris. 8-3］

　　　口縁に２つの把手が立ち、器体は筒形を呈する。底は小さく、ほとんど正方形を呈し、底よりも少し上に小さな環があるという。器体は凸線で飾られる。同じ墓から、中国の漢代の青銅製壺（鍾）や、鉄製の燭台、馬具、鉄製鉸具が発見されている。

Ｆａ-６　モンゴル、ボルガン＝アイマク、ボルハン・トルゴイ　Burhan Tolgoy［Törbat et al. 2003, p. 152］

　断面が凹字形の弧形の把手が２つ、口縁の両側に付く。口縁の線から続くような形で、凸線による曲線紋様が施される。把手の間の位置に鋳型の合わせ目の線が縦にある。

　　Ｆｂ　この型式の次の変化としては、凸線紋様が角張った線になり、把手が弧形から逆Ｕ字形に変化してくることが挙げられるであろう。またＦａに元来あった凸線とは異なる装飾的な線が出てくることもある。これらの変化は圏足をもつＥ型式の変化とも対応する。把手の断面の形はまだ凹字形である。なおこの型式の鍑は、シベリアのトゥバでも発見されている（畠山論文 Ⅱ.2.A-003）［Moshkova（ed.）1992, Tabl.79-16］。

Ｆｂ-１　京都大学７［江上・水野 1935, 第百十三図-７, 図版三三；京都大学文学部 1963, 金属製品 No.393］

　　　逆Ｕ字形の把手が口縁の両側に付く。その断面は中央が窪む凹字形を呈する。器体は腹部が膨らんだ形を呈する。把手の中間の位置に縦に鋳型の合わせ目の線がある。口縁の下に凸線による弦紋が１本回り、その下に幾分角張った線による装飾がある。底は平らであるが、大きな鋳掛けによる補修がある。全体に煤が付いている。京都大学総合博物館所蔵。通高19.2㎝、口径12.4㎝。

Ｆｂ-２　ニューヨーク自然史博物館［梅原 1930, 第二十四図-２］

　　　逆Ｕ字形の把手が２つ口縁の横に付き、器形は筒形で、下方がすぼみ、口縁の下は凸線紋様で飾られる。

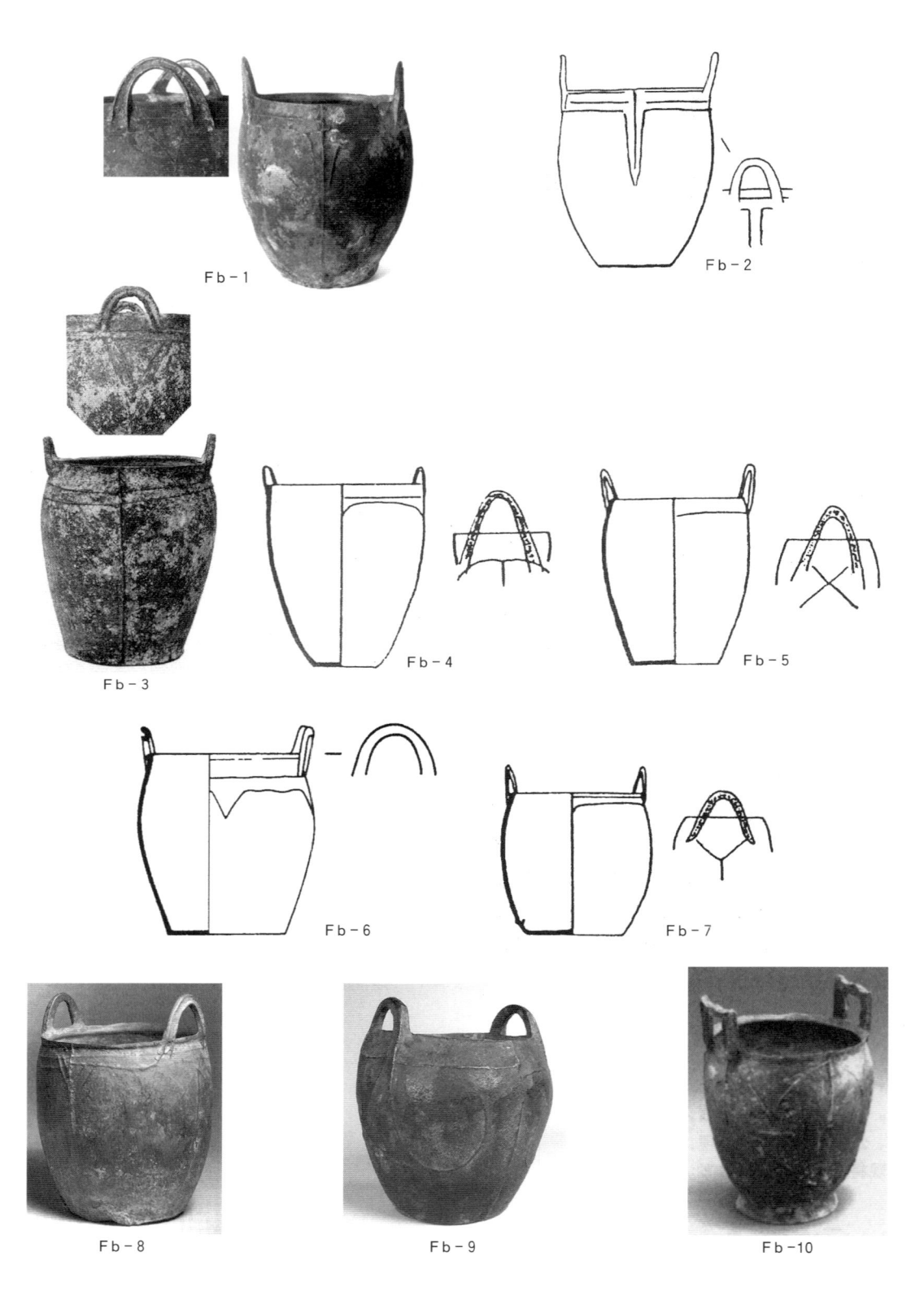

図13　F型式（Fb-1〜Fb-10）（縮尺不同）

Fb-3　ストックホルム東アジア博物館3　［Andersson 1932, Pl. XIX-5, 説明はFig. 2参照］
　　逆U字形の把手が2つ、口縁の両側に付く。把手の断面は中央に溝のある凹字形を呈する。把手の間に鋳型の合わせ目の線がある。口縁の下に2本の凸線による弦紋が回り、その下、把手とその間の位置計4箇所に、2本の凸線により三角形の垂下する紋様が表わされる。底は平らである。口縁高18.7cm、口径13.2cm。

Fb-4　内蒙古自治区烏蘭察布盟石家溝4　［内蒙古博物館 1998, 図三-10］
　　器体は細長い形で、上部が太く、下部はすぼまって、平底となる。ほぼ二等辺三角形を呈する把手が2つ付く。口縁下に凸線による弦紋がある。通高19.7cm、口径13cm。

Fb-5　内蒙古自治区烏蘭察布盟石家溝5　［内蒙古博物館 1998, 図三-12］
　　Fb-4に似ているが、口縁下の凸線による弦紋は1本だけである。通高19cm、口径12.8cm。

Fb-6　山西省右玉県善家堡2　［王克林他 1992, 図十五-1, 図版三-2］
　　断面が凹字形の弧形の把手が2つ付き、口縁下に1本の凸弦紋があり、その下に4組の弧線紋がある。図版を見ると、あるいはFaに分類されるべきものかもしれない。通高17cm、口径11.2cm。

Fb-7　内蒙古自治区烏蘭察布盟石家溝6　［内蒙古博物館 1998, 図三-11］
　　Fb-4に似ているが、少し高さが低い。通高17.5cm、口径13.4cm。

Fb-8　サックラー・コレクション5　［Bunker 1997, 236］
　　筒形を呈し、口縁の外側に弧形の把手が2つ付く。把手は外側中央が窪み、断面形が凹字形に近くなる。把手の間には鋳型の合わせ目と考えられる線が縦に走り、把手の下にも線がある。口縁の下には弦紋が回り、把手の下にはX字状の線があり、また鋳型の合わせ目の線の上部にはV字状の線などがある。口縁高18cm、口径15.3cm。

Fb-9　東京国立博物館5　［東京国立博物館編 2005, 鍑5］
　　口はすぼまり、2つの把手は半円形をなし、下部において、凸線で表わされた垂下した曲線紋様に続く。両把手の間の位置に、それぞれ鋳型の合せ目の線が縦に走る。肩部に弦紋が1本巡る。外底は平らで、一文字形の凸線がある。高19.8cm、口径13.6cm。

Fb-10　内蒙古自治区通遼市福興地　［武亜琴・李鉄軍 2007, 図二-4, 図三］
　　通遼市開魯県建華郷福興地において発見された墓から出土した。墓はすでに破壊されていたが、ほかに子母馬形金飾牌、金耳環などの金製装飾品、鉄刀、陶罐が回収された。鍑は断面が凹字形の方形の把手を2つ持ち、器体には、把手の間に鋳型の合わせ目の縦の線が見え、ほかに凸線の曲線による装飾がある。この鍑の特異なところは、完全に平底ではなく、ごく低い圏足のようなものが付いていることである。また平底に近いものとしては、方形の把手は珍しい。圏足をもつものと、平底のものの中間形である。底部には燻した跡があるという。通高25cm、口径17cm。墓の年代は、金製品や陶罐の型式から、中原の両晋時期に当たると考えられている。

Fc　次の変化として紋様がなくなるものを考える。

Ｆｃ-１　モンゴル民族歴史博物館３

　　弧形の把手が２つ、口縁の両側に付く。弧形の把手の両端には小さな弧が付く。把手の間の位置に鋳型の合わせ目の線が縦にある。

Ｆｃ-２　陝西省神木県馬家溝［盧桂蘭 1988，図一］

　　孫岔郷馬家溝において出土したもの。下部のすぼまる筒形で、口縁の外側に半環形の把手が２つ付く。把手の断面は凹字形を示すようである。通高21.8cm、口径15.3cm。

Ｆｃ-３　内蒙古文物考古研究所２［田広金・郭素新 1986，図一〇五-２，図版九四-４；中国青銅器全集編輯委員会編 1995，No.206と同一か］

　　断面が凹字形の逆U字形の把手が口縁の両側に付く。把手の下両側に、把手の外側から続くような形の凸線の曲線紋様がある。把手の間の位置に鋳型の合わせ目の線が縦にある。通高24cm。

Ｆｃ-４　山西省右玉県善家堡３［王克林他 1992，図十五-３，図版三-１］

　　断面が凹字形の逆U字形の把手が２つ口縁に付く。把手の外側から凸線による曲線紋が続く。通高22.5cm、口径15.5cm。

Ｆｃ-５　内蒙古自治区鄂爾多斯市補洞溝４号墓［伊盟文物工作站 1981，図三-４；伊克昭盟文物工作站 1986，図三-４］

　　補洞溝４号墓出土。鉄製。既に損壊している。把手は角型を呈する。器体は上部が僅かに膨らんだ筒形を呈し、底は平らである。補洞溝墓地は、内蒙古伊克昭盟東勝県の板洞梁公社吉楽清大隊補洞溝小隊にある。補洞溝墓地の年代は、前漢末から後漢初めと考えられている。

Ｆｃ-６　内蒙古自治区鄂爾多斯市補洞溝５号墓［伊盟文物工作站 1981，図三-２；伊克昭盟文物工作站 1986，図三-２］

　　補洞溝５号墓出土。鉄製で、すでに壊れているが半円形の把手が２つ付き、器体は上部がわずかに膨らんだ筒形を呈し、底は平らである。現高21cm、口径15cm。

Ｆｃ-７　陝西省神木県馬家蓋溝［戴応新・孫嘉祥 1983，図七］

　　孫家岔公社馬家蓋溝村は、神木県の北30kmにあり、考考烏蘇河に面している。鍑は河から発見された。半環形の把手が２つ口縁に付くが、１つは壊れている。器体は肩部から下に向かってすぼまる筒形で、底は平らである。器腹には鋳型の合わせ目の跡がある。通高23cm、口径15.5cm。

Ｆｃ-８　旅順博物館４［杉村・後藤 1953，図版16-７］

　　弧形の把手が２つ口縁上に立つ。口縁の間の位置に鋳型の合わせ目の線が縦に走る。写真ではＦｃに属するか、次のＦｄに属するか分からない。

Fd　次の変化としては、把手の断面が蒲鉾形に近くなり、把手の形も少し小型化する。湖北省鄂城の古井出土の、黄武元（222）年の銘を持つ鍑が年代の１つの基準になるであろう。

中国の鍑（髙濱　秀）

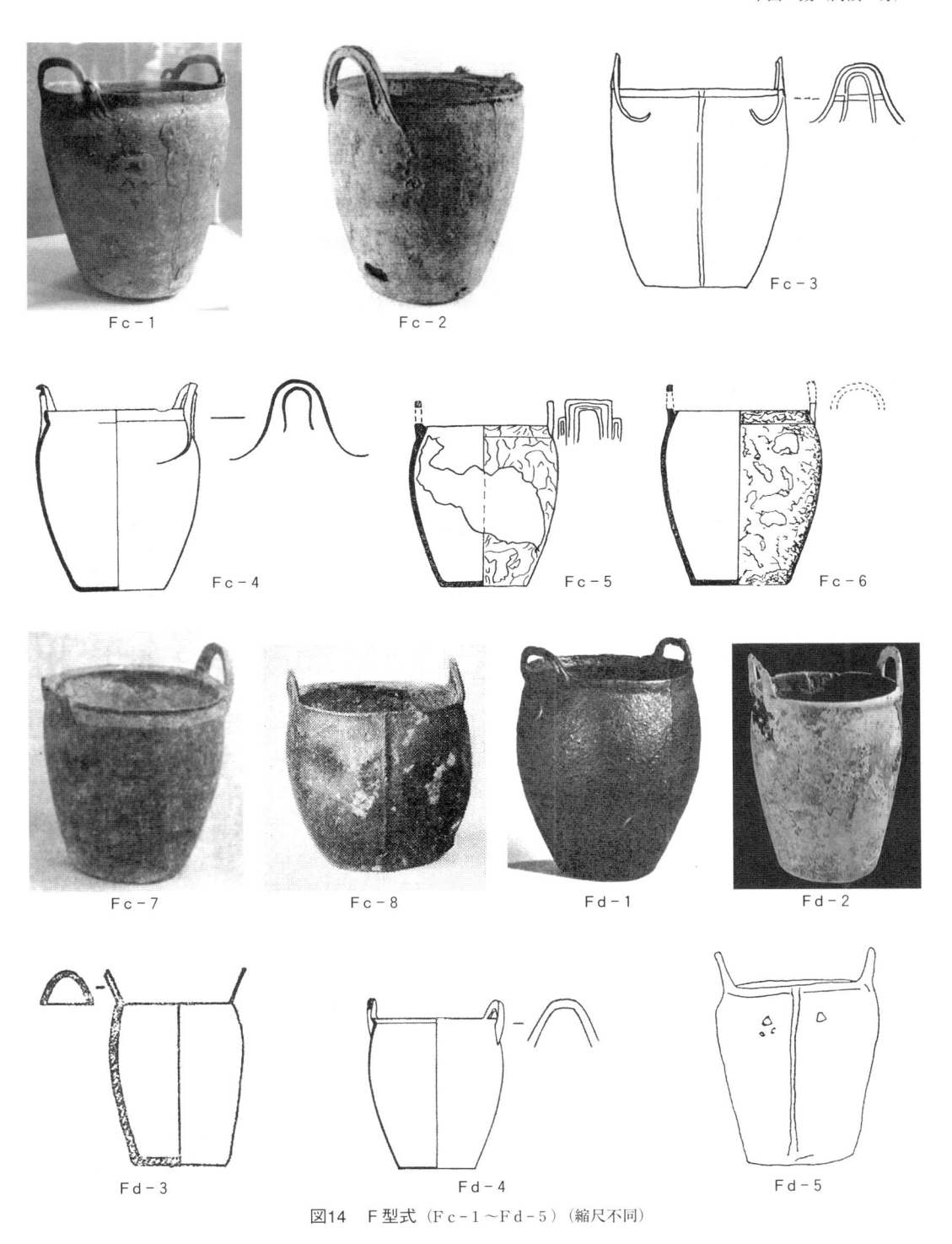

図14　F型式（Fc-1〜Fd-5）（縮尺不同）

Ｆｄ－１　内蒙古自治区烏蘭察布盟二蘭虎溝２　［田広金・郭素新 1986, 図版九四－３］
　　２つの弧形の把手が口縁両側に付くが、１つは修復されたものである。修復がいつなされたかは分からない。元来の把手も、断面は凹字形ではない。器体は腹部のわずかに膨らんだ円筒形を呈し、把手の間に鋳型の合わせ目の線がある。通高16cm。

Ｆｄ－２　吉林省吉林市帽児山　［国家文物局主編 1993, 重点文物図127］
　　吉林市東郊の帽児山に分布する墓地から出土した。半環形の把手が２つ肩部に付き、器体はほぼ円筒形を呈する。この墓地では墓が千基近く発見されている。土坑墓でほとんどには木槨があり、中原の漢墓と類似するという。漆器、銅車馬具、金製飾板、鉄製馬具、環頭鉄刀などが出土している。吉林市付近は漢代の夫余国の王都の所在地で、この墓地は王都付近の陵墓区と推定されている。

Ｆｄ－３　吉林省永吉県学古村１　［尹玉山 1985, 図一－３］
　　吉林省永吉県烏拉街満族郷学古村は、吉林市街区の北30kmのところに所在する。ここで１基の墓が発見され、男女一人ずつの遺体が発見された。銅鍑は２点出土し、ほぼ同じ形だという。口縁上に半環形の把手が２つ立ち、紋様はなく、鋳型の合わせ目の跡がある。内外面ともに煤の跡がある。通高20cm、口径13.8cm。ほかに、銅製帯鉤、昭明鏡、銅製扣、鉄矛、鉄刀などが出土している。

Ｆｄ－４　山西省朔県東官井村　［雷雲貴・高士英 1992, 図一－１, 図十一－１］
　　東官井村で発見の墓から出土したもの。弧形の把手が２つ口縁に付く。器体は筒形で下方がすぼまり、平底となる。器壁表面と底部には、煤と食物の焦げた跡が見られた。高16cm、口径12cm。同じ墓からは、斜格子紋の青銅製飾板、後漢時代の五銖銭、帯金具の一部と思われる青銅製環、鉄製環首刀、金製装飾品、銀製耳飾などが発見され、後漢後期以降の匈奴の墓と考えられている。

Ｆｄ－５　吉林省永吉県学古村２　［李海蓮 2003, 図版９－３；李海蓮 2006, 図版４-59］
　　鋳型の合わせ目と思われる線の両側上部に型持たせの跡かもしれない痕跡が表わされている。この図は李海蓮氏が引用している図であるが、あるいは尹玉山氏の述べている２点のうちのもう１点であろうか。そうだとすると通高19.5cm、口径12.8cmである。

Ｆｄ－６　内蒙古烏蘭察布盟下黒溝　［郭治中・魏堅 1984, 図二－２］
　　察哈爾右翼前旗三岔口郷下黒溝で発見された墓から発見されたもの。半環形の把手が２つ、肩部に付く。器体は肩部から下へ向かってすぼまるほぼ円筒形を呈する。通高16cm、口径11cm。

Ｆｄ－７　韓国大成洞29号墳　［申敬澈・金宰佑 2000, 口絵７, 49図－14, p.115］
　　Ｆｄ－５と似た形である。断面が蒲鉾形の弧形の把手が２つ口縁に付く。型持たせの跡が７箇所にあり、口縁の間の位置に鋳型の合わせ目の線が縦に走る。中からは、有機物質の痕跡が見出された。通高18.2cm、口径12.6cm。29号墳木槨の中央から出土している。

Ｆｄ－８　吉林省舒蘭県嘎牙河磚廠窖蔵　［吉林市文物編委会 1985, pp.41, 96, 174, pl.９－２；李海蓮 2003, 図版９－１；李海蓮 2006, 図版４-55］
　　器体は細長く、弧形の把手が２つ口縁の横に付く。通高21.5cm、口径11.3cm。工人が土を掘

中国の鍑（髙濱　秀）

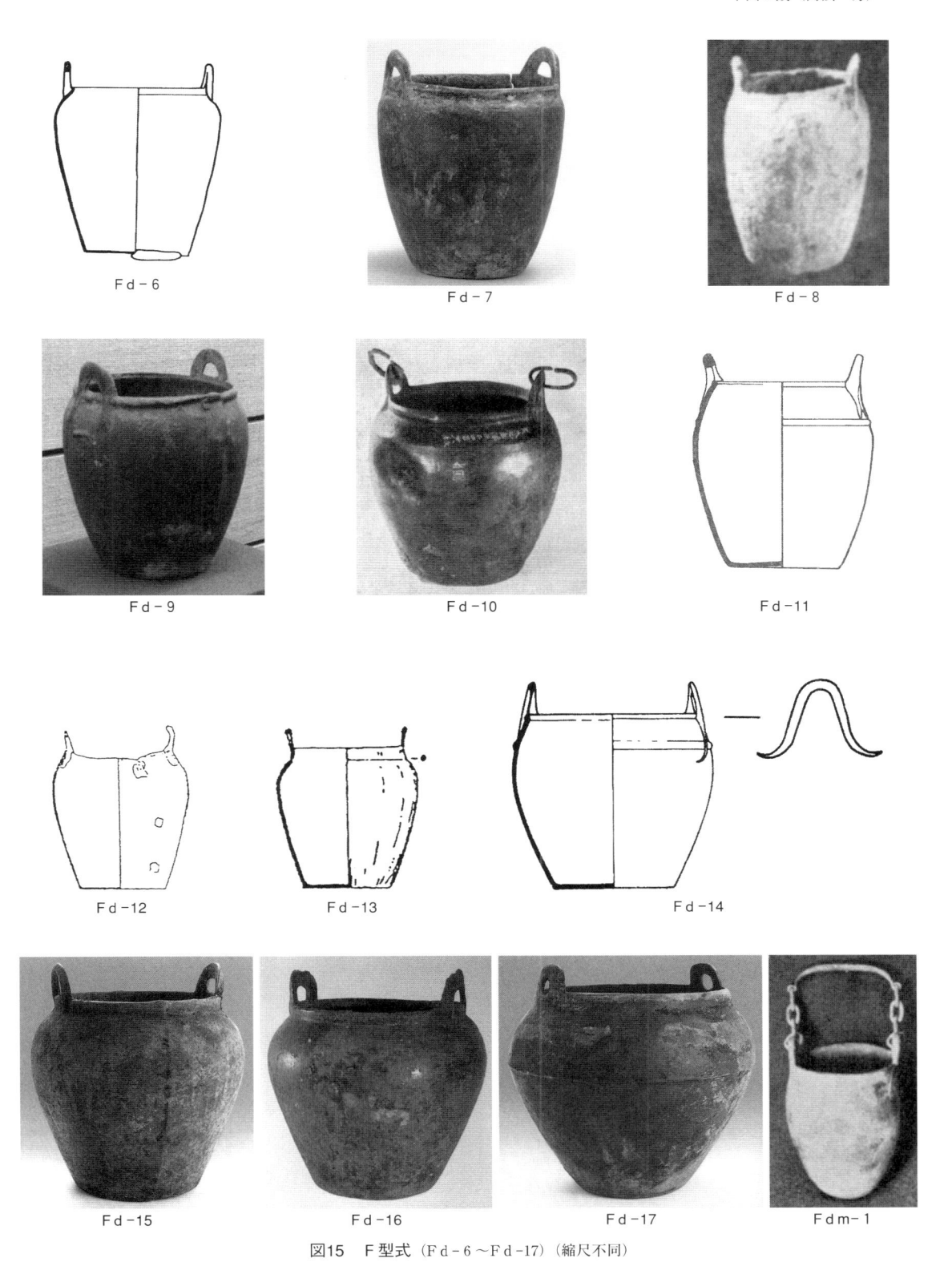

図15　F型式（Fd-6〜Fd-17）（縮尺不同）

ったところ、鉄製の箱が発見されたが、なかに銅釜、銅鍑、銅泡飾が、各1点入っていたという。高句麗時代と考えられている。

Fd-9 陝西歴史博物館4

　　断面が蒲鉾形の弧形の把手が2つ口縁に付く。口縁の間の位置に鋳型の合わせ目の線が縦に走る。把手の下には凸線による記号のようなものがある。

Fd-10 湖北省鄂州市［鄂鋼基建指揮部文物小組他 1978, 図一-1, 図版一二-1, 4］

　　鄂城で発見された古井戸から出土したもの。口縁の両側に環形の把手が付き、把手にはそれぞれ長方形の鉄環が付いている。器体は器腹上部が膨れて下がすぼまる形で、底は平らである。肩部には「黄武元年作三千四百卌八枚」という銘文が刻まれていれ、腹部には「武昌」「官」という字が刻まれている。通高20cm、口径12.8cm。黄武元年は222年である。呉の孫権は黄初元年（220）に建業（南京）から鄂城に遷都して武昌と改名したという。銘文は武昌の官営鋳銅作坊で、3,400以上の銅鍑を製作したことを示すと考えられている。

Fd-11 寧夏回族自治区固原市大湖灘水庫工地［固原県博物館・姚蔚玲 2001, 図一-3］

　　彭堡郷大湖灘水庫工地から出土したもの。口はややすぼまり、2つの環状の把手が肩部の上に立つ。肩部には凸線による弦紋が一周する。圏足はなく、器壁には鋳型の合わせ目の痕と、燻した痕が見られる。通高21.8cm、口径14cm。

Fd-12 吉林省集安県太王郷［吉林省文物志編委会 1984, 図三十四-7, 図版二十一-5］

　　太王郷下解放村の高句麗墓から出土したという。アーチ形の把手が2つ口縁上に立ち、器体には修理痕と思われるものがあるらしい。高13cm、口径10×8cm。むしろミニアチュアというべきかもしれない。

Fd-13 吉林省渾江市東甸子［吉林省文物志編修委員会 1984, 図二十一-1］

　　把手が2つ口縁上に立つ。積石墓群から徴集されたもので、ほかに銅容器、銅刀、鉄鏃、陶罐などもあったという。これも高13cm程と思われ、ミニアチュアというべきかもしれない。

Fd-14 山西省右玉県善家堡4［王克林他 1992, 図十五-2］

　　2つの把手が口縁外側に付くが、1つは破損している。把手の断面は凹字形ではなく、扁平であるらしい。肩部に凸線が回る。通高21cm、口径16.8cm。

Fd-15 遼寧省北票市喇嘛洞166号墓［遼寧省文物考古研究所編 2002, No.78］

　　2つの把手が口縁の上に立ち、把手の間には鋳型の合せ目の線がある。通高17.5cm、口径12.2cm。喇嘛洞墓地は遼寧省北票市の南15kmのところに位置する。400基以上の墓が発見されたが、三燕時代の墓を主としている。墓地の年代は、3世紀末から4世紀前半の頃と考えられている。

Fd-16 韓国大成洞47号墳［申敬澈他 2003, 写真14, 43図-8, p.98］

　　断面が蒲鉾形の弧形の把手が2つ口縁に付く。口縁の間の位置に鋳型の合わせ目の線が縦に走る。29号墳出土品（Fd-7）よりも、ずんぐりしている。通高17.8cm、口径13.0cm。47号墳の副槨から出土した。

Ｆｄ-17　遼寧省北票市喇嘛洞328号墓　［遼寧省文物考古研究所編 2002，No.79］
　　２つの把手が口縁の上に立ち、腹部に１本の凸弦紋が回る。通高15.8㎝、口径12.6㎝。

Ｆｄｍ-１　河北省定県43号漢墓　［定県博物館 1973，図一九］
　　河北省定県の43号漢墓は、後174年に卒した後漢中山王劉暢の墓と考えられているが、そこからも提梁を持つ似た器形の２点の青銅器が出土している。ともに平底ではなく円底で、１つは鋳造ではないらしい。高さは12㎝と10.5㎝で、鍑としてはミニアチュアの大きさである。「鍑」と考えるべきかどうかは問題であるが、その細長い形はこの時期の形として参考になると思われるので、ここに入れておく。

　Ｆｅ　器体が算盤玉形を呈するもの。
Ｆｅ-１　陝西省隴県杜陽公社子留大隊１　［肖琦 1991，図版一-１］
　　通高20.5㎝、口径15.3㎝。
Ｆｅ-２　伝韓国慶州入室里出土品　［崇實大学校 附設 韓国基督教博物館 1988，No.46］
　　崇實大学校博物館所蔵。入室里出土という伝承があるという。半環形の把手が２つ口縁上に付き、把手の間には鋳型の合わせ目の線が見える。通高18.5㎝。
Ｆｅ-３　遼寧省北票市喇嘛洞209号墓　［遼寧省文物考古研究所他 2004，図一九-４］
　　断面蒲鉾形の把手が２つ口縁の上に付き、把手の間には鋳型の合せ目の線がある。通高18.5㎝、口径16.3㎝。
Ｆｅ-４　韓国良洞里235号墳　［林孝澤・郭東哲 2000，No.153］
　　断面が蒲鉾形の把手の１つ付いた破片である。おそらく大成洞出土品と同じく平底の鍑と思われる。残高16.1㎝、復元口径18.5㎝。
Ｆｅ-５　寧夏回族自治区固原市峡口村　［固原県博物館・姚蔚玲 2001，図一-２，図二左］
　　器表面に鋳型の合せ目の線が２本走る。通高21.5㎝、口径15.3㎝。
Ｆｅ-６　河南省輝県寨溝１　［輝県文化館 1974，図二-６，図版八-１］
　　口縁の上に２つの把手がある。器腹の下方に、鋳型の合せ目の線が対称的に縦に２本ある。通高26㎝。甑、壺、樽、釜、洗などの70件の青銅器とともに、芝田公社寨溝大隊発見の窖蔵から出土した。青銅器の類品から、窖蔵の時期は後漢と推測されているが、青銅器の中の「塔形器」は漢墓には見られず、魏晋以後の仏塔の飾物に似ているとも指摘されている。
Ｆｅ-７　四川省双流県牧馬山　［四川省博物館 1959，図七］
　　２つの把手があり、把手の間の位置に鋳型の合せ目の線が見える。通高9.2㎝（19.2の間違いか）、口径20.5㎝。双流県における灌漑渠の工事で、牧馬山で発掘された南北朝期の墓から発見された。この墓群では「建安」の銘のある塼が発見されている。
Ｆｅ-８　河南省輝県固囲村第１号墓　［中国科学院考古研究所編著 1956，図版四八-10］
　　ほぼ半ばを失っているが、把手があり、全体に煤が付いている。２つの鋳型を合わせた痕が残っている。この鍑は盗掘坑から出土した。固囲村第１号墓は戦国時代の豊かな墓であるが、

Fe-1　　　　　　　　Fe-2　　　　　　　　Fe-3

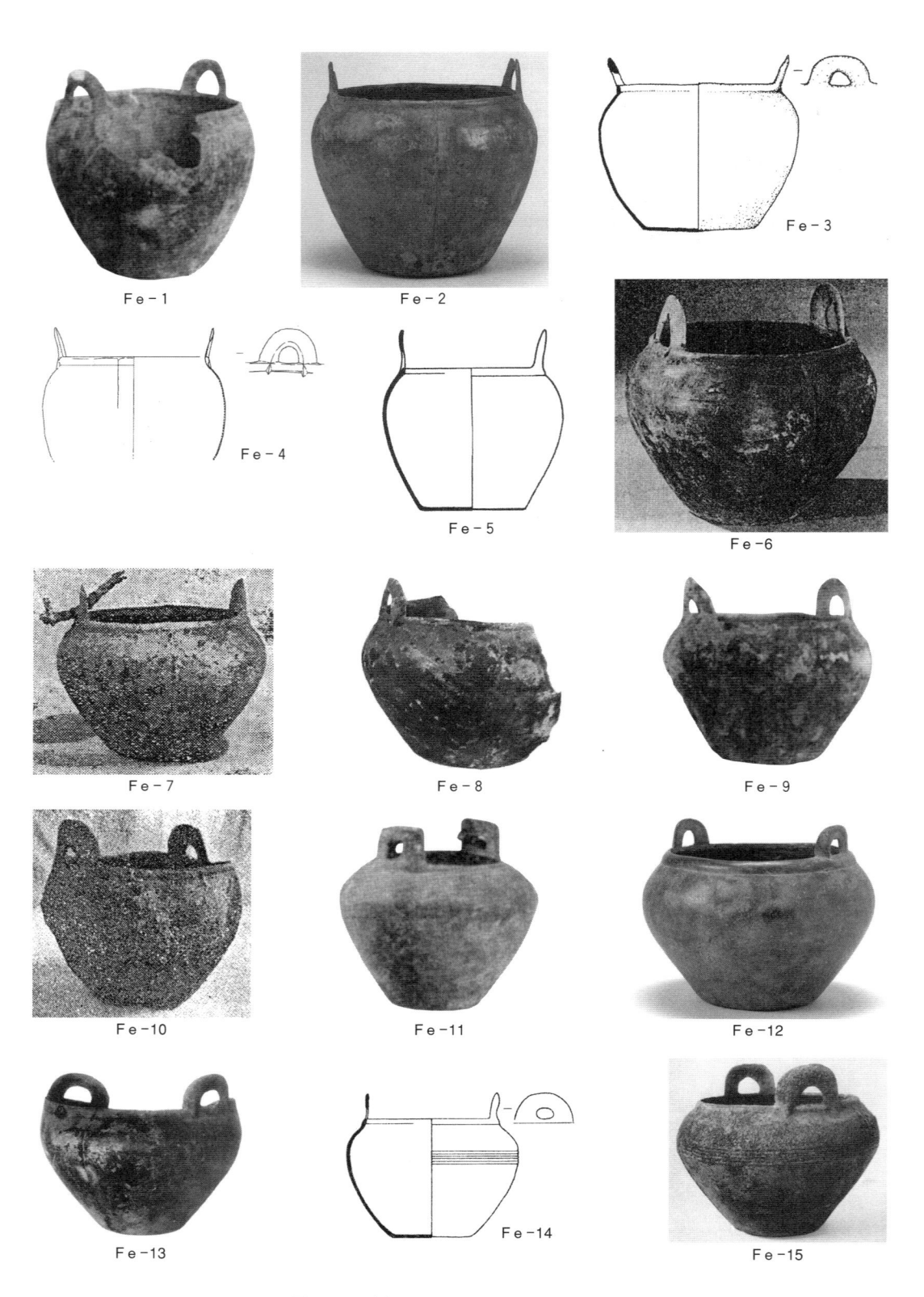

Fe-4　　　　　　　　Fe-5　　　　　　　　Fe-6

Fe-7　　　　　　　　Fe-8　　　　　　　　Fe-9

Fe-10　　　　　　　Fe-11　　　　　　　Fe-12

Fe-13　　　　　　　Fe-14　　　　　　　Fe-15

図16　F型式（Fe-1〜Fdm-1）（縮尺不同）

この鍑はそこから出土した他の副葬品の豪華さとそぐわないことが指摘されている。副葬品ではなく、墓を造った職人の使ったものかと推測されているが、むしろ盗掘者の残したものであろうか。通高18cm、口径17.7cm。

Ｆｅ-9 陝西省隴県杜陽公社子留大隊2 ［肖琦 1991, 図版一-2］
　通高19cm、口径16.2cm。

Ｆｅ-10 河南省安陽市大司空村38号墓 ［張静安 1958, 図四］
　長方形の塼室墓である38号墓から出土した。2つの把手が口縁の上に立つ。この墓からは、「長宜子孫」銘の鏡や、土器、瑪瑙珠、銀製針金で作られた指輪や腕輪、青銅製鍍金の飾金具などが発見され、後漢末から六朝時代初めの墓と考えられている。

Ｆｅ-11 遼寧省北票市馮素弗墓1 ［黎瑤渤 1973, 図三一］
　北票市西官営子において発見された2基の墓は、出土した印章などから、十六国時代北燕の貴族馮素弗夫妻の墓であることが推測されている。馮素弗の墓と推定される1号墓から、平底の鍑3点と圏足付きの鍑3点が出土した。平底の鍑は、2つの方形の把手が口縁上に付くもので、把手には元来鉄製の提梁が通されていたという。通高12.2cm。晋書によると、馮素弗は北燕太平七(415)年に卒したという。

Ｆｅ-12 横浜ユーラシア文化館2
　半環形の把手が2つ口縁上に付く。口縁部は凸帯が巡るような形をとる。通高11.3cm、最大腹径14.4cm。江上波夫氏旧蔵品。

Ｆｅ-13 伝朝鮮平壌付近出土品 ［梅原・藤田 1947, No.220］
　旧平壌府立博物館の所蔵品。平壌付近の古墓出土といわれるが、具体的な地名や伴出品は知られていない。半環形の2つの把手が口縁上に付き、把手の間には鋳型の合わせ目の線がある。通高18.3cm、口径19.3cm。

Ｆｅ-14 寧夏回族自治区固原市河川郷 ［固原県博物館・姚蔚玲 2001, 図一-4, 図二右］
　半環形の把手が口縁の上に立つ。器原には凸弦紋が5周する。全体に煤の痕がある。通高19.7cm、口径17.4cm。

Ｆｅ-15 京都大学8 ［江上・水野 1935, 第百十三図-11, 図版三二］
　方形に近い半環形の把手が2つ口縁上に付き、把手の間には鋳型の合わせ目の線がある。器腹に3本の凸線が回る。京都大学総合博物館所蔵。

　このＦｄ-Ｆｅ型式は、把手の断面が蒲鉾形を呈するが、器体は円筒形の丈の高いものから、だんだん丈が低くなり、肩部の張り出しが顕著になって、算盤玉形に変化してくるように思われる。ここではＦｄとＦｅに分け、口縁高が最大径とほぼ同じか、あるいはそれ以下と思われるものをＦｅとする。Ｆｄのなかには帽児山出土例や後漢時代の二蘭虎溝出土例があり、またＦｄｍとした定県43号漢墓（174年）出土例も、この細長い筒形に近いといえる。そして222年に年代付けられる湖北鄂城の例（Ｆｄ-10）は、既に幾分丈の低いずんぐりした形となっている。
　Ｆｅの鍑が出土した遼寧省喇嘛洞墓地は3世紀末から4世紀前半、馮素弗墓は415年のものとさ

れている。これによってＦｅがおよそ４世紀を中心とした時期に使用されたものであることが知られる。その他のＦｅ例の出土した墓は、河南鞏県、四川牧馬山、そして安陽大司空村など、特に中国の北辺に位置するのではなく、属する文化も北方遊牧民のものではない。元来北方遊牧民のものであった器が、中国に浸透していったことが分かる。ただ注目すべきは吉林省、遼寧省西部、そして韓国南部などにこの種の鍑の発見が多いことである。

G型式

　圏足が付く。器体は深鉢型で、把手の断面が蒲鉾形をなし、圏足の透かし孔は３つである。脚の部分に凸線は見られず、平坦である。

G-1　遼寧省北票市喇嘛洞217号墓［遼寧省文物考古研究所編 2002，No.119；遼寧省文物考古研究所等 2004，図一七-１］

　鉄製。２つの把手が口縁の外側に付く。器体は筒状で、不規則な孔のあいた圏足が付く。通高16cm、口径10.4cm。

G-2　遼寧省北票市喇嘛洞49号墓［遼寧省文物考古研究所編 2002，No.120；遼寧省文物考古研究所等 2004，図一七-２，図版一六-１］

　鉄製。先に環の付いた把手が器体上部の横側に付く。器体は下方のすぼまった深鉢形。台形に近い形の３つの透し孔のある圏足が下に付く。通高26.6cm、口径19.2cm。

G-3　遼寧省北票市喇嘛洞202号墓［遼寧省文物考古研究所編 2002，No.77；遼寧省文物考古研究所他 2004，図一九-１，図版一七-１］

　青銅製。弧形の２つの把手が口縁外側に付く。台形の孔のある圏足が下に付く。通高18.7cm、口径14.6cm。

G-4　遼寧省北票市喇嘛洞266号墓［遼寧省文物考古研究所他 2004，図一九-２，図版一七-２］

　青銅製。器体の一面はほぼ平らに作られている。弧形の把手が、口縁のほぼ真っ直ぐな線の両端に付けられる。圏足には透し孔がある。通高18.7cm、口径10.8～12.3cm。G-４からG-７のような、一面が平らになった鍑は、馬あるいは駱駝に付ける時に便利であったであろう。駱駝の横に鍑を付けた様子は、570年に年代付けられる北斉婁睿墓の壁画に見られる（図17）［山西省考古研究所他 2006，図一八，二三，彩版一七，二三］。

G-5　遼寧省北票市喇嘛洞364号墓［遼寧省文物考古研究所編 2002，No.76］

　青銅製。器体の１面が平らに作られた鍑。弧形の２つの把手が口縁横に付く。圏足にはほぼ三角形を呈する透かし孔が３つ開く。通高20.5cm、口径11～15.4cm。

G-6　遼寧省朝陽市袁台子［遼寧省博物館文物隊他 1984，図七-１，図一八］

　口縁は半円形に近い形を呈する。ループ形の２つの把手が口縁の外側に付く。器体は一面が平らである。台形の孔のある圏足が付く。把手は、元来、鉄製の提梁とつながっていたが、すでに壊れている。底部には煤の痕がある。通高20cm、口径10.7～14cm。年代は４世紀初ないし中葉と考えられている。

図17　北斉婁睿墓の壁画（上：墓道東壁、下：墓道西壁）

G-7 東京国立博物館6　［東京国立博物館編 2005, 鍑6］
　一面がほぼ平らになった鍑。弧形の単純な把手が2つ付く。把手の間の位置に外型の合わせ目の線がそれぞれ縦に走る。外底には、湯口と考えられる一文字形の突起がある。現高19.5cm、把手の間の長15.5cm。

G-8 内蒙古自治区土黙特旗二十家子村　［李逸友 1956, 図版一五-1；李逸友 1957；静宜 1956］
　二十家子村付近には漢代の古城があるが、その付近の塼墓から出土したもの。把手が2つ付き、器体は深鉢形で、3つの大きな孔のある圏足が付く。通高19.7cm。同じ墓からは鐎斗、勺、動物闘争紋飾板の破片などが出土した。この墓は初め漢墓として紹介されたが、後に虎符を根拠として北魏時代に訂正された。

G-9 内蒙古自治区呼和浩特市美岱村　［内蒙古文物工作隊 1962, 図2-左］
　北魏墓から出土したもの。把手の1つは破損している。器体は深鉢形で、下に4つの方孔のある圏足が付く。通高19.5cm、口径11.6cm。中に銅勺が1つあったという。この墓からはほかに、龍頭形の銅鈎形器、緑松石を嵌めた金製指輪、菱形金片、金小鈴、陶器40点、鉄剣などが出土している。

G-10 東京国立博物館8　［東京国立博物館編 2005, 鍑8］
　把手は弧状を呈し、一つが欠失している。口縁部直下に凹線（口縁内側では凸線）が一周する。鋳型を合わせた線が、把手の間の2箇所および一つの把手の位置、合計3箇所に、縦に走

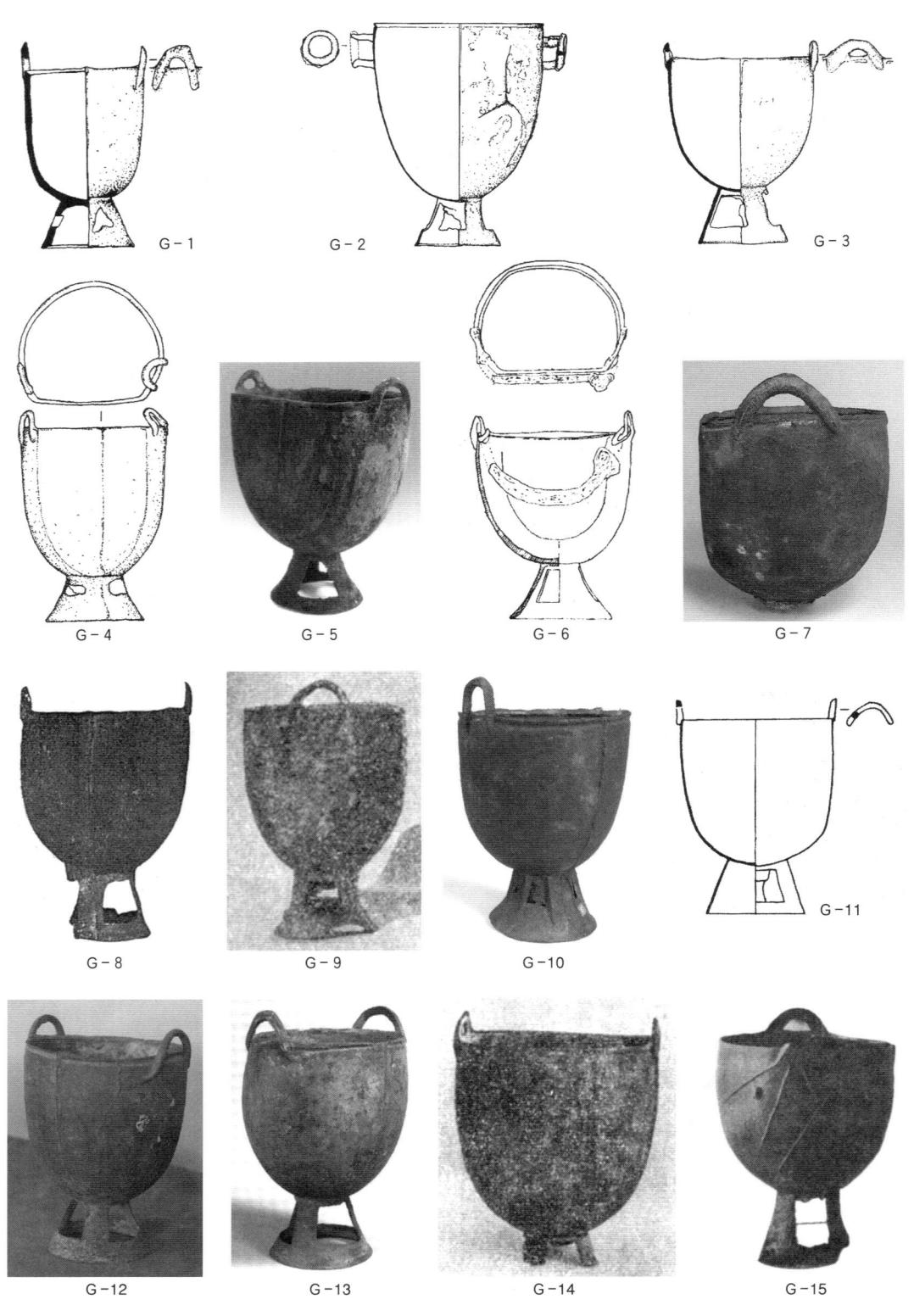

図18 F型式（G-1〜G-15）（縮尺不同）

る。鋳型の線は圏足の先にまで及び、全体が一鋳で作られたと考えられる。器体外底には、湯口と考えられる一文字形の突出部がある。圏足には、3本一組の凸線が3組と、2本一組の凸線が配置され、透かし孔が不規則に開いている。高25.7cm、口径11.6cm。

　鋳型の合わせ目の一つが把手の位置にあるのは異例である。把手の断面が凹字形ではなく、口縁直下に凹線があるのは、G型式の特徴であるが、凸線のある圏足の形は、E型式のものである。E・G両型式の中間形とも考えられる。

G-11 甘粛省秦安県邵店　［秦安県文化館 1986、図三］

　秦安県五営公社邵店出土。外口縁上に把手が付く。表面は燻されて黒くなっている。台形の大きな透かし孔のある圏足が下に付く。鋳造法と関係があると考えられている扁平なものが外底から下がっているという。おそらく湯口の痕跡であろう。通高18cm、口径13.4cm。

G-12 山西省芸術博物館

　断面が蒲鉾形の把手が2つ口縁の横に付き、器体には、口縁のすぐ下に1条の沈線が回る。把手の間の位置に鋳型の合わせ目の線があり、圏足の下まで続いている。圏足の透かしは3つある。

G-13 早稲田大学文学部考古学研究室　［東京国立博物館編 1997、No.232］

　把手は弧形で、断面は蒲鉾形を呈する。器体は深鉢形で口縁直下に凹線が回る。圏足には3つの大きな透かしがある。把手の間には、それぞれ鋳型の合わせ目の線が、縦に器体から圏足へ通じている。器体の外底には湯口の跡と考えられる突起がある。高22.7cm、口径14.5cm。

G-14 陝西省淳化県関荘鎮　［淳化県文化館・姚生民 1983］

　地下70cmのところから発見された。2つの把手は口縁の外に付き、口は半楕円形で器体の一面が平らだという。下に3足がある。腹部の外には煤が附着する。通高20cm、腹部14.4×9.6cm。圏足の下の環部が外れたものであろう。

G-15 内蒙古自治区フビラール　［Tolmacheff 1929；江上・水野 1935、第百五図-1］

　ハイラル（現呼倫貝爾市）に近く、ロシアとの国境付近で、ジンギスカンの町、あるいはフビラールまたはフジラールとして知られる地域の Tsuruhaitui という村で、地元住民が発掘した。口縁上に把手が付き、器体は深鉢形で、透かしのある圏足が付く。器体に斜め方向の凸線紋が数本表わされる。器体に紋様があるのは珍しく、E型式に入れるべきかもしれない。

G-16 旅順博物館5　［杉村・後藤編 1953、図版16］

　口縁上に2つの把手を持つ鍑。把手の間の鋳型の合わせ目の線が圏足の先まで続いているのが写真から見える。把手の形がG型式に近いように見えるので、仮にここに分類したが、圏足の脚の数は、あるいは4本かもしれない。

G-17 遼寧省北票市馮素弗墓2　［黎瑶渤 1973、図版2-2］

　ここからは3点の圏足付き鍑が出土した。鉄製の提梁と蓋が付き、器体の上部2箇所から上方へL字形に把手が出て、一つの環を通して、両端に螭首の付く提梁につながっている。器の下には、大きな透かし孔のある圏足が付く。高16.5cm。馮素弗は415年に卒したという。

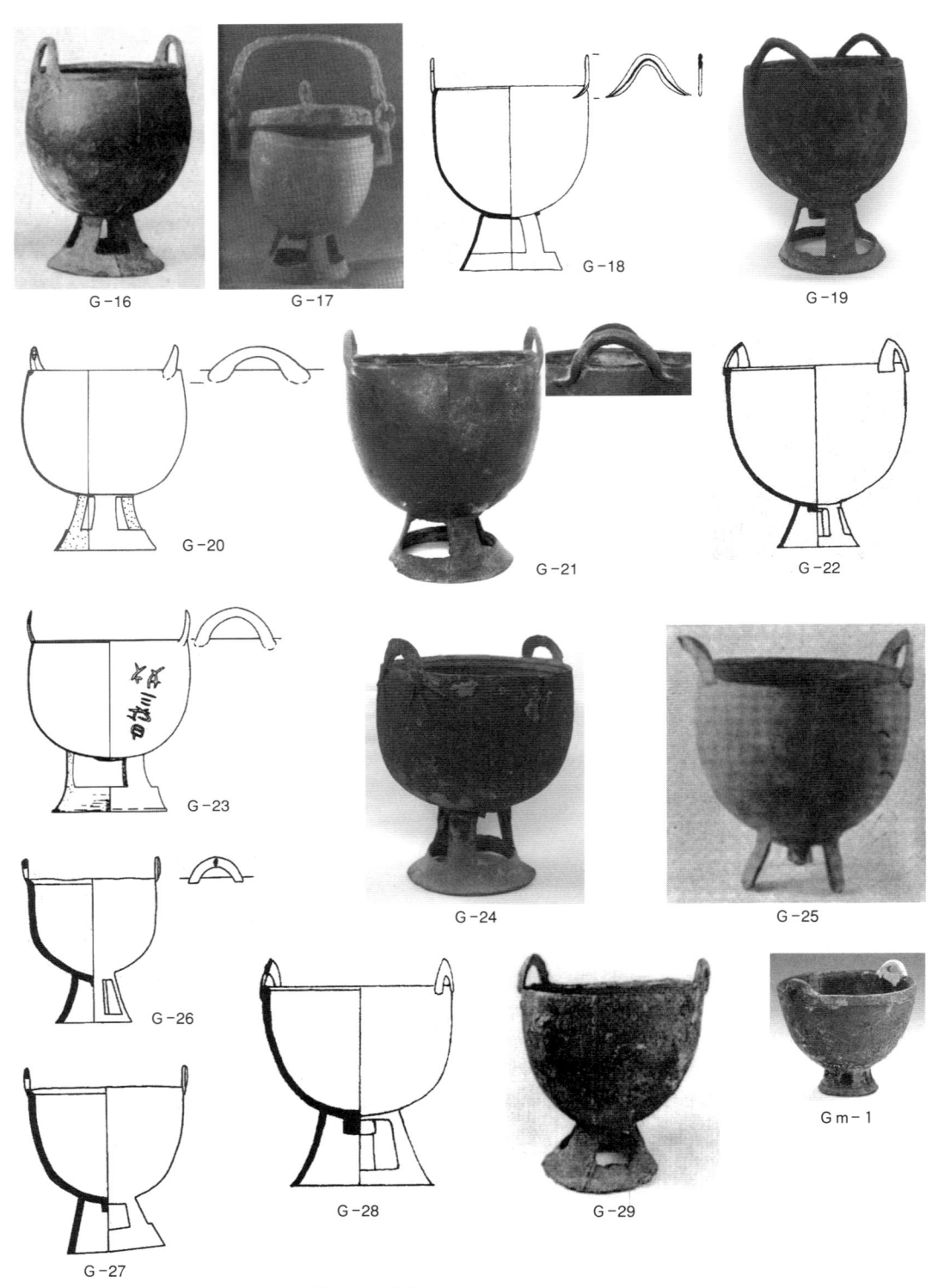

図19 G型式（G-16〜G-30）（縮尺不同）

G-18 遼寧省朝陽市肖家村 ［蔡強 2007, 図三-10］
　　朝陽市双塔区肖家村で発見された墓から出土したもの。墓は竪穴土坑墓で、土器、鉄刀、矢を納めた容器などが出土した。鍑は木棺の中、頭骨の右上から発見された。口縁の外側に付く2つの把手の形は三角形に近く、中央に溝が通る。圏足は喇叭状で、3つの台形の孔が開いている。鉄製の提梁が付いていた。通高17.8cm、口径12.2cm。鍑の中は穀物で満たされていたと考えられている。この墓は十六国時代の北燕のものと推定されている。そうすると、407年から436年の間に年代付けられることになる。

G-19 奈良国立博物館2 ［奈良国立博物館 2005, No.265］
　　三角形に近い形の2つの細い把手が口縁横に付く。器体は深鉢形で、口縁外側に1条の沈線が回る。把手の間の位置に鋳型の合わせ目の線が縦に走り、圏足の下部にその続きが見られる。下には3つの透かし孔のある圏足が付く。圏足の内側、器体の外底に一文字形の湯口の痕跡と見られる突起がある。これは鋳型の線とはほぼ直交している。通高20.1cm、口径13.6cm。

G-20 山西省大同市南郊 ［山西省考古研究所・大同市博物館 1992, 図二五］
　　北魏時代の墓地の調査中、採集されたもの。弧形の把手が2つ口縁に立つ。圏足には透かし孔がある。通高15.8cm、口径11.2cm。

G-21 京都大学9 ［江上・水野 1935, 第百十三図-2, 図版二四］
　　弧形の把手が口縁の両側に付く。その断面はかまぼこ形を呈する。器体は深鉢形で口縁直下に沈線が1条回る。把手のそれぞれ中間に鋳型の合わせ目の線が、器体から圏足まで縦に走る。圏足には大きな台形の透かし孔が3つある。器体の外底には湯口の痕跡と思われる一文字形の突起がある。京都大学人文科学研究所所蔵。通高19.0cm、口径14.0cm。

G-22 遼寧省喀左県于杖子2 ［尚暁波 1996, 図二-3］
　　草場郷于杖子の北魏時代遺跡の住居址から出土したという。Ef-9と同じ住居址である。半円形の2つの把手が口縁部の外側に付く。下には4つの台形の孔の開く喇叭形の圏足が付く。記述では鉄製とあるが、図の説明では銅製である。

G-23 山西省大同市智家堡 ［王銀田・劉俊喜 2001, 図四, 図一四］
　　大同南の智家堡で、石槨に壁画の表わされた北魏墓が調査されたが、鍑はその墓に納められていたもの。外表面全体に燻された痕があるという。2つの把手は弧形を呈し、圏足には大きな透かし孔が開く。器体に陽文で「白兵三奴」の文字が記されるが、白兵三の3文字は逆文字である。通高13.3cm、口径11.3cm。この墓の壁画の忍冬紋は、宿白による雲岡石窟編年の第二期（465～494年）のものと比較されている。

G-24 奈良県立橿原考古学研究所
　　断面が平たい蒲鉾状の把手が2つ付いた鍑。器体は球形に近い深鉢形を呈する。器の内側の口縁直下には2本の凸線が回る。把手の間には鋳型の合わせ目の凸線が縦に器体から脚の下部にまで伸びている。圏足は喇叭形で、3つの透かし孔が開く。3本の脚の裏側には3本の凸線がある。1つの把手の両端は、3本に分かれて広がる凸線になっている。外底には、湯口の痕跡と考えられる一文字形の突起がある。通高25.6cm、口径18.2cm。脚の裏の3本の凸線は珍し

い特徴であり、E型式との関係を考えさせる。

G-25 陝西省綏徳県城関鎮2［盧桂蘭 1988，図版四-4］
　綏徳県城関鎮において徴集されたもの。口縁に外側へ反った2つの把手が付く。器体は下へ向かってすぼまり、下には3本の平たい足が付く。これは圏足の下部の環が欠失しているのであろう。また3本の足の中間に扁柱があるというが、これは湯口の痕跡と考えられる。高21.2㎝、口径16.2㎝。

G-26 遼寧省朝陽市朝陽駅南側2号墓［朝陽市博物館 2007，図九-4］
　朝陽駅南側で1996年に発見された墓のうち、2号墓から出土したもの。鉄製。おそらく断面が蒲鉾形の、半環形の把手が2つ付く。圏足には3つの透かし孔がある。底には鋳造の痕跡があるという。通高19㎝、口径14.4㎝。墓は夫婦合葬墓で、東側に墓道がある。副葬品はほかに陶器が3点出土している。この墓は陶壺や鉄鍑の型式から、北魏が北方を統一した後の早い時期と推定されている。

G-27 遼寧省朝陽市朝陽駅南側3号墓［朝陽市博物館 2007，図九-10］
　同じく朝陽駅南側で1996年に発見された墓のうち、3号墓から出土したもの。鉄製。圏足は変形しているが、形はG-26と同じだという。通高20.4㎝、口径16.4㎝。墓の型式は東側に墓道があって前述のものとほぼ同じであるが、棺の痕は発見されず、脊椎骨が散乱していたという。副葬品はほかに陶器が5点出土している。

G-28 遼寧省朝陽市下河首［尚暁波 1996，図二-4］
　朝陽県七道泉子郷下河首の北魏墓から出土したもの。半円形の把手が2つ口縁部の外側に付く。器体は半球形を呈し、下には3つの台形の孔の開く喇叭形の圏足が付く。記述では鉄製とあるが、図の説明では銅製である。

G-29 陝西省楡林県芹河郷［盧桂蘭 1988，図版四-1］
　半円形の2つの把手が口縁に付き、器体は下に向かってすぼまる形を示す。下には3つの孔のある喇叭形の圏足が付き、その中心には円柱形があるという。円柱形は湯口の痕であろう。圏足と器底には燻した痕があるという。通高18㎝、口径14㎝。

Gm-1　山西省大同市雁北師院52号北魏墓［大同市考古研究所・劉俊喜主編 2008，図二二-11，図版六-1］
　陶製で、弧形の把手が2つ付き、喇叭形の圏足がある。圏足には3つの長方形の孔と、竪方向の6つの細いスリットが開けられている。高7.2㎝、口径7.65㎝。この墓の属する墓群の1基は宋紹祖夫婦墓で、墓博の銘によって宋紹祖は太和元（477）年に葬られたことが分かっている。陶鍑はシベリアなどでは時折見られるが、中国では極めて珍しい。

　この型式の鍑は一般に鮮卑・北魏のものと考えられているが、絶対年代の明らかなものが比較的少ない。遼寧省北票市喇嘛洞墓地は3世紀末から4世紀前半頃、遼寧省朝陽市袁台子の墓は、4世紀初めから中葉頃と考えられている。遼寧省朝陽市肖家村の墓は北燕時代すなわち407年から436年のものと推測されている。また北燕の馮素弗墓は415年のものである。そして山西省大同

市智家堡の墓は465年から494年頃のものと考えられている。

　この型式の鍑には、時折器体表面の一面が平らになるものや、提梁の付くものなどの変化が少数あるが、全体としては型式変化が少ない。年代の推測されている喇嘛洞・袁台子、肖家村・馮素弗墓、智家堡などの出土鍑を年代順に並べてみると、郭物の述べるように［郭物2007, pp.65-67］、全体に器体の深いものから浅いものへと変移しているようである。

　中国の鍑の主要な型式は上に挙げたA～Fの7つの型式であるが、それらに当てはまらないか、あるいは所属不明の鍑を以下に挙げておく。X-8～16はモンゴル出土品であるが、中国北方では例のない型式である。特に8、9、12～16は、シベリアあるいは天山北方に類例が求められる。

X-1　ザバイカリエ、タプハル墓地63号板石墓［Tsybiktarov 1998, Ris.54-2］
　　鍑の圏足部分が発見されている。中ほどに凸線が回るが、その一部に屈曲が見られる。このような凸線は、Aのような古い型式の鍑や、X-3のように水平方向の把手が付けられた鍑などにも見かけられる。タプハル墓地はよく知られた板石墓文化の墓地である。

X-2　ザバイカリエ、ジダ川出土鍑の破片［Grishin 1981, Ris.56-6］
　　刀子、斧などのホードの中に含まれていた。凸線がある。横12cmほどと思われる。

X-3　ストックホルム東アジア博物館4［Andersson 1932, Pl. XIX-1，説明はFig.3参照］
　　水平方向の把手が2つ付いた鍑。器体はほとんど半球形で、その下部と、下の圏足上部に水平方向の線があり、その間は一段低くなっている。縦方向の範線は見られない。この型式の鍑は中国ではほとんど例がなく、新疆などで出土している柳生論文の天山北方C類と類似しており、X-12～16の類品といえる。この鍑が本当に中国で出土したのであれば、Ea-4について述べたように、中国におけるE型式の背景を考える上に重要である。高16.1cm、口径14.6×13.0cm。

X-4　ザバイカリエ、イヴォルガ集落址1［Davydova 1995, Tabl.14-18］
　　ザバイカリエの匈奴の集落址イヴォルガで出土した圏足の破片。残高8cmほどであろうか。

X-5　ザバイカリエ、イヴォルガ集落址2［Davydova 1995, Tabl.53-13］
　　同じくイヴォルガ集落址出土の把手の付いた口縁の一部。鉄製。縦17cmほどである。

X-6　扎賚諾爾2［鄭隆 1961，図3］
　　内蒙古呼倫貝爾盟扎賚諾爾墓地で発見されたもの。2つの把手はすでに失われ、器腹に2条の凸線の弦紋が回る。口径16cm。この鍑は把手の形や圏足の有無も分からず、分類は今のところ難しい。

X-7　内蒙古自治区鄂爾多斯市補洞溝7号墓［伊克昭盟文物工作站 1986，図三-3］
　　鉄製。器腹が膨らみ、透かし孔のある圏足が付く。把手はないようで、例外的である。高36cm、口径24cm。

X-8　モンゴル民族歴史博物館4
　　半円形の2つの把手が口縁上に立ち、器体には2本の凸線が回る。把手の下には把手部分を画するような凸線がある。圏足は下部が破損している。

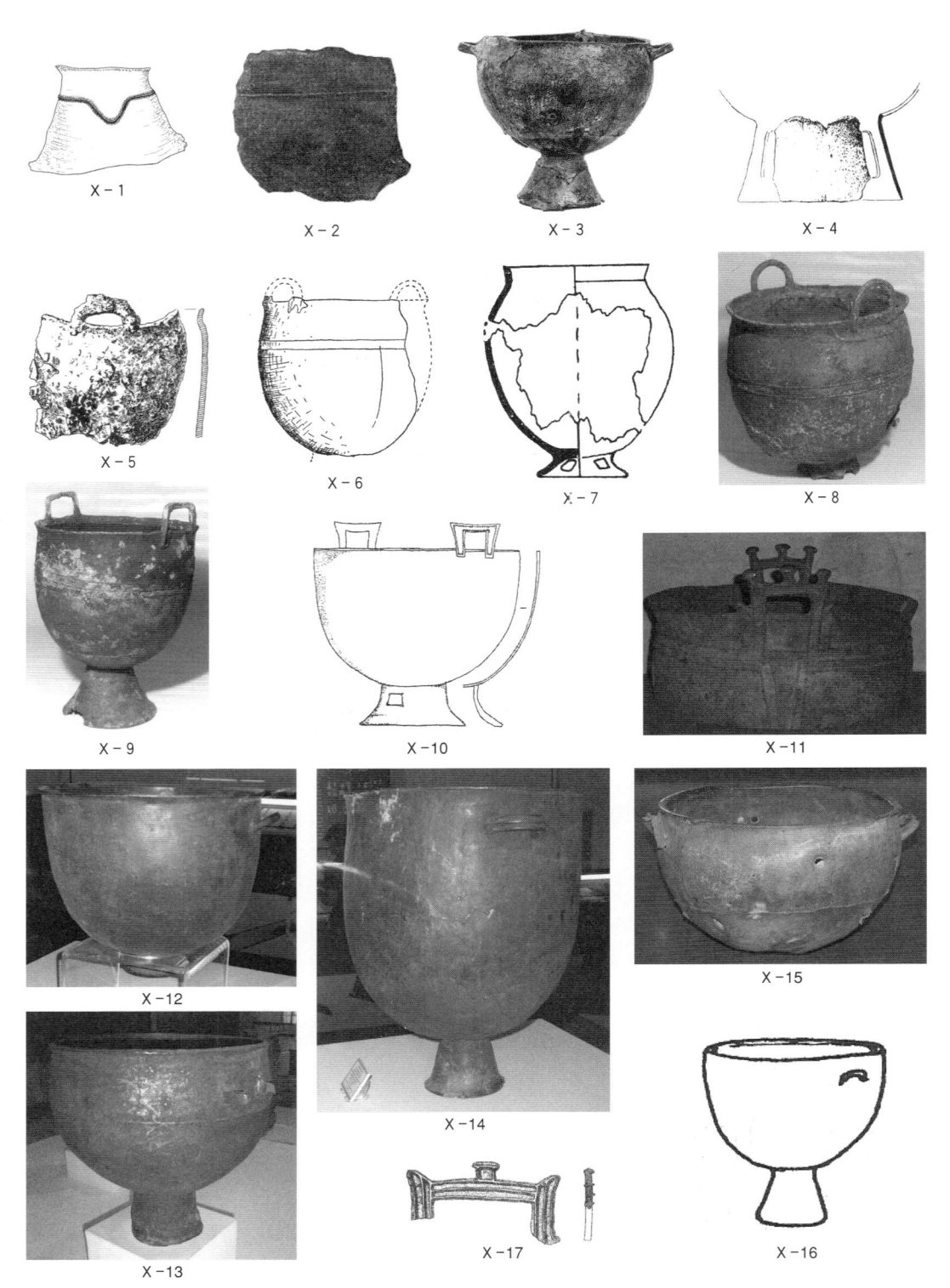

図20 その他の鍑（X-1〜X-17）（縮尺不同）

X-9 モンゴル、オヴス＝アイマク、オラーンゴム［Novgorodova et al. 1982, Abb. 43-1］
　方形の把手が2つ口縁上に立ち、深鉢形の器体には2本の凸線が回る。喇叭形の圏足が付く。縦方向の鋳型の合わせ目は見られない。モンゴル西北部のオラーンゴム墓地で出土したもの。ここで発見された文化はトゥバの文化と類似しており、チャンドマン文化と呼ばれている。山地アルタイのパジリク文化などと同時期とされている。

X-10 モンゴル、ボルガン＝アイマク、ボルハン・トルゴイ73号墓［Törbat et al. 2003, p.235］
　鉄鍑。口縁に角型の把手が2つ付く。器体に装飾はなく、方形の孔のあいた圏足が付く。あまり類例のない形の鍑である。同じ墓からは、くつわ、刀子破片、鏃などの鉄製品が発見された。

X-11 モンゴル、ムルンのフブスグル＝アイマク博物館2
　鍑の上半部。Edと同様に、弧線から変化した直線的な紋様で飾られているが、装飾的な把手は特殊である。この鍑については林論文を参照されたい。

X-12 モンゴル民族歴史博物館5
　水平方向の2つの把手が付く大型の鍑で、下には小さな圏足が付く。縦方向の鋳型の合わせ目は見られない。

X-13 モンゴル、ザナバザル美術館2
　フブスグル・アイマク、アラクエルデネ・ソム、スールトルゴイ山出土。水平方向の2つの把手が付き、器体には1本の凸線が巡る。下には圏足が付く。縦方向の鋳型の合わせ目は見られない。通高約43cm。

X-14 モンゴル民族歴史博物館6
　3本の凸線のある水平方向の2つの把手が付く。きわめて大きな鍑で、下には器体に比して小型の圏足が付く。縦方向の鋳型の合わせ目は見られない。

X-15 モンゴル、ムルンのフブスグル＝アイマク博物館3
　水平方向に2つの把手が付き、器体下半部に凸線が回る。底部は破損しており、圏足が付いていた可能性がある。縦方向の鋳型の合わせ目は見られない。

X-16 モンゴル、ザフハン＝アイマク博物館［Volkov 1967, ris.16-8］
　水平方向の把手と圏足が付く。

X-17 ザバイカリエ、シャラゴル［Konovalov 1980, Ris. 2-1］
　ザバイカリエのキャフタから80km東南、チコイ川中流域のシャラゴル村で発見された。凸線紋様で構成された方形の青銅器断片で、鍑の把手と推定されている。中央の辺には1つ突起がある。共に発見されたものに、青銅製帯飾板の破片、青銅製斧、2点の弧形の玉あるいは石製の板、鉄製刀子断片、土器片、そして人頭骨断片があり、匈奴の墓であったと推定されている。そして帯飾板断片や青銅製斧から、前2～1世紀に年代付けられるザバイカリエの匈奴の早い時期の初め頃、あるいはさらに早い前3世紀頃と推定されている。帯飾板を前3世紀あるいは前2世紀初めにまで上げてよいかどうかは疑問であるが、前漢時代並行期と考えることは妥当であろう。しかしこの「鍑の把手」をノヨン・オールなどの鍑より早いと考えるには型式的に

無理がある。前漢時代あるいはそれ以前に置くことはできないであろう。そうすると帯飾板の年代とは齟齬を生じることになる。さらに言えば、本当に鍑の把手であったという確証はない。

4. まとめ

以上の結果をまとめておく。

中国で最初に現れるのは、A型式の鍑であろう。それは中国、モンゴル、ザバイカリエのほか、類品が新疆ウイグル自治区、東カザフスタンなどで見られ、もっとも西方では北カフカスでも発見されている。製作法も、器体に縦の范の合わせ目が見られず、西方の鍑と一致する。この型式の鍑は、初期遊牧民文化の時代の直前あるいはもっとも初期の頃に、草原地帯に広まったと考えられる。中国の年代でいえば西周時代後期あるいは中期、すなわち前9〜8世紀であろう。これは年代の確認できるユーラシアの鍑の型式ではもっとも早い。

しかしA型式のうちある程度中国の北方系青銅器の文化と結びつけることができるのは、北京延慶県西撥子村出土のものだけである。これは夏家店上層文化、あるいはそれに関連した文化の一括埋納品と考えることができるであろう。そのほかのものは、陝西発見のものがあるが、その地域においては、この時期にはっきりした北方系青銅器の文化はまだ知られていない。

B型式はA型式の鍑を中国青銅器の製作法で作ったものと考えられる。中国青銅器の紋様で飾られているものがあり、加えて中国青銅器の製作法の特徴である器体の縦方向の范の合せ目があるからである。これは以後ずっと中国の鍑の特徴となる。

B型式は秦の領域および、それに接する晋の領域に知られている。しかしその地方では、その時期に明確な北方系青銅器の文化は、今のところ発見されていない。鍑が出土した墓も、陝西省の宝鶏甘峪出土品がその可能性があるとはいえ、そのほかのものは北方民族的な墓ではなく、むしろ中原の文化に近い墓であって、それがある程度の関係を持った北方的な文化を受け入れた結果と解釈される。年代は今のところ春秋時代前期から中期であるが、ミニアチュアのなかには後期まで下るものもある。

平面形が長方形のC型式は、把手の上の突起や縄状把手などのB型式の特徴を多く受け継いでいる。主な分布地域は陝西省と山西省で、年代は春秋時代中期から後期にかけてであろう。この型式では、Cb-1の内蒙古准格爾旗宝亥公社出土例が、今のところ明確な唯一の北方民族的な墓である。

円形のD型式もほぼ同じ頃、あるいはもう少し下る時期のものと思われる。地域的には甘粛省から河北省にまで広がっているが、陝西省のものと、より東方のものとでは、器形にわずかに差がある。おそらく陝西のほうから河北へ影響を与えた過程で変化したのであろう。東方に分布するDbでは、河北省懐来甘子堡（Db-2）、延慶玉皇廟（Db-3、Db-4）、行唐県李家荘（Db-5）、唐県釣魚台（Db-6）、順平壇山（Db-9）、唐県北城子（Dmb-1）など燕山地域の遊牧民の墓での出土が多くなる。このような現象は、いわゆる「秦式の剣」の変遷や分布の状況と、ある程度類似している。どちらの場合も、古い型式のものが秦の領域にあり、それが東方の河北方

面へ移って、北方民族の墓から出土する。西方では北方民族との関連が考えられるが、今のところ、その地方においてその時期の北方民族の文化が明確に知られているわけではない。

　D型式の年代は戦国時代の初め頃までと考えられるが、それ以後の型式でおよその年代の推定できるものは、前漢時代からであり、今のところ、戦国時代中期や後期と考えられる確実な資料は知られていない。次に現れる型式との間には、年代的にも製作技術の上でも断絶が認められる。

　E型式は、EaからEgまでの7つに細分される。EaはE型式のもとになったと思われるもので、その2点に見られる波線紋様は、シベリアの鍑に共通するものがある。また1点は水平方向の把手を持ち、新疆ウイグル自治区やシベリアなどの型式と関連を持つ。その起源、あるいは背景は西方に求めるべきであろう。しかし縦方向の鋳型の合せ目という中国的な特徴を考えると、やはり中国北辺の鍑の伝統も感じられる。

　Ebは把手の断面が凹字形をなし、器体と圏足が別に鋳造されたもので、弧線紋で飾られる。紀元前後頃の遺跡から出土している。EcはEbと同様に弧線紋が施されるが、器体と圏足が1つに鋳造される。EdとEeは紋様の弧線紋が変化して直線的になったものである。器形の違いで深鉢形をEd、球形に近いものをEeとした。Efは紋様が無くなったものである。ここには深鉢形に近いものや、球形に近いものの両者を含んでいる。紋様がないから新しい時期とはいえないかもしれないが、おおよそそのような傾向と考えてよいであろう。Egは北朝時期と考えられるがたがいに類似した球形の鍑の一群であるが、E型式の特徴を持っている。

　E型式の鍑の初めに当たるEaの分布は、内蒙古中南部の烏蘭察布発見とされるもの（Ea-4）を除くと、はっきりしているものはザバイカリエと内蒙古東北部であり、次のEbでも、ザバイカリエ、モンゴル、吉林省である。Ecの明確な出土地は、モンゴル、内蒙古赤峰、内蒙古中南部、河北、陝西であり、分布域は中国が主となる。次の段階のEdおよびEeのなかで出土地の分かるのはEe-4の甘粛慶陽だけである。大多数が後漢後期ないし末以後と考えられるEfになると、内蒙古中南部やその周辺で多くの出土が知られ、その他、西は寧夏固原、東は遼寧喀左や内蒙古の赤峰でも発見されている。EaやEbなど、この型式の初期の分布は中国よりも北方に中心があり、それが南へ、そして東西に拡大していく様子が窺われる。またさらに後のG型式と異なり、遼寧から発見されたものは1点だけである。

　中央ヨーロッパのフンの鍑の原型になったのもE型式であるが、それはEc、Edあたりから、ここで述べた変遷とは異なった道を辿った変化である。

　圏足のあるE型式と、平底のF型式は、吉林省楡樹市老河深から両者が出土していることから判るように、おそらく前漢時代の末頃からほぼ平行して使用される。両者は把手の特徴や弧線による紋様、そして外底に一文字形の湯口の痕跡があることなどが共通している。F型式はE型式から派生した型式であろう。E型式と同様に、紋様の変化から、弧線紋が直線的になるものをFb、紋様がなくなるものをFc、そして把手の断面形が蒲鉾形になるものをFdと分類した。さらにFdの桶形・円筒形の器形が変化して、算盤玉形になったものをFeとした。

　F型式の初めであるFaは、吉林やモンゴルで発見されている。次の段階のFbには、内蒙古中南部の卓資県石家溝出土品（Fb-4，5，7）と、内蒙古の通遼出土品（Fb-10）がある。Fcに

なると、内蒙古中南部および陝西省、山西省で発見され、次のFdおよびFeでは、同じく内蒙古中南部やその近辺の山西省、寧夏固原、そして湖北省、河南省、四川省にも広がっている。そこでは特に北方的な文化の墓から出土するのではなく、中国文化に根付いた様子が窺われる。しかし一方では吉林、遼寧でも出土し、また韓国でも発見されている。

　内蒙古卓資県石家溝および山西省右玉県善家堡からは、E型式とF型式が共に出土している。面白いことに、その両遺跡で出土したE型式は共に鉄製であり、F型式は共に青銅製である。両遺跡出土のE型式は、すべて紋様のないEfであるが、F型式の方は一様ではない。石家溝から出土したのは紋様の直線的になったFbであるが、善家堡からは、Fbのほか、紋様のなくなったFcと、把手の断面が凹字形ではないFdも出土している。両遺跡から出土したE型式とF型式が、紋様変化の同じ段階で揃っていないのは、両遺跡の年代に、それぞれある程度の幅があるからであろう。

　G型式は、E型式と同様に圏足のある鍑であるが、把手の断面が蒲鉾形で、圏足の透かしが3つである。G型式の30点のうち、出土地の分かる22点をみると、喀左・朝陽・北票など遼寧省西部が12点を占めている。あとは、陝西省が3点、内蒙古中南部が呼和浩特市など2点、山西省が3点、甘粛省が1点、内蒙古東北部が1点である。分布地域は、1．遼西地方と、2．内蒙古中南部およびその南の地域、という2つに大きく分かれるといえよう。遼寧省にこれほど大きな割合で分布する型式は、ほかにない。すでに指摘されているように、鮮卑との関係が表れているのであろう。この型式は独自の特徴を持っており、E型式からの単純な連続とは考えにくいが、今のところ、その起源は不明である。

　F型式の把手には、断面が凹字形のもの（Fa、Fb、Fc）と、蒲鉾形のもの（Fd、Fe）がある。それは各々圏足のあるE型式とG型式の把手の特徴でもあり、E型式とG型式の前後関係に対応していると思われる。すなわちFa〜FcはE型式と、Fd、FeはG型式と並行することになる。Fdは後漢時代後期にはすでに成立していたと思われるが、E型式の終わりは、それ以前ということになるのであろうか。しかしE型式の特徴を持つEgは、太原庫狄業墓の発掘例（Eg-3）により6世紀後半に年代付けられる。またEf-28などは、ほとんどG型式の特徴を持っているが、器形からいえば、E型式の一部の伝統を受けていると思われ、またG-10も、E型式とG型式の特徴を併せ持っている。G-24の脚の裏面にも、E型式に見られる3本凸線がある。このような、両者の特徴を併せ持つ例が存在することから考えると、E型式とG型式にはある程度並行して用いられた時期があったと考えるべきであろう。それについては、さらに資料の増加を待ちたい。

　中国の鍑を全体的に見ると、西周時代にはA型式、前漢時代の初めの頃にはE型式の原型になるものが外から入ってきて、それがそれぞれ中国において独自の発展を遂げていく過程が窺われる。

　シベリアにおいては、8世紀頃にまで下る鍛造製の鉄鍑が知られているが、中国のもっとも新しい例は、567年の庫狄業の墓の出土例である。またほぼ同時期の570年に年代付けられる山西太原の北斉婁睿墓では、その墓道東壁と西壁に駱駝隊の図が描かれ、駱駝に鍑と思われる容器が付けられている［山西省考古研究所・太原市文物考古研究所 2006、図一八，図二三，彩版二三］。これが現在知られているもっとも新しい鍑についての資料である。

付記

　陝西省考古研究院の曹瑋氏（当時）により、『陝北出土青銅器』全5巻が編纂され、2009年に出版されたが、その第三巻 pp.286-341に陝西省北部出土の26点の鍑が集められている。その内のおそらく5点はここに既に収録したものであるが、21点は新たに発表されたものであった。この論文の校正中にそれを知ったが、中途からそれらを改めて本稿に組み込むのは難しく、断念した。ただ特筆すべきことは、楕円形あるいは長方形の平面形を持つＣａ型式が4点増え、この型式の鍑が陝西省に多いことが、さらに明らかになったことである。

引用文献

　㈱アサツー・ディ・ケイ編集
　　2004　『よみがえる中国歴代王朝展　至宝が語る歴史ロマン—殷から宋まで』
　梅原末治
　　1930　「北支那発見の一種の銅容器と其の性質」（『古代北方系文物の研究』1938　所収）
　　1960　『蒙古ノイン・ウラ発見の遺物』東洋文庫論叢第27冊
　梅原末治・藤田亮策編著
　　1947　『朝鮮古文化綜鑑　第一巻』養徳社
　江上波夫・水野清一
　　1935　「綏遠青銅器」『内蒙古長城地帯』（東方考古学叢刊　乙種第一冊）
　京都大学文学部
　　1963　『考古学資料目録　3』
　杉村勇造・後藤眞太郎編
　　1953　『旅順博物館図録』
　高浜秀
　　1994　「中国の鍑」『草原考古通信』第4号
　東京国立博物館編
　　1992　『よみがえる古代王国　伽耶文化展』
　　1997　『大草原の騎馬民族—中国北方の青銅器—』
　　2005　『東京国立博物館所蔵　中国北方系青銅器』
　奈良国立博物館
　　2005　『奈良国立博物館蔵品図版目録　中国古代青銅器篇』
　日本経済新聞社
　　1983　『中国内蒙古　北方騎馬民族文物展』
　林巳奈夫
　　1989　『春秋戦国時代青銅器の研究』（殷周青銅器総覧三）

　敖承隆・李堯東
　　1964　「河北省懐来県北辛堡出土的燕国銅器」『文物』1964-7，pp.28-29，pl.6．

　保定市文物管理所
　　2002　「河北順平県壇山戦国墓」『文物春秋』2002-4　pp.43-45．

北京市文物管理処
    1979　「北京市延慶県西撥子村窖蔵銅器」『考古』1979-3，pp.227-230, pls. 5-6.
北京市文物研究所
    2007　『軍都山墓地―玉皇廟』（一）～（四），文物出版社
卜揚武・程璽
    1995　「内蒙古地区銅(鉄)鍑的発現及初歩研究」『内蒙古文物考古』1995-1・2，pp.14-19.
蔡強
    2007　「朝陽発現的北燕墓」『北方文物』2007-3，pp.17-21.
朝陽市博物館
    2007　「遼寧朝陽北魏墓」『辺疆考古研究』第5輯，pp.327-338.
淳化県博物館・姚生民
    1983　「陝西省淳化県出土漢代銅釜」『文物』1983-1，p.72.
大同市考古研究所・劉俊喜主編
    2008　『大同雁北師院北魏墓群』文物出版社
戴応新・孫嘉祥
    1983　「陝西神木県出土匈奴文物」『文物』1983-12, pp.23-30, pl. 4-5.
定県博物館
    1973　「河北定県43号漢墓発掘簡報」『文物』1973-11, pp. 8-20, pls. 1-4.
鄂鋼基建指揮部文物小組・鄂城県博物館
    1978　「湖北鄂城発現古井」『考古』1978-5，pp.358-360, pl.12.
馮恩学
    1993　「中国境内的北方系東区青銅釜研究」吉林大学考古学系編『青果集』pp.318-328.
高次若・王桂枝
    1988　「宝鶏県甘峪発現一座春秋早期墓葬」『文博』1988-4, p.21, pl. 2.
鞏県文化館
    1974　「河南鞏県発現一批漢代銅器」『考古』1974-2，pp.123-125, pls. 8-9.
固原県博物館・姚蔚玲
    2001　「寧夏固原県出土的銅鍑」『考古』2001-11, pp.92-94.
顧志界
    1986　「鄂爾多斯式銅(鉄)釜的形態分析」『北方文物』1986-3，pp.19-22.
国家文物局主編
    1993　『中国文物地図集　吉林分冊』中国地図出版社
郭物
    1999　「青銅鍑在欧亜大陸初伝」『欧亜学刊』第1輯、pp.122-150.
    2002　「論青銅鍑的起源」『21世紀中国考古学与世界考古学』
    2007　「第二群青銅(鉄)鍑研究」『考古学報』2007-1，pp.61-96.
郭治中・魏堅
    1994　「察右前旗下黒溝鮮卑墓及其文化性質初論」内蒙古文物考古研究所編『内蒙古文物考古文集』第一集, pp.434-437.

河北省博物館・文物管理処 編
    1980　『河北省出土文物選集』文物出版社

河北省文化局文物工作隊・鄭紹宗
　　1963　「行唐県李家荘発現戦国銅器」『文物』1963-4, pp.55-56.
河北省文化局文物工作隊
　　1966　「河北懐来北辛堡戦国墓」『考古』1966-5, pp.231-242, pls.1-4.
河北省文物研究所
　　1985　「河北新楽中同村発現戦国墓」『文物』1985-6, pp.16-21, pl.1.
赫定・斯文
　　1997　『羅布泊探秘』（西域探検考察大系）新疆人民出版社
河南博物院、台北国立歴史博物館
　　2003　『輝県琉璃閣甲乙二墓』
河南・陝西省博物館等
　　1965　「河南・陝西等地発現的古代青銅器」『文物』1965-5, pp.1-5, 17, pls.1-4.
賀勇・劉建中
　　1993　「河北懐来甘子堡発現的春秋墓群」『文物春秋』1993-2, pp.23-40, 75, pls.1-3.
胡金華・冀艶坤
　　2007　「河北唐県釣魚台積石墓出土文物整理簡報」『中原文物』2007-6, pp.4-9.
吉林省文物考古研究所編
　　1987　『楡樹老河深』文物出版社
吉林省文物工作隊・長春市文管会・楡樹県博物館
　　1985　「吉林楡樹県老河深鮮卑墓群部分墓葬発掘簡報」『文物』1985-2, pp.68-82, pls.2-4.
吉林省文物志編修委員会主編
　　1984　『渾江市文物志』
吉林省文物志編委会
　　1984　『集安県文物志』
吉林省文物志編委会
　　1985　『舒蘭県文物志』
姫乃軍
　　1989　「延安地区文管会収蔵的匈奴文物」『文博』1989-4, pp.72-73, pl.4, 封底
靳楓毅
　　1991　「軍都山山戎文化墓地葬制与主要器物特徴」『遼海文物学刊』1991-1, pp.61-73.
雷雲貴・高士英
　　1992　「朔県発現的匈奴鮮卑遺物」『山西省考古学会論文集』1, pp.140-147.
李朝遠
　　2004　「新見秦式青銅鍑研究」『文物』2004-1, pp.83-92.
李継紅
　　2000　「沁水県出土的春秋戦国銅器」『山西省考古学会論文集』3, pp.288-294.
李逸友
　　1956　「内蒙古土黙特旗出土的漢代銅器」『考古通訊』1956-2, pp.60-61, pl.15.
　　1957　「関于内蒙古土黙特旗出土文物状況的補正―兼答静宜同志」『考古通訊』1957-1, pp.130-131、pl.24.
李永平
　　2000　「甘粛省博物館系統所蔵青銅器選介」『文物』2000-12, pp.69-71, 背表紙

黎瑶渤
  1973 「遼寧北票県官営子北燕馮素弗墓」『文物』1973-3, pp.2-28, pls.1-5.
遼寧省博物館文物隊・朝陽地区博物館文物隊・朝陽県文化館
  1984 「朝陽袁台子東晋壁画墓」『文物』1984-6, pp.29-45, pls.4-6.
遼寧省文物考古研究所編
  2002 『三燕文物精粋』遼寧人民出版社
遼寧省文物考古研究所・朝陽市博物館・北票市文物管理所
  2004 「遼寧北票喇嘛洞墓地1998年発掘報告」『考古学報』2004-2, pp.209-242, pls.7-20.
林西県文物管理所
  1997 「林西県蘇泗汰鮮卑墓群」内蒙古文物考古研究所編『内蒙古文物考古文集』第2輯, pp.461-462.
劉莉
  1987 「銅鍑考」『考古与文物』1987-3, pp.60-65.
盧桂蘭
  1988 「楡林地区収蔵的部分匈奴文物」『文博』1988-6, pp.16-19, pl.4, 封底
内蒙古博物館
  1998 「卓資県石家溝墓群出土資料」『内蒙古文物考古』1998-2, pp.9-21.
内蒙古文物考古研究所
  1994 「扎賚諾爾古墓群1986年清理発掘報告」内蒙古文物考古研究所編『内蒙古文物考古文集』第1輯, pp.369-383, pl.8.
内蒙古文物工作隊
  1962 「内蒙古呼和浩特美岱村北魏墓」『考古』1962-2, pp.86-87, 91.
内蒙古文物工作隊編
  1964 『内蒙古文物資料選輯』内蒙古人民出版社
内蒙古自治区博物館・和林格爾県文化館
  1984 「和林格爾県另皮窯村北魏墓出土的金器」『内蒙古文物考古』3, pp.52-54, pl.2.
内蒙古自治区文物工作隊編
  1963 『内蒙古出土文物選集』文物出版社
内蒙古自治区文物考古研究所編
  2004 『内蒙古地区鮮卑墓葬的発現与研究』科学出版社
寧夏回族自治区博物館・寧夏固原博物館
  1985 「寧夏固原北周李賢夫婦墓発掘簡報」『文物』1985-11, pp.1-20, pls.1-3.
寧夏文物考古研究所編著
  2009 『固原南塬漢唐墓地』文物出版社
龐文龍・崔玫英
  1989 「岐山王家村出土青銅器」『文博』1989-1, pp.91-92.
淇県文管所
  1984 「河南淇県出土一件北魏銅双耳釜」『考古』1984-3, p.277.
秦安県文化館
  1986 「秦安県歴年出土的北方青銅器」『文物』1986-2, pp.40-43.
陝西省考古研究院　主編曹瑋
  2009 『陝北出土青銅器』四川出版集団　巴蜀書社、成都

陝西省雍城考古隊
 1984 「一九八二年鳳翔雍城秦漢遺址調査簡報」『考古与文物』1984-2, pp.23-31, pl.4.
山西省考古研究所
 1983 「山西渾源県李峪村東周墓」『考古』1983-8, pp.695-700, pls.4-5.
 1989 「山西侯馬上馬墓地発掘簡報（1963〜1986年）」『文物』1989-6, pp.1-21, 50, pls.1-3.
 1994a 「1976年聞喜上郭村周代墓葬清理記」『三晋考古』第1輯、pp.123-138, pl.8.
 1994b 『上馬墓地』文物出版社
山西省考古研究所・大同市博物館
 1992 「大同南郊北魏墓群発掘簡報」『文物』1992-8, pp.1-11, 彩色挿頁, pl.1.
山西省考古研究所・太原市文物考古研究所
 2006 『北斉東安王娄睿墓』文物出版社
山西省考古研究所・太原市文物管理委員会
 1996 『太原晋国趙卿墓』文物出版社
山西省文物管理委員会侯馬工作站
 1963 「山西侯馬上馬村東周墓葬」『考古』1963-5, pp.229-245, pls.1-4.
山西忻州地区文物管理処
 1986 「原平県劉荘塔崗梁東周墓」『文物』1986-11, pp.21-26, pl.5.
尚暁波（朝陽市博物館）
 1996 「大凌河流域鮮卑文化双耳鏤孔圏足釜及相関問題考」『遼海文物学刊』1996-1, pp.26-33.
四川省博物館
 1959 「四川牧馬山灌漑渠古墓清理簡報」『考古』1959-8, pp.419-429, pls.5-6.
孫秉君・程蕊萍・張偉・童学猛
 2006 「神秘奢華的国君夫人墓—陝西韓城梁帯村26号墓発掘記略」『文物天地』2006-10, pp.84-89.
太原市文物考古研究所
 2003 「太原北斉庫狄業墓」『文物』2003-3, pp.26-36.
滕銘予
 2002 「中国北方地区両周時期銅鍑的再検討—兼論秦文化所見銅鍑」『辺疆考古研究』第1輯, pp.34-54.
田広金・郭素新
 1986 『鄂爾多斯式青銅器』文物出版社
王長啓
 1991 「西安市文管会蔵鄂爾多斯式青銅器及其特徴」『考古與文物』1991-4, pp.6-11.
王剛
 1996 「赤峰発現鄂爾多斯式銅鍑」『北方文物』1996-2, p.15.
王克林・寧立新・孫春林・胡生
 1992 「山西省右玉県善家堡墓地」『文物季刊』1992-4, pp.1-21, pls.1-3.
王銀田・劉俊喜　2001
 2001 「大同智家堡北魏墓石槨壁画」『文物』2001-7, pp.40-51.
武亜琴・李鉄軍（通遼市博物館）
 2007 「開魯県福興地鮮卑墓」『内蒙古文物考古』2007-2, pp.11-13.

肖琦
  1991 「隴県出土的匈奴文物」『文博』1991-5，p.79-81, 88, pl. 1．

忻州地区文物管理処・李有成
  1992 「原平県練家崗戦国青銅器」『山西省考古学会論文集』1，pp.107-109.

忻州地区文物管理処・原平市博物館
  1998 「山西原平劉荘塔崗梁東周墓第二次清理簡報」『文物季刊』1998-1，pp. 3 -13.

伊盟文物工作站
  1981 「伊克昭盟補洞溝匈奴墓清理簡報」『内蒙古文物考古』1，pp.27-33.

伊克昭盟文物工作站
  1986 「補洞溝匈奴墓葬」田・郭編著『鄂爾多斯式青銅器』所収
  1987 「内蒙古准格爾旗宝亥社発現青銅器」『文物』1987-12, pp.81-83.

尹玉山
  1985 「吉林永吉学古漢墓清理簡報」『博物館研究』1985-1，pp.95-96, 94.

張静安
  1958 「河南安陽大司空村六朝墓的清理」『考古通訊』1958-7，pp.54-55.

趙慧民・李百勤・李春喜
  1991 「山西臨猗県程村両座東周墓」『考古』1991-11, pp.987-994, pls. 3 - 5 .

趙叢蒼
  1991 「鳳翔出土一批春秋戦国文物」『考古與文物』1991-2，pp. 2 -13.

鄭隆
  1961 「内蒙古扎賚諾爾古墓群調査記」『文物』1961-9，pp.16-19.

鄭紹宗
  1991 「唐県南伏城及北城子出土周代青銅器」『文物春秋』1991-1，pp.14-22, pls. 1 - 4 .

中国科学院考古研究所編著
  1956 『輝県発掘報告』（中国田野考古報告集　第一号）科学出版社

中国青銅器全集編輯委員会編
  1995 『中国青銅器全集　15　北方民族』文物出版社

中国社会科学院考古研究所・山西省考古研究所・運城市文物局・臨猗県博物館編著
  2003 『臨猗程村墓地』中国大百科全書出版社

崇實大学校 附設 韓国基督教博物館
  1988 『崇實大学校 附設 韓国基督教博物館』

申敬澈・金宰佑
  2000 『金海大成洞古墳群Ⅱ』（慶星大学校博物館研究叢書　第 7 輯）慶星大学校博物館

申敬澈他
  2003 『金海大成洞古墳群Ⅲ』（慶星大学校博物館研究叢書　第10輯）慶星大学校博物館

林孝澤・郭東哲
  2000 『金海良洞里古墳文化』（東義大学校博物館学術叢書　 7 ）東義大学校博物館

李海蓮
  2003 「우리나라 출토銅鍑에 대하여」『博物館研究論集』10，釜山市立博物館，pp.19-37.
  2006 「銅鍑에 대하여」『石軒　鄭澄元教授　停年退任記念論叢』釜山考古学研究会論叢刊行委員会，pp.545-562.

韓国国立中央博物館

 2009 Xiongnu Tombs of Duurlig Nars.

Andersson, J. G.

 1932 Hunting Magic in the Animal Style. *Bulletin of the Museum of Far Eastern Antiquities.* No. 4, pp. 221–317, pls. 1–36.

Batsaikhan, Zagd

 2006 Foreign Tribes in Xiongnu Confederation. *The Silk Road* Vol. 4, Number 1, pp. 45–46.

Bokovenko and Zasetskaya : Боковенко, Н. А., Засецкая И. П.

 1993 Происхождение котлов 《гуннского типа》 Восточной Европы в свете проблемы хунно-гуннских связей. *Петербургский археологический вестник.* 3, cc .73-88.

Bunker, Emma C.

 1997 *Ancient Bronzes of the Eastern Eurasian Steppes from the Arthur M. Sackler Collections.* The Arthur M.Sackler Foundation.

 2002 *Nomadic Art of the Eastern Eurasian Steppes: The Eugene V. Thaw and Other New York Collections.* The Metropolitan Museum of Art, New York.

Davydova, A. V.

 1968 The Ivolga Gorodishche (A Monument of the Hiung-nu Culture in the Trans-Baikal Region). *Acta Archaeologica Academiae Scientiarum Hungaricae* Vol. 20, pp. 209-245.

Davydova, A. V. : Давыдова, А. В.

 1995 *Иволгинский археологический комплекс. Том 1. Иволгинское городище* (Археологические памятники Сюнну вып .1). Санкт-Петербург.

 1996 *Иволгинский археологический комплекс. Том 2. Иволгинский могильник* (Археологические памятники Сюнну вып .2). Санкт-Петербург.

Desroches, Jean-Paul (commissaire)

 2000 *L'Asie des steppes : d'Alexandre le Grand a Gengis Khan.* Reunion des musees nationaux, Fundacio "la Caixa".

Dorzhsuren, Ts. : Доржсурэн, Ц.

 1962 Раскопки могил хунну в горах Ноин-Ула на реке Хуни-Гол (1954 - 1957 гг.) *Монгольский археологический сборник,* Москва.

Érdy, Miklos

 1995 Hun and Xiong-nu Type Cauldron Finds throughout Eurasia. *Eurasian Studies Yearbook* 67, pp. 5–94

Erdelyi, I., C. Dorjsuren, D. Navaan

 1967 Results of the Mongolian-Hungarian archaeological expeditions 1961–1964 (A comprehensive report). *Acta Archaeologica Academiae Scientiarum Hungaricae* Vol. 19, pp. 335–370.

Grishin Yu. S. : Гришин, Ю. С.

 1981 *Памятники неолита, бронзового и раннего железного веков Лесостепного Забайкалья.* Москва.

Hedin, Sven
   1905   *Lop Nor. Scientific Results of a Journey in Central Asia 1899–1902.* Vol. 2. Stockholm.

Konovalov P. B. : Коновалов, П. Б.
   1976   *Хунну в Забайкалье.* Улан-Удэ.
   1980   К колекции хуннских бронз. *Советская археология* 1980-4, сс. 263–268

Matyushchenko and Tataurova : Матющенко, В. И., Татаурова, В. И.
   1997   *Могильник Сидоровка в Омском Прииртышье.* Новосибирск.

Minyaev S. S. : Миняев, С. С.
   1998   *Дырестуйский могильник* (Археологические памятники Сюнну вып. 3). Санкт-Петербург.

Moshkova, M. G. (ed.) : Мошкова, М. Г. (ред.)
   1992   *Степная полоса Азиатской части СССР в скифо-сарматское время.* Археология СССР. Наука, Москва.

Novgorodova, E. A., Volkov, V. V., Korenevskij, S. N., Mamonova, N. N.
   1982   *Ulangom : Ein skythenzeitliches Gräberfeld in der Mongolei.* (Asiatische Forschungen Band 76) Wiesbaden.

Purcell, David E., Kimberly C. Spurr
   2006   Archaeological Investigations of Xiongnu Sites in the Tamir River Valley : Results of the 2005 Joint American-Mongolian Expedition to Tamiryn Ulaan Khoshuu, Ogii nuur, Arkhangai aimag, Mongolia. *The Silk Road* Vol. 4, Number 1, pp. 20–31.

Rudenko S. I. : Руденко, С. И.
   1962   *Культура хуннов и Ноинулинские курганы.* Москва-Ленинград.

So, Jenny F. and Emma C. Bunker
   1995   *Traders and Raiders on China's Northern Frontier.* Smithsonian Institution.

Tishkin, A. A., and V. V. Gorbunov : Тишкин, А. А. и В. В. Горбунов
   2003   Исследования погребально-поминальных памятников кочевников в Центральном Алтае. *Проблемы археологии, этнографии, антропологии Сибири и сопредельных территорий.* Том IX, часть I, сс. 488–493.

Tolmacheff, V. J.
   1929   Traces of Scythian and Siberian Civilization in Manchuria. *Journal of the Manchuria Research Society.* No. 6.

Törbat Ts. et al. : Төрбат, Ц., Ч. Амартувшин, У. Эрдэнэбат
   2003   *Эгийн голын сав нутаг дахь археологийн дурсгалууд.* Улаанбаатар.

Tsybiktarov A. D. : Цыбиктаров, А. Д.
   1998   *Культура плиточных могил Монголии и Забайкалья.* Улан-Удэ.

Vainshtein S. I. : Вайнштейн, С. И.
   1974   *История народного искусства Тувы.* Москва.

Volkov, V. V. : Волков, В. В.
   1967   *Бронзовый и ранний железный век Северной Монголии.* Улан-батар.

図版出典

Ａ- 1	北京市文物管理処 1979，図版五- 1
Ａ- 2	画像提供：東京国立博物館
Ａ- 3	王長啓 1991，図一- 2
Ａ- 4	内蒙古自治区文物考古研究所編 2004，図10
Ａ- 5	龐文龍・崔玫英 1989，図一
Ａ- 6	梅原 1930，第二十五図- 1
Ａ- 7	筆者撮影
Ａ- 8	『西清続鑑』甲編
Ａ- 9	筆者撮影
Ａ-10	筆者撮影
Ａ-11	筆者撮影
Ａ-12	筆者撮影
Ａ-13	Grishin 1981, Ris.35- 2
Ｂa - 1	王長啓 1991，図一- 6
Ｂa - 2	李永平 2000，背表紙裏 2
Ｂa - 3	Bunker 2002, No. 185
Ｂb - 1	陝西省雍城考古隊 1984，図七- 2
Ｂb - 2	高次若・王桂枝 1988，図版二- 2
Ｂb - 3	山西省考古研究所 1994ａ，図十三- 1
Ｂbm- 1	孫秉君 他 2006，p.86
Ｂbm- 2	王長啓 1991，図一-13
Ｂbm- 3	画像提供：和泉市久保惣記念美術館
Ｂbm- 4	趙叢蒼 1991，図一- 9
Ｂbm- 5	山西省文物管理委員会侯馬工作站 1963，図一四- 17
Ｂbm- 6	山西省考古研究所 1994ｂ，図60- 2
Ｂbm- 7	山西省考古研究所 1994ｂ，図版76- 1
Ｂbm- 8	趙慧民 他 1991，図三- 3
Ｂbm- 9	趙慧民 他 1991，図三- 4
Ｂbm-10	中国社会科学院考古研究所 他 2003，図版58- 6
Ｂbm-11	山西省考古研究所 他 1996，図六八- 5
Ｂbm-12	山西省考古研究所 他 1996，図六八- 4
Ｂbm-13	河北省文物研究所 1985，図一〇
Ｃa - 1	姫乃軍 1989，封三- 5
Ｃa - 2	盧桂蘭 1988，封三- 1
Ｃa - 3	王長啓 1991，図一- 7
Ｃa - 4	筆者撮影
Ｃa - 5	筆者撮影
Ｃa - 6	筆者撮影
Ｃa - 7	筆者撮影
Ｃa - 8	Bunker 1997, No.195
Ｃa - 9	画像提供：横浜ユーラシア文化館

Ｃa-10	忻州地区文物管理処・李有成 1992，図 2
Ｃa-11	梅原 1930，第二十五図-3
Ｃb-1	伊克昭盟文物工作站 1987，図三-1
Ｃb-2	山西忻州地区文物管理処 1986，図五
Ｃb-3	忻州地区文物管理処・原平市博物館 1998，図一〇-1
Ｃb-4	山西省考古研究所 1983，図二-1
Ｄa-1	筆者撮影
Ｄa-2	盧桂蘭 1988，図一
Ｄa-3	盧桂蘭 1988，図版四-3
Ｄa-4	東京国立博物館 1997，No.143
Ｄa-5	筆者のスケッチ
Ｄb-1	李継紅 2000，図九-4
Ｄb-2	賀勇・劉建中 1993，図四-3
Ｄb-3	北京市文物研究所 2007，彩版五〇
Ｄb-4	北京市文物研究所 2007，彩版五一-1
Ｄb-5	河北省博物館・文物管理処編 1980，No.160
Ｄb-6	胡金華・冀艶坤 2007，図十
Ｄb-7	Image : TNM Image Archives　Source : http://TnmArchives.jp/
Ｄb-8	梅原 1930，第25図-2
Ｄb-9	保定市文物保管所 2002，図二-1
Ｄb-10	河北省博物館・文物管理処編 1980，No.153
Ｄm-1	鄭紹宗 1991, p.20, 照 4
Ｅa-1	Davydova 1968, Fig.20
Ｅa-2	内蒙古文物考古研究所 1994，図版八-1
Ｅa-3	Grishin 1981, Ris.35-3
Ｅa-4	筆者撮影
Ｅb-1	筆者撮影
Ｅb-2	吉林省文物考古研究所編 1987，彩版二
Ｅb-3	Minyaev 1998, Tabl.21-6
Ｅb-4	Konovalov 1976, Tabl. XVIII-14
Ｅb-5	Torbat et al. 2003, p.225
Ｅb-6	韓国国立中央博物館 2009, p.28
Ｅb-7	Rudenko 1962, Ris.29-в
Ｅb-8	Image : TNM Image Archives　Source : http://TnmArchives.jp/
Ｅb-9	Image : TNM Image Archives　Source : http://TnmArchives.jp/
Ｅb-10	Batsaikhan 2006, fig. 2
Ｅc-1	王剛 1996，図二
Ｅc-2	筆者撮影
Ｅc-3	卜掲武・程璽 1995，図一-10
Ｅc-4	Andersson 1932, Pl. XIX-4
Ｅc-5	筆者撮影
Ｅc-6	盧桂蘭 1988，図二

Ｅc-7 　　Erdelyi *et al.* 1967, Fig. 26 a
Ｅc-8 　　筆者撮影
Ｅc-9 　　Erdelyi *et al.* 1967, Fig. 29 c
Ｅc-10　　杉村・後藤 1953，図版16
Ｅd-1 　　画像提供：東京藝術大学大学美術館
Ｅd-2 　　筆者撮影
Ｅd-3 　　筆者撮影
Ｅd-4 　　梅原 1930，第二十八図-1
Ｅd-5 　　Erdy 1995, Table. 6．2．16
Ｅd-6 　　筆者撮影
Ｅd-7 　　Andersson 1932, Pl. XIX-3
Ｅe-1 　　筆者撮影
Ｅe-2 　　田広金・郭素新 1986，図版九四-2
Ｅe-3 　　東京国立博物館 1997，No. 231
Ｅe-4 　　田広金・郭素新 1986，図版九四-1
Ｅe-5 　　梅原 1930，第二十三図-2
Ｅe-6 　　杉村・後藤 1953，図版16
Ｅe-7 　　筆者撮影
Ｅf-1 　　固原県博物館・姚蔚玲 2001，図一-5
Ｅf-2 　　内蒙古文物工作隊編 1964，図版二一-一〇六
Ｅf-3 　　東京国立博物館 2005，鍑4
Ｅf-4 　　内蒙古博物館 1998，図一一-2
Ｅf-5 　　Bunker 2002, No.186
Ｅf-6 　　東京国立博物館 2005，鍑7
Ｅf-7 　　筆者撮影
Ｅf-8 　　卜揚武・程璽 1995，図一-3
Ｅf-9 　　尚暁波 1996，図二-5
Ｅf-10　　梅原 1930，第二十三図-1
Ｅf-11　　内蒙古自治区文物考古研究所編 2004，図三-1
Ｅf-12　　筆者撮影
Ｅf-13　　淇県文管所 1984，図一
Ｅf-14　　王長啓 1991，図一-3
Ｅf-15　　河北省博物館・文物管理処 1985，No.281
Ｅf-16　　筆者撮影
Ｅf-17　　江上・水野 1935，第百五図 2
Ｅf-18　　Érdy 1995, Table. 6．2．7
Ｅf-19　　杉村・後藤 1953，図版16
Ｅf-20　　内蒙古博物館 1998，図一一-3
Ｅf-21　　内蒙古博物館 1998，図一一-1
Ｅf-22　　寧夏文物考古研究所編著 2009，彩版五-6
Ｅf-23　　林西県文物管理所 1997，図二-1
Ｅf-24　　王剛 1996，図一

Ｅｆ-25	筆者撮影
Ｅｆ-26	王克林 他 1992，図十七-5
Ｅｆ-27	Bunker 1997, No.197
Ｅｆ-28	筆者撮影
Ｅｆm-1	Bunker 1997, No.196
Ｅｇ-1	日本経済新聞社 1983, No.53
Ｅｇ-2	Bunker 2002, No. 187
Ｅｇ-3	太原市文物考古研究所 2003，図二三
Ｅｇ-4	Hedin 1905, Figs. 73, 75
Ｅｇ-5	筆者撮影
Ｆａ-1	京都大学文学部 1963，金属製品 No. 394
Ｆａ-2	吉林省文物考古研究所編 1987，図四二-2
Ｆａ-3	筆者撮影
Ｆａ-4	筆者撮影
Ｆａ-5	Dorzhsuren 1962, Ris. 8-3
Ｆａ-6	Törbat et al. 2003, p.152
Ｆｂ-1	筆者撮影
Ｆｂ-2	梅原 1930，第二十四図-2
Ｆｂ-3	Andersson 1932, Pl. XIX-2
Ｆｂ-4	内蒙古博物館 1998，図三-10
Ｆｂ-5	内蒙古博物館 1998，図三-12
Ｆｂ-6	王克林 他 1992，図十五-1
Ｆｂ-7	内蒙古博物館 1998，図三-11
Ｆｂ-8	吉林市文物編委会 1985, pp.41, 96, 174, pl. 9-2
Ｆｂ-9	東京国立博物館 2005，鍑5
Ｆｂ-10	武亜琴・李鉄軍 2007，図二-4
Ｆｃ-1	筆者撮影
Ｆｃ-2	盧桂蘭 1988，図一
Ｆｃ-3	田広金・郭素新 1986，図一〇五-2
Ｆｃ-4	王克林 他 1992，図十五-3
Ｆｃ-5	伊克昭盟文物工作站 1986，図三-4
Ｆｃ-6	伊克昭盟文物工作站 1986，図三-2
Ｆｃ-7	戴応新・孫嘉祥 1983，図七
Ｆｃ-8	杉村・後藤 1953，図版16
Ｆｄ-1	田広金・郭素新 1986，図版九四-3
Ｆｄ-2	国家文物局主編 1993，重点文物図127
Ｆｄ-3	尹玉山 1985，図一-3
Ｆｄ-4	雷雲貴・高士英 1992，図一-1
Ｆｄ-5	李海蓮 2003，図版 9-3
Ｆｄ-6	郭治中・魏堅 1984，図二-2
Ｆｄ-7	東京国立博物館編 1992, No.57
Ｆｄ-8	李海蓮 2003，図版 9-1

Ｆｄ-9	筆者撮影
Ｆｄ-10	鄂鋼基建指揮部文物小組等 1978，図版一二-1
Ｆｄ-11	固原県博物館・姚蔚玲2001，図一-3
Ｆｄ-12	李海蓮 2003，図版 9-4
Ｆｄ-13	吉林省文物志編修委員会 1984，図二十一-1
Ｆｄ-14	王克林等 1992，図十五-2
Ｆｄ-15	遼寧省文物考古研究所編 2002，No.78
Ｆｄ-16	申敬澈 他 2003，写真14
Ｆｄ-17	遼寧省文物考古研究所編 2002，No.79
Fdm-1	定県博物館 1973，図一九
Ｆｅ-1	肖琦 1991，図版一-1
Ｆｅ-2	崇實大学校 附設 韓国基督教博物館 1988，No.46
Ｆｅ-3	遼寧省文物考古研究所 他 2004，図一九-4
Ｆｅ-4	林孝澤・郭東哲 2000，No.153
Ｆｅ-5	固原県博物館・姚蔚玲 2001，図一-2
Ｆｅ-6	鞏県文化館 1974，図版八-1
Ｆｅ-7	四川省博物館1959，図七
Ｆｅ-8	中国科学院考古研究所編著 1956，図版四八-10
Ｆｅ-9	肖琦 1991，図版一-2
Ｆｅ-10	張静安1958，図四
Ｆｅ-11	黎揺渤 1973，図三一
Ｆｅ-12	画像提供：横浜ユーラシア文化館
Ｆｅ-13	梅原・藤田編著 1947，No.220
Ｆｅ-14	固原県博物館・姚蔚玲2001，図一-4
Ｆｅ-15	江上・水野 1935，第百十三図-11
G-1	遼寧省文物考古研究所 他 2004，図一七-1
G-2	遼寧省文物考古研究所 他 2004，図一七-2
G-3	遼寧省文物考古研究所 他 2004，図一九-1
G-4	遼寧省文物考古研究所 他 2004，図一九-2
G-5	遼寧省文物考古研究所編 2002，No.76
G-6	遼寧省博物館文物隊 他 1984，図七-1
G-7	東京国立博物館 2005，鍑6
G-8	李逸友 1956，図版一五-1
G-9	内蒙古文物工作隊 1962，図2 左
G-10	Image：TNM Image Archives　Source：http://TnmArchives.jp/
G-11	秦安県文化館 1986，図三
G-12	筆者撮影
G-13	画像提供：東京国立博物館
G-14	淳化県文化館・姚生民 1983
G-15	江上・水野 1935，第百五図-1
G-16	杉村・後藤 1953，図版16
G-17	黎瑶渤 1973，図版 2-2

G-18	蔡強 2007，図三-10
G-19	筆者撮影
G-20	山西省考古研究所・大同市博物館 1992，図二五
G-21	筆者撮影
G-22	尚暁波 1996，図二-3
G-23	王銀田・劉俊喜 2001，図四
G-24	筆者撮影
G-25	盧桂蘭 1988，図版四-4
G-26	朝陽市博物館 2007，図九-4
G-27	朝陽市博物館 2007，図九-10
G-28	尚暁波 1996，図二-4
G-29	盧桂蘭 1988，図版四-1
Gm-1	大同市考古研究所・劉俊喜主編 2008，図版六-1
X-1	Tsybiktarov 1998，Ris.54-2
X-2	Grishin 1981，Ris.56-6
X-3	Andersson 1932,，Pl. XIX-1
X-4	Davydova 1995，Tabl.14-18
X-5	Davydova 1995，Tabl.53-13
X-6	鄭隆 1961，図3
X-7	伊克昭盟文物工作站 1986，図三-3
X-8	筆者撮影
X-9	筆者撮影
X-10	Törbat *et al.* 2003，p.235
X-11	エルデネバータル氏撮影
X-12	筆者撮影
X-13	筆者撮影
X-14	筆者撮影
X-15	筆者撮影
X-16	Volkov 1967，ris.16-8
X-17	Konovalov 1980，Ris. 2-1

中国の鍑（髙濱　秀）

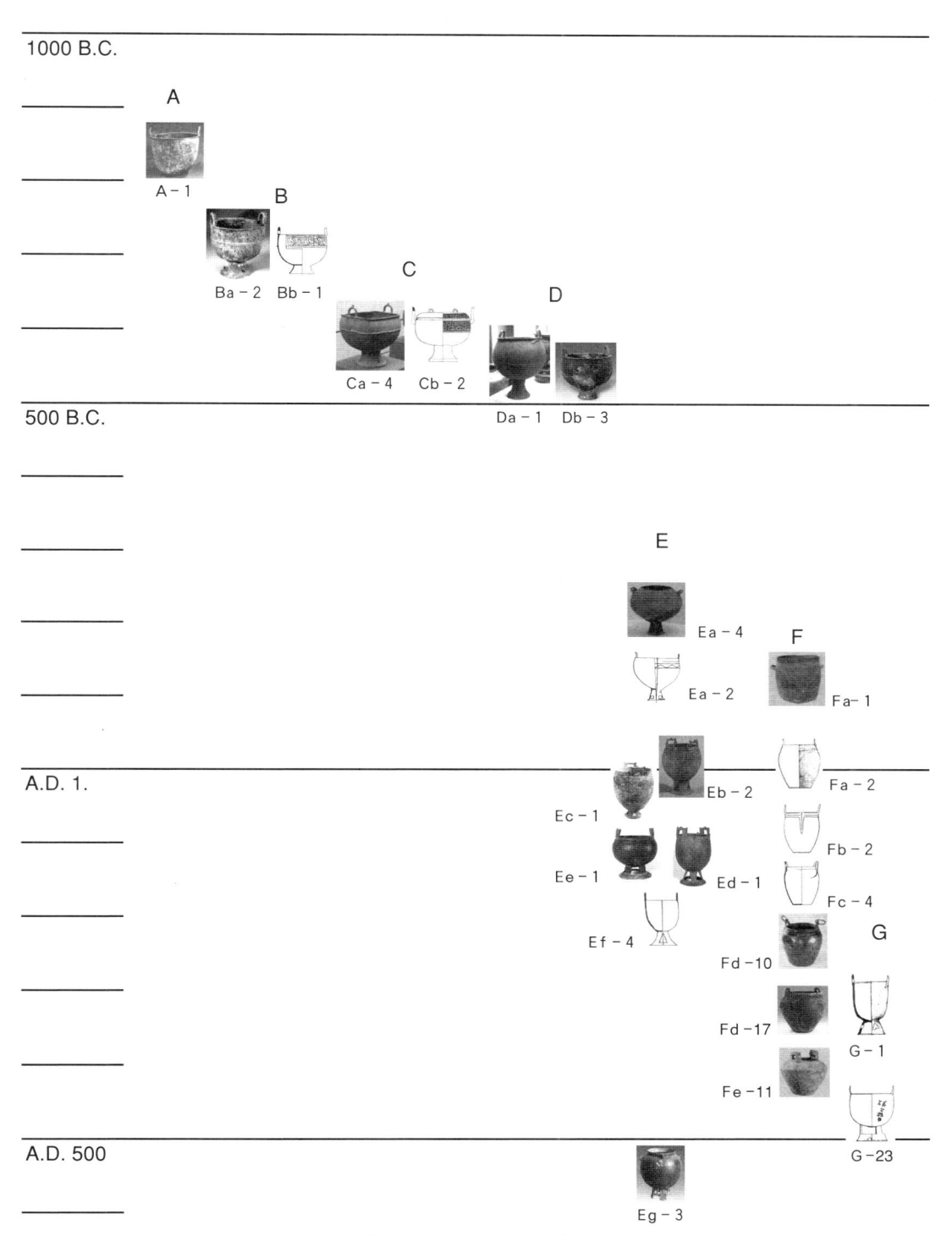

1000 B.C.

A
A-1

B
Ba-2　Bb-1

C
Ca-4　Cb-2

D
Da-1　Db-3

500 B.C.

E
Ea-4
Ea-2

F
Fa-1

A.D. 1.

Ec-1　Eb-2　Fa-2

Ee-1　Ed-1　Fb-2

Ef-4　Fc-4

Fd-10

G

Fd-17　G-1

Fe-11

A.D. 500　　　　　　　　　　　　　　　　　G-23

Eg-3

付図1　中国の鍑変遷概念図

89

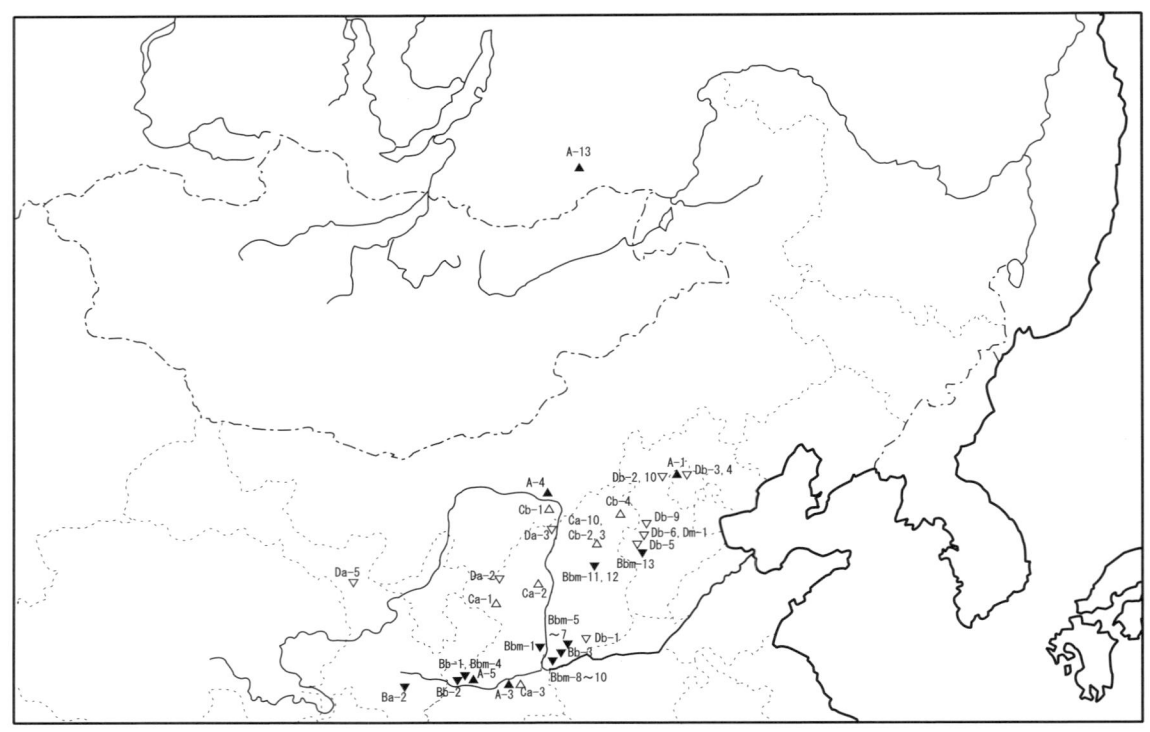

付図2　鍑A～D型式分布図

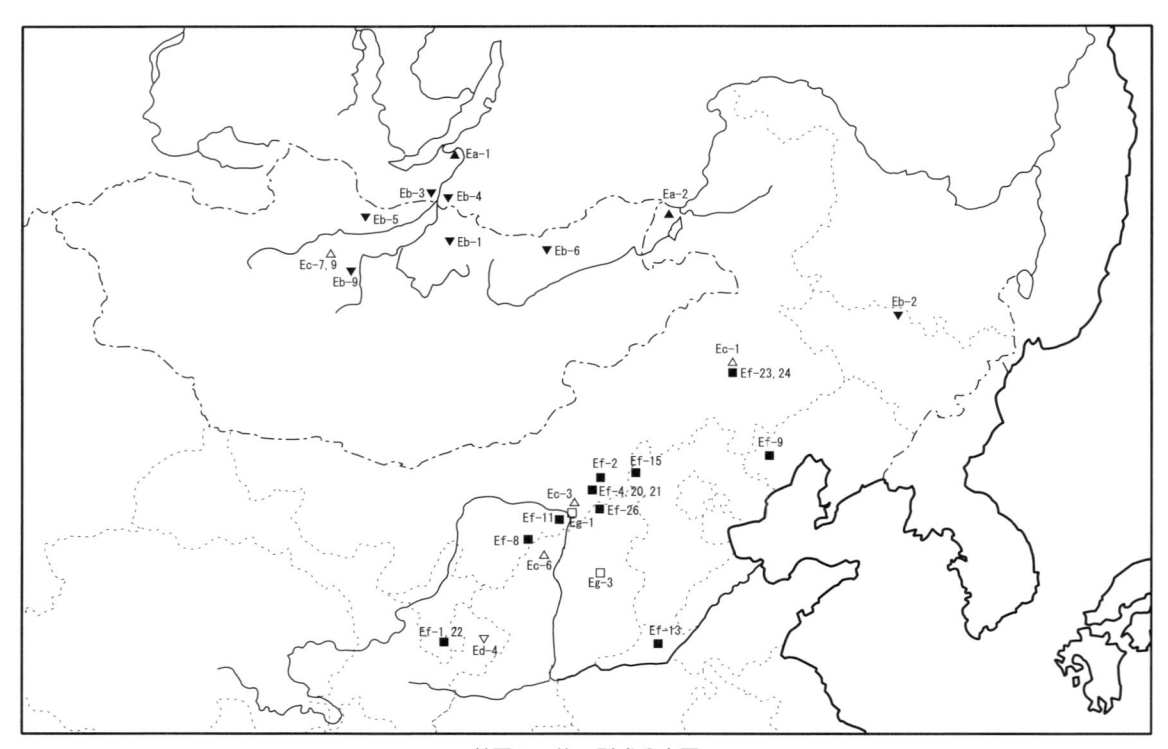

付図3　鍑E型式分布図

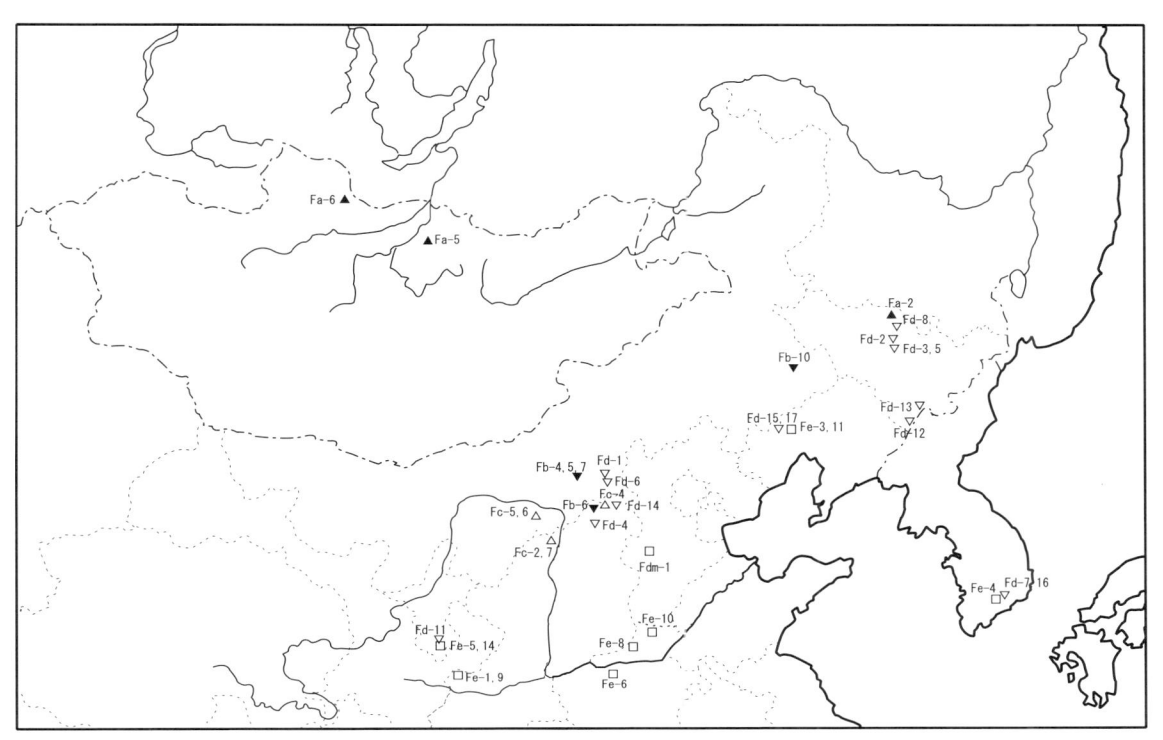

付図4　鍑F型式分布図

付図5　鍑G型式分布図

Chinese Cauldrons

TAKAHAMA Shu

Chinese cauldrons are roughly classified into 2 groups and seven main types : Types A to D belonging to Group Ⅰ, E to G to Group Ⅱ.

Cauldrons of Type A have a cylindrical body and a ring foot and two vertical handles with a small knob on top. They do not have vertical seams between the handles caused by putting the casting molds together. Vertical seams are characteristic of Chinese bronzes and all the Chinese cauldrons of succeeding types, are furnished with vertical seams, manufactured by the technology of Chinese influence. Cauldrons of Type A, however, were probably made by the technology of western regions outside China. Cauldrons with similar features are found in Mongolia, Transbaikal'e, Chinese Turkestan, Eastern Kazakhstan, and North Caucasus at Beshtau where it was found with pre-scythian Novocherkassk objects. In China a typical cauldron is found in a hoard from Yanqing Xibozi, Beijing, together with Karasuk type knives and a bronze fragment of late Western Zhou or early Spring and Autumn period. Those objects date the cauldron to the 8th century or even 9th century B. C.

This type is the earliest of dated cauldrons, possibly the earliest type of all the cauldrons in Eurasian steppes. Where and when this type originated is still open to discussion, for its development process is yet to be elucidated.

Type B is similar in shape to Type A, but decorated with Chinese design and manufactured by Chinese technology, with vertical seams and traces of chaplets on the body. It is divided into Ba and Bb, by rough design on Ba and neat Chinese design on Bb. They are found in Shaanxi and Shanxi.

Type C is almost rectangular in its plan. Their handles often have cord-like design and a knob on top, the features which are derived from Type B. It is dated around 6th century B. C. by the sub-type Cb decorated with Chinese design.

Type D has a globular body. They are distributed mainly in Shaanxi and Hebei, the flatter body of Db sub-type with wider body in the latter province. Db cauldrons are found in nomads' cemeteries such as Yuhuangmiao in Beijing to be dated to the middle-late Spring and Autumn period. This type is also derived from Type B, although many earlier characteristics already disappeared.

Group Ⅱ begins at Western Han period, about three hundred years after Group Ⅰ. One of its peculiar features is that cauldrons have on their outside bottoms remnants of projections which were left at the place where molten bronze was poured.

To the earliest sub-type Ea belong cauldrons from Ivolga gorodishche in Zabaikal'e, Zhelainor in north-east Inner Mongolia, and an iron cauldron collected from Siziwangqi, Ulanchabu, Inner Mongolia and housed at the Inner Mongolian Museum. They have some features in common with Siberian cauldrons. Cauldrons from Sidorovka in Western Siberia, for example, are very similar to the cauldron from

Siziwangqi. The origin of Type E seems to be connected with cauldrons with slanting handles distributed in Central Asia, Siberia, and also in Black Sea region, although their vertical seams suggest the manufacture technology was related to Chinese technology.

The body and the ring-foot are not cast in one piece with the next Eb. To this group belong the cauldrons from Burhan Tolgoy in Mongolia, Yushu Laoheshen in Jilin, and fragments from Noen Uul in Mongolia, etc., that are dated to late Western Han to early Eastern Han period. Another important feature of this type is that edges of the handle are shaped like frame thicker than inside, the cross section formed like Chinese character [凹]. They have always arc pattern on the body.

With cauldrons of the next Ec the body and the foot are cast in one piece. Casting marks are found on the outside bottom of the body and there are four openings on the ring-foot. Sometimes one or three raised lines are visible on the feet. The decoration on the body is the same as Eb.

With sub-types Ed and Ee, the decoration changes from arc into straight lines. Ee cauldrons have globular bodies.

Ef cauldrons lost decorations. Other characteristics, casting marks on the bottom, the shape of the cross section of the handle, four openings on the foot, etc. are handed down all the way from Ec.

The latest sub-type Eg, with a globular body, is in many ways different from other sub-types of the series, but four openings on the ring-foot and three raised lines on the feet put this sub-type within the E series. An example was excavated from a Northern Qi period tomb dated to A. D. 567.

Type F has no ring-foot, but flat bottom. Other features are almost the same as Type E. F cauldrons with the handle of [凹]-shape cross-section are divided into three sub-types according to the changes of decorations; with arc into Fa, straight lines into Fb, and no decorations into Fc, and finally, cauldrons with handle of semi-circular cross-section into Fd and Fe. Bodies of Fd and Fe changed from long cylindrical to short bi-conical shape, an example of Fd sub-type from Echeng, Hubei, is dated to A. D. 222, while cauldrons from Fengsufu tomb dated to A. D. 415 belong to Fe sub-type.

Cauldrons of E and early F are considered to have developed side by side, their early examples found mainly in Zabaikal'e, Mongolia and Chinese northern regions, later distributed in more southern and wider area. Fd and Fe cauldrons are found even in South Korea.

Type G, furnished with the ring-foot as Type E, has the handle of semi-circular cross-section and three openings on the ring-foot. Their handles resemble those of Fd-Fe, suggesting G and Fd-Fe were contemporaneous. G cauldrons are found mainly in northern type tombs of Wei, Jin and Northern Dynasty period that are associated with Xianbei people. Their distribution area comprises the western part of Liaoning province, confirming the relationships with Xianbei.

朝鮮の鍑と日本の鍑

諫早 直人

1. はじめに

　ユーラシア大陸の東端に位置する朝鮮半島からも、騎馬遊牧民の煮炊きの容器である鍑が出土する。楽浪郡治の置かれた平壤とその周辺では既に戦前から出土が知られており、1990年代以降、朝鮮半島南部からも出土が相次いでいる。朝鮮半島南部の鍑の流入ルートや出現の契機・背景については、申敬澈によって「騎馬民族」の移動に伴うという意見が提出されて以降［申敬澈 1992・1993］、盛んな議論がなされてきた。しかし、論者ごとに取り上げる資料や先行研究には差異がみられ、議論のすれ違いの原因となっている。そこで本稿ではまずこれまでの朝鮮半島の鍑をめぐる議論を整理し、個別資料の位置付けを確認する。また海を隔てた日本列島からも僅かではあるものの、鍑の出土が知られており、これらに関しても合わせて検討する。最後に朝鮮半島と日本列島の鍑について、系譜の問題を中心に若干の考察をおこなう。朝鮮半島や日本列島の鍑の多くは、製作地から遠く離れている可能性が高いものの、正式な発掘調査を経て出土した古墳の副葬品を多く含み、副葬年代をある程度絞り込めることから、他地域の資料の位置付けを考える上でも参考になる部分が少なくない。当該地域の鍑をユーラシアの鍑の変遷の中で議論していくための基礎資料を提供することが本稿の主たる目的である。

2. 研 究 史

　朝鮮半島で最初に「銅鍑」として報告された資料は、平壤石巖里9号墓例（図1）や中西嘉市氏所蔵品（現在は小倉コレクション）であろう［関野ほか 1925・1927］。しかしその形態は腹部に鍔をもつ漢式鍑（釜）で[1]、本書の対象とする北方式銅鍑[2]とは形態が大きく異なる。本書で川又

（1）以下、関野貞らの鍑に対する認識を知る上で重要と考えられるため、石巖里9号墓例に対する解説文を引用しておく。
　　「博古圖載する所「漢獸耳鍑」に相當せる者にして形我茶釜の如くにして口窄く腹大に鍔を有し底に脚を作つてゐる上部兩旁獸環を附し鐵製の連環を以て鐵製の提梁に連つてゐる銅質緑青色を呈し連環提梁は鐵錆を帶びて腹身に錆びつき頗る古雅の趣を示してゐる多田春臣氏も是れと同形式の更に大なる銅鍑（口徑五寸一分鍔徑一尺一分高五寸八分）を藏してゐらるゝが連環提梁を歓いてゐる［関野ほか 1927, p. 74］」
（2）林巳奈夫は「単純な鉢形ないし深鉢形の容器の上縁に双耳をつけ、下にラッパ状の脚をつけた青銅製の烹飪器」を「北方式銅鍑」とした［林 1959, p. 909］。本稿の対象とする地域には複数系統の「鍑」と呼ばれる金属製容器が混在するため、便宜的にこの語を用いる。

図1　石巌里9号墓出土「銅鍑」

正智や高濱秀が述べているように、当時の漢人が、具体的にどのような器形の金属製容器を「鍑」として認識していたのかはよく分かっていない。このことは「鍑」という漢字のあてられた金属製容器を扱う際には、常に注意しておく必要があろう。

　朝鮮半島に北方式銅鍑と類似した筒形銅容器が存在することを最初に指摘したのは、江上波夫と水野清一である［江上・水野 1935, p. 187］。また、梅原末治も平壌周辺から出土した把手付の深い筒形の銅容器について、鋳型の合わせ目や銅質などからこれらが漢代の青銅器ではなく、ユーラシア草原地帯に分布する銅容器と関係するとした［梅原 1938］[3]。同時にその器形や、把手の形・位置にはユーラシア草原地帯のものと差異があることを認め、その器形が在地の花盆形（植木鉢形）土器に由来することを指摘している。戦後の朝鮮半島の鍑をめぐる議論の中で、梅原の研究が顧みられることはほとんどなかったが、上記の指摘は今日においてもなお、有効かつ重要な指摘を含んでいる。この他にも平壌周辺からいくつかの銅鍑が出土しているが、これらは銅壺や銅鉢などとして報告された［藤田ほか 1925・1947］。

　戦後も朝鮮民主主義人民共和国（以下、北朝鮮）のもと、平壌周辺を中心にいくつかの鍑（筒形容器）が出土しているが、これらをとりたてて注目した研究はないようである。ただし、個別の報告の中で北方系文物との類似性［科学院 考古学 및 民俗学研究所 1959, p.24］や、在地の花盆形土器と器形が類似することが指摘されている［科学院 考古学 및 民俗学研究所 1958, p.56；박진욱 1974, p.173］。

　大韓民国（以下、韓国）においては、1990年に洛東江下流域の金海大成洞古墳群から北方式銅鍑が出土するにいたり、にわかに脚光を浴びはじめる。申敬澈は嶺南地域の木槨墓をⅠ類とⅡ類に分類した上で、3世紀末（西暦280年前後）、Ⅱ類に該当する金海型木槨墓の出現と同時に現れる諸現象と文献記事[4]から、夫余地域から洛東江下流域への住民移動を想定した［申敬澈 1992・1993］。いわゆる「夫余系騎馬民族加耶征服王朝説」である。また大成洞29号、47号墳から出土した銅鍑についても、「北方式銅鍑の中で「オルドス型」銅鍑に属するものであるが、しかし細部形態と製法などからオルドス地方のものとは差異があり、むしろ中国東北地方の吉林省北部出土のものと近い」とし［申敬澈 1992, p.158］、夫余地域からの住民移動の証拠の一つとした。

　この説に対して辛勇旻は、「銅鍑は器形的に多様であり、また時期的な幅が広く、地域的にも広範囲にわたって分布しているので、単にその起源が遊牧民族にあり、内蒙古のオルドス地域出

（3）出版年は昭和13年（1938）であるが、文末に昭和5年（1930）1月8日稿　同9年（1934）5月補正とあり［梅原 1938, p. 133］、江上らより先に成稿していた可能性が高い。
（4）たとえば『晋書』夫余国伝にみられる「至太康六年（285）　為慕容所襲破　其王依慮自殺　子弟走歩沃沮」など。

土の銅鍑と類似するからといって「オルドス式」という名称を付けるのには無理がある。また、オルドス地域出土の銅鍑の年代が最も早いわけでもない。したがって、これらの遺跡で出土した銅鍑は、年代や器形的にかなり異なるものが多いので、弁・辰韓地域の木槨墓で出土した銅鍑との単純な比較は再考すべきであろう」と、慎重な姿勢を示した［辛勇旻 2000a, p.21］。

　これに対して申敬澈はすぐさま反論をおこなっている［申敬澈 2000a］。すなわち、「金海出土のこれら3点のオルドス型銅鍑は、耳[5]の断面が全て偏凸レンズ形である点で共通した特徴を持っている。普遍的にオルドス型銅鍑は耳の断面が凹レンズ形で、非常に対照的と言え、この点からこれらが北方の特定同一地域で製作されたものであることがわかる。ところで耳の断面が偏凸レンズ形を呈するオルドス型銅鍑は、楡樹老河深の例などにみられるように主に中国吉林省北部と黒龍江省南部に分布の中心をもつようである。このような私の理解が妥当であれば、上の①〜④の北方文化（訳者註：①厚葬、②陶質土器、③殉葬、④金工品）はこれらの銅鍑とともにこの地域の文化が移入したことになる。吉林省北部と黒龍江省南部は多少の出入りがあるものの、おおむね夫余の故地と言うことは周知の事実である。言うなれば夫余住民の一部が何らかの動因によって洛東江下流域に移住したものと考えられる」［申敬澈 2000a, pp. 58-59］とした。それに対する辛勇旻の再反論もあるが［辛勇旻 2000b］、ここでは省略する。いずれにせよこれらの議論を通じて、鍑が北方系文物として韓国内でもはっきりと認識されようになった。

　その後、李海蓮によって韓国では初めて、朝鮮半島南部の出土例を含めた銅鍑の型式学的分類がなされた［李海蓮 2003］。その流入経路については申敬澈とは異なり、中国北方から直接流入したのではなく楽浪・帯方郡を経て流入したと考えた。李海蓮はその後、中国出土鍑を中心に前稿の分類案を見直し、圏足の有無（A、B）と把手の形態（a〜c）の組み合わせから、Aa型（圏足があって、把手の上部に突起があるもの）、Ab型（圏足があって、把手が弧形のもの）、Ac型（圏足があって、把手が方形のもの）、Ba型（圏足がなくて、把手の上に突起があるもの）、Bb型（圏足がなくて、把手が弧形のもの）、Bc型（圏足がなくて、把手が方形のもの）という6型式を設定した上で、Ⅰ段階（西周）、Ⅱ段階（春秋）、Ⅲ段階（戦国）、Ⅳ段階（前漢末〜後漢初）、Ⅴ段階（後漢）、Ⅵ段階（三国〜魏晋）、Ⅶ段階（南北朝）の7期に編年した（図2）［李海蓮 2006］。韓国の鍑に関する議論のほとんどが、鍑が出現した契機や背景に留まり、鍑そのものを研究するものではなかった点において、李海蓮の作業は特筆される。なお、朝鮮半島南部の鍑の系譜については夫余説［申敬澈 1992・2000a；金宰佑 2006, pp.539-541］、高句麗説［李在賢 2003, p.199］、楽浪・帯方を経由したとする説［金吉植 2001, pp.250-251・2006, pp.360-362；李海蓮 2003；鄭仁盛 2003, p.591］があり、百家争鳴の観を呈しているものの、先述したように鍑自体の緻密な分析にもとづくものというよりは、同時期の外来系考古資料全体の流れの中で鍑を理解しようとするものが大部分である。この他に朴敬信は新石器時代から三国時代の炊事様式について検討する中で、原三国時代の煮沸具の一つとして鍑を取り上げている［朴敬信 2005］。これまで鍑として一括されてきた金属製容器を細分し、使用方法から鍑と釜を区別するなど傾聴に値する指摘を多く含む。

（5）本書でいうところの把手に該当する。

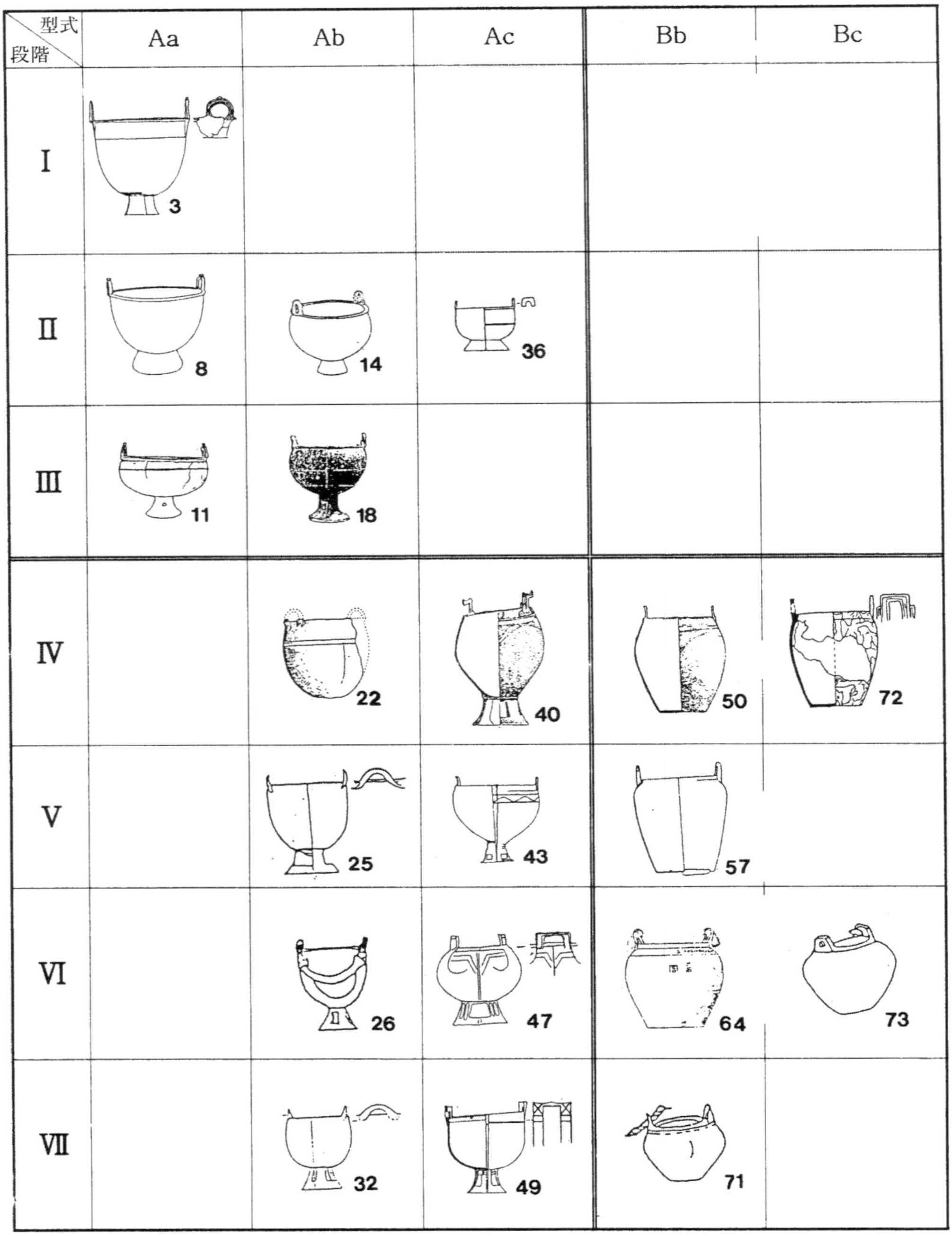

型式 段階	Aa	Ab	Ac	Bb	Bc
Ⅰ	3				
Ⅱ	8	14	36		
Ⅲ	11	18			
Ⅳ		22	40	50	72
Ⅴ		25	43	57	
Ⅵ		26	47	64	73
Ⅶ		32	49	71	

図2　李海蓮の銅鍑分類（縮尺不同）

3．『内蒙古・長城地帯』収録、8．宝鶏県 甘峪墓、11．陝西省 延安、14．北京市 延慶県 玉皇廟M18、18．河北省 行唐県 李家村、22．内蒙古 呼盟 札賚諾爾、25．『内蒙古・長城地帯』収録、26．遼寧省 朝陽県 袁台子墓、32．山西省 大同市、36．山西省 臨猗程村 002、40．吉林省 楡樹県 老河深 M56、43．内蒙古 呼盟 札賚諾爾 M3014、47．『内蒙古・長城地帯』収録、49．内蒙古 烏審旗、50．吉林省 楡樹県 老河深 M97、57．内蒙古 察右前旗 下昊溝、64．湖北省 鄂城県 古井、71．四川省 双流県 黄水郷、72．内蒙古 伊克昭盟 補洞溝、73．遼寧省 北票県 馮素弗墓

ところで朝鮮半島南部の鍑については、日本人研究者も言及している。甲元眞之は鍑の用途について検討する中で朝鮮半島南部の銅鍑について、夫余の吉林省楡樹老河深97号墓や高句麗の吉林省集安太王郷下解放村積石墓の出土例と類似するとし、ほぼ同時期に位置付けられる高句麗を介して流入したとみた［甲元 1992］。髙濱秀は中国とその周辺の鍑の型式分類をおこない、朝鮮半島南部の出土例について、湖北省鄂城や太王郷下解放村積石墓の出土例とその形態が類似することを指摘した［髙濱 1994］。毛利光俊彦は中国の漢代から五代・十国時代までとそれに併行する朝鮮、日本の金属製容器を通覧する中で、煮沸具の一つとして鍑の分類をおこない、大成洞29号墳例を3世紀末に、大成洞47号墳例を4世紀前半にそれぞれ比定した。また、金海地域でほぼ同時期に銅鼎が出土していることから、楽浪を経由してこれらの漢系遺物と北方系遺物が入ってきたと想定した［毛利光 2005, p.19］。東潮は朝鮮半島南部の鍑について、楽浪郡や夫余との関係の中で流入したとみている［東 2006, pp.22-23］。

　日本列島の鍑については、戦前に後藤守一が紹介した長崎県佐護クビル遺跡出土品が著名である［後藤 1922］。金関恕はクビル遺跡例について、天理参考館所蔵の伝楽浪出土品と形態・製作技法が類似すること、腹部に鍔をもつ漢式鍑とは器形が異なることから、朝鮮半島での製作を想定した［金関 1968, p.96］。毛利光はクビル遺跡例の製作地については明言していないが、中国の鉄製長胴釜Ⅲ類にあたるとし、朝鮮半島から流入したとみている［毛利光 2005, p.86］。最近では桃崎祐輔が和歌山県丸山古墳出土例を鉄鍑とした上で、三燕の遼寧省喇嘛洞ⅡM266号墓出土例と形態が類似することを指摘した［桃崎 2004, p.32］。また副室をもつ特異な埋葬施設にも三燕地域との関係性を指摘している。

　以上みてきたように韓国においては出土した銅鍑がいわゆる北方式鍑であったこともあって、鍑という遺物を北方系遺物と捉える認識が一般的である。これに対し日本においては『説文解字』に従って、鍑を単に「如釜而大口者（釜の如くして大口なるもの）」とする認識が早くからあり、『内蒙古・長城地帯』［江上・水野 1935］以降に普及していく北方系遺物としての鍑との混乱が生じている。朴敬信が指摘するように韓国の鉄鍑として報告された資料にも同じような問題を指摘することができる[6]。また北朝鮮においてはそもそも鍑という学術用語が存在しない。すなわち、「鍑」として報告されていない資料の中にも北方式鍑と何らかの関係を想定しうるものがある一方で、「鍑」として報告されている資料の中に北方式鍑と何ら関係ないものも含まれているのである。本書の趣旨から言えば、北方式鍑に限定して議論を進めていくべきであろうが、梅原の指摘したような朝鮮半島における在地化という視点が捨象される恐れがあるため、ここではあえてそうしない。次節からはこのような問題点を踏まえた上で、北方式鍑とその影響を受けたと考えられるものを中心に各地域の様相をみていくこととする。

（6）朴敬信は韓国で鉄鍑として報告された資料について、丸底で使用に際して竈を必要とすることから、鍑とは区別して「長胴形釜」と呼んでいる［朴敬信 2005, p.77］。

3．朝鮮半島北部

（1）銅鍑

　北方式銅鍑以外にも梅原の注目した弧形の把手をもつ資料がある。楽浪郡治の置かれた平壌とその周辺を中心に出土しているが、遺構に伴うものは少ない。なお、形態の大きく異なる石巌里9号墓例、中西嘉市氏所蔵品、天理参考館所蔵品は最後に触れることとし、ここでは扱わない。

　① 平壌府立博物館所蔵品（図3-1）

　「雙耳銅鉢」として報告されている［藤田ほか 1947］。平壌付近の墓から出土したとされるが定かではない。平底で、肩部に最大径をもち、肩部から底部に向かって急激にすぼまっていく。口縁部はわずかに内傾し、弧形の把手が二つ付く。把手の断面は蒲鉾形を呈するようである。器体には縦方向に鋳型の合わせ目の線が走る。通高18.3㎝、口径19.3㎝。

　② 平壌　貞梧洞 Jeongo-dong 1号墓（図3-2）

　平壌市楽浪区域に所在する主・副槨をT字形に配した単葬木槨墓である［社会科学院考古学研究所 1983］。共伴する「始元二年（B.C. 85）」銘や「元始五年（A.D. 5）」銘の漆塗耳坏や、2面の方格規矩鏡などから楽浪Ⅲ期[7]、すなわち紀元1世紀前葉～中葉に位置付けられる。

　銅鍑は「두귀달린 단지」（両耳付壺）として報告されている。平底で、器体は腹部のわずかに膨らんだ円筒形を呈する。口縁部には弧形の把手が二つ付く。通高6.8㎝、口径4㎝と非常に小型である。

　③ 金野　所羅里 Sora-ri 土城（図3-3）

　咸鏡南道金野郡（旧永興郡）に所在する小高い丘陵を利用してつくられた東西160間（約290m）、南北95間（約170m）、周囲420間（約760m）の土城で、楽浪郡の嶺東七県の不耐県城と推定されている［池内 1951, p.26］。城内の8号土壙からは非漢式車馬具や銅鏃などの青銅製品や、鐢や鉄斧、鉄鉾などの鉄製品が出土した［박진욱 1974］。

　銅鍑は「두귀달린 청동단지」（両耳付青銅壺）として報告されており、1963年に土城内で農民が畑を耕した際に出土したとのことである［박진욱 1974］。平底で、器体は腹部のわずかに膨らんだ円筒形を呈する。口縁部はわずかに外反する。肩部に弧形の把手が二つ縦に付く。通高22㎝、口径12.6㎝。

　なお、このほかにも1956年に土城付近の低い山のふもとで、農民が灌漑水路を掘った際に漆器とともに「귀달린 쇠단지」（耳付鉄壺）の破片が出土したとのことであり、鉄鍑の可能性もある。

　④ 橋都芳樹氏所蔵品（図3-4）

　梅原末治によって紹介された［梅原 1938, p.118］。当時は平壌府立博物館に展示されていたようである。平底で、器体は腹部のわずかに膨らんだ円筒形を呈する。口縁部はわずかに外反する。肩部に弧形の把手が二つ縦に付く。梅原によれば把手にそって、鋳型の合わせ目が縦に走るよう

（7）以下、楽浪漢墓の編年は高久健二の案に従う［高久 1993・1995］。

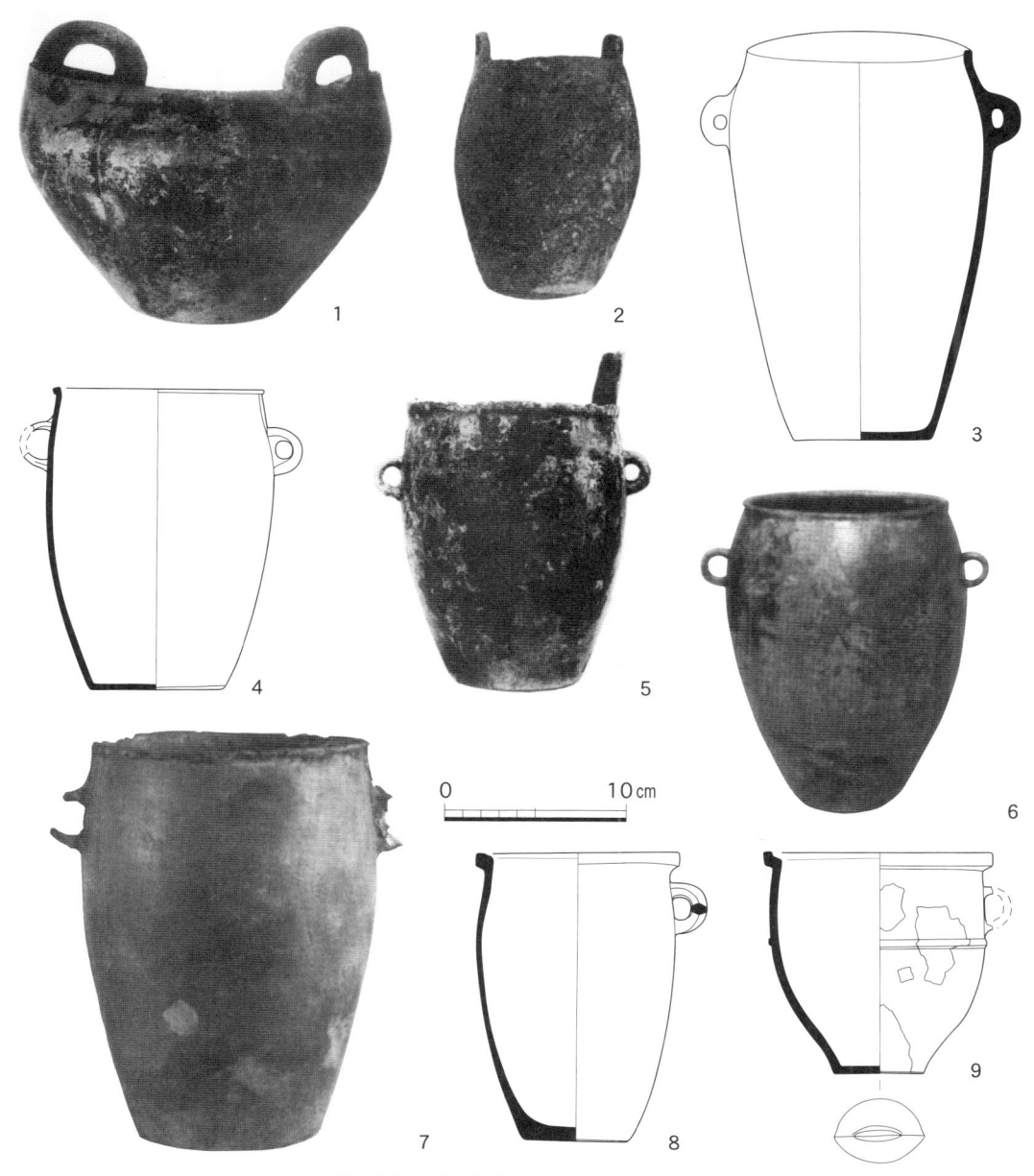

図3　朝鮮半島北部の銅鍑（S＝1/4、2はS＝1/2）
1. 平壌府立博物館所蔵品、2. 貞梧洞1号墓、3. 所羅里土城、4. 橋都芳樹氏所蔵品、5. 多田春臣氏・守屋孝蔵氏所蔵品、6・7. 出土地未詳、8. 東大院里 許山、9. 石巌里194号墓

である。通高17cm、口径11.5cm。

⑤ 多田春臣氏・守屋孝蔵氏所蔵品（図3-5）

　多田春臣氏所蔵品［関野ほか 1927］ないし守屋孝蔵氏所蔵品［藤田ほか 1947］として知られる。平壌市楽浪区域（旧大同江面）付近出土とされるものの定かではない。前者は「双耳銅壺」、後者は「雙耳銅壺」として報告されている。平底で、器体は腹部のわずかに膨らんだ円筒形を呈する。

口縁部はわずかに外反する。肩部に弧形の把手が二つ縦に付く。内部に青銅匕（勺）が錆着している。通高16.3cm、口径11.8cm。

⑥ 平壌　東大院里　許山 Dondaeueon-ri Heosan 収集品（図3-8）

1922年に平壌市東大院里で、鉄道工事に伴って出土した。細形銅剣や乙字形銅器、青銅製車軸頭などの非漢式車馬具が一緒に収集されており、共伴関係を認めうるのであれば、楽浪Ⅰ期、すなわち紀元前2世紀後葉～紀元前1世紀前葉に位置付けられる。

銅鍑は「片耳附銅壺」［藤田ほか 1925・1947］として報告されている。平底で、器体は腹部のわずかに膨らんだ円筒形を呈する。口縁部は強く外反する。肩部に弧形の把手が一つ縦に付く。把手の断面は六角形に近い形状を呈する。器体には縦方向に鋳型の合わせ目の線が走る。腹部には縦方向の研磨の痕跡が認められる。通高16cm、口径11.5cm。

⑦ 平壌　石巌里 Seokam-ri 194号墓（図3-9）

平壌市楽浪区域に所在する平面正方形の合葬木槨墓である［楽浪漢墓刊行会 1974］。石巌里丙墳としても知られている。「始元二年（B.C. 85）」、「始建五年（A.D. 13）」銘の漆塗耳坏や「永始元年（B.C. 16）」銘漆盤、「綏和元年（B.C. 8）」銘漆樽、「陽朔二年（B.C. 23）」銘漆槤といった紀年銘の入った漆製品や、方格規矩鏡・内行花文鏡などが出土しており、楽浪Ⅲ期、すなわち紀元1世紀前葉～中葉に位置付けられる。

銅鍑は木槨内の西北隅角から出土した。平底で、器体は口縁部が受け口状に強く外反し、底部がすぼまった鉢形を呈する。腹部に1条の突帯をめぐらせ、その直上に弧形の把手が一つ縦に付く。梅原によれば把手にそって、鋳型の合わせ目が縦に走り、底部には湯口の痕跡も確認されるようである［梅原 1938］。通高12.4cm、口径12.1cm。

なお、この他にも『朝鮮遺蹟遺物図鑑　2』をみると、所羅里土城例などによく似た「귀달린청동단지」（耳付青銅壺）が2点ほど出土しているようだが（図3-6・7）、出土地などの詳細は不明である［朝鮮遺蹟遺物図鑑編纂委員会 1989, p. 270］。

（2）鉄　鍑

戦後、北朝鮮の調査によって「鉄壺」として報告される資料の中にも弧形の把手をもつ資料が存在する。銅鍑出土墓に比べて規模の小さな墓からも出土し、平壌から離れた地方での出土が目立つ。

① 南浦　台城里 Daeseong-ri 11号墓（図4-1）

平安南道南浦市（旧江西郡）に所在する長方形単葬木槨墓である［科学院 考古学 및 民俗学研究所 1958］。非漢式車馬具などが出土しており、楽浪Ⅰ～Ⅱ期、すなわち紀元前2世紀末～紀元前1世紀に位置付けられるようである。

鉄鍑は「철제 단지」（鉄製壺）として報告されており、墓壙の北東隅から立った状態で出土したとのことである。平底で、器体は腹部のわずかに膨らんだ円筒形を呈する。肩部に弧形の把手が一つ縦に付く。通高18.4cm、口径12.8cm。

②黄州　天柱里 Cheonju-ri 土壙墓（図4-2）

　黄海北道黄州郡に所在する土壙墓として報告されている［科学院 考古学 및 民俗学研究所 1959］。細形銅剣や非漢式車馬具が共伴し、楽浪Ⅱ期前後に位置付けられている。

　鉄鍑は「철제 외귀 달린 단지（鉄製片付耳壺）」として報告されている。平底で、器体は円筒形を呈し、口縁部のみ厚くつくっている。全体的な器形は東大院里許山出土例に類似するが、肩部の把手が退化し、瘤状に隆起している。通高18.4cm、口径12.6cm。

③平壌　万景台 Mangyeongdae 土壙墓（図4-3）

　平壌市万景台に所在し、土壙墓として報告されている［김종혁 1963］。方格規矩鏡などが一緒に出土し、楽浪Ⅳ期、すなわち1世紀後葉～2世紀代に位置付けられる可能性が高いようである。

　鉄鍑は「두 귀 달린 쇠단지」（両耳付鉄壺）として報告されており、墓壙の北壁隅から出土したようである。器体は口縁部が外反し、下半部がすぼまった鉢形を呈し、短い台脚をもつ。肩部に弧形の把手が二つ縦に付く。通高17.5cm、口径14.3cm。

④黄州　順天里 Suncheon-ri 木槨墓（図4-4）

　黄海北道黄州郡に所在する墳墓遺跡で、青銅器時代の箱形石棺墓1基、楽浪木槨墓1基と磚室墓1基、高句麗石室墓1基が報告されている［科学院 考古学 및 民俗学研究所 1959］。残念ながら報告文は、遺構と遺物の対応関係が明確でなく、非漢式車馬具や広口短頸壺などの古い様相を示す遺物群と、方格規矩鏡や台脚をもつ花盆形土器などの新しい遺物群が報告されているものの、すべて一つの木槨墓から出土したのかは定かではない。鉄鍑は後で詳しくみるように台脚をもつことから新しい遺物群に属すると考えられる[8]。

　鉄鍑は「두귀 달린 단지」（両耳付壺）として報告されている。器体は口縁部が外反し、下半部

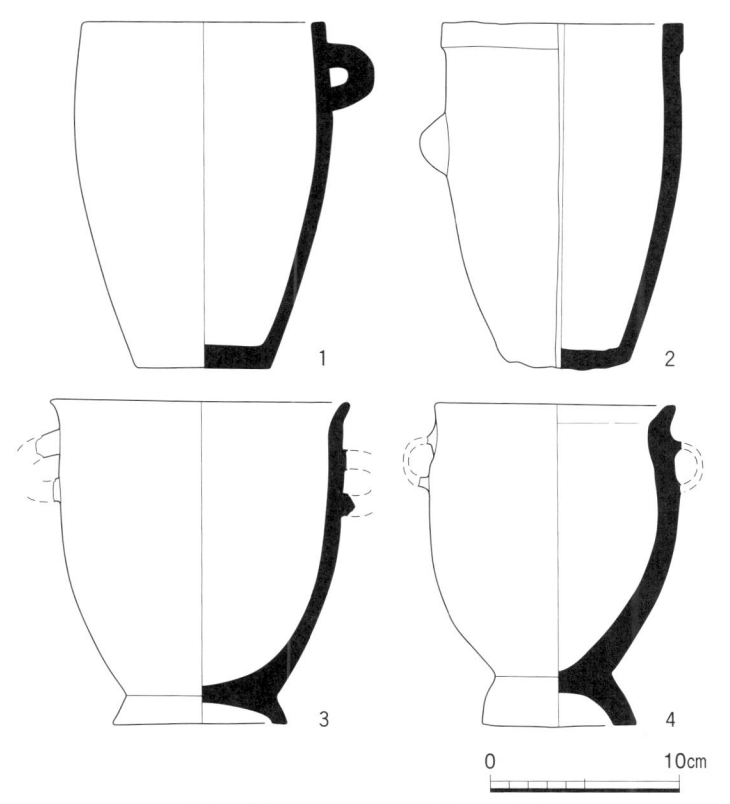

図4　朝鮮半島北部の鉄鍑（S＝1/4）
1. 台城里11号墓、2. 天柱里土壙墓、3. 万景台土壙墓、4. 順天里木槨墓

（8）キムジョンヒョクは万景台土壙墓例の類例が「順天里土壙墓」から出土したとしており［김종혁 1963］、少なくとも鉄鍑に関しては木槨墓（土壙墓）から出土したとみてもよいだろう。ただし正式な発掘調査を経ていない収集品であり、複数の木槨墓（土壙墓）が存在した可能性もある。

がすぼまった鉢形を呈し、台脚をもつ。肩部に弧形の把手が二つ縦に付く。通高17.8cm、口径13.8cm。

4. 朝鮮半島南部

（1）銅鍑

金官加耶の中心地であった金海地域の大型木槨墓から出土し、新羅の中心地であった慶州地域にも発掘資料ではないものの1点存在する。百済地域からの出土はまだないようである。

① 金海　良洞里 Yangdong-ri 235号墳

（図5-1）

慶尚南道金海市に所在する大型の単槨式木槨墓である［東義大学校博物館 2000］。正式報告はまだ出ておらず、銅鍑の出土状況は不明である。高久健二は弁・辰韓V期後半、すなわち3世紀中葉に位置付け［高久2000, p. 30］、申敬澈は金官加耶土器編年［申敬澈2000b］のI段階、すなわち3世紀後半代とする。

銅鍑は口縁部付近のみ残存し、圏足の有無は不明である。おそらくは大成洞の2例と同じように圏足をもたず平底であったと推測される。口縁部には弧形の把

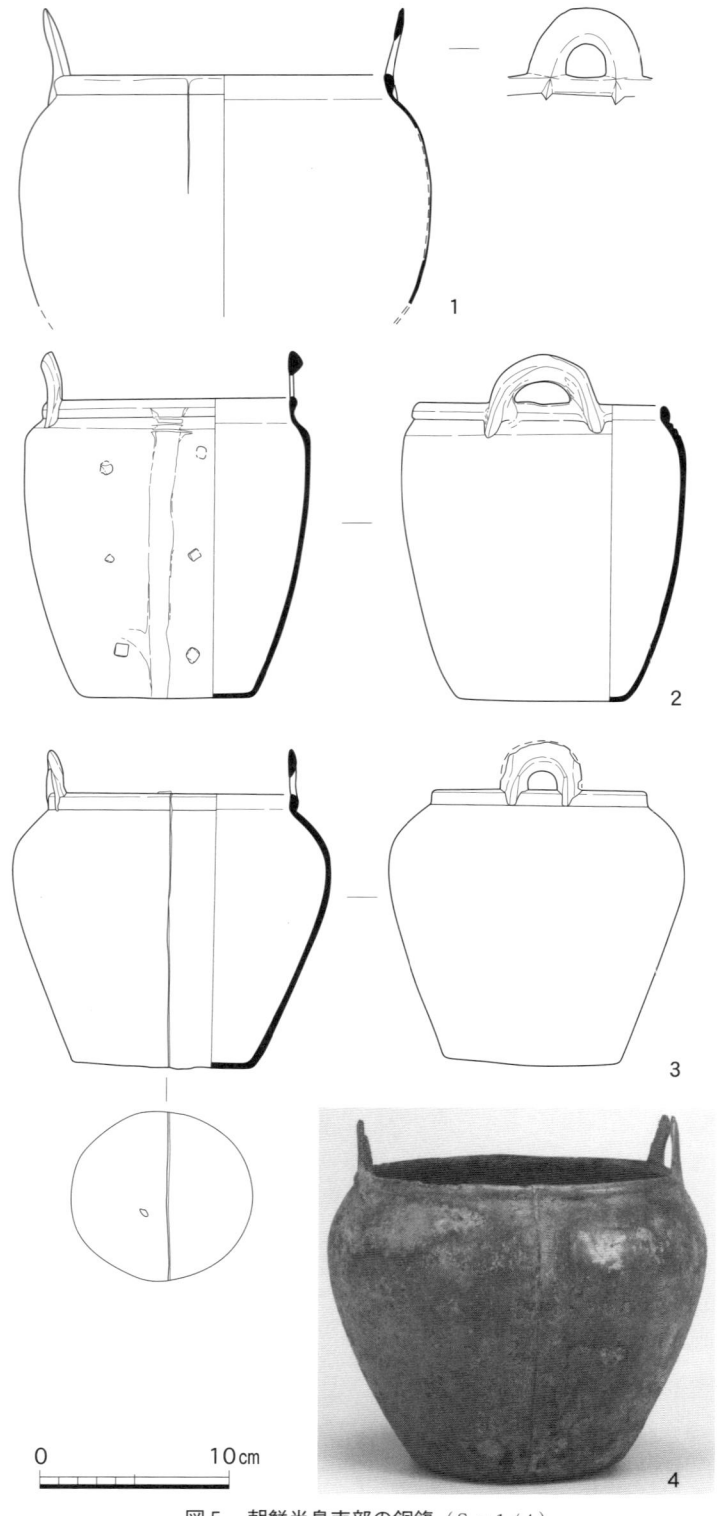

図5　朝鮮半島南部の銅鍑（S=1/4）
1. 良洞里235号墳、2. 大成洞29号墳、3. 大成洞47号墳、4. 伝 入室里

手が付く。把手の断面は蒲鉾形を呈する。器体外面には縦方向に鋳型の合わせ目の線が走る。残存高16.1cm、復原口径18.5cm。

② 金海　大成洞 Daeseong-dong 29号墳（図5-2）

慶尚南道金海市に所在する大型の単槨式木槨墓である［慶星大学校博物館 2000a・b］。銅鍑は木槨内のほぼ中央から横倒しの状態で出土した。金官加耶土器編年［申敬澈 2000b］のⅠ段階、3世紀後半代に位置付けられる。

銅鍑は平底で、口縁部に弧形の把手が二つ付く。把手の断面は蒲鉾形を呈する。器体は筒形で口縁部がわずかに内傾し、肩部から底部に向かってすぼまっていく。器体外面には縦方向に鋳型の合わせ目の線が走る。外型と内型の間を固定させるための型持たせの痕が7箇所ある。腹部は縦方向に研磨されているが、口縁部と両把手は横方向に研磨されている。内部には有機物質の痕跡が確認されている。通高18.2cm、口径12.6cm。

③ 金海　大成洞47号墳（図5-3）

慶尚南道金海市に所在する主・副槨式木槨墓である［慶星大学校博物館 2000a・2003］。銅鍑は副槨のほぼ中央部の短頸壺の間から横たわった状態で出土した。報告者は47号墳の年代を金官加耶土器編年［申敬澈 2000b］のⅣ段階、すなわち4世紀後半と考えているが、この鍑に関しては47号墳の破壊した先行する46号墳（3世紀後半）に副葬されていたものが再埋納されたとみている。

銅鍑は錆による剥離が甚だしいものの、状態は比較的良い。平底で、器体は筒形を呈する。口縁部がわずかに内傾し、肩部から底部に向かってすぼまっていく。口縁部には弧形の把手が二つ付く。把手の断面は蒲鉾形を呈する。腹部から底部にかけて、縦方向に鋳型の合わせ目の線が走る。各所に再加工した痕跡があるという。肩部は横方向に、器体の最大径以下は縦方向に研磨されているが、内面には研磨痕がない。内部には栗が3個入っていた。通高17.8cm、口径13.0cm。

④ 伝慶州　入室里 Ipsil-ri 出土品（図5-4）

現在、崇實大学校附設韓国基督教博物館に所蔵されている［崇實大学校 附設 韓国基督教博物館 1988］。李海蓮によれば慶尚北道慶州市の入室里から出土したとされる［李海蓮 2003］。

銅鍑は当初、「青銅壺」として紹介された。平底で、器体は筒形を呈する。口縁部がわずかに内傾し、肩部から底部に向かってすぼまっていく。口縁部には弧形の把手が二つ付く。把手の断面は蒲鉾形のようである。器体外面には、縦方向に鋳型の合わせ目の線が走る。通高20cm、口径18.5cm。

（2）鉄　鍑

3点の鉄鍑の出土が報告されている。いずれも原三国時代の弁・辰韓の大型墓から出土しており、馬韓地域からはまだ出土していない。ただし朴敬信によれば、馬韓地域の京畿道加平郡大成里遺跡からも鉄製容器の破片が出土しているようである［朴敬信 2005］。

① 慶州　舎羅里 Sara-ri 130号墓（図6-1）

慶尚北道慶州市に所在する大型の木棺墓で、銅鏡、細形銅剣、虎形帯鉤、蕨状装飾付Ｓ字形鉄

製鑪鞴やⅠ字形鉄製鑪鞴など多様な遺物が出土した［嶺南文化財研究院 2001］。鉄鍑は西短壁側の木棺と墓壙の間の充填土内に副葬されていた。弁・辰韓Ⅳ期[9]、すなわち1世紀後葉～2世紀中葉に位置付けられる。

　鉄鍑は圏足や把手をもたない。器体は深鉢形を呈し、口縁は外反する。器体外面に縦方向に鋳型の合わせ目の線が走る。底部中央には湯口の痕跡と考えられる瘤状の突起が確認される。通高39.4cm、口径26.5cm。

② 金海　良洞里162号墓（図6-2）

　慶尚南道金海市に所在する大型の単槨式木槨墓で、銅鏡や蕨状装飾付Ｓ字形鉄製鑪鞴をはじめとする多様な遺物が出土した［東義大学校博物館 2000］。鉄鍑は木槨内の西短壁付近から出土した。内行花文鏡や四乳禽獣文鏡から弁・辰韓Ⅴ期前半、すなわち2世紀後葉頃の築造と考えられている。

　鉄鍑は圏足や把手をもたない。器体は深鉢形を呈し、口縁は外反する。器体外面に縦方向に鋳型の合わせ目の線が走る。底部中央には湯口の痕跡と考えられる瘤状の突起が確認される。通高32.8cm、口径23.5cm。

③ 金海　良洞里318号墓（図6-3）

　慶尚南道金海市に所在する。鉄鍑は、国立中央博物館の特別展図録に掲載されているものの［国立中央博物館 2001, p. 208］、遺構や共伴遺物などは不明である。高久健二は弁・辰韓Ⅴ期としている［高久 2000, p. 32］。

　鉄鍑は圏足や把手をもたず、器体は球形を呈し、底部は平底で高台をもつ。器体の最大径にあたる中央外面には横方向に鋳型の合わせ目が走る。通高32.4cm、口径25.1cm。

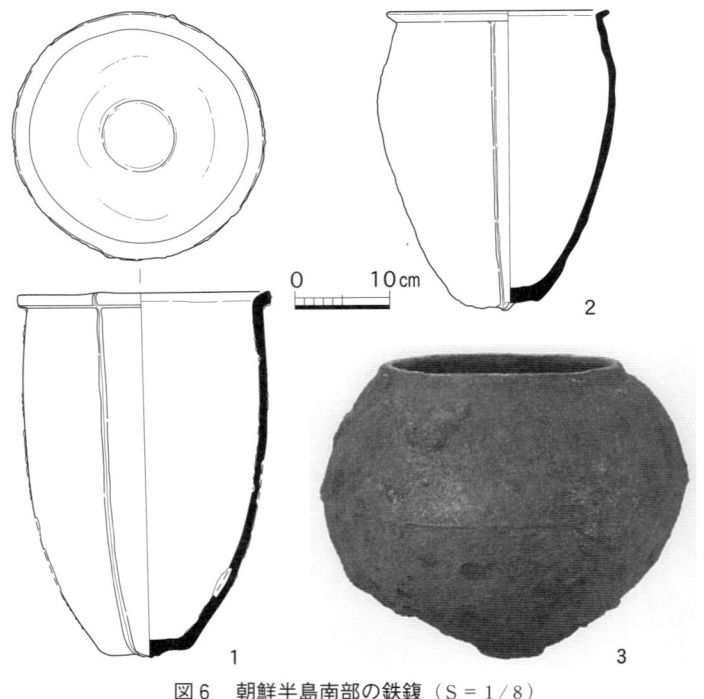

図6　朝鮮半島南部の鉄鍑（S＝1/8）
1. 舎羅里130号墓、2. 良洞里162号墓、3. 良洞里318号墓

（9）以下、弁・辰韓墓の編年については高久健二の案に従う［高久 2000］。

5．日本列島

日本列島からはいわゆる北方式鍑の出土は確認されていない。ここではこれまで鍑として報告・紹介されてきた資料についてみていく。

（1）銅　鍑

長崎県　佐護クビル遺跡（図7-1）

長崎県対馬市（旧上県町）に所在し、後藤守一によって紹介された［後藤 1922］。小田富士雄による再検討の結果、銅鍑は組合せ式箱形石棺の中から広形銅矛3本、中広形銅矛1本とともに出土したことが明らかとなった。遺構の時期は弥生時代後期前半代とされ［小田 1977］、1世紀後半～2世紀前半と考えられる。

銅鍑は当初は「銅器」ないし「銅製容器」として報告された。圏足や把手をもたず、器体はソロバン玉のような形をしており、底部は平底で高台状につくっている。器体の最大径にあたる器体中央の外面には横方向に鋳型の合わせ目の線が走る。器体の所々に小鉄片が鋳込まれていて、鋳造の際の型持たせの痕跡と考えられている。通高33.9cm、口径28.2cm。

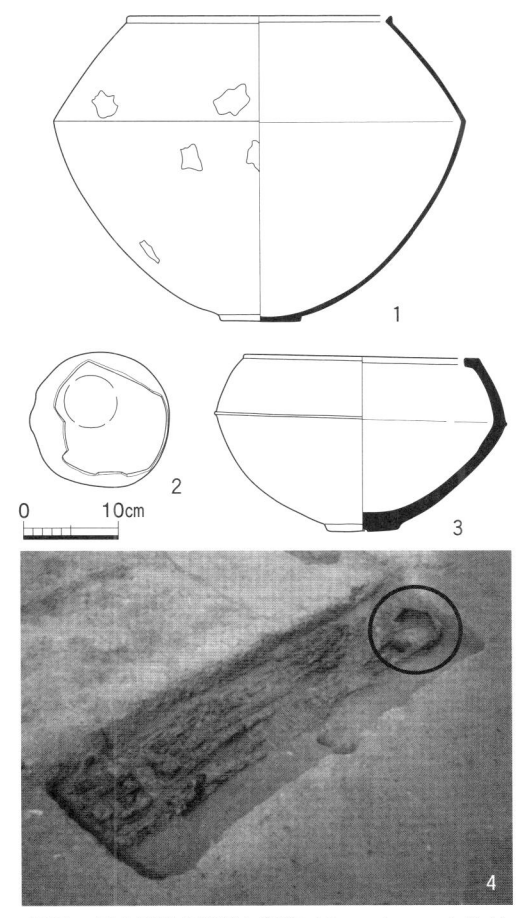

図7　日本列島の銅鍑と鉄鍑（S＝1/8、4を除く）
1．佐護クビル遺跡、2．行者塚古墳、3．丸山古墳、
4．行者塚古墳西副葬品箱

（2）鉄　鍑

① 兵庫県　行者塚古墳（図7-2）

兵庫県加古川市に所在する4箇所の造り出しをもつ墳長約100mの前方後円墳である［加古川市教育委員会 1997］。後円部頂の墓壙に3基の粘土槨を設置している。粘土槨よりも高いレベルで木製の副葬品箱が二つ検出され、金銅製龍文透彫帯金具や初期馬具、鉄鋌や巴形銅器などの多様な副葬品が出土した。副葬品箱は粘土槨を設置し、墓壙を埋め戻す過程で設置されたと考えられている。埴輪が川西編年［川西 1978］Ⅲ期の特徴をもつことなどから、古墳時代中期前葉、すなわち4世紀末～5世紀初を中心とする時期に築造されたと考えられる。

鉄鍑は西副葬品箱の北端から出土した（図7-4）。報告者によれば口縁の1/3ほどは副葬時から既に欠けていたとのことである。器体は球形で、圏足や把手をもたないようであり、底部は

小さくすぼまる。器体中央に稜をもっているとのことである。口径は14.4cmをはかり、高さは不明である。

②和歌山県　丸山古墳（図7－3）

和歌山県紀の川市（旧貴志川町）に所在する直径約42mの円墳である［貴志川町史編集委員会 1981］。埋葬施設は組合せ式箱形石棺とそれに付随する副室からなり、副室から甲冑一組が組み合わさった状態で出土したほか、鉄刀、鉄鋌、琴柱形石製品などが出土している。3点ほどの鉄鍑が墳丘裾部にめぐる円筒埴輪列付近から鉄刀60本余りとともに板石に覆われた状態で出土したという。琴柱形石製品は上横軸に刻みを残し、宮山型でも古式の特徴を示すようだが［西島 2007］、全長58cmをはかる日本最大の鉄鋌は行者塚古墳の鉄鋌よりは時期が下がるものと考えられ[10]、古墳時代中期中葉、すなわち5世紀前葉～中葉を中心とする時期に築造されたと考えられる。

鉄鍑は「鉄鉢（湯釜）」として報告されている。圏足や把手をもたず、器体はソロバン玉のような形をしており、底部は平底で高台状につくっている。口縁部は直角に内折し、平坦面を有する。器体の最大径にあたる器体中央の外面には横方向に鋳型の合わせ目の線が走る。内部には鉄滓が入っていたとのことである。通高19.7cm、口径25cm。

6．系譜の検討

これまでみてきたように当該地域において「鍑」と呼びうる、または呼ばれてきた金属製容器の形態は非常に多様である。これらを一括してその系譜を論ずることが無益であることは明らかであろう。そこで先行研究を参考に、形態や鋳型の合わせ目、使用方法の差異などにもとづいて、次の三つの系列を設定する。すなわち、北方式鍑に該当する一群、中国の漢式釜に該当する一群、そしてそのどちらにも属さない一群で、ここでは江上らに倣い筒形容器としておく。以下、系譜の問題を中心にそれぞれについて若干の考察をおこなっていく。

まず北方式鍑についてであるが、朝鮮半島北部の平壌府立博物館所蔵品と、朝鮮半島南部の金海良洞里235号墳例、大成洞29・47号墳例、崇實大学校博物館所蔵の伝入室里出土品が該当する。いずれも鋳型の合わせ目が縦方向に走り、筒形の器体に平底で、口縁部に断面蒲鉾形の弧形の把手を二つもつもので、高濱分類のFd・Fe式に該当する。研究史で触れたように申敬澈は、金海地域出土例の系譜を夫余の故地である吉林省北部一帯に求めた［申敬澈 1992・2000a］。しかし、本書で高濱が述べているように、Fd・Fe式が地域性をもった型式でないことは明白であり、特定地域の「騎馬民族」によってもたらされたと考えることは困難である。朝鮮半島南部の資料の副葬年代は3世紀中葉～後葉におさまるようであり、楽浪・帯方郡との交渉の産物と考えることも可能であるが、そのことを傍証する発掘資料は朝鮮半島北部からまだ出土していない。いずれにせよ朝鮮半島北部は、経由地ではあっても製作地ではなかったようである。Fd・Fe式は中

---

(10) 東潮の集成によれば、全長50cmを超える鉄鋌は朝鮮半島南部でも5世紀中葉の慶州皇南大塚南墳と6世紀初頭の慶州天馬塚でしか出土していないようである［東 1999］。

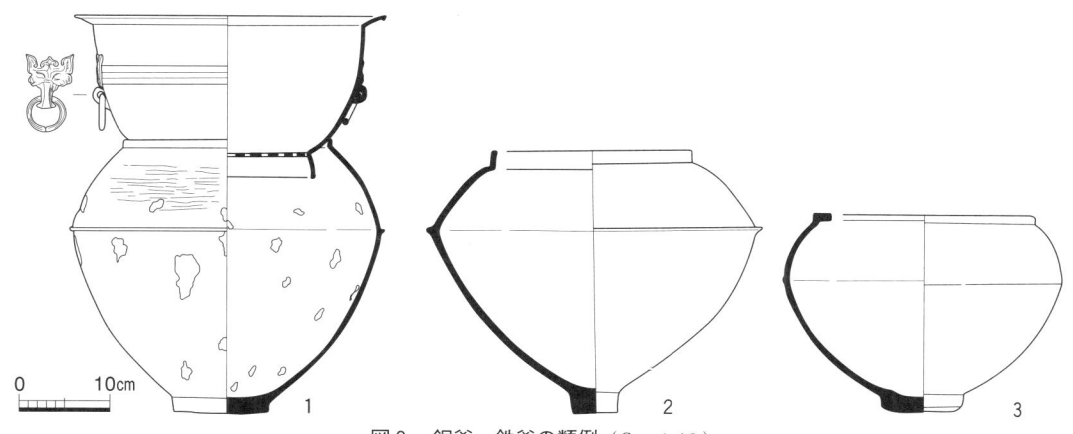

図8　銅釜・鉄釜の類例（S＝1/8）
1．伝 楽浪、2．集安 楡林郷地溝村、3．北票 喇嘛洞ⅡM266号墓

原からも出土するが、夫余地域の吉林帽兒山墓地、永吉学古村漢墓、高句麗地域の集安太王郷下解放村積石墓、集安上解放大隊遺跡[11]、渾江東甸子積石墓や三燕地域の北票喇嘛洞ⅡM166、ⅡM209、ⅡM328号墓など吉林・遼寧省一帯からの出土が多く認められる。朝鮮半島北部の出土例もおそらくはこれらの地域で製作されたものが直・間接的にもたらされたのであろう。

次の漢式釜は今回特に扱っていないが、球形の器体に高台をもち、腹部に鍔をめぐらせる毛利光分類の球胴釜Ⅱ類b種と、球形の器体に高台をもち、把手や鍔をもたない毛利光分類の長胴釜Ⅲ類が確認される［毛利光2004・2005］。前者に該当するのは朝鮮半島北部の平壌石巌里9号墓例や中西嘉市氏所蔵品の2例である。これらは中西嘉市氏所蔵品がそうであるように竈の上で甑と組み合わせて、穀物などを蒸すためのものであり、上に容器を重ねて用いる点で、北方式鍑とはその用法が根本的に異なる［朴敬信2005, p.76］。『史記』や『後漢書』にみられる「釜甑」がこれにあたるという岡崎敬の研究を参考にすれば［岡崎1955, p.109］、やはり鍑ではなく釜と呼ぶべきであろう。楽浪Ⅲ期、すなわち紀元1世紀前葉～中葉に位置付けられる石巌里9号墳からは、銅博山爐、銅奩、銅鼎、内行花文鏡、玉壁をはじめとする膨大な量の漢式遺物が出土しており、漢式釜もこれらとともに楽浪にもたらされたと考えられる。

後者に該当するのが、朝鮮半島南部の良洞里318号墓例や、日本列島のクビル遺跡例、丸山古墳例である。いずれも器体の最大径にあたる腹部中央に横方向の鋳型の合わせ目が確認される。発掘資料ではないものの天理参考館所蔵の伝楽浪出土品もこれに該当し、行者塚古墳例も同じである可能性が高い。これらも本来は竈の上で甑と組み合わせて用いる釜としての機能が想定され、事実、天理参考館所蔵伝楽浪出土品（図8-1）は銅甑とセットをなす[12]。

系譜についてであるが、クビル遺跡例に関してはその埋納年代からしても金関恕の指摘するよ

---

(11) 朱栄憲によって写真が紹介されているが、詳細は不明である［朱栄憲1966, 図版14-3］。器形が集安太王郷下解放村積石墓出土例に酷似し、あるいは同一品の可能性もある。

(12) ただし、朝鮮半島南部や日本列島の諸例は甑を伴わない。また、毛利光俊彦によれば中国においても長胴釜Ⅲ類は金属製甑を伴わず、単独で使用したか、陶製の甑を使用したとする［毛利光2004, p.36］。

うに楽浪との直・間接的な交渉によってもたらされたとみても問題ないだろう［金関1968］。良洞里318号墓例も高久健二の指摘するように、同時期の良洞里332号墓や蔚山下垈カ－23号墓の銅鼎などとともに、楽浪・帯方郡との交渉のもと、朝鮮半島南部にもたらされたと考えられる［高久2002］。一方、丸山古墳例や行者塚古墳例に関しては楽浪郡が滅亡してしばらく時間が経っている。中原では三国時代以降、金属製容器は墳墓

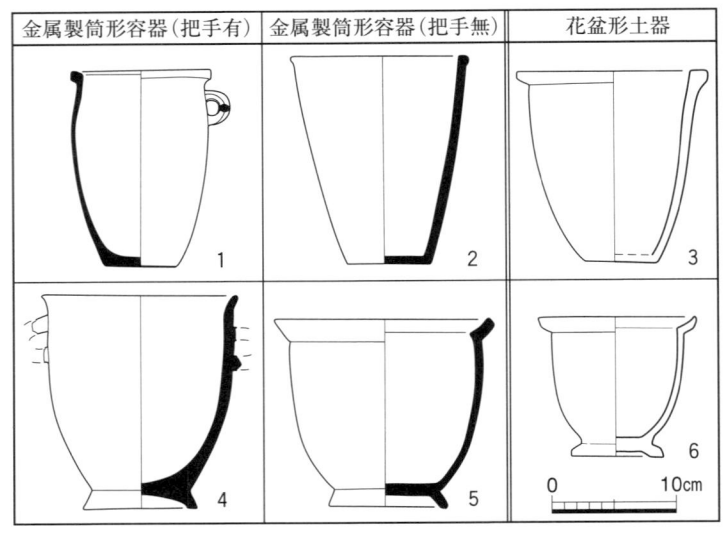

図9 金属製筒形容器と花盆形土器（S=1/6）
1．東大院里 許山、2．貞栢洞53号墓、3．貞栢洞92号墓、4．万景台土壙墓、
5．雲城里8号墓、6．雲城里カマルメ3号墓

の副葬品目から外れたり、明器化していくようであるが［毛利光2004, p.89］、高句麗地域の集安楡林郷地溝村（図8－2）や三燕地域の北票喇嘛洞ⅡM266号墓（図8－3）から類例が出土していることから、伝世などではなく、両地域との関係で説明することが可能であろう。特に丸山古墳例と喇嘛洞ⅡM266号墓例は、桃崎祐輔も指摘するように口縁部などの細かな特徴まで酷似する［桃崎2004, p.32］。ただし、丸山古墳例や行者塚古墳例も朝鮮半島南部製と考えられる鉄鋋が共伴しており、製作地から直接もたらされたのではなく朝鮮半島南部を介してもたらされた可能性も想定される。その場合には、時期は異なるものの類例の存在する金官加耶地域や、当該期に高句麗の影響のもと、支配者層の間で金属製容器の副葬が盛行した新羅地域がその候補となるだろう。

　最後は筒形容器で、円筒形の器体に平底で、肩部に二つないし一つの弧形の把手を縦方向に取り付ける一群である。朝鮮半島北部に集中し、東大院里許山例、所羅里土城例、橋都芳樹氏所蔵品、多田春臣氏・守屋孝蔵氏所蔵品の4例が銅製で、台城里11号墓例が鉄製である。若干形態は異なるものの、石巌里194号墓例や順天里木槨墓例、万景台土壙墓例、天柱里土壙墓例もこの一群の中で理解することができる。東大院里許山例、橋都芳樹氏所蔵品、石巌里194号墓例は縦方向の鋳型の合わせ目が確認されている。

　これらの筒形容器は梅原末治や北朝鮮の研究者が指摘するように同時期の西北方に分布する高濱分類F式の北方式鍑よりは、在地の花盆形土器（図9－3）とその器形が類似する。万景台土壙墓例や順天里木槨墓例にみられる台脚も、楽浪Ⅲ期以降に出現する変形花盆形土器（図9－6）の影響を受けたと評価することが可能である。また朝鮮半島北部には把手をもたない同形の金属製筒形容器もみられ、基本的に同じような変遷がたどれるようである（図9－2・5）[13]。これらはその分布をみても朝鮮半島北部で製作されたと考えられ、鄭仁盛によって各種青銅製品・鉄製品が生産されたことが明らかとなっている楽浪土城は、その候補地の一つであろう［鄭仁盛

2001・2004]。円筒形で平底という基本的形態や縦方向に鋳型の合わせ目を荒く残す点などは、漢代の金属製容器よりは高濱分類F式の北方式鍑との親縁性が強い。また甑を伴わず、多田春臣氏・守屋孝蔵氏所蔵品に銹着した青銅匕（勺）から、それ自体に材料を入れて煮たと考えられる点も北方式鍑の使用方法［雪嶋 1993］と共通し[14]、北方式鍑の変容形、在地形として理解することが可能であろう。ところで呉永賛は、これらの筒形容器が申永洙コレクションの伝オルドス出土筒形容器と類似することから匈奴との関係を想定しているが［呉永賛 2006, pp. 58-60］、中国やモンゴルから同種の筒形容器の出土はまだ1点も報告されていない。

　なお、朝鮮半島南部の舍羅里130号墓や良洞里162号墓の筒形容器も円筒形の器体や縦方向の鋳型の合わせ目などがこれらと共通するが、非常に大型である点や底部が平底に仕上げられていない点が異なる。朝鮮半島南部には金属製容器の製作伝統がないため、両例が楽浪との交渉のもとに出現したことは明らかであろうが、同時期の朝鮮半島北部では台脚をもつものが主流であり、その製作地については朝鮮半島南部の可能性も考えておく必要がある[15]。なお、金吉植はこれらの筒形容器についても銅鍑と同じく北方式遺物とみているが［金吉植 2001・2006］、北方式鍑との直接的な関係は想定し難いだろう。

7．おわりに

　冒頭でも述べたように当該地域における鍑研究は資料自体がほとんど出土しないこともあって、活発におこなわれてきたとは言い難い。本稿では現在までの資料状況を確認した上で、「鍑」という名のもとに一括されてきた資料を北方式鍑、漢式釜、筒形容器の3系列に大別し、それぞれの系譜や出現背景についてみてきた。本稿の作業を通じて当該地域の鍑を、ユーラシア草原地帯を中心に広がる北方式鍑の中に位置付けていくための基盤は整ったものと考えられる。

　最後に朝鮮半島南部にもたらされた北方式鍑の意味について私見を述べ、まとめにかえたい。原三国時代の狗邪国、そして三国時代の金官加耶の中心地であった金海地域に北方式鍑がもたらされる3世紀は、弁・辰韓地域に多数の漢式遺物が確認される時期にあたる［高久 2002］。それは基本的には、204年頃の帯方郡設置に伴う郡県の再編成という外的要因と、『三国志』魏書東夷伝韓条の「桓霊之末　韓濊彊盛　郡県不能制　民多流入韓国」や辰韓条の「国出鉄　韓濊倭皆従取之（中略）又以供給二郡」からもうかがえる鉄生産を基盤とする三韓社会の成長という内的要因によって説明できる。このような背景のもと金海地域の首長層は、銅鏡、銅鼎や北方式鍑などの多

---

(13)　例えば、平壌の石巌里219号墓や貞梧洞1号墓からは平底の銅製筒形容器が、貞柏洞53号墓からは平底の鉄製筒形容器が、黄海南道殷栗郡雲城里6・7・8号墓からは台脚をもつ鉄製筒形容器がそれぞれ出土している。

(14)　ただし、花盆形土器についても同じような用途が想定されている［谷 2002, p. 226］。

(15)　李盛周によれば慶州舍羅里130号墓の段階にそれまで平底であった弁・辰韓地域の甕形土器が丸底化するようであり［李盛周 1999］、弁・辰韓地域の鉄製筒形容器の特徴である丸底の器形は、このような在地の土器製作の変化を反映しているのかもしれない。

様な系譜をもつ各種青銅製品を入手したと考えられ、その関係は楽浪郡の衰退・滅亡と共に終焉を迎えたようである。そしてその終焉と連動して、金海地域の首長墓には新たに筒形銅器や巴形銅器といった倭系、もしくは倭と共通した青銅製品が副葬されるようになる。以上のような流れの中で北方式鍑のもつ意味を理解しうるのであれば、金官加耶の首長層にとって、鍑は単に煮るための道具ではなく、「外部」（この場合は北方世界）との繋がりを象徴するまさしく「威信財」[石村 2008]であったと考えられる。しかしそれは故地との政治的な関係によってもたらされたのではなく、李賢恵が想定するように楽浪や東濊を経由した「民間交易」のようなかたちでもたらされたのであろう[李賢恵 1994, pp. 279-280]。果たして鍑という容器の本来もつ機能を金官加耶の首長層はどの程度認識していただろうか[16]。少なくとも考古資料をみる限り、鍑の出現は金海地域の調理様式にいかなる変化ももたらさなかったようである。この事実は、申敬澈の「騎馬民族説」の是非を問う際にも、少なからず影響を及ぼすものと考えられる。

参考文献

（日本語）

東潮
  1999 「鉄鋌の基礎的考察」『古代東アジアの鉄と倭』渓水社、147-283頁
  2006 「楽浪古墳出土の銅器（鼎・帯鉤・鍑）と墓制」『倭と加耶の国際環境』吉川弘文館、18-24頁

池内宏
  1951 『満鮮史研究　上世編』祖国社

石村智
  2008 「威信財」『日本考古学協会　2008年度愛知大会研究発表資料集』日本考古学協会、434-435頁

梅原末治
  1938 「古代朝鮮における北方系文物の痕跡」『古代北方系文物の研究』星野書店、111-137頁

江上波夫・水野清一
  1935 『内蒙古・長城地帯』（東方考古学叢刊 乙種第一冊）東亜考古学会

岡崎敬
  1955 「中国におけるかまどについて—釜甑形式より鍋形式への変遷を中心として—」『東洋史研究』第14巻第1・2号、103-122頁

小田富士雄
  1977 「対馬・クビル遺跡の再検討」『考古論集—慶祝松崎寿和先生六十三歳論文集—』松崎寿和先生退官記念事業会、203-220頁

加古川市教育委員会
  1997 『行者塚古墳　発掘調査概報』（加古川市文化財調査報告書　15）

金関恕
  1968 「天理参考館所蔵の銅鍑と銅瓿」『朝鮮学報』第49輯、89-98頁

---

(16) 李海蓮氏の御教示によれば、大成洞古墳群出土の2点の銅鍑にはいずれも被熱痕などの使用の痕跡は認められないようである。

川西宏幸
 1978 「円筒埴輪総論」『考古学雑誌』第64巻第2号、1-70頁
貴志川町史編集委員会
 1981 「(3) 丸山古墳」『貴志川町史』第3巻(史料編2)　貴志川町、218-224頁
甲元眞之
 1992 「大ボヤール岩壁画と銅鍑」『比較民俗研究』6 (甲元眞之2006『東北アジアの青銅器文化と社会』同成社に再録)
後藤守一
 1922 「対馬国上県郡佐須奈村発掘品(東京帝室博物館新収品の解説)」『考古学雑誌』第12巻第8号、48-54頁
申敬澈
 1993 「加耶成立前後の諸問題―最近の発掘調査成果から―」『伽耶と古代東アジア』新人物往来社、115-160頁
関野貞・谷井済一・栗山俊一・小場恒吉・小川敬吉・野守健
 1925 『楽浪郡時代ノ遺蹟』(古蹟調査特別報告　第四冊　図版 上冊) 朝鮮総督府
 1927 『楽浪郡時代ノ遺蹟』(古蹟調査特別報告　第四冊　本文) 朝鮮総督府
高久健二
 1993 「楽浪墳墓の編年」『考古学雑誌』第78巻第4号、33-77頁
 2000 「楽浪郡と弁・辰韓の墓制―副葬品の編成と配置を中心に―」『考古学からみた弁・辰韓と倭』九州考古学会・嶺南考古学会、25-57頁
 2002 「楽浪郡と三韓」『韓半島考古学論叢』すずさわ書店、249-280頁
高濱秀
 1994 「中国の鍑」『草原考古通信』No. 4、2-9頁
谷豊信
 2002 「楽浪土器の系譜」『東アジアと日本の考古学　Ⅳ』同成社、207-234頁
鄭仁盛
 2001 「楽浪土城と青銅器製作」『東京大学 考古学研究室 研究紀要』第16号、59-82頁
 2004 「楽浪土城の鉄製品とその生産」『鉄器文化の多角的研究』鉄器文化研究会、95-108頁
西島庸介
 2007 「琴柱形石製品の研究」『考古学集刊』第3号、65-87頁
林巳奈夫
 1959 「ほっぽうしき―どうふく　北方式銅鍑」『図解考古学辞典』東京創元社、909頁
藤田亮策・梅原末治・小泉顕夫
 1925 「第3節　東大院里許山の遺蹟と遺物」『南朝鮮に於ける漢代の遺蹟』(大正十一年度古蹟調査報告　第二冊) 朝鮮総督府、108-115頁
藤田亮策・梅原末治
 1947 「四五　平壌付近出土銅鉢・銅壺」『朝鮮古文化綜鑑』第一巻　養徳社、84-85頁
水野清一・樋口隆康・岡崎敬
 1953 『對馬―玄海における絶島對馬の考古学的調査―』(東方考古学叢刊 乙種第六冊) 東亜考古学会
桃崎祐輔
 2004 「倭国への騎馬文化の道―慕容鮮卑三燕・朝鮮半島三国・倭国の馬具との比較研究」『「古

代の風」特別号』No.2　市民の古代研究会・関東、1-78頁

毛利光俊彦
　2004　『古代東アジアの金属製容器　Ⅰ（中国編）』（奈良文化財研究所史料　第68冊）奈良文化財研究所
　2005　『古代東アジアの金属製容器　Ⅱ（朝鮮・日本編）』（奈良文化財研究所史料　第71冊）奈良文化財研究所

雪嶋宏一
　1993　「鍑の用途について」『草原考古通信』No.3、6-10頁

楽浪漢墓刊行会
　1974　『楽浪漢墓第一冊』

遼寧省文物考古研究所
　2004　『三燕文物精粋（日本語版）』奈良文化財研究所

（ハングル）

科学院 考古学 및 民俗学研究所
　1958　『台城里 古墳群 発掘 報告』（遺蹟 発掘 報告　第5輯）
　1959　『大同江 및 載寧江 流域 古墳 発掘 報告』（考古学資料集　第2輯）

慶星大学校博物館
　2000a　『金海大成洞古墳群Ⅰ』（慶星大学校博物館 研究叢書　第4輯）
　2000b　『金海大成洞古墳群Ⅱ』（慶星大学校博物館 研究叢書　第7輯）
　2003　『金海大成洞古墳群Ⅲ』（慶星大学校博物館 研究叢書　第10輯）

高久健二
　1995　『楽浪古墳文化研究』学研文化社

国立中央博物館
　2001　『楽浪　The Ancient Tomb of Nangnang』

金吉植
　2001　「三韓地域 出土 楽浪系 文物」『楽浪　The Ancient Tomb of Nangnang』国立中央博物館、247-261頁。
　2006　「弁・辰韓 地域 楽浪 文物의 流入 様相과 그 背景」『楽浪 文化 研究』（東北아시아歴史財団 研究叢書20）東北아시아歴史財団、307-378頁

金宰佑
　2006　「3世紀代 狗邪国의 対外交渉—楽浪・帯方과 関連하여—」『石軒 鄭澄元教授 停年退任記念論叢』 釜山考古学研究会論叢刊行委員会、531-544頁

김종혁
　1963　「万景台 土壙 무덤 発掘 報告」『各地 遺蹟 整理 報告』（考古学資料集 第3輯）科学院 考古学 및 民俗学研究所、87-90頁

東義大学校博物館
　2000　『金海良洞里古墳文化』（東義大学校博物館学術叢書7）

리순진
　1974　「雲城里遺蹟 発掘報告」『考古学資料集』第4輯　社会科学出版社、200-227頁。

朴敬信
　2005　「韓半島 先史 및 古代 炊事道具의 構成과 変化」『先史・古代의 生業経済』（第9回　福泉博物館　学術発表会）、61-96頁

박진욱

    1974　「咸鏡南道一帯의 古代遺蹟 調査報告」『考古学資料集』第 4 輯　社会科学出版社、165-182頁。

社会科学院考古学研究所

    1983　『考古学資料集』第 6 輯　科学, 百科事典出版社

社会科学院 考古学研究所 田野工作隊

    1978　『考古学資料集』第 5 輯　科学, 百科事典出版社

崇實大学校 附設 韓国基督教博物館

    1988　『崇實大学校 附設 韓国基督教博物館』

申敬澈

    1992　「金海礼安里160号墳에 대하여 —古墳의 発生에 関連하여—」『伽耶考古学論叢』 1 　㈶駕洛国史蹟開発研究院、107-167頁

    2000a　「金官加耶의 成立과 連盟의 形成」『加耶 各国史의 再構成』慧眼、45－84頁

    2000b　「金官加耶土器의 編年—洛東江下流域 前期陶質土器 編年—」『伽耶考古学論叢』 3 　㈶駕洛国史蹟開発研究院、5 -46頁

辛勇旻

    2000a　「弁・辰韓地域의 外来系 遺物」『考古学からみた弁・辰韓と倭』九州考古学会・嶺南考古学会、1 -23頁

    2000b　「金海地域 北方民族 征服論 検討」『嶺南考古学』第26号、1 -23頁

呉永贊

    2006　『楽浪郡研究—古朝鮮系와 漢系의 種族 融合을 통한 楽浪人의 形成—』四季節

李盛周

    1999　「辰・弁韓地域 墳墓 出土 1 ～ 4 世紀 土器의 編年」『嶺南考古学』第24号、269-323頁

李在賢

    2003　『弁・辰韓社会의 考古学的 研究』(釜山大学校大学院博士学位論文)

李海蓮

    2003　「우리나라 출토 銅鍑에 대하여」『博物館研究論集』10　釜山市立博物館、19-37頁

    2006　「銅鍑에 대하여」『石軒 鄭澄元教授 停年退任記念論叢』釜山考古学研究会論叢刊行委員会、545-562頁

李賢恵

    1994　「 1 ～ 3 世紀 韓半島의 対外交易体系」『古代東亜細亜의 再発見』三星美術財団 湖巌美術館、165-178頁

嶺南文化財研究院

    2001　『慶州舎羅里遺蹟Ⅱ』(嶺南文化財研究院 学術調査報告　第32冊)

鄭仁盛

    2003　「弁韓・加耶의 対外交渉—楽浪郡과의 交渉関係를 中心으로—」『加耶 考古学의 새로운 照明』慧眼、535-602頁

≪朝鮮遺蹟遺物図鑑≫編纂委員会

    1989　『朝鮮遺蹟遺物図鑑　2　古朝鮮, 夫余, 辰国編』

朱栄憲

    1966　『中国 東北 地方의 高句麗 및 渤海 遺蹟 踏査 報告』社会科学院出版社

図版出典

図 1 ： (関野ほか 1925) 282を転載
図 2 ： (李海蓮 2006) 表1を一部修正の上、転載
図 3－1 ： (藤田ほか 1947) 図版第四五-220を転載
図 3－2 ： (社会科学院考古学研究所 1983) 写真 8－4を転載
図 3－3 ： (박진욱 1974) 図89を改変再トレース
図 3－4 ： (梅原 1938) 図36-1を改変再トレース
図 3－5 ： (藤田ほか 1947) 図版第四五-222を転載
図 3－6 ： (朝鮮遺蹟遺物図鑑編纂委員会 1989) 661を転載
図 3－7 ： (朝鮮遺蹟遺物図鑑編纂委員会 1989) 660を転載
図 3－8、図 9－1 ： (藤田ほか 1925) 図版第六一を改変再トレース
図 3－9 ： (梅原 1938) 図36-2を改変再トレース
図 4－1 ： (科学院 考古学 및 民俗学研究所 1958) 挿図27-9を改変再トレース
図 4－2 ： (科学院 考古学 및 民俗学研究所 1959) 図版LVⅢ-12を改変再トレース
図 4－3、図 9－4 ： (김종혁 1963) 図1を改変再トレース
図 4－4 ： (科学院 考古学 및 民俗学研究所 1959) 図版LⅢ-6を改変再トレース
図 5－1 ： (東義大学校博物館 2000) 図面28-3を改変再トレース
図 5－2 ： (慶星大学校博物館 2000a) 図面42-4、47-3を改変再トレース
図 5－3 ： (慶星大学校博物館 2000a) 図面47-3を改変再トレース
図 5－4 ： (崇實大学校附設韓国基督教博物館 1988) 46を転載
図 6－1 ： (嶺南文化財研究院 2001) 図面18を改変再トレース
図 6－2 ： (東義大学校博物館 2000) 図面 9－2を改変再トレース
図 6－3 ： (国立中央博物館 2001) 214を転載
図 7－1 ： (水野ほか 1953) 22を改変再トレース
図 7－2 ： (加古川市教育委員会 1997) 88を改変再トレース
図 7－3 ： (貴志川町史編集委員会 1981) 図版第四五を改変再トレース
図 7－4 ： (加古川市教育委員会 1997) 89を転載
図 8－1 ： (金関 1968) 第一図を改変再トレース
図 8－2 ： (吉林省文物志編集委員会 1983) 図三十四-6を改変再トレース
図 8－3 ： (遼寧省文物考古研究所ほか 2004) 図一七-3を改変再トレース
図 9－2 ： (社会科学院 考古学研究所 田野工作隊 1978) 그림 4－2を改変再トレース
図 9－3 ： (社会科学院 考古学研究所 田野工作隊 1978) 그림23-3を改変再トレース
図 9－5 ： (리순진 1974) 그림117-3を改変再トレース
図 9－6 ： (社会科学院考古学研究所 1983) 그림85-1を改変再トレース

The study of cauldrons excavated in Korea and Japan

ISAHAYA Naoto

This chapter deals with the cauldrons in Korea and Japan, and contains the related discussions. Generally cauldrons are considered to be foreign artifacts in these countries. Sin Gyeong-cheol（申敬澈）proposed that the source of the cauldrons that were excavated from some high-ranked tumuli in the Gimhae（金海）region in the southeast end of the Korean peninsula was the equestrian people who had emigrated from northeast China. His hypothesis provoked a great deal of controversy. However, because there were differences in the fundamental data regarding these cauldrons and previous studies, researchers are unable to arrive at a consensus.

First, we examined previous studies conducted on the cauldrons found in Korea and Japan, and confirmed that the Chinese character '鍑（fuku）' was used not only on the northern type cauldrons but also other metal cauldrons in these areas. Then, we collected bronze and iron cauldrons in Korea and Japan, and classified them according to their forms and uses. The cauldrons that were referred to as '鍑' were classified as the northern type cauldrons（北方式鍑）, the Han type cauldrons（漢式釜）, and the cylindrical cauldrons（筒形容器）.

The northern type cauldrons have a cylindrical body, a flat bottom, and two arc-shaped handles on the edge. These are Fd or Fe type of Takahama classification. Presently, this type is excavated only in the Korean peninsula. The Fd and Fe type cauldrons have been excavated across China, especially in northeast China. Therefore, we assume that the northern type cauldrons excavated in Korea were actually crafted in the adjoining region of northeast China.

The Han type cauldrons are subdivided into two groups. The first group includes cauldrons that have a spherical body and base, and has a guard in the center of the body. The other group does not have a guard. Both types of cauldrons have been excavated in Korea and Japan. The Han type cauldrons were used to cook grains and to combine with a vessel with a perforated bottom. Therefore, these cauldrons differ from the northern type cauldrons in terms of usage.

The cylindrical cauldrons have a cylindrical body and one or two handles at the upper part of the body. Thus far, these cauldrons have been excavated only in the Korean peninsula. The manufacturing method and usage of these cauldrons are common to the northern type cauldrons; however, they borrow heavily from the typical form of pottery in this area.

Finally, we turn our attention to the northern type cauldrons buried in some high-ranked tumuli in the Gimhae region. These cauldrons were not used as boilers for cooking but as prestige goods that symbolized a connection with the 'outside world'（in this case, the northern world）. The emergence of the northern type cauldrons in the Gimhae region did not result in any change in the style of cooking in this area. These facts do not support Sin Gyeong-cheol's hypothesis of the cauldrons being brought in by the equestrian immigration from northeast China to this area.

シベリアの鍑

畠山 禎

1. はじめに

　本稿では、シベリアのバイカル湖東岸地方からイシム Ishim 川およびトボル Tobol 川流域に至る中央シベリア、南シベリア、西シベリアの鍑を扱う。時代は、初期遊牧民の文化が出現する紀元前第1千年紀を中心とし、併せて、その時代の鍑との直接の関連が認められる続く時代の資料を紹介する。東シベリアの鍑については、本書髙濱論文を参照されたい。

　この地域には、エニセイ川上流域のトゥバ Tuva 、中流域のミヌシンスク Minusinsk 盆地、その北側の森林ステップ地帯、オビ川上流の山地アルタイ Gorno-Altai 、そしてウラル山脈まで広がる西シベリア平原などが含まれており、紀元前第1千年紀の初期遊牧民の遺跡・遺物が数多く知られている。

　彼らの所産である鍑については、ミヌシンスク盆地が古くから注目されてきた。19世紀末ごろから、「スキタイの鍑」として博物館などに持ち込まれ始め、やがて、紀元前第1千年紀の中央ユーラシアの初期遊牧民全体に共通する文化的要素の1つととらえられると同時に、この地域の鍑の独自性が強調されるようになる［Rygdylon et al. 1959：253；Chlenova 1967：93］。特に、深鉢形の器体と円錐台形の圏足を持ち、把手にキノコ形の大きな突起が3つ付いた鍑は、近隣の岩壁画にその図像が刻まれていることもあり、「ミヌシンスク型式」「シベリア型式」ともいわれた［Rygdylon et al. 1959；Devlet 1976など］。

　1967年にチレノヴァがミヌシンスク盆地とその北方の森林ステップ地帯の初期遊牧民の文化であるタガール文化の青銅製鍑の分類を行った際には、この地域だけで99点もの鍑が資料として用いられた［Chlenova 1967：93-101］。しかし、その中に考古学的な発掘によって得られた資料は1点もない。チレノヴァが分類の対象とした鍑の中で発見の状況が報告されているのは、わずかにクラスノヤルスク州シャラボリノ村近くで発見された一括埋納遺物 Shalabolinskii klad の4点のみである［Levasheva et al. 1952］。

　その原因として、1つには、早くからタガール文化の青銅器に注目が集まってしまったことが挙げられる。古墳の多いミヌシンスク盆地では、18世紀には発掘調査が行われるようになり［藤川編 1999：102-103］、その独特の青銅器が注目を集めて、1920年代には、テプロウホフによる編年が行われた［Teploukhov 1929］。早い時期から学術的な探査が行われた背景には、盗掘者の活躍がある。16世紀以降シベリアに進出したロシア人たちは、金銀財宝を求めて組織的に墓荒らしを行う。そして、サンクトペテルブルクにもたらされたそれらの財宝に文化的な価値が認められたことが、シベリアにおける初期遊牧民の物質文化の研究につながっていったという［林 2007：

112-116]。盗掘という「伝統」を持つシベリアでは、学術的な探査が行われる時代になっても、出土状況を記録しないまま鍑を含む青銅器が発見地から動かされる状況が多々あったことは、想像に難くない。

もう1つの原因として、この地域では、そもそも、鍑は墓に収められることが少なかったのではないかということが考えられる。初期遊牧民は、墓以外の構築物をほとんど残さず、墓の副葬品以外の出土遺物は極めて少ない。したがって、発掘調査の対象はもっぱら墓である。過去に多くの盗掘があったにしても、ミヌシンスク盆地には多数の古墳があり、発掘調査は現在でも続けられている。しかし、古墳からの鍑の出土例はほとんど知られていない[1]。

いずれにせよ、ミヌシンスク盆地では、多くの鍑が知られていながら、その中で編年が出来ない状況にある。その一方、数こそ少ないが、シベリアのほかの地域では、墓葬から鍑が出土する例があり、中には共伴遺物から年代比定が可能な資料もでてきた。

本稿では、文献既出の鍑と筆者実見・撮影の鍑に、本書執筆諸氏の見聞を加えて、中央シベリア、南シベリア、西シベリアの鍑を概観し、編年の可能性について述べる。

2．これまでの研究

中央シベリアでは、ルグディロンとハロシフがイルクーツク郷土博物館所蔵の青銅製鍑5点とミニチュア2点、および破片を紹介し、他地域の鍑と比較した［Rygdylon et al. 1959］。

南シベリアのミヌシンスク盆地の鍑の収集状況については、前述の通りである。最も収蔵数が多いと思われるミヌシンスク郷土博物館のほか[2]、エニセイ川を挟んで西隣のハカシヤ Khakasiya の首都アバカン Abakan にあるハカシヤ国立郷土博物館、北の森林ステップに近いクラスノヤルスク Krasnoyarsk 郷土博物館、サンクトペテルブルクのエルミタージュ博物館、モスクワの国立歴史博物館などにも所蔵されている。

グリシンは、器形のほか鋳造時の鋳型の合わせ目などに着目し、南シベリアのタガール文化期の青銅製鍑について3つのグループを提示した［Grishin 1960：167-172］。

チレノヴァは、タガール文化期の青銅製鍑99点を、A型：円錐形の圏足をもつもの（95点）、B型：圏足のないもの、または三脚をもつもの（4点）に分けた。さらに、Aについては、AⅠ：

（1）筆者の知る唯一の古墳出土例は、イズィフスキー＝コピ Izykhskii-kopi 1-1 の盗掘坑から出土した鍑である。後述（Ⅱ.1.B-001, 図17～19）。集落址からの出土例としては、ミヌシンスク盆地の北方の森林ステップ地帯にあるシュミルカ Shumilka 遺跡とエフレムキノ Efremkino-1 遺跡出土鍑がある。どちらも、近くに古墳を伴うタガール文化期の集落址である。報告者によれば、シュミルカの鍑は、土壌から単独で出土したもので、3つの突起のある把手を持ち、器体に縄状紋が施されている。エフレムキノ出土鍑には圏足があり、土器片と鉄製手斧を伴う。残念ながら、両者とも図は掲載されていない［Absalyamov et al. 1979：65-66, 69］。

（2）ミヌシンスク郷土博物館には、本稿で扱った37点のほか40点以上の鍑があることを、同館収蔵庫にて確認した。

注口・片口のないもの（89点）、AⅡ：片口のあるもの（5点）、AⅢ：注口のあるもの（1点）に分けた上で、AⅠを器体や把手の形から5つのグループに分類した。そして、カザフスタンや西アジアの資料との比較から、AⅠを紀元前8～7世紀、AⅡとAⅢを前7～6世紀、Bを前5～4世紀とした [Chlenova 1967：92-109]。

　ボコヴェンコは、ユーラシアの草原地帯のアジア地域の青銅製鋳造鍑158点を分類した。先に行ったサルマタイの鍑の型式分類 [Bokovenko 1977] と同様に、鍑の器形上の特徴を21種類列挙してそれをこの地域の鍑にも当てはめ、21種類の特徴がどのように組み合わさるかを表で示した上で、4つの型式を設定した。また、この地域は偶然に発見された資料が大半であることから、今のところ絶対年代の根拠はないとしてチレノヴァの年代観を批判、タガール文化期の最終段階であるテシ Tes' 期やそれに続くタシュトゥク Tashtyk 文化期に土製の鍑や青銅製のミニチュア鍑が見られること、また、岩壁画の図像などから、チレノヴァの年代観よりも遅い時代まで鍑が存続することを示唆した [Bokovenko 1981]。本書において、デミデンコはボコヴェンコのサルマタイの鍑の分類方法を批判し（デミデンコ論文 p.294）、その批判は当地域の鍑の分類にも当てはまるが、鍑の観察すべき特徴を整理し提示したという点では評価できよう。ボコヴェンコは同じ手法でフンの鍑の分類も行っている [Bokovenko et al. 1993]。

　トゥバでは、マンナイ-オオルが、トゥバの初期遊牧民の文化であるウユク Uyuk 文化期の古墳から8点の鍑を発見したことを記し、他の地域の鍑とは異なる特徴を持つ1点を図示した [Mannai-ool 1970：41-42]（ⅠⅡB-003）。クズラソフは、クズル Kyzyl 博物館所蔵の青銅製鍑6点をウユク文化の初期のものとして提示した [Kyzlasov 1979]。

　ミナシャンは、「シベリアの鍑」5点を含むエルミタージュ博物館所蔵の青銅製鋳造鍑を、製造技法から研究した [Minasyan 1986]。

　西シベリアでは、モギリニコフが、オビ川上流域の青銅製鍑13点を、1）器体上部に垂直方向の把手を持つもの12点、2）器体側面に傾斜したあるいは水平方向の把手を持つもの1点に分け、前者を南シベリアまたはミヌシンスク型式、後者をカザフスタン型式として、個々の鍑の年代を検討した [Mogil'nikov 1997：91-93]。編年を組むには至っていないが、13点の中に共伴遺物からある程度年代の明らかなノヴォトロイツコエⅡ出土鍑2点を含むことは注目される。

　シベリアの鍑の年代比定は、チレノヴァの引用かその批判から始まることが多い。ボコヴェンコが指摘したように、研究対象となる鍑の大半が偶然発見物であることから、絶対年代を決める根拠は今のところなく、チレノヴァの年代観はそのまま受け入れられるものではない。しかし、チレノヴァの批判者にしても、ボコヴェンコが鍑の年代の下限をより新しくしたほかは、新たな年代観を提示できてはいない。

3．青銅製鋳造鍑の型式分類

　型式分類の本来の目的は、器形の変遷や系統を明らかにすることと考えるが、年代の明らかな資料が少ないこの地域にあって、本稿はその目的を達するには至っていない。本稿では、個々の

鍑を観察するための手段として型式を設定する。したがって、煩雑ではあるが、着目した特徴それぞれにⅠ、A、aといった表示をし、それを組み合わせて型式名とした。本書デミデンコ論文により批判されたボコヴェンコの分類方法に類するものではあるが、型式分類の途上においては、今後の資料の増加により特徴の組み合わせを変えていけるこの方法を有効と考えるからである。そのなかで、多少なりとも地域性や年代を追う手がかりを示せればと思う。

次のとおり、鋳型の合わせ目と思われる器体外面の垂直方向の線の有無で二分し、さらに圏足や脚の有無で分け、それぞれを把手の特徴で細分した[3]。注口または片口のあるものは把手の形状、有無にかかわらず別分類とした。

Ⅰ　外面に器体を2分割するような垂直方向の凸線が見られない。
　Ⅰ.1　圏足を伴う。
　　Ⅰ.1.A　口縁に垂直方向の把手が2つ付く。
　　　Ⅰ.1.A.a　把手は環形または双環形を呈し、環の形全体が口縁より上に現われる。
　　　Ⅰ.1.A.b　環形、馬蹄形または半環形の把手を持ち、把手の下部の形状が口縁外側に明瞭に表わされる。
　　　　Ⅰ.1.A.bi　把手に突起がない。
　　　　Ⅰ.1.A.bii　把手に突起が1つ付く。
　　　　Ⅰ.1.A.biii　把手に突起が3つ付く。
　　　Ⅰ.1.A.c　把手が動物形を呈す。
　　　Ⅰ.1.A.d　半環形の把手を持ち、把手の下部の形状が口縁外側に表わされない。あるいは表わされても不明瞭である。
　　Ⅰ.1.B　器体に水平方向または傾斜した把手が2つ付く。
　　Ⅰ.1.C　注口または片口を持つ。
　Ⅰ.2　圏足も脚も伴わない。
　　Ⅰ.2.A　口縁に垂直方向の把手が2つ付く。
　　Ⅰ.2.B　器体に水平方向または傾斜した把手が2つ付く。
　Ⅰ.3　三脚を伴う。
Ⅱ　外面に器体を2分割するような鋳型の合わせ目と思われる垂直方向の凸線がある。
　Ⅱ.1　圏足を伴う。
　　Ⅱ.1.A　口縁に垂直方向の把手が2つ付く。
　　Ⅱ.1.B　器体に水平方向または傾斜した把手が2つ付く。

（3）実見した鍑には、この他にも鋳造の際に生じたと思われる様々な痕跡が認められた。これらは製造技法と関連するものであり、鍑の分類上重要な要素と考えられるが、本稿では資料の多くを出版物に頼っているため、製造技法に関する特徴としては、簡略な図にも明示されることの多い器体を2分割する垂直方向の鋳型の合わせ目のみを分類の目安とした。

Ⅱ.2　圏足も脚も伴わない。
　　Ⅱ.2.A　口縁に垂直方向の把手が2つ付く。
　　Ⅱ.2.B　器体に水平方向または傾斜した把手が2つ付く。

以下、上記の分類に沿って、この地域の鍑を記す。

(1) Ⅰ：外面に器体を2分割するような垂直方向の凸線が見られないもの

Ⅰ.1　Ⅰの特徴を持ち圏足を伴うもの
Ⅰ.1.A　Ⅰ.1.の中で、垂直方向の把手が2つ付くものをここにまとめ、さらに把手の形状で分類した。
Ⅰ.1.A.a　把手の環の形全体が口縁より上に現われるもの。把手に突起を伴うものもある。器体は概ね深鉢形で、他の型式に比べ、器体の高さに対して圏足が低い。器体の中央より上に、鋳型の合わせ目と思われる水平方向の凸線が認められる。また、器体に単純な凸線または縄状の凸線（以下、後者を縄状紋と記す）による弦紋の施されるものがある[4]。圏足の内側を確認できた4点は、器体の外底に湯口の痕跡かと思われる一文字の凸線が認められた。把手の断面形は、円に近い。

Ⅰ.1.A.a-001　トゥバ **Tuva**　アルジャン **Arzhan**　2号墳5号墓出土［Čugunov 2010, Tafel 70-2，85］
トゥバのトゥラノ＝ウユク Turano-Uyuk 盆地に位置する径約80m、高さ約2mの古墳の5号墓から出土、木槨の北東外側、土壁との間に別型式の一回り小さな鍑（Ⅰ.1.A.bi-001）と並べて収められていた。

器体は深鉢形で、低い圏足を伴う。口縁部には双環形の把手が2つ付く。把手の外周に、鋳型の合わせ目かと思われる痕跡が見られる。一方の把手の環それぞれの上部に小さな突起があり、湯口の痕跡と考えられている。器体上部には3本の縄状紋が巡り、それぞれに結び目のような膨らみがある。「結び目」は、一方の把手の下に縦一列に並ぶ。その下に、鋳型の合わせ目と思われる水平方向の線が見える。器体両側面に垂直方向の小さな耳を持つ。圏足は別鋳と報告されている［Čugunov et al. 2010：67］。通高45.6cm、口径32.8×31.7cm、圏足の径13.4cm。

この遺跡からは、初期遊牧民の動物紋様を伴う金製品や青銅製馬具などが出土し、「最も早いスキタイ系の古墳」として知られるアルジャン1号墳［Gryaznov 1980a］よりはやや遅い、紀元前7世紀後半という年代が与えられた。年輪年代測定と放射性炭素年代測定の結果も、これを否定するものではない［Čugunov et al. 2010：160-182］。

---

(4) 本稿では、縄状であることが確認できたものについては縄状紋、確認できなかったものは弦紋と記したが、出版物に掲載された図では確認できなくとも、実見すると縄状を呈していることは少なくなく、弦紋と記したものも縄状である可能性がある。なお、あきらかに縄状ではないものは、その旨を記した。

Ⅰ.1.A.a-002　サビンスコエ **Sabinskoe** 村　ミヌシンスク郷土博物館所蔵　MKM.A9626（10098）［Chlenova 1967, Tabl.18-3］（筆者他撮影）[5]

サビンスコエ村近くの草原で発見。器形はアルジャン2号墳出土鍑（Ⅰ.1.A.a-001）によく似ている。器体は深鉢形で、側面両側に小さな垂直方向の耳が付く。器体上部に4本の水平方向の凸線がある。上の3本は、途中に結び目のような小さな膨らみがあり、縄状にも見えるが判然としない。最下の1本は鋳型の合わせ目と思われる。把手は環形で、一方の把手には小さな突起が3つ認められる。他方の把手の突起は古い時代に削り取られてしまったらしく、わずかに痕跡があるのみである。器体外底に湯口の痕跡と思われる一文字の凸線がある。器体外面から圏足にかけて垂直方向に凸線が見られるが、一側面にしかなく、また、不規則に歪んでいることから、鋳型の合わせ目ではなく、型を作成する際の原型に残された何らかの痕跡と考えて、Ⅱ類とは区別し、ここに含めた。同様に不規則な凸線でより短いものが、上部の弦紋部分や器体外面の一部に認められる。高36cm、径35cm。

器体が深鉢形で、口縁の上に環形の把手、側面に垂直方向の耳を伴う鍑は、中国新疆のアルタイ地区でも知られている（柳生論文Ⅹ001）。器体上部には二重の縄状紋が巡り、縄状紋に程近い位置に、環形の耳がある。透かしのある華奢な印象の圏足が付いている。

Ⅰ.1.A.a-003　ハカシヤ **Khakasiya**　国立郷土博物館所蔵　（筆者撮影）

これも器形は上記2点によく似ているが、器体側面に耳はない。5本の縄状紋には結び目のような膨らみが見られ、その下に水平方向の鋳型の合わせ目と思われる凸線がある。把手の一方は欠失、残る1個は環形で外周にややゆがみがあり、Ⅰ.1.A.a-002のように突起を削り磨いたようにも見える。この鍑にも器体の一側面に歪んだ垂直方向の凸線が見られ、縄状紋と直交する位置にも同様の短い線が認められる。器体外底に湯口の痕跡と思われる一文字の凸線がある。通高50.6cm、口縁は破損して歪んでおり、口径37〜43cm。同博物館のタシュタンディノフ Tashtandinov, I. I.氏によればハカシヤ最大の鍑である。

Ⅰ.1.A.a-004　タシュトゥプ **Tashtyp** 村発見　ミヌシンスク郷土博物館所蔵　MM10108［Chlenova 1967, Tabl.18-4］

深鉢形の器体、低めの圏足、器体上部に弦紋が見られる点が上述の3例に似る。環形の把手が付く。

Ⅰ.1.A.a-005　ミヌシンスク＝アチンスク地区 **Minusinsko-Achinskii okrug**　ルデンコ **Rudenko S. I.** 収集品　トムスク Tomsk 大学考古学民族学博物館所蔵（筆者撮影）

Ⅰ.1.A.a-001〜003に比べて小型だが、同様の器形で、環形の把手には3つの小さな突起が付く。器体上部には3本の縄状紋が巡り、それぞれにはっきりと結び目の形に見える膨らみがある。

（5）以下、筆者他撮影としたものは、鍑の全体像を筆者が、細部を川畑隼人氏（早稲田大学大学院）が撮影、計測・記録を両者と田中裕子氏（同）が分担した。ミヌシンスク郷土博物館所蔵鍑の法量と出土状況などの情報は、同館作成の資料カードによる。なお、資料カードにある「高さ」は、通高、口縁までの高さ、器体高の場合があるようだが、個々についての確認ができなかった。おおよその目安としてカード通りに記載する。

Ⅰ.1.A.a-001

Ⅰ.1.A.a-002

Ⅰ.1.A.a-002 底部外底

Ⅰ.1.A.a-001 およびⅠ.1.A.bi-001 出土状況

Ⅰ.1.A.a-003

Ⅰ.1.A.a-004

Ⅰ.1.A.a-006 把手部分

Ⅰ.1.A.a-005 「結び目」(左)と把手部分

Ⅰ.1.A.a-005

Ⅰ.1.A.a-006

Ⅰ.1.A.a-007

Ⅰ.1.A.a-008

Ⅰ.1.A.a-009

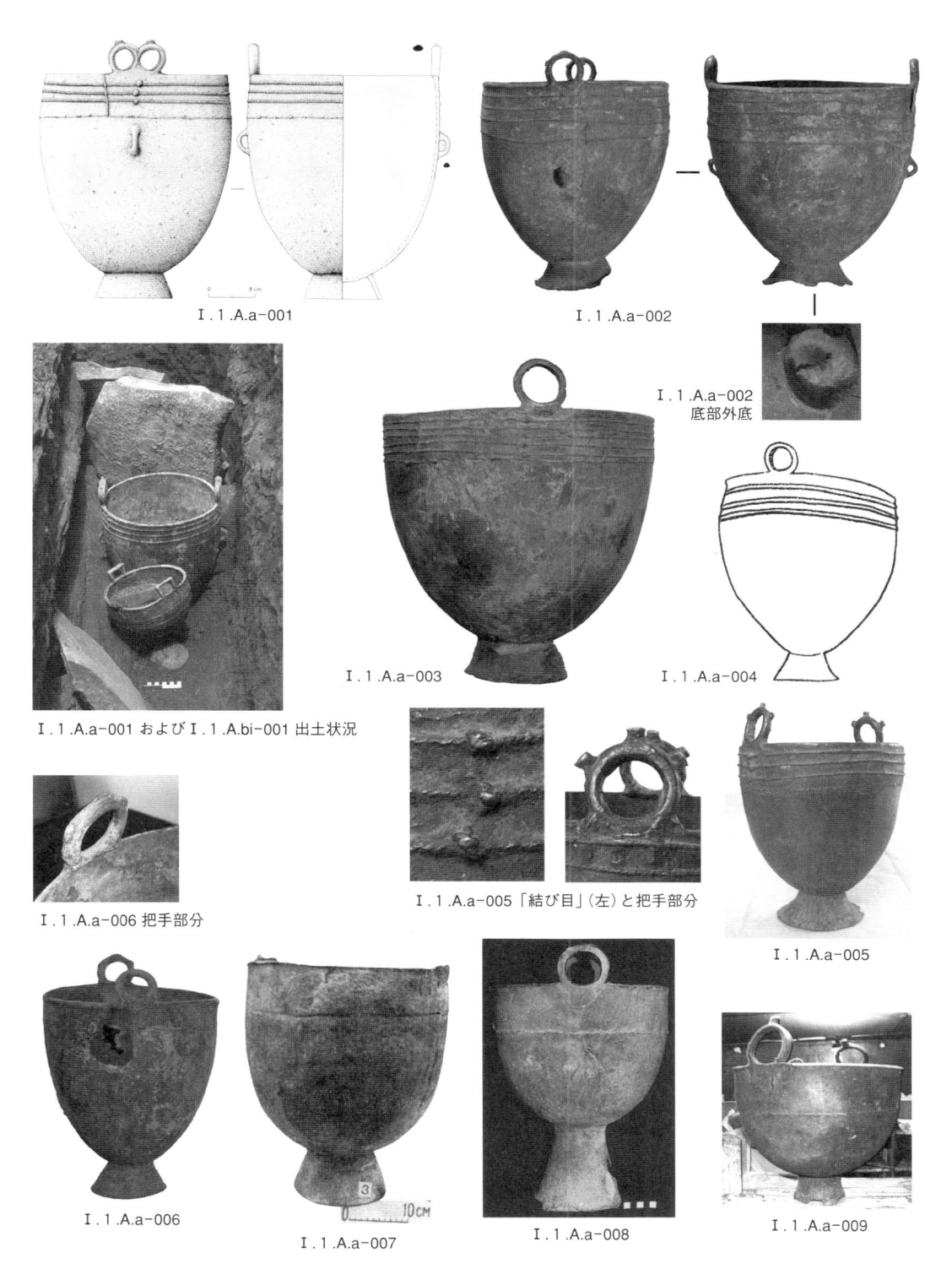

図1　Ⅰ.1.A.aの鍑（縮尺不同）

「結び目」は、既出の鍑と同様に一方の把手の下に縦一列に並ぶ。他方の把手の下には凹凸があり、最も上の縄状紋はその上を通る。あたかも、縄を結びつける際にできた隙間を埋めるため何かの破片を3つ挟み込んだかのように見える。鍑の製造技法として、把手を先に鋳造し、それを埋め込むように器体を鋳造する方法が考えられているが（髙濱論文 p.15）、器体の原型に把手を固定する際の支えがこのような形に残ったものかもしれない。縄状紋下には、水平方向の鋳型の合わせ目と思われる凸線がある。凸線は1箇所で、最下の縄状紋とぶつかる。低めの圏足は、別鋳かと思われた。底部外底には一文字の凸線が認められる。通高28.5㎝、口径21㎝。

Ⅰ.1.A.a-006　ハカシヤ国立郷土博物館所蔵　ХКМКП301／4　（筆者撮影）

器形は上記に似るが、弦紋がなく、器体上部外面に水平方向の鋳型の合わせ目と思われる凸線がある。環形の把手は外周が歪んでおり、3つあった突起を削り取って磨いたようにも見える。把手の下から器体上部にかけて不規則な形の盛り上がりが認められる。上述のルデンコ収集鍑の凹凸とは異なるが、これも把手を取りつける際の痕跡かと思われる。器体外底に一文字の凸線がある。通高32.3㎝、口縁は歪んでおり、口径19.5～24㎝。

Ⅰ.1.A.a-007　トゥバ　チャア＝ホル **Chaa-Khol'** 村発見　[Kyzlasov 1979, Ris.35-3]

把手は破損しているが、器体が深鉢形で、器体の中央より上に型の合わせ目らしい線が見え、器体に対して圏足が低めである点が上述の鍑と共通することからここに加えた。器体下部がふっくらした器形は、ザバイカリエのアギンスカヤ草原の鍑（髙濱論文 A-13）にも似る。口縁までの高さ約40㎝。

Ⅰ.1.A.a-008　イズィフ **Izykh** 村発見　ミヌシンスク郷土博物館所蔵　MM10085
[Demidenko 2008, Ris.69-1]

器体は深鉢形で、鋳型の合わせ目と思われる水平方向の凸線が巡る。凸線は全体が水平ではなく、口縁に向かって曲線を描いて突き出すところがある［Demidenko 2008, Ris.69-2］[6]。把手の下から器体上部にかけて不規則な形が見える。Ⅰ.1.A.a-006と同じ方法で、把手の原型が取りつけられたものであろう。Ⅰ.1.A.aの中では、器体に対して圏足が高く、器形の印象はⅠ.1.A.biに近い。Ⅰ.1.A.aとⅠ.1.A.biとの間に位置づけられよう。写真に写し込まれたスケールから通高約42㎝。

Ⅰ.1.A.a-009　ミヌシンスク郷土博物館所蔵　（川畑隼人氏撮影）

器体高に対して口径が広く、把手は大ぶりで突起を1つ伴い、Ⅰ.1.A.aの中では特異な印象があるが、器体側面の鋳型の合わせ目と思われる水平方向の凸線や、把手の下の盛り上がりなどにⅠ.1.A.a-006、008との共通性が見られ、同じような技法で製造されたことが窺える。

Ⅰ.1.A.aは、把手の位置に着目してまとめた一群であるが、中でも001～007は、深鉢形の器体、低めの圏足、器体上部に見られる鋳型の合わせ目の位置などがよく似ており、その製作年代

---

(6) このように鋳型の合わせ目と思われる凸線の一部が、水平方向から外れて曲線を描いて突き出す例は、シベリアのほか中国や天山北方など他地域でも実見した。

が比較的短い期間に収まることが推測される。分布範囲が狭く、トゥバとミヌシンスクに限られることからも、それが窺われる（地図2）。アルジャン2号墳土鍑の年代から、紀元前7世紀後半かその前後と考えられよう。

　また、Ⅰ.1.A.a全体に共通するもう1つの特徴として、水平方向の鋳型の合わせ目が、器体中央より上にあるという点が挙げられる。これは、それぞれの地域で最初期のものと考えられ紀元前9世紀まで遡るとされる中国の鍑におけるA型式（髙濱論文参照）、天山北方の鍑におけるA類（柳生論文参照）に見られる特徴である。紀元前8～7世紀初めとされる先スキタイのベシュタウ Beshtau 発見鍑（雪嶋論文Ⅰ-1,2）にも通じる。Ⅰ.1.A.a-009は器形や把手の突起もベシュタウ発見鍑を思わせる。

　アルジャン2号墳出土鍑が、ある程度年代が明らかなシベリアの鍑としては最も古いこと、さらに時代が遡る他地域の鍑との共通性を持つことから、Ⅰ.1.A.aをシベリアにおける最初期の一群と考える。

　Ⅰ.1.A.b　環形、馬蹄形、半環形、または方形の垂直方向の把手を持ち、その下部の形が口縁外側に明瞭に認められるもの。外面からは、把手を形作る環や馬蹄、半環の下部を、器体上部に貼りつけたようにまたは埋め込んだように見える。Ⅰ.1.A.aとは異なり、環形や馬蹄形といえども、口縁より上に突き出して把手として機能する部分は半環形である。器体は、Ⅰ.1.A.aの鍑に比べて浅く、器体の高さと口径とがほぼ同じものもある。また、Ⅰ.1.A.aと比較すると、器体に対して圏足が高い。器体に水平方向の鋳型の合わせ目と思われる凸線の見られるものがあるが、すべて器体中央より下に認められる。しばしば、器体下部から圏足の半ばに至る垂直方向の3本または4本の凸帯を伴う。垂直方向の凸帯は、圏足の途中で、器壁に溶け込むように途切れる。Ⅰ.1.A.bは器形が多様であるため、把手の形状からⅰ～ⅲに細分した。

　Ⅰ.1.A.bⅰ　Ⅰ.1.A.bの中で、把手に突起を伴わないもの。把手の形には方形、環形、馬蹄形、半環形がある。

　Ⅰ.1.A.bⅰ-001　トゥバ　アルジャン **Arzhan** 2号墳5号墓出土［Čugunov *et al.* 2010, Tafel 70-1, 84］

　前述のⅠ.1.A.a-001と並んで出土したが、形も大きさも異なる。器体は碗形で、縄紐を三重に巻きつけたように縄状紋が巡る。口縁部はやや厚くなる。Ⅰ.1.A.a-001よりも小さいが、圏足は高く、下に向かって幾分外反するように広がる。把手は方形で、内側から見ると口縁上から立ち上がっているが、外側からは、把手の下部が器体上部外面に貼りつけられたように見える。通高29.7cm、口径22.7cm、圏足の高さ13.2cm。

　Ⅰ.1.A.a-001と同じく、紀元前7世紀後半に年代づけられる［Čugunov *et al.* 2010：160-182］。

　Ⅰ.1.A.bⅰ-002　カフカススコエ **Kavkazskoe** 村発見　ミヌシンスク郷土博物館所蔵　MKM. A11999（8752）（筆者他撮影）

　ミヌシンスク地方カフカススコエ村からトゥバ Tuba 川沿いに上流へ約1kmの地点にある砂利採掘場で、深さ約60cmのところから発見され、1990年9月にミヌシンスク郷土博物館へもたらさ

れた。

　Ⅰ.1.A.bi-001と比較すると、口径に対してやや深めの器体を持つ。器体には縄状紋が3本巡る。縄状紋は3本とも一方の把手の下で途切れる。器体下部に水平方向の鋳型の合わせ目と思われる凸線がある。凸線は、全体が水平ではなく、口縁に向かって弧を描いて突き出すところが一箇所認められた。鋳型の合わせ目と思われる凸線は、把手の内外周および口縁上にも観察された。把手は隅丸の方形で、内側からは口縁上に立つように見え、外側からは器体上部外面に把手の下部が貼りつけられているように見える。圏足内側の側面下部に張り出した部分がある。厚みの少ない不規則な形の張り出しは、Ⅰ.1.A.bの圏足内にしばしば認められる。製造技法と関わる何らかの痕跡であろう[7]。高36cm、径25.5cm。

　Ⅰ.1.A.bi-003　タガシェト **Tagashet**　ミヌシンスク郷土博物館所蔵　MM10084［Chlenova 1967, Tabl.18-11］（川畑隼人氏撮影）

　器体は、中央がやや膨らみ卵形に近い。3本の縄状紋が巡り、その末端は交差して、交点に結び目のような膨らみがある。半環形の把手の下部は、器体上部外面に貼りつけられているように見える。把手の下端を結ぶ1本の凸線が観察される。把手の取りつけ方に関わる何らかの痕跡であろう。器体と圏足の境に段があり、鋳型の合わせ目かと思われる。またその直下から圏足側面に垂直方向の凸帯がある。このような凸帯は、鋳造工程と関係するものと思われる［Minasyan 1986：65, Ris.2-1］。

　Ⅰ.1.A.bi-004　ミヌシンスク郷土博物館所蔵　MM10105［Chlenova 1967, Tabl.18-10］

　器体は碗形を呈し、3本の弦紋を伴う。圏足は器体に対して小ぶりである。把手は、タガシェト鍑（Ⅰ.1.A.bi-003）の把手に類するものと思われる。

　Ⅰ.1.A.bi-005　コルスコヴォ発見一括埋納遺物 **Korsukovskii klad**［Berdnikova et al. 1991, Ris.7］

　イルクーツク州カチュク Kachug 区コルスコヴォ Korsukovo 村発見の一括埋納遺物の1つ。レナ川左岸の支流ジュヤ Zhuya 川の河岸段丘で、青銅製竿頭飾と垂飾を収めた銅鍑が発見され、1980年にイルクーツク郷土博物館に収蔵された。

　碗形の器体に、U字を逆さにしたような形の把手が付く。把手下部が、口縁側面に貼りつけられているように見える。報告書には、断面が半円形の凸線が4本器体を巡る、とある。4本目は上3本から2〜3cm下にあり、水平方向の線が一箇所で口縁に向かって半円形に突き出していると書かれていることから、最下の1本は、鋳型の合わせ目と思われる。2本目3本目の凸線は、一方の把手の下で途切れており、圏足には、鋳足された部分があると報告されている［Berdnikova et al. 1991：199］。通高21cm。

　鍑には、動物形の装飾を伴う竿頭飾が収められていた。その意匠は、初期遊牧民の動物紋様の早い時期のものと比較されており［Berdnikova et al. 1991：200-202；高浜 1993：10-13］、鍑も同時代と考えるならば、紀元前6世紀前後、動物紋様の年代観によっては更にそれを遡ることが想定

（7）Ⅰ.1.A.biii-004および註（9）参照。

される。

　Ⅰ.1.A.bi-006　オビ川西岸　オブエズノエ **Ob'eznoe-1**．1号墳4号墓［Borodovskii 2008, Ris. 1］

　木槨内南東隅から出土した。器体は無紋で丸みをおび、口径より最大腹径が大きい。圏足は、かすかに外反しながら下方に開く。把手は、環の下半分弱を口縁に埋め込んだような形である。通高22㎝、口径16㎝、最大腹径17.4㎝。

　同じ木槨内から、体を捻った馬の紋様を持つ鞍の一部が出土し、アルタイのパジリク文化の動物紋様と比較されて紀元前5～4世紀に年代づけられた［Borodovskii *et al.* 2007；Borodovskii 2008］。

　Ⅰ.1.A.bi-007　ハカシヤ国立郷土博物館所蔵　XKM253／1（筆者撮影）

　器体は丸みをおび、無紋である。厚さは器体中央部の割れ口で3㎜を計る。把手は、下に開くCのような形で、その下半を口縁外面上部に貼りつけ、埋め込んだかのように見える。器体上部側面には把手下部を取り囲むような不規則な凸線が認められる。器体下部外面と圏足中央部外面に段がある。圏足の段は内面にも認められ、段より下は鋳足されたものと思われる。鋳足されたと思われる部分に小さな円形の孔が確認された。器体内面には、外面に見られるような段はないが、内底に圏足上部径と一致する円形の痕跡がある。これに近い痕跡が見られる鍑を他に1点実見した（Ⅰ.1.A.bii-008）。圏足全体が鋳足されたものであるかもしれない。高28.5㎝、口縁は歪み一部欠失するが、径約25㎝。

　Ⅰ.1.A.bi-008　タイシェト **Taishet**　ミヌシンスク郷土博物館所蔵　MM10070［Chlenova 1967, Tabl.18-12］

　簡略な図であるが、前述の鍑（Ⅰ.1.A.bi-007）に似た印象がある。

　Ⅰ.1.A.bi-009　オビ川上流域　ボロトノエ **Bolotnoe**　地方偶然発見［Troitskaya *et al.* 2004, Ris. 28-12］

　口縁が外反する碗形の器体に半環形の把手が付く。円錐台形の圏足を伴う。器体下部と圏足の境目には段がある。把手下部は口縁上にとどまるようにも見える。発見地も西シベリアであり、この地域に特徴的なⅠ.1.A.dに分類してもよいかもしれない。図の縮尺から通高約33㎝。

　Ⅰ.1.A.bi-010　ノヴォシビルスク **Novosibirsk** 州偶然発見［Troitskaya *et al.* 1980, Tabl.LX-7］

　器体は深鉢形で無紋、把手は馬蹄形である。圏足は下方に向かって外反する。

　Ⅰ.1.A.bi-011　アルタイ　ノヴォトロイツコエ **NovotroitskoeⅡ**　5号墳3号墓出土［Mogil'nikov *et al.* 1999, Ris. 2-16］

　ノヴォトロイツコエⅡは、チュムシ Chumsh 川岸の古墳群である。鍑は、被葬者の左足の右側、木槨沿いに置かれていた。器体は碗形を呈し、把手の一方は欠失している。把手は半環形で、口縁外側に貼りつけられるように表わされている。圏足は幾分外反しながら下に向かって開く。把手がやや角張って見えることもあり、全体の印象はアルジャン2号墳出土鍑（Ⅰ.1.A.bi-001）に似るが、圏足は小さめである。器体に表わされた縄状紋は、器体を一周することなく途中で弧を描いて折り返し、末端がつながって輪を作る。縄状紋は途切れてずれたように見える箇所がある。

Ⅰ.1.A.bi-001　　　　　Ⅰ.1.A.bi-002　　　　　　　　Ⅰ.1.A.bi-003

Ⅰ.1.A.bi-004　　Ⅰ.1.A.bi-005　　Ⅰ.1.A.bi-006　　　Ⅰ.1.A.bi-007

Ⅰ.1.A.bi-008　　Ⅰ.1.A.bi-009　　Ⅰ.1.A.bi-010　　Ⅰ.1.A.bi-011

Ⅰ.1.A.bi-012　　　　Ⅰ.1.A.bi-013　　　Ⅰ.1.A.bi-014

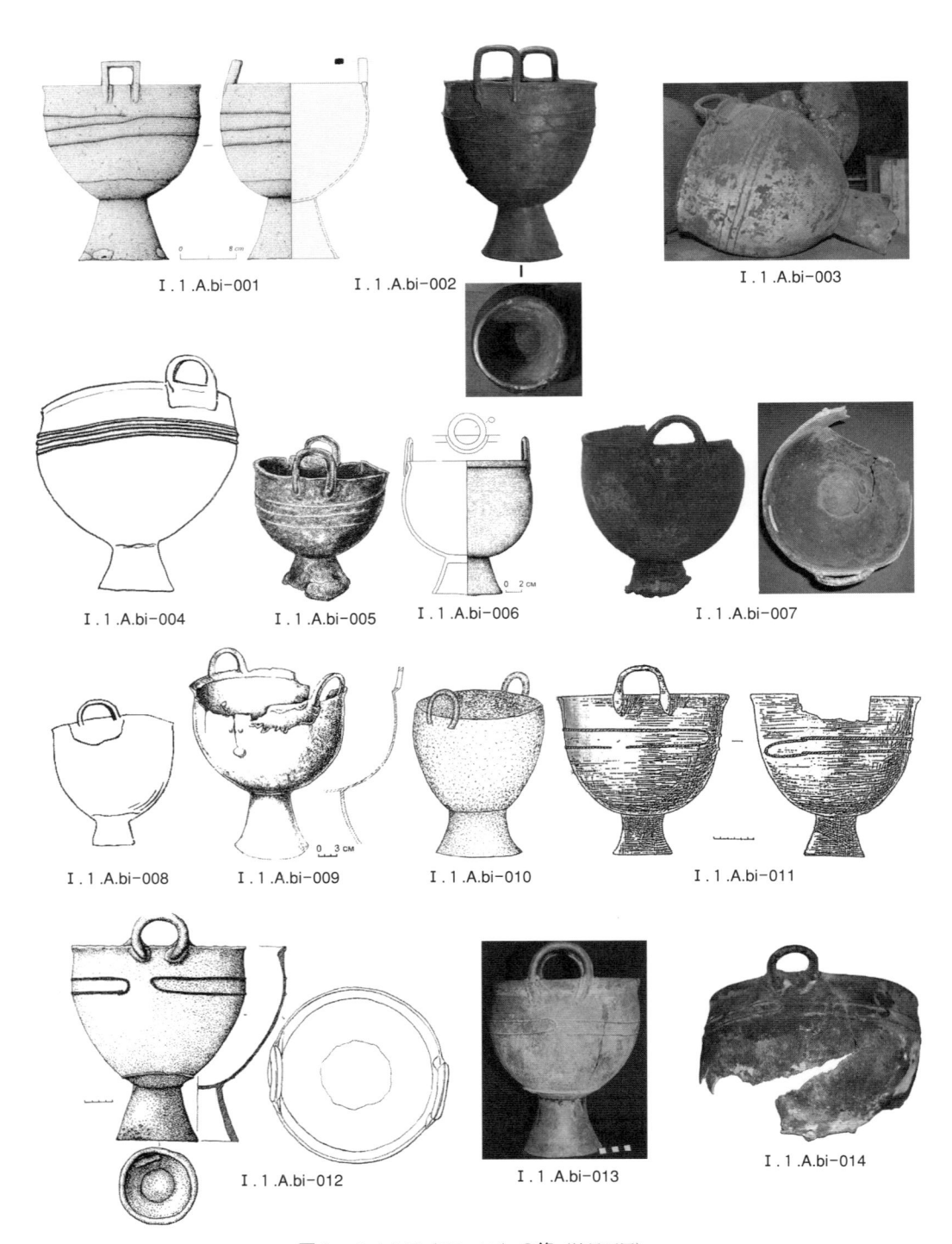

図2　Ⅰ.1.A.bi（001〜014）の鍑（縮尺不同）

通高30.2cm、最大腹径26cm、把手の太さ（基部）0.8cm、圈足高5.8cm、圈足径9cm。

共伴する鉄製短剣の把手の形状や青銅製飾金具から、紀元前4〜3世紀に比定された[Mogil'nikov *et al.* 1999：115]。

Ⅰ.1.A.bi-012　アルタイ　ウスチ＝シャマニハ Ust'-Shamanikha-3 発見［Kungurov *et al.* 2001, Ris. 4-1，2］

1970年代に、シャモニハ Shamonikha 川右岸河口付近で偶然発見された。報告書は、後述のウスチ＝ヴァシハ Ust'-Vasikha 墓地発見鍑（Ⅰ.1.A.bii-027）の状況と比較して、ここも崩壊した墓地としている［Kungurov *et al.* 2001：120］。器体中央より上に最大径を持ち、口縁に向かってやや径を狭めた後外反する。器体下半は膨らみが少ない。把手は、側面に貼りつけられるように表わされた部分が内湾して、環が途中で途切れたような形である。把手の外周とそれに続く口縁上に稜があり、鋳型の合わせ目かと思われる。器体の下部に段があり、器体の底部とそれにつながる圈足部分が、器体に嵌め込まれているかのように見える。また、圈足内部側面には張り出したような部分がある。器体の最大径部分に表わされた縄状紋は、ノヴォトロイツコエⅡ出土鍑（Ⅰ.1.A.bi-011）と同様に、器体を一周せずに折り返して輪を作っているようである。この鍑にも縄状紋の途切れた箇所がある。図の縮尺より、通高約34.5cm。

Ⅰ.1.A.bi-013　シュネラ Shunera 村偶然発見　ミヌシンスク郷土博物館所蔵　MM9603［Demidenko 2008, Ris. 74］

器体中央部に最大径を持ち、口縁が外反する。把手は、ウスチ＝シャマニハ-3発見鍑（Ⅰ.1.A.bi-012）と同様に、下部が内湾する。末端は器体側面に貼りつけられ擦りつけて固定されたように見える。器体の最大径部分に、縄状紋が表される。縄状紋は、器体を一周せずに折り返すが、その末端は輪を作らず並行に伸びる。器体下部に鋳型の合わせ目の痕跡と思われる水平方向の凸線が見える。圈足は、緩やかに外反しながら下に向かって開く。圈足から器体下部に至る凸帯がある。写真に写し込まれたスケールから、通高約33cm。

Ⅰ.1.A.bi-014　ハカシヤ国立郷土博物館所蔵（筆者撮影）

把手の一方と器体の約2分の1が残る。把手は、内側から見ると口縁上に取りつけられたようであり、外側から見ると、把手下部が口縁上部から側面に沿って間を狭めながら伸びている。器体に認められる縄状紋は、一端は弧を描いて折り返し、もう一方の末端はつながらず平行に伸びる。圈足は失われているが、圈足から器体下部にかけてほぼ等間隔に配された4本の垂直方向の凸帯があった痕跡がある。

Ⅰ.1.A.bi-015　ミヌシンスク近郊ベレゾフカ Berezovka 村発見　ミヌシンスク郷土博物館所蔵　MKM.A10021-5（10073）（筆者他撮影）

器体は碗形で、口縁はやや狭まったのち外反する。器体の縄状紋は、途中で折り返し末端が輪を作らない点でシュネラ村発見鍑（Ⅰ.1.A.bi-013）などと共通するが、前者に比べて縄状文の施し方が乱れている。把手は、内側から見ると半環が口縁上に取りつけられたようであり、外側からは環の下半が器体上部側面に埋め込まれたように見え、環の下部は器壁に溶け込むように輪郭が不明瞭になる。把手外面は周囲が枠状に隆起し、断面は凹形を呈す。器体下部外面に水平方

向の凸線が、把手の内外周と口縁上にも凸線が走る。これらは、鋳型の合わせ目と思われる。圏足内側面に張り出した部分がある。高29.5㎝。径25.5㎝。

Ⅰ.1.A.bi-016　セリヴァニハ **Selivanikha** 村発見　ミヌシンスク郷土博物館所蔵　MKM 10065／1（筆者他撮影）

タガール島のエニセイ川に架かる鉄橋付近で耕作時に発見され、1979年に同館にもたらされた。次に述べるⅠ.1.A.bi-017の資料カードにも同様の記載があるが、発見状況における両者の関係は不明である。

器形はベレゾフカ発見鍑（Ⅰ.1.A.bi-015）に似るが、圏足は小さめである。器体外面には、最大腹形の位置に水平方向に縄状紋がある。縄状紋は、弧を描いて折り返し、末端は並行に伸びる。把手は環形ではなく馬蹄形であるが、内側から見て口縁上部に取りつけられているように見える点や、外面周囲が枠状に隆起している点は、ベレゾフカ発見鍑と共通する。ただし、把手内面は丸みをおび、断面は凹というよりC形に近い。器体外面下部に、段が見られる。鋳型の合わせ目、または、鍑原型作成時の痕跡であろう。把手内外周と口縁上にかすかに鋳型の合わせ目らしき線が見えるが、比較的きれいに磨かれている。圏足内部もなめらかである。高30㎝、頸部径29㎝。

Ⅰ.1.A.bi-017　セリヴァニハ **Selivanikha** 村発見　ミヌシンスク郷土博物館所蔵　MKM 10065／2（筆者他撮影）

発見地等に関する記載はⅠ.1.A.bi-016に同じ。器形も似ているが、馬蹄形の把手外面は、周囲が枠状に隆起しているほか、中央に凸線が巡る。この鍑も、器体外面下部に段がある。縄状紋は、弧を描いて折り返し並行に伸びたのち、末端がつながって輪を作る。把手内外周と口縁上の鋳型の合わせ目と思われる凸線は、Ⅰ.1.A.bi-016より明瞭に残る。圏足内側面下部には不定形の張り出しがある。圏足外面には、圏足の半ばから器体下部の段に至るほぼ等間隔に配された垂直方向の凸帯4本を伴う。この鍑には、中央に小さな突起を伴う径2㎝程度の円に近い不規則な形の膨らみが何か所か認められた。鋳掛の痕跡と思われる。以下、個々の鍑について詳しくは記載しないが、補修の痕跡のある鍑は多い。高31㎝、頸部径28.5㎝。

Ⅰ.1.A.bi-018　ハカシヤ国立郷土博物館所蔵　XKM326（筆者撮影）

セリヴァニハ発見の2点（Ⅰ.1.A.bi-016、017）とよく似ているが、圏足の開き方が少ない。把手は馬蹄形で、Ⅰ.1.A.bi-017と同様の特徴を持つ。弧を描いて折り返す縄状紋は、末端が輪を作らず、平行に伸びる。把手内外周には鋳型の合わせ目らしき痕跡が見える。器体外面下部にも鋳型の合わせ目と思われる水平方向の凸線が巡り、その下に、垂直方向の凸帯が認められる。垂直方向の凸帯は、ほぼ等間隔に4本配され、圏足外面上3分の1付近から立ち上がって次第に幅を広げ、器体を支えるように器体下部の水平方向の凸線まで伸びる。圏足内部は、底部内側に不定形の張り出しが一箇所あるほかは、滑らかである。通高46.2㎝、口径36.3㎝。

Ⅰ.1.A.bi-019　ハカシヤ国立郷土博物館所蔵　XKM327（筆者撮影）

底部と圏足の一部を欠失するが、前述の同館所蔵鍑（Ⅰ.1.A.bi-018）と同様の特徴を持つ。通高38.2㎝、口径30.4〜31.3㎝。

Ⅰ.1.A.bi-020　ハカシヤ国立郷土博物館所蔵　XKM325（筆者他撮影）

器形、把手の形が、セリヴァニハ村発見の１点（Ⅰ.1.A.bi-017）と共通する。縄状紋は端部がつながって輪を作る。把手内外周と口縁上部に鋳型の合わせ目と思われる凸線がある。器体下部にも水平方向の同様の凸線が巡る。圏足半ばから器体下部に至る垂直方向の凸帯は、３本である。圏足内部には小さな張り出しがある。通高31.6cm、口径24.2〜26.3cm。

Ⅰ.1.A.bi-021　ポトロシロヴァ出土一括埋納遺物 **Potroshilovskii klad**　ミヌシンスク郷土博物館所蔵　MKM.A11920（КⅡ8608-52）[Demidenko 2008, Ris.72]（筆者他撮影）

トゥバ Tuba 川河口、かつてはポトロシロヴァ Potroshilova 村の東北東約１kmにあった松林であり、現在はクラスノヤルスク水力発電所の貯水池になっている場所で発見され、1989年に同館へ収蔵された。

器形、馬蹄形の把手、鋳型の合わせ目、圏足内部の小さめの張り出しなどが、Ⅰ.1.A.bi-017以降記述してきた鍑と共通する。圏足から器体にかけての凸帯は４本である。縄状紋は先端がつながって輪を作るほか、弧を描く一端で一ひねりされている。高36cm、径34cm。

ポトロシロヴァ一括埋納遺物に含まれる鍑を、このほかに２点実見した（Ⅰ.1.A.bii-022, Ⅰ.1.A.bii-025）。ほかの２点は、把手にキノコ形の突起を１つ伴う。３点ともよく似た器形であるが、縄状紋の施し方が異なる。

Ⅰ.1.A.bi-022　ハカシヤ国立郷土博物館所蔵　ХКМКⅡ5131／3（筆者撮影）

器体や把手の形、鋳型の合わせ目などの特徴が、Ⅰ.1.A.bi-017以降記述してきた鍑と共通する。縄状紋は末端がつながって輪を作る。圏足は欠失するが、垂直方向の凸帯が４本あった痕跡がある。残存高35.3cm、口径31.8〜32.4cm。

Ⅰ.1.A.bi-023　ミグナ **Migna** 村発見　ミヌシンスク郷土博物館所蔵　MKM.A9648（10120）（筆者他撮影）

クラスノヤルスク州エルマコフスコエ Ermakovskoe 地方のミグナ村で発見され、把手に突起を１つずつ伴う鍑１点（Ⅰ.1.A.bii-021）とともに、1927年同館へもたらされた。

器体や把手の形、把手内外周の鋳型の合わせ目などは上記Ⅰ.1.A.bi-017以降と共通する。縄状紋は末端がつながって輪を作る。圏足は直線的に下方へ開く。器体と圏足の境には段があり、圏足を後から取りつけたように見せている。垂直方向の４本の凸帯に当たるものはいびつで、可塑性の素材を丸めて貼りつけたような形である。鋳造時の問題か、全体に細かい鬆が入っている。高37.5cm、径36cm、重量10.5kg。

Ⅰ.1.A.bi-024　ハカシヤ国立郷土博物館所蔵　ХКМКⅡ5131／2（筆者撮影）

器形や把手の形、把手内外周や口縁上の鋳型の合わせ目と思われる凸線などが、上記Ⅰ.1.A.bi-017以降と共通する。器体と圏足の境に段があり、圏足側面から段に至る凸帯は３本である。圏足はかすかに外反しながら下方に開く。縄状紋は、弧を描いて折り返し並行に伸びるが、両端ともさらに下に向かって弧を描き、折り返したところで途切れる。通高43.6cm、口径30.4〜31.7cm。

Ⅰ.1.A.bi-025　ハカシヤ国立郷土博物館所蔵（筆者撮影）

これも、多くの点で、上記Ⅰ.1.A.bi-017以降と共通するが、通高50cmを超える大型である。縄状紋は、末端がつながって輪を作る。器体下部に鋳型の合わせ目と思われる凸線が巡る。圏足

Ⅰ.1.A.bi-015　　　　Ⅰ.1.A.bi-016　　　　Ⅰ.1.A.bi-017　　　　Ⅰ.1.A.bi-018

Ⅰ.1.A.bi-019　　　　Ⅰ.1.A.bi-020　　　　Ⅰ.1.A.bi-021　　　　Ⅰ.1.A.bi-022

Ⅰ.1.A.bi-023　　　　Ⅰ.1.A.bi-024　　　　Ⅰ.1.A.bi-025　　　　Ⅰ.1.A.bi-026

Ⅰ.1.A.bi-027　　　　Ⅰ.1.A.bi-028　　　　Ⅰ.1.A.bi-029　　　　Ⅰ.1.A.bi-030

図3　Ⅰ.1.A.bi（015～030）の鍑（縮尺不同）

外面半ばから器体下部に至る 4 本の凸帯がある。圏足の開き方は小さめである。通高50.5cm、口径36.1～39cm。

Ⅰ.1.A.bi-026　アルタイ　ロシア科学アカデミー　シベリア支部考古学・民族学研究所所蔵 ［福岡市博物館ほか編 2005, No.58］

　器形や把手の形が、上記Ⅰ.1.A.bi-017以降と共通する。器体の膨らみ方は、やや大き目である。縄目紋の末端は近づくが、つながってはいない。器体側面下部には、ウスチ＝シャマニハ発見鍑（Ⅰ.1.A.bi-012）に見られるような段があり、底部とそれにつながる圏足上部が、器体に嵌め込まれているかのように見える。圏足半ばから器体下部に至る垂直方向の凸帯が 4 本確認された[8]。高50cm。

Ⅰ.1.A.bi-027　ローマ＝ゲルマン中央博物館所蔵［Historisches Museum der Pfalz Speyer 2007：64］

　器体は膨らみの少ない碗形で、把手は、上記Ⅰ.1.A.bi-017以降と同様の馬蹄形のようである。縄状紋は弧を描いて折り返す。もう一端も弧を描いているようである。写真では、その下にもう 1 つ弧を描いているのが認められる。器体下部に水平方向の鋳型の合わせ目と思われる凸線があり、その下から圏足側面に垂直方向の凸帯が見える。圏足下部は欠失している。「小型の鍑」とのみ記載がある。

Ⅰ.1.A.bi-028　トゥバ　チャアーホル Chaa-Khol' 村発見［Kyzlasov 1979, Ris.35-4］

　器体は、深めの碗形で底部の丸みが少ない。元来は圏足がついていた［Kyzlasov 1979：51］。器体中央部に 2 本の弦紋が見える。把手は半環形を呈し、下部先端は、器体の外面に貼りつけられるように表わされている。残存高約30cm。

Ⅰ.1.A.bi-029　トゥバ　コケリ Kokel' 7 号墳出土［Vainshtein et al. 1966, Ris.9］

　コケリは、ヘムチク Khemchik 左岸にあるフン＝サルマタイ時代の古墳群である。この鍑は古墳の葺石の中から出土した。葺石中には再葬墓があり、被葬者の頭部付近には土鍑が置かれていた。他に鉄製刀子と石臼が出土した。

　器体は深めで下部は丸みを帯び、口径よりも最大腹径がわずかに大きい。把手は半環形で、断面が円形ではなく、外面中央が窪んでいる。圏足は低くて小振りである。器体の下、圏足と接する部分に段がある。器体に凸線による弦紋が 2 本平行に施されている。通高約52cm、口径約39cm、最大腹径約40cm。

　コケリ 7 号墳には紀元前 1 世紀の年代が与えられており、葺石から出土した鍑はそれ以降に埋められたものと考えられる。コケリ墓地は、紀元前 1 世紀に編年される墓葬が多く、最も新しい墓葬は紀元後 3 ～ 4 世紀と考えられた［Vainshtein et al. 1966：254-257］。

Ⅰ.1.A.bi-030　トゥバ　コケリ Kokel' 64号墳 2 号墓出土［Vainshtein et al. 1966, Ris.80］

　木槨内南壁近くで出土。人骨はほとんど残っていないが、頭位は北と想定されており、鍑は足元のほうに置かれたと思われる。墓壙中央部からは、鉄製の有茎両翼鏃が出土した。

（8）「アルタイの至宝展」（仙台市博物館2005年 6 月～ 7 月）にて実見。

ここで出土したのは、高さ13cm余りの小鍑である。7号墳出土鍑（Ⅰ.1.A.bi-029）とよく似た形で、下部がふっくらした器体に、半環形の把手を持ち、器体上部に凸線による2本の弦紋が巡る。圏足は低めで透かしがある。通高約13.5cm、口径約10cm、最大腹径約10cm。

　Ⅰ.1.A.bii　Ⅰ.1.A.bの中で、把手に突起を1つ伴うもの。多くの場合、突起の先端はキノコの傘のように広がる。把手の突起以外は、Ⅰ.1.A.biと共通するものが多く、縄状紋の施し方や圏足のつけ方などに幾分多様性が増す。

　Ⅰ.1.A.bii-001　ハカシヤ国立郷土博物館所蔵　XKM328（筆者撮影）
　器体高より口径の広い丸みのある碗形の器体で、上3分の1のあたりに水平方向に鋳型の合わせ目と思われる凸線が巡る。把手は環形で、環の下半が口縁外面に貼りつけられているように見える。把手の外面は、輪郭が隆起し内部が窪んで、丸みをおびた浅い凹型を呈す。把手に伴う突起は、先端に膨らみのない断面円形の棒状である。圏足は直線的に下方に開く円錐台形で、器体も圏足も内面はなめらかであった。把手の内外周に鋳型の合わせ目と思われる痕跡がある。通高40.8cm、口径39.7cm。

　器形は、本稿で最も古い一群と考えたⅠ.1.A.aのミヌシンスク郷土博物館所蔵鍑（Ⅰ.1.A.a-009）と共通し、把手の特徴を考えると、それ以上に先スキタイのベシュタウ発見鍑に似る。ベシュタウ発見鍑は紀元前8世紀～7世紀初頭に年代づけられる（雪嶋論文Ⅰ-1, 2）。類例は中国の鍑A型式（髙濱論文参照）、天山北方の鍑A類（柳生論文参照）にも見られる。どちらも、紀元前9世紀まで遡る年代が与えられている。中国の鍑A型式においては、把手は2枚の鋳型で作られた後、それを器体に埋め込むように鋳造されたと考えられている（髙濱論文 p.15）。この鍑の把手も、把手内外周の鋳型の痕跡から、同じように作られたことが窺える。これらの比較から、この鍑は、Ⅰ.1.A.biiの中では、最初期の特徴を持つと考えられ、シベリアでも古手の一群と考えられるⅠ.1.A.aの年代を遡る可能性もある。

　Ⅰ.1.A.bii-002　クリュチェフスク **Klyuchevsk** 発見　トボリスク博物館所蔵［Pósta 1905, Abb.294］
　器体は浅めの碗形で、口縁がやや外反する。器体のほぼ中央に水平方向の鋳型の合わせ目と思われる凸線がある。小さな突起を1つ伴う把手は、環形に近いが、下部の形は不明瞭である。圏足は欠失する。残存する圏足上部に段が認められる。

　Ⅰ.1.A.bii-003　ミヌシンスク郷土博物館所蔵　MKM.A10017（筆者他撮影）
　アバザ Abaza 市から約80km、アバカンとアク＝ドゥヴラク Ak-dvurag を結ぶ幹線道路途中のタイガで偶然に発見され、1977年に同館に収蔵された。器体は、深めの碗形で、口縁はやや狭まったのち外反する。無紋で、器体下部に鋳型の合わせ目と思われる水平方向の凸線がある。把手は、突起を1つ伴う下に開いたC形ともいうべき形で、内側からは口縁上に半環形の把手が取りつけられたように見え、外側からは半環より下に伸びた部分が、口縁外面に埋め込まれたように見える。突起の先端は、キノコ形に大きく広がる。突起も含めた把手の内外周と口縁上に鋳型の合わせ目らしい凸線が巡る。把手の断面は円に近い。圏足は直線的に下に開く。高27cm、径26cm。

Ⅰ.1.A.bii-004　ポターニン **Potanin** 収集品　トムスク Tomsk 大学考古学民族学博物館所蔵（筆者撮影）

　器形は、前述のⅠ.1.A.bii-003に似る。水平方向に施された縄状紋は、弧を描いて折り返し、末端は平行に伸びる。器体外面下部に見られる鋳型の合わせ目と思われる部分は、凸線ではなく段を作り、段より下が厚くなる。器体内面は滑らかで段はない。口縁および把手の内外周に、鋳型の合わせ目と思われる凸線が明瞭に見える。圏足はやや外反しながら下に開く。圏足内面は、不定形の張り出しが一箇所ある他は滑らかである。通高41㎝、口径27.8×28.8㎝。

Ⅰ.1.A.bii-005　トヴォスティン・コレクション **Collection Tovostine**　国立博物館（ヘルシンキ）所蔵［Tallgren 1917, Fig.62-2］

　器体や把手の形、2本の弦紋などが、Ⅰ.1.A.bii-003、004に似る。

Ⅰ.1.A.bii-006　ミヌシンスク郷土博物館所蔵　MKM.A6658（筆者他撮影）

　クラスノヤルスク州のブラギノ Bragino とシドロヴォ Sidorovo の間で偶然に発見され、1963年に同館に収蔵された。器形や鋳型の合わせ目の位置などが、上記Ⅰ.1.A.bii-003以降と共通する。把手断面は円に近く、キノコ形の大きな突起を伴う。口縁外面に表わされた把手下部の形は不明瞭で、クリュチェフスク発見鍑（Ⅰ.1.A.bii-002）を思わせる。縄状紋は、器体を一周せず、両端が下方に弧を描いて折り返したところで途切れる。圏足内部側面には不定形の張り出しがある。高22㎝、径17.2㎝。

Ⅰ.1.A.bii-007　トゥバ　バルリク **Barlyk** 川 発見［Kyzlasov 1979, Ris.35-2］

　1954年にバルン=ヘムチク Barun-Khemchik 地区のバルリク川で、川岸が崩れて発見されたもの。器体は中央部が最大径となる。器体に3本の水平方向の弦紋が見える。上の弦と下の弦はつながっているようである。半環形の把手に、キノコ形の突起がついている。写真の縮尺から計算した通高は約40㎝。

Ⅰ.1.A.bii-008　シャラボリノ **Shalabolino** 村発見　ミヌシンスク郷土博物館所蔵　MKM.A9730（10102）（筆者他撮影）

　器体高より口径が広く、器体下部の膨らみが少ない。把手はキノコ形の突起を1つ伴う半環形で、半環の下部を口縁外面に埋め込み、その上から可塑性のものを擦りつけたかのような形に見える。把手を先に鋳造し、それを器体の原型に埋め込むようにして全体を鋳造したと考えるならば、把手を原型に固定する際に、鍑の原型の素材となるもの（本書デミデンコ論文によれば獣脂）を擦りつけた痕跡と解釈できる。把手外面は、キノコ形突起のキノコの軸に至るまで、輪郭が隆起して断面は凹形に近い。把手内外周と口縁上に鋳型の合わせ目と思われる凸線が見える。器体下部にも水平方向に同様の凸線がある。器体外面に水平方向に施された縄状紋は一周せず、弧を描いて折り返し、末端は輪を作らず平行に伸びる。圏足と器体の境には段があり、器体内底にも同様の痕跡が見られるので、現存の圏足は、欠失後鋳足されたものと思われる。高30㎝、径37㎝。

Ⅰ.1.A.bii-009　シャラボリノ発見一括埋納遺物 **Shalabolinskii klad**　ミヌシンスク郷土博物館　MKM.A9871-2（12545）［Levasheva et al. 1952, Ris.44-3］（筆者他撮影）

　クラスノヤルスク州クラギンスキー地方シャラボリノ村南西4㎞の地点で4点の鍑が偶然に発

Ⅰ.1.A.bii-001　　　　Ⅰ.1.A.bii-002　　　　Ⅰ.1.A.bii-003　　　　Ⅰ.1.A.bii-004

Ⅰ.1.A.bii-005　　　　Ⅰ.1.A.bii-006　　　　Ⅰ.1.A.bii-007　　　　Ⅰ.1.A.bii-008

Ⅰ.1.A.bii-009　　　　Ⅰ.1.A.bii-010　　　　Ⅰ.1.A.bii-011　　　　Ⅰ.1.A.bii-012

Ⅰ.1.A.bii-013　　　　Ⅰ.1.A.bii-014　　　　Ⅰ.1.A.bii-015　　　　Ⅰ.1.A.bii-016

図4　Ⅰ.1.A.bii（001〜016）の鍑（縮尺不同）

見された。最も大きな1点（Ⅰ.1.A.biii-010）の中に、より小さな鍑が3点（Ⅰ.1.A.bii-009、Ⅰ.1.A.bii-012、Ⅰ.1.C-003）収められており、1938年にミヌシンスク博物館にもたらされた。この鍑は、小さめの3点のうちの1点である。器体は、深めの碗形で、口縁はやや狭まったのち外反する。キノコ形の突起が1つ付いた環形の把手を伴う。環の下3分の1ほどが口縁外面に埋め込まれたように見える。環の下部は器体に溶け込むように、形が不明瞭になる。把手断面は凹形である。鋳型の合わせ目と思われる把手内外周と口縁上面の凸線および器体下部の水平方向の凸線は、この鍑にも認められる。器体外面に水平方向に施された縄状紋は、弧を描いて折り返し、両端は平行に伸びる。圏足は一部欠失している。器体高33cm、径33.5cm、圏足の高さ6cm、把手の高さ9cm。

Ⅰ.1.A.bii-010　ボロディノ Borodino 村　トヴォスティン・コレクション Collection Tovostine　国立博物館（ヘルシンキ）所蔵［Tallgren 1917, Pl. XII26］

把手は環形で、その下半が器体に貼りつけられたように見える。キノコ形の突起を1つ伴う。器体には弦紋が表わされる。弦紋は、弧を描いて折り返す。圏足は低めである。

Ⅰ.1.A.bii-011　クズル Kyzyl 博物館所蔵［Kyzlasov 1979, Ris.35-1］

碗形の器体に、くっきりとした環状を呈しキノコ形の突起を1つ伴う把手が2つ付く。やや外反した口縁部に、環形の把手の下4分の1程度が嵌め込まれているよう見える。把手断面は凹形のようである。器体に表わされた弦紋は、ところどころ途切れながら、弧を描いて折り返す。圏足はわずかに外反しながら下に開く。図の縮尺から、通高約40cm、口径約31cm。

この鍑につけられたラベルの番号はミヌシンスク郷土博物館のものと共通し、ミヌシンスク郷土博物館から移管されたものと考えられている［Kyzlasov 1979：51］。

Ⅰ.1.A.bii-012　シャラボリノ発見一括埋納遺物 Shalabolinskii klad　ミヌシンスク郷土博物館所蔵［Levasheva et al. 1952, Ris.44-2］

シャラボリノ発見一括埋納遺物の1つ。把手は環形で突起を1つ伴う。器体の弦紋は、弧を描いて折り返し、両端がつながって、輪を作るようである。器体高22.2cm、径29.5cm、圏足の高さ10.5cm、把手の高さ7cm。

Ⅰ.1.A.bii-013　バラギナ Baragina 村　ミヌシンスク郷土博物館所蔵　MM10088［Chlenova 1967, Tabl.18-2］

器体は深鉢形で、口縁はやや外反する。器体下部に鋳型の合わせ目と思われる水平方向の線が見える。把手はキノコ形の突起が一つ付いた環形で、環の下半分が器体側面に貼りつけられるように表わされる。把手外面には、弦紋が施されているか、断面が凹形を呈していると考えられる。器体の水平方向の弦紋は、弧を描いて折り返し、2本の平行線となる。比較的高い圏足を持つ。

Ⅰ.1.A.bii-014　ハカシヤ国立郷土博物館所蔵　XKM349（筆者他撮影）

深めの碗形の器体に、キノコ形の突起を1つ伴う環形の把手が付く。環の下半は器体側面に埋め込まれたように見える。把手とキノコ形突起の軸の断面は凹形である。水平方向に施された縄状紋は弧を描いて折り返す。把手内外周、口縁上、器体外面下部に鋳型の合わせ目らしい凸線が見える。通高25.4cm、口径22.9～23.1cm。

Ⅰ.1.A.bii-015　シャラボリノ Shalabolino 村　ミヌシンスク郷土博物館所蔵　MM9619
［Demidenko 2008, Ris.71-1］

　器形は前述の鍑に似る。突起を1つ伴う把手は、下部が途切れて環にならない。把手断面は凹形のようである。器体に表わされた縄状紋は弧を描いて折り返し、2本の平行線となる。器体下部には水平方向の型の合わせ目と思われる凸線がある。写真に写し込まれたスケールから通高約44cm。

Ⅰ.1.A.bii-016　ミヌシンスク Minusinsk 近郊発見　ミヌシンスク郷土博物館所蔵　MKM.A9628（10100）［Chlenova 1967, Tabl.18-7］（筆者他撮影）

　器形は前述のシャラボリノ村発見鍑（Ⅰ.1.A.bii-015）に似るが、圏足が高く把手が太めである。把手の断面はキノコ形突起の軸を含め凹型を呈す。把手の内外周と口縁上部、器体下部の水平方向の鋳型の合わせ目は、上述してきた鍑と共通する。器体外面の縄状紋は、弧を描いて折り返し、2本の平行線となる。ただし、これまで見てきたものとは、折り返し方が左右逆である。高41cm、径31cm。

Ⅰ.1.A.bii-017　ベレゾフカ Berezovka 村発見　ミヌシンスク郷土博物館所蔵　MKM.A9648（10120）（筆者他撮影）

　前述のミヌシンスク近郊発見鍑（Ⅰ.1.A.bii-016）によく似ていて、縄状紋の折り返し方も共通するが、より小型で細身である。圏足内側面下部に、不定形の張り出しがある。高37cm、径29cm。

Ⅰ.1.A.bii-018　トヴォスティン・コレクション Collection Tovostine　国立博物館（ヘルシンキ）所蔵［Tallgren 1917, Fig.62-5］

　圏足は欠失しているが、器体の形、環を作らない把手の形がⅠ.1.A.bii-016、017と共通する。把手の断面は、キノコ形突起の軸の部分も含めて凹形のようである。器体に表わされた弦紋は、弧を描いて折り返す。

Ⅰ.1.A.bii-019　ハカシヤ国立郷土博物館所蔵（筆者撮影）

　キノコ形の突起を1つ伴う把手は、断面が凹形で、下部がつながらず環形にならない。無紋。圏足内部に不定形の張り出しがある。通高28.8cm。

Ⅰ.1.A.bii-020　ハカシヤ国立郷土博物館所蔵（筆者撮影）

　器形や鋳型の合わせ目の位置は、前述のⅠ.1.A.bii-003以降と共通する。把手外面は、輪郭が隆起するほか、中央に1本の凸線が巡る。キノコ形突起の軸の部分も同様である。器体下部の鋳型の合わせ目と思われる痕跡は、凸線ではなく段を作る。通高28.8cm、口縁は破損し歪んでおり、径25.5～39.5cm。

Ⅰ.1.A.bii-021　ミグナ Migna 村発見　ミヌシンスク郷土博物館所蔵　MKM.A9649（10121）（筆者他撮影）

　偶然に発見され、把手に突起を伴わない鍑1点（Ⅰ.1.A.bi-023）とともに、1927年に同館へもたらされた。器形や鋳型の合わせ目の位置は、前述のⅠ.1.A.bii-003以降と共通する。把手は馬蹄形で輪郭線の間に1本の凸線がある。キノコ形の突起は、前述してきた鍑に比べて軸が長い。縄状紋は、弧を描いて折り返し末端がつながって輪を作る。圏足側面から器体下部にかけて、ほ

ぼ等間隔に配された4本の垂直方向の凸帯が見られる。ミグナ村で発見されたもう1つの鍑とは、突起の有無以外はよく似ているが、より圏足が高く、側面の垂直方向の凸帯が整った形をしている。高40.5㎝、径38㎝、重量15.8kg。

Ⅰ.1.A.bii-022　ポトロシロヴァ出土一括埋納遺物 Potroshilovskii klad　ミヌシンスク郷土博物館所蔵　MKM.A11922（КП8608-54）（筆者他撮影）

ポトロシロヴァ出土一括埋納遺物の1つ。器形、把手の形、把手内外周と口縁上を巡る鋳型の合わせ目は、前述のミグナ村発見鍑（Ⅰ.1.A.bii-021）と共通する。縄状紋は両端がつながって輪を作る。輪の一端がさらに一ひねりされているのは、同一括埋納遺物の把手に突起のない1点（Ⅰ.1.A.bi-021）と同様である。器体下部の鋳型の合わせ目と思われる痕跡は、きれいな水平線ではなく、あとから貼りつけでもしたように浅く不規則に盛り上がっている。器体内底には、大きさの違う3つの鋲の頭のような盛り上がりがある。これは圏足部分の作り方を示唆する（Ⅰ.1.A.bii-026およびデミデンコ論文 pp.315-317、図13参照）。圏足内には不定形の張り出しがある。圏足から器体下部にかけてみられる垂直方向の凸帯は、3本である。高42㎝、径37㎝。

Ⅰ.1.A.bii-023　ハカシヤ国立郷土博物館所蔵　XKM5131／1（筆者撮影）

これも、器形や把手の断面形、鋳型の合わせ目の様子が前述の鍑と共通する。器体を巡る縄状紋は、末端がつながって輪を作るが、つなぎ目がずれている。キノコ形の突起を1つ伴う把手は、下部がやや内湾する半環形で、器体との接点はほぼ口縁に留まる。把手の下端から器体外面に擦りつけたような痕跡が続くため、把手の形と合わせて馬蹄形のようにも見える。器体内面は滑らかで、鋲の頭のようなものは見られない。把手通高51.8㎝、口径36.7㎝。

Ⅰ.1.A.bii-024　ミヌシンスク Minusinsk 盆地［Grishin 1960, Ris.17-1］

グリシンが、ミヌシンスクのタガール文化の鍑として、その著作に掲載したもの。写真は不明瞭だが、おおよその器形と把手の突起は確認できる。グリシンによれば、器体外面の下部に鋳型の合わせ目があり、内側にはない。掲載写真の縮尺から、通高約25㎝。

Ⅰ.1.A.bii-025　ポトロシロヴァ出土一括埋納遺物 Potroshilovskii klad　ミヌシンスク郷土博物館所蔵　MKM.A11921（КП8608-53）（筆者他撮影）

ポトロシロヴァ出土一括埋納遺物の1つ。実見した3点の中では最も大きい。縄状紋は、弧を描いて折り返し、平行線を作る。さらにその間に1本の縄状紋が配され、3本の縄状紋が平行に並ぶ。中央の1本には途切れた箇所がある。器体外面下部には段があり、圏足側面にほぼ等間隔に配された垂直方向の4本の凸帯は、圏足の底部に近い位置から始まり、器体を支えるように幅を広げながら器体下部の段に至る。器体と圏足の内面は滑らかである。高46㎝、径40㎝。

Ⅰ.1.A.bii-026　ミヌシンスク郷土博物館所蔵（筆者他撮影）

一回り小さいが、ポトロシロヴァ出土鍑（Ⅰ.1.A.bii-025）とほぼ同形の鍑である。把手を内面から見ると、通常は口縁上面、あるいは外反する部分に留まるが、この鍑は、把手下部に続いて下に伸びる盛り上がりがある。把手の固定を強化するための痕跡と思われる。器体外面の縄状紋は弧を描いて折り返し、末端がつながって輪となり、さらにその間に縄状紋を配して、3本の平行線を作る。器体内底には、4つの鋲の頭のような突起がある。これは、本書デミデンコ論文に

Ⅰ.1.A.bii—017　　Ⅰ.1.A.bii—018　　Ⅰ.1.A.bii—019　　Ⅰ.1.A.bii—020

Ⅰ.1.A.bii—021　　Ⅰ.1.A.bii—022　　Ⅰ.1.A.bii—023　　Ⅰ.1.A.bii—024

Ⅰ.1.A.bii—025　　Ⅰ.1.A.bii—026

Ⅰ.1.A.bii—027　　Ⅰ.1.A.bii—028　　Ⅰ.1.A.bii—029

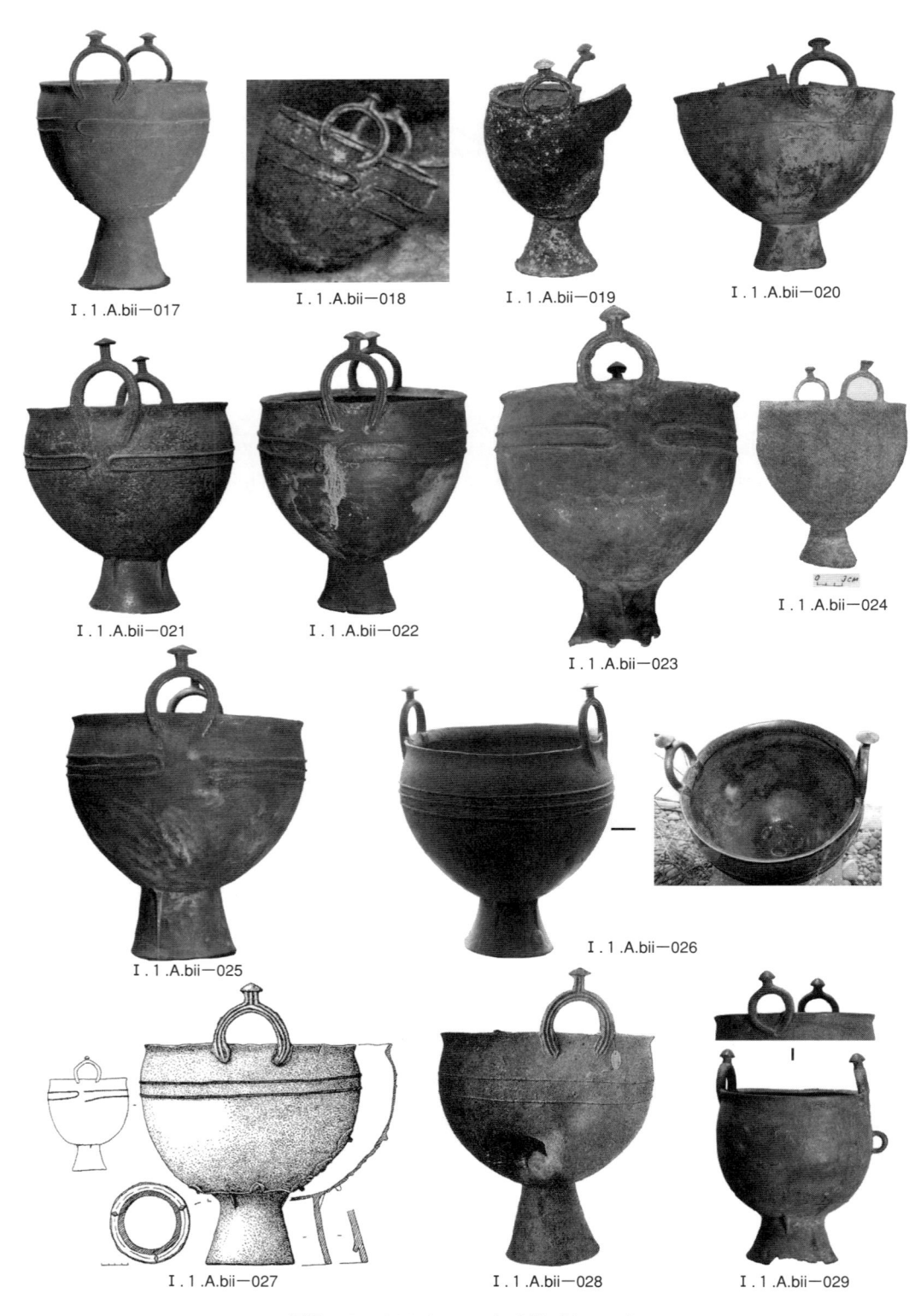

図5　Ⅰ.1.A.bii（017～029）の鍑（縮尺不同）

ある、器体を先に鋳造し圏足を鋳足す方法で作られたことを示すものであろう（pp.315-317、図13参照）。

Ⅰ.1.A.bii-027　アルタイ　ウスチ＝ヴァシハ Ust'-Vasikha-1 発見［Kungurov et al. 2001, Ris. 4-3, 2；5-1］

1970年代の終わりに、ヴァシハ川左岸の崖崩れの堆積から発見された。人間の頭骨が同時に発見されたこと、付近に1基の古墳が認められることから、ここも墓地であったと考えられている［Kungurov et al. 2001：120］。

器体は、口径より器体高の低い丸みを帯びた碗形である。把手は突起を1個伴い、下部の内湾が少なく、半環形に近い。把手外面は、輪郭線が隆起し、さらにその間に凸線が巡る。器体の縄状紋は、弧を描いて折り返し2本の平行線となる。器体下部には段があり、ウスチ＝シャマニハ発見鍑やロシア科学アカデミー所蔵鍑（Ⅰ.1.A.bi-012, 026）と同じような作り方が想定される。器体と圏足の境目に短い垂直方向の凸帯が3箇所認められる。

Ⅰ.1.A.bii-028　トゥルハンスク Turukhansk 収集［Pósta 1905, Abb.297］

エニセイ州トゥルハンスク（現クラスノヤルスク州）収集。器形や把手の形と把手外面の紋様は、ウスチ＝ヴァシハ発見鍑（Ⅰ.1.A.bii-027）と共通する。器体には2本の平行する弦紋が施されている。

Ⅰ.1.A.bii-029　スレドニー＝クジェバル Srednii Kuzhebar 村発見　ミヌシンスク郷土博物館所蔵　MKM.A9666（10141）（筆者他撮影）

スレドニー＝クジェバル村近く、カラトゥス Karatuz 村に向かう街道沿いの盛り土から発見され、1929年に同館へ収蔵された。器体高と最大径がほぼ同じで、器体下部が丸く膨らむ。把手の下、器体高の中ほどの位置に、半環形の耳が付く。現在は一方の把手の下にしか残っていないが、もう一方の把手の下にも、同じ高さに耳の痕跡がある。キノコ形の突起を1つ伴う把手は環形に近いが、下部が途切れている。把手断面はほぼ円形である。Ⅰ.1.A.bii では特異な器形であるが、器体下部に水平方向の鋳型の合わせ目があり、圏足側面から器体下部にかけて4本の凸帯が認められることから、上述の多くの鍑と同様の方法で作られたと思われる。高27cm、径26cm。

Ⅰ.1.A.bii に分類した鍑は、器形のよく似たものが多い。しかし、外見がほとんど変わらないように見えても、器体内底に鋲の頭のような突起があるものとないものがある。一見似ていても製造技法が一様でなかったことが窺える。また、ポトロシロヴァ出土一括埋納遺物には、両者が含まれることから、同時代に複数の技法が併存したと考えられる。後者については、圏足欠失後の補修方法とも捉えることができる。

Ⅰ.1.A.biii　Ⅰ.1.A.b の中で、把手に突起を3つ伴うもの。器形は、Ⅰ.1.A.bii と共通する。縄状紋の折り返しが増え、また、それ以外の紋様を伴うなど、装飾性が幾分豊かになる。

Ⅰ.1.A.biii-001　ソルダトヴォ Soldatovo 村発見　ミヌシンスク郷土博物館所蔵　MKM.A9623（10095）［Demidenko 2008, Ris.70-1］（筆者他撮影）

下部が丸みを帯びた深鉢形の器体に、突起を3つ伴う環形の把手が付く。把手は断面がほぼ円形で、内外周に鋳型の合わせ目と思われる凸線があり、下半分が口縁外面に埋め込まれているように見える。キノコ形の突起は先端の広がりが少ない。口縁上面、器体外面、器体と圏足の境にも、鋳型の合わせ目と思われる凸線がある。器体中央部の凸線は水平方向に器体を一周するが、2箇所で上に向かって突き出すように曲線を描く。圏足は細く高めで、かすかに外反しながら下方に開く。圏足内下部側面に不定形の張り出しがある。器形や鋳型の合わせ目がⅠ.1.A.aに分類したイズィフ村発見鍑（Ⅰ.1.A.a-008）と共通すること、把手の作りが中国や天山北方の最初期の鍑（高濱論文A型式、柳生論文A類）と共通することから、Ⅰ.1.A.biiiの中では、最も古い特徴を持つものと考えられる。高37cm。

Ⅰ.1.A.biii-002　クズネツォフ Kuznetsov 収集品　エルミタージュ博物館蔵所蔵［Minasyan 1986, Ris. 5 - 3］

器体は深鉢形で、中央部がやや膨らんでいる。把手の形はソルダトヴォ村発見鍑（Ⅰ.1.A.biii-001）に似て、下半が口縁に埋め込まれているように見える。器体上部を縄状紋が、下部を鋳型の合わせ目かと思われる凸線が巡る。ミナシャンは、一鋳であると記している［Minasyan 1986：65, 71-73］。

Ⅰ.1.A.biii-003　デヴレト著作掲載［Devlet 1976, Tabl. XII］

デヴレトが、その著作の中で「シベリア型式の鍑」とした2点のうちの1点。環形の把手は、下半が口縁に埋め込まれているように見える。3つの突起は、キノコ形ではあるが、先端の広がりは少ない。把手の1方は欠失しているようである。器体は丸みを帯び、圏足は高めでかすかに外反しながら下に開く。器体下約3分の1のところに鋳型の合わせ目と思われる水平方向の凸線が見える。

Ⅰ.1.A.biii-004　シシュキナ Shchukina 村発見　イルクーツク郷土博物館所蔵［Rygdylon et al. 1959, Ris. 1 - 2］

イルクーツク市からアンガラ川を上流に約13km、シシュキナ村の対岸、アンガラ川の中にあるシシュキナ島で発見され、1953年に同博物館にもたらされた。把手の形や器体高に対する圏足の高さ、器体の下3分の1の辺りに鋳型の合わせ目らしい水平方向の凸線が見える点が前述デヴレト著作掲載鍑に似る。器体はふっくらと丸みを帯びる。把手の断面は四角形、圏足の内側に鋳造時ガス抜きの際に出来た突出があると記載されている[9]［Rygdylon et al. 1959：255］。図の縮尺から、通高約27cm、口径と最大鍑形がほぼ同じで約18.5cm。

Ⅰ.1.A.biii-005　ミヌシンスク郷土博物館所蔵（筆者撮影）

通高20cm前後の小型鍑。器形は、前述の鍑2点（Ⅰ.1.A.biii-003、004）と共通する。

Ⅰ.1.A.biii-006　アルタイ　シャバノヴォ Shabanovo-Ⅵ 出土［Ilyushin et al. 1999, Ris. 2 - 1］

器体は、器体高より口径の広い碗形で、口縁がやや外反する。器体上部に3本の凸線が巡るほか、器体の下4分の1ぐらいの場所にも凸線が一本見える。下部の凸線は、鋳型の合わせ目かも

（9）圏足内部にしばしばみられる不規則な形の張り出しのことか。

しれない。把手は、下3分の1が器体にかかる環形である。環にはキノコ形の3つの突起が付く。圏足は比較的低い。器体と圏足が接するところに段がある。図の縮尺から計算すると、通高約33.3cm、口径約31.7cm。

シャバノヴォ-Ⅵはクズネツク盆地にある集落址で、鍑は厚手の土器片を伴って出土した。同じレニンスク=クズネツク Leninsk-Kuznetsk 地方のラトゥキヌィ Ratkinyi 墓地近くからは、柄頭にネコ科の猛獣が蹲った姿を伴う青銅製短剣が発見されており、発掘者はこの地域をタガール文化の西端と位置づけた［Ilyushin *et al.* 1999：61］。

Ⅰ.1.A.biii-007　エニセイスク **Eniseisk**［Appelgren-Kivalo 1933：41］
「エニセイスク州の鍑」として紹介された鍑[10]。器体は、器高より口径が広く下部の丸みは少ない。下部が途切れて環にならない形の把手に、キノコ形の突起3つを伴う。器体の上に施された凸線による弦紋は、3本の平行線の両端が、それぞれ弧を描いてつながっているように描かれている。器体下部には鋳型の合わせ目と思われる水平方向の凸線がある。

Ⅰ.1.A.biii-008　トゥバ　チャア=ホル **Chaa-Khol'** 村近くカラ=ホヴ **Kara-Khovu** 発見　クズル博物館所蔵［Kyzlasov 1979, Ris.35-6, 7］
チャア=ホル Chaa-Khol' 村近くのコルホーズで、耕作地の地表から約30cmの深さで発見され、1960年に同博物館にもたらされた。大きく破損しているが、環形の把手に3個の突起がつき、圏足を持つことがわかる。器体には4本の弦紋が見え、上の3本は把手の下で途切れている。

Ⅰ.1.A.biii-009　デヴレト著作掲載［Devlet 1976, Tabl.ⅩⅡ］
デヴレトが、その著作の中で「シベリア型式の鍑」として掲載している2点のうちの1点。碗形の器体に、突起が3つ付いた環形の把手を持つ。把手は、環の下半が口縁部に貼りつけられたように見える。把手1個は欠失している。器体の弦紋は、弧を描いて折り返す。器体下部に、鋳型の合わせ目かと思われる水平方向の凸線がある。圏足はやや外反しながら、下方に向かってラッパ形に開く。

Ⅰ.1.A.biii-010　シャラボリノ発見一括埋納遺物 **Shalabolinskii klad**［Levasheva *et al.* 1952, Ris.44-1］（川畑隼人氏撮影）
シャラボリノ一括埋納遺物の中で最も大きな鍑。他の3点（Ⅰ.1.A.bii-009, 012, Ⅰ.1.C-003）はこの中に収められていた。把手は環形でキノコ形の突起を3つ伴う。把手外面は、輪郭線が隆起して枠を作り、その中に1本の凸線が巡る。内側からは口縁上に取りつけられたように見え、外側からは環の下約3分の1が口縁外面に貼りつけられたように見える。3つの突起は、両脇の2個に比べて、中央の1個が大きい。器体には4本の縄状紋が並行に施され、4本とも一方の把手の下で途切れる。縄状紋の上には、上向きの矢印のような紋様が6つ凸線で表わされている。器体下部に水平方向の鋳型の合わせ目と思われる凸線があり、その近辺と把手に補修の痕跡がある。圏足は破損しているが、垂直方向の凸帯があったことが判る。残存高46.5cm、径49.5cm、把

---

(10) エルディは、この鍑をⅠ.1.A.biii-013と同一個体としているが［Érdy 1995, Table 3-2］弦紋の施され方、破損の状況から見て、別個体と考える。

Ⅰ.1.A.biii-001
Ⅰ.1.A.biii-002
Ⅰ.1.A.biii-003
Ⅰ.1.A.biii-004
Ⅰ.1.A.biii-005
Ⅰ.1.A.biii-006
Ⅰ.1.A.biii-007
Ⅰ.1.A.biii-008
Ⅰ.1.A.biii-009
Ⅰ.1.A.biii-010
Ⅰ.1.A.biii-011
Ⅰ.1.A.biii-012
Ⅰ.1.A.biii-013
Ⅰ.1.A.biii-014
Ⅰ.1.A.biii-015

図6　Ⅰ.1.A.biii（001〜015）の鍑（縮尺不同）

手の高さ14cm。

　シャラボリノ一括埋納遺物の4点の鍑のうち、把手に突起が3つ付くのも、弦紋以外の紋様があるのも、この1点だけである。

　Ⅰ.1.A.biii-011　ミヌシンスク郷土博物館所蔵（筆者撮影）

　把手は、環形であるが、口縁外面に表わされた下部の形は、擦りつけられたかのように不明瞭になる。突起や断面の形は、前述の鍑（Ⅰ.1.A.biii-010）に似る。器体には3本の縄状紋が平行に巡り、その下に水平方向の鋳型の合わせ目と思われる凸線がある。1番上の縄状紋を底辺にして、三角形が並ぶような紋様を形作る。三角形の間が離れているため、鋸歯紋を呈さない。圏足は、やや外反しながら下方に開く。圏足上部から器体を支えるように器体下部に至る垂直方向の凸帯がある。

　Ⅰ.1.A.biii-012　サルバ **Salba** 村　トヴォスティン・コレクション　国立博物館（ヘルシンキ）所蔵［Tallgren 1917, Fig.62, Pl.ⅩⅡ24］

　前述の2点とよく似ているが、圏足は失われている。器体には4本の水平方向の凸線が見える。把手は環形に近いが、下部で途切れている。把手外面には、隆起した輪郭線の間に凸線による弦紋が巡る。

　Ⅰ.1.A.biii-013　トボリスク **Tobol'sk** 博物館所蔵［Pósta 1905, Abb.301］

　エニセイスクの鍑（Ⅰ.1.A.biii-007）とよく似ているが、3本の平行する弦紋の一端が、つながらず、平行線のままである。弦紋は縄状にも見える。器体下部には鋳型の合わせ目と思われる水平方向の凸線がある。器体と圏足の境に短い垂直方向の凸帯が見える。

　Ⅰ.1.A.biii-014　ハカシヤ国立郷土博物館所蔵　ХКМ253-2（口絵2-1）（筆者撮影）

　器体は碗形で、口縁は一旦径を狭めたのち外反する。縄状紋は、水平方向に器体を巡り、端が接する前に上に向かって弧を描いて折り返し、先の縄状紋と平行に器体を巡ったのち、今度は下に向かって弧を描いて折り返し、3本の平行線を作る。渦巻き紋様を平たくしたような形である。3つのキノコ形の突起を伴う把手は馬蹄形で、口縁の外反した部分に嵌め込むような形で取りつけられているように見える。把手外面は、キノコ形突起の軸も含めて、輪郭線が隆起し、その間に1本の凸線が巡る。突起は大ぶりで、3つともほぼ同じ大きさである。把手の内外周と口縁上に鋳型の合わせ目がある。器体下部にも、鋳型の合わせ目と思われる水平方向の凸線が巡る。圏足は外反しながら下方に開く。圏足中央部から器体下部に至る垂直方向の凸帯が4本観察された。圏足内面下部には、不定形の張り出しがある。通高40.9cm、口径29.3cm。

　Ⅰ.1.A.biii-015　ミヌシンスク郷土博物館所蔵　ММ_0094［Chlenova 1967, Tabl.18-8］

　前述の鍑とほぼ同形である。

　Ⅰ.1.A.biii-016　トボリスク **Tobol'sk** 市ティルコフ **Tyrkov** 村発見［Pósta 1905, Abb.300, 300a］

　1890年代に小さな土丘の腐植土の下から発見された。馬蹄形を呈する把手を2個持ち、把手にはそれぞれキノコ形の突起が3つ付く。器体は丸みを帯び、口縁は一旦径を狭めた後外反する。器体には縄状かと思われる弦文が巡る。圏足は下方にやや外反しながら広がる。圏足の途中から

Ⅰ.1.A.biii—016　　　　　　　　　　　　　　　　　Ⅰ.1.A.biii—017

Ⅰ.1.A.biii—018　　　　Ⅰ.1.A.biii—019　　　　Ⅰ.1.A.bx—001

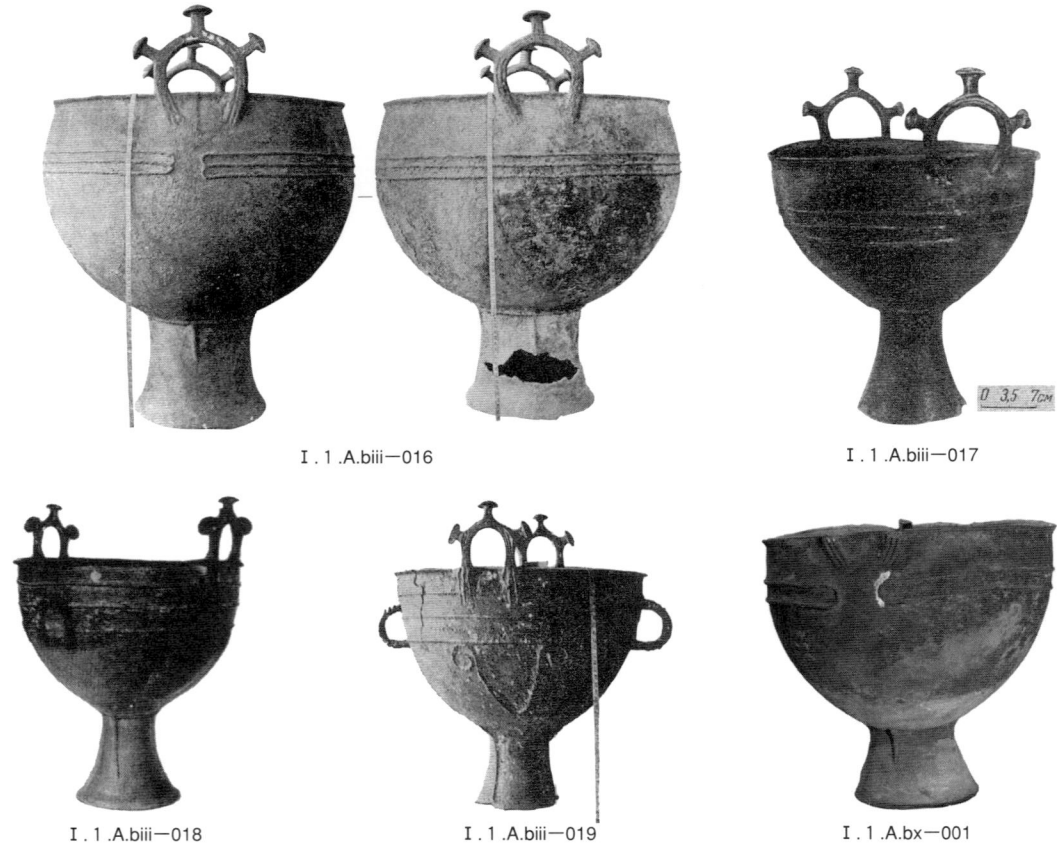

図7　Ⅰ.1.A.biii（016〜019）／Ⅰ.1.A.bxの鍑（縮尺不同）

器体と圏足の境まで垂直方向の凸帯が見える。通高58.5cm、深さ39.0cm、内径41.0〜50.5cm、圏足の高さ19.0cm、約25kg［Moshinskaya 1953：202, Ris. 5］。

　Ⅰ.1.A.biii-017　クトゥラキ **Kutullaki** 河岸発見　イルクーツク郷土博物館所蔵［Rygdylon *et al.* 1959, Ris. 1 − 1］

　1904年にポポフ Popov V. V. によって発見され同博物館にもたらされた。3つの突起の付いた馬蹄形の把手が口縁に貼りつけられるように表される。把手外面には凸線が巡る。下部の膨らみが少ない浅めの器体に細身で高い圏足が付く。圏足はやや外反しながら下方に開く。圏足から器体下部に至る垂直方向の凸帯が見える。図の縮尺から通高約45.5cm、口径約35.5cm。

　Ⅰ.1.A.biii-018　カラチャイ **Karachai** 村発見　エルミタージュ博物館所蔵［Minasyan 1986, Ris. 5 − 1］

　イシム川とトボル川の河間にあるかつてのイシム郡ボロフ郷カラチャイ村で発見された。碗形の器体に、大きな突起を3つ伴う把手が付く。器体には3本の縄状紋があり、下の2本を跨ぐように垂直方向の耳がある。耳のある点を除くと器形はクトゥラキ河岸発見鍑に似て、圏足半ばから器体下部に至る凸帯がある点も共通する。

Ⅰ.1.A.biii-019　イシム Ishim 発見　トボリスク博物館所蔵［Pósta 1905, Abb. 302］

　器形、側面の耳、3本の弦紋は、カラチャイ村発見鍑と共通する。3つの突起を伴う把手は馬蹄形で外面に凸線が巡る。把手下部の口縁側面に表わされる部分はやや形が乱れて、弦紋にかかる。水平方向の弦紋の下に、V字の両端が蕨手のように渦を描く紋様が凸線で表わされている点が特異である。圏足側面に垂直方向の凸帯が見られる。

Ⅰ.1.A.bx-001　ミヌシンスク近郊発見　ミヌシンスク郷土博物館所蔵　MKM.A10025-1（筆者他撮影）

　Ⅰ.1.A.b の特徴を持つが、把手が欠失し、形が明らかでないため、Ⅰ.1.A.bx として記載する。把手は、口縁外面に残された形から、馬蹄形で、輪郭線が隆起し、間に1本の凸線が巡っていたことが判る。器体下部には水平方向に鋳型の合わせ目と思われる凸線がある。圏足の半ばから器体下部の凸線まで、4本の凸帯が器体を支えるように幅を広げながら伸びる。垂直方向の凸帯は圏足とは一鋳に見え、一方、器体と圏足の間に隙間があるように見える。器体、圏足とも、内面は滑らかである。

　縄状紋が単純な輪であることから、Ⅰ.1.A.bi または Ⅰ.1.A.bii であった可能性が高い。

　Ⅰ.1.A.b の鍑は、数も多く器形も多様で、長期にわたって存在したと思われる。共伴遺物などから年代づけられている鍑は、アルジャン2号墳出土鍑（Ⅰ.1.A.bi-001：前7世紀後半）、コルスコヴォ発見鍑（Ⅰ.1.A.bi-005：前6世紀前後あるいはそれ以前）、オブエズノエ1号墳4号墓出土鍑（Ⅰ.1.A.bi-006：前5～4世紀）、ノヴォトロイツコエⅡ5号墳3号墓出土鍑（Ⅰ.1.A.bi-011：前4～3世紀）、コケリ出土鍑（Ⅰ.1.A.bi-029、Ⅰ.1.A.bi-030：前1世紀以降）である。これらは、すべて突起を伴わないⅠ.1.A.bi の鍑で、しかも、方形の把手を持つアルジャン2号墳出土鍑、3本の凸線による弦紋を伴う小型の銅鍑であるコルスコヴォ発見鍑、環を口縁に埋め込んだような形の把手と無紋で膨らんだ器体を持つオブエズノエ出土鍑など、Ⅰ.1.A.b の中ではいささか特殊な印象のあるものばかりで、それぞれの鍑の類例をもって、全体を編年することは難しい。しかし、個々の要素を取り上げるなら、ある程度年代的な特徴を追うことができるかもしれない。

　アルジャン2号墳出土鍑（Ⅰ.1.A.bi-001）は、同遺跡出土のⅠ.1.A.a の鍑（Ⅰ.1.A.a-001）と共に、前7世紀後半には縄状紋があったことを明らかにする。デミデンコは、サルマタイの鍑に見られる縄状紋を、装飾というより「機能的な意味を持つ縄そのものである」とし、鋳型を作る際にその原型を保護するために実際に縄で縛った痕跡と考えた（デミデンコ論文 pp.314-316）。アルジャン2号墳出土鍑（Ⅰ.1.A.bi-001）の縄状紋は、器体に縄紐を三重に巻きつけたように施されている。また、シベリアでは古い一群と考えられるⅠ.1.A.a には、縄状紋上に結び目のような膨らみが認められるものがあった（Ⅰ.1.A.a-001～003、005）。一方、前4～3世紀とされるノヴォトロイツコエⅡ5号墳3号墓出土鍑（Ⅰ.1.A.bi-011）は、縄状紋が弧を描いて折り返し、輪を作る。器体の原型の表面に縄紐を貼りつけることでこのような形を作ることは可能であるが、

縄紐を途中で折り返しては、「縛る＝保護する」ことにはならない。このことは、縄紐の「縛る」という役割りが失われて、純粋な装飾になった可能性を示唆する。縄が何重かに巻かれ結びつけられたように見えるものよりも、縄状紋が途中で折り返すもののほうが、縄紐が太い傾向にあることもこの考えを補強する。装飾として縄目をはっきり見せることに重きが置かれるようになったと解釈できるからである。縄紐の折り返しの増えるⅠ.1.A.biiiに縄状紋以外の紋様が現われることも、この装飾化の流れの中で解釈されよう。

　Ⅰ.1.A.bにおいて、何重かに巻きつけたように見える縄状紋が確認できるのはⅰのみである。一方、ⅲには縄状紋の折り返しが1回だけの単純なものがない。また、タガール文化に続くタシュトゥク文化のミニチュアの鍑は、把手に大きな3つの突起を伴う（本稿　図20-1〜11）。これらを考え併せると、縄状紋を伴うⅠ.1.A.bについては、ⅰ→ⅱ→ⅲの順番で出現し、また消失したと思われる。ⅰが、ⅱやⅲに比べて分布範囲が狭いことも、早い時期に消失したことと関係があるかもしれない（地図2、3）。ただし、器形の類似から、並存期間は長かったと考える。

　縄状紋が紀元前7世紀後半には存在し、紀元前4〜3世紀以降まで形を変えながらも存続したとすると、紀元前6世紀前後あるいはそれ以前と想定されるコルスコヴォ発見鍑は、縄状の弦紋と凸線による弦紋が並存することを示唆する。しかも、凸線による弦紋の出現は、縄状紋がただの紋様になる以前、すなわち縛って保護するという縄としての役割を果たしていたころに遡る可能性がある。本稿にデータとして示すには至っていないが、縄状を呈さない太目の凸線が器体を巡るものは、通高20㎝前後かそれ以下の小型の鍑に見られる特徴のように思う[11]。小さなものであれば、縄で縛って保護しなくとも、原型が壊れる不安がなかったということかもしれない。

　鋳造時の痕跡として目につくものに、器体の水平方向の鋳型の合わせ目と思われる凸線と、圏足から器体の下に垂直に伸びる凸帯がある。器体の水平方向の凸線は、年代がある程度判断できるなかで最も古いアルジャン2号墳出土鍑に確認できる。一方、圏足の垂直方向の凸帯は、アルジャン2号墳出土鍑や、古手の一群であるⅠ.1.A.aに確認できていない。このことは、圏足に垂直方向の凸帯が現われるのは、器体の水平方向の凸線よりも遅いことを示唆する。

　しかし、Ⅰ.1.A.aのように器体上部にではなく、Ⅰ.1.A.bのように器体下部に水平方向の凸線が見られるものについて言えば、圏足の垂直方向の凸帯と並存するものは多い。圏足の垂直方向の凸帯の出現は、新しい製造技法の出現を示すものではなく、鍑の原型の作り方に工夫が加えられた程度の意味を持つものであろう。

　紀元前5〜4世紀とされるオブエズノエ出土鍑（Ⅰ.1.A.bi-006）は、丸みを帯びた器体と環の下半が口縁側面に埋め込まれたような形の把手を持つ。これは紀元前8〜7世紀に年代づけられるベシュタウ発見鍑（雪嶋論文Ⅰ-1、2）と共通する特徴である。環形の把手の下半が口縁外面上部に貼りつけられたように、あるいは埋め込まれたように見える無紋の鍑のいくつかは、この年代の間に位置づけられるかもしれない[12]。

　本稿のⅠ.1.A.bの中では、Ⅰ.1.A.bi以外に年代の明らかな鍑は知られていないが、カザフ

---

(11) ミヌシンスク郷土博物館、ハカシヤ国立郷土博物館などで実見した印象である。
(12) 柳生論文A類、B類の年代観も参照されたい。。

スタンのタルガル Talgar 地区ベスアガシュ Besagash で、Ⅰ.1.A.biiiに分類すべき鍑が発見された（柳生論文 図5-4）。半環形の把手に3つの突起を伴い、器体に凸線による弦紋が3本水平方向に施された、通高20.8cm、口縁までの高さ15.5cm、口径14.4cmの小型の鍑である。共伴する球形の器体に水平方向の把手を伴う鍑（本稿ではⅠ.2.B）と柄杓形容器はトゥバに類例があり、そこから、紀元前5～4世紀を中心とする年代が考えられた（Baipakov et al. 1996；柳生論文 p.213）。このことから本稿におけるⅠ.1.A.biiiも紀元前5～4世紀には存在していたことが想定される。また、ベスアガシュ出土鍑に表わされた器体を等間隔に区切るような太目の凸線による弦紋は、紀元前6世紀前後またはそれ以前と考えられるコルスコヴォ発見鍑、Ⅰ.1.A.bの小型の鍑[13]、Ⅰ.1.A.cにも見られる。ベスアガシュ出土鍑は、コルスコヴォ発見鍑と共に、これら太目の凸線による弦紋を持つ鍑の年代をも示唆するものであろう。

コケリの小鍑（Ⅰ.1.A.bi-030）は、Ⅰ.1.A.bの中で唯一圏足に透かしを伴う。圏足の透かしは、中国の鍑（髙濱論文E型式）や、後述のように中国の鍑との関連を考えるべき本稿Ⅱ.1に見られる特徴である。コケリの大型の鍑（Ⅰ.1.A.bi-029）の把手断面の形も、中国の鍑E型式に類例が求められる。コケリ墓地は、トゥバにあって匈奴と結びつけられる遺跡である。Ⅰ.1.A.bは基本的にはシベリアの一群と考えるが、紀元前後以降、匈奴の活動範囲の拡大とともに中国的な要素も入り込んできたと推測される。

Ⅰ.1.A.c　器体外面に垂直方向の鋳型の合わせ目が見られず、圏足を伴い、動物の形をした垂直方向の把手を2つ持つもの。把手には馬形、山羊形、鹿形が知られている。器体には縄状紋、凸線による弦紋または幾何学紋様がある。器体下部に鋳型の合わせ目と思われる水平方向の凸線が認められるものはあるが、圏足側面から器体下部にのびる凸帯は、今のところ確認されていない。

Ⅰ.1.A.c-001　オビ川上流　セレブレンニコヴォ **Serebrennikovo** 村発見 ［Mogil'nikov 1997, Ris.62-5］

馬の形の把手を持つ。把手のうち1個は欠失している。馬の脚は下半分が口縁部に貼りつけられるように表わされている。器体は深鉢形で中央部がやや膨らんでいる。3本の凸線による弦紋を伴う。圏足は下方への開きが少ない。径約55cm、高約65cm［Mogil'nikov 1997：92］。

Ⅰ.1.A.c-002　セミンスク **Seminsk** 峠発見　ゴルノ=アルタイスク Gorno-Altaisk 郷土博物館所蔵 ［Kubarev 1979, Ris.3；Chlenova 1981, Ris.7］

1974年発見。馬の形の把手を持つ。深く丸みのある器体の形はセレブレンニコヴォの鍑（Ⅰ.1.A.c-001）と共通する。馬は口を開け、目やたてがみなどが浅浮彫り状に表わされている。脚先は口縁にかかる。器体には菱形を連ねた紋様がある。図の縮尺から通高約42cm［Chlenova 1981］。

Ⅰ.1.A.c-003　ミヌシンスク盆地　ティグリツコエ **Tigritskoe**　ミヌシンスク郷土博物館所蔵　MM12845［Chlenova 1967, Tabl.33-6］（筆者他撮影）

---

(13) 註（11）参照。

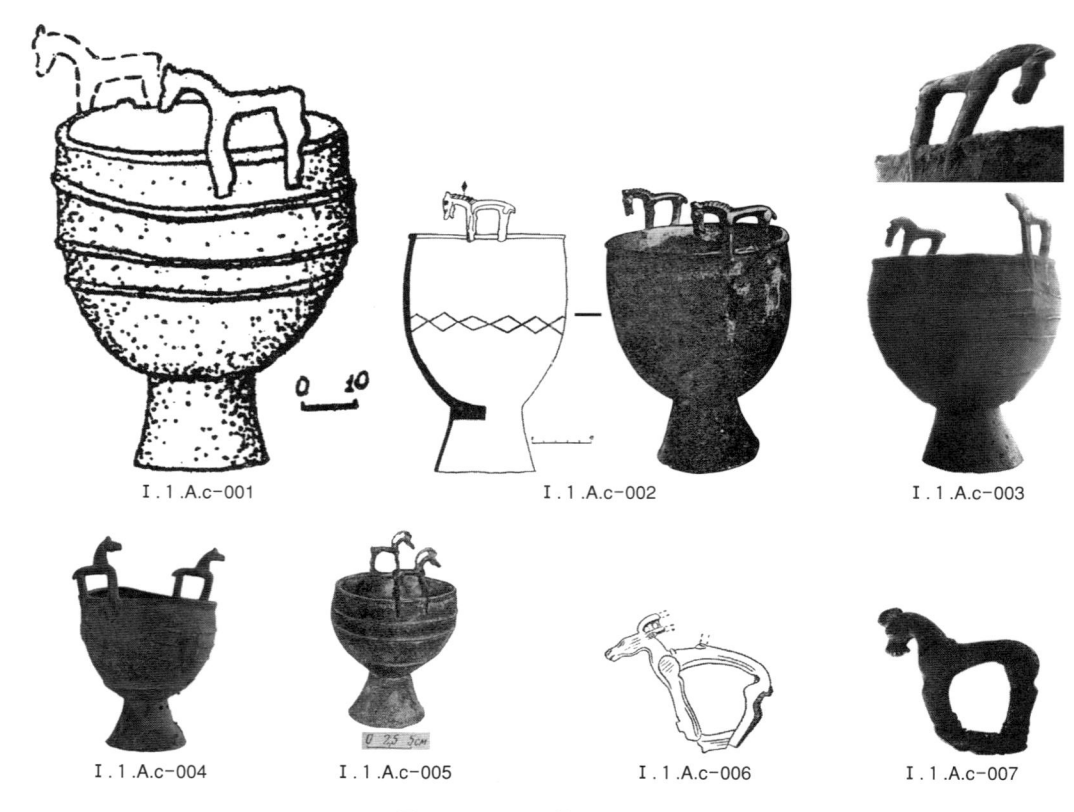

図8　I.1.A.cの鍑（縮尺不同）

　馬の形の把手を伴う。把手の一方は顔の部分が欠失している。把手は、内側から見ると口縁上部から立ち上がるようであり、外側からは、馬の脚の下部が、器体外面上部に貼りつけられたように見える。馬は丸彫り状で、目は丸く、少し開いた口、耳、顎、肩などが浅浮彫り状に表わされているが、脚は前後1本ずつの棒状である。器体には3本の縄状紋が巡る。上2本は一方の把手の下で途切れる。把手の内外周と口縁上面に鋳型の合わせ目が走り、器体下部にも水平方向に鋳型の合わせ目と思われる凸線がある。器体は碗形で、圏足はほぼ直線的に下に向かって開く。通高約35cm。

　I.1.A.c-004　チョルナヤ・レチカ Chernaya rechka 市出土鍑 トムスク Tomsk 大学考古学民族学博物館所蔵（筆者撮影）
　出土状況は不明。馬と思われる動物形の把手を伴う。この把手も、内側からは口縁上面から立ち上がるように見え、外側からは、器体上部に動物の脚の下部が貼りつけられたように見える。動物の形は前述の鍑に比べて簡略である。把手の内外周および口縁上面には鋳型の合わせ目らしい凸線が認められる。縄状紋は、器体を水平方向に巡り、両端が接する前に下方へ弧を描いて折り返し、先端まで戻ったところで、更に上方へ弧を描いて折り返し、3本の平行線を作る。渦巻きを平たくしたような形である。器体下部の鋳型の合わせ目と思われる部分は段になっている。圏足はやや外反しながら下方に開く。器体にも圏足にも補修の痕跡がある。高23.2cm、器体は大

きくひしゃげており、口径16.2〜18.2cm。

Ⅰ.1.A.c-005　ミヌシンスク Minusinsk 盆地発見　イルクーツク郷土博物館所蔵［Rygdylon et al. 1959, Ris. 1-3］

1920年に同博物館にもたらされた。山羊の形の把手を持つ。角は頭頂から頸のつけ根まで弧を描く。脚は、口縁上部側面に長く伸びる。器体は丸みを帯びた碗形で、2本の弦紋が巡り、下部には鋳型の合わせ目と思われる水平方向の凸線が見える。圏足は、上記4点よりも器体に対して大きめで、下方への広がり方も大きいようである。底に何かを燃やした痕跡があった［Rygdylon et al. 1959：256］。図の縮尺から通高約20cm。

Ⅰ.1.A.c-006　ミヌシンスク地方　ミヌシンスク郷土博物館所蔵［Chlenova 1962, Tabl. V-7］

鍑の把手とされる［Chlenova 1962：186］。角は折れているが、枝角があり、鹿が佇立した姿と思われる。角が伸びて背に接していた痕跡がある。前脚と後脚の間は下に向かって急激に狭まっている。

Ⅰ.1.A.c-007　アルタイ　バルナウル Barnaul 地区発見　トムスク Tomsk 大学考古学民族学博物館所蔵（筆者撮影）

鍑の把手とされる。脚先の形から有蹄類を象ったと思われる。目、口、肩の膨らみなどが浅浮彫り状に表わされており、あごひげがある。内外周に鋳型の合わせ目と思われる凸線が巡る。幅14.3cm、厚1.6cm。

チレノヴァは、把手の動物をタガール文化期の青銅器の動物紋様と比較している［Chlenova 1962, 1967］。動物の脚が口縁部に貼りつけられるように表わされている点は、Ⅰ.1.A.bの把手と比較できる。器体の下部の鋳型の合わせ目と思われる水平方向の凸線、縄状紋や凸線による弦紋もⅠ.1.A.bに見出すことができ、Ⅰ.1.A.bと平行して存在したと考えられよう。

Ⅰ.1.A.d　Ⅰ.1.Aの中で、半環形の把手を持ち、把手の下部の形状が口縁外側に明瞭には表わされないもの。口縁上面から把手が立ち上がるように見えるものと、口縁外面上部に半環形の下部が見られるけれども、膨らんでいるのみで輪郭が明瞭でないものを、ここに含めた。サルマタイの鍑と比較されるもので、把手と器体を一鋳するところから来ている特徴と思われる（デミデンコ論文Ⅰ類, pp.314-317）。把手は突起を伴うが、突起の先端はキノコの傘のようには広がらず、小さく控えめである。本稿で扱う範囲では西シベリアの地域的な鍑である。

Ⅰ.1.A.d-001　オビ川流域　キルザ Kirza 偶然発見［Troitskaya et al. 1980, Tabl. XI-8］

碗形の器体に、キノコ形の突起を1つ伴う半環形の把手が付く。器体のほぼ中央部を、弦紋が2本巡る。圏足はかすかに外反しながら下に向かって開く。把手の下部末端は、器体側面まで伸びず、ほとんど口縁にとどまっている。図面の縮尺から計算した大きさは、通高約34.5cm、口径約27.5cm[14]。

Ⅰ.1.A.d-002　クリュチェフスコエ Klyuchevskoe［Moshkova（ed.）1992, Tabl.120-29］

器体は深鉢形で、突起を1つ伴う半環形の把手が付く。突起の先端は少し膨らむ。図によると、

I.1.A.d-001　　　　I.1.A.d-002　　　　　　I.1.A.d-003

　　　　　　　　　　I.1.A.d-005
　I.1.A.d-004　　　　　　　　　　　　　　I.1.A.d-006

図9　I.1.A.dの鍑（縮尺不同）

把手は口縁上面から立ち上がっているように見える。器体上部に縄状と思われる3本の弦紋が狭い間隔で巡る。円錐台形の圏足を伴う。素材は銅である。図の縮尺から通高約35cm。

　西シベリアの初期遊牧民の文化であるゴロホヴォ文化の所産とされる［Moshkova（ed.）1992：288］。

　　I.1.A.d-003　ザマラエヴォ **Zamaraevo**［Pósta 1905, Abb. 298］

　口縁が緩やかに外反する碗形の器体を持ち、半環形の把手には小さな突起が3つ付く。器体には1本の縄状紋が巡る。その上の水平方向の凸線は、鋳型の合わせ目かと思われるが、器体を一周してはいない。補修の際に、消えてしまったことが考えられる。器体と圏足の間には段がある。圏足は下端で大きく外反する。銅製。図の縮尺から、通高約45cm。

　西シベリアの初期遊牧民の文化であるゴロホヴォ文化の所産とされる［Moshkova（ed.）1992：288, Ris. 120-28］。

　　I.1.A.d-004　トボル川中流域　クラスノゴルスキー **Krasnogorskii** 1墓地17号墳出土［Matveeva 1993, Tabl. 19-137］

　クラスノゴルスキー1墓地は、この地域の初期遊牧民の文化であるサルガト文化の古墳群で、この鍑は、第17号墳の墓壙南東壁より出土した。報告書の図では、器体と圏足のつながりがよく

---

(14) Troitskaya *et al.* 1980と同1994では縮尺が異なり、前者では通高約8cmとなる。ミニチュアであるとの記載はないので後者の縮尺を用いて計算した。

154

わからないが、小さめの圏足が外反するように広がって全体としてゴブレットのような器形である。半環形の把手は口縁上面から立ち上がるように見える。2つの把手にはそれぞれ突起が1つつき、その先端は鋲のように広がっている。図の縮尺から通高約40cm。

Ⅰ.1.A.d-005　ノヴォシビルスク州トゥルノフカ Turunovka 4 出土［Molodin 1985, Tabl.84-3 ; Chlenova 1994, Ris.33］

口縁部しか残っておらず、そのほかの特徴はわからないが、把手の付き方から、ここに含めた。把手は半環形で突起を1つ伴う。口縁の把手に続く部分は膨らんでいる。突起は基部から端部に向かって太くなるが、先端にキノコ状の膨らみはない。口縁が外反している。図の縮尺から残存高は約15.5cmである。

トゥルノフカ4は集落址で、出土する土器から、この地域の青銅器時代であるイルメン文化と、続く初期遊牧民の文化であるサルガト文化の移行期の遺跡と考えられている［Molodin 1985：155-175；Chlenova 1994：69］。この鍑の断片の出土状況は不明だが、遺跡と同時代とするならば、比較的早い時期の鍑といえるだろう。

Ⅰ.1.A.d-006　イシム Ishim 発見　オムスク Omsk 博物館所蔵［Pósta 1905, Abb.295, 295a］

先端の膨らみが小さめの突起を1つ伴う半環形の把手は、キルザ発見鍑（Ⅰ.1.A.d-001）と共通する。器体は丸く膨らみ、小振りの圏足を持つ。2本の縄状紋が器体を取り巻く。把手と弦紋の間には、U字を逆さにした形が3個入れ子状に重なるような紋様が凸線で表わされ、その両側に、把手と口縁が接する直下から縄状紋まで凸線が伸びる。2つの把手の中間の口縁から下へ、垂直方向の耳がある。把手の下の紋様は特異であるが、小振りの突起を伴う半円形の把手や口縁にかかる位置の垂直方向の耳は、サルマタイの鍑にしばしば見られる（デミデンコ論文参照）。

クラスノゴルスキー出土鍑（Ⅰ.1.A.d-004）とトゥルノフカ出土鍑（Ⅰ.1.A.d-005）は、本書デミデンコ論文のⅠ.1.d類と比較されよう。デミデンコ論文に引用されているテミル Temir 古墳出土鍑とシャガルィ Shagaly 出土鍑（デミデンコ論文 pp.296-297）は、地域的にも本稿で扱える範囲の資料である。テミル古墳からはⅠ.1.A.dに分類できる鍑で、把手が簡略化された動物形のものも出土している（デミデンコ論文 Ⅰ-2-a）。ザマラエヴォの鍑（Ⅰ.1.A.d-003）は、器形や紋様が、雪嶋論文のスキタイの鍑Ⅳ類1型4種と共通する。西シベリアのゴロホヴォ文化やサルガト文化の詳細な編年については今後の研究を待たねばならないが、サルマタイやスキタイの鍑との類似から見て、これらの鍑の年代は前4世紀前後が中心と考えられる。一方、トゥルノフカの鍑断片は、青銅器時代から初期遊牧民の時代への移行期とされる遺跡から出土している。この鍑の把手の突起は、円錐形を逆にしたような、独特な形をしており、西シベリアでは、スキタイやサルマタイの鍑の要素が見られる一方で、早い時期から独自の形の鍑を作っていたことが推測される。

Ⅰ.1.A.x　器体に垂直方向の凸線がなく圏足を伴い、把手は垂直方向であったと思われるが、破損して形状がわからないもの。

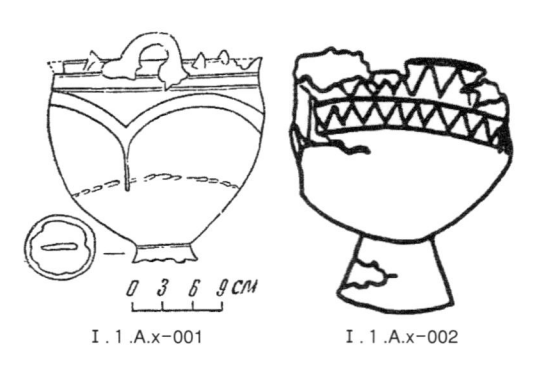

図10　I.1.A.xの鍑（縮尺不同）

I.1.A.x-001　ニジュネウディンスク Nizhneudinsk 郊外発見［Rygdylon et al. 1959, Ris. 3-1］

　現存の把手はあとから取りつけられたものと思われる。元来の形はわからないが、破損箇所が口縁にあることから垂直方向の把手であったと考えられ、圏足も一部残っている。
　口縁の下に2本の弦紋が巡り、さらにその下に2重の弧線紋がある。圏足の内側、器体外底に凸線が見え、湯口の痕跡と思われる。図の縮尺から、把手を除く残存高約20cm。
　紋様は髙濱論文Eb型式を思わせる。器体外底の一文字の凸線は、シベリアでは最初期の一群と考えられるⅠ.1.A.aに見られるが、中国では漢代以降の鍑に現れる特徴で、Ⅰ.1.A.aのそれより分厚く、突出も大きく、湯口の痕跡であることは明らかである。この鍑については、凸線の詳細は不明だが、紋様から考えて、漢代以降の中国の鍑と比較するべきだろう。一方、弧線紋のすぐ下に見える線を、ルグディロンらは「接合の痕跡」としている［Rygdylon et al. 1959：256］。これが鋳型の合わせ目であるならば、この位置に鋳型の合わせ目が見られるのは、中国の鍑ではなくシベリアの鍑であり、中国の要素とシベリアの要素を兼ね備えた鍑と言えるかもしれない。
　器形は異なるが、紋様と鋳型の合わせ目の位置が共通する鍑が、ミヌシンスク郷土博物館で確認された（Ⅰ.2.B-006）。

I.1.A.x-002　トミ Tomi 川［Érdy 1995, Table. 3-6. 2］
　1886年当時ミヌシンスク博物館にあったとされる。上下2列の鋸歯紋が水平方向の弦紋で区切られている。破損が激しく把手の方向はわからないが、シベリアには特異な鋸歯紋の類例を、スキタイの鍑に求めるならば（雪嶋論文参照）、把手を垂直方向としてもよいかもしれない。高35.5cm。

I.1.B　器体外面に垂直方向の凸線が見られず、圏足を伴い、器体側面に水平方向または傾斜した把手が2つ付くもの。

I.1.B-001　アルタイ　パジリク Pazyryk 2号墳出土［Rudenko 1970, Pl.62-B］
　大麻の種子をくすぶらせることに用いられたと考えられることから、「鍑形の香炉」として報告されたもの［Rudenko 1970：78］。球形に近い器体に、傾斜した把手が2つ付く。把手の外周には鋳型の合わせ目が見える。把手は白樺の樹皮で被われている。口縁部は垂直に立ち上がり、圏足は外反しながら下に広がる。写真の縮尺から、通高約15cm。
　パジリク古墳群は、オビ川上流のボリショイ・ウラガン Bol'shoi Ulagan 川流域に所在する、この地域の初期遊牧民の文化の標準遺跡である。ここでは、古墳が凍結して、木製品や皮革製品などの有機物が腐敗することなく出土、鍑の把手を被う白樺の樹皮も遺された。鍑の中には、石

と炭化した大麻の種子が残っており、周辺に6本の木の棒と革製の被いがあった。この情況は、ヘロドトスの伝える、テントの下で熱した石を用いて大麻をくすぶらせるというスキタイの埋葬儀礼と比較された［Rudenko 1970：285；ルデンコ 1971：49］。シベリアやモンゴルでは鍑の中から羊の骨やスープの痕跡が見つかる例があり

Ⅰ.1.B-001　　Ⅰ.1.B-002

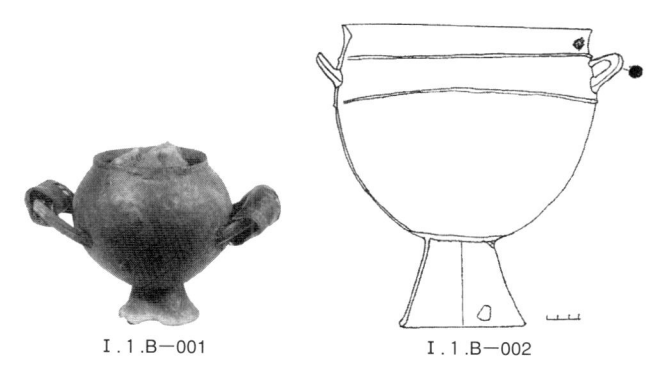

図11　Ⅰ.1.Bの鍑（縮尺不同）

（ノヴォトロイツコエ出土鍑Ⅰ.1.B-002、高濱論文 Ec-3, 9）、ある程度以上の大きさを持つ鍑は煮炊具として使われたと考えられている。一方、パジリク2号墳の鍑は、ミニチュアというには大きく、羊などを煮るには小さな、器体高10cm程度の鍑の使用方法を示唆する。

近年、パジリク遺跡の年代は、年輪年代学などを用いて再検討されているが、アケメネス朝ペルシアの図像と比較できる資料が出土していることなどから、2号墳については紀元前5～4世紀と考えたい［藤川 編 1999：122-134］。

Ⅰ.1.B-002　アルタイ　ノヴォトロイツコエ Novotroitskoe Ⅱ 18号墳9号墓出土　［Mogil'nikov *et al.* 1999, Ris. 4-9］

器体は碗形で、口縁に向かって径をやや狭めた後、外反する。凸線による2本の弦紋が巡り、その間に傾斜した把手が2つ付く。把手の断面はほぼ円形で、外周に鋳型の合わせ目と思われる線がある。円錐台形の圏足を持つ。圏足は器体の下に嵌め込まれているように見え[15]、報告書によれば、別鋳で後から器体に溶接された。通高30cm, 口径24.5cm, 圏足の高さ10cm, 圏足下部の径10cm。

木槨内、被葬者の足元から出土した。外側は厚く煤に被われ、中には羊らしい動物骨片や酸化した有機物の破片があり、スープ状の食物が入っていたとされる。伴出の鉄製刀子や鉄製三翼鏃などから紀元前4世紀末～2世紀初の年代が考えられている［Mogil'nikov *et al.* 1999：116, 119-120］。なお、共伴遺物から前4～3世紀とされた5号墳3号墓からはⅠ.1.A.biの鍑が出土した（Ⅰ.1.A.bi-011）。

器体に垂直方向の凸線がないこと、圏足と把手の特徴から2点の鍑をⅠ.1.Bにまとめたが、両者は器形も大きさも用途も異なる。前者の器体の形は後述のⅠ.2.Bと共通し、アルタイ、トゥバの地域的なものと思われる。

一方、後者は、本稿で扱う地域に直接比較できるものがなく、類例は天山北方に求められる（柳生論文Ca類）。天山北方の鍑の分類の中で考察すべき資料であろう。

---

(15)「アルタイの至宝展」（仙台市博物館2005年6月～7月）にて実見。

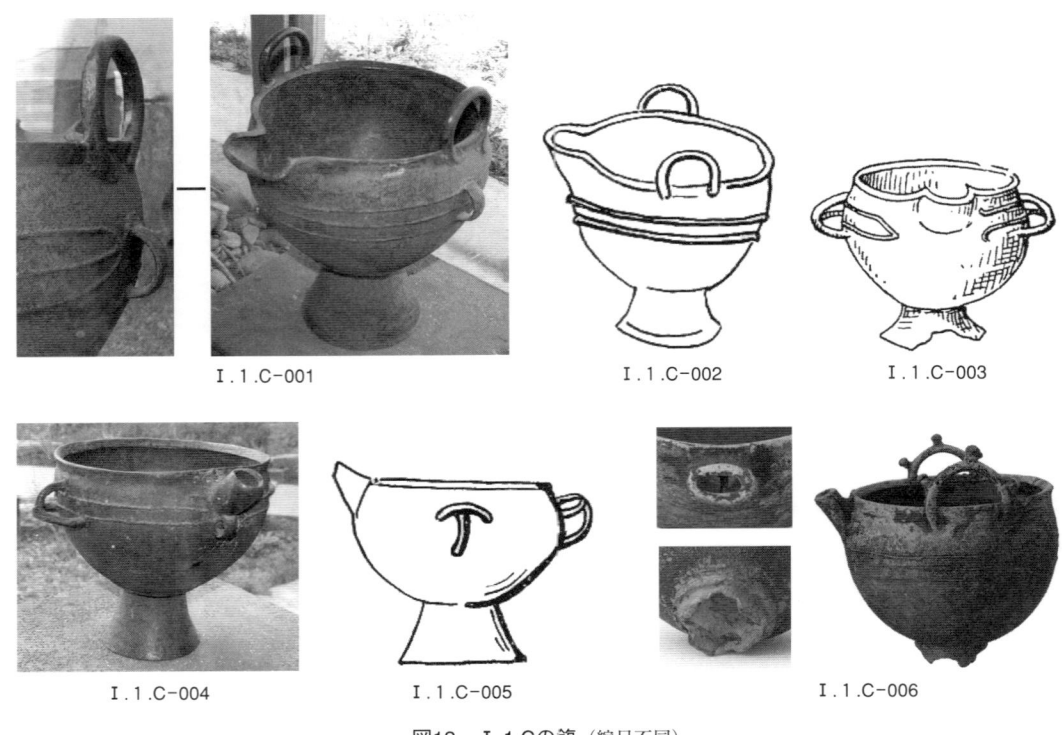

図12　Ⅰ.1.Cの鍑（縮尺不同）

Ⅰ.1.C　器体に垂直方向の凸線がなく、圏足を伴い、片口または注口を持つ。

Ⅰ.1.C-001　ミヌシンスク Minusinsk 地方　ミヌシンスク郷土博物館所蔵［Chlenova 1967, Tabl.18-16］（全体：田中裕子氏撮影、部分：川畑隼人氏撮影）

　下部の膨らみの少ない碗形の器形で、口縁は一旦狭まったのち外反する。片口と垂直方向の把手を伴う。把手は断面が円形で、下部は内湾しながら完結せず、下方に開いたＣのような形である。把手の下部が、口縁の外反した部分に嵌め込まれたように見える。器体には縄状紋が表わされる。縄状紋は、水平方向に伸びた後、一周することなく弧を描いて上方へ折り返し、再び平行に伸び、さらに下方に折り返して、3本の平行線を作る。2つの把手の下には、垂直方向の耳が1つずつ付く。一方の耳は、縄状紋の作る3本の平行線の上2本をまたぎ、他方は、縄状紋の折り返しと折り返しの間にある。器体下部に鋳型の合わせ目らしい水平方向の凸線が見える。器体に対して大きめの円錐台形の圏足を持つ。

Ⅰ.1.C-002　サルバ Salba　トヴォスティン・コレクション Collection Tovostine　国立博物館（ヘルシンキ）所蔵［Chlenova 1967, Tabl.18-15］

　器形はⅠ.1.C-001に似るが、器体側面の耳はなく、圏足は下方に向かってやや外反しながら開く。器体には弦紋が巡る。

Ⅰ.1.C-003　シャラボリノ発見一括埋納遺物 Shalabolinskii klad　ミヌシンスク郷土博物館所蔵［Levasheva et al. 1952, Ris.44-4］

シャラボリノ一括埋納遺物の１つで、Ⅰ.１.A.bii-009、012とともに、Ⅰ.１.A.biii-010の中に収められていた。

球形に近い器体に片口を伴う。圏足は低めで外反しながら下方に開く。器体に施された縄状紋は、圏線をなさずに折り返す[16]。垂直方向の把手はなく、器体に把手とも耳とも言えるループが付く。ループは、縄状紋の下にある水平方向の半環の中央上部から、縄状紋をまたぐように、もう１本が弧を描いて器壁に接し、全体として三叉を形成する。通高27㎝、口径21㎝、最大径25㎝。

Ⅰ.１.C-004 ミヌシンスク Minusinsk 地方 ミヌシンスク郷土博物館所蔵［Chlenova 1967, Tabl.18-17］（田中裕子氏撮影）

浅めの碗形の器体に注口が付く。器体に施された縄状紋は、弧を描いて折り返し２本の平行線を作る。注口直下、縄状紋の折り返しと末端の間に、環形の耳が垂直方向についている。その反対側にも、平行する縄状紋の上の１本にかかる位置に耳がある。耳と90度ずれた位置にシャラボリノ一括埋納遺物と同様の三叉のループが見られる。器体下部に水平方向の鋳型の合わせ目らしき凸線がある。圏足は微かに外反しながら下に開く。

Ⅰ.１.C-005 ミヌシンスク地方 ミヌシンスク郷土博物館所蔵［Chlenova 1967, Tabl.18-13］

器体は膨らみをもち、口縁に向かって径を狭める。球形に近いが、最大腹径に対して器体高が低い。片口と圏足を伴い無紋である。図では器体側面と片口の反対側に三叉のループが確認できる。前述のループとは、天地が逆である。

Ⅰ.１.C-006 マラヤ＝キルギスカ墓地 Mogil'nik u ust'ya Maloi Kirgizki 出土 トムスク Tomsk 大学考古学民族学博物館所蔵（筆者撮影）

出土状況は不明。丸く膨らんだ器体に注口が付く。器体には３本の縄状紋が平行に巡る。縄状紋には途切れた部分がある。器体内部、注口の付け根には、縦方向の棒状のものがある。半環形の把手には先端が丸く膨らんだ３つの突起が付く。圏足は欠失しているが、残存部分から、４つの透かしを伴っていたことがわかる。底部外底には、湯口の痕跡と思われる突出がある。器体外底と圏足の間には段があり、圏足が嵌め込まれたように見える。このような圏足の作りは、後述するⅡ.１.Aのシドロフカ出土鍑やヤロマン出土鍑と（Ⅱ.１.A-005、006）と共通する。両者は、中国の鍑E型式と比較され、器体外底の湯口の痕跡も中国の鍑E型式に見られるものである（髙濱論文参照）。残存高22.8㎝、口径18.6×19.3㎝。

片口や注口という特徴を除けば、Ⅰ.１.A.bii、Ⅰ.１.A.biiiと器形や紋様に共通点が多い。シャラボリノの片口付き鍑（Ⅰ.１.C-003）はⅠ.１.A.bii、Ⅰ.１.A.biiiの鍑と共に発見されており、ミヌシンスクでは、Ⅰ.１.CとⅠ.１.A.bii、Ⅰ.１.A.biiiが並存したことがわかる。マラヤ＝キルギスカ墓地出土鍑（Ⅰ.１.C-006）の圏足は、Ⅰ.１.Cの中では特異であり、Ⅱ.１.Aの圏足と比較される。後述のように、このような圏足の出現は紀元前３世紀以降と考えられる（本稿p.166）。このことは、注口付きの鍑が紀元前３世紀以降も作られたことを示唆する。

---

(16) 実見し、縄状であることを確認した。縄状紋は本図に示されたものよりも複雑である。

Ⅰ-2　器体に垂直方向の凸線がなく、圏足も脚もないもの
　Ⅰ.2.A　垂直方向の把手が2つ付く。
　Ⅰ.2.A-001　トゥバ　チャアーホル Chaa-Khol' 村近くチュシュクト Chushkut 発見［Kyzlasov 1979, Ris.35-5］

　1953年発見。深鉢形の器体に半環形の把手が2つ付く。器体上部には2本の水平方向の凸線がある。図の縮尺から通高約37cm。
　Ⅰ.2 Aは知る限りではこの1点のみで、系統や年代は不明である。圏足はないものの、器形は、Ⅰ.1.A.aの器体を思わせ、把手の形や器体上部の弦紋にも違和感はなく、この地域の鍑のヴァリエーションの1つと考える。

　Ⅰ.2.B　器体側面に水平または傾斜した把手が2つ付く。器体外面に垂直方向の凸線は見られず、圏足も脚もない。
　Ⅰ.2.B-001　イズィフ Izykh 山　ミヌシンスク Minusinsk 郷土博物館所蔵［Chlenova 1967, Tabl.19-1］（川畑隼人氏撮影）
　器体は球形に近く、口縁は垂直に立ち上がる。器体上部に傾いた把手が付く。口縁の把手の周囲に鋳型の合わせ目らしき凸線がある。無紋。
　Ⅰ.2.B-002　ミヌシンスク Minusinsk 郷土博物館所蔵［Chlenova 1967, Tabl.19-2］（川畑隼人氏撮影）
　器体は、球を上下に押しつぶしたような形で、口縁は垂直に立ち上がる。器体中央部に水平方向の把手が付く。糸底程度の台を伴うようであるが、極めて低く既述の圏足とは異なるものと考え、ここに分類した。
　Ⅰ.2.B-003　トゥバ　ホヴジュク Khovuzhuk 墓地7号墳出土［Mannai-ool 1970, Ris.5］
　器体は球を上下に押しつぶしたような形で、口縁は垂直に立ち上がる。パジリク2号墳出土鍑（Ⅰ.1.B-001）の器体を押しつぶしたような形である。大きさもパジリク出土鍑に近い。器体中央部にやや傾斜した把手が2つ付く。無紋。図の縮尺から、通高約11cm、最大腹径約15.5cm。
　この鍑の出土したホヴジュク7号墳は、トゥバの初期遊牧民の文化であるウユク文化期に帰される石積みの古墳であり、前5～3世紀とされている［Mannnai-ool 1970：83-85］。この鍑も同時代と考えてよいだろう。パジリク出土鍑や後述のアイムィルルィグ（Ⅰ.2.B-004）出土鍑との類似も、この年代観に反するものではない。このような鍑は、トゥバの偶然発見物の中にも知られているという［Mannnai-ool 1970：85］。
　Ⅰ.2.B-004　トゥバ　アイムィルルィグ Aimyrlyg 古墳出土［Moshkova (ed.) 1992, Tabl.79-18］
　ホヴジュク出土鍑（Ⅰ.2.B-003）とほぼ同形の鍑である。これも出土状況は不明だが、この遺跡からは、青銅製刀子や初期遊牧民の動物紋様を伴う装飾品などが出土し、ウユク文化期の後半に位置づけられている［Moshkova (ed.) 1992：185-192, Tabl.76, 77］。
　Ⅰ.2.B-005　トゥバ　コシュ＝ペイ Kosh-pei 墓地出土［Érdy 1995, Table.3-12］
　クズルの北西約17km、アルジャン2号墳の近くで出土した。ホヴジュク出土鍑、アイムィルル

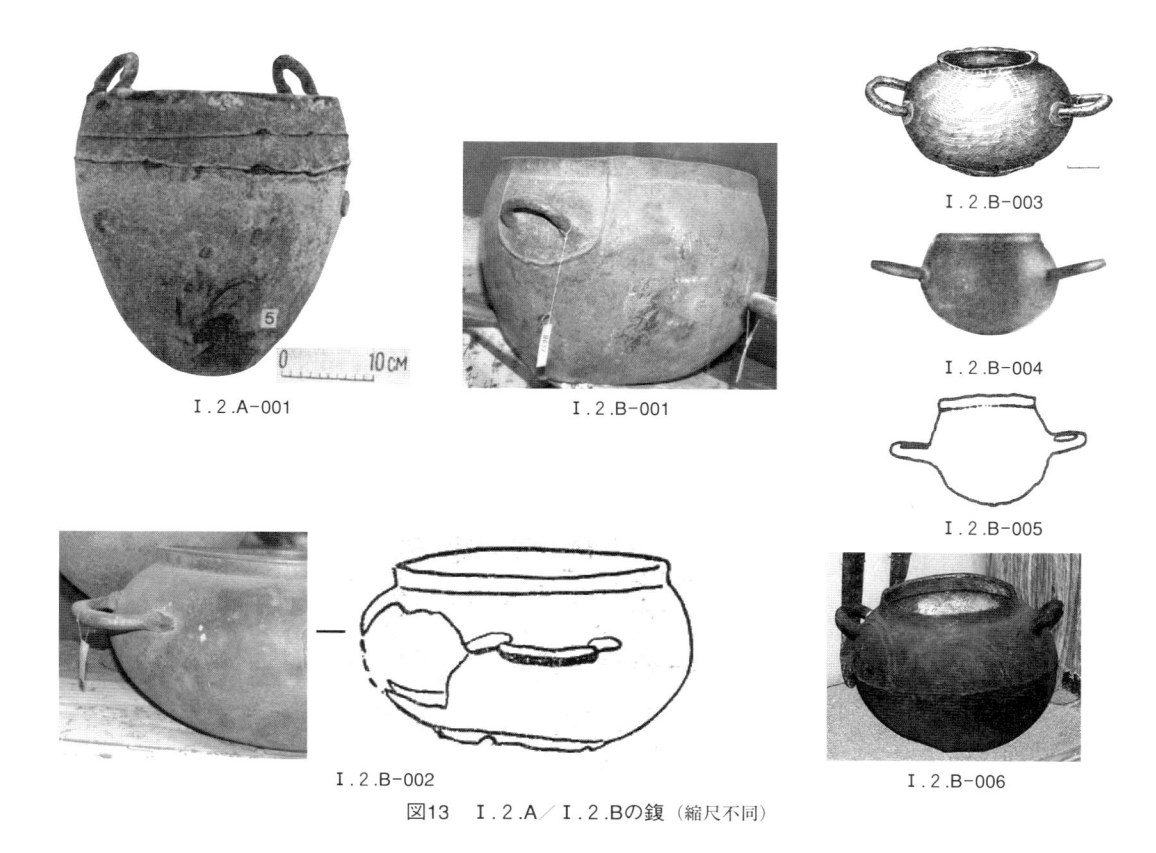

図13　I.2.A／I.2.Bの鍑（縮尺不同）

ィグ出土鍑（I.1.B-003, 004）とほぼ同形である。高8cm。

　コシュ=ペイ墓地は、トゥバの初期鉄器時代であるウユク文化期に年代づけられている[Semenov 1994]。

　I.2.B-006　ミヌシンスク郷土博物館所蔵（林俊雄氏撮影）

　ほぼ球形の器体の上部側面に、傾斜した把手が付く。把手断面は円に近く、外周には鋳型の合わせ目と思われる凸線が見える。器体の中央部にも、鋳型の合わせ目らしい水平方向の凸線があり、この凸線を境にして上半分に2重の弧線紋が施される。口縁は垂直に立ちあがる。

　圏足も脚もない半球形の鍑が天山北方に知られているが、（柳生論文D2類）、シベリアのものとは器形全体に共通性が見られない。また、I.2.B-006の弧線紋は、前述のI.1.A.x-001および本書高濱論文でE型式とされた鍑と共通するが、器形は優れてトゥバ、アルタイ的である。I.2.B類は、ミヌシンスク、トゥバ、アルタイの地域的なものと考えられる[17]。

(17) 前述のようにカザフスタンのベスアガシュで、I.2.B-003〜005の類例が出土した（柳生論文　図5-1）。天山北方の鍑Cb類（Cb007）と共伴するが、それぞれ典型的な器形を保っており、この共伴は、両地域の交流を語るものではあっても、天山北方の鍑とシベリアの鍑の系統をつなぐものではないだろう。

なお、高濱論文では、土器の紋様を根拠に、このような弧線紋の成立地をトゥバとしている（高浜論文 p.38）。Ⅰ.2.B-006は、この説を補強する例と言えるかもしれない。

Ⅰ.3　器体に垂直方向の鋳型の合わせ目が見られず、三脚を伴うもの

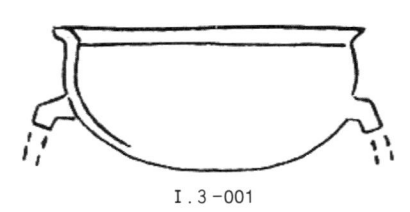

図14　Ⅰ.3の鍑（縮尺不同）

Ⅰ.3-001　ミヌシンスク Minusinsk 郷土博物館所蔵　MM10110［Chlenova 1967, Tabl.19-3］

器体は、底部の丸い浅鉢状で、口縁は外反する。把手はない。三脚は下部が欠失している。

天山北方には三脚を伴う鍑が多く見られるが、それらは通常水平方向の把手を伴う（柳生論文D3類）。また、どっしりとした作りで、装飾性の高いものも多く、ミヌシンスクの三脚鍑と直接比較できるものではない。この鍑は、天山北方の鍑の影響の下にミヌシンスクで製作されたものと思われる。

（2）Ⅱ：外面に器体を2分割するような鋳型の合わせ目と思われる垂直方向の凸線があるもの

図からは凸線かどうか判別しがたいものもあるが、垂直方向の線が示されているものについてはここに含めた。また、シベリアの鍑においては、垂直方向の線は、通常2つの把手の中間に表わされるため、把手を正面に置いた写真や図からはその有無を判断することは難しい。器形、紋様、把手の特徴などからここに分類した鍑もある。

Ⅱ.1　Ⅱの特徴を持ち圏足を伴うもの

Ⅱ.1.A　Ⅱ.1の中で、垂直方向の2つの把手を持つものをまとめた。

Ⅱ.1.A-001　クズクル **Kyzykul'** 発見　ミヌシンスク郷土博物館所蔵　MKM.A9625（10097）［Grishin 1960, Ris.17-2 ; Bokovenko et al. 1993, Ris. 5 , No.24］（筆者他撮影）

クズクル湖近くの地中から羊の頭骨とともに発見された。同館に収蔵されたのは1886年以前である。器体は卵形に近く、口縁は垂直に立ち上がる。半環形の把手の両側に凸線による波状の装飾が付く。把手の半環部分の断面は円形で、内外周に鋳型の合わせ目と思われる凸線があり、内側から見ると口縁上面から立ち上がっている。一方、装飾部分の内側は平らで口縁上面にかかることなく、把手の鋳型の合わせ目から外に現われる。器体上部には凸線による2本の弦紋が巡り、その間に波状紋が施される。この紋様帯は、垂直方向の鋳型の合わせ目でずれる。紋様帯の下には、後述のサヴィノフカ出土鍑（Ⅱ.1.B-003）と共通する独特の紋様がある。サヴィノフカ出土鍑の中からは馬の頭骨が見つかっており、用途の上からも共通性が窺える。圏足下部から器体下部に至る垂直方向の凸帯が4本認められる。器体外底には、一文字の凸線がある。Ⅰ.1.A.aに見られるような細いものである。高36㎝、径35.5㎝。

Ⅱ.1.A-002　クズネツォフ **Kuznetsov** 収集品　エルミタージュ博物館蔵所蔵［Minasyan 1986, Ris. 5-4］

器体は下部の膨らみが少なく、上から約3分の1が最大径となる。口縁は外反し半環形の把手を伴う。最大径となる場所から上に、2本の水平方向の弦紋の間に半円形が互い違いに表わされた凸線による紋様が施されている。この紋様帯は、鋳型の合わせ目と思われる垂直方向の凸線でずれる。圏足は欠失している。

Ⅱ.1.A-003　ニジュネウディンスク Nizhneudinsk 郊外発見　[Rygdylon et al. 1959, Ris. 3-2]

深鉢形の器体に半環形の把手が付く。把手と口縁部が接する部分の下に「人」のような形の紋様が浮き彫り状に表現される。口縁部はやや外反し、「人」の下に2本の水平方向の弦紋が施される。器体側面の一部と圏足下部は欠失している。残存高約38㎝。

把手の下、器体側面に「人」のような形が浮彫り状に表わされる例を1点、モスクワの国立歴史博物館で実見した。こちらの「人」は丸みを帯び、その下に施された弦紋は、垂直方向の凸線の左右でコの字形に折り返し2本の平行線を作る。

紋様の共通する国立歴史博物館所蔵鍑の器体に垂直方向の凸線が認められたため、ニジュネウディンスク郊外発見鍑をⅡ.1.Aに分類した。

Ⅱ.1.A-004　ミヌシンスク Minusinsk 近郊発見　ミヌシンスク郷土博物館所蔵 MKM. A10025／2（筆者他撮影）

中央がやや膨らむ深めの器体に、半環形の把手が付く。把手の断面は円形である。器体には水平方向に3本の弦紋が巡る。弦紋は、鋳型の合わせ目でずれる。元来は圏足があったと思われるが、割れ口は磨かれており、欠損した後圏足のない鍑として使われたようである。高27.5㎝。

Ⅱ.1.A-005　シドロフカ Sidorovka 墓地1号墳2号墓出土　[Matyushchenko et al. 1997, Ris.16-3]

シドロフカはイルティシュ川右岸オムスク州下オムスク Nizhnii Omsk 地方にある古墳群である。この鍑は1号墳2号墓の木槨内南壁近くより出土した。被葬者は30〜35歳の男性で、頭位を北に葬られており、鍑は足元のほうに置かれていた。同じ南壁の西隅には、一回り大きい鍑（Ⅱ.1.B-004）があった。

器体は球状に丸く膨らみ、無紋で、垂直方向に鋳型の合わせ目と思われる線がある。口縁部が外反し、半環形と思われる把手が付く。圏足は欠失しているが、器体の下に一段あって透かしのある圏足が続くことがわかる。これは、中国の鍑のE型式に見られる圏足と比較できる（髙濱論文参照）。中国で言えば戦国末から前漢初めに比定される飾板が共伴しており[Matyushchenko et al. 1997, Ris.27]、紀元前3〜2世紀という年代が考えられる。残存高26㎝、径20.5㎝。

Ⅱ.1.A-006　ヤロマン Yaloman Ⅱ墓地51号墳出土　[Tishkin et al. 2003, Ris. 1-26]

図からは、垂直方向の凸線の有無は不明だが、前述のシドロフカ出土鍑（Ⅱ.1.A-005）と同様に、器体の下に段があること、圏足に透かしがあるように見えることからここに分類した。圏足の透かしは、垂直方向に鋳型の合わせ目を持つ中国の鍑（髙濱論文E型式）にも数多く見られる特徴である。器体は碗形で無紋、口縁に向かってやや径を狭めた後、外反する。

報告者は、この遺跡に紀元前2世紀から紀元後1世紀の年代を与えている。中国で前漢と考えられる飾板が共伴しており、妥当な年代と思われる。

Ⅱ.1.A-001　Ⅱ.1.A-002　Ⅱ.1.A-003

Ⅱ.1.A-004　Ⅱ.1.A-005　Ⅱ.1.A-006

Ⅱ.1.A-007　Ⅱ.1.A-008　Ⅱ.1.A-009　Ⅱ.1.A-010

Ⅱ.1.A-011　Ⅱ.1.A-012

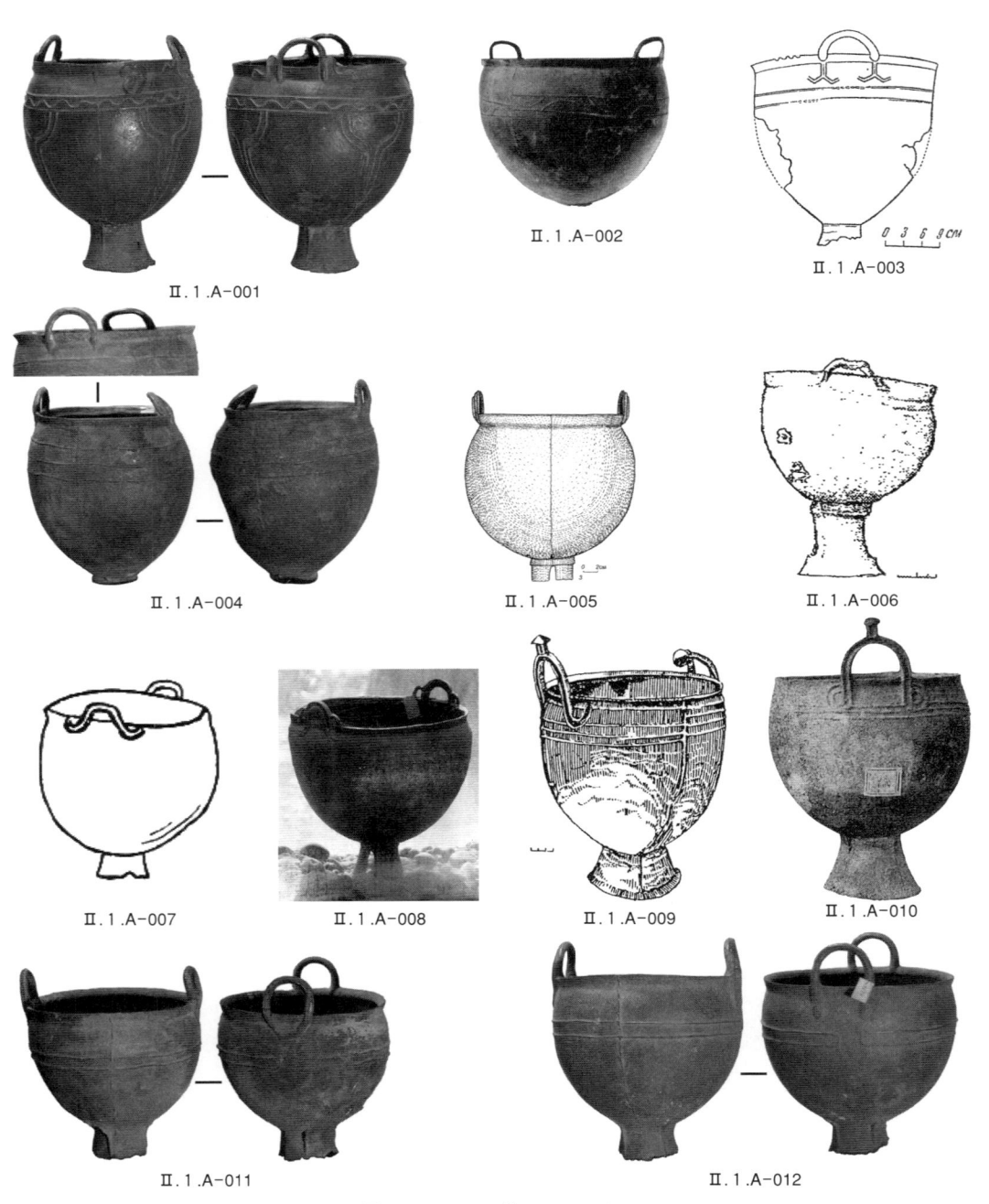

図15　Ⅱ.1.Aの鍑（縮尺不同）

Ⅱ.1.A-007　アバカン川流域ドリナ Dorina 村　ミヌシンスク郷土博物館所蔵　MM10060
[Chlenova 1967, Tabl.18-18]
　図からは垂直方向の鋳型の合わせ目の有無は確認できないが、把手の器体にかかる部分が上方に巻き上がるように表わされており、Ⅱ.1.A-008～010と比較できること、圏足に透かしがあるように見えることからここに含めた。膨らんだ器体は無紋で、突起のない把手を持つ。

Ⅱ.1.A-008　コマルコヴァ **Komarkova**　ミヌシンスク郷土博物館所蔵〔Bokovenko *et al.* 1993, Ris. 5, No.25〕（高濱秀氏撮影）

　垂直方向に鋳型の合わせ目と思われる線があり、無紋である。半環形の把手の両側に段が付き透かしが入る。半環部分の断面は凹形である。把手下部の口縁外側に表わされる部分は、端部が弧を描いて巻き上がる。圏足は細く、透かしがある。

Ⅱ.1.A-009　アバツキー **Abatskii**-3墓地2号墳7号墓出土〔Matveeva (ed.) 1994, Ris.68-9〕

　西シベリアのトボル＝イシム森林ステップにある古墳出土。器体上部にある水平方向の3本の弦紋は垂直方向の鋳型の合わせ目でずれる。半環形の把手端部は、口縁側面で弧を描いて持ち上がる。把手には、キノコ形の突起を1つ伴う。把手断面は凹形のようである。図の縮尺から通高約36cm。

Ⅱ.1.A-010　クリュチェフスク **Klyuchevsk** 発見　トボリスク博物館所蔵〔Pósta 1905, Abb. 294〕

　垂直方向の鋳型の合わせ目は確認できないが、把手の形がアバツキー出土鍑（Ⅱ.1.A-009）と共通することからここに含めた。把手の下端は口縁側面に巻き上がるような形で表される。大きな突起を1つ伴う。把手断面は突起の軸の部分も含めて凹形のようである。器体上部に水平方向の3本の弦紋が見られる。把手の下端は、弦紋のうちの上1本にかかる。圏足半ばから器体下部に至る垂直方向の凸帯が見られる。

Ⅱ.1.A-011　カプトゥレヴォ **Kaptyrevo** 村発見　ミヌシンスク郷土博物館所蔵 MKM6659（筆者他撮影）

　シュシェンスキー Shushenckii 地方カプトゥレヴォ村で偶然に発見され、1963年に同博物館に収蔵された。

　把手に突起がなく、器形や紋様など全体の雰囲気が、Ⅰ.1.A.bi-016～026を思わせる。圏足から器体下部に至る垂直方向の凸帯が3本見られる点も、Ⅰ.1.A.bのいくつかの鍑と共通する。しかし、弧を描いて折り返し2本の平行線を作る弦紋に、明瞭な縄目は見えない。把手は、下方が狭くなる長楕円で、器体外面上部に表わされた把手の下部の形は、下に行くほど不明瞭になる。把手外面は、輪郭線が部分的に隆起し、断面を見ると、内側は丸く、外側は角張っている。把手を内側から見ると、口縁の外反した部分に貼りつけられたように見える。圏足から器体下部に向かって伸びる垂直方向の凸帯が3本あり、その上を水平方向の凸線が通る。器体を2分割するような垂直方向の凸線は、口縁から弦紋の上を通って圏足凸帯上の水平方向の凸線まで伸びる。垂直方向の凸線の位置で、弦紋がずれることはない。把手内外周には鋳型の合わせ目と思われる凸線が巡る。器体と圏足の内面は、滑らかである。高27cm、径26cm。

　鍑表面の凸線や段を鋳型の合わせ目と判断するのは、そこで紋様がずれるなど、明瞭な鋳型の断絶が見られるからであるが、この鍑にはそれがない。鍑製造の工程に、鋳型の合わせ目で紋様帯のずれる鍑とは異なる要素のあることが推測される。

Ⅱ.1.A-012　イルビンスカヤ＝ダーチャ **Irbinskaya dacha** 発見　ミヌシンスク郷土博物館所蔵 MKM. A9624（10096）（筆者他撮影）

　ベレゾヴァヤ Berezovaya 河口から川沿いに20露里、イルビンスカヤ＝ダーチャの山中の地表面

で発見された。把手が馬蹄形である他は、カプトゥレヴォ村発見鍑とほぼ同じ器形、紋様、器体を2分する垂直方向の凸線と圏足上部の水平方向の凸線を持つ。圏足から器体下部に至る凸帯は4本である。高32cm、径31cm。

　シドロフカ出土鍑（Ⅱ.1.A-005）は、紀元前3～2世紀と考えられる。Ⅱ.1.Bの鍑（Ⅱ.1.B-004）と共伴し、この時期に両者が並存したことを明らかにする。

　クズクル発見鍑（Ⅱ.1.A-001）に表わされた2本の弦紋の間に波状紋が施される紋様帯も、Ⅱ.1.Bと共通する。更に、その下に独特の弧線紋を伴う組み合わせは、紀元前3世紀末から2世紀初めとされるサヴィノフカ出土鍑（Ⅱ.1.B-003）と同じで、クズクル発見鍑も同時期に製造されたと推測される。一方、クズクル発見鍑の圏足は、Ⅰ.1.A.bに多く見られる垂直方向の凸帯を4本伴う透かしのないもので、このような圏足の存続期間をも考えさせる。

　また、Ⅱ.1.Aは、中国の鍑E型式（高濱論文参照）と比較される。ザバイカリエのイヴォルガ119号墓出土鍑（高濱論文 Ea-1）は、垂直方向の鋳型の合わせ目があり、丸みのある器体や圏足に透かしのある点がシドロフカ出土鍑（Ⅱ.1.A-005）と共通する。全体の形はヤロマンⅡ出土鍑（Ⅱ.1.A-006）とも似ている。2本の弦紋の間に波状紋が施される紋様帯は、イヴォルガ119号墓出土鍑と同じEa型式に分類されたジャライノール3014号墓出土鍑（高濱論文 Ea-2）とキャフタ博物館所蔵鍑（同 Ea-3）に見られる。肩に段を持つ把手は、Eb型式のボルハン=トルゴイ63号墓出土鍑（同 Eb-3）およびキロン川発見鍑（同 Eb-7）の把手と比較される。ボルハン=トルゴイ63号墓出土鍑は口縁外側に表わされた把手の端部が弧を描いて持ち上がるように表現されており、コマルコヴァの鍑（Ⅱ.1.A-008）を思わせる。アバツキー出土鍑とクリュチェフスク発見鍑（Ⅱ.1.A-009, 010）は、把手にキノコ形の突起を1つ持ち、後者については圏足に凸帯を伴うというシベリアの鍑の特徴が見られる一方、把手の断面が凹形と思われる点、把手の口縁外側に表わされる端部が弧を描いて持ち上がっているところ、器体上部の弦紋などが、中国の鍑E型式と比較される。

　このように、Ⅱ.1.Aは中国の鍑と比較して考察すべき一群である。そして、高濱論文でも指摘されている通り、その年代は中国の鍑E型式に先行する可能性がある。E型式は中国北方の騎馬遊牧民である匈奴と結びつけられる。シベリアにおけるⅡ.1.Aが中国のE型式に先行するならば、Ⅱ.1.Aの東方への展開は、匈奴の活動と関わる問題となろう。

　Ⅱ.1.B　器体外面に鋳型の合わせ目と思われる垂直方向の凸線が見られ、圏足を伴い、器体側面に水平方向または傾斜した把手が2つ付く。

　Ⅱ.1.B-001　イズィフスキー=コピ Izykhskii-Kop' 1-1 墓地1号墳出土（図17～19）

　ミヌシンスク盆地で唯一、古墳から出土した鍑[18]。ただし、古墳葺石中の盗掘坑からの出土である。出土時は煤に被われていた。器体は中央より上に最大径を持ち、口縁に向かって径を狭めたのち外反する。底部は丸みが少ない。垂直方向に鋳型の合わせ目がある。肩部に凸線による2本の弦紋が巡り、その間に波状紋が施される。この紋様帯は鋳型の合わせ目でずれる。口縁から

紋様帯までは3.5cm、紋様帯の幅は2.5cmで、ほぼ同じ幅の把手が、紋様帯上にやや傾斜して付く。把手には凸線による弦紋がある。底部には13個の小さな孔が円形に並び、その中央に3個の不定形の孔がある。圏足は欠失している。内部には留め具2個が残っていた。報告者は、この留め具を、新しい圏足を取りつけるためのものとし、一方、この鍑は圏足欠失後「こんろ Zharovnya[19]」として使用されたと考えた。残存高29cm、口径30～32cm、最大腹径34cm、口縁部と底部の厚さ4mm、器体の厚さ2mm。

　オレンブルク Orenburg 州イレク Ilek 川左岸のポクロフカ Pokrovka 2 号墓地1号墓出土の青銅容器は、イズィフスキー=コピ出土鍑の底部の様子と比較できる（図19- 3）[Yablonskii (ed.) 1993, Ris. 24- 5 , 6]。この青銅器は、隅丸方形で、器体に水平方向の把手が2つ付き、底部に小さな孔が円形に並び、やはり Zharovnya と報告されている。実際の用途は不明だが[20]、イズィフスキー=コピ出土鍑は、圏足欠失後、ポクロフカの Zharovnya と同じ用途のために再加工されたと考えられる。また、中央の3つの穴は、圏足が取りつけられていた痕跡である可能性がある。この孔の部分に鋲の頭状の突起があったのだろう[21]。

　イズィフスキー=コピ1-1墓地1号墳は、墳丘下に6墓あり、木槨の構造から3～5号墓はタガール文化初期に、1、2号墓はタガール文化のビジャ Bidzha 期[22]に年代づけられ、6号墓は不明とされた。鍑は、墓葬よりかなり上層の盗掘坑から出土しており、その年代を古墳の築造年代と直接結びつけることはできない。後述のサヴィノフカ出土鍑（Ⅱ.1.B-003）やシドロフカ出土鍑（Ⅱ.1.B-004）との、器形、把手の形、紋様などとの共通点を考えると、タガール文化期の後半に位置づけられるかもしれない。伴出の青銅製鏃などから紀元前6～5世紀初とされるポクロフカ2号墓地1号墓に同じ用途と思われる青銅器があることから、再利用もさほど遅からぬ時期に行われたと考えることができる。

Ⅱ.1.B-002　ミヌシンスク郷土博物館所蔵 [Bokovenko et al. 1993, Ris. 5 , No.23]

　イズィフスキー=コピ出土鍑とほぼ同形で、紋様も把手の位置もよく似るが、把手中央に弦紋

---

(18) 1992年、ハカシヤ国立郷土博物館のタシュタンディノフ Tashtandinov I. I. 氏よりご教示を受け、未発表の報告書原稿と鍑写真を頂戴した。氏の許可を得てここにその内容を記載する。貴重な資料を預かりながらこれまで活用できなかったことを氏に深くお詫びするとともに、ここに掲載させていただくことに心から謝意を表す。

(19) この単語は、「熱する」「焼く」という意味から来ており、現代では、グリルのような焼き網状の部分を持つ調理器具、すなわち脂を落としながら肉などを焼く道具を意味する。

(20) 家畜をすみずみまで無駄にせず、肉はゆでて肉汁まですべて摂取する伝統的な遊牧生活を考えると、脂がしたたり落ちてしまうような孔の開いた調理具はそぐわないように思う。

(21) 本書デミデンコ論文 pp.314-317参照。

(22) タガール文化の時期区分として今日一般的なのは、バイノヴォ Bainovo 期、ポドゴルノエ Podgornoe 期、サラガシュ Saragash 期、テシ Tes' 期の4期区分であるが［藤川編 1999：102］、地域によってはそれらの過渡期が設定されている。ビジャ期はポドゴルノエ期とサラガシュ期の過渡期に当たり、紀元前5～4世紀という年代が与えられている［Vadetskaya 1986：78, 101］。したがって鍑を出土したイズィフスキー=コピ1-1墓地1号墳はタガール文化期前半に位置づけられる。

Ⅱ.1.B-001　　　　　　Ⅱ.1.B-002

Ⅱ.1.B-003

Ⅱ.1.B-004　　　　　Ⅱ.1.B-005　　　　　Ⅱ.1.B-006

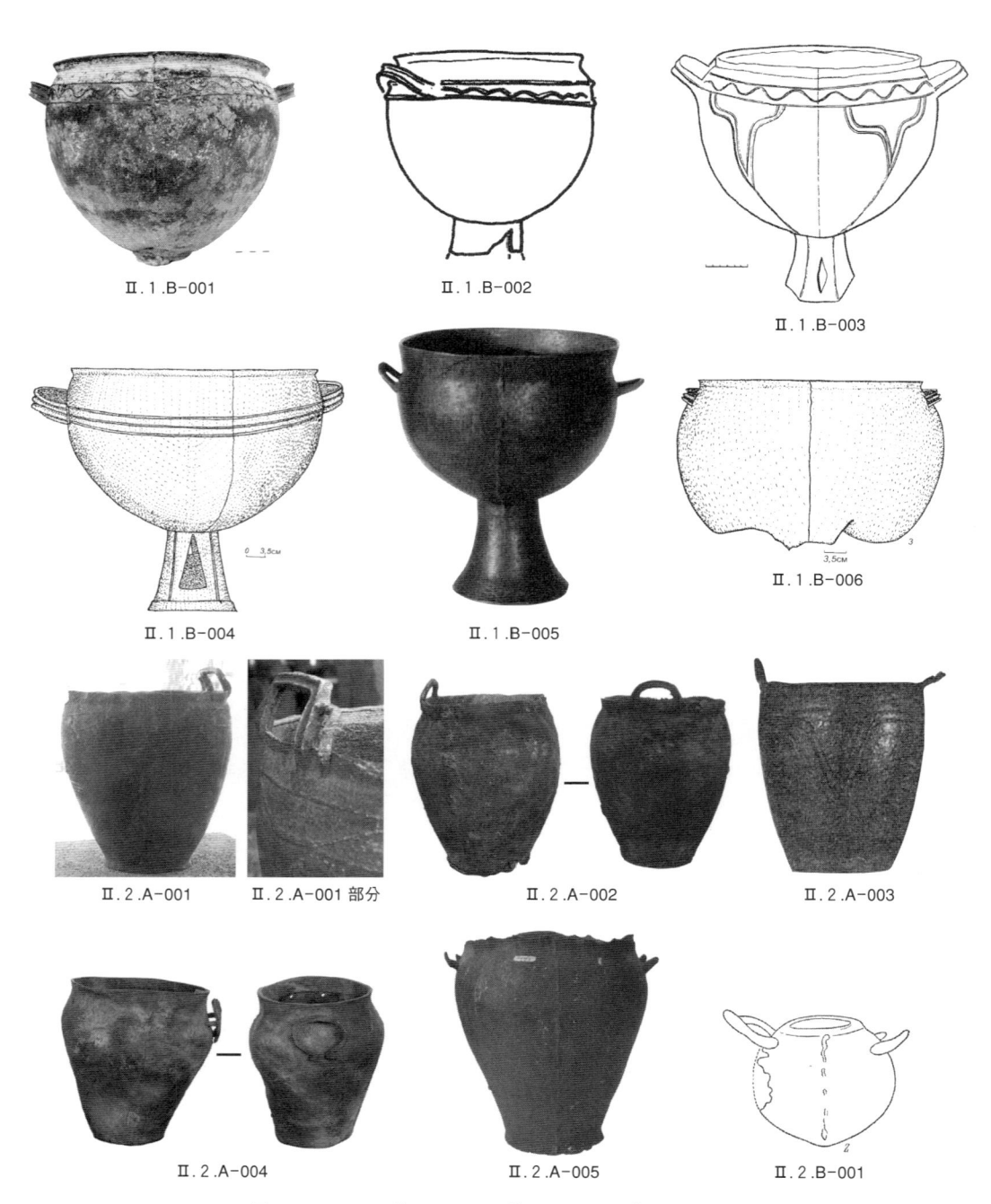

Ⅱ.2.A-001　Ⅱ.2.A-001 部分　Ⅱ.2.A-002　　Ⅱ.2.A-003

Ⅱ.2.A-004　　　Ⅱ.2.A-005　　　Ⅱ.2.B-001

図16　Ⅱ.1.Bの鍑／Ⅱ.2.Aの鍑／Ⅱ.2.Bの鍑（縮尺不同）

図17　イズィフスキー=コピ1-1墓地1号墳平面図

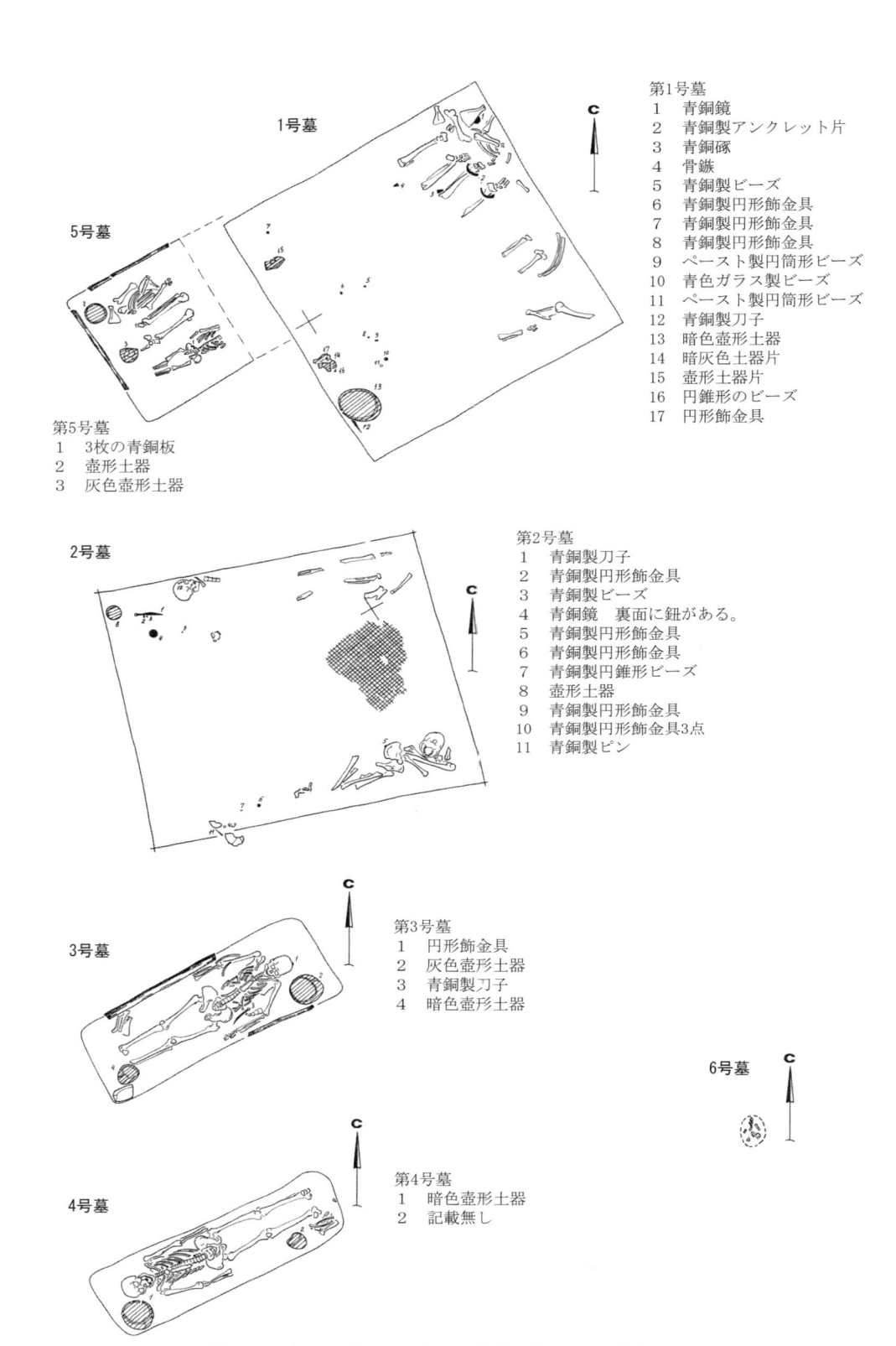

第1号墓
1　青銅鏡
2　青銅製アンクレット片
3　青銅鏃
4　骨鏃
5　青銅製ビーズ
6　青銅製円形飾金具
7　青銅製円形飾金具
8　青銅製円形飾金具
9　ペースト製円筒形ビーズ
10　青色ガラス製ビーズ
11　ペースト製円筒形ビーズ
12　青銅製刀子
13　暗色壺形土器
14　暗灰色土器片
15　壺形土器片
16　円錐形のビーズ
17　円形飾金具

第5号墓
1　3枚の青銅板
2　壺形土器
3　灰色壺形土器

第2号墓
1　青銅製刀子
2　青銅製円形飾金具
3　青銅製ビーズ
4　青銅鏡　裏面に鈕がある。
5　青銅製円形飾金具
6　青銅製円形飾金具
7　青銅製円錐形ビーズ
8　壺形土器
9　青銅製円形飾金具
10　青銅製円形飾金具3点
11　青銅製ピン

第3号墓
1　円形飾金具
2　灰色壺形土器
3　青銅製刀子
4　暗色壺形土器

第4号墓
1　暗色壺形土器
2　記載無し

図18　イズィフスキー＝コピ１−１墓地１号墳１〜６号墓平面図

1．イズィフスキー＝コピ1-1墓地1号墳鍑出土状況
2．イズィフスキー＝コピ出土鍑（Ⅱ.1.B-001）内面 
3．ポクロフカ2号墓地1号墓出土の青銅容器 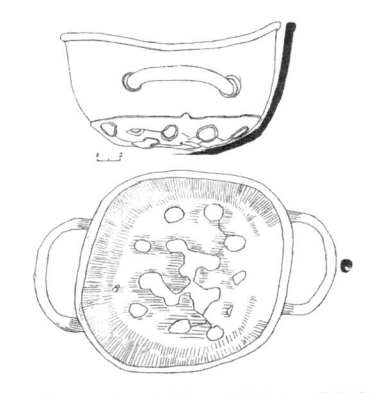

図19　イズィフスキー＝コピ1-1墓地1号墳出土鍑およびポクロフカ2号墓地1号墓出土青銅容器

はない。紋様帯は垂直方向の鋳型の合わせ目でずれる。圏足と器体の境より少し下に段があり、垂直方向の鋳型の合わせ目は段まで伸びる[23]。圏足下部は欠失するが、透かしのあったことが推測される。

Ⅱ.1.B-003　サヴィノフカ Savinovka 墓地7号墳2号墓出土 ［Matveev *et al.* 1988, Ris. 2］

半球形の器体が口縁に向かっていったん径を狭め、口縁は垂直に立ち上がる。肩部に2本の弦紋が巡りその間に波状紋が施され、傾斜した把手がつけられている点は、上述の2点と同様である。把手の位置は、紋様帯上ではなく、下の弦紋が把手中央の弦紋とつながる位置にある。また、紋様帯とその下の弧線紋はⅡ.1.Aのクズクルの鍑（Ⅱ.1.A-001）と共通する。報告書によれば、圏足は別鋳であり、6本の垂直方向の稜を持ち、透かしがある。通高36cm、口径33.5cm、最大径36.5cm、圏足の高さ9.5cm。

---

(23) 高濱秀氏の御教示による。

サヴィノフカ墓地7号墳には2墓あり、鍑は再葬墓である2号墓から出土した。中に馬の頭骨があり、下部が煤にまみれていたことから、実際に使用されていたことがわかる。サルガト文化期の土器が共伴すること、1号墓からは鉄製有茎三翼鏃や断面方形の槍先が出土し紀元前3世紀とされ、再葬墓である2号墓はそれより新しいことから、紀元前3世紀末〜前2世紀初めと考えられた［Matveev *et al.*1988, 241-242］。

　Ⅱ.1.B-004　シドロフカ **Sidorovka** 墓地1号墳2号墓出土［Matyushchenko *et al.* 1997, Ris.16-1］

　器体は半球形で、口縁に向かってやや径を狭め、口縁は外反する。器体には垂直方向の鋳型の合わせ目がある。凸線による3本の弦紋が巡り、弦紋と重なる位置に、ほぼ水平方向に2個の把手が付く。把手にも弦紋がある。圏足下部は折り返されたようになっており、器体の下から「折り返し」の上部まで垂直方向の凸線が複数ある。圏足には三角形の透かしを2つ伴う。通高47㎝、径42㎝。

　木槨内の南西隅、被葬者の足元のほうに置かれていた。同じ木槨内の南壁沿いからはⅡ.1.A-005も出土している。共伴の飾り板から紀元前3〜2世紀と考えられる［Matyushchenko *et al.*1997, Ris.27］。

　Ⅱ.1.B-005　下アバカン **Nizhnii Abakan** 地方　エルミタージュ博物館所蔵［Minasyan 1986, Ris.5-5］

　ラドロフ採集。器体は丸みを帯び、口縁はくっきりと立ち上がる。圏足はほっそりとしてやや外反しながら下方に広がる。無紋で、圏足上部に段がある。器体の垂直方向の鋳型の合わせ目は、段まで伸びる。

　Ⅱ.1.B-006　シドロフカ **Sidorovka** 墓地5号墳1号墓出土［Matyushchenko *et al.* 1997, Ris.70-3］

　下部は欠失しているが、器体は中央よりやや上に最大腹径を持つと思われ、口縁に向かって一旦径が狭まった後、外反する。残存部は無紋で、垂直方向に鋳型の合わせ目が見える。把手は口縁の下にやや傾いて付き、弦紋を伴う。本稿で取り上げたⅡ.1.Bの中では最も把手の位置が高く、また、張り出しが少ない。器体上部のほか、報告書によれば円錐台形の圏足の一部が残る。残存高22.4㎝、口径42㎝。

　サルガト文化期と思われる土器片が共伴する。

　サヴィノフカ7号墳出土鍑（Ⅱ.1.B-003）とシドロフカ1号墳出土鍑（Ⅱ.1.B-004）は、共に紀元前3〜2世紀とされ、Ⅱ.1.Bの年代の一部を明らかにした。後者は、垂直方向の把手を持つ鍑（Ⅱ.1.A-005）と共伴する。また、サヴィノフカ出土鍑に見られる独特の紋様とほとんど同じものが、垂直方向の把手を持つミヌシンスクのクズクル発見鍑（Ⅱ.1.A-001）に見られる。これによって、少なくともこの時期においては、垂直方向の把手と水平方向の把手は共存し、把手の方向の違いが地域や時代の差異を表わすものではないことがわかる。把手の方向を考慮しなければ、下アバカンの鍑（Ⅱ.1.B-005）とⅡ.1.Aのシドロフカ1号墳出土鍑、ヤロマンⅡ出土鍑（Ⅱ.1.A-005, 006）も、器形や圏足の付き方がよく似ている。ヤロマンⅡ出土鍑は、紀元前2

世紀から紀元後1世紀の年代が与えられており、このような形の鍑が長期にわたって存続したことを窺わせる。

現在知られている限りでは、Ⅱ.1.A、Ⅱ.1.Bともに紀元前3〜2世紀の鍑が最も古いと考えられる。外面に器体を2分割するような垂直方向の鋳型の合わせ目が現われる製造技法がこの時期までに出現した。そしてそれは、前述のとおり、中国の類例に先行する可能性がある。

凸線で表された2本の弦紋の間に波状紋が施される紋様帯も、このような製造技法と平行して出現したと思われる。このような紋様帯は、西シベリア（Ⅱ.1.B-003）、ミヌシンスク盆地（Ⅱ.1.A-001、Ⅱ.1.B-001）、バイカル湖東岸地方（髙濱論文 Ea-3）、モンゴル高原（同 Ea-2）に見られ、西シベリアからモンゴル高原まで広範囲に分布することが明らかになった。

本稿で扱う地域では、Ⅱ.1.AとⅡ.1.Bの並存は明らかであるが、中国の鍑に水平方向の把手はほとんどない。もし、中国のE型式に先行するものがシベリアにあるとするならば、Ⅱ.1の持つ特徴のうち、水平方向の把手という要素だけが受け入れられなかったことになる。これは、鍑の用い方と関係するかもしれない。あるいは、今後の発掘資料の増加によって、出現時期の前後関係が変わる可能性もある。

Ⅱ.2　器体外面に垂直方向の鋳型の合わせ目と思われる凸線があり圏足も脚も伴わないもの

Ⅱ.2.A　Ⅱ.2の特徴を持ち、垂直方向の把手が2つ付く。

Ⅱ.2.A-001　ミヌシンスク郷土博物館所蔵 ［Grishin 1960, Ris.17-3］（筆者他撮影）

器体上部に最大径があり、下に行くに従って径が狭くなる。底は平らである。器体上部には2本の凸線による弦紋の間に波状紋を配した紋様帯を持つ。把手は方形に近く、両側に段を持ち、段の部分に透かしがある。把手断面は凹形である。

Ⅱ.2.A-002　ハカシヤ国立郷土博物館所蔵　XKM253／1（筆者撮影）

器形は上述の鍑に似る。無紋。半環形の把手は、断面凹形というには丸みがあり、C形に近い。把手の下、口縁上部外面に続く部分は、両端がそれぞれ左右に開いて、丸みを帯びた「人」が2つ並んだような形になる。通高28.5㎝。

Ⅱ.2.A-003　トゥバ　バイ＝ダグ **Bai-Dag** Ⅱ出土 ［Moshkova (ed.) 1992, Tabl.79-16］

トゥバの匈奴墓から出土した。底は平らである。器体上部には凸線が巡り、その下に弧線紋が配される。この遺跡からは、同じ紋様を持ち、把手のない青銅製鍑 ［Moshkova (ed.) 1992, Tabl.79-17］と土鍑も出土した。

Ⅱ.2.A-004　ハカシヤ国立郷土博物館所蔵　XKM349（筆者撮影）

器体は、上記3点より肩部が膨らみ、口縁は垂直に立ちあがる。膨らんだ肩部には4つの孔があき、把手が取りつけられる。通高20.8㎝。

Ⅱ.2.A-005　ミヌシンスク **Minusinsk** 地区アスキス **Askis** 川発見　トムスク **Tomsk** 大学考古学民族学博物館所蔵（筆者撮影）

器形は、Ⅱ.2.A-004に似る。垂直方向の鋳型の合わせ目と思われる凸線は、底面に続く。内面は滑らかである。把手は欠失するが、肩部から屈曲して垂直に立ち上がることがわかる。肩部

に孔はなく、前者とは把手のつき方が異なる。通高28cm、口径18.5cm、底径13cm。

Ⅱ.2.B-001は、中国の鍑F型式と共通する器形と把手を持つ。紋様はⅡ.1.AやⅡ.1.B、中国のEa型式にも見られるものである。中国のF型式は、E型式と共通点が多く、並存したとされる（高濱論文 p.50）。Ⅱ.2.B-002、003の器形もF型式と共通し、後者は紋様からも、Fb型式に分類される鍑である。Ⅱ.2.B-004、005は特殊な器形と把手を持つが、肩部から立ち上がる把手は中国の鍑にも見られ、いずれも、シベリア以東の鍑との関連を考えるべき資料であろう。

Ⅱ.2.B 器体外面に垂直方向の鋳型の合わせ目と思われる凸線が見られ、圏足も脚もなく器体側面に水平方、または傾斜した把手が2つ付く。

Ⅱ.2.B-001 イルクーツク Irkutsk 郷土博物館所蔵 ［Rygdylon *et al.* 1959, Ris. 4-2］

器体はほぼ球体で、垂直方向に鋳型の合わせ目と思われる線が見える。把手は破損しているようだが、詳細は不明である。

4．関連資料

（1）ミニチュアの青銅製鋳造鍑

ミヌシンスク盆地には、タガール文化に続くタシュトゥク文化を中心に、高さ2〜3cm程度の、鍑形の垂飾がある。ハカシヤのウイバト Uibat ⅠおよびⅡ遺跡からの出土資料が知られているほか、偶然発見物がエルミタージュ博物館、ミヌシンスク郷土博物館、ハカシヤ国立郷土博物館、イルクーツク郷土博物館などに所蔵されている［Kyzlasov 1960：79-80］（図20-1〜11）[24]。小さいながらも、把手と圏足を伴い、縄状紋を模したと思われる紋様が表わされるものもある。把手の3つの突起が、大きく強調される。これらの鍑は、圏足内側の底部に孔がある。内部に紐が残っていた例があり、紐を通して圏足を上にして身につけていたと考えられた［Kyzlasov 1960：79］。

垂飾と思われる鍑よりも、もう少し大きな、しかし、実用には小さな鍑もある。紐を通す孔はなく、容器として使用に耐える形を保っている。ミヌシンスク盆地ばかりではなく、西シベリアにも知られている。

1930年代末にトボリスク博物館にもたらされた鍑は、マカル-ヴィシク-トゥル Makar-Visyg-Tur ゴロディシチェ（防御集落）で発見されたと考えられている。把手は欠失しているが、器形は後述のバラバ草原の鍑に似る。器体に縄状紋を模したような紋様がある。残存高7.5cm、口径6cm、圏足の高さ3cm（図20-12）。

バラバ Baraba 草原の鍑は、無紋で把手に突起を持たない。図の縮尺から、通高は約9.5cm（図20-13）。

ゴリコエ・オゼロ Gor'koe Ozero 墓地では、通高4.5cmと11.5cmの鍑が出土した。どちらも垂直

---

(24) その他筆者実見。

図20 .ミニチュア鍑（縮尺不同）

方向の把手を伴う［Moshkova (ed.) 1992：241］。図示された小型の鍑は、半環形の突起のない把手を伴う単純な形である（図20-14）。

クラスノヤルスク地方発見の鍑は、器体は浅く2本の弦紋を伴い、突起のない把手と圏足を持つ。図の縮尺から、通高約6cm（図20-15）。

クラスノヤルスク州シャリポフ Shalipov 地方のベレゾヴォ Berezovo 21号墳からは球形に近い器体に水平方向の把手を伴う鍑のミニチュアが出土した（図20-16）。パジリク2号墳出土鍑（Ⅰ.1.B-001）の器体やトゥバのⅠ.2.Bの鍑（Ⅰ.2.B-003～005）とほぼ同形である。ベレゾヴォ21号墳からは、青銅製闘斧などのミニチュアや青銅製鏡、飾り金具、土鍑を含む土器類、独特の紋様のある白樺の樹皮製の箱などが出土し、紀元後2世紀初めに年代づけられた［Vadetskaya 1995：116-118］。

ミニチュアの鍑の存在とその表現は、ボコヴェンコも指摘したように、タシュトゥク文化期になっても、鍑の形態が充分に伝えられていたことを表わす［Bokovenko 1981：47］。中でも、把手に先端がキノコのような形の3つの突起を伴う鍑は、タシュトゥク文化の人々に強い印象を残したらしく、ミニチュアの鍑の把手の多くに、大きく強調された3つの突起が見られる。また、ミ

ヌシンスク盆地においては、タガール文化期に鍑が墓から出土することはほとんどなく、後の時代になってミニチュアが墓から出土することは、タガール文化期からタシュトゥク文化期への移行の中で、鍑の用途と人々の鍑に対する意識に何らかの変化があったことを示唆する。

（2）土　鍑

タガール文化期の後半になると、副葬品に土製の鍑が出現する。サラガシュ期に現われ、テシ期に増える。突起のない垂直方向の把手を2つ伴う単純な形のものが大半で、器体に凸線や沈線による弦紋が表わされることもある［Vadetskaya 1986：90-92］。

続くタシュトゥク文化期にも土製の鍑が知られている。単純な形のものが多いが、把手に、突起が1つ、または2つ伴うものや、弦紋が表わされるものもある［Kiselev 1951, Tabl. XXXIX-6；Vadetskaya 1995, Ris.18 など］。

ミヌシンスク盆地のサヤン山脈寄りに位置し、クラスノヤルスク地方の後期タガール文化の遺跡とされるベレシュ Beresh 村2号墳1号墓からは、63体以上の人骨とともに、木製容器や土器片、ミニチュアの青銅器などが出土した。土器は重なり合っているものもあり、その中に複数の土鍑が含まれていた［Vadetskaya 1995：96-116］（図21-1）。

ミヌシンスク盆地では、青銅製鋳造鍑とは異なり土鍑は墓から出土する。他の土器と重なり合って複数出土しており、青銅器を模したものであるにしても、土器の一形態という側面が強い。

一方、ミヌシンスク盆地のタシュトゥク文化期と並行する時期と考えられるトゥバのコケリ墓地では、被葬者の頭部付近に、土鍑が1点置かれる例が多数見られた［Vainshtein et al. 1966；Vainshtein 1970］。この遺跡からは、青銅製鋳造鍑も出土している（Ⅰ.1.A.bi-029, 030）。

コケリ墓地における土鍑の出土状況は、他の土器とは異なる副葬品としての意味を思わせる。トゥバやアルタイでは、ミヌシンスク盆地とは異なり、古くから青銅製鋳造鍑が古墳に副葬される例があり（アルジャン2号墳Ⅰ.1.A-001、Ⅰ.1.bi-001、ホヴジュク古墳Ⅰ.2.B-003、パジリク古墳Ⅰ.1.B-001など）、埋葬儀礼における鍑の在り方に違いが見られる。

（3）岩壁画

ミヌシンスク盆地では、19世紀末には岩壁画に鍑が表わされていることが記録され、青銅製鋳造鍑や土鍑との比較も早くから行われていた［Aspelin 1912, Abb. 4, 7；Appelgren-Kivalo 1931, Abb. 74, 75, 297-300］[25]。中には、鍑を火にかけたり、かき回したりしているような場面が表わされているものもある［Appelgren-Kivalo 1931, Abb. 75, 297-300；Devlet 1976, Table. Ⅵ］。

ボリシャヤ（大）=ボヤルスカヤ Bol'shaya Boyarskaya 岩壁画とマラヤ（小）=ボヤルスカヤ Malaya Boyarskarya 岩壁画は、エニセイ川中流域にあり、山の斜面に露出した岩に絵が刻まれている。ユルタのような家屋のまわりに動物や人間、そして鍑が見られる。1つ2つではなく、幾つもの鍑が表されている。深鉢形の器体に圏足が付き、2つの垂直方向の把手を持つ。器体に弦紋を伴うものもある。把手にはしばしば3つの突起が明瞭に表現されている（図21-2、口絵2-2）。

(25) 日本では、甲元眞之氏による紹介がある［甲元 1992］。

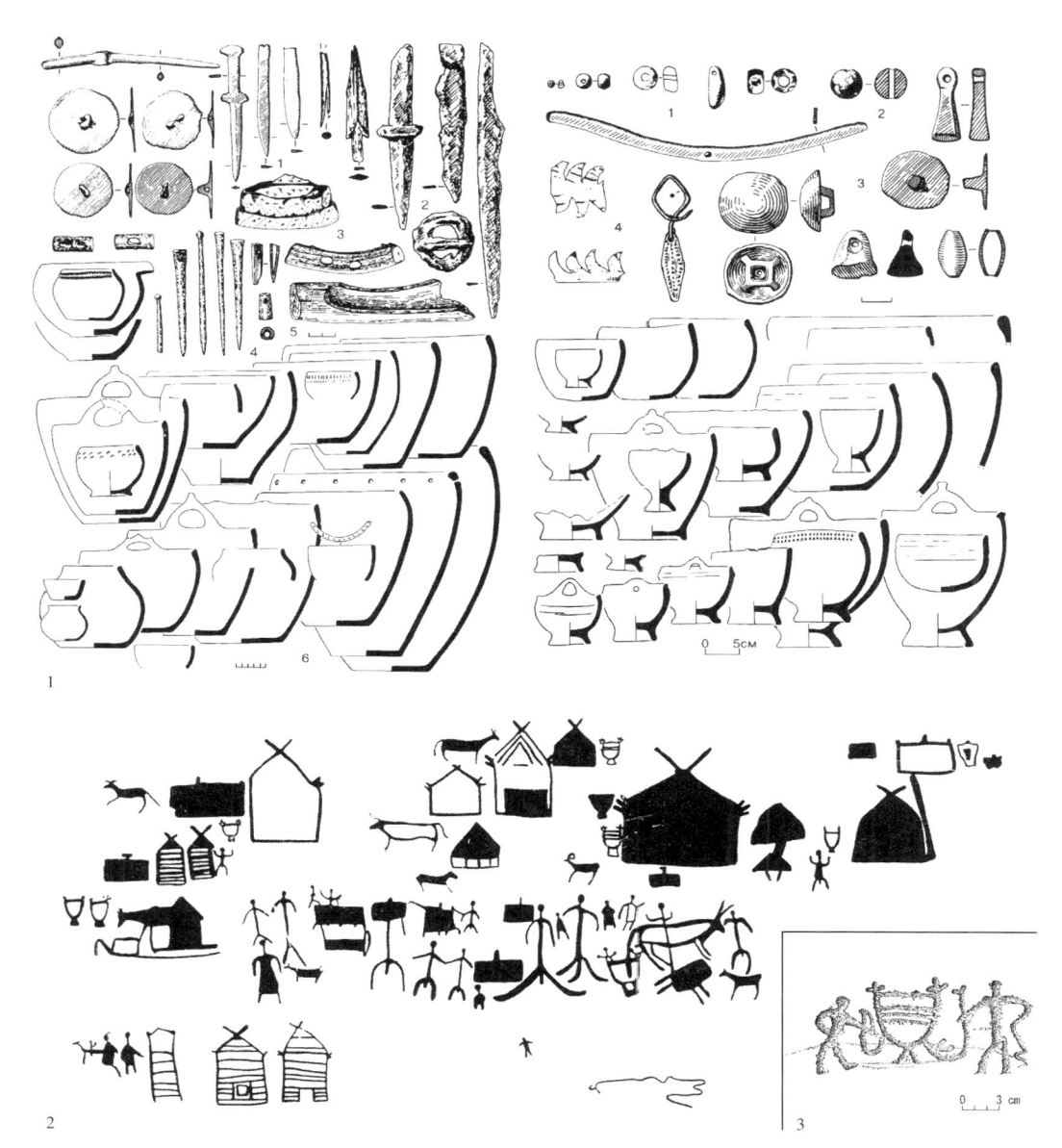

図21　1.ベレシュ2号墳1号墓出土遺物／2, 3.ミヌシンスク盆地の岩壁画

　これらの岩壁画は、鍑が身近でかつ実用性の高いものであったことを示唆する。また、把手に3つの突起を伴う鍑はミヌシンスク盆地に限られたものではないが、先端がキノコ形に大きく強調されるのはシベリアの中でもとりわけこの地域に顕著に見られる（Ⅰ.1.A.biii参照）。タシュトゥク文化期の垂飾にも窺えるように、ミヌシンスク盆地において、3つの突起は他の地域と異なる特別な意味を持っていたのかもしれない。

　岩壁画に、B類、すなわち器体側面に水平、あるいは低斜した把手を伴う鍑が見られないことにも注目したい。ミニチュアの鍑や土鍑も同様である。垂直方向の把手と圏足を持つⅠ.1.Aこそがシベリアの鍑であり、描いたり、小さくして身につけたり、別の素材で作ったりするほどに、

意味のある器形だったと思われる。

5．まとめ

（1）年代と地域的な特徴

以上から下記のことが推測される。

　シベリアの鍑の中で最も早く出現したのはⅠ.1.Aである。地域は、トゥバおよびミヌシンスク盆地を中心とする。中でも、Ⅰ.1.A.aとⅠ.1.A.biは、紀元前7世紀後半には存在していたことが明らかである。他地域の鍑と比較すると、Ⅰ.1.A.a、Ⅰ.1.b.ⅰ～ⅲそれぞれに、より早い時代の特徴を備えた鍑が見られる。それは、器体中央より上の水平方向の鋳型の合わせ目と把手の取りつけ方に窺える。本稿における分類とは別の観点から特徴を観察することで、さらに早い時代に年代づけられる1群を抽出できる可能性がある。Ⅰ.1.A.aは比較的早く姿を消すが、Ⅰ.1.A.biは紀元後まで続く。ただし、その器形は一様ではなく、より詳細な分類が必要と思われるが、現時点では難しい。

　Ⅰ.1.A.biと前後して、把手に突起を伴うⅠ.1.A.biiとⅠ.1.A.biiiが現われる。Ⅰ.1.A.biiiの存続期間には紀元前5～4世紀が含まれる。器形や紋様に共通点が見られることから、Ⅰ.1.A.bii、Ⅰ.1.A.biii、Ⅰ.1.A.c、に大きな時代差はなく、Ⅰ.1.A.b、Ⅰ.1.A.c、注口を伴うⅠ.1.Cは、ある期間並存する。

　Ⅰ.1.A.b、Ⅰ.1.A.cの中での器形の変遷は、現時点では推測できないが、紋様の要素のみを拾い出すならば、下記のことが考えられる。縄状紋の中では、器体に巻きつけるように表わされるものは、途中で折り返すように表わされるものより早く現われる。縄状紋を伴う鍑にのみ着目すれば、把手に突起のないものが最も早く出現し、把手に3つの突起を伴うものが最後まで残った可能性がある。器体外面に水平方向の痕跡が現われる鋳型の作り方は、圏足に垂直方向の凸帯が現われるものより早い。水平方向の痕跡が器体外面下部に現われるものについては、圏足に垂直方向の凸帯を伴うことも多く、両者は補完しあいながら並存したと思われる。

　Ⅰ.1.A.dは、西シベリアの一群で、もっとも早いものは青銅器時代と初期遊牧民の時代の移行期と考えられている。より新しいものは、サルマタイの鍑と関連する。

　Ⅰ.1.Bには、トゥバ・アルタイの地域的なものと、天山北方と関連するものがある。前者は、紀元前5～4世紀には存在した。Ⅰ.2.Bは、器体や把手の形がⅠ.1.Bのトゥバ・アルタイの地域的な鍑と共通し、同様にトゥバ・アルタイ地域的なものであり、年代も近いと思われる。

　Ⅰ.2.AとⅡ.2.Bは、現在知られているものはそれぞれ1点のみで、その系統は不明である。

　Ⅰ.3は、天山北方の鍑の影響を受けて、この地域で製作されたものである。

　器体外面に垂直方向の鋳型の合わせ目が現われるⅡ類は、Ⅰ類より遅く出現し、前3～2世紀には存在した。中国の鍑と比較できる要素を持ち、現時点では、中国よりも、シベリアに早い鍑が知られている。しかし、中国の鍑のほうが多様で後代まで存続し、仮にシベリアに祖形があったとしても、それはバイカル湖以東、中国の北方において大きく展開した。

（2）用　途

　アルタイのノヴォトロイツコエ18号墳9号墓では、外面が煤に被われ、内部に羊らしい動物骨が入った鍑（Ⅰ.1.B-002）が出土した。また、西シベリアのサヴィノフカ墓地7号墳2号墓から出土した鍑（Ⅱ.1.B-003）の中には馬の頭骨があり、下部が煤にまみれていた。このことから、鍑が煮炊きに実用されたことは明らかである。ただし、墓からの出土品の場合は、煮炊きの行為自体が埋葬儀礼の一環と思われ、実用品とはいいながら日常使用の煮炊具とは異なる可能性がある。パジリク2号墳では、器体高10cm程度の小鍑（Ⅰ.1.B-001）が、大麻の実をくすぶらせる埋葬儀礼に用いられていたと思われ、肉を煮るには小さすぎる鍑の用途を示唆する。
　一方、ミヌシンスク盆地でも岩壁画の描写から鍑が煮炊きに使われたと思われるが[26]、墓室内から出土した例はなく、より日常に即して使用されたことが窺われる。家々の周りに複数の鍑が表わされる岩壁画の表現も、鍑が特殊な祭器というよりは身近な存在であったことを思わせる。しかし、日用の鍋とするには発見例が少なく、ある程度は特別な時に用いられたのかもしれない。
　ミヌシンスク盆地では、青銅製の鍑に遅れて、土鍑やミニチュアの鍑が出現する。それらは墓から出土しており、他地域の埋葬儀礼における鍑の役割を、土鍑やミニチュアの鍑が担っていた可能性がある。

6．おわりに

　本稿は、古くから注目されてきたミヌシンスク盆地の鍑について研究を深めることを目的の1つとしたが、こうしてシベリア全体の中でみると、墓からの出土がほとんどなく、その一方で岩壁画に描かれたりミニチュアが製作されたりするなど、ミヌシンスク盆地の鍑は特殊である。器形や紋様が独特なのも、鍑の在り方が、他の地域と異なるところから来ているのかもしれない。
　本稿では、資料の多くを出版物に依ったことから、器体外面の垂直方向の凸線以外は、器形と紋様から分類した。器形や紋様は用途と直接結びつくものであり、そこに着目することで、ミヌシンスク盆地の地域的な特徴を示すことにはなったが、年代的な変遷や系統関係を明らかにするには至っていない。
　前述の通り、発掘資料の増加が見込みがたいミヌシンスク盆地においては、用途ではなく、製造技法と結びつく鍑内外の痕跡に注目して他地域の出土資料と比較することが、今後の課題となるだろう。

---

(26) 甲元眞之氏は、ボリシャヤ＝ボヤルスカヤ岩壁画で鍑と思われる容器が牛の後方に表されていることから、これを乳搾りと関連づけ、クズル＝ハヤの岩壁画の表現を鍑の周囲で「薪を燃やしている姿であろう」とはしているものの、チーズ作りの場面と想定した［甲元 1992：42］。しかし、これまで述べてきた鍑の出土状況からすると、肉を煮る場面と解釈する方が妥当であろう。なお、甲元氏が想定された鍑の用途については、雪嶋宏一氏の反論がある［雪嶋 1993］。

参考文献

甲元眞之
- 1992 「大ボヤール岩壁画と銅鍑」『比較民族研究』第6号1992年6月(『東北アジアの青銅器文化と社会』同成社 2006年に再録)

高浜秀
- 1993 「オルドス青銅器竿頭飾について」『Museum』第513号1993年12月

林俊雄
- 2007 『スキタイと匈奴 遊牧の文明』興亡の世界史02 講談社

藤川繁彦編
- 1999 『中央ユーラシアの考古学』同成社

福岡市博物館、西日本新聞社編
- 2005 『アルタイの至宝展』西日本新聞社

雪嶋宏一
- 1993 「鍑の用途について」『草原考古通信』第3号、1993年12月

ルデンコ S. I. 江上波夫・加藤九祚共訳
- 1971 『スキタイの芸術 南シベリアと北蒙古の遺宝』新時代社

Absalyamov *et al.* Абсалямов М. В., Мартынов А. И.
- 1979 Поселения тагарского и переходного тагаро-таштыкского времени в Хакасско-Минусинской котловине и Ачинско-Мариинской лесостепи. *Археология Южной Сибири*. Кемерово. сс. 60-85.

Appelgren-Kivalo, H.
- 1931 *Alt-Altaische Kunstdenkmäler : Briefe und Bildermaterial von J. R. Aspelins Reisen in Sibirien und der Mongolei 1887-1889*. Helsingfors.

Aspelin, J. R.
- 1912 Die Steppengräber am Jenissei. *Finnish-ugrische Forschungen*. Band XII, Heft 1-2. SS. 1-18.

Baipakov *et al.* Байпаков К. М., Исмагил Р. Б.
- 1996 Бесагашский клад бронзовсй посуды из Семиречья. *Известия Министерства науки-Академии наук Республики Казахстан. Серия общественных наук*. 1996(2). сс. 41-51.

Berdnikova *et al.* Бердникова В. И., Ветров В. М., Лыхин Ю. П.
- 1991 Скифо-сибирский стиль в художественной бронзе верхней Лены. *Советская археология* 1991-No. 2. сс. 196-205.

Bokovenko Боковенко Н. А.
- 1977 Типология бронзовых котлов сарматского времени в Восточной Европе. *Советская археология*. 1977-No. 4. сс. 228-235.
- 1981 Бронзовые котлы эпохи ранних кочевников в азиатских степях. *Проблемы западносибирской археологии. Эпоха железа*. Новосибирск. сс. 42-52.

Bokovenko *et al.* Боковенко Н. А., Засецкая. И. П.
- 1993 Происхождение котлов 《гуннского типа》 Восточнной Европы в свете

проблемы хунно-гуннских связей. *Петербургский археологический весник.* No. 3. С.-Петербург. сс. 73-88.

Borodovskii Бородовский А. П.
2008 Изображение лошади на роговых деталях конского снаряжения скифского времени юга Западной Сибири. *Россиская археология.* 2008-No. 3. сс. 111-119.

Borodovskii *et al.* Бородовский А. П., Телегин А. Н.
2007 Роговые украшения седла скифского времени с Приобского плато. *Археология, этнография и антропология Евразии.* 2007-No. 2 (30). сс. 52-62.

Chernetsov Чернецов В. Н.
1953 Бронза Усть-Полуйского времени. *Древняя история Нижнего Приобья. Материалы и исследования по археологии СССР.* No. 35.

Chlenova Членова Н. Л.
1962 Скифский олень. *Памятники скифо-сарматской культуры. Материалы и исследования по археологии СССР.* No. 115. сс. 167-203.
1967 *Происхождение и ранняя история племен тагарской культуры.* Москва.
1981 Тагарские Лошади. (О связах племен Южной Сибири и Средней Азии в скифскую эпоху.) *Кавказ и Средняя Азия в древности и средневековье.* Москва. сс. 80-94.
1994 *Памятники конца эпохи бронзы в Западной Сибири.* Москва.

Čugunov *et al.* K. V. Čugunov, H. Parzinger, A. Nagler.
2010 *Der skythenzeitliche Fürstenkurgan Aržan 2 in Tuva. Archäologie in Eurasien.* Band 26. Mainz.

Davydova Давыдова А. В.
1968 The Ivolga Gorodishche : A monument of the Hsiung-nu culture in the Trans-Baikal region. *Acta Archaeologica Hungaricae.* Budapest.
1985 *Иволгинский комплекс (городище и могильник)-памятник хунну в Забайкалье.* Ленинград.

Demidenko Демиденко С. В.
2008 *Бронзовые котлы древних племен нижнего Поволжья и южного Приуралья. (V в. до н. э.-III в. н. э.)* Москва.

Devlet Дэвлет М. А.
1976 *Боярская писаница.* Москва.

D'yakonova Дьяконова В. П.
1970 а Большие курганы-кладбища на могильнике Кокэль (по результатам раскопок за 1963, 1965 гг.) *Труды тувинской комплексной археолого-этнографической экспедиции.* III. Ленинград. сс. 80-209.
1970 б Археологические раскопки на могильнике Кокэль в 1966 г. *Труды тувинской комплексной археолого-этнографической экспедиции.* III. Ленинград. сс. 210-238.

Érdy Miklós
    1995   Hun and Xiong-nu Type Cauldron Finds Throughout Eurasia. *Eurasian Studies Yearbook*, 67. pp. 5–94.

Gryaznov   Грязнов М. П.
    1933   Боярская писаница. *Проблемы истории материальной культуры.* No. 7, 8.
    1980 а   Аржан : царский курган раннескифского времени. Ленинград.
    1980 б   Таштыкская культура. *Комплекс археологических памятников у горы Тепсей на Енисее.* Новосибирск.

Grishin   Гришин Ю. С.
    1960   *Очерки по истории производства в Приуралье и Южной Сибири в эпоху бронзы и раннего железа. Материалы и исследования по археологии СССР.* No. 90. Москва.

Historisches Museum der Pfalz Speyer
    2007   *Attila und die Hunnen.* Konrad Theiss Verlag GmbH, Stuttgart.

Ilyushin *et al.*   Илюшин А. М., Ковалевский С. А.
    1999   Итоги исследования древностей раннего железного века кузнецкой комплексной археолого-этнографической экседицией. *Итоги изучения скифской эпохи Алтая и сопредельных территорий.* Барнаул. сс. 60–64.

Kiselev   Киселев С. В.
    1951   *Древняя история Южной Сибири.* Москва.

Kubarev   Кубарев Б. Д.
    1979   Оленный камень с р. Чуи. *Древние культуры Сибири и Тихоокеанского бассейна.* Новосибирск. сс. 163–169.

Kungurov *et al.*   Кунгуров А. Л., Горбунов В. В.
    2001   Случайные археологические находки с верхнего Чумыша (по материалам музея с. Победа.) *Проблемы изучения древней и средневековой истории.* Барнаул. сс. 111–126.

Kyzlasov   Кызласов Л. Р.
    1960   *Таштыкская эпоха в истории Хакасско-Минусинской котловины.* Москва.
    1979   *Древняя Тува.* Москва.

Levasheva *et al.*   Левашева В. П., Рыгдылон Э. Р.
    1952   Шалаболинский клад бронзовых котлов, хранящийся в Минусинском музее. *Краткие сообщения института истории материальной культуры.* Выпуск XLIII. сс. 132–137.

Mannai-ool   Маннай-оол М. Х.
    1970   *Тува в скифское время : Уюкская культура.* Москва.

Matveev *et al.*   Матвеев А. В., Матвеева Н. П.
    1988   Бронзовый котел из Савиновского могильника (Среднее Притоболье.) *Советская археология.* 1988–No. 1. сс. 241–243.

Matveeva   Матвеева Н. П.
    1993   *Саргатская культура на Среднем Тоболе.* Новосибирск.

1994　*Ранний железный век Приишимья.* Новосибирск.

Matyushchenko *et al.*　Матющенко М. И., Татаурова Л. В.

1997　*Могильник Сидоровка в Омском Приишимье.* Новосибирск.

Minasyan　Минасян Р. С.

1986　Литье бронзовых котлов у народов степей Евразии（Ⅶ в. до н. э. - Ⅴ в. н. э.）*Археологический сборник Государственного Эрмитажа.* 27.

Mogil'nikov　Могильников В. А.

1997　*Население Верхнего Приобья в середине-второй половине I тысячелетия до н. э.* Москва.

Mogil'nikov *et al.*　Могильников В. А., Уманский А. П.

1999　Бронзовые котлы из Новотроицких курганов. *Вопросы археологии и истории Южной Сибири.* Барнаул. сс. 111-130.

Molodin　Молодин В. И.

1985　*Бараба в эпоху бронзы.* Новосибирск.

Moshinskaya　Мошинская В. И.

1953　Городище и курганы Потчеваш. *Древняя история Нижнего Приобья. Материалы и исследования по археологии СССР.* No. 35. сс. 189-220.

Moshkova (ed.)　Мошкова М. Г.（отд. ред.）

1992　*Степная полоса Азиатской части СССР в скифо-сарматское время. Археология СССР.* Москва.

Pósta Béla

1905　*Régészeti tanulmányok az Oroszföldön. Zichy Jenő gróf harmadik ázsiai utazása.* Ⅳ kötet. Budapest-Leipzig.

Poltoratskaya　Полторацкая В. Н.

1966　Памятники эпохи ранних кочевников в Туве（по раскопкам С. А. Теплоухова.）*Археологический сборник.* Вып. 8. сс. 78-102.

Rudenko, S. I.

1970　*Frozen Tombs of Siberia : The Pazyryk Burials of Iron-Age Horsemen.* Berkeley and Los Angeles.

Rygdylon *et al.*　Рыгдылон Э. Р., Хороших П. П.

1959　Коллекция бронзовых котлов Иркутского музея. *Советская археология* 1959-No. 1. сс. 253-258.

Semenov　Семенов В. А.

1994　Хронология курганов знати могильника Кош-Пей 1 в Уюкской котловине в Туве, *Элитные курганы степей Евразии в скифо-сарматскую эпоху.* С.-Петербург. сс. 184-192.

Tallgren, A. M.

1917　*Collection Tovostine des antiquités préhistoriques de Minoussinsk conservées chez le Dr. Karl Hedman à Vasa / chapitres d'archéologie sibérienne par A. -M. Tallgren.* Helsinki.

Teploukhov　Теплоухов С.

1929　Опыт классификации древних металлических культур Минусинского края. *Материалы по этнографии.* Том IV. Выпуск второй. сс. 41-62.

(テプロウホフ「ミヌシンスク地方に於ける古代金屬文化の種別化（Klassifikatsiya）試論」梅原末治『古代北方系文物の研究』星野書店　1938年、207〜244頁、復刻：新時代社 1971年）

Tishkin *et al.*　Тишкин А. А., Горбутов В. В.
　　2003　Исследования погребарьно-поминальных памятников кочевников в центральном Алтае. *Проблемы археологии, этнографии, антропологии Сибири и сопредельных территороий.* Том IX, часть I. Новосибирск.

Troitskaya *et al.*　Троицкая Т. Н., Молодин В. И., Соболев В. И.
　　1980　*Археологическая карта Новосибирской обрасти.* Новосибирск.

Troitskaya *et al.*　Троицкая Т. Н., Бородовский А. П.
　　1994　*Большереченская культура лесостепного Приобья.* Новосибирск.

Troitskaya *et al.*　Троицкая Т. Н., Новиков А. В.
　　2004　*Археология Западно-Сибирской равнины.* Новосибирск.

Vadetskaya　Вадецкая Э. Б.
　　1986　*Археологические памятники в степях Среднего Енисея.* Ленинград.
　　1995　Исследование коллективных могил позднетагарской культуры в верховьях Чулыма（раскопки кургана 2 у деревни Береш.）*Археологические Вести.* No. 4. cc. 96−119.

Vainshtein　Вайнштейн С. И.
　　1970　Раскопки могильника Кокэль в 1962 г.（Погребения казылганской и сысын-чюрекской культур）. *Труды тувинской комплексной археолого-этнографической экспедиции.* III. Ленинград. сс. 7−79.

Vainshtein *et al.*　Вайнштейн С. И., Дьяконова В. П.
　　1966　Памятники в могильнике Кокэль конца I тысячелетия до нашей эры-первых веков нашей эры. *Труды тувинской комплексной археолого-этнографической экспедиции.* II. Москва-Ленинград. cc. 185−291.

Val'chak *et al.*　Вальчак С. Б., Демиденко С. В.
　　2006　Комплекс 1951 года с горы Бештау : вопросы хронологии. *Нижне-волжский археологический весник.* Выпуск 8. cc. 173−186.

Yablonskii　Яблонский Л. Т.
　　1998　*Работы комплексной Илекской экспедиции на юге Оренбургской области. Археологические памятники Оренбуржия.* Выпуск II. cc. 97-119.

Yablonskii（ed.）　Яблонский Л. Т.（ред.）
　　1993　*Курганы левобережного Илека.* Москва.

Zdanovich　Зданович Г. Б., Хабдулина М. К.
　　1986　Курган Темир. *Ранний железный век и средневековье Урало-Иртышского междуречья.* Челябинск. cc. 45−65.

図版出典
　図1-図16　本文中に記載
　図17　イズィフスキー＝コピ Izykhskii-kop' 1−1墓地1号墳平面図（タシュタンディノフ Tashtandinov I. I. 氏提供）

図18　イズィフスキー＝コピ Izykhskii-kop' 1-1 墓地 1 号墳 1～6 号墓平面図（同上）
図19　イズィフスキー＝コピ Izykhskii-kop' 1-1 墓地 1 号墳出土鍑およびポクロフカ 2 号墓地 1 号墓出土青銅製容器
　1　イズィフスキー＝コピ 1-1 墓地 1 号墳鍑出土状況（同上）
　2　イズィフスキー＝コピ 1-1 墓地 1 号墳出土鍑内面（筆者撮影）
　3　ポクロフカ Pokrovka 2 号墓地 1 号墓出土青銅製容器［Yablonskii (ed.) 1993, Ris. 24-5, 6］
図20　ミニチュアの鍑
　1～5　ウイバト Uibat Ⅰ遺跡出土［Kiselev 1951, Tabl. XXXⅦ-5, XXX-7-10］
　6～8　ウイバト Uibat Ⅱ遺跡出土［Kyzlasov 1960, Ris. 28-9-11］
　9　国立博物館（ヘルシンキ）所蔵トヴォスティン・コレクション Collection Tovostine［Tallgren 1917, Pl. Ⅸ-27］
　10　イルクーツク郷土博物館所蔵［Rygdylon et al. 1959, Ris. 4-1］
　11　ミヌシンスク郷土博物館所蔵［Vadetskaya 1986, Tabl. Ⅸ-20］
　12　マカル-ヴィシク-トゥル Makar-Visyg-Tur ゴロディシェ発見［Chernetsov 1953, Ris. Ⅸ-7］
　13　バラバ Baraba 草原発見［Kyzlasov 1960, Ris. 26-1］
　14　ゴリコエ・オゼロ Gor'koe Ozero 墓地出土［Kyzlasov 1960, Ris. 26-2］
　15　クラスノヤルスク Krasnoyarsk 地方発見［Kyzlasov 1960, Ris. 26-3］
　16　ベレゾヴォ Berezovo 21 号墳出土［Vadetskaya 1995, Ris. 20］
図版21　ベレシュ 2 号墳 1 号墓出土遺物、ミヌシンスク盆地の岩壁画
　1　ベレシュ Beresh 2 号墳 1 号墓出土遺物［Vadetskaya 1995, Ris. 17, 18］
　2　ボリシャヤ＝ボヤルスカヤ Bol'shaya Boyarskaya 岩壁画［Devlet 1976, Tabl. Ⅴ］
　3　スレク Sulek 村ピサンナヤ山 Pisannaya Gora の岩壁画［Appelgren-Kivalo 1931, Abb. 75］

地図1　本稿で扱う範囲

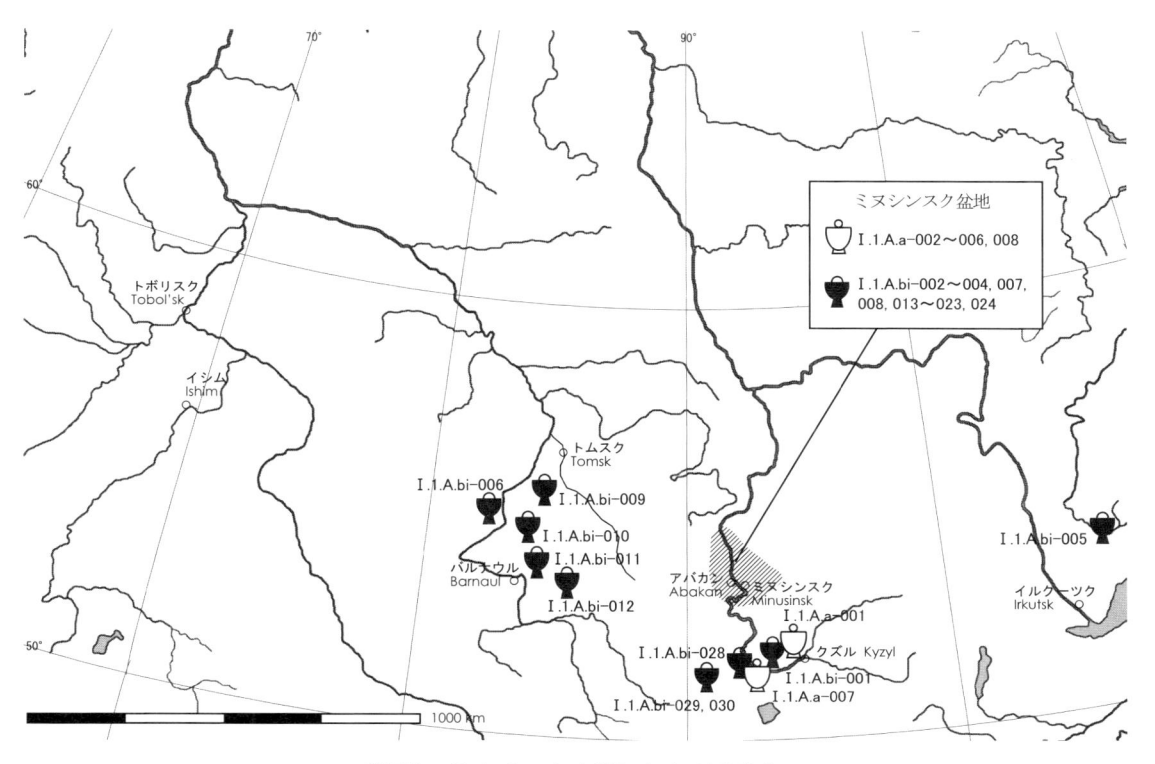

地図2　I.1.A.a および I.1.A.bi の分布

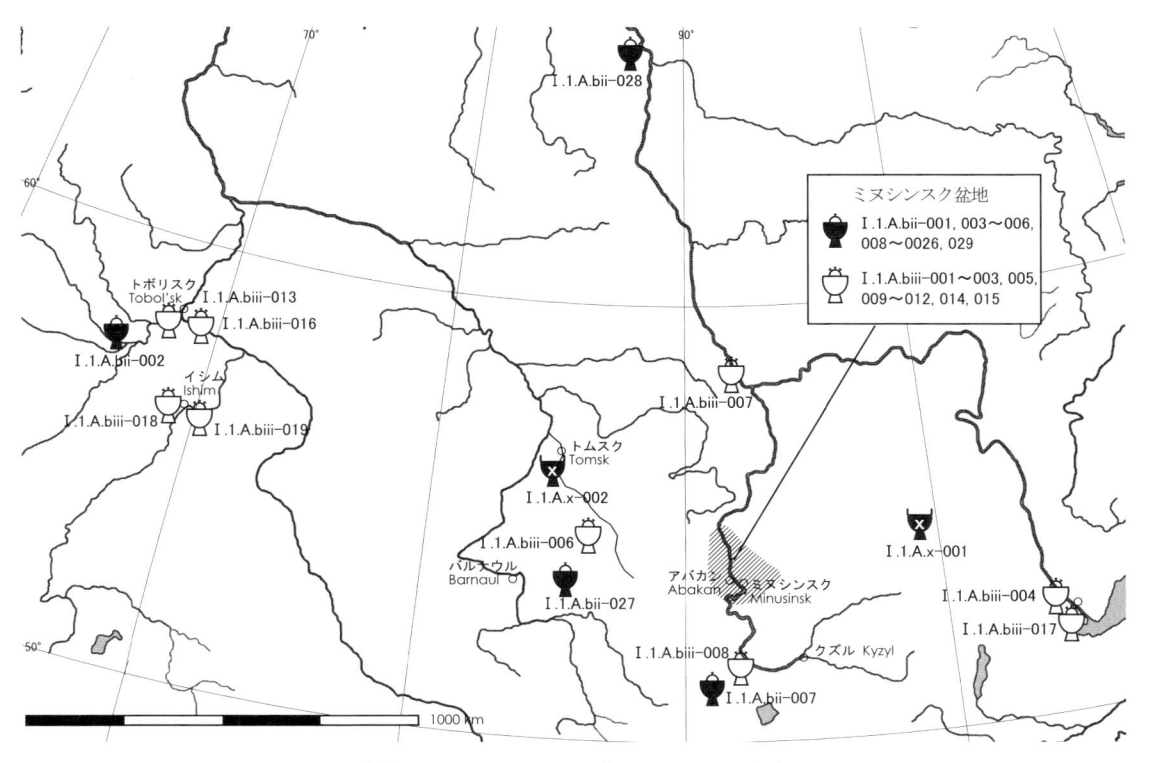

地図3　I.1.A.bii および I.1.A.biii の分布

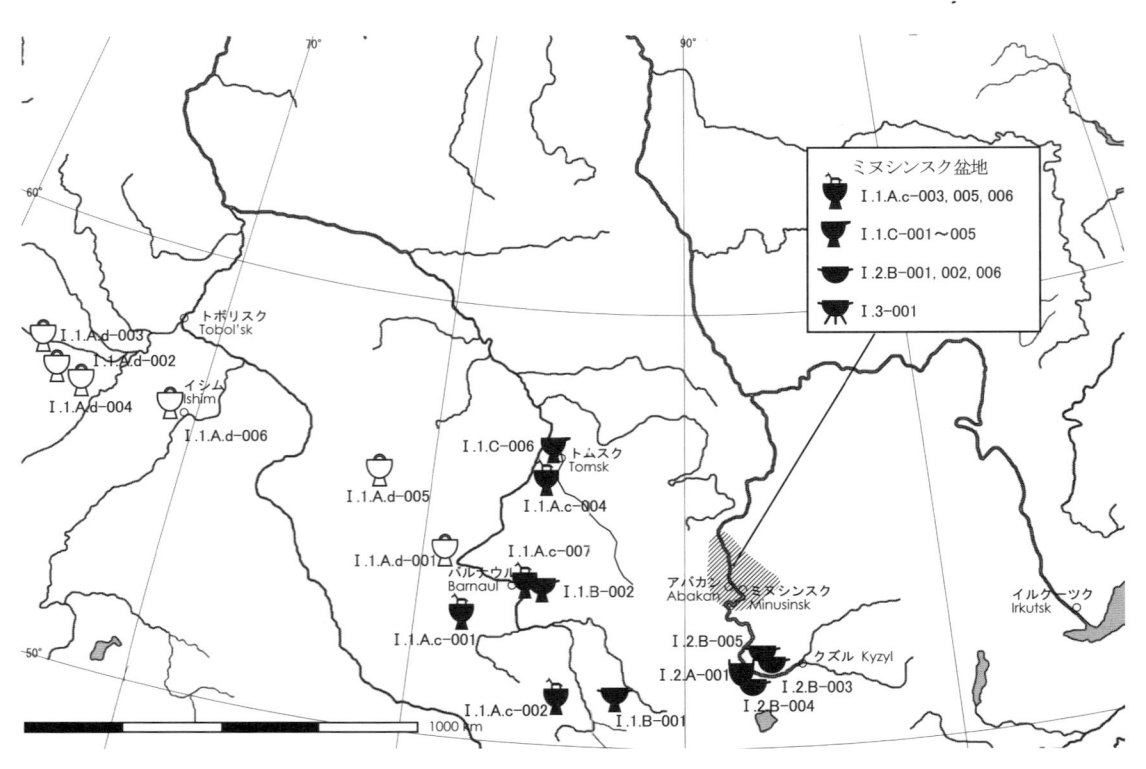

地図4　前記以外のⅠ類の分布

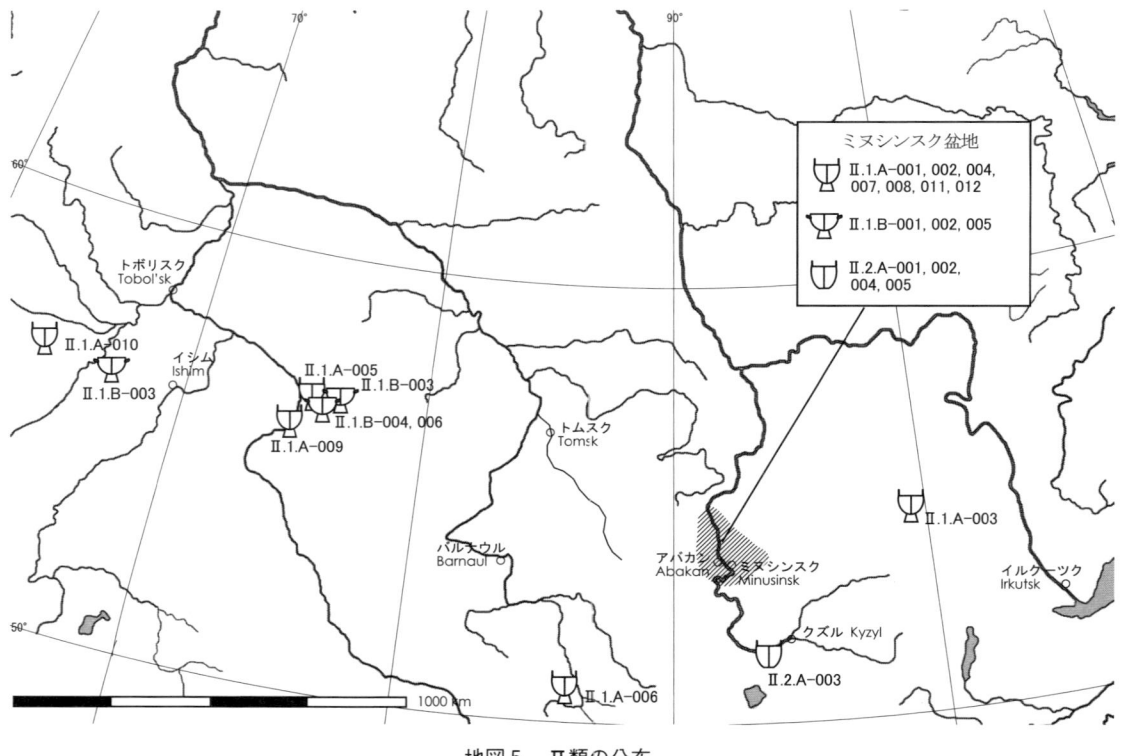

地図5　Ⅱ類の分布

Siberian Cauldrons

HATAKEYAMA Tei

Many bronze cauldrons have been discovered in Siberia, especially in the Minusinsk basin. The purpose of this study is to classify these Siberian cauldrons and perhaps to shed some light on their origin and the chronology.

This study proposes the following classification scheme :

Ⅰ：Cauldrons lacking a vertical raised line on the body.

　Ⅰ1：With a cone-shaped base.

　　Ⅰ1A：With two vertical handles.

　　　Ⅰ1Aa：Handles in the shape of a single ring, or of two fused rings which project above the top of the cauldron.

　　　Ⅰ1Ab：Handles in shape of a ring, or a horseshoe, or in the shape of an arch ; the lower halves of the handles are clearly visible on the upper portion of the cauldron body. Ⅰ1Abi : Handles without projection / Ⅰ1Abii : Handles with one projection / Ⅰ1Abii : Handles with three projections.

　　　Ⅰ1Ac：Handles in the shape of an animal.

　　　Ⅰ1Ad：Handles in the shape of an arch whose lower portions don't appear clearly on the body.

　　Ⅰ1AB：With two horizontal handles.

　　Ⅰ1AC：With a spout.

　Ⅰ2：Without a base or leg.

　　Ⅰ2A：With two vertical handles.

　　Ⅰ2B：With two horizontal handles.

　Ⅰ3：With three legs.

Ⅱ：Cauldron with a vertical raised line on the body. The line seems to marke the mold joint.

　Ⅱ1：With a cone-shaped base.

　　Ⅱ1A：With two vertical handles.

　　Ⅱ1B：With two horizontal handles.

　Ⅱ2：Without a base or leg.

　　Ⅱ2A：With two vertical handles.

　　Ⅱ2B：With two horizontal handles.

Ⅰ1Aa and Ⅰ1Abi appeared until the latter half of 7th century BCE. Ⅰ1Aa disappeared comparatively early but Ⅰ1Abi continued after the Common Era. Ⅰ1Abii, Ⅰ1Abiii, and Ⅰ1Ac appeared at the same time or a little later than Ⅰ1Abi and they existed together for a certain period. It is known that Ⅰ1Abiii existed almost surely in the 5th-4th century BCE. Concerning the raised line imitating a cord on the body of Ⅰ1Ab, note that a corkscrew pattern appeared earlier than the U-turn pattern. The horizontal mold joint mark on the body appeared earlier than the vertical marks on the base.

Ⅰ1Ad belongs to the West Siberian group. It is related to Sarmatian cauldron.

Ⅰ1B can be divided into two groups. One is the local group of Altai and Tuva. The other is related to Northern area of Tianshan. The local group existed in the 5th century BCE. Ⅰ2B seems to be a variation of the local group shown in Ⅰ1B.

Ⅰ2A is a Local Siberian type. Ⅰ3 seems to show the influence of Northern area of Tianshan.

Ⅱ, which has the vertical raised line on the body, appeared until 3rd-2nd BCE. Ⅱ has common elements to the cauldron in Transbaikal, Mongolia, and North China. And, so far as is currently known, the earliest instance of group Ⅱ exists in Siberia. But the area where a lot of Ⅱ type cauldrons and its variations were produced for a long period of time is the Transbaikal east.

In Siberia cauldrons were actually used. Larger ones were used as pans to boil meat. There is a possibility that some of smaller cauldrons were used to burn seeds of a kind of hemp during burial rituals.

天山北方地域における前1千年紀の鍑

柳生 俊樹

1. はじめに

　表題の「天山北方地域」に該当するのは、東は中国新疆ウイグル自治区（以下、新疆）の北部から、西はカザフスタン南東部とクルグズスタン（キルギス）北部にまたがった「セミレチエ Semirech'e」呼ばれる地域にかけてである（文末地図参照）。本文中で明らかになるように、この地域の鍑を扱う際、国境に囚われた分析は意味を為さない。そのため、「天山北方地域」という国境を横断する枠組みを設定したのである。

　本稿では、天山北方地域の鍑について、この地域の考古学研究を主導してきたソ連邦および中央アジア諸国と中国の研究者の成果を踏まえて検討し、ユーラシア草原地帯（以下、草原地帯）における位置付けを見定めていくための基礎を提示したい。対象となるのは、主に、前1千年紀のものと考えられる鍑である。新疆では、後4～5世紀のフン Hun 族に関連する鍑も1点発見されているが、それについて本稿では言及しない。その詳細は、本書の林論文を参照されたい。

2. 鍑研究の流れと問題点

　まず、これまでの鍑研究の流れを簡単に紹介しながら、研究上の問題点を明らかにするとともに、本稿の方向性を示したい。

　筆者の言う天山北方地域に含まれる地域の鍑の研究は、まず、ソ連邦の研究者によってセミレチエの資料を対象として始められた。1930年代からカザフスタンやクルグズスタンでの考古学調査を主導したベルンシュタム A. N. Bernshtam が、その著作の中で鍑にも言及した。ベルンシュタムは、早く19世紀末から収集されていた鍑について、「サカ Saka 時代」、特にその後期（前5～3世紀）の文化に属するものとみなし、また「灯明台」[1]や「奉献台」[2]と呼ばれる特殊な銅製品とともに用いられた、一種の祭器であると考えた［Bernshtam 1949：350-55：1952：43-50］。ベルンシュタムの見解は、少ない資料にもとづいた大雑把な議論であったが、以後の研究の基礎

（1）ロシア語の考古学文献で "svetil'nik" と呼ばれるもの。基本的な形態は、円錐形あるいは方錐形の台に皿が載り、皿の上には動物などを象った装飾が付くものである（図10）。なお、著作によっては、同じ器物を香炉 "kuril'nitsa" と呼ぶこともある［Kanimetov et al. 1983, No.24-26；東京国立博物館 他 1985, No.19］。

（2）ロシア語の考古学文献における "altar'" あるいは "zhertvennyi stol" に相当する。四足で矩形の盆あるいは小机である。両側面に水平の把手が付き、周縁部に動物などを象った装飾が並ぶ（図11）。

表1　型式分類対応表

Spasskaya 1956	Bokovenko 1981		張 他 1991	王 他 1995	梅 他 2005	筆者分類	
－	※（Ⅰ-D型第1ヴァリアント）		環形直耳鍑	Ⅲ型	Ⅰ型（立耳鍑）	A類	
第一型式（圏足式）	Ⅰ-E型第1ヴァリアント		－	－		B類	
	Ⅱ型	Ⅱ型第1ヴァリアント	斜耳鍑	Ⅱ型	Ⅱ型（肩耳鍑）	C類	Ca類
							Cb類
		Ⅱ型第2ヴァリアント	－	－	－	D類	D1類
第二型式（丸底式）	Ⅲ型第1ヴァリアント		－	－	－		D2類
第三型式（三脚式）	Ⅳ型	Ⅳ型第1ヴァリアント	（三足銅釜）	－	Ⅲ型（三脚鍑／釜）		D3類

※ボコヴェンコの分類案における「Ⅰ-D型第1ヴァリアント」には、天山北方地域の資料は含まれていない。当時は、新疆の資料が知られていなかったからであろう。また、執筆時にはArslanova et al. 1980も参照できなかったようである。ただ、同種のものと考えられる北コーカサスのベシュタウ山発見例や、モンゴル発見例には言及しており、この型式に含めている。

となっている。

　ベルンシュタムに続いて、カザフスタンとクルグズスタンの鍑を網羅的に集成しつつ、鍑についての専論を発表したのが、スパスカヤ E. Yu. Spasskaya である［Spasskaya 1956；1958］。より多くの例にもとづいたスパスカヤ論文の発表によって、ベルンシュタムの見解が詳細化あるいは修正されることになった。まず、スパスカヤは、鍑の形態的な多様性に注目して、脚部の相違を基準に3つの型式に分類した（表1）。それぞれを他地域の事例と比較しながら、第一型式（圏足式）が草原地帯に普遍的な形態を有するのに対して、第二型式（丸底式）や第三型式（三脚式）がセミレチエに特有であることなど、特徴を述べている［Spasskaya 1956：156-60］。用途については、たしかに一部はベルンシュタムが想定したように祭器とみなせようが、全てがそうであるとは言えないとして、日常的な生活用品も含まれると述べている［op. cit., 168］。年代観についても、他地域の事例がより幅広い年代に渡っていること考慮すれば、ベルンシュタムのように「サカ時代」に限定することはできず、良好な資料を得た上でのさらなる検討が必要であるとした［op. cit., 167］。スパスカヤの検討によって、ベルンシュタムの扱った資料が、様々な特徴を持った鍑の一部に過ぎないことが明らかになったのである。

　スパスカヤ以後、ボコヴェンコ N. A. Bokovenko が、ウラル以東の草原地帯の鍑を広く扱ったが、その中でセミレチエの鍑にも言及した［Bokovenko 1981, ris. 1］。ボコヴェンコ論文の特徴は、詳細な型式分類にある。鍑に見られる細かな特徴（器形・把手の形状・紋様など）を21点挙げ、それらの組み合わせによって行うものである。それをセミレチエの鍑に適用することによって、かつてのスパスカヤの分類案を細分している（表1）。しかし、ボコヴェンコ論文では、力点が南シベリア（特にミヌシンスク Minusinsk 盆地）の鍑に置かれているようで、それ以外の地域の鍑をあまり詳しく扱っていない。セミレチエの例についても、型式の細分を踏まえた目新しい論はない［Bokovenko 1981：49］。

　カザフスタン、クルグズスタン、ウズベキスタンにおいては、スパスカヤの資料集成が発表された直後から、資料が増加し続けている［Kibirov 1959：106；Zadneprovskii 1962：162-65；Akishev et al. 1963：109；Maksimova et al. 1968：181；Kyzlasov 1971：107；Popov 1972：206-07；Arslanova et al.

1980；Grigor'ev et al. 1999；Isamiddinov et al. 2001：82］。しかし、全体として、ソ連邦・中央アジア諸国では、研究状況にあまり大きな進展は見られないようである。

　一方、1980年代以降、新疆においても多くの事例が報告されるようになった［張 1986；王 1987；郭 1998］。最近の梅建軍らの集成によれば、本稿が対象としない後4～5世紀のフン族の鍑を含めて、30点の鍑が知られている［e.g. 梅 他 2005：78, 表1］。

　中国の研究者は、関連資料の充実と研究の進展を承けて、新疆における鍑の特徴を論じている［張 他 1991；王 他 1995；梅 他 2005］。すなわち、新疆の鍑が、全体として草原地帯における騎馬遊牧民の文化伝統に連なるものであることを指摘した上で、ベルンシュタムの研究［Bernshtam 1949；1952］などを参照して、カザフスタンやクルグズスタンの鍑との類似が、特に顕著であることを指摘している［張 他 1991：45；王 他 1995：293；梅 他 2005：80］。それによって、同型式の鍑が国境を越えて分布することが明らかになった。また、ベルンシュタムやスパスカヤの時代にはほとんど知られていなかった型式で、草原地帯の鍑全体の中でも早い型式とみなされるものが存在することが明らかになるなど、大きな進展を見せている。

　最も新しい梅建軍らの論文では、新出のものを含めた資料の集成が行われている。また、新たに型式分類を行い、それぞれの型式ごとの成分分析の結果が公表された。測定数は少ないものの、早い時期（前1千年紀）の鍑は銅製であるのに対して、年代の遅いフン族の鍑は錫鉛青銅製であるなど、時期によって成分が異なることが示された。さらに測定数を増やしていけば、興味深い結果が得られよう[3]。

　以上のように、ソ連邦の研究者によって始められた鍑の研究は、中国における調査研究の進展によって、新しい段階を迎えている。特に重要なのは、互いに関連すると見られる資料が国境を越えて分布することが明らかになったことであろう。今や、国境を越えた視点でそれらを一体として把握することが必要になっているのである。

　ところが、新しい資料を手にした中国の研究者も、ソ連邦及び中央アジア諸国における成果にはあまり詳しく言及していない。また、中央アジア諸国でも、中国における成果を踏まえた新しい研究は出ていないようである。研究の蓄積は、国ごとに為されているのが現状である。

　そこで、本稿では、今後の研究に資するために、「天山北方地域」という空間的枠組みのもとに整理・検討することにした。具体的には、1）形態的特徴のより細かな検討によって、既往の分類案に若干の修正を加え、A類・B類・C類（Ca／Cb類）・D類（D1類／D2類／D3類）の型式を設定した上で（表1）、それぞれの年代や性格を明らかにし、2）型式間関係の検討を踏まえて、天山北方地域における鍑の展開を素描する。

（3）中国においては、こうした分析が全く行われてこなかったわけではない［e.g. 王 1987］。また、ソ連邦でも、早くから成分分析は行われているようで、スパスカヤもそれに言及している［Spasskaya 1956：160］。ただし、個々の詳しいデータが提示されていない。

3．A 類

　上部に小さな突起のある環状の把手が口縁に直立すること、器壁がほぼ直線的に立ち上がった深鉢形の器体と中空円錐形の圏足を備えることを指標とする。把手は、下半部が器壁に埋め込まれたようになるという特徴がある。通常、紋様はない。器体の中程には歪んだ凸線が巡っているが、これは、おそらく意図された紋様ではなく、鍑の鋳造に関わるものであろう[4]。

（1）A類の資料（図1）

　天山北方地域のA類のうち、新疆発見例については、梅建軍らによって集成されている［梅2005, 表1］。本稿では、その資料集成のうちで詳細がわかるものを選び、さらにカザフスタン東部の例を加えて、資料を提示する[5]。

A 001．レニンカ Leninka
　概要：1966年、カザフスタン、東カザフスタン州、ウラン Ulan 地区に所在する、レニンカ村の南東6〜7 kmの地点で、耕作中に発見されたという。発見後2年を経て回収されたこともあり、詳しい状況はわからない。レニンカ村の中学校の郷土誌資料室に保管されているという［Arslanova et al. 1980：150］。
　法量：高さ42cm、口径32cm。
　注記：把手の一方は破損している。把手は、内面外面ともに窪んでおり、断面が鳩尾形を呈する。

---

(4) 残念ながら、筆者は、天山北方地域におけるこの型式の鍑を詳細に観察する機会に恵まれなかった。しかし、他地域における同系統のものと考えられる例については、いくつか実見する機会を得ている。例えば、中国で採集されたと言われる京都大学総合博物館所蔵品であるが、胴部に巡る凸線は不規則あるいは乱雑なものである。この他、モンゴル国内の博物館に所蔵されるいくつかの例でも同様であった（以上、髙濱論文 A-2、9、10、11、12）。これらによって、少なくとも意図された紋様ではないという印象を持ったのである。ただし、このような凸線が具体的にどのような理由によって生じたのかについて、筆者には独自の見解はない。本書でデミデンコが述べているように、原型を縛って保護する縄の痕とする解釈もある（デミデンコ論文 4（2））。

(5) 資料の収集にあたって筆者が依拠したのは、ロシア語あるいは漢語の刊行物である。そこでは、通常、地名や遺跡名には、ロシア化あるいは漢化したものが用いられている。しかし、本稿では、できるだけ現地語（ウイグル語・カザフ語・クルグズ語など）表記に努めることにした。ただし、州・地区・市・県名などはともかくとして、個別遺跡名についてはまだ情報が十分ではない。結果として、現地語・ロシア語・漢語の表記が混在することになった。また、誤りがある可能性もある。その点については、識者の御叱正を乞う次第である。なお、ウイグル語地名の情報収集に当たっては、一部、田中裕子氏（早稲田大学）の協力を得た。記して、謝意を表したい。

A002. テレクティ Terekti（鉄熱克提）

概要：新疆、イリ＝カザフ自治州（伊犁哈薩克自治州）アルタイ Altay 地区（阿勒泰地区）、カバ Qaba 県（哈巴河県）に所在するテレクティ（鉄熱克提）で、1984年に発見されたものというが、詳細はわからない［王 他 1995：291］。アルタイ市のアルタイ地区博物館に収蔵されている。

法量：高さ25.1cm、口径20.7～21.8cm。

注記：他の例と比較すると、小さいように思える。

A003. 蘭州湾子

概要：新疆、クムル Qumul 地区（哈密地区）、バルクル Barköl ＝カザフ自治県（巴里坤哈薩克自治県）の蘭州湾子村で発見されたもの。同地の石積み遺構から出土したとも言われる。この遺構は、内部で採取された試料の放射性炭素年代が3285±75 B. P.（詳細不明）であることから、前2千年紀末～1千年紀初めのもの考えられている［張 他 1991：46；王 他 1995：293］。しかし、放射性炭素年代を援用した遺構の年代と鍑の年代との対応関係もさることながら、そもそもこの鍑が実際に同遺構から出土したものなのかどうかも不明である。

法量：高さ50.5cm、口径33cm。

注記：把手は両面ともに窪んでおり、断面が鳩尾形を呈する。把手上の突起は比較的大きく、逆円錐形である［新疆維吾爾自治区文物事業管理局 他 1999：293, No.0794］。

A004. ウルムチ Ürümchi（烏魯木斉）

概要：新疆の区都ウルムチ市内で回収された屑鉄の中に含まれていたもの［張 他 1991：44］。

法量：高さ51cm、口径33cm。

注記：図によると、圏足が失われている。また、器体には、他の例のような、歪んだ凸線が見られない。ただし、図の正確さは不明である。

A005. カリズ Kariz（坎爾孜）

概要：新疆、昌吉回族自治州、奇台県に所在し、県の中心から東南に13kmのカリズ（坎爾孜）村で発見されたもの［張 他 1991：44；新疆維吾爾自治区文物事業管理局 他 1999：298, No.0813］。

法量：高さ56.5cm、口径30cm。

注記：把手の外面には、溝が同心円状に巡っている。胴部はやや下膨れである。

A006. ショルブラク Shorbulaq（肖爾不拉克）

概要：1979年8月、新疆、イリ＝カザフ自治州イリ地区、キュネス Künäs 県（新源県）に所在する、ショルブラク（肖爾不拉克）で発見。発見されたのは生産建設兵団（72団11連）における土取作業中のことで、地下1.5mの地点にあった。発見地周辺には、戦国時代あるいは前漢代に併行する時期の遺跡（墓）が知られているという。しかし、鍑と発見地周辺の遺跡との関係は不明である。

法量：高さ76cm、口径40.5cm。

注記：全体的に細身で、器体は卵形に近い形を呈し、圏足も比較的細い。把手の一方が失われている。外底部と圏足には、火を受けた痕跡が残るという［張 1985：79］。

図1　A類（A001〜A009）・B類（B001〜B004）（縮尺不同）

A007. トクズタラ Toqquztara 県（鞏留県）

　概要：1987年9月、新疆、イリ＝カザフ自治州イリ地区、トクズタラ県（鞏留県）内で発見されたというが、詳細は不明。グルジャ Ghulja 市（伊寧市）のイリ地区文物管理所に所蔵されている。一方の把手は欠損しているという［張 他 1991：42-43］。

　法量：高さ61cm、口径38cm、腹径39.5cm。

注記：A類では珍しいことであるが、口縁近くには紋様帯があり、逆三角形が連ねられている。その他の特徴は、他と変わらないものである。

A008. コルガス Qorghas 県（霍城県）（図なし）

概要：発見地は、新疆、イリ=カザフ自治州イリ地区、コルガス県（霍城県）に所在。1988年、県の中心から16kmにある生産建設兵団（農4師64団17連）で行われていた土取作業の最中に発見されたという。発見地周辺は、西をコルガス河（霍爾果斯河）、南をイリ河に臨んだ平地である。砂漠化が進んでおり、遺跡は見られないという［張 他 1991：42-43］。

法量：高さ56.4cm、腹径40～43cm、口径36.7～41.7cm。

注記：鍑は土圧によって変形しているが、器壁が垂直に立ち上がり、器体には歪んだ凸線が巡っているという［loc. cit.］。

A009. 温宿県

概要：新疆、アクス Aqsu 地区（阿克蘇地区）、温宿県で、1995年に発見されたもの。アクス市のアクス地区博物館に収蔵されている。本例は、天山山脈の南麓で発見された数少ない鍑の1つである［新疆維吾爾自治区文物事業管理局 他 1999：252, No.0685］。

法量：高さ50cm、口径33.2cm。

注記：蘭州湾子発見例（A003）ほどではないが、本例でも、把手上の突起が大きい。

以上の他、梅建軍らの集成によると、新疆では、バルクル=カザフ自治県の南湾、同県の紅山や大河公社、テケス Tekäs 県（特克斯県）で発見された例がある［梅 他 2005, 表1. 7, 12, 13］。

(2) A類の性格

次に、A類の系統と年代を検討しながら、その性格を明らかにしてみよう。

まず、A類について注目すべきは、他地域に多くの類例を持つことである［高濱 1995；梅 他 2005］。具体的には、以下の通りである。天山北方地域より東では、中国北辺、ザバイカリエ Zabaikal'e、モンゴルで知られている（高濱論文 A型式）。一方、天山北方地域より西でも、北コーカサスのベシュタウ Beshtau 山で2点発見されている（雪嶋論文 I類）。分布に一部空白を挟んではいるが、類例は草原地帯の東西に渡っているのである。

さらに注目すべきは、天山北方地域のA類と、ここで挙げた類例との間には、細部に至るまでの一致を見出すことができることである[6]。それは、1）環形の把手の上部に小さな突起を有するということ、2）把手が器壁に埋め込まれるように付けられるということ、3）器体の中程に歪んだ凸線が巡ること、などである。そうした点から、これらは互いに同系統のものと解釈できる。当然、どこかを起点にして草原地帯の東西に広がったものであろう。

つまり、天山北方地域におけるA類は、草原地帯の東西に渡って分布する互いに系統を同じくする一群（以下、A類系統）の中に位置付けることができるのである。

---

(6) ただし、中国北辺の例では、把手が半環状に見えるものもある（高濱論文 A-6）。

では、A類の年代はどうであろうか。残念ながら、天山北方地域ではA類の年代推定に関する手がかりがなく、独自に年代を導き出すことができない。というのも、A類には、共伴遺物が報告された例もなく、墓などの年代を明らかにできる遺構から出土した例もないからである［cf. 張 他 1991：46；王 他 1995：293］。ただ、少なくとも、A類系統の鍑に与え得る年代幅を大きく外れることはないはずである。

　A類系統の鍑の年代について、有力なものとしては、ふたつの手がかりがある。ひとつは、分布域の東方に位置する、中国北辺における北京市延慶県西撥子村発見例である。この例は、西周後期から春秋初め頃の紋様を持った中国青銅器の破片や、南シベリアのカラスク Karasuk 文化のものに類似した型式の刀子を伴う埋納遺物に含まれていたものである。共伴遺物の年代観から、鍑の年代は、遅くとも前8世紀、早ければ前9世紀まで遡る可能性がある（高濱論文 A−1）。もうひとつは、西方の、北コーカサスにおけるベシュタウ山の北西山麓で、1951年に発見されたものである。この例も埋納遺物に含まれていたもので、先スキタイ時代の馬具や武器を伴っていた。それらの年代観によって、鍑も前8世紀頃、遅くとも前7世紀初め頃に年代付けることができるのである。中国北辺の例と同時期か、少し遅い年代である（雪嶋論文 Ⅰ−1）。したがって、A類系統の鍑は、全体として、早ければ前9世紀、遅くとも前8世紀には出現しており、また、前7世紀初め頃を一応の下限とすることができるのである。天山北方地域の例も、当然、これに併行する時期のものであろう。

　以上によって、天山北方地域におけるA類の特徴は、次のようにまとめることができる。すなわち、A類は、前9〜8世紀を前後する時期に、同系統の鍑が草原地帯の東西に広がる中で出現し、おそらく前7世紀頃まで存続した。今のところ、この年代を遡るような鍑は他に知られていない。したがって、A類は、天山北方地域における最古の型式ということになる。

4．B　類

　上部に突起のない環状の把手が口縁に直立すること、深鉢形あるいは半球形の器体と中空円錐形の圏足を備えることを指標とする。把手の下半部は、胴部に埋め込まれたようになり、A類の把手と同様の特徴を示す。器体の中程には、おそらくA類に見られるものと同様な、歪んだ凸線が巡ることがある。

（1）B類の資料（図1）

　今のところ、この型式に相当するのは以下の4点である。いずれも孤立した発見か、あるいは発見状況不明のものである。

　B001．ステパノヴァ **Stepanova** 鉱山
　　概要：カザフスタン、東カザフスタン州、オスケメン Öskemen 市（旧ウスチ＝カメノゴルスク Ust' Kamenogorsk 市）の近郊に所在する、ステパノヴァ鉱山で、作業中に偶然発見されたもの。発見年など、詳細は不明。セメイ Semey 市（旧セミパラチンスク Semipalatinsk 市）の博

物館に収蔵されているという（収蔵品番号1256）。

法量：高さ50㎝、口径40㎝。

注記：スパスカヤの集成では簡略な図しか公表されていないが、それによると器体は深鉢形である［Spasskaya 1958：183］。

B 002. モリ **Mori** ＝カザフ自治県（木壘哈薩克自治県）

概要：新疆、昌吉回族自治州、モリ＝カザフ自治県の文物管理所に収蔵されているもの。県内で発見されたものであろうが、詳細はわからない［張 他 1991：44］。

法量：不明。

注記：全体として破損が著しい。圏足が失われ、また把手の一方も欠損している。把手には、同心円状に溝が入れられている。器体は深鉢形で、その上よりの箇所に歪んだ凸線が一巡している。

B 003. 卡哈拉木東

概要：1995年頃、新疆、イリ＝カザフ自治州イリ地区、ニルカ **Nilqa** 県（尼勒克県）に所在する、卡哈拉木東村の村民が工事中に発見したもの［郭 1998：76］。

法量：高さ34㎝、口径26.5㎝。

注記：器体は半球形である。把手の外面には、溝が巡っている。器体は、深鉢形あるいは半球状で、その上よりの箇所に歪んだ凸線が一巡している。

B 004. カシュガル **Qäshqär**（喀什）

概要：新疆、カシュガル市（喀什市）のカシュガル地区博物館に収蔵されているもの。市周辺で発見されたものであろうが、詳細は不明。本例は、B類が、天山山脈の南麓まで広がっていることを示す貴重な例である。

法量：高さ57㎝、口径46㎝。

注記：器体は半球形である。写真によると、他の例に見られたような歪んだ凸線はない［新疆維吾爾自治区文物事業管理局 他 1999：252, No.0738］。

（2） B類の性格

　B類は、形態的にはA類との共通点が多い。相違点は、B類の把手にはA類のそれに見られるような突起がないという点にほとんど限定される。全体的な共通点を重視すれば、A類とB類を合わせてひとつの型式と捉えることも不可能ではない［e.g. 梅 他 2005：79, 表 1.1 −15］。しかし、筆者は、相違はわずかなものかもしれないが、把手における突起の有無によって細分した方が、それぞれの特徴や文化的背景をより明確にできると考えている。

　まず、筆者が指摘したいのは、B類に属する鍑が、数は少ないが、その分布範囲は天山山脈の南麓にも及んでおり、狭いものではない点である。B類が、例外的なものではないことを予想させるのである。

　さらに注目すべきは、草原地帯における突起のない環状把手を伴う鍑の分布状況である。上述のように、突起のある環状把手を伴うことを指標とするA類は、中国北辺から、ザバイカリエ、

モンゴル、天山北方地域を経て、北コーカサスまで分布が及んでいる。しかし、それらの地域の全てにおいて、突起のない環状把手を伴った例が知られているわけではない。そのような例が見られるのは、天山北方地域と、それに隣接する地域だけである。天山北方地域に隣接する地域では、ミヌシンスク盆地にも若干似たものがあるが、オビ Ob' 河上流域のオブエズノエ Obeznoe I 墓地1号墳4号墓坑で、最もよく似たものが出土している（畠山論文 図2：I.1.A.bi-006）。このような例によって、突起のない環状把手を伴う鍑の分布がある程度は広がるとしても、A類系統の型式と比較して、草原地帯の中でも特定の地域に限られていることはたしかである。つまり、把手の上部に突起がないという特徴は、草原地帯においては普遍性を持たないものであり、天山北方地域、あるいは隣接する地域に特有と言ってよいであろう。そうであれば、天山北方地域における鍑の展開を考える上で無視できるものではない。ここに、突起の有無によって細分することの意義がある。

では、突起の有無という相違を、どのように考えるべきであろうか。そのためには、当然、A類系統の把手に見られる突起が何を意味するのかを明らかにしなければならない。残念ながら、あまり明確な根拠はないが、筆者は、1）蘭州湾子発見例（A003）や温宿県発見例（A009）のように、突起が大きく、逆円錐形を呈するものがあること、2）突起が一対の把手の双方にあって、一方に限られる例がないことなどから、イバリのような製作の都合で偶然に生じたものではなく、意図的な、おそらく装飾的な性格を持つものと考えている。

把手上の突起に装飾的な意味があったとすれば、突起の有無には、製作者や使用者の認識や嗜好の変化が反映されよう。そのような変化を生む要因としては、地域差か時期差が想定されるが、天山北方地域においては分布に大きな偏りが認められないことから、時期差と考える方が妥当であろう。つまり、把手に突起のあるA類と突起のないB類は、先後関係にあると考えられるのである。

次に問題となるのは、A類とB類のどちらが早く、どちらが遅いのかである。筆者は、A類が早く、B類が遅いと考える。その根拠となるのが、上述のオブエズノエI墓地1号墳出土例の年代である。オブエズノエI墓地1号墳は、葬制の他、土器・馬具・武器などの出土品の特徴によって、前5～4世紀に年代付けられるという（畠山論文参照）。この年代が鍑の年代の下限となる。これ以外の年代がわからない点が問題であるが、A類の類例に与えられる年代（前9～7世紀）よりも遅いものを含んでいることを重視したい。このことから、B類が、A類に遅れる可能性が高いと判断するのである。

以上のことから、筆者は、B類を次のように捉える。すなわち、1）A類の特徴が時間的経過とともに失われた結果としてあるもので、2）天山北方地域、あるいはその隣接地域の地域的特徴が反映された、独自の型式である。年代は、A類との連続性を考慮すれば、前7世紀まで遡るであろう。また、遅いものでは、前5～4世紀まで下るであろう。

5．C 類

　水平の把手が肩に付いた半球形を基本とする器体と、中空円錐形の圏足を有することを指標とする。形態的には多様なものを含んでおり、それによる細分も必要であろうが、現状では紋様の有無による細分に留めておく。

（1）C類の資料

　カザフスタンやクルグズスタンにおける本稿のC類に該当する資料は、ベルンシュタムやスパスカヤの著作が発表されて以降に、特に多くの資料が知られるようになった。それらのうち、筆者の気付いた例を提示する。新疆でも多くの新資料があり、梅建軍らの論文に集成されている。その中には詳細のわからないものも含まれているので、ある程度詳しい情報の得られたものを紹介する。また、天山北方地域からは少し外れるが、カザフスタン北東部、フェルガナ盆地、ウズベキスタンの例も合わせて提示しておこう。

Ca類（図2、3）
　水平の把手、半球形を基本とする器体、円錐形の圏足を備える鍑のうち、紋様のないもの。

Ca001. パヴロダル **Pavlodar** 市近郊
　概要：カザフスタン北東部のパヴロダル州の州都、パヴロダル市の近郊で偶然に発見されたもので、セメイ市博物館に収蔵されているという［Spasskaya 1958：183］。
　法量：高さ35cm、口径38〜40cm。
　注記：スパスカヤの集成では簡略な図しか公表されておらず、詳細は不明。

Ca002. オルロフカ **Orlovka**
　概要：カザフスタン北東部、旧セミパラチンスク州（現在は東カザフスタン州に併合）に所在する、オルロフカ村の近郊で偶然に発見されたもので、セメイ市博物館に収蔵されているという（収蔵品番号1159）。
　法量：高さ40cm、口径35〜38cm。
　注記：スパスカヤの集成では簡略な図しか公表されておらず、詳細は不明［Spasskaya 1958：183］。

Ca003. ステパノヴァ鉱山
　概要：発見地は、カザフスタン、東カザフスタン州、オスケメン市の近郊に所在。偶然に発見されたもので、セメイ市博物館に収蔵されているという。
　法量：高さ30cm、口径30cm。
　注記：スパスカヤの集成では簡略な図しか公表されておらず、詳細は不明［Spasskaya 1958：183］。

Ca004. 南山紅溝
　概要：新疆、石河子市の近郊に所在する、南山紅溝の渓谷中で発見されたものである。発見地付近では、銅製品（辻金具、飾板、斧、鏃）、骨角製品（鏃など）なども回収されたというが、鍑との関連は明示されていない［新疆文物考古研究所 他 1998：59-60］。
　法量：高さ19.5cm、口径19.5～24.0cm。
　注記：把手は棒状半環形。器体は口が大きく開いている。器体の中程に凸線が見えている。比較的小型である。

Ca005. 天山牧場
　概要：1959年、新疆、イリ＝カザフ自治州イリ地区、モングル＝キュレ Mongghul Kürä 県（昭蘇県）の天山牧場にあった墳丘墓から出土したとされる。他にも遺物があったと言うが、詳細は不明である［張 他 1985：79］。
　法量：高さ31cm、口径47cm。
　注記：圏足と把手が失われている。把手の形状は、割れ口から棒状半環形であったことがわかる。器体は半球状を呈する。口縁直下に歪んだ凸線が巡っている。

Ca006. パンフィロフ Panfilov
　概要：発見地は、カザフスタン、アルマトゥ Almaty 州、タルガル Talgar 地区に所在。1988年1月4日、パンフィロフ Panfilov 村の2km南東で、農作業中に大小2点の鍑がまとめて発見されており（後述）、本例はそのうちの小型品である［Grigor'ev et al. 1999：85］。
　法量：高さ35.5cm、口径36cm、腹径37.5cm。
　注記：把手は棒状半環形で、断面が三角形を呈する。器体は、口が若干すぼまり口縁も少し外反する。口縁直下に凸線が巡っている。使用を示す煤が付着している。状態は良好で、破損や修繕の痕跡はないという。

Ca007. アルマトゥ Almaty 市近郊
　概要：カザフスタンの旧首都、アルマトゥ市の南東6kmにある農業協同組合「クラスナヤ＝ザリャー Krasnaya Zarya」の用地内で、1930年に偶然に発見されたもの。スパスカヤによると、アルマトゥのカザフスタン国立中央博物館における収蔵品番号2292がこれに当たるという［Spasskaya 1958：180, No.19］。
　法量：不明。

Ca008. ベルリク Berlik
　概要：カザフスタン、ジャンブル Zhambyl 州、コクテレク Kokterek 地区に所在する、ベルリク Berlik 村から20km離れたソフホーズ「アマンゲルダ Amangelda」内、シュー Shu 河（チュー Chu 河）に沿った古い用水路の中で発見された。スパスカヤの集成を補うものとして、ポポフ A. P. Popov が紹介している［Popov 1972：206-07］。ポポフの記述では発見年がはっきりしないが、1960年頃であろう。タラズ市の郷土博物館に収蔵されている。
　法量：高さ73cm、口径68cm。
　注記：他の例と比較すると大型である。把手は棒状半環形。器体は半球形で、口縁が少し外

図2　C類（Ca 001～Ca 017）（縮尺不同）

反している。器体の上よりの箇所に、凸線による円形の印が３つある。同様の印は、サウロマタイの鍑にも見られることがある（デミデンコ論文 図３：V-２-b）。ポポフは、これを紋様と解釈しているようであるが［Popov 1972：207］、むしろ製作に関わるものではなかろうか。

Ｃａ009-010. タラズ **Taraz** 市近郊（図なし）
　概要：1961年９月、カザフスタン、ジャンブル州の州都タラズ市（当時はジャンブル市）の近郊、農業協同組合「クラスナヤ＝ズベズダ Krasnaya Zvezda」の用地の粘土採取場で採集された２点。発見時、土器片が伴っていたというが、詳細は不明。タラズ市の郷土博物館に収蔵されている（収蔵品番号885-１；885-２）。Ｃａ008と同様にポポフが紹介しているが、図は提示されていない［Popov 1972：207］。ここでは、収蔵品番号885-１をＣａ009、収蔵品番号885-２をＣａ010とする。
　法量：報告されているのはＣａ009のみで、高さ50㎝、口径45㎝、器壁の厚さ１㎝を計る。
　注記：Ｃａ009は、器壁が垂直に立ち上がっている。掘削機による破損がある。Ｃａ010は、圏足と把手の一方が失われているが、形態は同様である［loc. cit.］。

Ｃａ011-012. タラズ市近郊（図なし）
　概要：ポポフによると、上述の旧ジャンブル市（現タラズ市）近郊「クラスナヤ＝ズベズダ」の用地内では、1962年５月にも２点の鍑がまとめて発見された。Ｃａ009-010の発見地に近い場所で、地表下1.5～２ｍであったという。これも図が提示されていないが、タラズ市の郷土博物館に収蔵されている（収蔵品番号888；889）。ここでは、収蔵品番号888をＣａ011、収蔵品番号889をＣａ012とする。
　法量：報告されているのはＣａ011のみで、高さ35㎝、口径37㎝である。
　注記：Ｃａ011は、口が広がっており、圏足に破損が見られるが全体としては保存良好であるという。Ｃａ012（収蔵品番号889）は、破損が著しい［Popov 1972：207］。

Ｃａ013. アナニエヴォ **Anan'evo**
　概要：クルグズスタン、イシク＝クル Ysyk Köl 州に所在する、アナニエヴォ村から少し離れた山中で発見されたもの。クルグズスタンの首都ビシケク Bishkek の国立歴史博物館に収蔵されている［Kyzlasov 1972：107］。
　法量：高さ46㎝、口径42～61㎝。
　注記：把手と圏足は破損している。器体は、口がすぼまっている。土圧のためか、変形が著しい。

Ｃａ014. ボステリ **Bosteri**
　概要：クルグズスタン、イシク＝クル州に所在する、ボステリ村の灌漑溝の建設中に発見された。クルグズスタンの首都ビシケクの国立歴史博物館に収蔵されている［Kyzlasov 1972：107］。
　法量：高さ27㎝、口径35～42㎝。
　注記：元来は圏足があったが、現在は失われ、底部には大きな孔が開いている。把手は棒状

半環形。器体は、口がすぼまって口縁が外反している。

Ｃａ015．カラ＝クルジャ **Kara Kulzha**

概要：本例はフェルガナ盆地の例で、クルグズスタン、オシ Osh 州、カラ＝クルジャ地区における、カラ＝クルジャ河右岸において、1953年夏、農作業中に発見されたものである。金属製容器、青銅製鏡、青銅製有茎式三角鏃、環なども発見されたというが、詳細不明である。

法量：高さ24㎝、口径32㎝。

注記：把手は、板状で横畝紋が施されている。器体は半球よりも若干深く、器壁は垂直に立ち上がっている。器体上よりの箇所に凸線が一巡している。掲載された図と本文中の記述によれば、圏足は小さなものであるが、それが元来のものか、破損の結果なのか、判然としない。一部に修繕の跡があるという［Zadneprovskii 1962：163］。

Ｃａ016．コクテパ **Koktepa**

概要：コクテパは、ウズベキスタン、サマルカンド Samarkand 州、サマルカンド市の北方30㎞にあり、最下層は前1千年紀初めに遡るという城塞址である[7]。そこには、おそらく前1世紀後半頃に造営された墓があり、鍑はその墓から出土した。概報によると、墓は地下横穴式のもので、北側に墓坑があり、25～35歳の女性が葬られていた。東枕の伸展葬であった。ここでは、中国前漢後期の「雲気禽獣紋鏡」（図6）が副葬されており、Ｃ類の年代推定にあたって重要な資料である（後述）。鍑は、南側にある直径1.5ｍの土坑の中に納められていた。鍑の中あるいはその周囲で動物骨が検出されている。葬送儀礼に関連するのであろう［Isamiddinov et al. 2001：82］。

法量：概報に記載がなく、不明。

注記：器体は下ぶくれの深鉢形のように見え、口がすぼまって口縁が外反している。把手は棒状半環形である。

Ｃａ017．カザフスタン国立中央博物館収蔵品

概要：アルマトゥにあるカザフスタン国立中央博物館に収蔵されているものであるが（収蔵品番号2291）、発見地は不明。スパスカヤによると、次に挙げるＣａ018とともに、1929年に、カザフスタン西部に接するロシアのオレンブルグ Orenburg 市の博物館から移されたものである可能性もあるという。そうであれば、天山北方地域の鍑とは言えないことになるが、一応例として挙げておく［Spasskaya 1958：189］。

法量：高さ28～32㎝、口径30～31㎝。

（7）筆者は、2000年8月、南ウズベキスタン考古学調査団（日本側団長、田辺勝美教授）の一員としてウズベキスタンに滞在中、サマルカンドの考古学研究所を訪問した際、コクテパで発掘されたばかりの資料を見せていただき、また出土地にも案内していただく機会を得た。その後、この重要資料のことはほとんど忘却していたが、2008年8月にタシケントの歴史博物館にて実見された高濱秀教授に注意を喚起していただいた。また、創価大学の川崎建三氏から関連文献の提供を受け、コクテパ出土資料の概要を知ることができた。記して謝意を表したい。

Ca 018. カザフスタン国立中央博物館収蔵品
　概要：カザフスタン国立中央博物館に収蔵されているもの（収蔵品番号2294）。上述のように、天山北方地域のものとは言えない可能性もあるが、Ｃａ017とともに一応例として挙げておく［Spasskaya 1958：188-89］。
　法量：高さ45cm、口径45～46cm。

Cb 類
　Ｃａ類と同様の形態ながら、肩の部分に凸線による鋸歯紋・ジグザグ紋・円弧紋といった紋様のあるもの。ここでは、似た紋様のもの同士をまとめて述べていく。

Cb 001. アラタウ Alatau
　概要：1979年、カザフスタン、アルマトゥ州、タルガル地区のアラタウ村で、農作業中に発見された。発見地周辺には、かつては遺跡（集落址・墓）が数多くあったが、現在は開墾によって破壊されたという。ただし、鍑が、そうした遺跡と関係するかどうかは明らかではない。
　法量：高さ31.5cm、腹径41cm。
　注記：胴部は、口が若干すぼまった半球状を呈し、口縁が外反する。把手は板状で、横畝紋が施されている。圏足は、下部が破損している。口縁付近から下に向かって凸線による鋸歯紋が施されている。また、それとは別に、おそらく紋様とは異なる歪んだ凸線が器体の中程を巡っている［Grigor'ev et al. 1999：85］。

Cb 002. キュネス Künäs 県
　概要：新疆、イリ=カザフ自治州イリ地区、キュネス県における生産建設兵団「72団牧3連」で発見されたものというが、詳細は不明［新疆維吾爾自治区文物事業管理局 他 1999：371, No. 1053］。
　法量：高さ57.5cm、口径42.0cm。
　注記：器体は、口に向かって若干すぼまっており、口縁が外反している。口縁直下には、凸線によるジグザグ紋様が施されている。器体の中程には、歪んだ凸線が一巡している。把手は板状で、横畝紋が施されている。圏足は一部が欠けているが、円錐形であり、縦に複数の凸線が走っている。後述するＣｂ003によく似ている点が注目される。

Cb 003. エシク Esik（イッシク Issyk）
　概要：1903年、当時のロシア領トルキスタン、セミレチエ州、ヴェールヌイ Vernyj 郡、ナデジュディンスク Nadezhdinsk 村（現在のカザフスタン、アルマトゥ州、エンベクシカザフ Enbekshikazakh 地区のエシク市付近）で発見されたもの。発見場所は、灌漑用水路の中、深さ2.85mの地点であったという［Spasskaya 1958：179, No. 2］。
　法量：高さ49.5cm。
　注記：口縁直下にジグザグ状の紋様が凸線で表現されている。また、圏足にも、複数の凸線が縦に走っている。簡略な図しか公表されていないので、細かな点は窺い知れないが、上述

Ca 018

Cb 001

Cb 002

Cb 003

Cb 004

Cb 005

Cb 006

Cb 007

Cb 008-1
真っ直ぐな凸線

Cb 008-2
反対側、波状凸線

Cb 009

図3　C類（Ca 018，Cb 001〜Cb 009）（縮尺不同）

のＣｂ002によく似ている。

Ｃｂ004. テケリ **Tekeli** 市近郊

概要：1958年、カザフスタン、アルマトゥ州、テケリ市近郊に位置するジュンガル・アラタウ **Dzhunghar Alatau** 山脈の支脈で発見されたもの。

法量：全高54㎝、圏足の高さ24.5㎝、口径48㎝、腹径57㎝。

注記：把手は、中央と両端に合計三本の畝を入れた板状を呈する。器体の横半分が大きく欠損している。図によると、口がすぼまって、口縁が垂直に立ち上がっているようである。上よりの部分には、ジグザグを上下二列に並べた紋様が凸線で施される。また、歪んだ凸線が腹部を一巡している［Akishev *et al.* 1963：109-12］。

Ｃｂ005. エシク

概要：1958年、カザフスタン、アルマトゥ州、エンベクシカザフ地区、エシク市における道路建設の際に発見された埋納遺物（後述）に伴ったもの。

法量：全高40.5㎝、圏足は高さ12㎝、口径36㎝、腹径39㎝。

注記：把手は、断面円形の棒状半環形。器体は、若干口がすぼまっているようであるが、器壁がほぼ垂直に立ち上がっている。口縁から器体の上方にかけて、太い凸線で円弧状の紋様が施されている［Akishev *et al.* 1963：109］。

Ｃｂ006. パンフィロフ

概要：1988年1月4日、カザフスタン、アルマトゥ州、タルガル地区に所在する、パンフィロフ村の2㎞南東で、農作業中に大小2点の鍑がまとめて発見された（後述）。本例は、そのうちの大型品である［Grigor'ev *et al.* 1999：85］。

法量：高さ39㎝、口径59㎝、腹径63㎝。

注記：ブルドーザーを用いた掘削によって、底部と圏足が大きく破損している。器体は、口がすぼまった半球状を呈し、外反する口縁を持つ。共伴した小型品よりも口のすぼまり方が強いように思える。把手は板状で、横畝紋が施されている。器体の上部には、凸線による円弧状の紋様が施されている。口縁直下に凸線が巡っている。発見時に付いた損傷の他にも破損箇所は多く、鋳掛けによる修繕の跡がある。また、使用を示す煤が付着している［Grigor'ev *et al.* 1999：84-85］。

Ｃｂ007. ベスアガシュ **Besagash**

概要：1991年9月、カザフスタン、アルマトゥ州、タルガル市から東へ7㎞、「ルスクロフ **Ryskulov** のコルホーズ」の用地内の、ベスアガシュ河の左岸で埋納遺物（後述）が発見されたが、その中にＣｂ類鍑の破片が含まれていた。

注記：破片は、把手の周りの部分で、Ｃｂ005やＣｂ006と同じ紋様が見える。また、口径は60㎝ほどになるというが、Ｃｂ006とほぼ同じ大きさである［Bajpakov *et al.* 1996：347-49］。

次の二例は、便宜上Ｃｂ類に含めたが、少々特異な印象を与えられるものである。

Cb 008. 南湾

概要：1981年、新疆、クムル地区、バルクル＝カザフ自治県に所在し、県の中心から東南39kmに位置する南湾村で発見されたもの。

法量：残存高26.7cm、口径33.3cm。

注記：口は強くすぼまっており、むしろ球形に近い。把手は、そうした器形に応じて大きく斜め上方に立ち上がっている。把手は板状で、外側が窪んで断面C字形を呈する［王 他 1995：291，図11-6］。腹部に凸線が巡っているが、これは、C類の鍑の腹部や口縁直下にときおり見られるような、おそらく意図的ではない凸線とは異なる。一方の面では真っ直ぐでありながら（図3：Cb008-1）、その反対側では波状になっているからである（図3：Cb008-2）。部分的なものとは言え、波状になっている以上は、意図的な紋様と考えざるを得ないであろう。しかし、Cb類に見られるような紋様とは異なっている。このように、特異な点が多いのである[8]。

Cb 009. タルチャット **Talchat**（塔勒恰特）

概要：1981年、新疆、イリ＝カザフ自治州アルタイ地区、カバ県に所在するタルチャット（塔勒恰特）で発見されたもの。

法量：高さ49cm、口径40.4cm。

注記：器形や把手の特徴などの特徴は、Cb008と類似する［王 他 1995：291］。写真を見ると、腹部には、凸線が一巡しているようである。残念ながら、Cb008のように波状になる部分があるのかどうかなど、凸線の詳細はわからない。ただし、C類にときおり見られる歪んだ凸線とは異なり、乱雑さがないように思える。これ自体が、意図的に施された弦紋の可能性もある。本稿では、Cb008とともに、特異なものとして、一応区別しておくことにする。

以上、天山北方地域におけるC類の鍑を、隣接地域のものを含めて挙げてきた。この他にも、梅建軍らの集成によると、ウルムチ市、コルガス県、トクズタラ県のムフル Muxur（莫合爾）、テケス県の阿克図乎勒、同県のカプサラン Qapsalang（喀甫薩朗）で発見されている［梅 他 2005，表1．20-23，25］。これらについては詳細がわからないが、上述の27例と合わせると、天山北方地域におけるC類は合計32例を数えるのである。

（8）梅建軍らが公表した、新疆における鍑の成分分析の結果によると、南湾発見例はアンチモンを1.2％含んでいる［梅 他 2005：82，表3．No.109］。この含有量は、奇台県、碧流河発見の鍑の分析結果に匹敵するものである［op. cit., No.123］。同例は、ミヌシンスク盆地の鍑に見られるような三叉状の把手あるいは耳を備えたもので、天山北方地域では類例のない形態である。南湾発見例が、こうした特殊な形態の鍑と成分が似通っている点に興味深いものがある。C類の中で他に比較資料がないのが残念であるが、成分にも特殊性が表れている可能性があろう。なお、碧流河発見の鍑について、筆者は詳細な情報を得ることができなかったので、本稿では言及していない［梅 他 2005：80，表1．26，図2-2］。

（２）Ｃ類の形態的な多様性について

　上述のように、Ｃ類には形態面で多様性がある。細分の指標とした紋様の有無以外にも、以下のような点が挙げられる。
　まず、器形に見られる相違がある。それは、口のすぼまり方の相違である。例えば、Ｃａ類では、口がすぼまって口縁が外反したものが多いが、カラ＝クルジャ発見のＣａ015（図２）では、器壁がほぼ垂直に立ち上がっている。Ｃｂ類でも、同じ紋様のＣｂ005（図３）とＣｂ006（図３）で口のすぼまり方が異なっているように見える。また、特殊なものとみなした南湾発見例（図３：Ｃｂ008）やタルチャット発見例（図３：Ｃｂ009）では、口のすぼまり方が特に強く、球状に近くなっている。
　また、Ｃ類では、器体に、おそらく紋様とは異なる歪んだ凸線がめぐっているのであるが、その位置にも相違がある。例えば、Ｃａ004（図２）・Ｃａ015（図２）・Ｃｂ001（図３）・Ｃｂ002（図３）・Ｃｂ004（図３）のように器体の中程にある場合と、Ｃａ005（図２）・Ｃａ006（図２）・Ｃｂ006（図３）・Ｃｂ007（図３）のように口縁直下に巡る場合があるのである。
　こうした形態差をどのように解釈するのかが問題となるが、筆者には、今のところ妙案はない。いずれにしても、Ｃ類の特徴の把握に関わる重要な要素であり、詳しい調査を踏まえて検討していかなくてはならないであろう。

（３）埋納されたＣ類鍑

　Ｃ類の鍑は、Ａ類やＢ類と同様に、孤立して発見されたものや発見状況不明のものが多い。そうした中で、意図的に埋め隠されたことが明らかな埋納遺物と考えられるものがある。ここでは、それらを紹介するとともに、その意義を述べておきたい。

１．鍑以外の器物を伴う例

　ひとつは、1958年、エシクにおいて発見されたものである（図３：Ｃｂ005；図４）。埋納状況については不明であるが、Ｃ類鍑（Ｃｂ005）、剣（図４−１）、矛（図４−２）がそれぞれ１点、銜２点（図４−３）の合計５点から成る。このうち、剣は先端部が折れており、銜にも長期間に渡る使用を示す摩耗があるという。矛も、図によると大きく曲がっている［Akishev et al. 1963：106-09, ris. 85-86］。
　もうひとつは、1991年、ベスアガシュ河の左岸で発見された埋納遺物である（図３：Ｃｂ007；図５）。これらは、（１）Ｃ類鍑の破片（Ｃｂ007）、（２）扁平な球形を呈する器体に、水平の把手が付き、脚のない小型鍑（図５−１）、（３）ほぼ同様の形態で、把手の他に垂直の耳を持ち、さらに注口のある小型鍑（図５−２）、（４）柄杓形の容器（図５−３）、（５）３つの突起が付いた把手を持つ鍑のミニチュア（図５−４）、（６）半環状の把手の付いた鍑の断片、（７）鉄製容器の残骸から成っていた。このうち、（２）は底部に大きな孔が開いており、（４）も上部が大きく破損

している。これらが、地下2mの地点に埋められていたという［Bajpakov et al. 1996：347-49］。

この他、南山紅溝発見例（図2：Ca 004）やカラ=クルジャ発見例（図2：Ca 015）なども同様であったかもしれないが、詳細がわからない。

さて、こうした例は、いずれも破損品を含んでいるところに特徴がある。そのため、青銅器時代のヨーロッパでしばしば見られるような「鋳物師の埋納 Founder's Hoard」、つまり、道具としての生命を終え地金用に回収された屑銅を保管目的に埋め隠したもの、に当たるものではなかろうか[9]。一般に、「鋳物師の埋納」は、金属製品の生産体系や交易についての重要資料である。天山北方地域においてもそうであろう。

しかし、より重要なのは、鍑以外の器物と共伴したこと自体にある。そのことによって、遊離遺物であることが多いC類鍑を天山北方地域あるいは周辺地域における考古資料群の中に位置付けることができるからである。それは、後述するように、年代を考える資料となるのである。

2．複数の鍑の埋葬

カザフスタンのパンフィロフ村では、1988年、農作業中に2点のC類鍑がまとめて発見された（図2：Ca 006；図3：Cb 006）。あちこちを修繕した痕のある大型の鍑（図3：Cb 006）の中に、破損や修繕の痕跡のない小型の鍑（図2：Ca 006）が逆さに入れられた状態であった。両者に破損や修理の状況に相違が見られるので、両者の使用期間や製作年が異なっているのであろう。これらが、地下1.5mに埋められていた。発見地周辺の踏査も行われたようであるが、鍑以外の遺物は何も発見されなかった。また、動物骨、炭化物、灰など、鍑の使用に伴って生じる痕跡も見られなかったという［Grigor'ev et al. 1999：84］。

なお、同じくカザフスタンのタラズ市近郊でも、1961年と62年に互いに近い地点で2点ずつまとめて発見されている（Ca 009-010；Ca 011-012）。残念ながら、これらについては、2点の鍑がまとめて発見されたという他は、詳細がわからない。いずれにしても、これらによって、パンフィロフ発見例が特異な存在ではないことを窺うことができる。

ところで、パンフィロフ発見例で注目されるのは、双方に使用の痕跡がありながら、破損や修理の痕跡の少ない、おそらく比較的新しいもの（図2：Ca 006）を含んでいる点である[10]。それらが、埋納された時点で道具としての生命を終えていなかった、つまり屑銅ではなかったと考えられるからである。そして、まだ使用可能な器物を埋納したということは、埋納という行為自体が、使用形態に関わっていると考えることができるのである[11]。今後、事例を集めて検討してみる必要があろう。

---

(9) 「埋納」の概念と解釈については、佐原真の一連の著作を参考にした。研究史整理としては、佐原1985がある。また「埋納」に関する著作は、佐原2002に集成されている。
(10) Cb 006は大きく破損しているが、これは掘り出す過程での破損である。
(11) 例えば、使用しない間は地中に保管しておき、必要に応じて掘り出して使うというものである。日本列島の銅鐸や東南アジアの銅鼓に想定されている使用形態に似たものである［cf. 佐原 2002：191］。

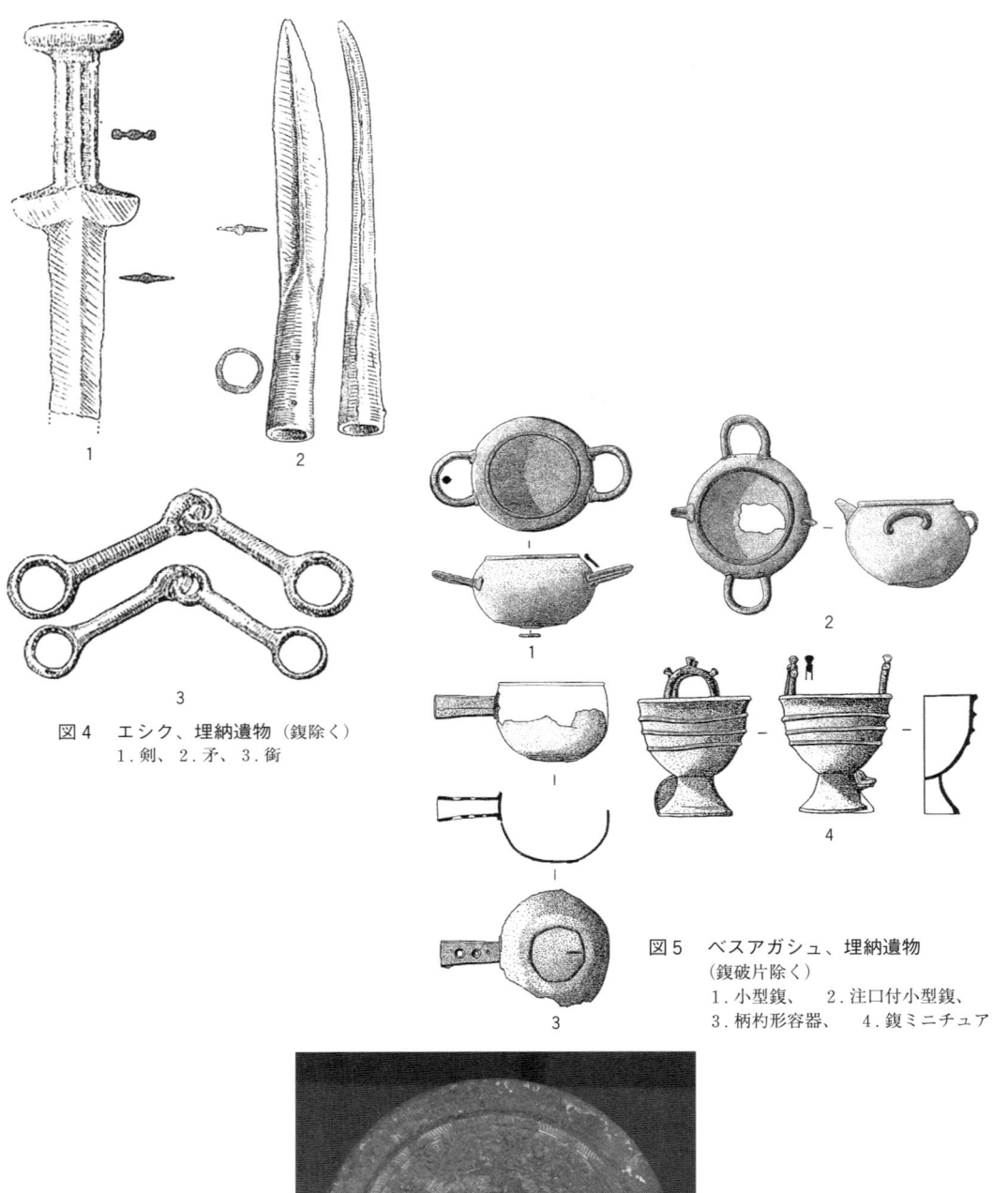

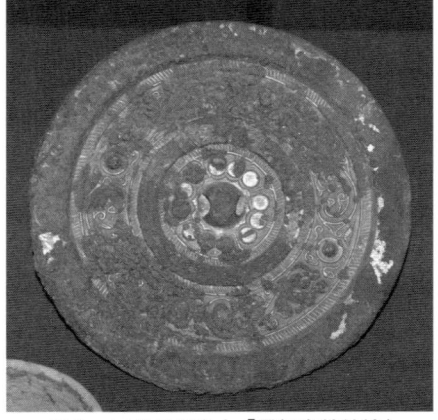

図4　エシク、埋納遺物（鍑除く）
　　　1.剣、2.矛、3.銜

図5　ベスアガシュ、埋納遺物
　　　（鍑破片除く）
　　　1.小型鍑、　2.注口付小型鍑、
　　　3.柄杓形容器、　4.鍑ミニチュア

図6　コクテパ出土「雲気禽獣紋鏡」

（4）C類の年代

　先行研究においては、C類に相当する型式の年代について、前5～4世紀であるとか、前5～3世紀と考えられることが多かった［Bernshtam 1949：350-52；1952：43-44；Bokovebko 1981：49；張 他 1991：45；王 他 1995：293；Grigor'ev et al. 1999：86；梅 他 2005：80］。このような年代観は、おおむね妥当なところであるが、再検討の余地もあると考える。以下、年代推定の根拠となる資料を見ていこう。

　まず取り上げるべきは、エシク発見の埋納遺物における剣である（図4-1）。この剣は、柄頭が棒状であり、柄は二条の溝が入った扁平なもので、鍔は「八の字形」を呈している。同じ特徴を備えた剣が、天山北方地域から南シベリアに至る地域で見られる[12]。それらの中で年代推定の手がかりとなるのは、南シベリアのトゥバ Tuva における墓から出土した例である。すなわち、トゥバのサグリ＝バジ Sagly Bazh II墓地8号墓の2点、同9号墓の1点［Grach 1980, ris.31-1；31-2；30-3］である。発掘者のグラーチ A. D. Grach によれば、これらの墓は、セミレチエにおけるサカ時代後期に併行するサグリ Sagly 文化（前5～3世紀）に属しており、中でも早い段階のサグリ期（前5～4世紀）のものという［Grach 1980：32］。

　ベスアガシュ発見の埋納遺物における脚のない小型鍑（図5-1）も、年代推定の手がかりとなり得る。類例がトゥバにおいて墓から出土しているからである。例えば、ホヴジュク Khovuzhuk 墓地7号墳出土例や、アイミルリグ Aimyrlyg 墓地出土例である（畠山論文 I.2.B）。このうち、前者は、グラーチの編年観によれば、サグリ文化サグリ期（前5～4世紀）に属する。また、注口のある小型鍑（図5-2）に似たものが、ヴォルガ Volga 河流域のサルトヴォ Saltovo におけるサウロマタイ文化の墓から出土している。こちらは、スミルノフ K. F. Smirnov によって前5世紀に年代付けられている［Smirnov 1964：135, ris.70 B-10］。これらも、上述の剣が出土した墓と同時期のものである。

　このようなトゥバにおけるサグリ文化サグリ期やヴォルガ河流域のサウロマタイ文化のものとの類似を指摘できる資料によって、エシクとベスアガシュにおける埋納遺物がサカ時代に属することが明らかであり、その年代は前5～4世紀を含むものであることがわかる[13]。したがって、C類の年代の一点を前5～4世紀に置くことができるのである。

　ところが、近年、より新しい年代を示す資料が出現した。それは、コクテパ出土例（図2：C

---

(12) 天山北方地域では、クルグズスタンのチュイ Chuy 河（チュー Chu 河）流域やイシク＝クルの湖岸でいくつか採集されている［Kibirov 1959：106, ris.17；Kyzlasov 1972, ris.2-1；Kanimetov et al. 1983, No.42］。また、本文中に述べるトゥバの他、モンゴル西部のチャンドマン Chandman 31号墓［Novgorodova et al. 1982：20, Abb.35-5］、平地アルタイのスタロアレイカ Staroaleika ［Ivanov 1987, ris.5-5］、ミヌシンスク盆地［Chlenova 1967, Tabl.3］でも例がある。

(13) アキシェフ K. A. Akishev とクシャエフ G. A. Kushaev は、エシク発見の埋納遺物を、筆者が想定する年代よりも若干古い、前6～4世紀のものと紹介している［Akishev et al. 1963：106-07］。しかし、年代推定の根拠は記載されていない。

a 016）である。この例は、墓からの出土品であり、前漢後期の「雲気禽獣紋鏡」[14]（図6）が共伴した。この雲気禽獣紋鏡は、鈕座が連珠紋であり、4つの素紋円座乳の間に正S字形の雲気を配している[15]。主紋の両端にはキャップ状の、中央の両側には渦状の雲気が付いている。したがって、岡村秀典の分類における「雲気禽獣紋鏡Ⅰ式」に相当しよう。岡村分類の「Ⅰ式」は、雲気の回りに配される副紋によって「ⅠA式」と「ⅠB式」に細分される。残念ながら、筆者が利用し得た資料では副紋がよくわからないが、径が19cmと比較的大型であることから、「ⅠB式」よりも「ⅠA式」に近いと思われる［岡村 2005：819-20］。岡村によると、「雲気禽獣紋鏡ⅠA式」は、遅くとも前45年には出現しているという［op cit., 826］。したがって、「雲気禽獣紋鏡ⅠA式」類似品が副葬されたコクテパの墓は、前1世紀後半が年代的上限となろう。この墓で行われた葬送儀礼に関連すると思われるCa 016の年代も、それに近い時期まで下がることになるのである。

　コクテパ出土例によって、C類鍑が、従来考えられていたよりも遅い時期まで存続していたことが明らかになった。遅い年代を示すものがこの一例のみである点や、天山北方地域からは若干離れた地域の事例であるという問題もあるが、天山北方地域におけるC類の年代の定点として採用しておきたい。

　以上のように、エシク、ベスアガシュ、コクテパの資料にもとづけば、C類の年代は、従来よりも幅広い前1千年紀後半と考えることができよう。

（5）他地域の類例

　C類は天山北方地域に多く知られており、さらに隣接地域にも及んでいる。ところが、それに留まらず、草原地帯の東西の広い地域で、C類に似た水平の把手を持つ鍑が知られているのである。この点は、これまであまり注意されてこなかったが、C類の性格を考える上で重要なことであり、以下、詳しく例を挙げておこう[16]。

　まず、天山北方地域の北東方、平地アルタイのノヴォトロイツコエ Novotroitskoe Ⅱ墓地18号墳9号墓出土例が挙げられる。墓の年代は、前4世紀末〜2世紀初めとされている（畠山論文 図11：Ⅰ.1.B-002）。

　より東方では、モンゴルで発見されたものがある。早くに、ヴォルコフ V. V. Volkov が、ザブハン＝アイマク Zavhan Aimag 博物館に収蔵されたものを紹介しており、セミレチエ発見の鍑

---

(14) わが国では「虺龍紋鏡」と呼ばれ［樋口 1979：100-104, 図版26, 27；岡村 1984：28-30, 図13-4, 5, 6］、中国では「四乳四虺紋鏡」あるいは「四乳四螭鏡」と呼ばれるものに相当する［孔 他 1984］。このような名称は、主紋の逆S字状の表現を、蛇のように簡略化した龍と解釈したことによる。しかし、岡村秀典によると、この主紋は、簡略化した龍ではなく、雲気を表現したものであり、したがって「虺龍紋鏡」という名称は不適切であるという［岡村 2005：815-18］。

(15) 雲気禽獣紋鏡における雲気紋は、通常は逆S字状を呈し、正S字状のものは珍しいという［岡村 2005：819］。そのため、本例は、むしろ特殊なものとみなすべきであろうか。

(16) 類例の存在についてはボコヴェンコが部分的に指摘しており、東アジア美術館収蔵例などを挙げている［Bokovenko 1981：49］。

との類似を指摘している［Volkov 1967：54-55］。また、首都ウランバートル Ulaanbaatar 市のモンゴル国立民族歴史博物館に2点、同市のザナバザル Zanavazar 美術館に1点、モンゴル西部、ムルン Mörön 市のフブスグル＝アイマク Hövsgöl Aimag 博物館に1点収蔵されている（高濱論文 X 12～16）。おそらく、これらの他にも、多くの資料があるであろう[17]。

さらに、モンゴル以東へ広がる可能性もある。というのも、スウェーデン、ストックホルムの東アジア美術館に収蔵される鍑の中に水平の把手のあるものがあり、それが中国北辺のオルドス採集とされているからである（高濱論文 X-3）。今のところ、中国における発掘調査によって、この型式の鍑が出土した例はない。また、筆者の知る限りでは、他に同様の採集品も知られていないようである。そのため、資料の確実性に若干の不安を残す。今後のさらなる発見を待つ必要があるが、この例は、水平の把手を持つ鍑が、東方では中国北辺まで伸びていることを示唆するものである。

一方、天山北方地域より西でも例がある。まず、南ウラルのベレゾフカ Berezovka で出土したものが挙げられる（デミデンコ論文 図3：V-1-a）。また、黒海北岸でも、ソロハ Solokha 第二次墓葬、ウリャプ Ulyap 1号墳、ベルジャンスキー＝クルガン Berdians'kyi Kurhan など、前4世紀代の墓で出土している（雪嶋論文 Ⅲ類）。

このように、水平の把手を持つ鍑の分布は、東方ではモンゴルまでは確実に広がっており、さらに中国北辺まで達する可能性もある。また、西方でも南ウラルを経て黒海北岸まで広がっている[18]。分布は草原地帯の東西に渡っており、その広さは上述のA類に匹敵するものである。年代的にも、西方では前4世紀頃のものが多く、一方、東方でも前4世紀末から2世紀初めのものがある。それぞれ、天山北方地域のものに応じる年代を示している。水平の把手を持った鍑が、A類のように、ある時期に草原地帯の東西に広がったものである可能性も考慮してみる必要があろう。

（6）C類の位置付けをめぐって

C類の年代が前1千年紀後半とすれば、A類やB類に続く型式とみなすことができる。しかし、A類・B類・C類を比較してみると、全体的な形状や胴部に巡る歪んだ凸線などに共通した特徴が見られる一方で、把手の特徴には大きな相違がある。この点を重視すれば、A類やB類からC

---

(17) 筆者は、2005年9月、ウランバートル市において、モンゴル国の中部に位置するウブルハンガイ＝アイマク Övörhangai Aimag 採集とされる未公開の個人蔵品を実見する機会を得ている。モンゴル国内では、こうした未発表資料が多いのではなかろうか。

(18) この他、水平の把手を持ったフクは、西シベリアのサヴィノフカ Savinovka 7号墳2号墓坑、シドロフカ Sidorovka 1号墳2号墓、同5号墳1号墓で出土している（畠山論文 Ⅱ.1.B）。また、中国北辺の内蒙古自治区烏蘭察布四子王旗で採集された鉄製の例がある（高濱論文 Ea-4）。ただし、これらの例では、本文中で述べた諸例には見られない特徴がある。例えば、器体に見られる縦方向の凸線であり、笵線と考えられる。また、圏足には透かしが入っており、下端部が大きく広がっている。こうした特徴は、中国北辺やモンゴル高原における漢代併行期＝匈奴時代の鍑に典型的なものである（高濱論文 E型式）。水平の把手を持つと言っても、本文中に挙げた諸例とは若干異なるものと考える。したがって、ここでは類例には含めないことにした。

類への素直な繋がりが見出されないようにも思える。

　こうした断絶の有無も確実とは言えないであろうが、もしC類がそれ以前の型式と繋がらないとすれば、上述のような類例を重視して、他地域から流入したことで始まった可能性も考えなくてはならない。ただし、草原地帯の東西における水平の把手を持った鍑が、互いに同系統であるかどうかはまだ明らかではない。また、もし同系統であったとしても、地域間の先後関係が明らかにされなければならない。検討すべき点は多い。

　このように、C類は、天山北方地域における鍑の流れの中での位置付け、さらには草原地帯全体における位置付けが明らかではない。しかし、詳細が判明すれば、天山北方地域における鍑の流れ以外にも、前１千年紀後半の草原地帯における地域間関係を考える手がかりとなろう。極めて興味深い型式と言える。

6. D 類

　肩に水平の把手と垂直の耳が付き、口がすぼまって口縁が外反した半球形の器体を有するものをD類とする。器体には、ときおり三重の弦紋が施される。
　脚部には大きな相違があり、本稿ではそれを基準にして、以下のように細分する。
　D１類：透かしがなく、下端が漏斗状に広がった円錐形の圏足を持つもの。
　D２類：脚のない、丸底式のもの。
　D３類：有蹄類動物（山羊か？）のものを模した、「くの字形」の脚が３本付くもの。
　ここにD類としたものは、先行研究においては、脚部の相違によって別々の型式とみなされ、相互の関連性には言及されることがなかったものである［Spasskaya 1956；Bokovenko 1981］。たしかに、脚部に見られる相違は大きい。その点を重視した分類も正当である。しかし、共通点の存在も無視できない。すなわち、把手と耳の組み合わせや器形は相互に一様であり、また、器体にときおり施される紋様も、脚部の相違にかかわらず、それぞれ三重の弦紋に限定される。つまり、脚部以外の要素は互いに共通しているのである。本稿では、こうした共通点の存在を重視してD類という大枠にまとめた。

　さらに、形態以外でも、相互の関連を窺うことができる。というのも、「D類」としてまとめられる型式が、埋納遺物のかたちで共伴する例があるからである（後述）。今のところ、D１類とD３類、あるいはD２類とD３類の共伴のみで、三者の全てが共伴した例は知られていない。しかし、形態面から窺うことができる三者の相互関連性を裏付けるには十分であろう。したがって、D類という大枠が有効かつ必要と考えるのである。

（１）D類の資料

　D類の鍑を、D１類・D２類・D３類の順に提示する。本稿では、主としてスパスカヤの集成［Spasskaya 1958］に依拠する。スパスカヤは、D１類を５点、D２類を７点、D３類を14点挙げている。ただ、記述から詳細がわからないものも多いので、比較的明瞭なものを選んで提示せざ

を得ない。この他、中国における新資料を補った。

D1類（図7）
圏足式のもの。

D1001. エシク
　概要：1953年、カザフスタン、アルマトゥ州、エンベクシカザフ地区のエシク市から10kmほど離れた地点で、地元中学生が掘り出した埋納遺物（後述、埋納例2）に伴ったもの。報告における「1号鍑」である［Martynov 1955：150］。
　法量：高さ41cm、口径44cm。
　注記：把手と耳の双方とも板状で、横畝紋が施されている。器体には、三重の弦紋が巡っている。圏足は細身であり、下端部が漏斗状に広がっている。

D1002. ルゴヴォエ Lugovoe（図なし）
　概要：カザフスタン、ジャンブル州に所在する、ルゴヴォエから60km離れたチュングル Chungur 渓谷において、1960年、建設作業中に発見されたもの。地表下2mで発見され、鍑以外に遺物は確認されなかったという。タラズ市の郷土博物館に収蔵されている（収蔵品番号907）。ポポフが紹介しているが、図は提示されていない［Popov 1972：206］。
　法量：高さ58cm、口径52cm。

D1003. ウチ＝エムチェク Uch Emchek
　概要：発見地は、クルグズスタン、チュイ Chuy 州に所在。チュイ州の州都であり、クルグズスタンの首都でもあるビシケクから約27km離れた所に位置する。1905年に、単独で発見されたという。
　法量：不明。
　注記：写真によると、圏足の下端部が漏斗状に広がっている［Spasskaya 1958：187］。

D1004. チャマンダ Chamanda 渓谷（図なし）
　概要：クルグズスタン、イシク＝クル州、カラコル Karakol（旧プルジェヴァリスク Przheval'sk）市の近郊にある、チャマンダ渓谷で1901年に発見されたもの。詳細は明らかでないが、スパスカヤは、カザフスタン国立中央博物館における収蔵品番号2289の鍑がこれに当たるものであろうという［Spasskaya 1958：187, No.11］。
　法量：高さや口径は不明であるが、重さ18kgであるという。

D1005. カザフスタン国立中央博物館収蔵品
　概要：アルマトゥにあるカザフスタン国立中央博物館に収蔵されているもの（収蔵品番号2299）。発見地や発見年は不明。
　法量：不明。
　注記：把手は棒状半環形で、断面は矩形。耳は、他の例と異なり、口縁に付いている。一方の耳は欠損。器体には、三重の縄状弦紋が施されている。圏足の下端部が漏斗状に広がっている［Spasskaya 1958：189］。

D1001（埋納例2）　　　　D1003　　　　　　　　　　　　D1005

D2001　　　　　　　　D2002

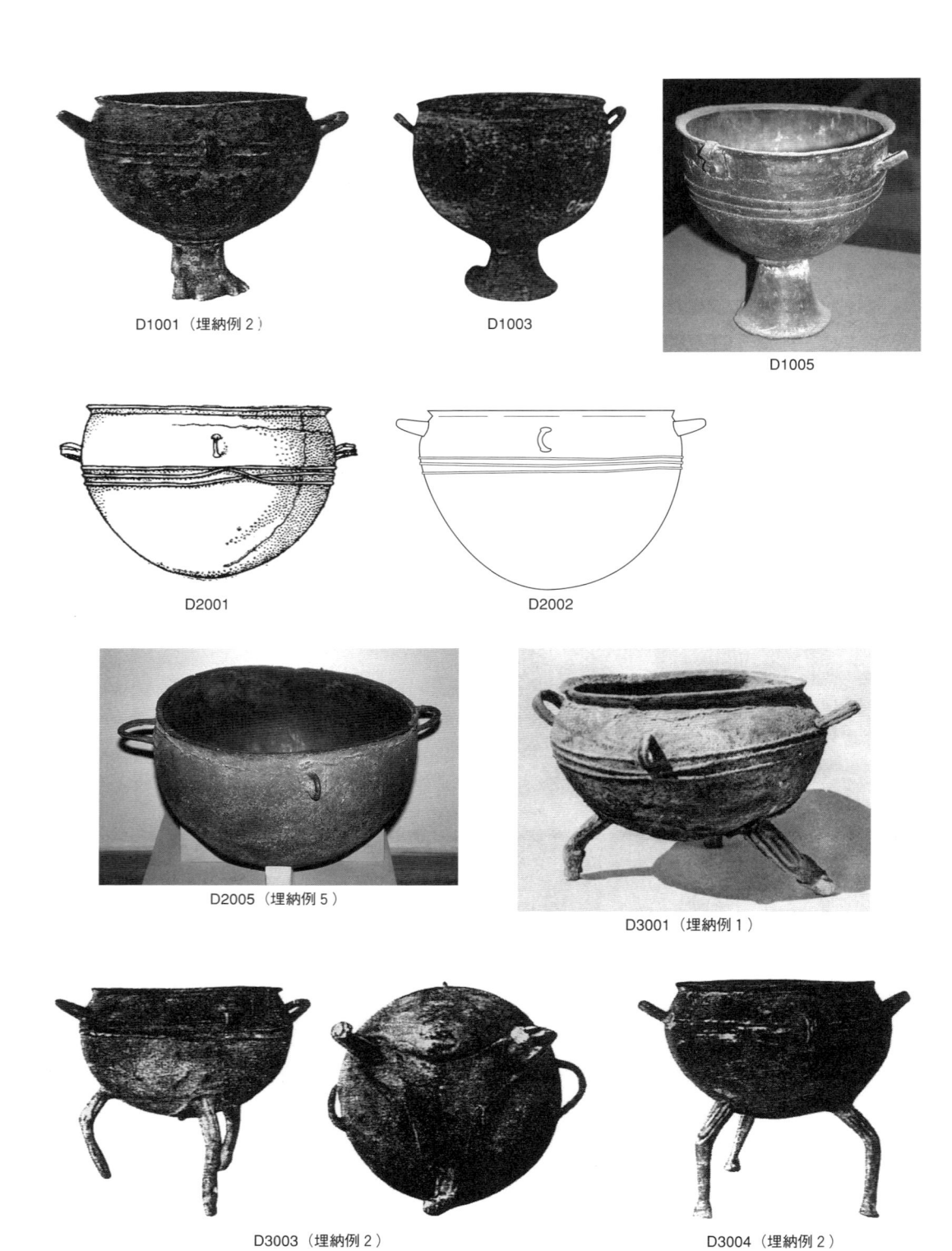

D2005（埋納例5）　　　　　　　　D3001（埋納例1）

D3003（埋納例2）　　　　　　　　　　　　　　　D3004（埋納例2）

図7　D類（D1001〜D3004）（縮尺不同）

D2類（図7）

丸底式のもの。

D2001. アルマトゥ市内

概要：1935年、カザフスタン、アルマトゥ市のゴーゴリ Gogol' 通りとドゥンガンスカヤ Dunganskaya 通りの角で、土坑中より発見。発見時、周囲には土器片や骨片が散乱していた。

法量：高さ51cm、口径71cmと大型で、容量は138ℓ、重さ82.5kgに達するという［Spasskaya 1958：181］。

注記：把手は板状で横畝紋が施されている。耳は棒状半環形のものである。器体には、三重の弦紋が施されており、その一部は交差している。

D2002-003. アルマトゥ市近郊（D2003：図なし）

概要：1912年、アルマトゥ市（当時はヴェールヌイ Vernyi 市）の中心部から5kmの地点、ボリシャヤ＝アルマアタ Bol'shaya Alma-Ata 河とポガンカ Poganka 河の間で、ウリャシェフ Ulyashev の用水路の上流にあたる耕作地で発見された埋納遺物（後述、埋納例3）に含まれる大小2点。カザフスタン国立中央博物館に収蔵されている。ここでは、大型品（収蔵品番号2293）をD2002、小型品をD2003とする［Spasskaya 1958：180］。

法量：大型品（D2002）は、高さ51cm、口径71cmで、容量は140ℓに達する。小型品の法量は不明。

注記：D2002の器体には三重の弦紋が施されている。小型品については詳細がわからないが、破損が激しかったようである［*loc. cit.*］。

D2004. アルマトゥ市近郊（図なし）

概要：1951年、アルマトゥ市近郊にある「カザフ共和国閣僚会議保養所」の敷地内で発見された埋納遺物（後述、埋納例4）に含まれていたもの。現在、カザフスタン国立中央博物館に収蔵されている（収蔵品番号7228あるいは7229）。本稿が依拠するスパスカヤの集成では、図が提示されておらず、法量も記載されていないので、詳細不明である［Spasskaya 1958：181-82, No. 26-27］。

D2005-006. セミョーノフカ **Semenovka**（D2006：図なし）

概要：クルグズスタン、イシク＝クル州、セミョーノフカ村の北4km、コク＝ドベ Kokdobe 川とマーラヤ＝アクス Malaya Aksu 川の合流する辺り（クルチン Kyrchin 自然境界）で、1937年7月、農作業中に発見された埋納遺物（後述、埋納例5）に含まれていたもの。同じ型式の鍑が2点あったが、うち1点は掘り出す過程で破壊されてしまったという［Bernshtam 1952：43；Spasskaya 1958：187-88］。ここでは、保存状態が良好なものをD2005[19]、もう一方をD2006とする。現在、ロシア、サンクト＝ペテルブルクのエルミタージュ美術館に収蔵さ

---

(19) 筆者は詳細を確認できなかったが、圏足の痕跡が見られるという情報もある［Kanimetov *et al.* 1983：25, No.23］。ここでは、スパスカヤの記述［Spasskaya 1958：187-88］にもとづいてD2類と認定したが、本例はD1類に相当する可能性もある。識者の御叱正を乞う次第である。

れている（収蔵品番号ＳＡ3184）。

法量：Ｄ2005は、高さ41cm、口径57cm。

注記：把手と耳は棒状半環形である。把手上には凸線がある。口縁直下に歪んだ凸線が一巡している。

Ｄ３類（図７，８）

三脚式のもの。

Ｄ3001. キュネス県71団１連漁塘

概要：1983年、新疆、イリ＝カザフ自治州イリ地区、キュネス県における71団１連漁塘で、建設作業中に発見された埋納遺物（後述、埋納例１）に含まれていたもの。

法量：高さ34cm、口径38.5cm、重さ21kg。

注記：把手は板状で、横畝紋が施されている。耳も板状であり、中央が窪んで断面がＶ字状を呈している。器体には、三重の弦紋が凸線で施されている。脚は末端が欠損しているようである。

Ｄ3002. ニルカ県（図なし）

概要：新疆、イリ＝カザフ自治州イリ地区、ニルカ県で、1988年に発見されたもの。張玉忠らが紹介している［張 他 1991：42］。しかし、詳細は発表されておらず、また、著作によっては、上述のＤ3001（キュネス県71団１連漁塘発見）と同じ写真が使われているなど［新疆維吾爾自治区文物事業管理局他 1999；東京国立博物館 2002, No. 2］、不可解な点もある[20]。ここでは、張玉忠らの紹介に依拠して記述する。

法量：高さ45.5cm、口径37.5cm、腹径40.5cm。

注記：器体には、三重の弦紋が凸線で施されている。

Ｄ3003-004. エシク

概要：1953年、カザフスタン、アルマトゥ州、エンベクシカザフ地区のエシク市から10kmほど離れた地点で地元中学生が掘り出した埋納遺物（後述、埋納例２）に伴った、ほぼ同一の特徴を持った２点。ここでは、仮に、報告［Martynov 1955］における「２号鍑」をＤ3003、「３号鍑」をＤ3004とした。

法量：記載されているのはＤ3003のみで、全高51cm、器体の深さ33cmという。報告の記述から判断して、Ｄ3004の法量も、これと大きく異なることはないのであろう。

注記：２点とも、把手と耳の双方が板状で、横畝紋が施されている。器体には、三重の弦紋が巡っている。脚は、下端が蹄を象っている。脚の上部には、筋肉表現のようなものも見られる。底部には、三弁状を呈する盛り上がりがあり、それぞれの頂点に当たる部分に脚が付

---

(20) 田中裕子氏の御教示によると、グルジャ市のイリ地区博物館の展示品に、「ニルカ県スプタイ Suptay（蘇布台）発見」とされるＤ３類鍑がある。本例は、それに当たる可能性がある。詳細は未確認であるが、キュネス県発見例（Ｄ3001）との重複ではないことは間違いないようである。

D3005（大型品） D3006（小型品）

D3009

D3007（大型品：埋納例3） D3008（小型品：埋納例3） D3011

D3012 D3013-1
全体
D3013-2
脚の細部（有角獣頭紋）

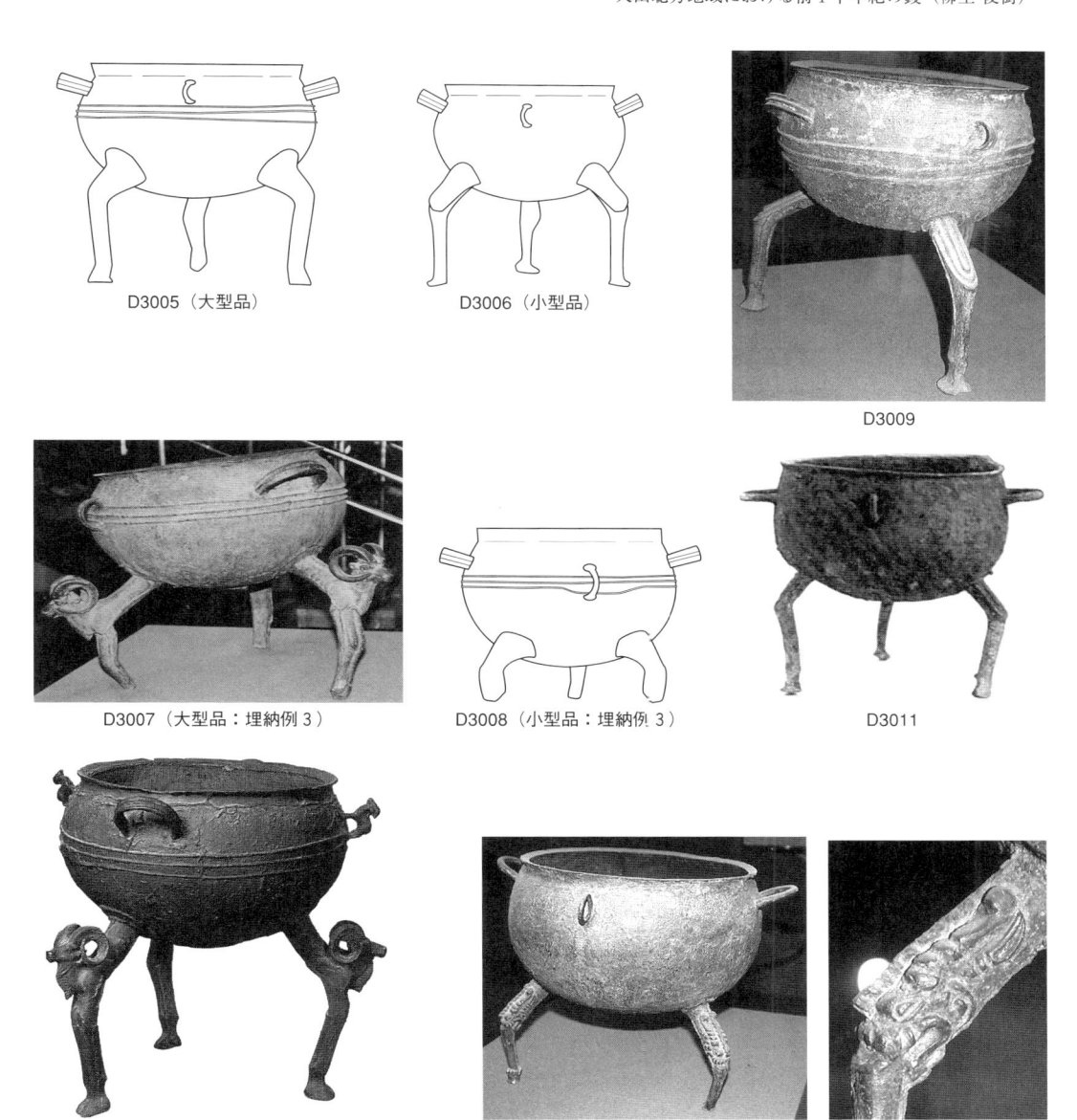

図8　D類（D3005～D3013）（縮尺不同）

いている。内壁には、藁、葦、穀粒の凸状の痕跡が見られ、鋳造の際に用いられた粘土に混ざっていたものと考えられている［Martynov 1955：152］。

D3005-006. アルマトゥ市内

　概要：1939年、カザフスタン、アルマトゥ市にある「タタール人労働者街 Tatarskaya Slovodka」で掘り出されたもの。大小2点あり、地表下2mで、互いに1.5m離れ、平らな面に脚を上に向けて逆さまの状態で埋まっていたという。カザフスタン国立中央博物館に収蔵されている（収蔵品番号2302；2305）。ここでは、大型品をD3005、小型品をD3006とする。

法量：大型のD3005は、高さ50cm、口径44〜45cm、重さ31.5kg、容量38ℓである。小型のD3006は、高さ44.5cm、口径33.5〜39cm、重さ14.5kg、容量21ℓである。

注記：D3005は、器体に三重の縄状弦紋が施されている。これに対して、D3006にはそれがない［Spasskaya 1958：181, No.22-23］。

D3007-008. アルマトゥ市近郊

概要：1912年、アルマトゥ市（当時はヴェールヌイ市）の中心部から5kmの地点、ボリシャヤ＝アルマアタ河とポガンカ河の間で、ウリャシェフの用水路の上流にあたる耕作地で発見された埋納遺物（後述、埋納例3）に含まれる大小2点。カザフスタン国立中央博物館に収蔵されている（収蔵品番号2283；2306）。ここでは、仮に大型品をD3007、小型品をD3008とする。

法量：D3007は、高さ58cm、口径46〜48cmであり、D3008は、高さ35〜37cm、口径36〜38cmである。

注記：D3007の把手と耳はともに板状で、横畝紋が施されている。口縁直下には歪んだ凸線が巡っている。また、縦方向の短い凸線が、口縁直下を巡る凸線に連結している箇所がある。さらに、口縁上にも歪んだ凸線が走っている。腹部には、縄状弦紋が三重に施されている。脚の角度を為す部分には、山羊の頭部を象った立体的な装飾が付いている。目や鼻面、胸毛の表現も明瞭である。脚の上部側面には浮き出た肋骨のような表現があり、また下部外面には縦に浅い溝が走っており、脚全体がそれぞれ山羊の前半身を象っているかのようである。D3008については、詳しい記述がなく、詳細不明である［Spasskaya 1958：180, No. 4 - 8］。

D3009. アルマトゥ市近郊、カメンスコエ **Kamenskoe** 台地

概要：1946年、カザフスタン、アルマトゥ市の南西のカメンスコエ台地ある「トルクシブ Turksib 保養所」の敷地内で発見されたもの[21]。カザフスタン国立中央博物館に収蔵されている（収蔵品番号2293）。発見時、脚を上に向けた状態であった［Spasskaya 1958：181, No.24］。

法量：高さ51.5cm、口径43.5cm。また、容量36ℓ、重さ33kgと報告されている。

D3010. アルマトゥ市近郊（図9-1）

概要：1951年、アルマトゥ市の南にある「カザフ共和国閣僚会議保養所」の敷地内で発見された埋納遺物（後述、埋納例4）に含まれていたもの。口縁には、筆者が「口縁装飾品」と呼ぶ、端部に山羊形装飾を付けた環状製品を装着していた[22]。現在、カザフスタン国立中

---

(21) 同地では1923年にも8点の鍑がまとめて発見されているという。しかし、スパスカヤの集成には、鍑の形態など、詳細は記載されていない［Spasskaya 1958：180］。

(22) マルティノフ G. S. Martynov によると、1948年、アルマトゥ市から15km離れた地点で6点の鍑（形態不明）が発見されたが、そのうちの1点は、端部に2つの有翼山羊の像を取り付けた口縁装飾品が装着されていたという［Martynov 1955：155-56］。口縁装飾品については、今ここに挙げたものと同様のものと考えられるが、詳細は不明である。口縁装飾品を伴う例が複数あるのか、あるいは同じものを指しているのか、筆者はその点を確認できなかった。本稿は、D類については、基本的にスパスカヤの集成にもとづいて資料を提示しているので、ここでは、マルティノフに拠らず、スパスカヤの記述を採用した。

央博物館に収蔵されている（収蔵品番号7228あるいは7229）。

法量：本稿が依拠するスパスカヤの集成では、法量が記載されておらず、詳細は不明である［Spasskaya 1958：181-82, No. 26-27］。

D 3011. カラコル渓谷

概要：クルグズスタン、イシク＝クル州、カラコル市の南6 kmの渓谷中で発見されたもの。現在、ビシケクの国立歴史博物館に所蔵されている（収蔵品番号9／1）発見年など、詳細は不明［Kanimetov et al. 1983：30, No. 40］。

法量：高さ35cm、口径32cm、腹径33.5cm。

注記：把手と耳の双方とも、断面が円形の棒状半環形のものである。器体には紋様はない。

D 3012. エルミタージュ美術館収蔵品

概要：「1893年にヴェールヌイ市（現アルマトゥ市）で入手した」との記録があるもので［Spasskaya 1958：188, No. 3］、現在、ロシアのエルミタージュ美術館に収蔵されている[23]。

法量：高さ62cm、口径47.5cm、重さ約43kg。

注記：把手は板状で、横畝紋が施されている。耳は、立ち上がった山羊を象っている。口縁直下に歪んだ凸線が巡っており、縦方向の短い凸線が口縁から伸びて連結している箇所がある。また、口縁上にも歪んだ凸線が走っている。器壁は滑らかでなく、上述の凸線以外にも、小さなイボ状あるいは短い棒状の突起が多く見られる。腹部には、弦紋が三重に巡っている。脚の角度を為す部分には、巻いた角を持つ山羊の頭部が立体的に表現されている。頭部の表現は、細かな点がやや不明瞭である。

D 3013. カザフスタン国立中央博物館収蔵品

概要：カザフスタン国立中央博物館に収蔵されているもの（収蔵品番号2280）。発見地は不明［Spasskaya 1958：188, No. 5］。

法量：高さ47cm、口径46cm、重さ28.5kg、容量44ℓ。

注記：把手と耳の双方とも、棒状半環形である。器体に紋様はない。脚の上部は、口を開けた有角の猛獣の頭部を象っている（図8：D3013-2：脚の細部）。この紋様について、ベルンシュタムは虎と述べているが［Bernshtam 1952：44］、有角怪獣を表現したものであることは一見して明らかである。角の先端は蕨状に丸まっており、頭頂部から背中にかけて鬣が走る。三日月形の長い耳を持ち、耳の付け根から喉にかけて膨らみがある。脚の下部は、猛獣が噛み付いているように角度を為して口から伸びている。脚の末端は形状が不明瞭であるが、少なくとも一本は蹄状になっているようである。

---

(23) 著作によっては、「アルマトゥ市近郊のカルガリンカ Kargalinka 河流域で発見された」という解説が付されていることもある［e. g. Chuvin et al. 1999, Pl. 90］。一方、スパスカヤによると、本例とは別に「カルガリンカ河流域発見」とされる資料がある。1958年時点で、資料写真しか残されておらず、現物は所在不明という［Spasskaya 1958：179, No. 1］。この「カルガリンカ河発見例」と本文中に挙げたD3012は、同じ1893年の発見であり、形態や法量が似通っていることから、重複の可能性もあろう。

以上、30例に満たないが、D類の資料を挙げた。カザフスタンやクルグズスタンでは、スパスカヤによる集成以降に発見された資料が多くあるはずである［e.g. 東京新聞他 1981, No.53］。新疆においても、同様に、未発表資料が存在するであろう[24]。それについては、今後、増補に努めたい。

（2）特殊な器物との共伴関係

　D類鍑の発見状況としては、まず、単独で発見される例があり、これは他の型式の場合と共通する。また、C類に見られたように、複数のD類鍑がまとめて発見された例もある。この他、他の型式には見られない特徴もある。それは、早くから注目されてきたように［Bernshtam 1952：43；Spasskaya 1956：166-67］、特殊な器物とともに埋納された例が知られていることである。

1．特殊な器物を伴う埋納遺物

　まず、D類鍑と特殊な器物が共伴した埋納遺物について、構成と埋納状況の詳細を見てみよう。

　埋納例1（キュネス県71団1連漁塘発見）　1983年、新疆、キュネス県における生産建設兵団「71団1連漁塘」で、建設作業中に発見されたもの。D3類鍑（D3001）1点、口縁装飾品2点（図9-3、4）、破損した方形の灯明台1点（図10-5）、人物像1点（図12）、鐸1点（図13）から成る。地下1.5mの所から掘り出されたという［張 1985：79；王 1987：46］。

　埋納例2（エシク発見）　1953年、カザフスタン、エシク市から10kmほど離れた地点で、地元中学生によって掘り出されたもの［Martynov 1955：150］。D1類鍑1点（図7：D1001）、D3類鍑2点（図7：D3003-004）、銅製灯明台1点（図10-2）、破損した鉄製灯明台1点（図10-3）、銅製杯2点（図14）、鉄製鍑1点（図20：X007）の、合計8点から成る。直径2m、深さ2.5～3mの穴に納められていた。詳しい配置はわかっていないが、鍑は口を下に伏せて置かれていたという。この埋納遺物は、現在、カザフスタン国立中央博物館に収蔵されている（収蔵品番号8585-91）。

　埋納例3（アルマトゥ市近郊発見）　1912年、アルマトゥ市（当時はヴェールヌイ市）の中心部から5kmの地点、ボリシャヤ＝アルマアタ河とポガンカ河の間で、ウリャシェフの用水路の上流にあたる耕作地で発見された。D2類鍑が大小1点ずつ（図7：D2002）、D3類の鍑が大小1点ずつ（図8：D3007-008）、鉄製鍑1点、灯明台1点（図10-4）の合計6点から成る。D2類鍑のうちの大型品（D2002）の中に他の器物が収められ、さらに逆さまにしたD3類鍑の大型品（D3007）で塞いであったという。現在、カザフスタン国立中央博物館に収蔵されている［Spasskaya 1958：180, No.4-8］。

　埋納例4（アルマトゥ市近郊発見）　1951年、アルマトゥ市の南方にある「カザフ共和国閣僚会議保養所」の敷地内で発見されたもの[25]。D2類鍑1点（D2004）、口縁装飾品を装着したD3類

---

(24) 田中裕子氏によると、グルジャ市のイリ地区博物館には、上述のニルカ県スプタイ発見品の他にも、モングル＝キュレ県発見とされるD3類鍑が展示されている。詳細は不明であるが、新疆では、D3類鍑が少なくとも3点存在していることになる。今後も、資料がさらに増える可能性大である。

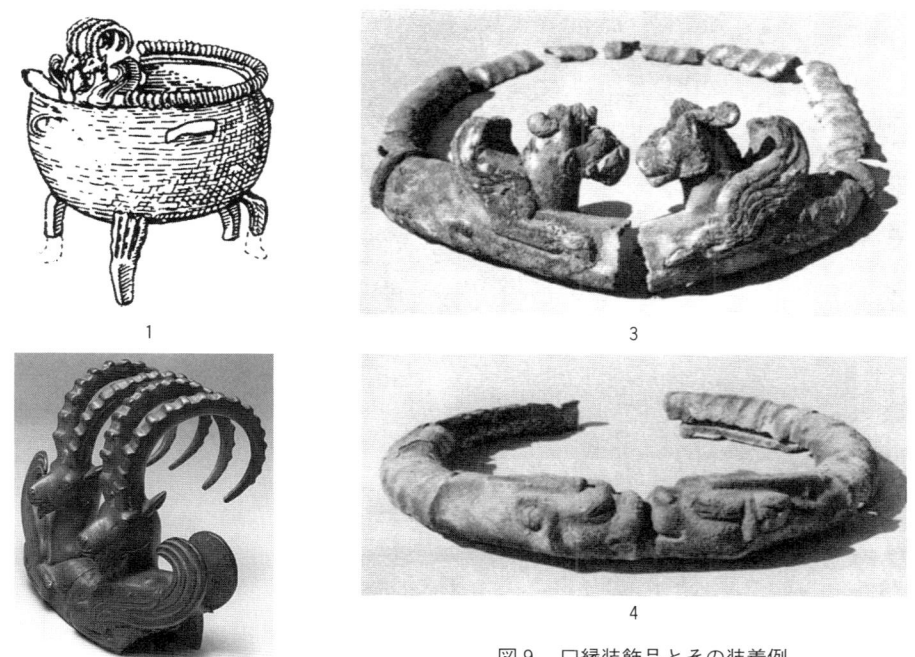

図9 口縁装飾品とその装着例
1．アルマトゥ市近郊（D3010：埋納例4）、　2．同左　口縁装飾品細部、
3．キュネス県71団1連漁塘（埋納例1）、4．同左

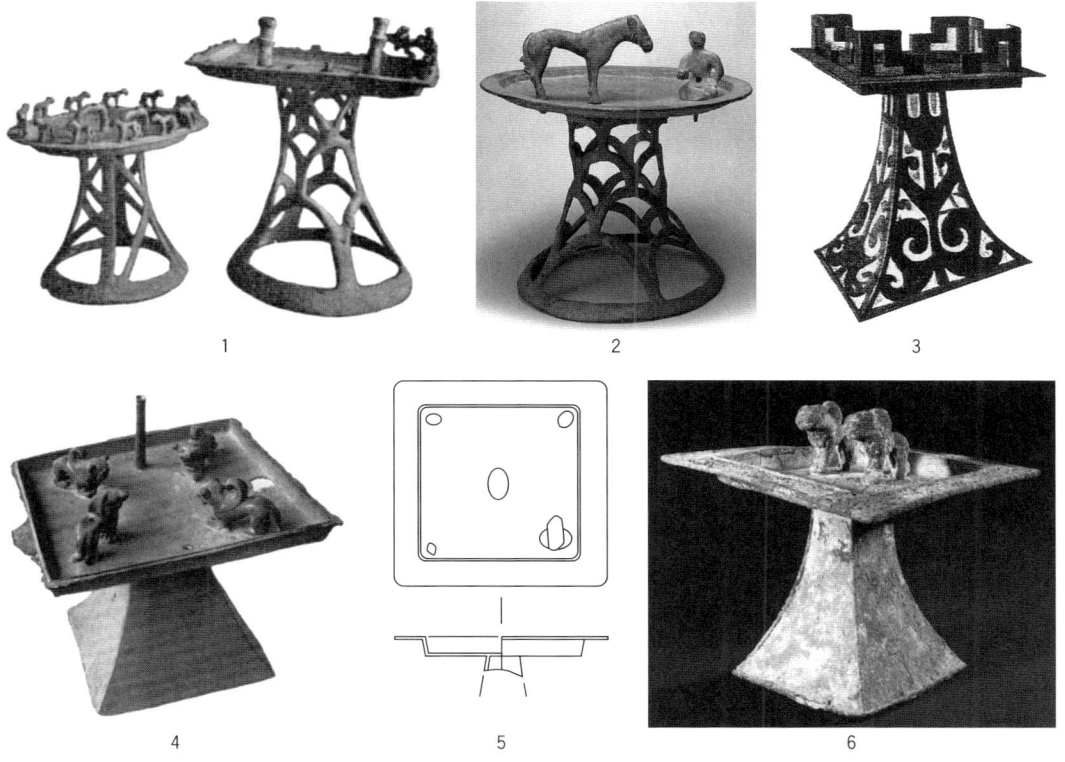

図10　鍑に共伴した灯明台とその類例
1．セミョーノフカ（埋納例5）、　2．エシク（埋納例2）、3．同左（鉄製：推定復元）、　4．アルマトゥ市近郊（埋納例3）、
5．キュネス県71団1連漁塘（埋納例1）、　6．アルウィグル30号墓出土

鍑 1 点（D3010；図 9-1）と、その他、複数の器物から成っていた。鍑と口縁装飾品（図 9-2）以外の器物は、発見後すぐに散逸してしまったようで、詳細は不明である［Spasskaya 1958：181-82, No.26-27］。

埋納例 5（セミョーノフカ）　1937年、クルグズスタン、セミョーノフカ村の近郊で、農作業中に発見された。D 2 類鍑 2 点（図 7：D2005）、灯明台 2 点（図10-1）、奉献台 2 点（図11-1）、蹲るコブウシを象った小像 2 点（図11-2）から成っている。深さ1.5〜2 mの土坑の中に納められていたという。一方の鍑は、深さ1.5mのところに、口を下にして伏せて置かれており、その傍らにあったもう一方の鍑は、土が詰まった状態であったという。伏せて置かれた鍑の下には、灯明台が見出された。さらに、その70〜80cm下に奉献台が置かれていた。埋土は上層（地表下50〜60cm）ではレキが混じっていなかったが、より下層ではレキの混入が見られたという［Bernshtam 1952：42；Spasskaya 1958：187-88］。現在、エルミタージュ美術館に収蔵されている（収蔵品番号ＳＡ3182-3187）。なお、後に、発見地周辺で行われた試掘によって灰層が確認されたというが、この埋納遺物との関係はわからない［Bernshtam 1952：43］。

　以上のように、D類鍑は、口縁装飾品、灯明台、奉献台、人物像、鐸、杯、鉄製鍑などの器物を伴うことがある。次に、そうした共伴遺物に目を向けてみよう。

2．共伴遺物の詳細

　ここでは、D類鍑に伴った器物のうち、鉄製鍑を除く 6 種について述べる。鉄製鍑については、「その他の鍑」として改めて取り上げる。

　口縁装飾品　両端に動物や怪獣を象った装飾を取り付けた環状の器物で、鍑の口縁に装着されたものを本稿では「口縁装飾品」と呼んでいる（図 9）。現在、知られているのは三例である。まず、埋納例 4 では、D 3 類の鍑（D3010）が、口縁装飾品を装着した状態で発見されている（図 9-1）。ここでは、両端の装飾は、二頭の外側を向いた有翼山羊の前半身を象ったものであった（図 9-2）。また、埋納例 1 に伴った 2 点の環状製品も、その形態から、口縁装飾品とみなし得るものである。そのひとつは、両端が有翼有角怪獣の前半身を象っており（図 9-3）、もうひとつは、両端が鬣（あるいは背びれ？）のある獣頭を象っている（図 9-4）。いずれの例も、環に当たる部分は蛇腹状になっている。

　灯明台　埋納例 1〜3 と埋納例 5 に伴った（図10）。銅製品が普通であるが、埋納例 2 に伴った例のように、鉄製品も知られている（図10-3）。皿の上の装飾には、列をなす豹のような動物（図10-1 左）、豹と牛の闘争（図10-1 右）、馬と人物（図10-2）、筆者が「巻毛のある豹」と呼ぶ怪獣の一種（図10-4）などがある。埋納例 1 における破損した灯明台（図10-5）にも、詳細は

---

(25) スパスカヤによると、後に、アゲエヴァ E. I. Ageeva とセニゴヴァ T. N. Senigova が、発見地周辺を踏査したようである［Spasskaya 1958：182］。残念ながら、その成果について、筆者は情報を得ることができなかった。

図11 奉献台
1．セミョーノフカ（埋納例5）、
2．同上　コブウシ形装飾、
3．アルマトゥ市近郊発見、
4．同上　巻毛のある豹形装飾

図12　人物像
（キュネス県：埋納例1）

図13　鐸
（キュネス県：埋納例1）

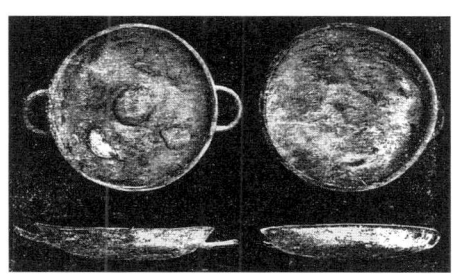

図14　杯（エシク：埋納例2）

不明であるが、熊（？）を象った装飾が付けられていたという［張 1985］。また、皿上には管状の突出部が見られることがある（図10-1，4）。一般に、ここに灯心（あるいは棒状に固めた香？）を差し込んだとされている。高さ20～30cmである。

なお、灯明台は、単独で発見されたものも多く知られている［e. g. Artamonov 1973, ill. 48, 51；東京国立博物館 他 1985, No.19；Grigor'ev et al. 1996：241-47, fig. 1，2］。グリゴリエフ F. P. Grigor'ev とイスマギル R. Ismagil よれば、1996年段階で、鍑に伴ったものを含めて、カザフスタンとクルグズスタンでは20点以上発見されているという［Grigor'ev et al. 1996：250］。このうち、皿上の装飾の部分に油脂を含んだ煤が付着していた例が報告されており［op. cit., 241］、用途について示唆を与えている。一方、新疆においても、埋納例1に伴ったもの以外に、墓から出土した例がある（図10-6）。

奉献台　埋納例5に大小2点伴った。大型品が縦83cm、横79cm、高さ26cm、小型品が縦69cm、横62cm、高さ22cmである。2点とも破損が著しいが、大型品では、獣足形の足が3本残っている（図11-1上）。また、蹲るコブウシを象った小像（図11-2）が、元来は周縁部に取り付けられていたのであろう。周縁部に痕跡が残っている。

用途はよくわからないが、南ウラルのサウロマタイ文化における三脚あるいは四脚の「石製奉献台」［Smirnov 1964：162, ris. 74］などと関連させて、供物、あるいはそれを入れた容器を載せたものであったと推測されている［Tallgren 1937：50；Bernshtam 1952：46］。

奉献台にも、灯明台と同じく、単独で発見されたものがある［e. g. Kanimetov et al. 1983, No. 37；新疆維吾爾自治区社会科学院考古研究所 1985, 図版95；張 他 1991, 図17］。それらのうち、代表的なものとして、アルマトゥ市近郊で発見されたものを挙げておこう（図11-3）。周縁部には、「巻毛のある豹」を象った装飾が取り付けられている。装飾は、元来30個あったが、現存するのは25個である。かなり大型であり、縦125cm、横112cm、高さ24cmを測る［Tallgren 1937：50］。

人物像　埋納例1に伴ったもの（図12）。裸足で、片膝を立てて跪き、上半身裸で腰巻きを付け、尖り帽子を被った男性を象っている。手には筒のようなものを握っており、元来は何かが差し込まれるようになっているようである。用途はわからない。高さ40cmを測る［東京国立博物館 2002, No. 1］。尖り帽子は騎馬遊牧民の風俗を思わせるが、その他の点については特異である。ボードマン J. Boardman が指摘するように［Boardman 1994：149-50］、「オクサス遺宝」に含まれる銀製の裸体男性像と似たところがあり［Dalton 1964：2-3, No. 4, Pl. Ⅱ-4］、草原地帯の外の資料との関連も検討していく必要もあろう。

鐸　埋納例1に伴ったもの（図13）。若干細長い半球形で、上部に半環状の鈕がある。舌はない。高さ9.5cm、口径8.3cmを測る［王 1987：46］。

杯　埋納例2に伴ったもので、2点ある（図14）。報告では両者ともに記述が少なく、形態の詳細もわからない。うち1点は、水平の把手を持ち、底部に半球状の盛り上がりがあるという。もう1点では、把手は縦方向である。マルティノフ G. S. Martynov は、この杯の形態をグレコ＝バクトリア時代に典型的なものとしている［Martynov 1955：152］。しかし、マルティノフは類例を具体的に示しておらず、文献も挙げていない。この見解の当否は確認できないのであるが、た

しかにギリシア・ローマの杯の中に似た形態のものはある［Strong 1966：94-95, Pl. 24 A, 24 B］。詳細が判明すれば、鍑の年代や文化背景を考える有力な手がかりになる可能性がある[26]。

以上、D類鍑に共伴した器物について述べてきた。いずれも、形態が複雑であったり、かなりの大型品が含まれていたり、特殊な機能を想定させるものである。こうした特殊な器物と共伴することが、他の型式には見られないD類鍑の特徴なのである。そして、このことは、D類の検討にとって非常に有用である。共伴した器物の検討にもとづいて、D類の年代や性格を推定することができるからである。

（3）D類の年代

では、D類の年代を考えてみよう。先行研究においては、D類に相当する型式について、前5～3世紀と考えられることが一般的である［Bokovenko 1981：49；張 他 1991：45；王 他 1995：293；梅 他 2005：80］。ベルンシュタム以来の年代観で、上述のような共伴遺物の検討にもとづいたものである。ベルンシュタムは、1）灯明台や奉献台を装飾する動物紋が、様式的にスキタイ・サカ美術の範疇に属すると考え、2）そうした紋様がセミレチエで盛行するのは「サカ時代後期（前5～3世紀）」であるから、灯明台や奉献台はサカ時代後期の所産であり、3）それらが共伴する鍑も同時期のもの、つまり前5～3世紀と見たのである［Bernshtam 1949：345；1954：49］。

ベルンシュタムの論証は、発表当時、資料の蓄積が十分でなかったことも影響していようが、あまり具体的なものではない。しかし、その後の資料の状況に照らしてみても大幅な変更は必要ないと見られたのであろう。多くの研究者がこの年代観にしたがっている。ところが、近年では、関連資料もより充実しつつある。そのため、ベルンシュタム以来の年代観を再検討する時期に来ている、と筆者は考える。以下、D類の年代を詳しく検討していきたい。

1．共伴遺物の資料的位置付け

まず、D類の共伴遺物のうち、特徴的な紋様のあるものを取り上げ、天山北方地域あるいは周辺地域の資料と比較検討してみよう。それによって、年代推定の手がかりを得たい。

口縁装飾品（埋納例1）　埋納例1における2点の口縁装飾品のうちの1点では、両端に有翼の怪獣を象った装飾が付いている（図9-3）。怪獣の角は、先端が蕨状に丸まっている。翼は、付け根から上辺にかけての軸とその他の部分から構成されており、先端が反り上がっている。また、後頭部から背中にかけて一筋の鬣がある。

このような有翼有角怪獣は、林俊雄によれば、アケメネス朝美術に由来するグリフィン、すなわち「アケメネス風グリフィン」の一種であり、特に「サカ的変容」を遂げた一群に属する［林

---

(26) マルティノフは、埋納例2（エシク発見）の年代を、一般的な年代観である前5～3世紀よりも遅い前4～1世紀とした（Martynov 1955：155）。それには、この「グレコ＝バクトリア風の杯」が重要な役割を果たしているのであろう。

図15 有翼怪獣紋（山地アルタイ、パジリク1号墳）
左 ギリシア風グリフィン、右 アケメネス風グリフィン

図16 灯明台装飾細部（エシク：埋納例2）

図17 樹下戦士紋帯飾板
（ピョートル大帝コレクション）

図18 騎馬人物紋（山地アルタイ、パジリク5号墳出土壁掛け）

図19 天山北方地域とその周辺地域における巻毛のある豹紋
1．アルウィグル（阿拉溝）30号墓、2．エシク＝クルガン（イッシク＝クルガン）

2006：185］。「アケメネス風グリフィン」を描写した器物は、エルミタージュ美術館に収蔵される「ピョートル大帝コレクション」や、大英博物館に収蔵される「オクサス遺宝」に含まれている［Dalton 1964, fig. 46；Rudenko 1962, Tabl. Ⅷ-7，8，ⅩⅦ-4，6；田辺 他 1999, 図版41, 44；林 2006, 図142, 143, 144］。また、山地アルタイにおけるパジリク Pazyryk 文化の墓からも多く出土している。パジリク1号墳（図15右）、同2号墳［Rudenko 1953, Tabl. XXIX-1／2；林 2006, 図149］、アク＝アラハ Ak-Alakha Ⅲ墓地1号墳［Polos'mak 2001, ris.138, 139；林 2006, 図162］で出土したものが、その典型である。これらに加えて、パジリク3号墳や5号墳出土品にも、頭部のみであるが、「アケメネス風グリフィン」の要素を備えた紋様が見られる［e. g. Rudenko 1953, Tabl. LVI-3，LXVIII-7］。

この口縁装飾品は、以上のような資料の中に位置付けることができよう。その中には遊離遺物も多いが、パジリク墓群やアク=アラハⅢ墓地1号墳出土例が含まれていることで、「アケメネス風グリフィン」の年代、さらには口縁装飾品の年代が推定可能となる。

　D3013の紋様　共伴遺物ではないが、鍑自体の紋様にも注目してみよう。カザフスタン国立中央博物館に収蔵される発見地不明のD3類鍑であるが、その脚には有角怪獣の頭部が描写されている（図8：D3013-2）。その怪獣の角は先端が蕨状に丸まっており、また角の間には鬣がある。こうした角や鬣を見る限り、埋納例1における口縁装飾品に描写されていたような怪獣のそれに一致しているのである。D3013の脚の紋様は、「アケメネス風グリフィン」の頭部を表現したものと見てよいであろう（e. g. 図15右）。そうすると、上述の口縁装飾品と同様の位置付けを与えることができるのである。

　灯明台（埋納例2）　まず、埋納例2に含まれていたものを取り上げよう（図10-2）。透かしの入った円錐形の台の上に、円形の皿が載るものである。皿の中央には、人物と馬の像がはめ込まれている[27]。人物は、胡座をかいており、左衽の上着を着る。右手を上げているが、今は失われた手綱を握っていたのであろう。頭髪は短い。残念ながら、顔の表現はあまり明瞭ではない。馬は、頭絡を装着しているが、鞍の表現は見られない。尻尾の先は結ばれている。鬣は全体が刈り込まれているが、一束の毛が長く残された部分がある（図16）。

　草原地帯では、動物あるいは怪獣の造形表現が最もよく知られているが、人物や樹木（景観描写）などを含む「物語的図像」があり、この灯明台の人物と馬の表現も、その一種と考えることができる［Bunker 1978：121-22］。草原地帯における「物語的図像」の中で、この灯明台における人物像と似たものを挙げるとすれば、マルティノフが指摘しているように［Martynov 1955：153］、「ピョートル大帝コレクション」に含まれる「樹下戦士紋帯飾板」に描写された人物であろう（図17）。また、人物像だけでなく、馬像にも共通する特徴を見ることができる。すなわち、灯明台の馬像に見られるような、刈った鬣の一部を長く残すという整髪方法が、「樹下戦士紋帯飾板」における馬像にも認められるのである（図17）。

　ところで、この「樹下戦士紋帯飾板」は、パジリク墓群、特にパジリク5号墳出土資料との強い関連が指摘されている［e. g. Haskins 1961：158-65］。すなわち、男性の髪型や服装、樹木に掛けられたゴリュトス Goryutos、馬の鬣や尾の整髪方法などが、パジリク5号墓出土壁掛けの騎馬人物に見られる特徴と同様であり（図18）、また、端部に描写された女性の被り物と似たものがパジリク5号墳で出土している［Rudenko 1953, Tabl. XXVI-2］、といった点である。こうした点から、「樹下戦士紋帯飾板」は、パジリク5号墳出土品に併行する時期のものと考えられる。

---

(27) 鍑に伴ったものではないが、アルマトゥ市内の建設現場で発見された灯明台には、騎射する人物像が中央に取り付けられていた。周縁部には、草食動物像が取り付けられ、全体としては騎馬狩猟の場面を表しているようである［Grigor'ev et al. 1996：245-47, fig. 1-2］。筆者が参照できた文献では簡略な図しか発表されておらず、詳細はわからない。しかし、この例から、エシク発見例のような人物と馬を描写したものが、決して例外的なものでなかったことは言えるであろう。

上述のように、埋納例2における灯明台は、このような「樹下戦士紋帯飾板」との類似を指摘できる。おそらく両者は年代的も近いものであろう。そうすると、灯明台の年代も、「樹下戦士紋帯飾板」と同様に、パジリク5号墳出土資料に併行すると考えてよいであろう。

　灯明台（埋納例3）　透かしのない方錐形の台に矩形の皿が載る。皿の中央には、豹のような動物を象った4個の装飾が対角線上に配置されている（図10-4）。豹の背中には、後頭部から連続し、先端が大きく跳ね上がった突出部がある（cf. 図11-4）。ベルンシュタムは、この突出部を「翼を模した塊状の角あるいは巻毛」と呼んだ［Bernshtam 1952：46］。それを踏まえて、本稿では、この豹を「巻毛のある豹」と呼ぶ[28]。

　これによく似た形態の灯明台が、新疆、ウルムチ市付近にあるアルウィグル Alwighul（阿拉溝）30号墓で出土している（図10-6）。方錐形の台、矩形の皿、巻毛のある豹を象った装飾などの基本的構成が同じである。装飾が4個ではなく2個であり、それが並べて取り付けられている点などは異なるが、埋納例3の灯明台との類似は一見して明らかである。このような例によって、埋納例3における灯明台の年代が、アルウィグル30号墓に併行する時期のものであることが想定できるのである。

　紋様に注目すると、アルウィグル30号墓において、巻毛のある豹あるいは虎を描写した金製飾板が13点出土している（図19-1；新疆維吾爾自治区文物事業管理局 他 1999, Nos. 0419-0421；東京国立博物館 2002, Nos. 3-5）。「黄金人間 Zolotoi chelovek」で有名なエシク市近郊のエシク＝クルガン Esik Korgany（イッシク＝クルガン Issyk Kurgan）においても、被葬者の帽子を飾ったものと考えられる金製飾板が出土している（図19-2）。このように、形態面、紋様面の双方から、埋納例3の灯明台の年代は、アルウィグル30号墓やエシク＝クルガンの年代を含むものと考えることができるのである。

　奉献台　鍑に共伴した奉献台（埋納例5）には、残念ながら、年代を絞り込むほどの特徴を持ったものはない［cf. Bernshtam 1952：46-49］。ただ、その年代について示唆を与えるものが、アルマトゥ市近郊で発見されたという大型の奉献台である（図11-3）。この例では、周縁部に、上述のような巻毛のある豹を象った装飾が付いているからである（図11-4）。この奉献台の年代は、巻毛のある豹の紋様から、アルウィグル30号墓やエシク＝クルガンの年代を含むものと考えられる。他の例についても、それに近い年代が想定できよう。

　以上、D類鍑に共伴した資料の一部について、その位置付けを検討してきた。形態や紋様の比較から、天山北方地域におけるアルウィグル30号墓やエシク＝クルガン、山地アルタイにおけるパジリク1号墳・2号墳・3号墳・5号墳、アク＝アラハⅢ墓地1号墳出土品との関連を窺うこ

---

(28) この「巻毛」については、「翼」とされることもある（e.g. 林 2006：186, 図146）。しかし、先端が割れておらず、翼らしくないため、ベルンシュタムにしたがうことにする。もちろん、この「巻毛」が翼と全く無関係であるとは思えず、翼が退化したものである可能性はあろう。退化の有無は、この紋様の位置付け（特に年代的な面）や意義を考える際に重要となる。詳しく検討する必要があるが、それについては別の機会に行いたい。

とができるのである。次に、それら関連資料の年代を検討する必要がある。

２．関連資料の年代的枠組み

　まず、年代推定に有利な資料を含み、研究の蓄積も多いことから、天山北方地域の考古資料の年代推定にも目安を提供し得る山地アルタイの例、特にパジリク墓群の検討からはじめよう。

　パジリク墓群　本稿に直接関係する１号墳・２号墳・３号墳・５号墳に、４号墳を加えた５基の大型墓の年代については、これまで度々議論されてきた（林 2006：199-200）。かつては、前５～４世紀とする見解が有力であった。しかし、近年では、５基の大型墓における木槨部材の年輪年代測定による相対年代観や、１号墳・２号墳・５号墳における新たな放射性炭素年代測定の結果を踏まえて、造営年代を全体として前３世紀に置く見解が有力になっている [e. g. Mallory et al. 2002；雪嶋 2008：41-42]。

　筆者は、こうした近年の年代観を支持している[29]。まだ検討も必要であろうが、少なくとも、従来のように前５世紀まで上がることはない、と考えている [cf. Marsadolov 1987；マルサドーロフ 1991]。

　１号墳と２号墳の出土品について、考古学的には、有翼怪獣紋の解釈が問題となる（e. g. 図15左）。様々な解釈が行われてきたが、西アジアの有翼怪獣紋よりも、ギリシアから黒海北岸で前４世紀に流行するグリフィン紋との比較が最も妥当である［林 2006：193-99］。この「ギリシア風グリフィン」に似た紋様の存在は、パジリク１号墳や２号墳の年代が、前４世紀以降であることを示している［Azarpay 1959；Kawami 1991］。しかも、山地アルタイにおけるギリシア風グリフィン紋には、かなりの土着化が認められる［e. g. 林　2006：195］。そのため、これを根拠とする限り、パジリク１号墳・２号墳出土品の年代は、前４世紀代の中でも遅い方であり、前３世紀初頭まで下がる可能性も高いと考える。ここでは、前４世紀末～３世紀初め頃と考えておきたい。

　３号墳と５号墳では、年代推定の重要な手がかりとして、中国製絹織物（断片）がある。中国における類例の出土によって、その年代がしだいに明らかになってきた。３号墳出土例［Rudenko 1953, Tabl. LXXVI-1；東京国立博物館 他 1985, No.21］は、湖北省江陵県の馬山１号楚墓出土例［e. g. 湖北省荊州地区博物館 1985, 彩版12-1］と比較できるものである。５号墳出土例［Rudenko 1953, ris.129；Tabl. CXVIII］については、３号墳出土例と同様に、馬山１号楚墓［湖北省荊州地区博物館 1985, 彩版22-24］、あるいは、湖南省長沙市の長沙1569号墓（長沙烈士公園３号墓）で出土したもの［高 1959：70, 図17；湖南省博物館 他 2000, 図332］と比較できる。これらは、おおむね前３世紀初め頃のものと考えられているので、３号墳、５号墳ともに、その出土品の年代は前５～４世紀まで上がることはなく、前３世紀代に置かれよう［Bunker 1991：21-22］。

---

(29) 筆者は、「日本オリエント学会第50回大会」（2008年11月２日、於筑波大学春日キャンパス）における「パジリク墓群の年代」と題する研究発表でも、近年の年代観を支持する旨を述べた。その内容については別に発表の予定であり、本文中では取り上げないが、怪獣紋や動物闘争紋を素材として、中国北辺あるいは中国本土の例との比較を重視したものである（発表要旨：柳生 2008）。

アク=アラハⅢ墓地1号墳　ここでは、頭部のみであるが、パジリク1号墳や2号墳で見られるような「ギリシア風グリフィン」を描写した器物が出土している［Polos'mak 2001, ris.59, 62］。また、この墓の女性被葬者の入れ墨には、パジリク2号墳の被葬者のそれと同じ怪獣紋様が含まれている［op. cit., ris.151］。したがって、この墓の出土品も、パジリク1号墳や同2号墳のものと同時期、つまり前4世紀末〜3世紀初め頃と考えてよいであろう。

次に、こうした山地アルタイの資料の年代観も参照しながら、天山北方地域における関連資料の年代を検討しよう。

アルウィグル30号墓　この墓の出土品も、パジリク文化やセミレチエにおけるサカ時代の資料との比較から、前5〜3世紀の所産とするのが一般的である。ただ、子細に見れば、年代を絞り込むことが可能と考える。

筆者は、パジリク墓群の資料と比較するならば、パジリク3号墳あるいは5号墳出土資料との比較が妥当と考える。パジリク3号墳・5号墳では、獣面を描写した盾形の飾板が出土しているが［Rudenko 1953, Tabl. LⅥ-4, 5；LⅩⅦ-3, 4, 5, 6］、アルウィグル30号墓でも、それらによく似た銀製飾板［新疆維吾爾自治区社会科学院考古研究所 1981, 図5-1］が出土しているからである。この点から、筆者は、アルウィグル30号墓の年代を、パジリク3号墳や5号墳と同時期、つまり前3世紀代であると考える。

エシク=クルガン　発掘者のアキシェフ K. A. Akishev は、出土品の比較検討から前5世紀に年代付けた［Akishev 1978：39］。しかし、一方で年代を下げる見解もある。例えば、プシェニチニュク A. Pshenichniuk は、鉄製長剣［Akishev 1978, Tabl.24］が、初期サルマタイ時代（プロホロフカ Prokhorovka 文化）に特徴的な型式であることから、前5世紀まで上がることはなく、前4世紀以降としている［Pshenichniuk 2000：29］。また、林俊雄は、頸輪［Akishev 1978, Tabl.28］の型式が多重式であり、それはサルマタイ時代に盛行するものであることから、前3世紀まで下がるという［林 2007：130］。

筆者は、こうした年代を下げる見解を支持する。筆者の根拠は、被葬者の装着した帯飾板に描写された鹿のような動物の紋様［Akishev 1978, Tabl.19；田辺 他 1999, 図版51］の位置付けである。この動物は、耳のある猛禽の頭が肩に付く点など、パジリク2号墳やアク=アラハⅢ墓地1号墳の被葬者の入れ墨に見られる鹿形怪獣紋［Rudenko 1953, ris.80-83；田辺 他 1999, 挿図42；Polos'mak 2001, ris.151］と関連するものであり、さらに言えば、退化の進んだものであろう。そのため、パジリク2号墳やアク=アラハⅢ墓地1号墳の年代より早くはないと考えられるので、前3世紀代としておきたい。

3．共伴遺物から見たD類の年代

では、これまで検討してきた年代観をもとに、D類に共伴した器物の年代を見てみよう。

1. 埋納例1における口縁装飾品は、パジリク1号墳、同2号墳、同3号墳、同5号墳、アク=アラハⅢ墓地1号墳出土品に類例のある有翼有角怪獣の紋様を持つことから、前4世紀末〜3世紀代に年代付けられる。

2. D3013は、脚に上述の有翼有角怪獣の頭部が描写されていることから、同様に前4世紀末〜3世紀代に年代付けられる。
3. 埋納例2における灯明台は、パジリク5号墳出土品に併行する「樹下戦士紋帯飾板」に描写された人物や馬と類似する装飾を伴うことから、前3世紀代に年代付けられる。
4. 埋納例3における灯明台は、よく似た形態の灯明台や同じ巻毛のある豹の紋様を描写した器物がアルウィグル30号墓やエシク=クルガンで出土していることから、前3世紀代に年代付けられる。
5. D類鍑に共伴した奉献台には年代推定の根拠がないが、単独で発見された奉献台の中に巻毛のある豹の紋様を象った装飾を伴う例があることから、前3世紀代のものとみなしてよいであろう。

このように、D類の共伴遺物など、年代推定の手がかりになる資料の年代は、全体として前4世紀末〜3世紀代の範囲で捉えることができる。D類の年代も、その年代を含むものである。筆者は、この中でも、天山北方地域のアルウィグル30号墓やエシク=クルガンとの併行関係を特に重視する。それによって、D類の年代は、前3世紀代を中心とし、遡っても前4世紀末と考えておきたい。

本稿では、年代推定の手がかり自体は先行研究のものと大差ないが、関連資料の年代観の相違によって、結論が異なることになった。つまり、従来、前5〜3世紀と考えられることが多かったのに対して、遅い方に絞り込んだのである[30]。

（4）D類の性格

最後に、以上のことを踏まえて、D類の性格を明らかにしよう。

1．D類の起源

まず、空間的・時間的比較から、D類の起源を考えてみよう。

D類は、アルマトゥ市近郊で発見されたものが多くを占めるが、東方では新疆のイリ地区、西方ではカザフスタンのタラズ市付近に至る地域に分布している。つまり、天山北方地域の中でも西部に偏って分布している。それ以外の地域、例えばジュンガル盆地周辺などでは、今のところ発見がない。

また、D類には、草原地帯の東西を通じて、明確に類例と言えるものがない点も特徴として挙げることができる。この点は、以前からD2類やD3類に相当するものについて指摘されてきたが [Bernshtam 1952：43；Spasskaya 1956：156-60]、その後も状況は変わっていない。たしかに、ミヌシンスクでは脚のない丸底式の鍑が知られているし（畠山論文 Ⅰ-2）、また三脚式というだけ

_____
(30) なお、ここで引き下げたのは、D類の年代であって、「サカ時代後期」の年代ではない。もちろん、その年代についても再検討が必要なのであろうが、ここでは触れない。

ならばルーマニアで出土した例があるなど（雪嶋論文 II-2-3-1）、他地域でも表面的な類似を指摘できるものは皆無ではない。実際に、これらをD2類やD3類に関連するものとみなす見解もある［e. g. Bokovenko 1981, ris. 1］。しかし、これらは、把手や器体の特徴がD類とは全く異なっており、直接比較することはできない。この他、アゾフ海沿岸における中期サルマタイ時代（後1世紀）の墓であるヴィソチノ Vysochino VII墓地28号墳から、D1類の鍑によく似たものが出土したが（デミデンコ論文 図7：VI-6-a）、これも例外と見てよいであろう。

したがって、D類は、天山北方地域、中でもその西部地域に特有の型式と言えるのである。より具体的には、天山山中に発しバルハシ湖に注ぐイリ河の流域（イリ河谷）を中心とする地域に特徴的なものと言ってよいであろう。

では、次に、時間的な比較を試みよう。上述のように、D類の年代は、前3世紀を中心とすると考えられる。そうすると、D類は、C類（前1千年紀後半）に遅れて出現する型式ということになる。そのC類とD類は、水平の把手を持つという点で共通する。また、C類の一部には、D類と共通する器形も見られる。すなわち、口がすぼまった半球形で、口縁が外反するものである。こうしたC類とD類の共通性と、両者の年代的な先後関係を考え合わせると、C類からD類への発展を想定してもよいであろう。すなわち、D類は、C類の特徴に垂直の耳が加わり、さらに脚部が変化を遂げることで成立した型式ということができよう。

ところで、D3類について、中国青銅器における鼎や鬲との関連が想定されたことがあった［Bernshtam 1949：351-52；1952：44；Bokovenko 1981：50］。たしかに、D3類は三脚式であるという点で特異であり、草原地帯の鍑の中でも珍しい部類に入る。しかし、把手と耳の組み合わせや器形を見ると、D1類やD2類との共通性が大きい。三脚式であるという点だけを取り出して特異性を強調すべきではなく、むしろ、D1類やD2類、さらに先行するC類との共通性を重視すべきと考える。形態変化の契機や背景は改めて検討しなければならないとしても、あえて遠く離れた中国の鼎や鬲を持ち出す必要はないのである［e. g. 梅 他 2005：83］。

以上のように、D類は、天山北方地域の西部、イリ河谷を中心とする地域において、先行するC類を母胎として発達を遂げた型式と捉えることができる。

2．D類の用途

次先行研究においては、D類の用途について、灯明台や奉献台といった特殊な器物との共伴から祭器と考えられた［Bernshtam 1952：46］。こうした見解は、形態的特徴の検討からも支持できるものである。

まず、指摘すべきは、D類が、他の型式に比べて非常に高い装飾性を持っている点である。器体に紋様が施されるなど、装飾的な要素を持つ例は、C類にも見られた。しかし、D類、特にD3類における装飾性の高さはそれを凌ぐものがある。D3類の脚は、獣足形を呈するなど、それ自体装飾的であるが、さらに、中程にヤギ像を取り付けたもの（図8：D3012）や、上部が怪獣の頭部を象っているもの（図8：D3013-2）もある。また、垂直に付く耳がヤギの全身像を象るもの（図8：D3012）がある。こうした高い装飾性の存在は、D類に、実用性を重んじた日常的

な生活用品とは異なる用途があったことを想定させるのである。
　また、「口縁装飾品」の存在も注目に値する。このような付属品を用いることで、装飾性が大いに高められる。今のところ例は少ないが、このような付属品の存在は、形態面での装飾性の高さから想定されるD類鍑の非日常的性格を裏付けるものと考える。
　さらに、D類鍑の中には、かなりの大型品が含まれている点にも注意したい。重さについて見れば、D3類では30kg前後のものが3点あり（D3005・D3009・D3013）、最も大きなもの（D3012）は40kgを越えている。D2類の中には、80kgを越えるものさえある（D2001）。日常的な生活用品としては重すぎて、特に使用者が遊牧民であったとすれば、遊動的な生活にはあまり適さないように思える[31]。この点も、装飾性の高さから想定したD類鍑の非日常性を支持するものと言ってよいであろう[32]。
　なお、上述のような、装飾的な要素の多い鍑の製作には複雑な工程が要求されよう。また、その重さから考えて、多量の原材料を消費していることは明らかである。これらの点からも、D類は、日用品とは一線を画しているように思われる。
　このような形態面での特徴と、早くから指摘されていた灯明台や奉献台との共伴関係を考え合わせて、筆者は、D類鍑が、日常生活に伴う実用品ではなく、祭祀に関係する器物である可能性が高いと判断するのである。

3．D類の性格と意義

　以上のように、D類は、天山北方地域の西部、イリ河谷を中心とする地域において、先行するC類を母胎として発達したもので、前3世紀を中心とする時期に、当該地域における何らかの祭祀に用いられたものと考えられる。現状では、その祭祀の内容はわからない。しかし、D類の地域色の強さを考慮すれば、それを用いる祭祀も、イリ河谷周辺の地域社会を特徴付けるような重要なものであったことは、想像に難くない。とすれば、D類の詳細な検討は、他の型式にも増して、イリ河谷周辺の歴史研究にとって重要な手がかりを提供するものと言えよう。

7．その他の鍑（図20）

　以上、A類からD類まで、ある程度の数があって型式単位で把握可能な鍑について述べてきた。

---

(31) この鍑を使ったのが定住農耕民であったとする見解もある［Martynov 1955：152］。この見解が的を射ているとすれば、筆者の、遊動的生活に不便である点に立脚した、D類鍑の非日常的性格の想定は意味を失う。しかし、使用者が定住農耕民であるというのは、鋳造用の粘土に穀粒が混じっていたことを示す痕跡が鍑に見られることからの推測である。穀類の利用があったからと言って、製作者・使用者が定住農耕社会に属していたことを証明できるものではない。したがって、筆者は、上記の見解には賛成できない。
(32) 重さは、鍑の用途や性格を問題にするとき、重要な視点を提供し得ると考える。しかし、筆者の知る限りでは、十分なデータもないし、重さを踏まえた分析は行われていないようである。

しかし、天山北方地域には、こうした分類枠にはまとめることができない、孤立したものがいくつかある。ここでは、それらについて述べよう。

X001. サルブラク Sarbulaq（薩爾布拉克）
概要：1989年、新疆、イリ＝カザフ自治州アルタイ地区、キョクトカイ Köktoqay 県（富蘊県）に所在するサルブラク（薩爾布拉克）で発見されたもの［王他 1995：292］。
法量：高さ37.2cm、口径27〜28cm。
注記：胴部は卵形に近い。圏足には大きな三角形の透かしが入っているため、華奢な印象を受ける。環状の把手が一対口縁に直立し、その直下により小さな耳が縦方向に付いている。口縁に直立した把手は、下端部が台形状に突出しており、その部分が器壁に埋め込まれたようになっている。上部に突起などはない。器体の上よりには二重の縄状弦紋が施されている。弦紋は、ほとんど間隔を開けずに施されているが、器壁に付いた縦方向の耳の部分では、耳を避けるように間隔が広く開けられている。

数は少ないが、南シベリアで近い形態のものが知られている。例えば、近年発掘され、多数の金製品が出土したことで話題となった、トゥバのアルジャン Arzhan 2号墳出土例である。また、ミヌシンスク盆地でも同様のものが発見されている（畠山論文 I.1.A.a-001、002）。これらは、特に、把手と耳の配置や胴部の弦紋の構成が、サルブラク発見例によく似ている[33]。

X002. チュイ Chuy 河（チュー Chu 河）流域
概要：クルグズスタン、チュイ州におけるチュイ河流域のアレクサンドロフスコエ Aleksandrovskoe 村とスレテンカ Sretenka 村の間で発見されたもので[34]、現在はビシケクの国立歴史博物館に収蔵されている［Kibirov 1959：106］。
法量：高さ44cm、口径35cm。
注記：器体は、口が若干すぼまった半球状を呈し、圏足は円錐形である。口縁部に半環状の把手が直立する。把手の下端は、直線的に下降している。把手の外周と内周には凸線が走っており、器壁外面まで続く。器壁外面の凸線は円弧状になり、把手の下端部同士を繋いでいる。器体の中程には、凸線が一巡している。

---

(33) 本例に見られるような大きな透かしが入った華奢な圏足は、中国北辺における漢代併行期以降の鍑にも似たものがある（髙濱論文 Ec、Ed、Ee、Ef、Eg、G）。こうした例と対比すべきかもしれない。
(34) キビロフ A. K. Kibirov の報告には、鍑とともに剣や鏃が図示されている［Kibirov 1956：106, ris. 17］。剣は、エシク発見のC類鍑を含む埋納遺物に伴ったものと同型式であり（cf. 図4-1, 註12）、前5〜4世紀頃のものと見られる。また、鏃は、先端部が木葉形を呈する袋穂式鏃で、袋穂にはかえりが付いている。型式的には、前7世紀代まで遡るものである［e.g. Akishev et al. 1963：118-19］。これらが一括遺物であったのなら、年代推定の手がかりとなる。しかし、キビロフの記述からは、一括遺物かどうかが判断できない。

天山北方地域における前1千年紀の鍑（柳生 俊樹）

X001

X002

X003

X004

X005

X006

X007（埋納例2）

図20　その他の鍑（縮尺不同）

本例に似た形態の鍑が、南シベリアで多く知られている。畠山論文におけるⅠ.1.A.biである。それらの多くには器体に縄状の弦紋が施されており、その点で本例とは異なっているが、同種のものと見てよいであろう。

X003. テケリ
 概要：カザフスタン、アルマトゥ州のテケリ市周辺において、1940年に発見されたもの。
 法量：高さ41㎝、口径33〜36㎝、重さ20㎝、容量20ℓ。
 注記：口縁に半環状の把手が直立する。上部には、突起がある［Spasskaya 1958：182, ris. 2］。

スパスカヤは、本例をミヌシンスク盆地発見の鍑（畠山論文のⅠ.1.A.bii）と比較している。しかし、ミヌシンスクの例は、把手の下部が埋め込まれるようになっている点で本例と異なっている。これに対して、西シベリアにおけるゴロホヴォ Gorokhovo 文化の所産とされる鍑の中によく似たものが知られている（畠山論文 図9）。その他、南ウラルのサウロマタイ文化でも類例が知られている。例えば、ソボレフスキー＝クルガン Sobolevskii Kurgan 出土例やオヴシャンカ Ovsyanka 発見例である（デミデンコ論文 図1）。サウロマタイ文化の例は、スミルノフによって、前5〜4世紀に年代付けられている。本例は、このような西シベリア以西の例と関連するものであろう。

X004. ジャマン＝トガイ Zhaman Togai 9号墳
 概要：カザフスタン、南カザフスタン州、シャルダラ Shardara 地区に位置する、ジャマン＝トガイ墓地の9号墳から出土したもの。
 法量：不明。
 注記：器体は深鉢形で、口が若干すぼまっている。口縁に把手が直立するが、全体として家形を呈し、その両側面にも一段突出部がある。圈足は、下端の広がった円錐形を呈し、三角形の透かしがある。表面には煤が付着していた［Maksimova et al. 1968：181］。

本例は、ザバイカリエ、モンゴル、中国北辺における匈奴文化の鍑との関連を認めることができる（高濱論文 E型式）。報告者は、モンゴル国のノヨン＝オール Noyon Uul（ノイン＝ウラ Noin Ula）6号墳出土例（断片）と比較しているが［Maksimova et al. 1968：181］、両者には把手の形態に若干似た点もあるので、比較論としては妥当なところであろう。これに加えて、年代的にはノヨン＝オールを遡ると考えられる、ザバイカリエのイヴォルガ Ivolga 119号墓出土例を代表とする型式（高濱論文 Ea）との共通点もある。例えば、器形や圈足の小さな透かしなどである[35]。匈奴文化の鍑のうちのどの型式に対比すべきかは検討を要するが、関連性については問題ないと考える。

---

(35) 本例については、簡略な図しか公表されておらず、匈奴文化の鍑を特徴付ける縦方向の笵線の有無は確認できない。

年代は、現状ではあまり絞り込むことはできないが、早ければ前2〜1世紀頃まで遡り（高濱論文参照）、遅ければ報告者が想定したように紀元前後頃［Maksimova *et al.* 1968：181］、あるいは後1世紀まで下がるものであろう。

ところで、天山北方地域あるいはその周辺では、鍑以外にも、ザバイカリエ、モンゴル、中国北辺における匈奴時代墓地の出土品に関連する器物が知られている。例えば、新疆では、トルファン Turpan（吐魯番）市郊外の交河溝北一号台地墓地1号墓で出土した金製闘争紋帯飾板［聯合国家教科文組織駐中国代表処 他 1998：63-64, 彩版6-2；東京国立博物館 2002, No.17］、交河溝西墓地JⅥ-12区16号墓出土の帯飾板［新疆文物考古研究所 2001 31, 彩版9-2；東京国立博物館 2002, No.23］、同じ墓で出土した靴の留金［新疆文物考古研究所 2001：31-33, 彩版8-4；東京国立博物館 2002, No.24］、モリ＝カザフ自治県ウランバイ Ulanbay（東城）で採集された透彫の青銅製帯飾板［新疆維吾爾自治区社会科学院考古研究所 1985, 図版121］などがある。また、ウズベキスタンでも、サマルカンド近郊に位置するキジルテパ Kyzyltepa 2号墳で、ザバイカリエにおける匈奴時代の墓地でしばしば出土するものと同様の、貴石を象嵌した亜炭製の帯飾板が出土した［Obel'chenko 1992：42；高濱 2002, 図版Ⅱ-15］。

こうした資料と合わせて、本例は、天山北方地域あるいはその周辺地域における匈奴文化の受容の様相や、さらには匈奴文化の西方への展開を考える資料とみなすことができるのである。さらに詳細な検討によって、本例の年代や位置付けなどをより明瞭にすることが、今後の課題である。

X005. コクテレク **Kokterek**

概要：1965年、カザフスタン、東カザフスタン州、ボリシャヤ＝ナリム Bol'shaya Narym 地区に所在する、コクテレク村の北西8kmにおいて、耕作中に発見。埋葬の痕跡や鍑以外の遺物などは発見されなかった。

法量：高さ50cm、口径41cm。

注記：器体は、口の若干すぼまった半球形を呈する。口縁部には、半環状の把手が直立する。圏足は、下端部が大きく広がっており、円錐形というよりも漏斗状を呈している。把手の直下と両側面には、逆三角形を重ねた紋様が凸線で表現されている。底部にも、圏足付近を中心に、花弁状の紋様が同じく凸線で表現されている［Arslanova *et al.* 1980：149-150］。

X006. フェルガナ運河

概要：1939年、ウズベキスタン、アンディジャン Andijon 州に位置するテュヤチ Tyuyachi 村から北西2kmの地点で、大フェルガナ運河建設作業中に、深さ2cmの穴から発見されたもの。

法量：高さ55cm、口径64cm。

注記：器体は、円筒形を呈しており、口が若干開いている。底部は少し膨らんでいるが、平底に近い。器体の若干上よりには、凸線が一巡している。三本の脚が付き、うち2点のみ完形。脚はL字状を呈する。口縁には、環状の把手が4点直立する。環状の把手は、A類のよ

うに下半部が器壁に埋め込まれるようになっている。上部に突起が付いたものと、突起のないものとがある。把手の外面には、同心円状に2本の溝が入れられている。把手の間には、鼻面を左に向けた山羊の立体像が4点付けられている［Zadneprovskii 1962：162-63］。

　X006における口縁に直立した把手の特徴や、器体に巡った凸線などは、A類やB類と共通する点である。口縁に取り付けられた山羊の立体像などは、黒海北岸やミヌシンスク盆地の鍑に見られる動物形把手を思わせる（雪嶋論文　Ⅱ類；畠山論文　Ⅰ.1.A.c）。また、三脚式である点で本稿のD3類と共通している。ボコヴェンコは、その点を重視してD3類の変種と考えた［e. g. Bokovenko 1981：49］。しかし、X006の脚は、D3類のものとは全く異なる形状であり、D3類との比較が適切なものとは思えない。いずれにしても、様々な要素が混在しているように見え、特異という他ない。

X007. エシク
　概要：本例は、これまで述べてきたものとは異なる、鉄製（鋳鉄製）の鍑である。1953年、カザフスタン、アルマトゥ州、エンベクシカザフ地区のエシク市から10kmほど離れた地点で、地元中学生が掘り出した埋納遺物（上述、埋納例2）に伴ったものである［Martynov 1955：150］。
　法量：高さ24cm、口径約36cm、さらに器壁の厚さが7～8mmと報告されている。
　注記：本例は、器体が半球状に近いが、底から14cm辺りからほぼ垂直に立ち上がっている。器壁に水平の把手が付く。底部は、丸みを帯びた楕円状を呈するという。三脚式で、それぞれ円錐形を呈する短いものである。器体には、いくつか修繕の痕跡が認められる。

　イリ河谷周辺では、この他にも、鉄製の鍑がいくつか発見されているようである。まず、埋納例3（アルマトゥ市近郊発見）に伴ったものがある［Spasskaya 1958：180］。しかし、これについては、詳しい情報がなく、圏足がないという点以外は何もわからない。また、クルグズスタン、イシク＝クル南東岸に位置するチリペク Chil'pek で発見された、奉献台を伴う埋納遺物にも、鉄製鍑の断片が含まれていたようである［Vinnik et al. 1977］。残念ながら、奉献台［Kanimetov et al. 1983, No.38；奈良県立博物館 1988, No.135］以外は図も提示されておらず、詳細な情報は得られない。このように、いずれも詳細がわからないのであるが、D類と同時期（前3世紀頃）に鉄製鍑が存在していたことはたしかである。

　前1千年紀の草原地帯では、鍑は基本的に銅製あるいは青銅製であり、鉄製の鍑は珍しい。中国北辺やモンゴルで、匈奴時代の例がいくつか知られている程度である（高濱論文 Ea-4 など）。鉄製鍑の存在は、天山北方地域の地域的特徴を示す可能性がある。しかし、今のところ資料が少なく、その位置付けは不明である。今後の進展を待たなければならない。

　「その他」にまとめた鍑には、今のところ立ち入った検討は難しいが、他地域との交流を示すと考えられるものも含まれている。資料の増加を待って改めて検討すれば、興味深い結果が得ら

れよう。

8. 天山北方地域における鍑の展開

　以上、天山北方地域の鍑をＡ類・Ｂ類・Ｃ類（Ｃａ／Ｃｂ類）・Ｄ類（Ｄ１／Ｄ２／Ｄ３類）に分類し、孤立した例を加えて、それぞれの年代や性格を述べてきた。最後に、上述の内容を年代順に要約するとともに、それを踏まえて、天山北方地域における鍑の展開と、それに関わる課題を述べよう。

（１）要　約

1．天山北方地域における最も早い型式はＡ類である。早ければ前９世紀に遡り、前７世紀初めを下限とする時期のものと考えられる。東は中国北辺から西は北コーカサスまで、どこかを起点に草原地帯の東西に広まった型式に属しており、天山北方地域にもそれらの地域に併行して出現したのであろう。
2．Ａ類は、時間的経過とともに当初の特徴を失い、その結果としてＢ類が出現する。年代については、明確な根拠がないが、前７世紀までは遡るであろう。おそらく、天山北方地域あるいは隣接する地域における独自の型式である。
3．Ａ類やＢ類に続くと考えられるのがＣ類（Ｃａ類・Ｃｂ類）である。資料数の多さから、天山北方地域を特徴付けるものと言える。一方で、天山北方地域の中での位置付け、さらには草原地帯全体における位置付けについて、まだ不明な点も多い。
4．そのＣ類を母胎として、天山北方地域の西部、イリ河谷を中心とする地域において独特の発達を遂げたのがＤ類（Ｄ１類・Ｄ２類・Ｄ３類）である。年代は、前３世紀頃が中心と考えられる。形態面での装飾性の高さや、かなりの大型品を含むこと、さらに灯明台や奉献台といった特殊な器物とともに埋納される例から考えて、地域社会にとって重要な祭祀に用いられた可能性が高い。

（２）天山北方地域における鍑の展開と問題点

　以上のことを踏まえると、天山北方地域における鍑の展開は、次のようにまとめることができる。すなわち、１）前９〜８世紀を前後する時期の草原地帯における鍑の広がりに関連するＡ類の出現がまずあって、２）それに続いて、この地域独自の型式が出現し、３）さらに時期が下がると、Ｄ類のような、形態的にも、用途の面でも他地域に類例のない型式の鍑が用いられるのである。

　Ａ類からＤ類までの流れを見ると、年代上に大きな断絶はないようである。ただ、その流れが一系列のものか、あるいは複数の系統に分かれるかは、まだ明瞭ではない。特に問題となるのは、Ｃ類の系統であり、その検討が重要な課題となる。

　また、今のところ資料が欠けているが、Ｄ類より新しい型式がどのようなものであるかも、興

味を引く問題である。それに関連して、筆者は、匈奴文化の鍑と類似するジャマン=トガイ 9 号墓出土例に注目している。天山北方地域あるいはその周辺では、鍑以外にも匈奴関連の資料が散見し、前 2 世紀以降、新たな文化要素が到来していた。それが、地域色の強い D 類、あるいはそれを用いる祭祀の終焉にも関係しているのであろうか。関連資料の充実が待たれる。

　天山北方地域における鍑の展開は、おそらく当該地域の文化・社会の展開にも関わることであり、文化の系統論にも重要な視点を提供し得るものであろう。様々な角度から検討していかなくてはならない。

9．おわりに

　本稿では、新疆、カザフスタン、クルグズスタン、さらにはウズベキスタンにまたがる鍑について、国境を横断する天山北方地域という空間的枠組みのもとに、これまで国別に蓄積されてきた研究成果を取り入れて論じてきた。

　新たな型式分類案の提示や年代観の再検討などを通じて、先行研究を補訂することができたと考える。一方で、実物資料の詳細な観察を行う機会が得られなかったために、鍑の細かな特徴はもちろん、製作技術に関わる点など、型式分類に際して重要な要素の検討が不十分である。資料の検索も十分ではなく、おそらく多くの見落としがあろう。こうした不備については今後補っていくことにして、ひとまずここで基礎作業の結果を提示しておく。

参考文献

和文
　岡村秀典
　　1984　「前漢鏡の様式と編年」『史林』67（5）：1-42.
　　2005　「雲気禽獣紋鏡の研究」広島大学考古学研究室（編）『考古論集：川越哲志先生退官記念論文集』広島大学考古学研究室，pp.815-30.
　佐原真
　　1985　「ヨーロッパ先史考古学における埋納の概念」『国立歴史民俗博物館研究報告』7：523-73.
　　2002　『銅鐸の考古学』東京大学出版会
　高濱秀
　　1995　「中国北辺の文化」古代オリエント博物館（編）『文明学原論：江上波夫先生米寿記念論集』山川出版社，pp.339-57.
　　2002　「ユーラシア草原地帯の非金属製帯飾板」『金沢大学考古学紀要』26：50-63.
　田辺勝美、前田耕作（編）
　　1999　『世界美術大全集東洋編第15巻：中央アジア』小学館
　東京国立博物館（編）
　　2002　『シルクロード：絹と黄金の道』（展覧会図録）東京国立博物館
　東京国立博物館、大阪市立美術館、日本経済新聞社（編）
　　1985　『シルクロードの遺宝：古代・中世の東西文化交流』日本経済新聞社

東京新聞、日本対外文化協会、西武美術館（編）
 1981 『草原のシルクロード展：正倉院のルーツをさぐる』東京新聞
奈良県立博物館（編）
 1988 『シルクロード大文明展：シルクロード・オアシスと草原の道』奈良県立博物館
林俊雄
 2006 『グリフィンの飛翔: 聖獣からみた文化交流』（ユーラシア考古学選書）雄山閣
 2007 『スキタイと匈奴：遊牧の文明』（興亡の世界史２）講談社
樋口隆康
 1979 『古鏡』新潮社
マルサドーロフ, L. S.（雪嶋宏一、畠山禎訳）
 1991 「パズィルィクとセミブラーチェフの編年について」『古代文化』43（３）：34-42
柳生俊樹
 2008 「パジリク墓群の年代」『オリエント』51（２）：177-78.
雪嶋宏一
 2008 『スキタイ騎馬遊牧国家の歴史と考古』雄山閣

中文
高至喜
 1959 「長沙烈士公園木槨墓清理簡報」『文物』1959（10）：65-70.
郭林平
 1998 「新疆尼勒克県発現古代銅鍑」『文博』1998（１）：76.
湖北省荊州地区博物館
 1985 『江陵馬山一号楚墓』文物出版社
湖南省博物館、湖南省文物考古研究所、長沙市博物館、長沙市文物考古研究所
 2000 『長沙楚墓』文物出版社
孔祥星、劉一曼
 1984 『中国古代銅鏡』文物出版社
聯合国家教科文組織駐中国代表処、新疆文物事業管理局、新疆文物考古研究所（編）
 1999 『交河故城: 1993、1994年度考古発掘報告』東方出版社
梅建軍、王博、李肖
 2005 「新疆出土銅鍑的初歩科学分析」『考古』2005（４）：78-84.
王博
 1987 「新疆近十年発現的一些銅器」『新疆文物』1987（１）：45-51.
王博、祁小山
 1995 「新疆出土青銅鍑及其族属分析: 兼談亜欧草原青銅鍑」『絲綢之道草原石人研究』新疆人民
    出版社，pp. 276-94, 312-13.
新疆維吾爾自治区社会科学院考古研究所
 1981 「新疆阿拉溝木槨墓発掘簡報」『文物』1981（１）：18-22.
新疆維吾爾自治区社会科学院考古研究所（編）
 1985 『新疆古代民族文物』文物出版社
新疆維吾爾自治区文物事業管理局 他（主編）
 1999 『新疆文物古蹟大観』新疆美術攝影出版社

新疆文物考古研究所（編）
 2001 『交河溝西: 1994-1996年度考古発掘報告』新疆人民出版社
新疆文物考古研究所、石河子軍墾博物館
 1998 「石河子文物普査簡報」『新疆文物』1998（4）：54-64.
新疆文物志編纂室
 1988 「新疆文物志」『新疆文物』1988（1）：83.
張玉忠
 1985 「新疆伊犁地区発現的大型銅器」『文博』1985（6）：79-80.
張玉忠、趙徳栄
 1991 「伊犁河谷発現的大型銅器及有関問題」『新疆文物』1991（2）：42-48.

欧文・露文

Akishev, K. A.
 1978 *Kurgan Issyk : Iskusstvo sakov Kazakhstana,* Moskva.

Akishev, K. A., Kushaev, G. A.
 1963 Drevnyaya kul'tura sakov i usunei doliny reki Ili, Alma-Ata.

Arslanova, F. Kh., Charikov, A. A.
 1980 Bronzovye kotly iz muzeev Vostochno-kazakhstanskoi oblasti, *In* Martynov, A. I.（ed.）Skifo-sibirskoe kul'turno-istoricheskoe edinstvo, Kemerovo, pp. 147-55.

Artamonov, M. I.
 1973 *Sokrovishcha sakov,* Moskva.

Aruz, J., Farkas, A., Alekseev, A., Korolkova, E.（eds.）
 2000 *The Golden Deer of Eurasia : Scythian and Sarmatian Treasures from Russian Steppes,* New York

Azarpay, G.
 1959 Some Classical and Near Eastern Motives in the Art of Pazyryk, *Artibus Asiae* 22（4）: 313-39.

Bajpakov, K. M., Ismagil, R. B.
 1996 Der Besagas-Hort und das sakenzeitliche Bronzegeschir aus dem Siebenstromland, *Eurasia Antiqua* 2 : 347-53.

Bernshtam, A. N.
 1949 Osnovnye etapy istorii kul'tury Semirech'ya i Tyan'-Shanya, *Sovetskaya Arkheologiya* 11 : 337-84.
 1952 *Istoriko-arkheologicheskie ocherki Tsentral'nogo Tyan'-Shanya i Pamiro-Alaya,* Materialy i issledovaniya po arkheologii SSSR 26, Moskva / Leningrad.

Boardman, J.
 1994 *The Diffusion of Classical Art in Antiquity,* Princeton.

Bokovenko, N. A.
 1981 Bronzovye kotly epokhi rannikh kochevnikov v aziatskikh stepyakh, *In* Troitskaya, T. N.（ed.）*Problemy zapadnosibirskoi arkheologii : Epokha zheleza,* Novosibirsk, pp. 42-52.

Bunker, E. C.
 1978 The Anecdotal Plaques of the Eastern Steppe Regions, *In* Denwood, P.（ed.）*Arts of the Eurasian Steppelands,* Colloqies on Art & Archaeology No. 7, London, pp. 121-30.
 1991 The Chinese Artifacts among the Pazyryk Finds, *Source : Notes in the History of Art* 10（4）: 20-24.

Chlenova, N. L.
　1967　*Proiskhozhdenie i rannyaya istoriya plemen tagarskoi kul'tury,* Moskva.

Chuvin, P., Beguin, G., Bernus-Tylor, M., Bitter, T., Golombek, L., Grenet, F., Kervran, M., Marshak, B., Rapin, C., Rtveladze, E., Schiltz, V., Yaldiz, M.
　1999　*Les arts de l'Asie centrale,* Paris.

Dalton, O. M.
　1964　*The Treasure of the Oxus* (3rd ed.), London.

Grach, A. D.
　1980　*Drevnie kochevniki v tsentre Azii,* Moskva.

Grigor'ev, F. P., Ismagil, R.
　1996　The Cult Bronzes of Semirechye of the Saka Period, *Ancient Civilizations from Scythia to Siberia* 3 (2/3) : 241–52.
　1999　Novye nakhodki bronzovykh kotlov v okrestnostyakh Almaty, In Mar'yashev, A. N., Motov, Yu. A., Goryachev, A. A. (eds.) *Istoriya i arkheologiya Semirech'ya : Sbornik statei i publikatsii,* Almaty, pp. 84–90.

Haskins, J. F.
　1961　Targhyn, the Hero, Aq-Zhunus, the Beautiful, and Peter's Siberian Gold, *Ars Orientalis* 4 : 153–69.

Isamiddinov , M., Rapen, K., Grene, F.
　2001　Raskopki na gorodishche Koktepa, *Arkhologicheskie issledovaniya v Uzbekistane 2000 god,* Samarkand, pp. 79–86.

Ivanov, G. E.
　1987　Vooruzhenie plemen lesostepnogo Altaya v rannem zheleznom veke, In Medvedev, V. E., Khudyakov, Yu. S. (eds.) *Voennoe delo drevnego naseleniya severnoi Azii,* Novosibirsk, 6–27.

Kanimetov, A., Marshak, B. I., Ploskikh, V. M., Sher, Ya. A. (eds.)
　1983　*Pamyatniki kul'tury i iskusstva Kirgizii : Katalog vystavki,* Leningrad.

Kawami, T. S.
　1991　Greek Art and the Finds at Pazyryk, *Source : Notes in the History of Art* 10 (4) : 16–19.

Kibirov, A. K.
　1959　Arkheologicheskie raboty v Tsentral'nom Tyan'-Shane: 1953–55 gg., In Debets, G. F. (ed.) *Trudy kirgizskoi arkheologo-etnograficheskoi ekspeditsii* 2, Moskva, 63–138.

Kyzlasov, L. R.
　1972　Sakskaya kollektsiya s Issyk-Kulya, In Yalin, V. L. (ed) *Novoe v arkheologii,* Moskva, 102–07.

Maksimova, A. G., Mershchiev, M. S., Vajnberg, B. I., Levina, L. M.
　1968　*Drevnosti Chardary,* Alma-Ata.

Mallory, J. P., Gerard McCormac, F., Reimer, P. J., Marsadolov, L. S.
　2002　The Date of Pazyryk, In Boyle, K., Renfrew, C., Levine, M. (eds) *Ancient Interactions : East and West in Eurasia,* Oxford, pp. 199–211.

Marsadolov, L. S.
　1987　Khlonologicheskoe sootnoshchenie Pazyrykskikh i Semibratnikh kurganov, *Arkheologicheskii sbornik Gosudarstvennogo Ermitazha* 28 : 30–44.

Martynov, G. S.
　1955　Issykskaya nakhodka, *Kratkie soobshcheniya instituta istorii material'noi kul'tury* 59 : 150–56.

Moshkova, M. G. (ed.)
　　1992　*Stepnaya polosa aziatskoi chasti SSSR v skifo-sarmatskoe vremya,* Moskva.

Novgorodova, E. A.,Volkov, V. V., Korenevskij, S. N., Mamonova, N. N.
　　1982　*Ulangom : Ein skythisches Graberfeld in der Mongolei,* Asiatische Forschungen 76, Wiesbaden.

Obel'chenko, O. V.
　　1992　*Kul'tura antichnogo Sogda,* Moskva.

Polos'mak, N. V.
　　2001　*Vsadniki Ukoka,* Novosibirsk.

Popov, A. P.
　　1972　Nakhodki sakskogo vremeni v Zhambulskoj oblasti, In *Poiski i raskopki v Kazakhstane,* Alma-Ata, 206−08.

Pshenichniuk, A.
　　2000　The Filippovka Kurgans at the Heart of the Eurasian Steppes, *In Aruz et al.* 2000, pp. 21−30.

Rudenko, S. I.
　　1953　*Kul'tura naseleniya Gornogo Altaya v skifskoe vremya,* Moskva / Leningrad.
　　1962　*Sibirskaya kollektsiya Petra I,* Svod arkheologichekykh istochnikov D3−9, Moskva / Leningrad.

Smirnov, K. F.
　　1964　*Savromaty : Rannya istoriya i kul'tura Sarmatov,* Moskva.

Spasskaya, E. Yu.
　　1956　Mednye kotly rannikh kochevnikov Kazakhstana i Kirgizii, *Uchenye zapiski Alma-atinskogo gosudarstvennoge pedagogicheskogo instituta imeni Abaya* 11 : 155−69.
　　1958　Mednye kotly rannikh kochevnikov Kazakhstana i Kirgizii, *Uchenye zapiski Kazakhskogo gosudarstvennogo pedagogicheskogo instituta imeni Abaya* 15 : 178−93.

Strong, D. E.
　　1966　*Greek and Roma Gold and Silver Plate,* London.

Tallgren, A. M.
　　1937　Portable Altars, *Eurasia Septentrionalis Antiqua* 11 : 47−68.

Vinnik, D. F., Lesnichenko, N. S., Sanarov, A. V.
　　1977　Novyi sakskii zhertvennik s Issyk-Kulya, *Arkheologicheskie otlrytiya 1976 goda,* Moskva, p. 582.

Volkov, V. V.
　　1967　*Bronzovyi i rannii zheleznyi vek Severnoi Mongolii,* Ulan-Bator.

Zadneprovskii, Yu. A.
　　1962　*Drevnezemledel'cheskaya kul'tura Fergany,* Materialy i issledovaniya po arkheologii SSSR 118, Moskva / Leningrad.

図版出典

図1

A001：Arslanova *et al.* 1980, ris. 1−2転載；A002：王 他 1995, 図11−4転載；A003：新疆維吾爾自治区文物事業管理局 他 1999, No.0794転載；A004：王 他 1995, 図11−7転載；A005：新疆維吾爾自治区文物事業管理局 他 1999, No.0813転載；A006：新疆維吾爾自治区社会科学院考古研究所 1985, 図版254転載；A007：梅 他 2005, 図1−3転載；A009：新疆維吾爾自治区文物事業管理局 他 1999, No.0685転載；B001：Spasskaya 1956, Tabl I −25筆者トレース；B002：林俊雄氏撮影（中国

新疆ウイグル自治区、モリ=カザフ自治県文物管理所）；B003：郭 1998, 図1転載；B004：新疆維吾爾自治区文物事業管理局 他 1999, No. 0738転載

図2

Ca001：Spasskaya 1956, Tabl.Ⅰ-29筆者トレース；Ca002：*op. cit.,* Tabl.Ⅰ-27筆者トレース；Ca003：*op. cit.,* Tabl.Ⅰ-26筆者トレース；Ca004：新疆維吾爾自治区文物事業管理局 他 1999, No.0900転載：Ca005：張 他 1985, 図版4-2転載；Ca006：Grigor'ev *et al.* 1999, ris. 1-2転載；Ca007：Spasskaya 1956, Tabl.Ⅰ-20筆者トレース；Ca008：林俊雄氏撮影（カザフスタン、タラズ市郷土博物館）；Ca013：Kyzlasov 1972, ris. 4転載；Ca014：*op. cit.,* ris. 3転載；Ca015：Zadneprovskii 1962, Tabl. LXXⅢ-2転載；Ca016：髙濱秀氏撮影（ウズベキスタン、タシケント歴史博物館）；Ca017：Bernshtam 1952, ris. 21転載

図3

Ca018：Bernshtam 1952, ris. 21転載；Cb001：Grigor'ev *et al.* 1999, ris. 1-3転載；Cb002：新疆維吾爾自治区文物事業管理局 他 1999, No.1053転載：Cb003：Spasskaya 1956, Tabl.Ⅰ-21筆者トレース；Cb004：Akishev *et al.* 1963, ris. 86（左）転載；Cb005：*op. cit.,* ris. 86（右）転載；Cb006：Grigor'ev *et al.* 1999, ris. 1-1転載；Cb007：Bajpakov *et al.* 1996, Abb. 1-1転載；Cb008-1：林俊雄氏撮影（新疆ウイグル自治区博物館）；Cb008-2：新疆維吾爾自治区文物事業管理局 他 1999, No.0783転載；Cb009：新疆文物志編纂室1988, 図版2-2転載

図4

Akishev *et al.* 1963, ris.85転載

図5

1：Bajpakov *et al.* 1996, Abb. 2-1転載；2：*op. cit.,* Abb. 1-3転載；3：*op. cit.,* Abb. 1-2転載；4：*op. cit.,* Abb. 2-2転載

図6

髙濱秀氏撮影（タシケント歴史博物館）

図7

D1001：Martynov 1955, ris. 63-1転載；D1003：Spasskaya 1958, ris. 3転載；D1005：林俊雄氏撮影（カザフスタン国立中央博物館）；D2001：Bernshtam 1952, ris. 21転載；D2002：Spasskaya 1956, Tabl.Ⅰ-19筆者トレース；D2005：林俊雄氏撮影（ロシア、エルミタージュ美術館）；D3001：新疆維吾爾自治区社会科学院考古研究所 1985, 図版91転載；D3003：Martynov 1955, ris. 63-3，4転載；D3004：*op. cit.,* ris. 63-2転載

図8

D3005-6：Spasskaya 1956, Tabl.Ⅰ-15, 16；D3007：林俊雄氏撮影（カザフスタン国立中央博物館）；D3008：Spasskaya 1956, Tabl.Ⅰ-17筆者トレース；D3009：林俊雄氏撮影（カザフスタン国立中央博物館）；D3011：Kanimetov *et al.* 1983, No.40転載；D3012：Chuvin *et al.* 1999, Pl.90転載；D3013：林俊雄氏撮影（カザフスタン国立中央博物館）

図9

1：Moshkova 1992, Tabl. 27-40転載；2：Chuvin *et al.* 1999, Pl.14転載；3：新疆維吾爾自治区社会科学院考古研究所 1985, 図版93転載；4：前掲書, 図版92転載

図10

1：Bernshtam 1952, ris.18-4，5転載；2：Chuvin *et al.* 1999, Pl.19転載；3：Martynov 1955, ris. 67-2転載；4：Artamonov 1973, ill. 45転載；5：王 1987, 図2-2筆者トレース；6：新疆維吾爾自治区社会科学院考古研究所 1985, 図版118転載

図11

1：Bernshtam 1952, ris.18-1，2転載；2：Artamonov 1973, ill.50転載；3：*op. cit.,* ill.43；4：op. cit., ill.44

図12

新疆維吾爾自治区社会科学院考古研究所 1985, 図版90転載

図13

新疆維吾爾自治区社会科学院考古研究所 1985, 図版94転載

図14

Martynov 1955, ris.64転載

図15

Rudenko 1953, ris.163転載

図16

Chuvin *et al.* 1999, Pl.19転載

図17

田辺 他 1999, 図版60転載

図18

田辺 他 1999, 図版56転載；

図19

1：新疆維吾爾自治区社会科学院考古研究所 1985, 図版117転載；2：田辺 他 1999, 図版47転載

図20

X001：新疆維吾爾自治区文物事業管理局 他 1999, No.0942転載；X002：Kibirov 1959, ris.17転載；X003：Spasskaya 1958, ris.2転載；X004：Makshimova *et al.* 1968, Tabl.Ⅰ-1転載；X005：Arslanova *et al.* 1980, ris.1-3転載；X006：林俊雄氏撮影（タシケント歴史博物館）；X007：Martynov 1955, ris.63-5転載

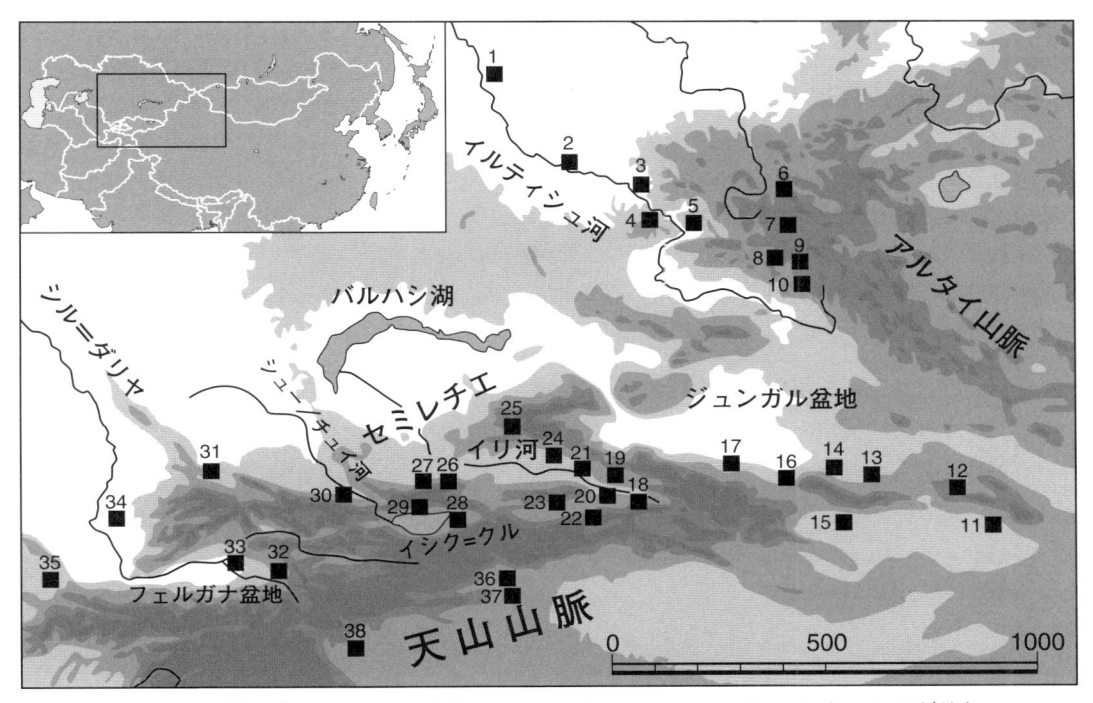

1．パヴロダル　2．セメイ　3．オスケメン　4．レニンカ　5．コク＝テレク　6．パジリク
7．アク＝アラハ　8．カバ県　9．アルタイ　10．サルブラク　11．クムル
12．バルクル＝カザフ自治県　13．モリ＝カザフ自治県　14．奇台県　15．トルファン
16．ウルムチ　17．石河子　18．キュネス県　19．ニルカ県　20．トクズタラ県
21．グルジャ　22．テケス県　23．モングル＝キュレ県　24．コルガス県　25．テケリ
26．エシク　27．アルマトゥ　28．カラコル　29．セミョーノフカ　30．ビシケク
31．タラズ　32．カラ＝クルジャ　33．テュヤチ　34．ジャマン＝トガイ　35．コクテパ
36．温宿県　37．アクス　38．カシュガル

地図　天山北方地域とその周辺

Cauldrons of 1st Millennium B.C. in the North Tianshan Region

YAGYU Toshiki

In this paper, the author treats copper cauldrons of 1st Millennium B.C. unearthed from northern part of Xinjiang Uyghur Autonomous Region in China and *Semirech'e* or Seven River Region ranging from southeastern part of Kazakhstan to northern part of Kyrgyzstan. Here, these regions are designated as the North Tianshan Region, not limited by modern political boundary, because it lies to the north of the Tianshan Mountains (*Tängri Tagh* or Heavenly Mountains).

Cauldrons in the North Tianshan Region can be divided into four main types.

Type A has two vertical ring-shaped handles with a small knob on the top, a deep bowl-shaped body, and a cone-shaped base. These features are identical with that of earliest dated cauldrons unearthed from North China, Trans-Baikal Region, Mongolia, and North Caucasus Region. Therefore, type A belongs to the type of cauldrons, which spread throughout the Eurasian Steppe in 9 - 7th Century B. C.

Type B is similar in shape with Type A, but lacks a small knob on the top of handles. The author interprets that type B is indigenous in the North Tianshan Region and / or South Siberia. Origin of type B seems to be connected with type A. Consequently, type B is dated later than type A.

Having a semispherical body and cone-shaped base, most important feature of *type C* is to have two horizontal handles on the body. Type C can be divided into two sub-types, such as *type Ca* without any decoration and *type Cb* with zigzag or arc pattern decorations of raised line on the body. The author dates type C to later half of 1st millennium B. C. based on analysis of associated finds, such as dagger, small cauldrons, and mirror of Western Han Dynasty. This type has so many examples in the North Tianshan Region. On the other hand, cauldrons with two horizontal handles are widely distributed in Eurasian Steppe from Mongolia (or North China?) in the east to the North Black Sea Region in the west. It is still uncertain whether or not type C is indigenous in the North Tianshan Region. Characteristic of type C is under the necessity of further research.

Distinctive feature of *type D* is to have two large horizontal handles and two small vertical ears on the semispherical body with incurved wall and everted rim. In some cases, there exist decorations of raised line of cord-like design on the body. Type D has three sub-types, such as *type D1* with cone-shaped base, round-bottomed *type D2*, and *type D3* with tripod. Distribution of this type is restricted within Ili Basin in western part of the North Tianshan Region. Type D is often found in a hoard with lamp (or censer), alter, rim-ornament and other special objects. Furthermore, cauldrons of this type have some examples richly adorned, and they are generally very large in size and heavy in weight. The author thinks that these features are not suitable for household utensils of nomad people. Therefore, it is possible to suppose that type D has ritual purpose for the society of Ili Basin in antiquity. Based on re-examination of associated finds mentioned above, the author believes that the date of type D is around 3rd Century B. C. or at least not earlier than late 4th Century B. C. Origin of this type seems to be connected with preceding type C.

There exist some cauldrons, which are different from main four types mentioned above. Among them, a cauldron excavated from Kurgan No. 9, Zhaman Togai cemetery in south Kazakhstan is very interesting, because its feature can be connected with cauldrons of the Xiongnu culture in China, Mongolia, Trans-Baikal Regions and Siberia.

It is not yet easy to show the development process of cauldrons in the North Tianshan Region. Roughly speaking, however, it began in relation to the spread of identical type throughout the Eurasian Steppe in the early 1st Millennium B. C., later, perhaps after 7th Century B. C., indigenous types in the North Tianshan Region appeared. It will be clearer by the new data and further research in the future.

先スキタイ〜スキタイ時代の
中央ユーラシア草原西部の鍑

雪嶋 宏一

1. はじめに

　ユーラシア草原西部では前8世紀から後3世紀に編年される青銅製鍑が知られている。そのうち、前8〜4世紀に編年される鍑が北カフカス Kavkaz、黒海北岸草原および森林草原地帯、ルーマニア、ハンガリーに分布している。これらのほとんどは当時の支配勢力であった騎馬遊牧民スキタイ（Skythai）に関係づけられる鍑である。一方、前6世紀から後3世紀のウラル Ural 川中流域からヴォルガ Volga・ドン Don 川下流域、そして前1世紀〜後3世紀の北カフカスから黒海北岸草原でも別種の鍑が分布しているが、これらはスキタイの東方に居住し前3世紀以降西方に勢力を拡大したスキタイと民族的文化的に親縁関係にあった騎馬遊牧民サウロマタイ（Sauromatai）・サルマタイ（Sarmatai）の鍑とみなされているものである。それらは型式的に顕著な特徴を備えており、スキタイの鍑とはっきりと区別されている。サウロマタイ・サルマタイの鍑については本書の中でデミデンコ（Demidenko, S. V.）氏によって詳述されているため［Cf.: Demidenko 2008］、ここでは「スキタイの鍑」について公刊された文献から形状を知ることができた66点の鍑の分類を試みて、その特徴と編年、その用途などについて考察することにする。

2. 研 究 史

　歴史の父ヘロドトス（Herodotus）の『歴史』巻4の「スキティア誌」はスキタイに関する最もまとまった史料である。その中でスキティアを流れる河川のヒュパニス Hypanis 川（現在の南ブグ Bug 川）とボリュステネス Borysthenes 川（現在のドニエプル Dnepr 川）の間にエクサンパイオス Exampaios「聖なる道」という土地があり、そこに約23,400リットルもの容量の巨大な銅器あるいは青銅器（イオニア方言 χαλκήιον, アッティカ方言 χαλκεῖον）が置かれていることを伝えている（ヘロドトス『歴史』4巻81節および松平千秋による訳注3参照）。それはスキタイ王アリアンタス（Ariantas）がスキティアの人口調査を行った際に各人に鏃を一本ずつ持参させて人数を数えたというが、その結果集まった鏃を溶かして製作されたものと伝えられている。しかし、エクサンパイオスが実際どこに位置したのかは不明であり、このような巨大な青銅器の存在が実際に証明されているわけではないので、この青銅器こそスキタイの鍑であろうと推測する根拠に乏しいが、前1千年紀の中央ユーラシアの遊牧民が製作した青銅製の巨大な容器といえばやはり鍑を連想せざるをえないのであろう。もしこのような連想が許されれば、ヘロドトスのこの言及は青銅製鍑に関する最も早期の記録の一つということになろう。

スキタイの鍑が考古学的に実際に知られるようになったのはずっと後のことで、19世紀になってからである。当時、黒海北岸草原ではギリシア植民市の遺跡やスキタイ古墳の発掘が始まり、墓壙から鍑が発見されるようになった。古墳で発見されたおそらく最初のスキタイの鍑は、1821年にクリミア、ケルチ Kerch 市郊外でパティニオッチ（Patiniotti）司令官の艦隊の水夫によって発見されたパティニオチ Patinioti 古墳から出土した1点の鍑であろう［Diamant 1967］（図4，Ⅳ-1-1-14）。続いて1830年にケルチ市でデュブリュクス（Du Brucs, P.）によって発掘されたクリ＝オバ Kul'-oba 古墳から2点の鍑が発見されている。その後、ザベーリン（Zabelin, I. E.）によって発掘されたチェルトムルイク Chertomlyk（チョルトムリク Chortomlyk）古墳からも2点の鍑が発見された（図1，Ⅱ-1-2-2；図3，Ⅳ-1-1-5）。同世紀終わりまでには黒海北岸地方ばかりでなく、ハンガリーのオー＝シェーニ Ó-Szőny でも鍑が発見された（図9，Ⅶ-1-3）。ライネッケ（Reinecke, P.）はこのようなスキタイの鍑がハンガリーから南シベリア、アルタイ Altai に至る地域に広く分布していることを指摘した［Reinecke 1896：13, 24-25］。

　20世紀初頭には北カフカスのクバン Kuban 川流域地方で鉱山技師シュリツ（Shul'ts, D. G.）がケレルメス Kelermes 古墳群を宝探しのようにして発掘を行い、鍑4点を発見した（図1，Ⅱ-1-1-1；Ⅱ-1-1-2；Ⅱ-1-2-1；図2，Ⅱ-2-1-1）。考古学者ヴェセロフスキー（Veselovskii, N. I.）がすぐにケレルメス古墳群の調査に着手して、さらに1点の鍑（図3、Ⅲ-1）を発見した。ヴェセロフスキーは続いてドニェプル川下流右岸でソローハ Solokha 古墳を発掘し主体部の玄室および追葬墓で鍑を都合3点発見した（図3，Ⅲ-2；Ⅳ-1-1-2；図6，Ⅳ-1-2-1）。また、ドニェプル川中流域の森林草原地帯でもすでに鍑が知られていたが、さらに北のドン川中流のヴォロネジ Voronezh 市近郊チャストィエ Chastye 古墳群でも鍑が発見され［Zamyatin 1946］（図7，Ⅳ-1-6-1；図8，Ⅴ-1-1-1）、スキタイの鍑の分布の広がりを明らかにした。

　一方、カフカス山脈北麓のベシュタウ Beshtau 山北峰で1927年に偶然に発見された鍑がある（ピャチゴルスク Pyatigorsk 地方誌博物館所蔵）（図1，Ⅰ-2）。この鍑は原形をとどめないほどに大破していたが、その特徴は明瞭で、スキタイの古墳から発見された鍑とは明らかに異なったものであった。同様な特徴をもつ鍑が1951年にやはりベシュタウ山北西麓で偶然に発見された（図1，Ⅰ-1）。鍑は青銅製円形楯飾り、Y字形青銅製胸飾り、ノヴォチェルカッスク Novocherkassk 型青銅製銜と鑣1対、青銅製帯留具（馬具）、ノヴォチェルカッスク型青銅製鏃4点、鉄製矛、鉄製剣断片2点と共に発見された。これらの遺物は先スキタイ時代の前8世紀～7世紀前半に編年され、先スキタイ時代の鍑とみなされた［Iessen 1954］。ベシュタウ山で発見された鍑2点はいずれも出土状況ははっきりしないが、墓から発見されたものではなく一括遺物であったことから、後述するスキタイの鍑の出土状況とは明らかに異なっていた。

　スキタイの鍑の発見例はその後も増加して相当な数量に上っているが、分類集成などのまとまった研究はサウロマタイ・サルマタイの鍑の研究と比較するとはるかに遅れている。スキタイの鍑の研究は、マンツェーヴィチ（Mantsevich, A. P.）によるエルミタージュ博物館所蔵のケレルメス、ソローハ、チェルトムルイク古墳出土鍑などを中心としたものの他数編に過ぎない。マンツェーヴィチはこれらの鍑に共通して見られる胴部のジグザグ紋や動物形把手、ソローハ主体部出

土鍑に見られる胴部下部および圏足下端を回る縄目状の弦紋に注目した。また、3突起が付く把手については動物形把手からの派生であるとみなした。そして、それらを前7世紀末〜6世紀初の古拙期と前5〜4世紀の古典期のグループに大別したが、当時知られていたスキタイの鍑を集成することもなく、全体的な型式分類を行うわけでもなく、スキタイの鍑の全体像を展望する意図はもっていなかった［Mantsevich 1961］。

中央ユーラシア草原の鍑をより広い視点から取り上げたのはペトリチェンコ（Petrichenko, O. M.）等のウクライナの考古学者たちであった。彼等はスキタイの鍑の起源を先スキタイ時代に主に北カフカスなどに分布する青銅製板を鋲留めしたいわゆる「キンメリオイ（Kimmerioi）の鍑」とみなし、シベリア、スキタイ、サルマタイの鍑を胴部・把手・圏足の形や紋様などの特徴的な要素を簡単に示した。しかし、この研究では鍑の型式分類を行うものではなく、どこでどのような鍑が発見されているかなどの詳しい情報も含まれなかった。むしろ、スキタイ、サルマタイ、シベリアの鍑について、いくつかの断片を用いて、胴部と圏足の接合方法から鋳型使用の特徴を詳しく分析した。その結果、スキタイの技法とシベリア・サルマタイの技法とは異なっているとの結論を得た［Petrichenko, Shramko, Solntsev and Fomin 1970］。しかし、サンプルの調査のためそれらの製作技法だけで鍑全体の結論として妥当であるといえるかどうか問題であった。

鍑の製作技術に関する研究についてはエルミタージュ博物館のミナシャン（Minasyan, R. S.）によって同博物館所蔵の鍑の詳細な観察に基づいて行われた。その際に数点のスキタイの鍑が利用された［Minasyan 1986］。

他の地域・時代の鍑と比較してかなり大型な作例が多いスキタイの鍑の技術上の特徴はいまだに十分に解明されているとは言い難い。そのため、筆者はその時点で知ることができたスキタイの鍑46点を把手の形状を基準にして型式分類を行い、A〜I型の9型式に分類してそれらの特徴を明らかにすることを試みた［雪嶋 1995］。デミデンコ氏はこの分類が把手の形状のみに基づいており、ロシアの研究者の分析を利用していないと批判しているが［Demidenko 2008：9］、前述のようにスキタイの鍑に関する分類集成は発表されておらず、未発表資料の公刊も不十分であることから、当時としてはそれ以上に詳細に記述することは筆者の能力を遥かに超えたところであった。

本稿では、旧稿以降に公刊された資料の収集に努めながら旧稿を改訂増補して分類をさらに詳細にして、各分類を特徴付けて編年を行い、他の地域の鍑と比較しながらスキタイの鍑の特徴を明らかにして、スキタイ社会における鍑の用途や役割を考察するものである[注]。

3. 型式分類

型式分類の基準は把手の形状とその取り付け位置である。把手にはヤギやヒツジなどの動物を

（注）ボコヴェンコは1990年にスキタイの鍑を器形と装飾によって4タイプに分類する案を提起しているが、筆者未見のため詳述できない［Bokovennko 1990；cf.：Kuznetsova 2008：177］。

デザインした動物形と、環状あるいはループ状をなす把手に突起を伴うものと伴わないものがある。突起の数は3個と1個の場合がある。一方、把手は口縁に垂直に立つものであるが、そればかりでなく口縁部に水平あるいは斜め上方向きに取り付けられる把手も重要な分類要素である。

このような基準で分類すると以下のようなⅠ～Ⅶ類に分類することができ、Ⅱ類とⅣ類は垂直方向の把手のみを伴うものと、垂直方向の把手と水平方向あるいは斜め上方向きの把手が伴うものに型式を分けることができる。さらに、それぞれの型式内では胴部あるいは口縁部の紋様によって細分することができる。

北カフカスからハンガリーにおける中央ユーラシア西部の先スキタイ時代～スキタイ時代の鍑では断片を除いてほとんどすべての例で圏足を伴っており、サルマタイの鍑のように圏足をもたない型式はスキタイではこれまで知られていない。例外的にルーマニアのスコルツァル・ヴェキ Scorțaru Vechi 村古墳では圏足ではなく三脚の付いた鍑が発見されている。圏足の形はおおよそ円錐台形あるいは下端に向かって広がるラッパ形であり顕著な違いは認められない。また、圏足が無紋のものが多いが圏足に弦紋が回るものや圏足下端に縄目状の弦紋が回るものがあるが、圏足の形状に基づいて分類を細分化するほどの必要性はスキタイの鍑にはないと考えている。また、中央ユーラシア東部に見られるような圏足に窓が開くような顕著な型式も知られていない。さらに、鍑の製作技法の細部については一部の鍑で明らかにされているが、ここで取り上げる大半の資料については不明なため本稿では分類の要素から除外せざるを得ない。

　　Ⅰ類：扁平な1突起がある環状の把手が口縁に垂直に立つ鍑
　　Ⅱ類：動物形把手を伴う鍑
　　　1型：動物形把手が口縁に垂直に立つ型式
　　　　1種：胴部に凸線によるジグザグ紋が施されたもの
　　　　2種：胴部に凸線による格子紋が施されたもの
　　　　3種：胴部無紋のもの
　　　2型：口縁に垂直に立つ動物形把手と口縁部に1対の水平方向あるいは斜め上向きの把手を伴う鍑
　　　　1種：胴部に凸線によるジグザグ紋が施されたもの
　　　　2種：胴部に凸線による格子紋が施されたもの
　　　　3種：胴部に凸線による半卵形紋が施されたもの
　　　　4種：胴部無紋のもの
　　Ⅲ類：口縁部に斜め上方を向くループ状の把手1対を伴う鍑
　　Ⅳ類：3突起のある把手を伴う鍑
　　　1型：3突起のある把手が口縁に垂直に立つ
　　　　1種：胴部無紋のもの
　　　　2種：胴部に凸線によるジグザグ紋が施されたもの
　　　　3種：胴部に凸線による格子紋が施されたもの

　　　　4種：胴部に縄目状の弦紋が回るもの
　　　　5種：胴部に凸線による植物紋が施されたもの
　　　　6種：把手の付け根の口縁部に凸線による巻き髭紋が施されたもの
　　2型：3突起のある把手1対が口縁に垂直に立ち、その直下の口縁部に斜め上方を向く1
　　　　対の把手を伴う鍑
　　　　1種：胴部無紋のもの
　　　　2種：胴部に凸線によるジグザグ紋が施されたもの
　Ⅴ類：1突起のある把手1対が口縁に垂直に立つ鍑
　　　　1種：胴部無紋のもの
　　　　2種：口縁部に凸線による巻き髭紋が施されたもの
　Ⅵ類：胴部平面が円形で、突起のないループ状の把手1対が口縁に立つ鍑
　Ⅶ類：胴部平面が長円形、突起のない把手1対が長径両端の口縁に付く鍑
　　　　1種：胴部無紋のもの
　　　　2種：口縁部に凸線による巻き髭紋が施されたもの

4．型式分類順の鍑カタログ

　細分された各分類内での鍑の順番はおおむね編年順、さらに同年代内ではドニェプル川下流草原、同川中流域、クリミア、アゾフ Azov 海沿岸地方、ドン川中流域といった地域別にまとめた。

　（1）Ⅰ類：扁平な1突起がある環状の把手が口縁に垂直に立つ鍑

　Ⅰ-1　カフカス山脈北麓に位置するベシュタウ山北西山麓で偶然に発見された一括遺物の中の青銅製鍑（ピャチゴルスク地方誌博物館所蔵）。総高46cm、圏足高11cm、口径33×34cm、最大鍑径34×35cm、圏足上端直径11cm、圏足下端直径15cm、把手の直径8.2×8cm。環形の把手の上端に扁平な1突起（平面は楕円形）が付き、把手は外側表面が畝状の重圏紋となる。口縁から9.5cm下の胴部をぐるりと回る弦紋状の線があるが、ヴァリチャク（Val'chak, S. B.）とデミデンコの再調査の結果、イエッセン（Iessen, A. A.）がかつて図示したようなまっすぐな弦紋ではなく［Iessen 1954：124, Ris.13］、鋳型の合わせ目の痕であり、不規則でまっすぐではないことが判明した。この合わせ目の線は胴部を上から1/3の高さで区切っている。ヴァリチャクとデミデンコによれば鍑は把手、胴部、圏足が一鋳で製作されたという。その証拠に胴部の外側底部に湯口の突起がみられないという。また、圏足が2回にわたって修復されていたことが判明した。最初の修復は圏足の器壁の1/3と基部の一部に金属が流し込まれ、2回目は圏足全体を修復していた。その湯口が台の底部に見られる直径1cmの丸い突起5箇所である［Val'chak and Demidenko 2005：176, Ris. 5 and 6：雪嶋2008：70］。伴出した先スキタイ時代のノヴォチェルカッスク型資料からこの鍑の編年が前8世紀～7世紀初であることは明らかである。

　Ⅰ-2　ベシュタウ山北峰で1927年に偶然に発見された鍑（ピャチゴルスク地方誌博物館所蔵）。

大破しているが1954年にイエッセンによって発表された写真から判断する限り、上記の鍑とよく類似している。把手は３重の重圏紋が廻る環状であり、その上部に扁平な突起が付き、胴部の比較的上部におそらく鋳型の合わせ目と見られる弦紋状の線が回り、圏足も円錐台形である［Iessen 1954, 126, Ris. 15］。出土状況は不明であり、また寸法も報告されていない。上記１との類似から編年は同様に先スキタイ時代であろう。

(２) Ⅱ類：動物形把手を伴う鍑
Ⅱ類１型：動物形把手が口縁に垂直に立つ型式

Ⅱ類１型１種：胴部に凸線によるジグザグ紋が施されたもの—

Ⅱ-１-１-１　北西カフカス、クバン川中流右岸支流ベラヤBelaya川流域に位置するケレルメス古墳群でシュリツが1903年に発掘した２号墳から出土した鍑第１例（エルミタージュ博物館所蔵 Ky1903-1904 １/10）。総高46cm、口径44×51.2cm。把手はヤギを様式化した動物形であり、ヤギの頭部には耳・目・鼻面が表現されている。片方の把手は欠損。口縁直下に幅の狭いジグザグ紋が胴部の上部をぐるりと回っている。胴部は平面が楕円形となる。圏足は一部欠損。前７世紀後半に編年されている［Mantsevich 1961：147, Ris. 6；Piotrovsky 1986：Ris. 54；Minasyan 1986 68；Galanina 1997：227, 33, Tabl. 41, 33］。

Ⅱ-１-１-２　上記と同じケレルメス古墳群シュリツ1903年発掘の２号墳から出土した第２例（エルミタージュ博物館 Ky1903-1904 １/９）。総高38.5cm、口径44.5×50.5cm。器体の１/４を欠損、そのため片方の把手も欠損している。把手は様式化されたヤギ形で、ループ状の角が臀部まで達する。前者のようなヤギ頭部の細部はほとんど表現されていない。幅の広いジグザグ紋が半球形の胴部上半分以上を覆っている。前者同様に胴部平面は楕円形を呈している。圏足下端は欠損している。前７世紀後半に編年されている［Borovka 1929：Pl. 29；Mantsevich 1961：147, Ris. 5；Galanina 1997：226-227, 32, Tabl. 41, 32］。

Ⅱ-１-１-３　ルーマニア、コンスタンツァ Constanţa 近郊カステル Castelu 村で偶然に発見された鍑。カステル村は黒海北西岸にあり、早くからスキタイ文化が浸透していた地域に位置する。寸法は不明。１対の動物形把手を伴う。動物は上述のようなヤギ形ではなく、角が短いヒツジのような動物である。口縁部と胴部下方の弦紋との間にジグザク紋が施されている。写真を見る限りでは圏足は大破しておりわずかしか残存していない。前５世紀に編年されている［Florescu 1980：191］。

Ⅱ類１型２種：胴部に凸線による格子紋が施されたもの—

Ⅱ-１-２-１　ケレルメス古墳群シュリツ発掘４号墳出土の鍑（Ky1904 １/14, Ky1903-1904 １/33, 34, 35）（口絵3-1）。総高54〜60cm、口径84.5cm。Ⅱ-１-１-２と同様なヤギ形の把手が２対口縁に付き、平面楕円形の胴部には上下に１本ずつ弦紋が回り、その間を格子紋が施されている。器体底部に短いダボのようなものが作られており、そこに圏足をはめ込んで接合していることから胴部と圏足は別鋳とみなされる。円錐台形の圏足中央に弦紋が回っている。圏足は一部欠損。

Ⅰ-1

Ⅰ-2

Ⅱ-1-1-1

Ⅱ-1-1-2

Ⅱ-1-1-3

Ⅱ-1-2-1

Ⅱ-1-2-2

Ⅱ-1-3-1

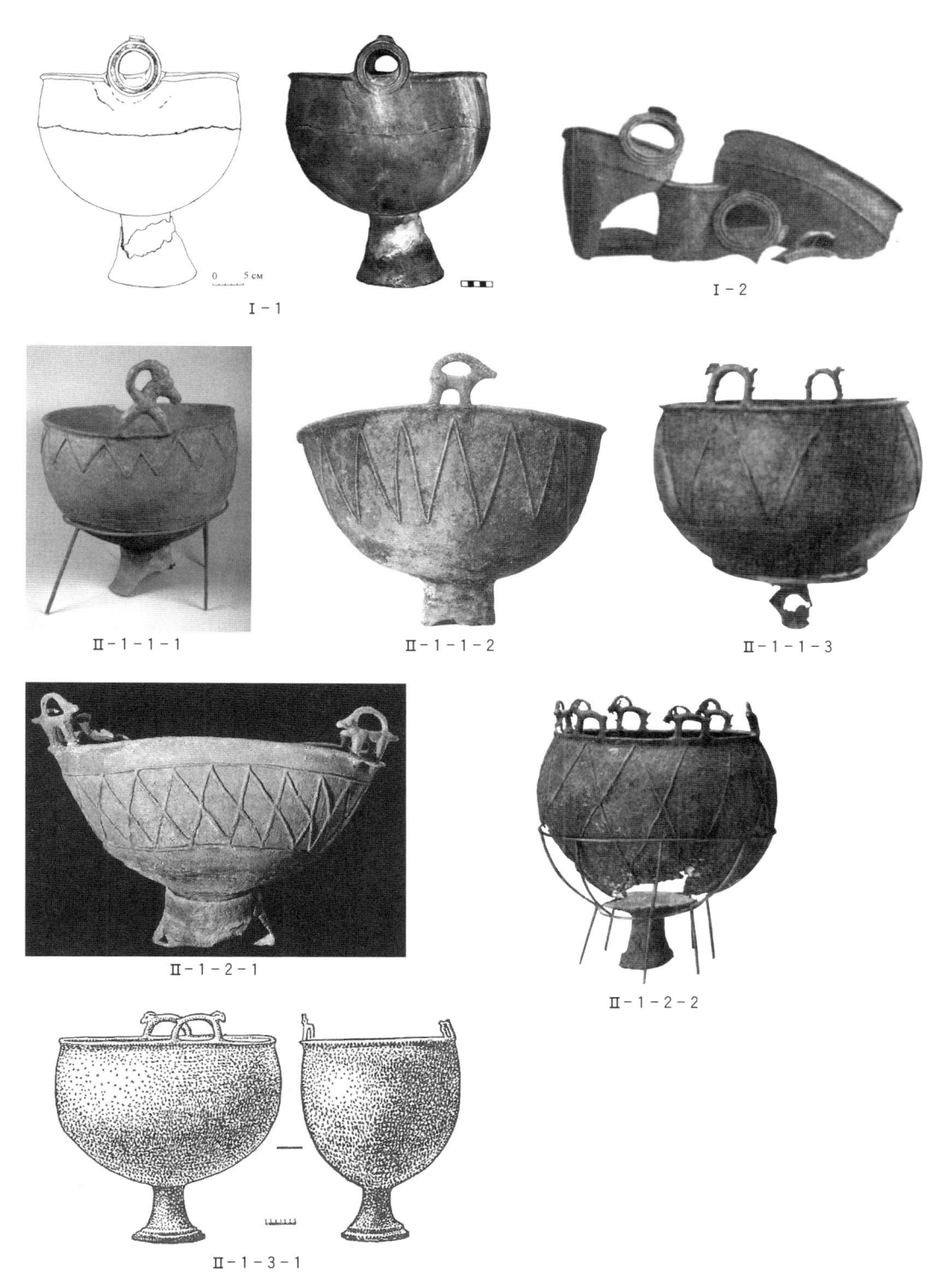

図1　Ⅰ類～Ⅱ類1型（縮尺不同）

前7世紀後半に編年されている［Mantsevich 1961：147, Ris. 8 ； Artamonov 1969：Fig. 47 ； Minasyan 1986：66 - 67, Ris. 3 - 2 ； Galanina 1997：230, 53, Tabl. 41, 53］。

Ⅱ-1-2-2　チェルトムルィク古墳5号墓出土の鍑第1例（No. Dn 1863 1/362）。総高100.1㎝、直径68㎝。スキタイの鍑では最大の大きさである。ヤギ形の把手が6個取り付けられており、そのうち連続した3個ずつが同じ方向を向いている。ヤギには背中に達する1本の角があり、耳、顎鬚、短い尾が表現されている。胴部には口縁直下から底部まで格子紋が施されている。胴部は下部が破損しており、底部および圏足が胴部から離れてしまっている。古墳は前4世紀第3四半期に編年されている［Piotrovsky 1986：270 ； Alekseev, Murzin and Rolle 1991：215, Kat. 142］。

Ⅱ類1型3種：胴部無紋のもの―

Ⅱ-1-3-1　ドニェプル川下流右岸オルジョニキゼ Ordzhanikidze 市近郊ストラーシュナヤ・モギーラ Strashnaya Mogila 古墳群4号墳2号墓出土鍑。2号墓は4号墳丘南部にある地下式横穴墓、入口は深さ6ｍ、2.3ｍの羨道で玄室に通じている。戦士と女性の対葬。鍑は玄室入口に置かれていた。鍑にはヒツジの骨と把手杓が入っていた。鍑の総高は43㎝、口径37㎝、圏足高12.5㎝。1対の把手はヒツジをデザインしたもの。胴部平面は長楕円形。胴部は無紋である。前4世紀に編年されている［Terenozhkin and Mozolevskiy 1973：148, Ris. 30, 4 ； Il'inskaya and Terenozhkin 1983：168 - 169］。

Ⅱ類2型：口縁に垂直に立つ動物形把手と口縁部に1対の水平方向の把手を伴う鍑

Ⅱ類2型1種：胴部に凸線によるジグザグ紋が施されたもの―

Ⅱ-2-1-1　ケレルメス古墳群シュリツ発掘3号墳出土鍑（エルミタージュ博物館所蔵 Ky 1904 1/10）。寸法不明。鍑は上からの圧力で押しつぶされており、原形を留めていない。マンツェーヴィッチの復元によれば、口縁にヤギ形の把手が2対付き、口縁のすぐ下には2本の横畝が入る帯状の把手1対が水平方向に付いている。口縁直下から胴部下方の弦紋の間には上下2段でジグザグ紋が施されている。この鍑の大きな特徴にヤギ形の把手と同様にヤギを表現した動物紋が胴部上方に1対で向かい合って浅浮き彫りで表現されている点である。前7世紀後半に編年されている［Mantsevich 1961：147, Ris. 7 ； Minasyan 1986：66, Ris. 3, 1 ； Galanina 1997：230, 43, Tabl. 41, 43 ； Galanina 2006：27, Il. 27 ； 70, Il. 97］。

Ⅱ類2型2種：胴部に凸線による格子紋が施されたもの―

Ⅱ-2-2-1　ドニェプル川中流左岸支流ヴォルスクラ Vorskra 川流域のベリスク Bel'sk（ビルスク Bil'sk）城塞集落址の西側城塞址発見の鍑。寸法不明。口縁に尾が立っているイヌのような動物形把手が3個付いている。おそらく、2対であったがそのうちの1個が欠損したものと思われる。口縁の下には1対のループ形の把手が水平方向に取り付けられている。胴部は全面的に格子紋で覆われている。圏足の中央より下に弦紋が回り、弦紋から圏足下端の間にジグザグ紋あるいは三角紋が施されている［Shramko 1976：196, Ris. 2, 1］。鍑の編年は不明。

Ⅱ-2-1-1

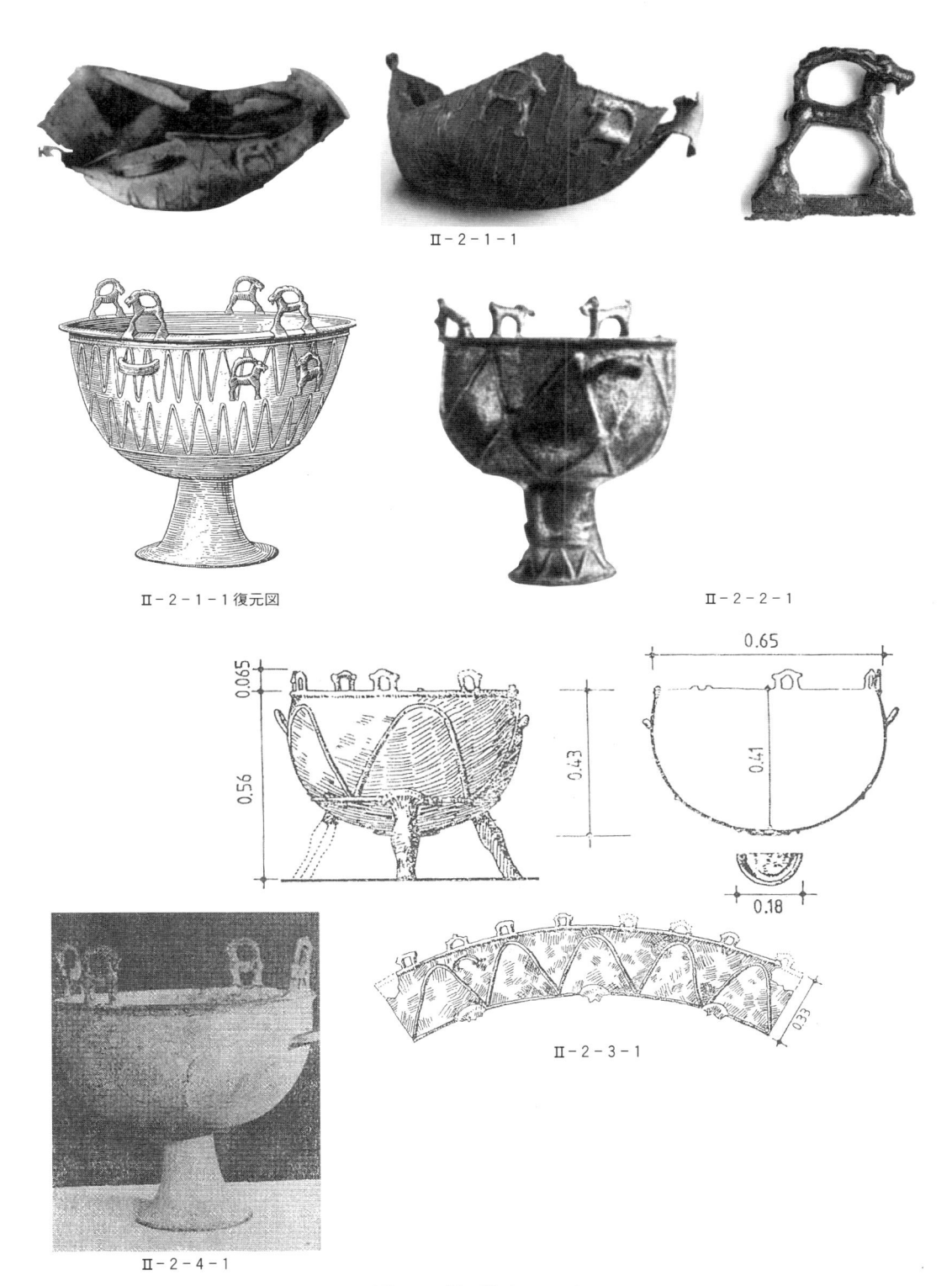

Ⅱ-2-1-1復元図

Ⅱ-2-2-1

Ⅱ-2-3-1

Ⅱ-2-4-1

図2　Ⅱ類2型（縮尺不同）

Ⅱ類2型3種：胴部に凸線による連続半卵形紋が施されたもの—

Ⅱ-2-3-1　ルーマニア、ブライラ Brăila 州スコルツァル・ヴェキ村古墳出土鍑（ブクレシュティ Bucureşti 博物館所蔵）。総高62.5cm、口径65cm、胴部高43cm、把手の高さ6.5cm、器壁厚0.7cm、口縁厚2cm。動物形把手8個（うち3個は破損）が口縁に直立し、口縁部に1対の斜め上方に向くループ状の把手が付く（片方は破損）。動物の形は明確でないがプルヴァン（Pârvan, V.）とスルブ（Sîrbu, V.）はともに動物形であると報告している。胴部は半球形で下部に弦紋が回り、口縁部までの幅33cmの間に半卵形の連続紋が凸線で施紋されている。プルヴァンはこの鍑を半球形の器体の点からスキタイの鍑の特徴があるとして前5〜4世紀に編年し、スルブも前5世紀以降としているが、その根拠は十分ではない。底部外側には直径18cmの円環がある［Pârvan 1982：11-12, Fig. 1-2；Sîrbu 1983：32-33, Fig. 3，2］。この円環がどのような役割をしていたのかということについては言及されていない。三脚が弦紋の上に接合されて紋様を中断させているかのように見える点を考慮すると、本来は底部の円環に圏足を接合しようとしたのではないか。しかし、圏足を接合した痕跡がないことから、圏足の代わりに三脚を接合したと考えることができよう。

Ⅱ類2型4種：胴部無紋のもの—

Ⅱ-2-4-1　ルーマニア、ドゥンジェニ Dungeni 地区ヤコベニ Iacobeni 村で偶然発見された鍑。寸法不明。口縁に2対のヤギ形把手が付く。胴部に1対の水平方向の把手が取り付けられている。胴部は半球形で無紋である。前6〜5世紀に編年されている［Florescu 1980：191］。

（3）Ⅲ類：口縁部に斜め上方を向くループ状の把手1対を伴う鍑（補記参照）

Ⅲ-1　ケレルメス古墳群27号墳（ヴェセロフスキー発掘1号墳）出土鍑（エルミタージュ博物館 No. 2737/2）。総高34cm、口径61cm。口縁部に断面円形のループ状の把手1対が斜め方向に付く。胴部破損のため把手は片方が欠損している。胴部は無紋で半球形。圏足の一部も破損している［Galanina 1997：233, Tabl. 41, 105］。

Ⅲ-2　ドニェプル川下流左岸ソローハ古墳ニッチS出土鍑（エルミタージュ博物館所蔵 Dn 1913 1/53）。総高47cm、口径46cm、圏足高12cm。口縁部に断面円形のループ状の1対の把手が斜め上方に付く。胴部は大きく膨らみ口縁部ですぼまる、圏足は比較的小さく、下端に向ってラッパ状に広がる。前5世紀末〜4世紀初に編年される（Mantsevich 1987：99-100, Kat. 74）。

Ⅲ-3　北西カフカス、クバン川流域ウリャップ Ulyap 村古墳1号墓出土鍑（モスクワ東洋諸民族芸術博物館所蔵 Ulyap 81 1-33）。総高39cm、口径40cm。口縁部にループ状の1対の把手が付く。圏足は比較的小さく、中央部に突体が回る。埋葬址は前4世紀に編年されている［Dneprovskii 1985：124, Ris. 74］。

Ⅲ-4　アゾフ海北岸に位置するベルジャンスク市で1977-78年に調査されたベルジャンスキー古墳南側埋葬址で発見された大小2点の鍑のうちの小型鍑。口縁に水平方向な一対の把手が付く。総高33cm、直径41cm。外側に煤が付着していた。発表された図からは詳しい形状は判断できない。古墳は前375-365年に編年されている［Boltrik, Fialko and Cherednichenko 1994：149, 154 and 148, Ris

先スキタイ～スキタイ時代の中央ユーラシア草原西部の鍑（雪嶋 宏一）

Ⅲ-1

Ⅲ-2

Ⅲ-3

Ⅳ-1-1-1

Ⅳ-1-1-2

Ⅳ-1-1-3

Ⅳ-1-1-4

Ⅳ-1-1-5

Ⅳ-1-1-6，7

図3　Ⅲ類～Ⅳ類1型1種7（縮尺不同）

265

9, 2］。

（4）Ⅳ類：3突起のある把手を伴う鍑

Ⅳ類1型：3突起のある把手が口縁に垂直に立つ

Ⅳ類1型1種：胴部無紋のもの—

Ⅳ-1-1-1　ドニェプル川中流左岸支流スラ Sula 川流域アクシュティンツィ Aksyutintsy 村2号墳追葬墓出土鍑。寸法不明。1883～85年にマザラキ（Mazaraki, S. A.）が2号墳発掘の際に追葬墓室北隅で発見。3突起のある把手が付き、胴部は半球形、圏足は下端に向かってラッパ状に開いている。片方の把手は欠損。ギリシア製黒色磨研キュリクスと鉄製剣の金製装飾板などが伴出。後者はソローハ古墳から出土した金装剣の把手の装飾板と類似している［Mantsevich 1987：69, Kat. 48］。墓は前5世紀前半～後半に編年されている［Il'inskaya 1968：35, Tabl. XVI, 13］。

Ⅳ-1-1-2　ドニェプル川下流左岸ソローハ古墳主体部ニッチS出土鍑（エルミタージュ博物館 Dn 1913 1/51）。総高47cm、口径31×44cm、圏足高13cm。口縁に3突起のある把手1対が付く。胴部は無紋で平面長円形。圏足は下端でラッパ状に広がり、下端周囲には縄目紋が回る［Mantsevich 1987：98-99, Kat. 72］。

Ⅳ-1-1-3　ドニェプル川下流右岸トルスタヤ・モギーラ Tolstaya Mogila（トフスタ・モヒーラ Tovsta Mohila）側面墓室の主ニッチ出土鍑（ウクライナ歴史博物館 AZS-2567）。総高35.2cm、口径33×22.5cm、胴部高21cm、圏足高9cm、圏足上端直径5.2cm、下端直径12.5cm。口縁に3突起がある把手1対が付く。突起は前記ソローハ古墳出土鍑同様に節状になる。胴部は平面長円形で無紋。圏足は下端に向かって開くラッパ形となる。古墳は前4世紀中葉から後半に編年されている［Mozolevs'kiy 1979：144, Ris.130；高浜・林・雪嶋 1992：67, 49］。

Ⅳ-1-1-4　ドニェプル川下流左岸バルキ Balki 村に位置するガイマノヴァ・モギーラ Gaimanova Mogila ニッチ出土鍑（ウクライナ国立歴史博物館所蔵）。総高26cm、口径20cm。口縁に3突起のある把手1対が付く。胴部は球形で口縁がすぼまっている。圏足は比較的高く、下端でラッパ状に開く［草原のシルクロード展実行委員会 1981：17］。

Ⅳ-1-1-5　チェルトムルィク古墳主体部の南東側室で発見された鍑（エルミタージュ博物館所蔵 Dn 1863 1/377a）。総高27cm、口径31cm、口縁に3突起のある把手1対が付く。胴部は無紋で、古代に修復された痕跡がある。圏足は下端に向かってラッパ状に開くが、一部欠損している［Alekseev, Murzin and Rolle 1991：206-208, Kat.133］。

Ⅳ-1-1-6　ドニェプル川中流右岸チェルカッスク Cherkassk 州ルィジャノフカ Ryzhanovka（ルィジャニフカ Ryzhanivka）村大古墳主体部出土鍑のうち大型鍑。古墳からは大小2点の3突起のある把手1対が付く鍑が発見された。寸法不明。鍑の中には若い牡ヒツジの骨が入っていた［Skoryi, Khokhorovs'ki, Grygor'ev and Rydsevs'ki 1999：100；Chochorowski and Skoryi 1999：fot. 1］。古墳は^{14}Cと年輪年代の較正曲線の分析によって前350～325年に編年されている［Chochorowski, Kovaljuch and Skripkin 1999］。

Ⅳ-1-1-7　ルィジャノフカ村大古墳出土鍑のうちの小型鍑。寸法不明。形状は前記の鍑と

Ⅳ-1-1-8

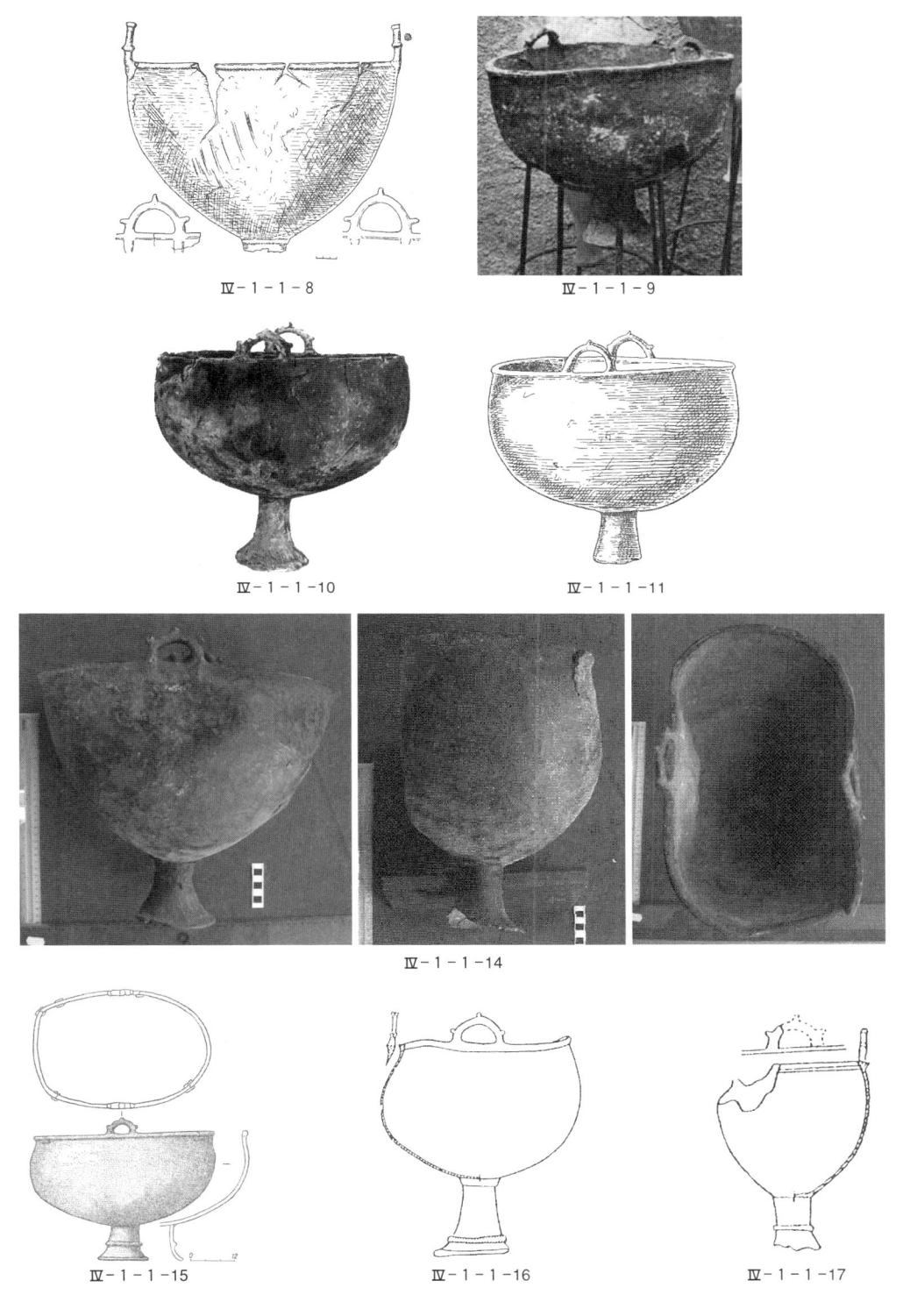

Ⅳ-1-1-9

Ⅳ-1-1-10

Ⅳ-1-1-11

Ⅳ-1-1-14

Ⅳ-1-1-15

Ⅳ-1-1-16

Ⅳ-1-1-17

図4　Ⅳ類1型1種8～17（縮尺不同）

同様であると判断される。鍑にはウマの骨が入っていた［Skoryi, Khokhorovs'ki, Grygor'ev and Rydsevs'ki 1999：100；Chochorowski and Skoryi 1999：fot. 1］。

Ⅳ-1-1-8　ドニェプル川下流左岸支流カザク Kazak 川流域で1957年に発見された鍑。残存する高さ27.3cm、直径28.5×39.2cm、器壁厚 2 mm、口縁厚 6 mm。口縁に 3 突起のある把手 1 対が付く。胴部は半球形で無紋。胴部平面は楕円形。圏足は欠損している［Symonovich 1969：Ris. 2, 2］。

Ⅳ-1-1-9　ドニェプル川下流ヘルソン Kherson 州クラースヌィ・ペレコプ Krasnyi Perekop 村古墳出土鍑。寸法不明。 3 突起のある把手 1 対が口縁に付き、無紋の胴部は半球形、圏足は下端に向かって開くラッパ形［Leskov 1974：75, Abb. 106］。

Ⅳ-1-1-10　ドニェプル川屈曲部ザポロジエ Zaporozh'e 州ドニェプロルドヌィ Dneprorudny 村 6 号墳 2 号墓出土鍑。総高30cm、口径32.5×19.5cm。 3 突起のある把手 1 対が口縁に付く。胴部は無紋で平面楕円形。圏足は細長く、下端でラッパ状に開いている［Grakov 1971：Tabl. X, a；Kuznetsova and Kuznetsov 2005：321, Ris. 4, 6］。

Ⅳ-1-1-11　ドニェプル川中流右岸支流チャスミン Tyasmin 川上流のカピタノフカ Kapitanovka 村487号墳 1 号墓出土鍑。寸法不明。 3 突起のある把手 1 対が口縁に付く。胴部は無紋で半球形。圏足は胴部と比べて小さい円錐台形。鍑の中にはウシの残存物が入っていたという［Petrenko 1967：25, Tabl. XV, 4］。

Ⅳ-1-1-12　クリミア、ケルチ市のミトリダテス Mitridates 山で発掘されたクリ＝オバ古墳出土の大型鍑（エルミタージュ博物館所蔵）。寸法不明。ルィジャノフカ大古墳出土鍑に類似している。前 4 世紀後半に編年されている［Yakobenko 1974：64, Ris. 25, 1］。

Ⅳ-1-1-13　クリ＝オバ古墳出土小型鍑（エルミタージュ博物館所蔵）。寸法不明。ルィジャノフカ大古墳出土の鍑と類似。前 4 世紀後半に編年されている［Yakobenko 1974：64, Ris. 25, 2］。

Ⅳ-1-1-14　ケルチ市郊外のパティニオチ（Patinioti）古墳出土鍑（オデッサ考古学博物館 OAM, Inv. No. 44278）。総高35.5cm、把手の高さ 4 cm。形状はクリ＝オバ古墳出土鍑と類似するが、ディアマント（Diamant, E.I.）によれば平面楕円形、半円形の胴部、圏足はラッパ状に開いているが、胴部が変形しているという。鍑は、両端がライオン頭部を象った金製首輪、胴部にアヒルが表現された銀製アリュバッロス杯、スキタイの戦士像などと伴出しており、いずれもクリ＝オバ出土品と極めて類似しているため、クリ＝オバと同様に前 4 世紀後半に編年されている［Diamant 1967；Yakobenko 1974：64, Ris. 25, 4 ；66, Ris. 26］。

Ⅳ-1-1-15　アゾフ海北岸ジュダーノフ Zhdanov 市近郊のドヴゴルバヤ・モギーラ Dvugorbaya Mogila 2 号墓出土鍑。総高36cm、口径49×33cm、圏足高10cm、直径14cm。 3 突起のある把手 1 対が口縁に付く。胴部は平面楕円形で無紋。圏足は円錐台形で中央に突帯が回る。胴部は数箇所が古代に修復されていた。表面には煤が付着していた。玄室の平面図から判断すると鍑には動物骨が入っていた［Privalova, Zarayskaya and Privalov 1982：169-170, Ris. 16］。

Ⅳ-1-1-16　ドン川河口アゾフ市近郊コルザエヴォ Koluzaevo で偶然に発見された 2 点の鍑のうちの大型の鍑（ロストフ・ナ・ドヌー Rostov na Donu 地方誌博物館所蔵 No. 6623）。寸法不明。発見時は大破していた。復元された図によると、 3 突起のある把手 1 対が口縁に付く。口縁はや

や厚みがある。胴部は無紋。圏足は比較的高く、下部に突帯が回る［Kocyanenko 1978：197, Ris. 3，2；Demidenko 2008：234, Ris. 122, XVI. 1.A］。

Ⅳ-1-1-17　前記の鍑と同じコルザエヴォで偶然に発見された2例目の小型鍑（ロストフ・ナ・ドヌー地方誌博物館所蔵）。寸法不明。口縁部の一部が欠損しており、残存している把手も断片であるが、3突起のある把手であることは判明する。圏足下端は欠損。圏足中央に突帯が回る［Kocyanenko 1978：197, Ris. 3，4；Demidenko 2008：234, Ris. 122, XVII. 1.A］。

Ⅳ-1-1-18　ドン川河口エリザヴェトフスカヤ Elizavetovskaya 村ピャチ・ブラーチエフ Pyat' Brat'ev 古墳群9号墳2号墓出土の鍑（アゾフ博物館所蔵 KP 3520/44）。総高41cm、口径26.5×38.5cm、圏足高12cm、圏足下端径14×14.5cm。3突起のある把手1対が口縁に付く。胴部は無紋で、平面は隅丸方形に近い。圏足は形に向かって開くラッパ形。下端には縄目紋が回る。前4世紀末に編年されている［Kocyanenko 1978：196, Ris. 3，1；古代オリエント博物館 1991：64, 37；Demidenko 2008：233, Ris. 121］。

Ⅳ-1-1-19　ピャチ・ブラーチエフ古墳群11号墳出土の鍑（アゾフ博物館所蔵）。寸法不明。3突起のある把手1対が口縁に付き、胴部は平面楕円形で無紋。圏足下方には突帯が回る。前4世紀に編年されている［Kosyanenko and Flerov 1978：196, Ris. 3，3；Demidenko 2008：232, Ris. 120, 06. 1.A］。

Ⅳ-1-1-20　ドン川河口のヴィソチノ Vysochino 第5墓群27号墳2号墓出土鍑。総高41cm、口径46×30.5cm、圏足高12cm、圏足下端径12cm、把手断面径1.5cm。3突起のある把手1対が口縁に付き、口縁はやや外反する。胴部は平面楕円形で、修復の痕跡があり、煤が激しく付着している。圏足は下端に向かって広がっている。胴部と圏足の接合部に鋳型の継ぎ目の痕跡が見られる［Demidenko 2008：112, Ris. 123, 141；Bespalyi and Luk'yashko 2008：99, Tabl. XCVI, 5］。

Ⅳ-1-1-21　ドン川下流域のノヴォチェルカッスク市で偶然に発見された鍑。寸法不明。3つの丸い突出部がある1対の把手が口縁にあり、胴部は半球形、下端に向かってラッパ状に広がる圏足の中間には突帯が回っている。デミデンコが発表した図では形状が明確ではなく、特に把手の突起はスキタイの鍑の特徴を示していないが、全体の器形はスキタイ的である［Demidenko 2008：113, Ris. 122］。

Ⅳ-1-1-22　ドン川中流右岸支流ポトゥダニ Potudan' 川流域コルビノ Kolbino 第1古墳群14号墳。寸法不明。把手の3突起ははっきりしない。胴部は半球形で無紋。玄室西側に作られた特別な穴の深さ22cmの位置で発見された。鍑の中から青銅製ビーズ、ウマの骨盤右側と右肩甲骨3片が入っていた。骨は特に亜麻が織り込まれた毛織物に包まれていた。埋葬は前4世紀に編年されている［Savchenko 2001：103-107, Ris. 38, 25］。

Ⅳ-1-1-23　ドン川中流右岸チハヤ・ソスナ Tikhaya Sosna 川流域のドゥロフカ Durovka 村16号墳出土鍑。寸法不明。小さな3突起のある把手1対が口縁に付く。胴部は無紋。胴部下部は破損している。圏足は比較的高く、下端でラッパ状に開く。腐食が激しい。墓室中央から南東方向で発見された。鍑の中にはヒツジ1頭分の骨が入っていた。前4～3世紀に編年されている［Puzikova 2001：197, Ris. 50, 1］。

Ⅳ-1-1-18

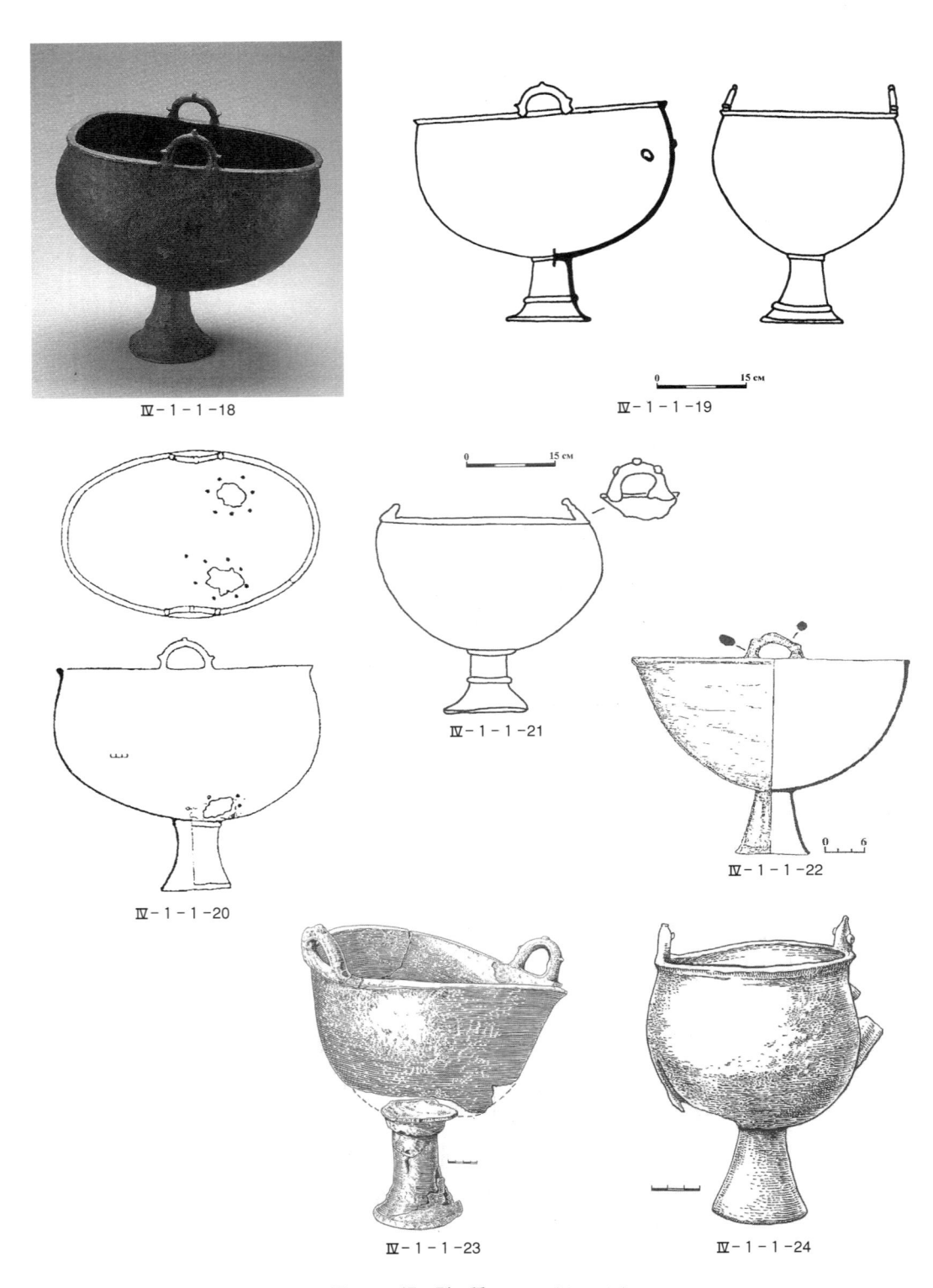

Ⅳ-1-1-19

Ⅳ-1-1-20

Ⅳ-1-1-21

Ⅳ-1-1-22

Ⅳ-1-1-23

Ⅳ-1-1-24

図5　Ⅳ類1型1種18〜24（縮尺不同）

Ⅳ-1-1-24　ドゥロフカ村4号墳出土小型鍑。寸法不明。棒状に突出する3突起のある把手1対が口縁に直立する。胴部下半が破損している。圏足は比較的高い。同じ古墳からは大型鍑断片が出土し、柄が長い鉄製柄杓が伴出している。大型鍑はⅣ-1-6-3参照。前3世紀1/3期に編年されている［Puzikova 1966：90, Ris. 32, 1；Puzikova 2001：186, Ris. 20, 1］。

Ⅳ類1型2種：胴部に凸線によるジグザグ紋が施されたもの—

Ⅳ-1-2-1　ソローハ古墳南玄室出土鍑（エルミタージュ博物館所蔵 Dn 1912 1/57）。総高65cm、口径71×72cm、圏足高20cm、口縁器壁厚3.8cm。口縁に把手が6個付く。3突起は突起というより把手を横断する竹の節状になる。胴部は半球形で、口縁直下から胴部下方を回る弦紋の間にジグザグ紋が施されている。圏足は一部欠損するが、下端に向かって開くラッパ形。圏足中央に平滑な帯が回る。胴部は縦に数本の亀裂が走っているが古代に修復された痕跡がある。鍑の中にはヒツジとウシの骨、木製把手杓、鉄製棒が入っていた。鍑の編年についてマンツェーヴィチは前5世紀とみなしている［Mantsevich 1987：35-37, Kat. 8］。

Ⅳ類1型3種：胴部に凸線による格子紋が施されたもの—

Ⅳ-1-3-1　チェルトムルィク古墳5号墓室出土鍑（エルミタージュ博物館所蔵 Dn 1863 1/363）。総高59cm、口径62×40cm。口縁に3突起のある把手1対が付く。胴部には口縁直下から胴部下方の弦紋の間に格子紋が施されている。胴部の一部が破損している。圏足は胴部に比べて小さい円錐台形［Alekseev, Murzin and Rolle 1991：215-217, Kat. 144］。

Ⅳ-1-3-2　黒海北岸草原メリトーポリ Melitopol' 市内のメリトーポリ古墳1号墓羨道で発見された鍑。総高51cm、口径54cm、胴部最大径60cm、圏足高12cm、圏足上端径8.4cm、下端径17.8cm。口縁に3突起がある把手1対が付く。胴部は平面楕円形で全面にわたって格子紋が施されている。圏足は下端に向かって開くラッパ形。鍑にはヒツジの胴体の骨格が解剖学的順序で入っていた。墓は前4世紀後半に編年されている［Terenozhkin and Mozolevskiy 1988：76, Ris. 80-81］。

Ⅳ類1型4種：胴部に縄目状の弦紋が回るもの—

Ⅳ-1-4-1　ドニェプル川下流左岸ヘルソン州カーメンカ Kamenka 村近郊で1966年に発見された鍑。総高34.7cm、口径30cm、圏足高7.5cm、器壁厚3～4mm。口縁に3突起のある把手が1つ残存している。本来は1対であったが、鍑の上部の2/3が欠損しているため残存していない。胴部は半球形で中央に縄目状の弦紋が回っている。古代に修復された痕跡が2箇所見られる。圏足は下端でラッパ状に開く［Symonovich 1969：Ris. 1, Ris. 2, 1］。

Ⅳ類1型5種：胴部に凸線による植物紋が施されたもの—

Ⅳ-1-5-1　ドニェプル川下流右岸ラスコパナ・モギーラ Raskopana Mogila 出土鍑（エルミタージュ博物館所蔵 Dn 1897 2/14）（口絵3-2）。総高47cm、口径39cm。口縁に3突起のある把手1対が付く。胴部は上・中・下の3段に弦紋で分割された紋様帯がある。上段は牡牛頭部と太陽

Ⅳ-1-2-1

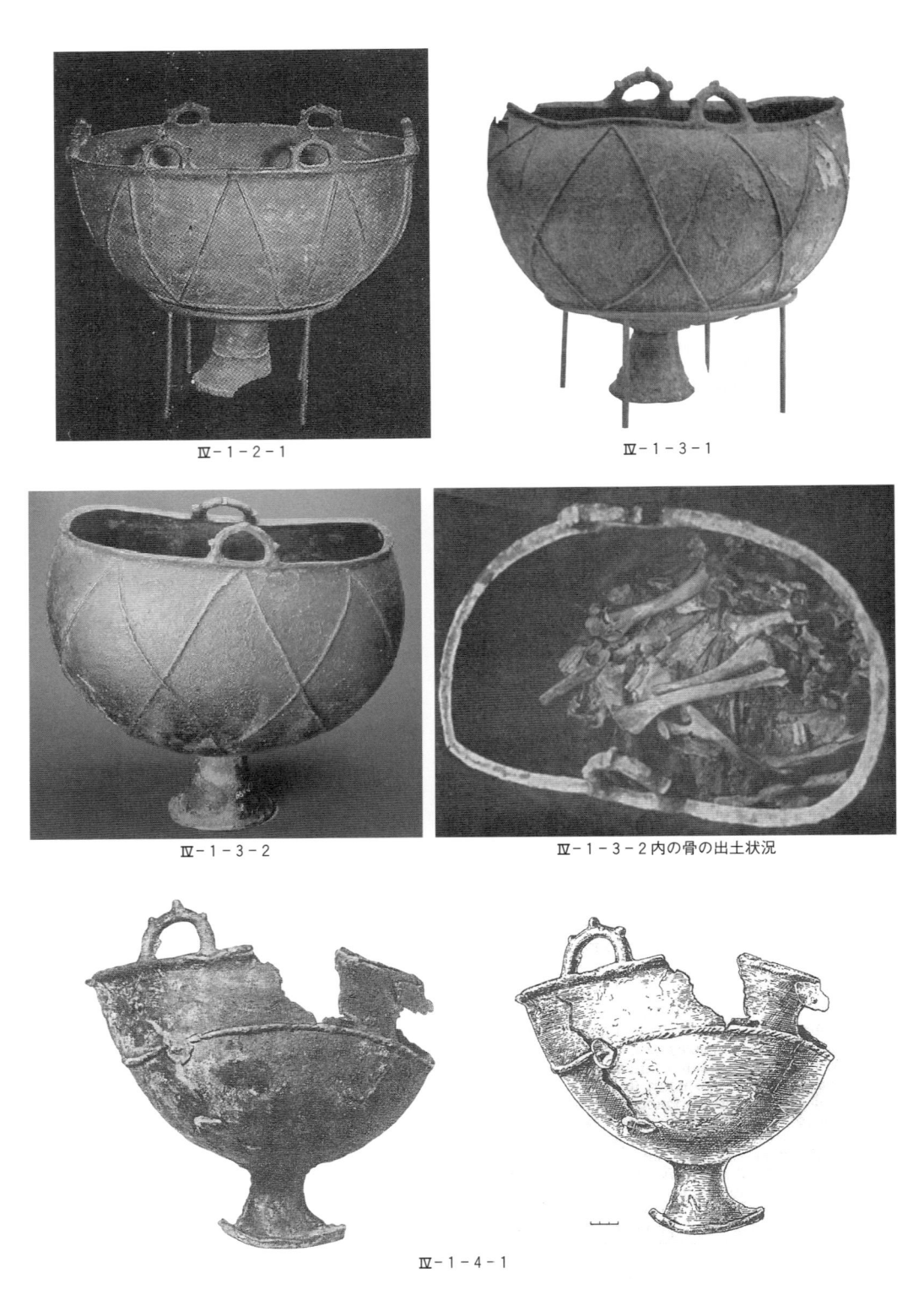

Ⅳ-1-3-1

Ⅳ-1-3-2

Ⅳ-1-3-2内の骨の出土状況

Ⅳ-1-4-1

図6　Ⅳ類1型2種～4種（縮尺不同）

のシンボルとされる二重円の紋様が等間隔に交互に配置されている。中段はギリシア風のパルメット紋が上下交互に配置された連続紋からなる。下段にはジグザグ紋が施されている。これらの紋様から判断して黒海北岸のギリシア工人がスキタイの注文に応じて製作したものとみなされている［Melyukova 1989：111］。また、3段からなる紋様帯については、アレクセエフ（Alekseev, A. Yu.）等はこれをラエフスキー（Raevskii, D. S.）が提唱した天上界、地上界、地下界の具現と同様なものとみなしている［Raevskii 1977］。そして、チェルトムルイク出土の銀製アンフォラやトルスタヤ・モギーラ出土の金製胸飾りと同様にこの鍑自体が世界樹を具現し、宇宙を表現するものと考えた［Alekseev, Murzin and Rolle 1991：119］。編年は前5世紀後半から末とされるが［Artamonov 1969：Fig.21；Piotrovsky 1986：161；Il'inskaya and Terenozhkin 1983：100-101］、アレクセエフ等は次のチェルトムルイク古墳出土の類例から判断して前4世紀第2四半期より早くないとする［Alekseev, Murzin and Rolle 1991：130］。

Ⅳ-1-5-2　チェルトムルイク古墳北側追葬墓出土鍑。総高55cm。口縁直径30cm。口縁に3突起のある把手1対が付く。口縁がすぼまり胴部中央が膨らんだ胴部には口縁直下から上下2段の紋様体が回る。上段の紋様はパルメット紋のような植物紋で、下段は連続ヴォールト紋となる。圏足は比較的高く、修復の痕跡がある。鍑は1985年の古墳再調査の際に発掘された北側の追葬墓で発見され、鍑の中には頭骨を除くヒツジの骨格、木製把手杓、銀製キュリクス、銀製アリュバッロス杯、ヘラクレイア製アンフォラ片が入っていた［Alekseev, Murzin and Rolle 1991：129-130, 256-258, Kat.229］。

Ⅳ類1型6種：把手の付け根の口縁部に凸線による巻き髭紋が施されたもの—

Ⅳ-1-6-1　ドン川中流域ヴォロネジ市近郊チャストィエ古墳群3号墳出土鍑（ロシア国立歴史博物館所蔵）。尖った3突起がある把手が口縁に付く。把手の付け根の口縁から胴部にかけて巻き髭紋様がある。胴部は半球形。圏足は比較的高い。玄室北西隅で発見された前4～3世紀に編年された［Gorodtsov 1947：19, Ris.8］。

Ⅳ-1-6-2　チャストィエ古墳群11号墳出土鍑。総高60cm、口径55×60cm、器壁厚5mmまで、圏足高20cm、圏足下端径20cm、把手の高さ6cm、把手の基部幅10.5cm。小さな3突起のある把手1対が口縁にあり、把手の付け根の口縁から巻き髭紋が出ている。胴部は半球形であるが、大きく破損している。圏足には突帯が回る。鍑は玄室北西隅で発見され、木製台に備え付けられていた。前4～3世紀に編年される［Puzikovka 2001：14, Ris.7, 3］。

Ⅳ-1-6-3　ドゥロフカ村4号墳出土大型鍑。寸法不明。鍑は大破しており、胴部上部と圏足断片のみ残存している。小さな3突起のある把手が口縁に立ち、把手の付け根の口縁から巻き髭紋が口縁部を装飾している。胴部には弦紋が回り、口縁から弦紋の間にジグザグ紋が施されている。墓室中央部に設けられた壇で小型鍑（Ⅳ-1-1-22）と鉄製把手杓とともに発見された。前3世紀の最初の1/3期に編年されている［Puzikov 1966：90, Ris.32, 2；2001：186, Ris.20, 2］。

Ⅳ-1-5-1   Ⅳ-1-5-2

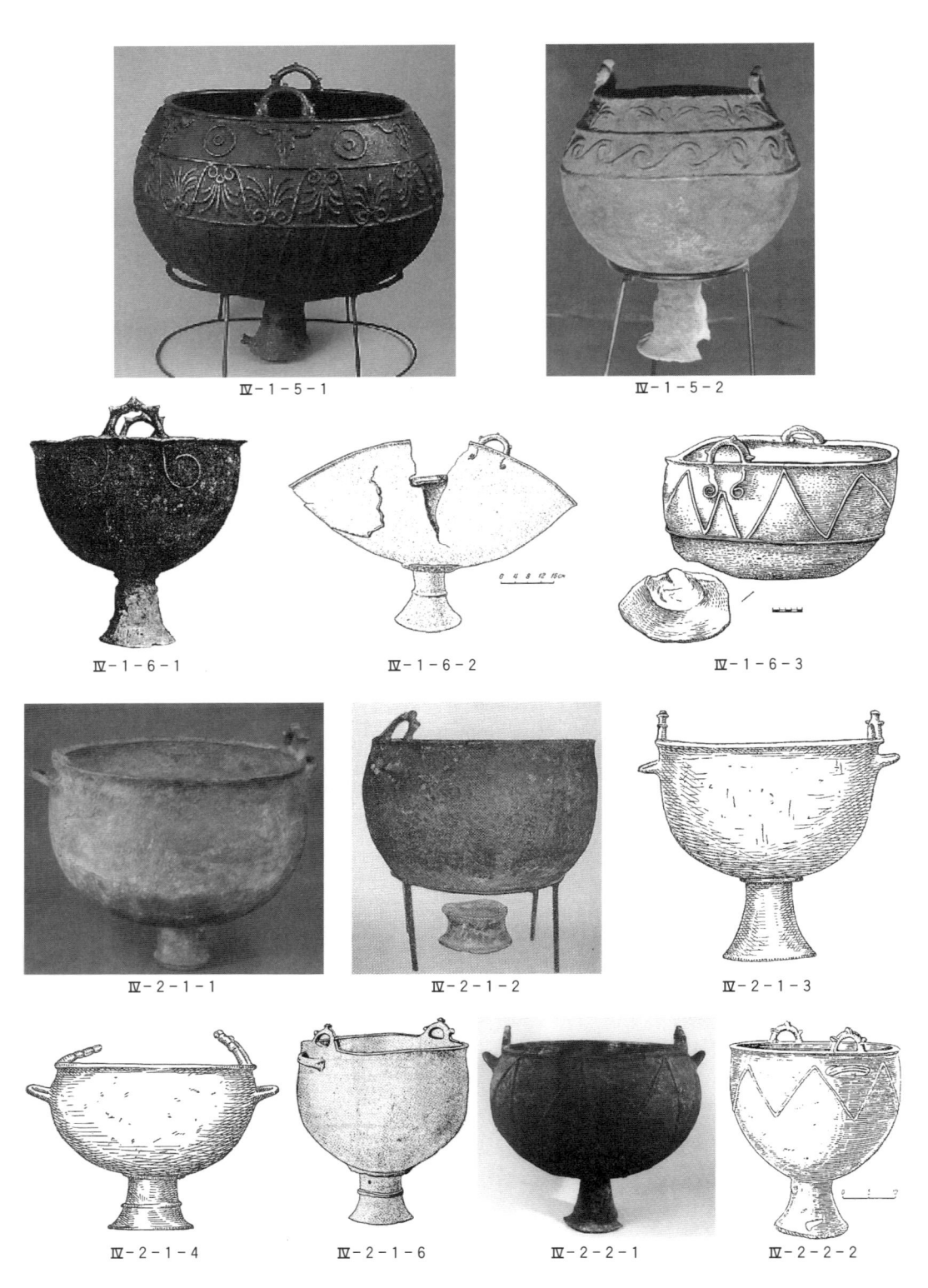

Ⅳ-1-6-1   Ⅳ-1-6-2   Ⅳ-1-6-3

Ⅳ-2-1-1   Ⅳ-2-1-2   Ⅳ-2-1-3

Ⅳ-2-1-4   Ⅳ-2-1-6   Ⅳ-2-2-1   Ⅳ-2-2-2

図7　Ⅳ類1型5種〜2型2種（縮尺不同）

Ⅳ類２型：３突起のある把手１対が口縁に垂直に立ち、その直下の口縁部に斜め上方を向く１
　　　　対の把手を伴う鍑

Ⅳ類２型１種：胴部無紋のもの─

Ⅳ-2-1-1　ドニェプル川中流右岸チャスミン川流域マルトノシャ Martonosha 村古墳出土鍑（オデッサ考古学博物館 No. 43715）。総高50㎝、口径不明。片方の把手が欠損。胴部は口縁部に向かって垂直に立ちあがる。圏足は円筒形で短くて小さい。墓からは前６世紀前半に編年されるイオニア製青銅製クラーテールが伴出しているが、それが墓の年代と同時代であったかは疑問視されている［Dzis-Rayko 1983：66, Ris. 117］。

Ⅳ-2-1-2　ソローハ古墳ニッチＳ出土鍑（エルミタージュ博物館 Dn 1913　1/58）。総高65㎝、口径71×78㎝、圏足高10㎝、器壁厚５㎜。片方の把手が欠損。胴部はずんぐりとしている。胴部下部は欠損するが圏足が残存する。鍑の中にはウマあるいは牡ウシの骨と木製の把手がついた銅製把杓が入っていた［Mantsevich 1987：97-98, Kat. 69］。

Ⅳ-2-1-3　ドニェプル川中流左岸支流スラ川流域ヴォルコフツィ Volkovtsy 村１号墳出土鍑。寸法不明。３突起のうち中央の突起が釘の頭のように突出しているが他の２つは小さく水平向き突起しており、これまでの３突起とは異なる点がある。口縁部の１対の把手は水平向きとなる。胴部は半球形で無紋。玄室南壁で発見された［Il'inskaya 1968：48, Tabl. 38, １］。

Ⅳ-2-1-4　ドニェプル川中流左岸支流スラ川流域ティシュキ Tishki 村古墳発見鍑。寸法不明。３突起のうち中央の突起の先端が２つ割れたような形であり、把手全体が内側に倒れ掛かっている。胴部は半球形で無紋。圏足には突帯が回る。前４世紀に編年されている［Il'inskaya 1968：62, Tabl. 55, ５］。

Ⅳ-2-1-5　チャストィエ古墳群９号墳出土鍑。総高54㎝、圏足高14㎝、把手の高さ７㎝。大破していたが中にはヒツジの骨と鉄製ナイフが入っていた［Zamyatin 1946：36］。

Ⅳ-2-1-6　ヴォロネジ州マスチュギノ Mastyugino 村４号墳２号墓出土鍑（ヴォロネジ地方誌博物館所蔵）。寸法不明。３突起のうち中央の突起がやや大きい。圏足に弦紋が回る［Medvedev 1999：Ris. 56, １］。

Ⅳ-2-1-7　アゾフ海北岸に位置するベルジャンスク市で1977-78年に調査されたベルジャンスキー古墳南側埋葬址で発見された大小２点の鍑のうちの大型鍑。把手については説明がないため、３突起の有無は不明であり、また簡略な図のため３突起について判断できないが、この型式のスキタイの鍑の把手で３突起がないものは知られていないため、一応３突起付きとみなしたい。総高40㎝、口径は48㎝。鉄製柄杓を伴っていた。古墳は前375-365年に編年されている［Boltrik, Fialko and Cherednichenko 1994：149, 154 and 148, Ris. 9, ３］。

Ⅳ類２型２種：胴部に凸線によるジグザグ紋が施されたもの─

Ⅳ-2-2-1　ガイマノヴァ・モギーラ玄室のニッチから出土した第２の鍑（ウクライナ国立歴史博物館所蔵）。総高不明、口径80㎝。胴部には口縁から底部にわたるジグザグ紋が施される。圏

図8　Ⅴ類（縮尺不同）

足は比較的細く小さい。鍑の中にはウマの骨が入っていた［Bidzilya 1971：47-48；草原のシルクロード展：13. キャプションはトルスタヤ・モギーラ出土となっていたが写真はガイマノヴァ・モギーラ出土品］。

Ⅳ-2-2-2　ドニェプル川下流ヘルソン州アンドルソフカ Andrusovka 村で偶然に発見された鍑（エルミタージュ博物館所蔵）。寸法不明。把手の3突起は竹の節形。胴部は半卵形で口縁から胴部中央にかけてジグザグ紋が施されている。圏足下端には縄目紋が回る。前4世紀に編年されている［Matsevich 1961：149, Ris. 12］。

（5）Ⅴ類：1突起のある把手1対が口縁に垂直に立つ鍑

▽類1種：胴部無紋のもの—
▽-1-1　チャスティエ第2古墳群1号墳出土鍑。寸法不明。把手の突起は釘の頭のように突出している。胴部は半球形で無紋。胴部は破損箇所がある。圏足は下端がラッパ状に開いている。前5世紀末～4世紀に編年されている［Maksimenko, Klyuchnikov and Gurkin 2001：220, Ris. 3，5］。

▽類2種：口縁部に凸線による巻き髭紋が施されたもの—
▽-2-1　ドゥロフカ20号墳出土鍑。総高39cm、最大径45cm。把手の突起は棒状となる。把手の基部からは凸線で巻き髭紋が施されている。胴部に縄目状の2本の弦紋が見られる。圏足は比較的小さく、下端がラッパ状に開く。鍑全体はかなり変形している。前4世紀に編年されている［Puzikova 2001：259, Ris. 57，1］。

（6）Ⅵ類：胴部平面が円形で、突起のないループ状の把手1対が口縁に直立する鍑

Ⅵ-1　北カフカス、ナリチク Nal'chik 市ベーラヤ・レチカ Belaya Rechka 古墳出土鍑。寸法不明。把手は小さな半環形で、胴部は無紋で底部に向ってすぼまる。圏足は低く、下端でラッパ状に開く。鍑は古墳の旧地表面に立てられていた。前5世紀に編年されている［Vinogradov 1972：35, Ris. 4，4；Il'inskaya and Terenozhkin 1983：46 and 52］。

先スキタイ～スキタイ時代の中央ユーラシア草原西部の鍑（雪嶋 宏一）

Ⅵ-1

Ⅶ-1-1

Ⅶ-1-2

Ⅶ-1-3

Ⅶ-2-1

図9 Ⅵ類～Ⅶ類（縮尺不同）

（7）Ⅶ類：胴部平面が長円形、突起のない把手1対が長径両端の口縁に直立する鍑

Ⅶ類1種：胴部無紋のもの—

Ⅶ-1-1 ドニェプル川下流右岸オルジョニキゼ市近郊ナゴルノエ Nagornoe 村5号墳出土鍑。総高29cm、口径36×23cm、器壁厚0.4～0.5cm、把手の高さ4cm、把手の幅7.5cm、把手の太さ1.2cm、圏足高8cm、圏足直径9.5cm。発掘時に鍑が破壊されて片方の把手が欠損している。モゾレフスキーの復元によれば圏足は上端と下端の直径が同じ程度である。鍑は封土の南端の旧地表面に立てられていた［Mozolevskiy 1973：194, Ris. 6，10］。

Ⅶ-1-2 ドニェプル川屈曲部ドニェプロペトロフスク Dnepropetrovsk 市オルロフスキー Orlovskii 古墳群6号墳出土鍑（エルミタージュ博物館所蔵 2490/52）。寸法不明。胴部と圏足の接合部には鋳造による継ぎ目がある。圏足には突帯が回る。前4世紀に編年されている［Minasyan 1986：67, Ris. 1，5 & 3，5］。

Ⅶ-1-3 ハンガリー東部オー＝シェーニ発見の鍑。寸法不明。圏足には突帯が回る［Wilke 1928：Taf. 68］。

Ⅶ類2種：口縁部に突線による巻き髭紋が施されたもの—

Ⅶ-2-1 ドニェプル川下流左岸ヘルソン州クラースヌィ・ポドル Krasnyi Podol 村第1古墳群2号墳1号墓出土鍑。総高28cm、口径35×22cm、圏足高9cm、圏足直径9cm。小さなループ状の1対の把手が口縁に付く。把手の基部から突帯で巻き髭紋が出ている。圏足には段が見られる。前4世紀第2四半期に編年されている［Polin 1984：113, Ris. 14, 3］。

5．スキタイの鍑の編年・特徴・系統

Ⅰ類は先スキタイ時代（前8～7世紀前半）に編年されるもので、現在までに中央ユーラシア草原西部では上記の2例しか知られていない。2例とも埋葬址とは関係ない場所で発見された。Ⅰ-1は一括埋納遺物として発見された。中央ユーラシア草原西部のスキタイ時代の鍑のほとんどが古墳から発見されている点を考慮すると、先スキタイ時代の鍑の用途は副葬品ではなく祭祀などで使用されたとみなされよう。Ⅰ-2は山頂で発見されるというユニークな鍑であり、やはり埋葬とは関係のない用途をもっていたことを推測させる。

Ⅰ類は中央ユーラシア草原西部のスキタイ時代の鍑には類例が見られず、型式的な継承関係が見出されない。むしろ、天山北方地域のA類の鍑に類似が見られ（柳生論文のA類）、環形の把手と膨らんだ胴部、円錐台形の圏足、胴部に見られる鋳型の合わせ目とみなされる不規則な線があるところはほぼ同一である。天山北方のA類の鍑は前9世紀から7世紀に編年されている（柳生論文参照）。ただし、把手に付く1つ突起の形は北カフカスの例では平面楕円形で突出が小さいが、天山北方地域の例では釘の頭状にはっきりと突出している点は異なる。このような類似から北カフカスで発見されたⅠ類の鍑は北カフカスで独自に製作されたものではなく、天山北方地域

のＡ類の鍑に起源的な関係があるといえよう。したがって、前述のウクライナの研究者たちがみなしたように先スキタイ時代の青銅製鋳造鍑の起源を北カフカスの青銅鍛造製の「キンメリオイの鍑」に求めることは不可能である。先スキタイ時代には東方に起源する鹿石や剣などが北カフカスから黒海北岸に伝播しており、東方の初期遊牧文化の強い影響があったことを考慮すればⅠ類の鍑もその影響の結果であるということができよう。

　Ⅱ類の鍑はケレルメス古墳群で発見されていることから前７世紀中葉から後半に登場し、チェルトムルィク古墳やストラーシュナヤ・モギーラ４号墳で発見されたことを勘案すれば前４世紀後半まで使用されたことが判明する。動物形把手の類例は南シベリアのⅠ.１.Ａ.ｃ型の鍑、サルマタイのⅩ-２～４型の鍑にも見られるが、いずれも前７世紀に遡るものではないため、現時点ではⅡ類の動物形把手は北カフカス起源であると考えることができよう。どのようにしてⅡ類の鍑が北カフカスに初めて登場したのかはスキタイ動物紋様との関係を考慮すれば大変重要な問題であるが、現時点ではこのⅡ類の鍑の起源を先行する時代に製作された「キンメリオイの鍑」に求めることはできないであろう［デミデンコ 2003］。スキタイのⅡ類の鍑の把手の動物はヤギあるいはヒツジをデザインしたものであるが、他の地域の動物形把手とは動物の種類、形象、胴体への接合位置などが異なっており、スキタイⅡ類は独自であるといえよう。把手は１型では１，２，３対のヴァリエーションがあるが、２型ではいずれも２対である。Ⅱ-２-１では把手の動物と同様な動物紋が口縁部に表出されたユニークな特徴がある。このような動物形把手が付く鍑が北カフカスから黒海北岸を経てルーマニアにまで分布していることはスキタイ文化の広がりの点で大変興味深い。

　Ⅱ類２型の鍑の口縁部に取り付けられた水平あるいは斜め上向きの把手はⅢ類の鍑でも見られるが、垂直の把手とその直下に位置する水平あるいは斜め方向の把手との組み合わせはⅣ類２型と同様であり、起源的な関係が想定されよう。Ⅱ類の鍑胴部は平面楕円形を呈しているものがあり、Ⅳ類の鍑に継承された特徴ということができる。さらに、Ⅱ類の鍑を特徴付ける凸線による胴部のジグザグ紋と格子紋は北カフカスで同時に登場し、Ⅳ類の鍑でも前４世紀末までしばしば採用されていることから、スキタイの鍑の伝統的な装飾紋様といえよう。特に胴部に凸線で弦紋を回し、口縁と弦紋との間に紋様を施す方法は他の地域には見られない施紋法ではなかろうか。ジグザグ紋は天山北方地域で発見された鍑の口縁部にみられるが（柳生論文Ｃｂ002～Ｃｂ004参照）、この地域で特に盛行したものではない。また、ルーマニアで発見されたこの型式の２点の鍑は半卵形紋と無紋という北カフカスには見られない特徴をもつ。また、スコルツァル・ヴェキの鍑は三脚付きということでスキタイの鍑にはないユニークな特徴をもっている。三脚付き鍑は天山北方地域に特徴的であるが（柳生論文のＤ３類）、スコルツァル・ヴェキの鍑にその影響を想定することは地理的な隔たりが大きすぎて無理があろう。むしろ、ギリシアからの影響と考えたほうが妥当であると思われるが、実際にどのようなモデルがあったのかは詳らかでない。

　Ⅲ類の鍑はケレルメス、ソローハ、ウリャプ・ベルジャンスキー古墳で発見されていることから前７～４世紀に編年されよう。口縁部の斜め上向きの把手の特徴はⅡ類２型と並行するが、胴部に紋様を伴う例はなくⅡ類２型からⅢ類が派生したということはできず、Ⅱ類２型はⅡ類１型

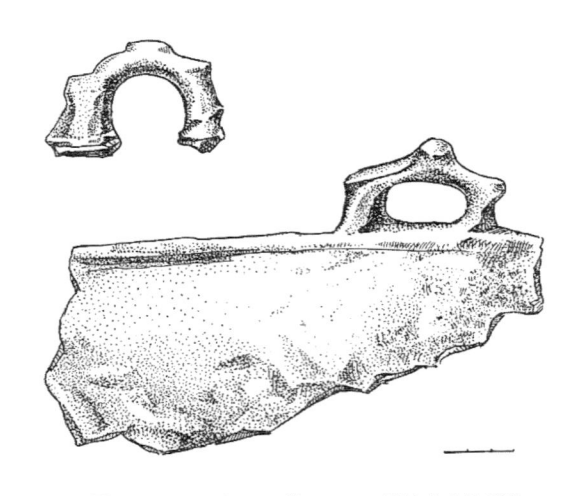

図10　スタイキン・ヴェルフ2号墳出土鍑断片

にIII類の要素が加わって成立したと考えられよう。スキタイIII類の鍑の類例は天山北方地域のC類である。天山北方地域発見の鍑では把手は数本の横畝紋が入る板状のもの（柳生論文 Ca 015, Cb 001〜004, 006）と、棒状半環形のもの（柳生論文 Ca 004〜006, 008, 014, とCb 005）がある。

以上のような点を考慮するとケレルメス古墳群から出土したII類とIII類の鍑はその後のスキタイの鍑の特徴をすでに備えており、スキタイの鍑の起源を知る上で極めて重要であることがわかる。

IV類はスキタイで最も盛行した型式である。特に黒海北岸の草原・森林草原地帯に特徴的な型式である。把手にある3突起の起源は定かでないが、3突起のある把手が付くスキタイの鍑の早期の例は前5世紀前半に編年されるドニェプル川中流左岸支流スラ川流域のアクシュティンツィ村スタイキン・ヴェルフ Staikin Verkh 地区2号墳から出土した断片である（図10）[Il'inskaya 1968：28, Tabl. VI, 3]。把手と口縁部の一部のみ残存しているだけで全体の型式がはっきりしないため上記カタログには入れていないが、IV類の出現時期を考える場合重要な資料であろう。スタイキン・ヴェルフ地区2号墳出土の把手の3突起の形状はあまりはっきりとしていないが、前4世紀の例では突起は把手を横断して竹の節状になるものが多い。単なる小突起状になるものもあるがそれらは竹の節状のものが形骸化したものと考えることができないであろうか。この点で同じ3突起でもサルマタイや南シベリアの鍑（畠山論文 I.1.A.biiiおよびデミデンコ論文 VI-1）に見られるような釘の頭状に突出する突起とは型式学的に明らかに異なるとみなされよう。

IV類の鍑は特に前4世紀の古墳玄室で発見される例が多く、ソローハ古墳ニッチS、チェルトムルィク古墳、ガイマノヴァ・モギーラ、ルィジャノフカ村大古墳、クリ＝オバ古墳、ドゥロフカ村4号墳ではIV類の鍑が大小のペアで出土している。このような出土状況は埋葬儀礼の点で大変興味深い。

IV類の紋様については、凸線によるジグザグ紋と格子紋がII類で知られているものと同様であり、伝統的な施紋方法が前4世紀まで継承されていたことが判明する。一方、IV類およびV類に見られる胴部の縄目状の弦紋と口縁部の巻き髭紋は前代には見られなかった新たなる紋様であるが、巻き髭紋に関しては発見地がすべてドン川中流域であることから地域的な特徴と言うことができよう。さらに、IV類の中で特にユニークな紋様がラスコパナ・モギーラとチェルトムルィク古墳北側追葬墓から出土した牡牛頭部紋や植物紋がある。これらの紋様は黒海北岸のギリシア工人の作であろうとみなされている。

IV類の鍑では、ピャチ・ブラーチエフ古墳群、コルザエヴォ村、ヴィソチノ古墳群などのドン

川下流域で発見された例が知られている。その中でヴィソチノの鍑はサルマタイの鍑と伴出した珍しい例である（デミデンコ論文参照）[Demidenko 2008：253, Ris.141]。前4世紀末から3世紀、ドン川下流域ではスキタイ文化を所持した住民が西漸するサルマタイと接触していたと考えられる。ヴィソチノの例はまさにその状況を反映しているとみなされよう。

　Ⅴ類に属する把手の突起はⅣ類の突起とは顕著に異なり釘の頭状になる点は中央ユーラシア草原東部の鍑の突起と類似している。しかし、スキタイの鍑ではわずかしか検出されていない点を考慮すると前述の巻き髭紋と同様にドン川中流域の地方的特徴とみなさざるを得ないであろう。前5世紀末～4世紀に編年されている。巻き髭紋がドニェプル川下流のクラースヌィ・ポドル古墳群2号墳出土のⅦ類の鍑で検出されているがこれは例外的であろう。Ⅴ類の鍑の特徴である把手の付け根から延びる巻き髭紋はサルマタイの鍑にしばしば見られるものと類似しているため（デミデンコ論文 Ⅵ-3-b）[Demidenko 2008：144, Ris. 8]、何らかの関係を想定したくなる。

　Ⅵ類は現時点ではカフカス山脈北麓で出土した1点のみであり、器形も口縁から底部に向かって直線的にすぼまっており、胴部が半球形や膨らんだスキタイの鍑の特徴とは異なっている。ところが、古墳が前5世紀に編年されていることからサルマタイの影響がこの地域にまだ及んでいないためサルマタイの鍑ということはできない。また、鍑は墓壙で発見されたものでになく封土下の旧地表面に立てられていたという状況から副葬品ではなく埋葬の際の儀礼に使われたものであろう。その点ではⅦ類の鍑の用途と同様であろう。

　Ⅶ類の鍑はいずれも前4世紀に編年され、形状もⅣ類の鍑と類似しているが、把手の形状とその位置が異なっており、さらに寸法も比較的小型である点が異なっている。さらに、古墳封土下の旧地表面で発見された例が4例中3例あることから、Ⅵ類と同様に埋葬の際の儀礼に使用されたものであり、Ⅳ類の鍑のような副葬品ではなかったことは明らかであろう。

6. 鍑の用途について

　以上見てきたように、先スキタイ時代～スキタイ時代の中央ユーラシア草原西部の鍑の出土状況にはおおよそ3種類あることがわかる。最初が先スキタイ時代の北カフカスで発見された鍑は一括埋納遺物である。2つ目が墓に納める副葬品である。3つ目が古墳封土下の旧地表面に置かれており、埋葬儀礼に使用したと思われるものである。

　鍑が一括遺物として発見される例は、天山北方地域での発見状況と類似している。このような鍑は祭祀の際に使用する儀器であるとみなされている。遊牧民は季節的な移動をするため祭祀が執行される特定の場所に儀器を埋納しておき、祭の時に掘り出して使用したと考えられている[雪嶋1993：8]。祭祀ではどのような役割を果たしていたかという点は天山北方地域では明らかでないが、やはりヒツジなどを犠牲に供して煮るための鍋釜ではなかろうか。副葬品として埋葬址で発見される鍑にはヒツジ、ウマ、ウシの骨格が入っている場合がしばしば知られ、しかも柄杓やナイフを伴っている例があるため、その用途は死者が来世で食する肉を調理するための鍋釜ということになる。そして、上述のように一部のスキタイ貴族あるいは王族の古墳には大小の鍑

がペアで副葬されていたことが判明している。ペアで副葬することにどのような意味があったのかは現時点では詳らかではないが、大小の鍑にそれぞれ何らかの役割があったと考えざるをえない。調理する家畜の種類が異なっていたのか、あるいは調理用とそれ以外の用途に使用されたのか。この点については古墳の出土状況を今後さらに精査して考察する必要があろう。第3の古墳墳丘下の旧地表面で発見された鍑は埋葬儀礼に使用されたと判断したが、これらは葬儀の参列者に振る舞う肉を調理するために使用されたとみなされる。

　このような調理は日常的な行為というよりも埋葬や祭祀に伴った特別な食事のためであった。遊牧民にとって家畜は経済活動の原資であるため、なるべく資源を減らさずに生活する必要がある。そのため、家畜の肉を日常的に食することはない。肉を食するのは客人をもてなしたり、祭礼などの際に限られている。このように考えれば、鍑は日常の用途に利用されたというよりも、祭祀・儀礼などの非日常的な用途をもっていたと言うことができよう。

　ところが、鍑には煤が激しく付着している場合もあり、また何度も修復した跡が多数見られるものが多い。それらは長期間にわたって使用されたためであろう。また、鋳造が不十分で壊れたこともあったであろう。長期にわたって使用されたという点とスキタイの鍑の発見例が比較的限られている点はやはり鍑の用途を反映したものであろう。スキタイの古墳は北カフカスから黒海北岸地方でこれまで数千基発掘されているが、現在知られている鍑は未発表資料の存在を考慮してもかなり限られた点数であることは想像に難くない。大半の古墳が盗掘されて副葬品の多くが失われてはいるが、貴金属製品ではない青銅製鍑が古来盗掘の対象になっていたとは考えにくい。

　鍑の点数がこのように限られている理由は、スキタイ騎馬遊牧民が日常の用を足すために鍑を個人的に所有していたのではなく、祭祀・儀礼に使用するために地域の政治的軍事的リーダーあるいは宗教的指導者の管理下にあったと考えられないであろうか。これまでスキタイの鍑を出土した古墳の多くは王・王族、貴族、戦士階層の裕福な墓であり、副葬品の乏しい下層の人びととの墓からは発見されていない。ところが、ドニェプル川下流左岸のソローハ古墳に近いママイ＝ゴラ Mamai－Gora 4号墳6号墓から1点鍑が出土している［Andrukh 2000］。報告書ではその型式を特定できるような十分な言及あるいは図が示されていないので本稿では取り上げることはできなかった。埋葬自体は裕福な貴族や戦士のそれではなかったようであるが、被葬者が下層に属するかどうかは判断できない。そのため、すべての鍑が副葬品の豊かな墓からのみ出土しているというわけにはいかないが、現在知られている大半の鍑はやはり富裕階層の墓から出土しているということは事実である。

　これらの上層の人びとは、ヘロドトスが述べているように支配下の戦士に戦争の際に戦利品を分配したり、毎年の祭祀を執り行ったり、支配者の葬儀を執行して権力を行使していたと考えられよう。その際、会食のための調理器具として鍑が重要な役割を果たしていたのではなかろうか。

7．おわりに

　先スキタイ時代からスキタイ時代の鍑について現在文献上で知られている例について型式分類

を行い、編年と各分類の特徴を明らかにして、それらの系統について論じ、最後に用途について筆者の見解を明らかにした。しかしながら、ここで取り上げることのできた例は北カフカスから黒海北岸地方を経てハンガリーに至るまでの地域で知られている例の一部に過ぎず、筆者未見の文献に発表された例や博物館などに収蔵されている未発表資料は多数に上るであろう。また、ベシュタウ山麓発見品やクリ＝オバ古墳出土鍑のようにこれまで不正確な図のみしか知られておらず、鍑の特徴が十分理解できなかったものも多い。そのため、今後さらに資料収集を続けて資料を増やして再度全体的に考察した上で、中央ユーラシア草原全体から見た鍑の系統を再確認していかなければならないであろう。

参考文献

古代オリエント博物館㈱
   1991 『南ロシア騎馬民族の遺宝展：ヘレニズム文明との出会い』朝日新聞社, 東京.

草原のシルクロード展実行委員会㈱
   1981 『草原のシルクロード展』草原のシルクロード展実行委員会, 東京.

高浜秀・林俊雄・雪嶋宏一㈱
   1992 『スキタイ黄金美術展：ウクライナ歴史宝物博物館秘蔵』日本放送協会, 東京.

デミデンコ, セルゲイ
   2003 「資料紹介黒海沿岸で出土した鋲止式鍑」『古代文化』55巻9号, 515-522.

ヘロドトス
   1972 『歴史 中』（松平千秋訳注）（岩波文庫）岩波書店, 東京.

雪嶋宏一
   1993 「鍑の用途について」『草原考古通信』No. 3, 6-10.
   1995 「スキタイの鍑」『草原考古通信』No. 6, 2-14.
   2008 『スキタイ騎馬遊牧国家の歴史と考古』（ユーラシア考古学選書）雄山閣, 東京.

Alekseev, A. Yu.
   1992 *Скифская хроника (скифы в VII-IV вв. до н. э.: историко-археологический очерк)*. Санкт-Петербург.

Alekseev, A.Yu., Murzin V. Yu., and Rolle, R.
   1991 *Чертомлык: (Скифский царский курган IV в до н. э.)*. Наукова думка, Киев.

Andrukh, S. I.
   2000 "Могильник Мамай-Гора в Нижнем Поднепровье", in V. I. Guliaev and V. S. Olkhovskiy (eds.), *Скифы и сарматы в VII-III вв. до н. э.: палеоэкология, антропология и археология: сборник статей*. Москва, 110-119.

Artamonov, M. I.
   1969 *Treasures from Scythian tombs : in the Hermitage Museum, Leningrad*. Thames and Hudson, London.

Bespalyi, E. I. and Luk'yashko, S. I.
   2008 *Древнее население междуречья Дона и Кагальника. Курганный могильник у с. Высочино*, том 1. Издательство ЮНЦ РАН, Ростов-на-Дону.

Bidzilya, V. I.
- 1971 "Дослідження Гайманової Могили", *Археологія*, No. 1, 44-56.

Bokovenko, N. A.
- 1990 "Скифские бронзовые котлы Северного Причерноморья: (к проблеме выделения культурных типов)", *Древние памятники Кубани (материалы семинара)*. Краснодар, 166-235.

Boltrik, Yu. V., Fialko, E. E. and Cherednichenko, N. N.
- 1994 "Бердянский курган", *Российская археология*, No. 3, 140-156.

Borovka, G. I.
- 1928 *Scythian art*. (Kai Khosru monographs on Eastern art). Frederick A. Stokes Company, New York.

Chochorowski, J., Kovaljuch, N. and Skripkin, V.
- 1999 "Nowe dane do chronologii radiowęglowej kurhanów grupy ryżanowskiej", *Materiały i Sprawozdania Rzeszowskiego Ośrodka Archeologicznego*, t. XX, 293-299.

Chochorowski, J. and Skoryj, S.
- 1999 "Kobiece nakrycie głowy z centralnego grobowca Wielkiego Kurhanu Ryżanowskiego", *Materiały i sprawozdania Rzeszowskiego Ośrodka Archeologicznego*, t. XX, 301-311.

Demidenko, S. V.
- 2008 *Бронзовые котлы древних племен Нижнего Поволжья и Южного Приуралья (V в. до н. э. - III в. н. э.)*. Издательство ЛКИ, Москва.

Diamant, E. I.
- 1967 "Скифский котел из кургана открытого вблизи Керчи в 1821 г.", *Записки Одесского археологического общества*, т. 2 (35), 250-252.

Dneprovskii, K. A.
- 1985 *Сокровища курганов Адыгеи*. Сов. Художник, Москва.

Dzis - Rayko, G. A.
- 1983 *Одесский археологический музей АН УССР*. Наукова думка, Киев.

Florescu, R., Daicoviciu, H. and Roşu, L.
- 1980 *Dicţionar enciclopedic de artă veche a româniei*. Bucureşti.

Galanina, L. K.
- 1997 *Келермесские курганы: 《царские》погребения раннескифской эпохи*. (Степные народы Евразии, т. 1). Институт всеобщей истории Российской академии наук, Москва.
- 2006 *Скифские древности Северного Кавказа в собрании Эрмитажа: Келермесские курганы*. Издательство Государственного Эрмитажа, Санкт - Петербург.

Gorotsov, V. A.
- 1947 "Раскопки 《Частые курганы》близ Воронежа в 1927 г.", *Советская археология*, IX, 13-28.

Grakov, B. N.
- 1971 *Скифы*. Изд - во Московского университета, Москва.

Iessen, A. A.
- 1954 "Некоторые памятники VIII-VII вв. до н. э. на Северном Кавказе", in D. B. Shelov (ed.), *Вопросы скифо - сарматской археологии (по материалам конференции*

ИИМК АН СССР 1952 г.). Изд - во Академии наук СССР, Москва, 112-131.

Il'inskaya, V. A.

1968 *Скифы днепровского лесостепного Левобережья (курганы Посулья).* Наукова думка, Киев.

Il'inskaya, V. A. and Terenozhkin, A. I.

1983 *Скифия VII-IV вв. до н. э.* Наукова думка, Киев.

Kosyanenko, V. M. And Flerov, V. S.

1978 "Бронзовые литые котлы Нижнего Подонья (к вопросу о типологии и хронологии)", *Советская археология,* No. 1, 192-205.

Kuznetsova, T. M.

2008 "Социальные индикаторы в погребальном обряде скифов (бронзовые котлы)", in M. G. Moshkova (ed.), *Проблемы современной археологии : сборник памяти В. А. Башилова.* ТАУС, Москва, 173-198.

Kuznetsova, T. M. and Kuznetsov, S. V.

2005 "Курганы скифского времени у пос. Днепрорудный и с. Большая Белозерка (краткий очерк)", in V. I. Gryaev et al. (eds.), *Древности Евразии : от ранней бронзы до раннего Средневековья : памяти В. С. Ольховского.* Институт археологии РАН, Москва, 317-322.

Leskov, A.

1974 "Die Skythischen Kurgan", *Antike Welt,* Sondernummer.

Maksimenko, V. E., Klyuchnikov, V V. And Gurkin, S. V.

2001 "Исследование могильника 《Частые курганы II》 на Нижнем Дону в 2000 году (предварительная рубликация)", in V. I. Guliaev (ed.), *Археология Среднего Дона в скифскую эпоху: труды потуданской археологической экспедиции ИА РАН, 1993-2000 гг. : сборник статей.* Москва, 220-225.

Mantsevich, A. P.

1961 "Бронзовые котлы в собрании Государственного Эрмитажа (котлы из кургана Солоха)", in V. F. Gaydukevich (ed.), *Исследования по археологии СССР: сборник статей в честь М. И. Артамонова.* Ленинградского Университета, Ленинград, 145-150.

1987 *Курган Солоха : публикация одной коллекции.* Искусство, Ленинград.

Medvedev, A. P.

1999 *Ранний железный век Лесостепного Подонья : археология и этнокультурная история I тысячелетия до н. э.* Наука, Москва.

Melyukova, A. I. (ed.)

1989 *Степи европейской части СССР в скифо - сарматское время.* (Археология СССР). Наука, Москва.

Minasyan, F. P.

1986 "Литье бронзовых котлов у народов степей Евразии (VII в. до н. э. - V в. н. э.)", *Археологический сборник,* 27, 61-78.

Mozolevskiy, B. M.

1973 "Скифские погребения у с. Нагорные близ г. Оржоникидзе на

Днепропетровщине", in V. A. Il'inskaya, A. I. Terenozhkin and E. V. Chernenko (eds.), *Скифские древности*. Наукова думка, Киев, 187-234.

1979   *Товста Могила*. Наукова думка, Київ.

Pârvan, V.

1982   *Getica : o protoistorie a Daciei*. Editura Meridiane, Bucureşti.

Petrenko, V. G.

1967   *Правобережье Среднего Приднепровья в V-Ⅲ вв. до н. э.* (Свод археологических источников, вып. Д 1-4). Наука, Москва.

Petrichenko, O. M., Shramko, B. A., Solntsev, L. O. and Fomin, L. D.

1970   "Походження і техніка лиття бронзових казанів раннього залізного віку", *Нариси з історії природознавства і техніки*, вип. 12, 67-78.

Piotrovsky, B.

1986   *Scythian art : the legacy of the Scythian world: mid - 7th to 3rd century B. C.* Aurora Art Publishers, Leningrad.

Privalova, O. Ya., Zarayskaya, N. P. and Privalov, A. I.

1982   "Двугорбая Могила", in Terenozhkin, A. I., Mozolevskiy B. M. and Chernenko, E. V. (eds.), *Древности степной Скифии: сборник научных трудов*. Наукова думка, Киев, 148-178.

Puzikova, A. I.

1966   "Новые курганы скифского времени в Белгородской области", *Краткие сообщения Института археологии*, вып. 107, 80-91.

Puzikova, A. I.

2001   *Курганные могильники скифского времени Среднего Подонья (публикация комплексов)*. Индрик, Москва.

Raevskii, D. S.

1977   *Очерки идеологии скифо-сакских племен: опыт реконструкции скифской мифологии*. Наука, Москва.

Reinecke, P.

1896   "Die skythischen Alterthumer im mitteleren Europa", *Zeitschrift fur Ethnologie*, 28. Jahrgang, 1-43.

Savchenko, E. I.

2001   "Могильник скифского времени 《Терновое I - Колбино I》 на среднем Дону (погребальный обряд)", in V. I. Guliaev (ed.), *Археология Среднего Дона в скифскую эпоху: труды потуданской археологической экспедиции ИА РАН, 1993-2000 гг.: сборник статей*. Москва, 53-143.

Shramko, B. A.

1976   "Новые находки на Бельское городище и некоторые формирования и семантики образов звериного стиля", in A. I. Melyukova and M. G. Moshkova (eds.), *Скифо-сибирский звериный стиль в искусстве народов Евразии*. Наука, Москва, 194-209.

Sîrbu, V.

1983   "Câmpia Brăilei în secolele V-Ⅲ î. e. n. - descoperiri arheologice şi interpretări istorice", *Studii şi cercetări de istorie veche şi arheologie*, t. 34, nr. 1, 11-41.

Skoryi, S. A., Khokhorovs'ki, Ya., Grigor'ev, V. P. and Rydzevs'ki, Ya.
  1999 "Центральна могила Великого Рижанімського кургану", *Археологія*, 1, 94-105.

Symonovich, E. A.
  1969 "Два бронзовых котла с Нижнего Поднепровья", in L. A. Evtyukhova (ed.), *Древности Восточной Европы*. Наука, Москва, 230-232.

Terenozhkin, A. I., Il'inskaya, V. A., Chernenko, E. V. and Mozolevskiy, B. N.
  1973 "Скифские курганы Никопольщины", in V. A. Il'inskaya, A. I. Terenozhkin and E. V. Chernenko (eds.), *Скифские древности*. Наукова думка, Киев, 113-186.

Terenozhkin, A.I. and Mozolevskiy, B. N.
  1988 *Мелитопольский курган*. Наукова думка, Киев.

Val'chak, S. B. and Demidenko, S. V.
  2006 "Комплекс 1951 года с горы Бештау : вопросы хронологии", *Нижневолжский археологический вестник*, .вып, 8, 173－186.

Vinogradov, V. B.
  1972 *Центральный и Северо‐Восточный Кавказ в скифское время (Ⅶ-Ⅳ века до н. э.)*. Чечено‐ингушское книжное изд‐во, Грозный.

Wilke, A. G.
  1928 "Skythen", in M. Ebert (ed.), *Reallexikon der Vorgeschichte*, Bd. 12, 230－236.

Yakobenko, E. V.
  1974 *Скіфи Східного Криму в Ⅴ-Ⅲ ст. до н. е.* Наукова думка, Київ.

Zamyatin, C. N.
  1946 "Скифский могильник 《Частые курганы》 под Воронежем", *Советская археология*, Ⅷ, 9－50.

補記

本稿脱稿後、次のウクライナ語の論文が公刊された。Ромашко, О. В. "Скіфські казани з горизонтальними ручками з Північного Причорномор'я", *Археологія*, 2010, No. 3, 13－22. この論文では、本稿のⅢ類の鍑4点を含む12点を「水平の把手」の付く型式として集成し、胴部がふくらんだ半球形をなすことを大きな特徴として論じている。本稿で取り上げた4点以外の出土地は、ムレスノタ・モヒラ（Мреснота Могила）、ブリズヌク（Близнюк）2号墳、ステブリフスキー（Стеблівський）墓群、クラシキフカ（Крячківка）、カミャナ・バルカ（Кам'яна Балка）、ミニフカ（Мінівка）、シヴァイキフツィ（Швайківці）、イヴァネ・プステ（Іване Пусте）であり、シヴァイキフツィ以外は詳しい寸法を発表している。これらのうちイヴァネ・プステ出土の鍑の胴部には弦紋状の紋様があるように見えるが、これは圏足が破損しているための支えのスタンドの一部が写っていると思われる。そうであるならば、これら全ての胴部は無紋であることになり、本稿で指摘した特徴は正しいことになろう。なお、圏足には弦紋が回るものが多いが図が不鮮明なため詳述しえない。

関係遺跡地図

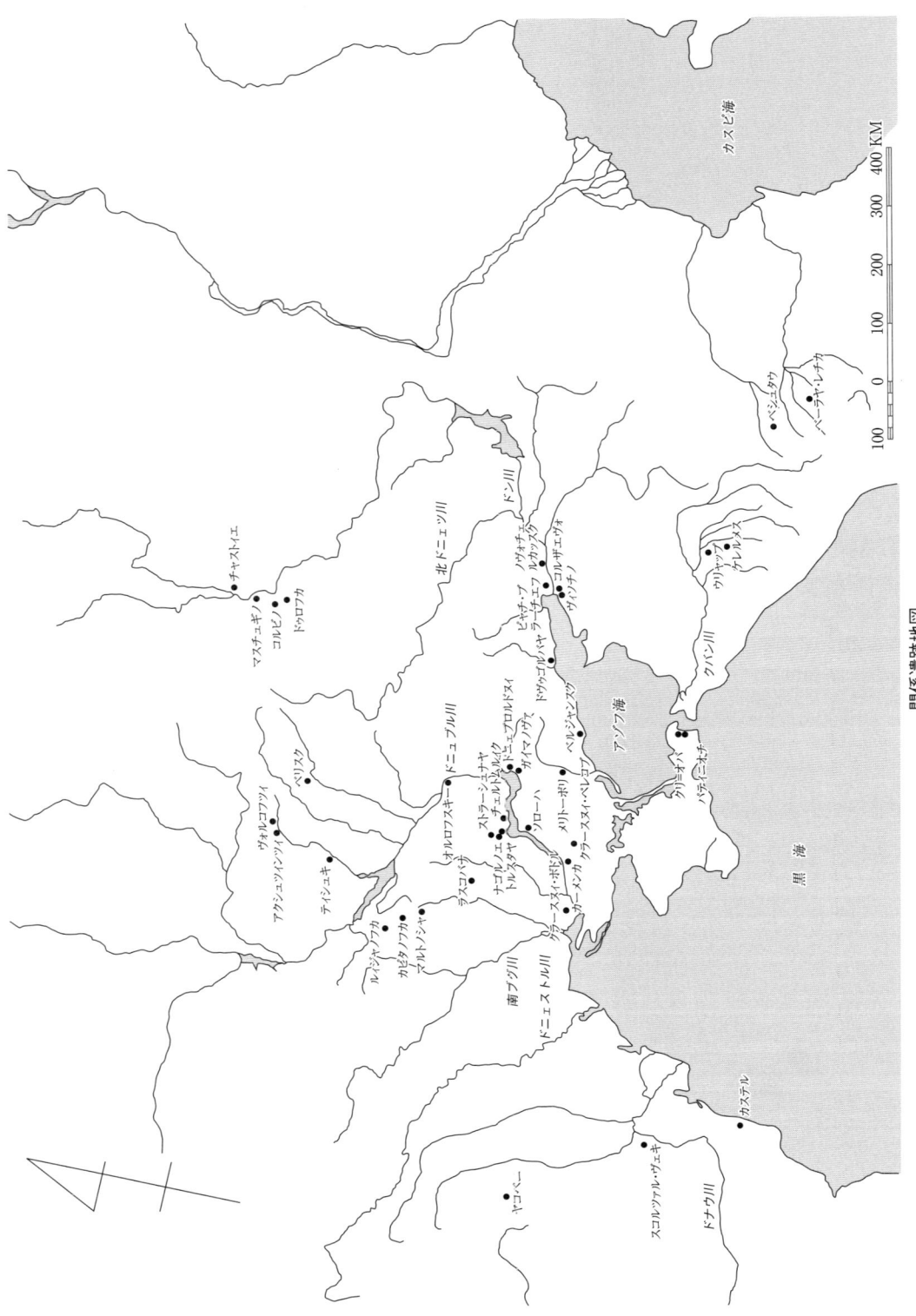

Cauldrons in the Western Region of the Central Eurasian Steppes in the Pre-Scythian and the Scythian Periods

YUKISHIMA Koichi

This article discusses on bronze cauldrons found in the steppe regions of the North Caucasus and the North and Northwest coasts of the Black Sea in the Pre-Scythian and the Scythian periods from the 8th to 4th or 3rd centuries B. C.

The first discovery of the Scythian bronze cauldrons in the archaeological context was at the Patinioti barrow near Kerch in 1821. Then, in 1830 a pair of bronze cauldrons was found out by P. Du Brucs at the Kul'-oba barrow in Kerch. Until the early 20th century several cauldrons had been found out by I. E. Zabelin, D.G. Shul'ts, N.I. Veselovskii and some others from the North Caucasus to Hungary. Shortly after two similar cauldrons were found separately by chance in Mount Beshtau near Pyatigorsk, the North Caucasus. One of them was discovered together with some bronze artifacts of the Pre-Scythian Period.

Although A. P. Mantsevich, O. M. Petrichenko, R. S. Minasyan and some other scholars studied these Scythian bronze cauldrons, they had never collected totally cauldrons and classified them.

Therefore, the author of this paper collects 66 cauldrons of the Pre-Scythian and the Scythian periods from archaeological literatures and classifies them into 7 types mainly by shape of handle (type Ⅰ-Ⅶ). Types Ⅱ and Ⅳ are divided into two subtypes by position of handle. Moreover each type and subtype has some variants of ornaments of body.

Type Ⅰ is distinguished by a pair of ring-shaped vertical handles with a flat knob. Two cauldrons of this type were found out in Mt. Beshtau (Ⅰ-1~2) and they are dated the Pre-Scythian Period (8th-early 7th century B. C.). The type might not derive from the North Caucasus but from the eastern regions of the Central Eurasian Steppes, and then it dose not have any successor in the North Caucasus and the North Coast of the Black Sea.

Type Ⅱ features animal-shaped vertical handles. This type is divided into two subtypes by position of handle. Subtype 1 has some animal-shaped vertical handles on the rim, and subtype 2 has animal-shaped handles on the rim and loop-shaped horizontal handles at the mouth. Subtype 1 has three variants: the first variant with zigzag pattern on the body (Ⅱ-1-1-1~2 : No. 2 barrow excavated by Shul'ts at Kelermes ; Ⅱ-1-1-3 : Castelu near Constanța, Romania), the second one with lattice pattern on the body (Ⅱ-1-2-1 : No. 4 barrow by Shul'ts at Kelermes ; Ⅱ-1-2-2 : Chertomlyk No. 5 burial), and the third one without ornament (Ⅱ-1-3-1 : Strashnaya Mogila, No. 4 barrow, No. 2 burial).

Subtype 2 of type Ⅱ has animal-shaped vertical handles on the rim and a pair of loop-shaped horizontal or slanting handles at the mouth. It has four variants: the first variant with zigzag pattern on the body (Ⅱ-2-1-1 : No. 3 barrow by Shul'ts at Kelermes), the second one with lattice pattern on the body (Ⅱ-2-2-1 : Bel'sk gorodishche on the bank of Vorskra River), the third one with semi-oval pattern on the body and with tripod (Ⅱ-2-3-1 : barrow at Scorţaru Vechi, Romania), and the fourth one without ornament (Ⅱ-2-4-1 : Jacobeni, Romania). Type Ⅱ is dated the mid-seventh to fourth centuries B. C.

Type Ⅲ is classified by a pair of loop-shaped slanting handles at the mouth without ornament and is dated from seventh to fourth centuries B. C. (Ⅲ-1 : No. 27 barrow of Kelermes ; Ⅲ-2 : niche S of Solokha barrow ; Ⅲ-3 : No. 1 barrow of Ulyap on the bank of Kuban River ; Ⅲ-4 : Berdyanskii barrow).

Type Ⅳ is distinguished by vertical handles with three knobs and is the main group of the Scythian cauldrons from the North Caucasus to Hungary and is dated from fifth to fourth centuries B. C. This type is divided into two subtypes by position of handle : subtype1 has only vertical handles with three knobs on the rim; subtype 2 has vertical handles as same as subtype 1 and loop-shaped horizontal or slanting handles at the mouth.

Subtype 1 has six variants according to ornamental patterns. The first variant has no ornament (Ⅳ-1-1-1~24 : the North Coast of the Black Sea, and the Lower and Middle Don regions). The second one has zigzag pattern on the body (Ⅳ-1-2-1 : South chamber of Solokha barrow ; Ⅳ-1-2-2 : Durovka No. 4 barrow). The third one has lattice pattern on the body (Ⅳ-1-3-1 : No. 5 burial of Chertomlyk barrow ; Ⅳ-1-3-2 : No. 1 burial of Melitopol' barrow). The fourth one has a rope-shaped loop around the body (Ⅳ-1-4-1 : Kamenka on the left bank of Dnepr River). The fifth one has floral patterns on the body (Ⅳ-1-5-1 : Raskopana Mogila on the right bank of Dnepr River ; Ⅳ-1-5-2 : the north burial of Chertomlyk barrow). And then the sixth has a pair of mustache design at joints in vertical handles (Ⅳ-1-6-1 : No. 3 barrow of Chastye Ⅱ near Voronezh ; Ⅳ-1-6-2 : Chastye No. 11 barrow ; Ⅳ-1-6-3 : Durovka No. 4 barrow). The first variant is the largest group of the Scythian cauldrons. The fifth variant might be produced by workmen at some Greek cities in the North Coast of the Black Sea. The sixth variant is considered as local products in the Middle Don region. Some of these cauldrons were discovered as a pair in the same burial, for instance at Kul'-oba and Ryzhanovka.

Subtype 2 has two variants according to ornamental patterns on the body: the first variant has no ornament on the body (Ⅳ-2-1-1 : Martonosha barrow dated sixth century B. C. ? ; Ⅳ-2-1-2 : niche S of Solokha barrow ; Ⅳ-2-1-3 : Volkovtsy No. 1 barrow on the bank of Sula River ; Ⅳ-2-1-4 : Tishki barrow in the same region ; Ⅳ-2-1-5 : Chastye No. 9 barrow ; Ⅳ-2-1-6 : Mastyugino near Voronezh ; Ⅳ-2-1-7 : Berdyanskii barrow) ; the second one has zigzag pattern on the body (Ⅳ-2-2-1 : Gaimanova Mogila ; Ⅳ-2-2-2 : Andrusovka, the Lower Dnepr region).

Type Ⅴ is classified by a pair of vertical handles with a knob on the rim and is dated from the late fifth to fourth centuries B. C. The type is divided into two subtypes; subtype 1 has no ornament (Ⅴ-1-1 : No. 1 barrow of Chastye Ⅱ cemetery) and subtype 2 has mustache pattern at the mouth (Ⅴ-2-1 : Durovka No. 20 barrow).

Type Ⅵ features round body on plan and a pair of small semicircle vertical handles on the rim (Ⅵ-1 : Belaya Rechka barrow at Nal'chik). This barrow is dated to the fifth century B. C.

Type Ⅶ is distinguished by lengthened round body on plan and a pair of semicircle vertical handles on the rim of the long axis side. The type is divided into two subtypes according to ornamental patterns. Subtype 1 has no ornament on the body (Ⅶ-1-1 : Nagornoe No. 5 barrow near Ordzhonikidze on the right bank of Dnepr River ; Ⅶ-1-2 : Orlovskii No. 6 barrow in Dnepropetrovsk ; Ó-Szöny in Hungary). Subtype 2 has mustache designs at the mouth (Ⅶ-2-1 : Krasnyi Podol No. 1 barrow, No. 1 burial on the left bank of Dnepr River). Each cauldron of type Ⅶ is dated fourth century B. C.

These cauldrons are divided into three kinds by place of finding. The first kind of cauldrons was unearthed at a bronze hoard out of relation to any burial (type Ⅰ). Nomadic people might hold ceremonies and rites at the places of the horde where they buried ritual vessels and instruments in the ground. The second one was found inside the burials (most cauldrons of types Ⅱ-Ⅴ). The cauldrons found in the burials might be used for preparing meals for the dead in the other world. Bones of sheep, cattle or horse were often found inside the cauldrons sometimes together with a ladle or knife (cf. : Ⅳ-1-1-6~7 : Ryzhanovka ; Ⅳ-1-1-23~24 : Durovka No. 16 and 4 barrows ; Ⅳ-1-2-1 : Solokha, south chamber ; Ⅳ-1-3-2 : Melitopol' ; Ⅳ-1-5-2 : Chertomlyk, the north burial, and etc.). Several sets of each large and small cauldron were excavated in the burials, for instance, at niche S of Solokha, Gaimanova Mogila, Ryzhanovka barrow, Kul'-oba, Berdyanskii barrow and Durovka No. 4 barrow. The third kind of cauldrons was unearthed outside the burials under the mounds (most cauldrons of types Ⅵ and Ⅶ). These cauldrons might be used for cooking meals for attendance at the funerals. However, cauldrons have never been found inside and outside the burials at the same time.

Therefore, the Pre-Schythian and the Scythian cauldrons might be mostly used not for daily life but for ritual ceremonies and funerals. Although a lot of Scythian barrows have been excavated in the North Coast of the Black Sea and the North Caucasus since the 18th century, the number of the Scythian cauldrons are extremely limited. The Scythian cauldrons were mostly found out at the burials of kings, royal families, noblemen and warriors, in other words, people of the ruling and wealthy classes of the Scythian societies. Herodotus said that the Scythian leaders of each district holding the ritual ceremonies annually distributed booties to their warriors after the wars, and carried out the funerals of the rulers (Herodotus, Ⅳ, 62, 66, 71-73). Bronze cauldrons might play important roles as instruments of cooking a meal for attendants at those ceremonies and funerals.

サウロマタイ・サルマタイ青銅製鋳造鍑

セルゲイ・デミデンコ

近藤さおり 訳

1．はじめに

　前6世紀から後4世紀にかけて、北は南ウラルから南は北カフカス、東は西カザフスタンから西はドナウ川にいたるユーラシア草原地帯の広大な領域は、遊牧民に占められていた。古代の文献史料にみられるサウロマタイ、サルマタイとみなされる人々である。「サウロマタイ・サルマタイ文化歴史共有体」［Moshkova 1991, pp.10-18］という用語にみられるように、ロシアの考古学文献では彼らは一括りにされている。研究者たちはこの地域に4つの考古学文化［Skripkin 1990, p.187-188］、あるいは「サウロマタイ・サルマタイ文化歴史共有体」の発展段階の4時期を設定した。すなわち、サウロマタイ期（前6～4世紀）、前期サルマタイ期（前3～1世紀）、中期サルマタイ期（前1～後2世紀前半）、後期サルマタイ期（後2世紀後半～4世紀初）である。サウロマタイ・サルマタイ世界の諸地域では、それぞれの時期の開始と終末とが互いに一致せず、また、物質文化のいくつかの要素はそれぞれの情況に応じて、早く消滅したり、より長く残ったりする［Shchukin 2004, pp.228-239］。この間、サウロマタイとサルマタイの諸族は近隣の遊牧民集団からも、また定住民の文明からも影響を受けていた。

　青銅製鋳造鍑は、サウロマタイ・サルマタイ諸族の担った物質文化の一部として切り離すことのできないものである。この遺物の特徴は、他の銅・青銅製品に比べてその情報量が多い点にある。これは何よりも以下の点に関連している、つまり、鍑の内外の表面は留金や鏡、様々な装飾品といった類と異なり、製作後に仕上げ加工を施されることが実際には全くなく、製作工程の復元を行うことを可能にする鋳型の痕跡を残しているためである。他方、鍑は、現在知られている点数はそれほど多くはないが、青銅製の鏃や留金とは異なり、サウロマタイ・サルマタイ文化歴史共有体が存続する全ての時期にみられる。そして、この点にこそ、鍑という遺物のもつもう一つの大きな長所があると考えられる。つまり、青銅鋳造生産の一定の発達水準に達していた職人が鍑の製作に用いた技法の変化と発展を、時間を追って探求できるのである。

2．サウロマタイ・サルマタイの鍑の研究史

　サウロマタイ・サルマタイの鍑を独立した遺物の種類として研究することは、1950年代から始まり、2つの主要な方向にそって行われた。型式学的研究と技法の研究である。

（1）型式学的研究

　鍑の形態的研究に着手した研究者の一人は、K. F. スミルノフである。彼はヴォルガ川下流域と西南ウラル地方から発見された11点の鋳造鍑の特徴を観察し、独立した「サウロマタイ」グループとしてひとまとめにし、形態的な特徴、つまり器体・圏足・把手の形態によって、これを6型式に分類した。さらに、鍑が製造されたのはサウロマタイの居住域もしくは銅鉱床があった近隣地域（南ウラルとそこに隣接するカザフスタンの諸地域）であったと考えた［Smirnov 1964, pp. 127-136］。

　スミルノフの研究は V. M. コシャネンコ、V. S. フリョロフに継承された。彼らは30点の資料を用いて、ドン川下流域の青銅製鋳造鍑の型式学的、編年学的な検討を試みた。残念ながら、この型式学研究には明らかな方法論的欠陥がある。諸型式の区分は、器体や圏足・把手の形態といった、それぞれに異なる特徴の組み合わせを基にしており、時には装飾や大きさといった要素がそこに加えられている。その結果、特徴のうちの一つが変化すると新しい型式が生まれることになるが、それは実情にあわない［Kosyanenko, Flerov 1978, pp.192-205］。

　青銅鍑の研究におけるこれらの研究者の多大な貢献を否定はしないが、私は次の点を指摘しておきたい。つまり、スミルノフもコシャネンコもフリョロフも、型式や種類の区分に、直感に基づく視覚的な方法を用いたということである。さらに、スミルノフは前6～4世紀のサウロマタイの鍑のみを研究した。コシャネンコとフリョロフの研究では年代の幅が前5～後2世紀と著しく広がっているが、対象とした地域は一地域（ドン川下流域）に限られている。

　サルマタイの鍑研究の新段階は、ボコヴェンコによりもたらされた［Bokovenko 1977, pp.228-235］。彼は既に49点を数え上げた。数理統計的手法を用いて、彼はサルマタイの鍑を3つの型式に分類し、年代を与え、分布地域を示した。しかし、革新的特徴をもつにもかかわらず、ボコヴェンコの研究は重大な欠陥ももっている。なによりもまず、彼が鍑の記載に用いている「特徴」を列挙した表に関するものである。特徴のいくつかは、二者択一的には決められないため、類似の程度を数え上げるときにそれらを用いることは正しくない。さらに、全資料の総合的な分類は首尾一貫したものではあるが、3つのグループを「型式」と呼ぶことはできない。これらのことから、どのような特徴が型式や変種を決定するのか明瞭ではないので、一グループ内の対象の分類を行う際には、特に慎重にならざるを得ない。また、彼は前6～2世紀のサウロマタイ期と前期サルマタイの鍑を扱っていない。

　ボコヴェンコの分類に若干の補足と修正を行ったのは、A. M. ジュダノフスキーである。彼は新しく「第4型式」を分類した。第4型式には、注口・片口と側面に垂直に把手のついた小型の鍑が含まれる。しかし、この研究にもボコヴェンコの研究と同様の不十分な点が残されていた［Zhdanovskii 1985, pp. 3-5］。

　鋳造鍑の型式分類に新しい考え方を導入したのは、1997年の筆者の研究である［Demidenko 1997, pp.120-122］。数理統計的手法［Fedorov-Davydov 1987］を用いて、まず、形態的特徴の構造を検討した。器体と圏足の形態上の特徴が、容器の「型式」を規定することを確認した。把手や注

口の形、蓋の形態上の特徴は、容器の「中位型式」と規定し、装飾上の特徴は、容器の「下位型式」と規定するのである。この後に、鍑そのもののグループ分けを行って、研究対象群の型式を、上位・中位・下位と分類した。この研究には、サウロマタイ・サルマタイ世界の全ての地域から出土した130点の鍑を用いた。

（2）技術的方向性

　M. G. モシュコヴァの著作の中の一章が、ヴォルガ川下流域におけるサルマタイの鋳造鍑の製造についての問題にあてられている［Moshikova 1956, pp. 84, 100-101］。彼女は、鍑が分割式の蝋型を用いて鋳造されたと考えた。同時に、彼女は、鋳造のたびに破壊される、非分割の鋳型の可能性も否定しなかった。湯口は、底部外側にあり、把手は接合され、圏足は2つないしそれ以上の鋲により留められたと推定している。しかし、モシュコヴァは、鍑を製作したのはサルマタイ自身ではないと考えた。彼女は、鍑が最初はスキティアとシベリアから、その後は、ドン川やクバン川から、最終的にはヴォルガ川中流、南ウラルからもたらされたとみなしている。

　E. K. マクシモフは、鍑の製造の問題を専門に研究した［Maksimov 1966, pp. 51-60］。卵形のサルマタイの鍑を1グループとして分類し、それらの鋳造工程の復元を試みた。彼は、サルマタイが鍑の製造を自己の地域内で行ったことは疑いないと考えた。また、マクシモフは、鍑の鋳型について次のように考えた。つまり、鍑の原型は粘土か、木を彫ってつくられ、その後、2つで一組の土型（惣型）を押し当てた。この2つの結合部が、鋳造時の合わせ目となり、縄目状の凸帯を形成する。鋳型そのものは、鍑の底部を上にして置かれ、そこに湯口が設けられた。

　このようなマクシモフの復元工程は、V. A. パズヒンによる激しい批判を受けた［Pazukhin 1970, pp. 282-284］。パズヒンによると、サルマタイの鍑は分割式の土型ではなくて、蝋型（もしくは獣脂型）であるとした。

　特に言及しなければならないものに、A. M. ペトリチェンコ、B. A. シュラムコ、L. O. ソンツェフ、P. D. フォミンの研究がある。彼らは、スキタイの鍑の研究を基にしながら、それらをサルマタイやシベリアの鍑と比較した。サルマタイやシベリアの鍑では、圏足が別鋳であることから、両者の類似性を認めている［Petrichenko 他 1970, pp. 67-77］。しかし、シュラムコは、サウロマタイは一般に独自の型式の鍑をもたず、シベリア型の鍑を主に用いていたと考えた。前300年頃から、ようやくサルマタイ独自の鍑について語ることができるようになるという［Shramko 1965, p. 369］。

　最後になるが、サルマタイの鍑製造についての問題は、R. S. ミナシャンの論文に言及されている［Minasyan 1986, pp. 61-78］。彼は、器体と圏足を別々に製作するという主な特徴から、ヴォルガ川・ドン川・クバン川流域のサルマタイの鍑を、独自の技法をもつグループとして区分する。鋳型の製作にあたって、中子には、蝋で覆われた植物の骨組が装着された。彼は、縄状紋凸帯は、一方では構造上の要素として、つまり、植物の骨組を締め付けるために必要なものとみなし、他方では慣例化された存在の紋様帯と考えている。興味深い見解であるが、筆者は、口縁部を上とした鍑の鋳型に関する彼の結論は再考の余地があると考えている。

以上のように、サルマタイの鋳造鍑の研究に関する現在の問題の所在を評価すると、次の点を指摘しなければならない。型式学的研究では、伝統的な研究法が数理統計的手法の適用へと交代している。技法研究の進展につれて、多様な見解が認められ、しばしば重要な問題をめぐって、完全に対立した関係にある。

3．サウロマタイ・サルマタイの鋳造鍑の型式分類

　この型式分類には、形態および製作技術から、疑いなくサウロマタイ・サルマタイの工人が製作した鍑のみを提示する[1]。

　この分類は融通のきくものである。つまり上位型式（Ⅰ、Ⅱ、Ⅲ…）、中位型式（1、2、3…）、下位型式（a、b、c…）の数は今日知られていない新資料が登場しても、特徴の組み合わせによって拡大することができ、その上、本質的部分がこれによって変更されることがない。

Ⅰ　ゴブレット形の器体、ラッパ形圏足をもつ鍑（15点）
Ⅰ-1　1つ突起のある垂直半円形の耳が2つ付く。
　Ⅰ-1-a　2本の並行線の間にジグザグ紋様をもつ。マズルキ村の古墳出土（図1：No.1）[2]、前6世紀［Smirnov 1964, p.131］。
　Ⅰ-1-b　縄状紋凸帯の上に、同じく縄状紋のアーチが25個連なる紋様。ソボレフスキー古墳出土の大型鍑（図1：No.2）。前5世紀（図2）［Smirnov 1964, p.45］。
　Ⅰ-1-c　大波状紋。スラドコフスキー墓群25号墳出土（No.4）、前5世紀［Maksimenko 1984, p.172］。ショロホフスキー村の古墳出土（図1：No.3）、前4世紀初［Maksimenko 他1984, p.140］。
　Ⅰ-1-d　無紋。スラドコフスキー墓群、25号墳出土、2号鍑（No.5）、前5世紀。テミル古墳出土（No.6）、前5世紀末〜4世紀（Zdanovich, Khabdulina 1987, p.62）。シャガルィ墓2号墳（No.7）［Khabdulina 1994, p.118］、オヴシャンカ村の古墳（図1：No.8）［Smirnov 1964, p.129］、ノヴォアクサイスキー21号墳（No.9）等、前4世紀［Shilov 1975］。ベロカメンカ村6号墳5号墓（No.10）出土、前期サルマタイ墓、前3世紀［Lukashov, Pryamukhin 2002, pp.201-224］。コトルバンⅤ墓群1号墳4号墓出土（No.11）、前期サルマタイの墓葬、前2〜1世紀［Lisitsyn 1973］。トロイツコエ村偶然発見（No.12）、前3〜1世紀。
Ⅰ-2　動物形の垂直把手が2つ付く。
　Ⅰ-2-a　無紋。テミル古墳出土2号鍑（図1：No.13）、前5〜4世紀。
　Ⅰ-3　3つ突起のある垂直半円形の耳が2つ付く。
　Ⅰ-3-a　無紋。アゾフ市2号墳3号墓出土（No.15）、前4世紀後半［Maksimenko 1983, pp.37,

（1）1997年の筆者による型式分類はサウロマタイ・サルマタイの領域で発見された全ての鍑（つまり、スキタイやサカ風の鍑も含めて）を対象とした。
（2）本文の鍑の番号（No.）は分布図と表の番号に対応する。図1・3・7・8・10の鍑の図版の縮尺は1/9に統一している。No.126は縮尺不明。

図1　I-1-a型式〜Ⅲ-1-a型式（S=1/9）

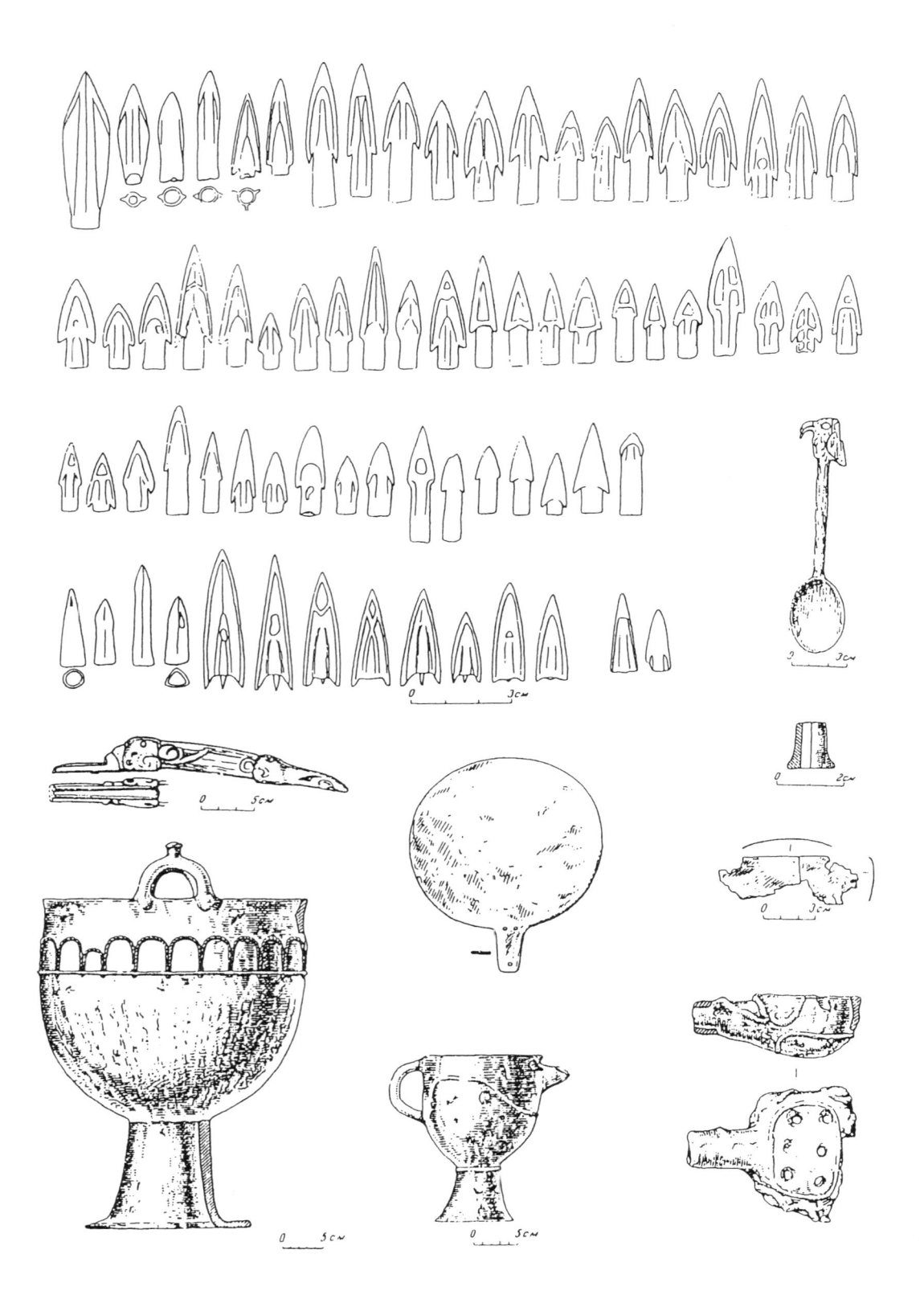

図2 ソボレフスキー古墳出土遺物 (Smirnov, K. F. 1964より)

181]。カリニンスカヤ村の5号墳10号墓（図1：No.14）、前1世紀［Marchenko 1984, pp.50-52］。

Ⅱ　逆ベル形器体、ラッパ形圏足をもつ鍑（4点）
Ⅱ-1　1つ突起のある垂直半円形の耳が2つ付く。
　Ⅱ-1-a　大波状紋。ドネツク州東南部偶然発見（図1：No.16）、前5～4世紀初。
　Ⅱ-1-b　無紋。PKOS 1986、2号墳9号墓出土（No.151）［Marchenko 1996, pp.83-92］、ミウス半島ゾロタヤ・コサ偶然発見（図1：No.17）、前2世紀後半。レベデフカⅥ墓群37号墳出土（No.18）、後2世紀後半～3世紀初［Zhelezchikov, Kriger 1980, pp. 432-433］。

Ⅲ　縦長円筒形器体にラッパ形の圏足をもつ鍑（1点）
Ⅲ-1　1つ突起のある垂直半円形の耳が2つ付く。
　Ⅲ-1-a　無紋。ミアス川流域2号墳出土（図1：No.20）、前4世紀［Smirnov 1964, p.129］。

Ⅳ　半球形器体、ラッパ形頸部、ラッパ形圏足をもつ鍑（1点）
Ⅳ-1　1つ突起のある垂直半円形の耳が2つ付く。
　Ⅳ-1-a　無紋。ミロラドフカ村1号墳3号墓出土（図3：No.21）、後2世紀［Lopatin 1981］。

Ⅴ　椀形器体、ラッパ形圏足をもつ鍑（7点）
Ⅴ-1　突起のない水平半円形把手が2つ付く。
　Ⅴ-1-a　無紋。ベレゾフカ村の古墳出土（図3：No.22）、前4世紀初［Kabdulina, Malyutina 1982, p.79］。
Ⅴ-2　3つ突起のある垂直半円形の耳が2つ付く。
　Ⅴ-2-a　無紋。ヴェルテャーチー村6号墳4号墓出土（図3：No.23；図4）、前4世紀後半～前3世紀初［Mamontov 1993, pp.187-193］。ピャチ・ブラチエフ「5人兄弟」墓群8号墳出土（No.24）、前4世紀後半［Shilov 1961, p. 164］。
　Ⅴ-2-b　2本の縄状紋。クラスノゴルスキー村（図3：No.25）［Smirnov 1964, p.132］、ザプラヴノエ村（No.26）とクレメンスカヤ村（No.149）から偶然発見された鍑、前4世紀。
Ⅴ-3　口縁直下に半円形の耳が2つ付く。
　Ⅴ-3-a　無紋。アルパチン村偶然発見（図3：No.150）、前4～2世紀。

Ⅵ　口縁部で径の狭まる半球形器体、ラッパ形圏足をもつ鍑（55点）
Ⅵ-1　3つ突起のある垂直半円形の把手が2つ、口縁直下に半円形の耳が2つ付く。
　Ⅵ-1-a　縄状紋。ヴェルフニー・エルスラン村1号墳5号墓（No.29）［Yudin 1997］（図5）、ドンスキー墓群1号墳21号墓出土（No.161）［Il'yukov 2001, pp.198-207］等、前2世紀。モスコフスキーⅡ墓群6号墳出土（No.30）、前2～1世紀［Il'yukov, Vlaskin 1992, p.159］。
　ブラホフカ村の古墳出土（No.28）。器体に2本の縄状紋がある。前2世紀末～前1世紀初

Ⅳ-1-a (No. 21) Ⅴ-1-a (No. 22) Ⅴ-2-a (No. 23)

Ⅴ-2-b (No. 25) Ⅴ-3-a (No. 150)

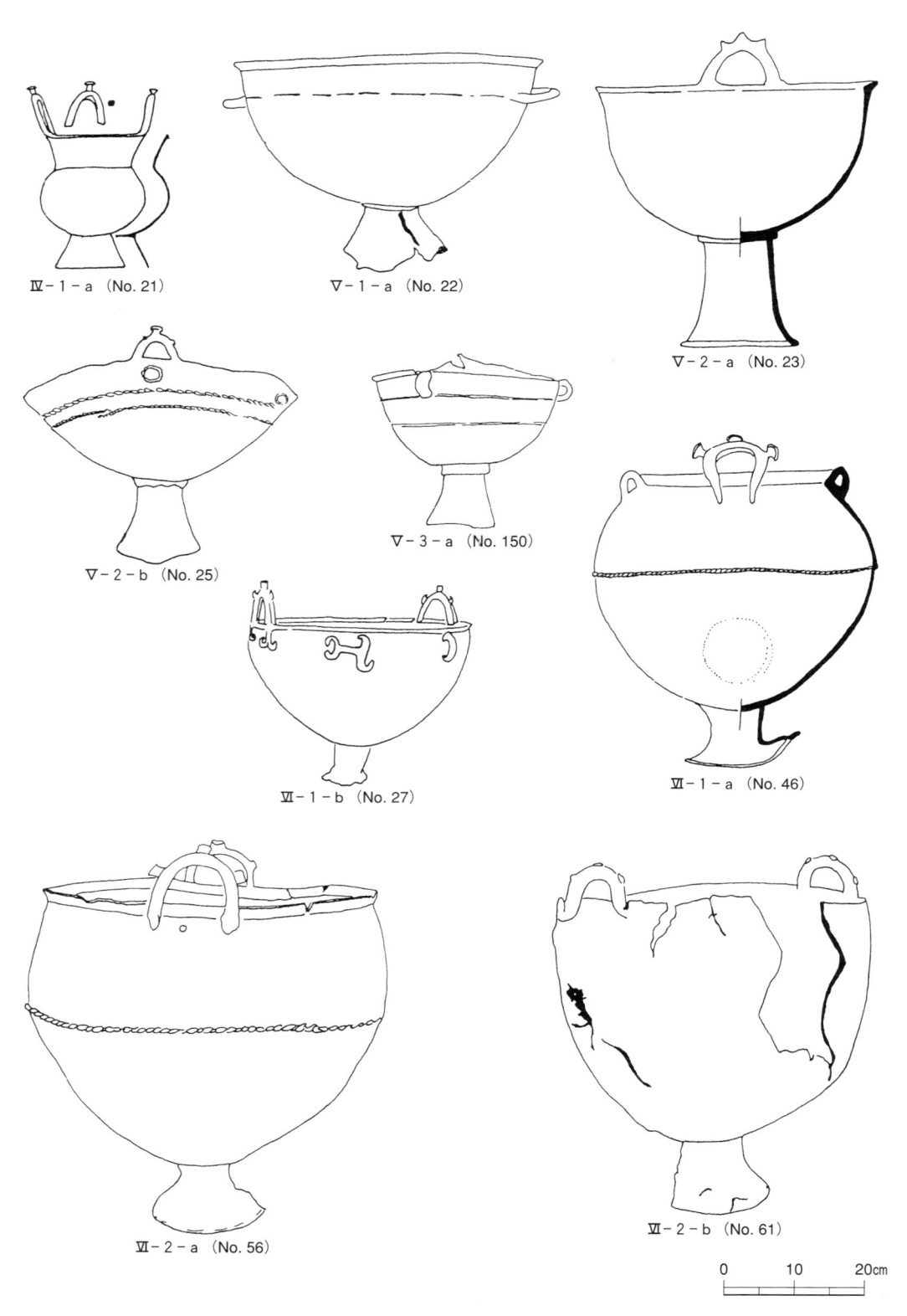

Ⅵ-1-b (No. 27) Ⅵ-1-a (No. 46)

Ⅵ-2-a (No. 56) Ⅵ-2-b (No. 61)

0　10　20cm

図3　Ⅳ-1-a型式～Ⅵ-2-b型式（S=1/9）

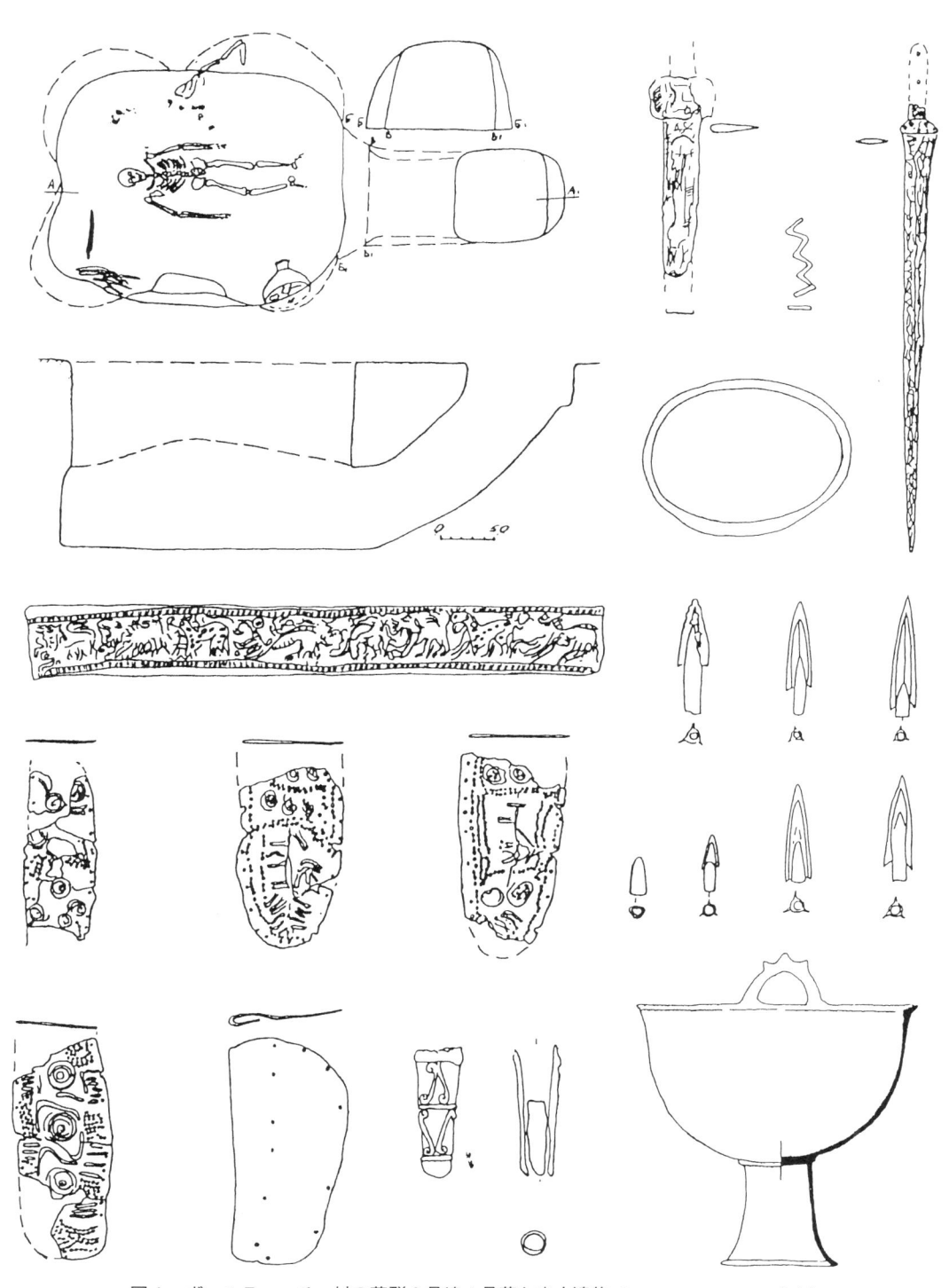

サウロマタイ・サルマタイ青銅製鋳造鍑（セルゲイ・デミデンコ）

図4　ヴェルテャーチー村の墓群6号墳4号墓と出土遺物（Mamontov, V. I. 1993より）

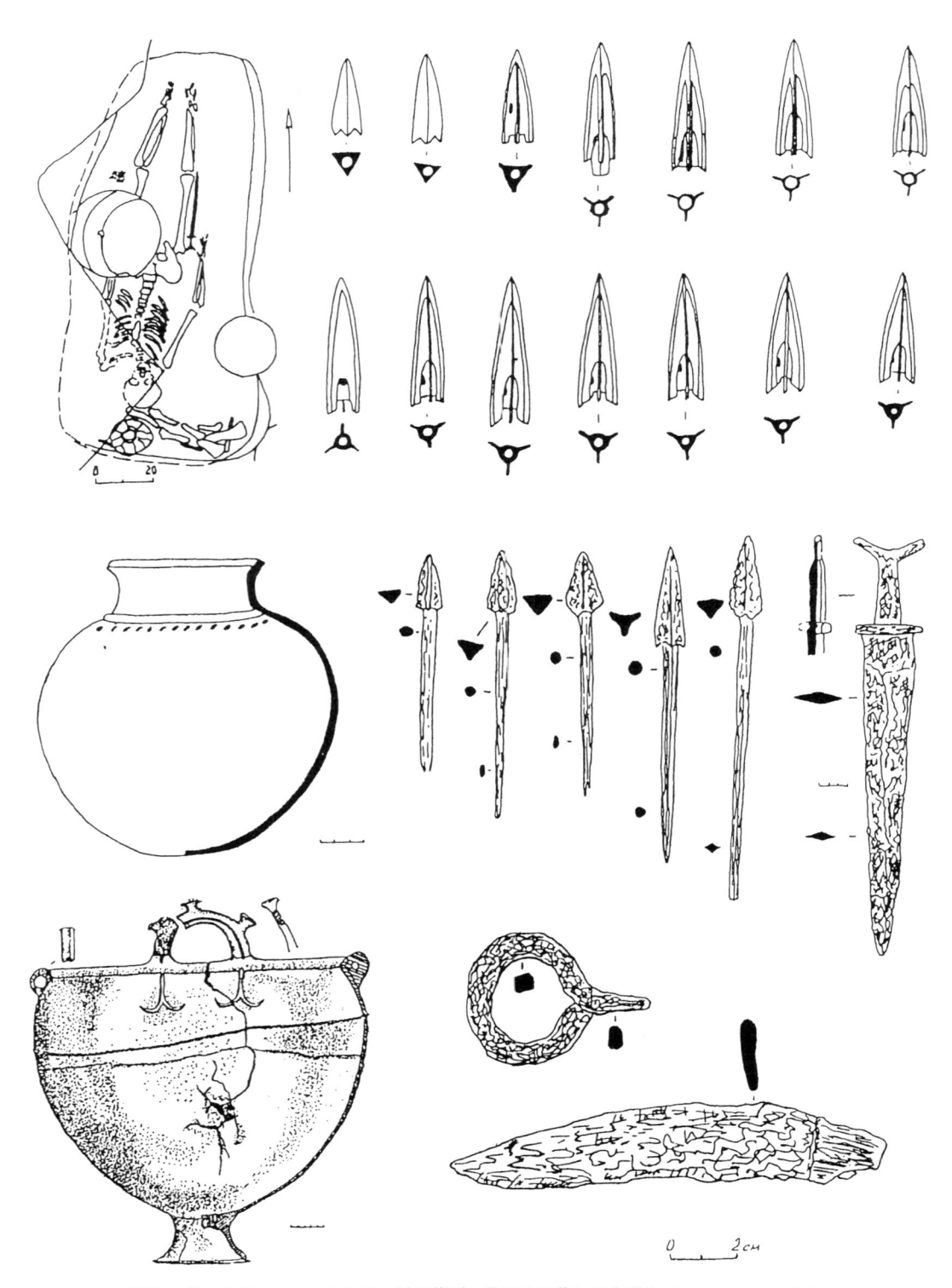

図5　ヴェルフニー・エルスラン村の墓群1号墳5号墓と出土遺物（Yudin, A. I. 1997より）

[Smirnov 1984, p.110]。ズボフスキー村1号墳出土（No.31）、前1世紀後半［Gushchina, Zasetskaya 1989, p.87；Shchukin 1992, p.108］。ヴォズドヴィジェンスカヤ村の古墳出土（No.32）、紀元前後［Gushchina, Zasetskaya 1989, p.89］。コシカ村出土（No.33）［Dvornichenko 他 1984］とヤシュクリ墓群37号墳1号墓出土（No.163）、前1世紀後半［Otschir-Goryaeva 2002, pp.353-388］。カリノフスキー墓群55号墳8号墓出土（No.34）、前1世紀末［Shilov 1975, p.145］〜後1世紀前半［Skripkin 1977, p.105］。「クルグルィ（円形）」古墳出土大型鍑（No.35）、後1世紀前半［Demidenko 他 1997, pp.186-215］。ジュートヴォ村67号墳2号墓出土（No.36）［Mamontov 1974］、ノーヴィ村墓群88号墳1号墓出土（No.37）［Il'yukov, Vlaskin 1992, p.107］、コルディリ墓群8号墳1号墓出土（No.38）［Bespalyi 1983］、前1世紀後半〜後1世紀前半（おそらくは後1世紀第1四半期）。ペルヴォマイスキーX墓群10号古墳5墓出土（No.39）［Demidenko, Mamontov 1993, pp.115-123；Demidenko, Mamontov 1997, pp.169-185］、ピサレフカ村古墳出土（No.40）［Sergatskov 2000］、ヴォドヌィ墓群1号墳1号墓出土（No.152）、後1世紀前半。

クディノフ村の14号墳出土（No.41, 42）、サドヴィ古墳出土（No.43）、ヴェルフネ・ヤンチェンコフ村13号墳出土大型鍑（No.44）［Raev 1986, pp.40-54］、ベルディヤ墓群3号墳出土大型鍑（No.45）［Mordvintseva, Sergatskov 1995, p.125］（図6）、後1世紀後半〜2世紀初。バラノフカ村2号墳出土（図3：No.46）、後1世紀末〜2世紀初［Sergatskov 2000］。ノーヴィ村12号墳3号墓出土大型鍑（No.47）、後1世紀末［Il'yukov, Vlaskin 1987, pp.48-49］。クリヴォリマンスキーI墓群16号墳9号墓出土大型鍑（No.48）、1世紀後半〜2世紀前半［Il'yukov, Vlaskin 1992, pp.152-153］。ウスチ・ラビンスキー村42号墳出土（No.49）、クンチュコハブリ・アウルの古墳出土（No.50）［Ditler 1972, pp.66-78］、1世紀末〜2世紀前半。ヴラディミルスカヤ村の破壊された墓出土（No.51）、前1世紀〜後1世紀［Anfimov 1958］。カリノフカ村（No.52）とツァリツィンスキー郡（No.53）で偶然に発見された鍑、前2世紀の境〜後2世紀の前半。

Ⅵ-1-b　無紋。ハタジュカエフスキー・アウル古墳出土（図3：No.27）、後1世紀後半［Gushshina, Zasetskaya 1989, p.88；Shukin 1992, p.112］。ヴィソチノⅡ墓群1号墳出土（No.54）［Luk'iashko 1978］、後1世紀後半から2世紀前半。

Ⅵ-2　3つ突起のある垂直半円形の把手が2つ付く。

Ⅵ-2-a　縄状紋。ペスチャヌィ村古墳10号墓出土の大型鍑（No.55）。口縁上の2つの把手の間に鹿形の像が立っている。後1世紀後半〜末［Zhdanovskii 1990, p.111］。ハリコフカ村15号墳出土（図3：No.56）、後1世紀［Grakov 1965, p.218］。テルノフスキー墓群12号墳12号墓出土（No.57）［Shilov 1966］、アントノフ村5号墳出土大型鍑（No.58）［Mamontov 1994, pp.15-46］、後1世紀の後半〜2世紀の前半。ヴォルガ下流域偶然発見の鍑（No.59）［Skripkin 1970, p.208］とネドヴィゴフスカヤ村偶然発見鍑（No.60）も同時期である。

Ⅵ-2-b　無紋。ヤロスラフスカヤ村「オストルィ」古墳再利用墓出土（図3：No.61）［Gushchina, Zasetskaya 1989, p.88；Shchukin 1992, p.110］、アルブゾフスキー墓群8号墳2号墓出土（No.62）［Il'yukov, Vlaskin 1992, pp.145-146］、後1世紀前半。

Ⅵ-3　垂直半円形の把手が2つ、口縁直下に半円形の耳が2つ付く。

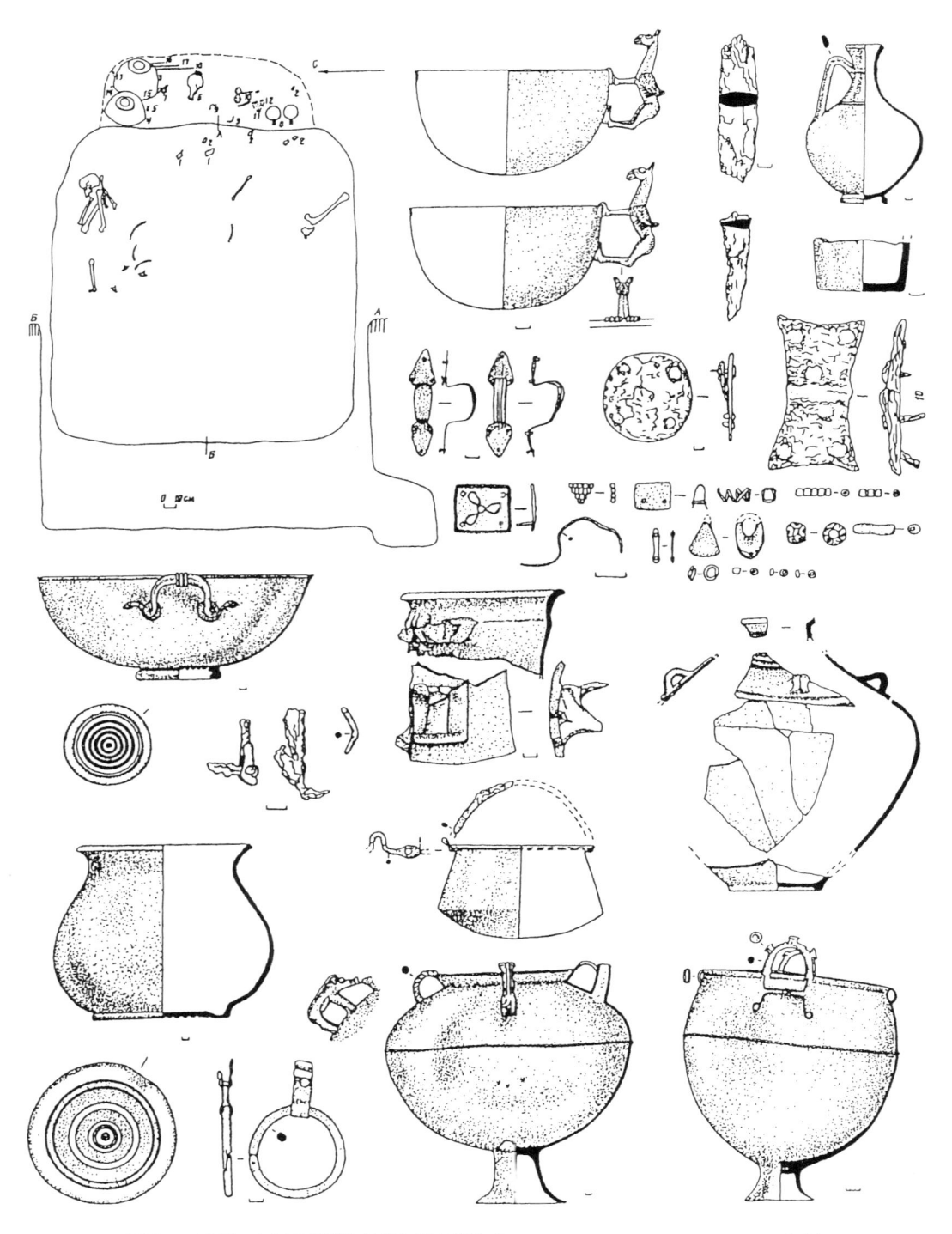

図6　ベルディヤ村の墓群3号墳と出土遺物（Mordvintseva, V. I., Sergatskov, I. V. 1995より）

Ⅵ-3-a　縄状紋。クレピンスキー墓群11号墳出土（図7：No.63）、後1世紀第4四半期〜2世紀第3四半期（Raev 1986, p.54）。バラビンスキーⅠ墓群11号墳出土（No.153）［Uzyanov 1975］、後1世紀。アルマヴィル市近郊（No.81）［Dudarev, Navrotskii 1994, pp.20-21］とエランスカヤ村（No.83）で偶然に発見された鍑もこの時期のものである。

Ⅵ-3-b　無紋。「クルグルィ（円形）」古墳出土小型鍑（図7：No.64）、後1世紀前半。ノーヴィ村墓群12号墳3号墓出土小型鍑（No.65）、後1世紀末。

Ⅵ-4　1つ突起のある垂直半円形の把手が2つ、口縁直下に半円形の耳が2つ付く。

Ⅵ-4-a　縄状紋。ノヴォコルスンスカヤ村2号墳6号墓出土（図7：No.66）、前1世紀第2四半期［Zasetskaya, Marchenko 1995, p.96］。

Ⅵ-5　1つ突起のある垂直半円形の把手が2つ付く。

Ⅵ-5-a　縄状紋。アリトゥブ村3号墳20号墓（「クレストヴィ」古墳）出土（No.19）［Skripkin 1990, p.140］、ペルヴォマイスキーⅦ墓群40号墳5号墓出土（No.67）、前1世紀［Mamontov 2000］。ドンスキー墓群1号墳3号墓出土（図7：No.162）、前2世紀中。

Ⅵ-5-b　無紋。オレンブルク州偶然発見品（図7：No.154, 155）。把手はサウロマタイ期の古式の形をしているが、前期・中期サルマタイに特徴的な半球形器体と組み合わさっているため、前2〜1世紀に比定できる。

Ⅵ-6　3つ突起のある垂直半円形の把手が肩部に2つ、中央に溝のある水平半円形の耳が2つ付く。

Ⅵ-6-a　3本の縄状紋。ヴィソチノⅦ墓群28号墳出土の大型鍑（図7：No.68）、後1世紀末葉〜2世紀前半［Bespalyi 1985, pp.163-172］。

Ⅵ-7　3つ突起のある垂直環状把手が2つ、動物形の耳が2つ付く。

Ⅵ-7-a　縄状紋。ヴィソチノⅤ墓群4号墳（図7：No.69）［Bespalyi 1983］、後1世紀後半〜2世紀前半。

Ⅵ-8　突起のない垂直半円形把手が2つ付く。

Ⅵ-8-a　縄状紋。ロストフ・ナ・ドヌー市偶然発見（図7：No.70）、後1世紀末〜2世紀の3四半期。

Ⅶ　口縁部で径が狭まる半球形器体をもち、圏足をもたない鍑（2点）

Ⅶ-1　3つ突起のある垂直半円形の耳が2つ付く。

Ⅶ-1-a　縄状紋。サラトフ県ノルカ村偶然発見（図8：No.71）、おそらく後2世紀前半〜中葉。

Ⅶ-2　垂直半円形の把手が2つ、口縁直下に半円形の耳が2つ付く。

Ⅶ-2-a　縄状紋。ペルディヤ墓群8号墳1号墓出土（図8：No.72）［Sergatskov 2000］、後1世紀後半〜2世紀前半。

Ⅷ　卵形器体をもち、圏足をもたない鍑（31点）

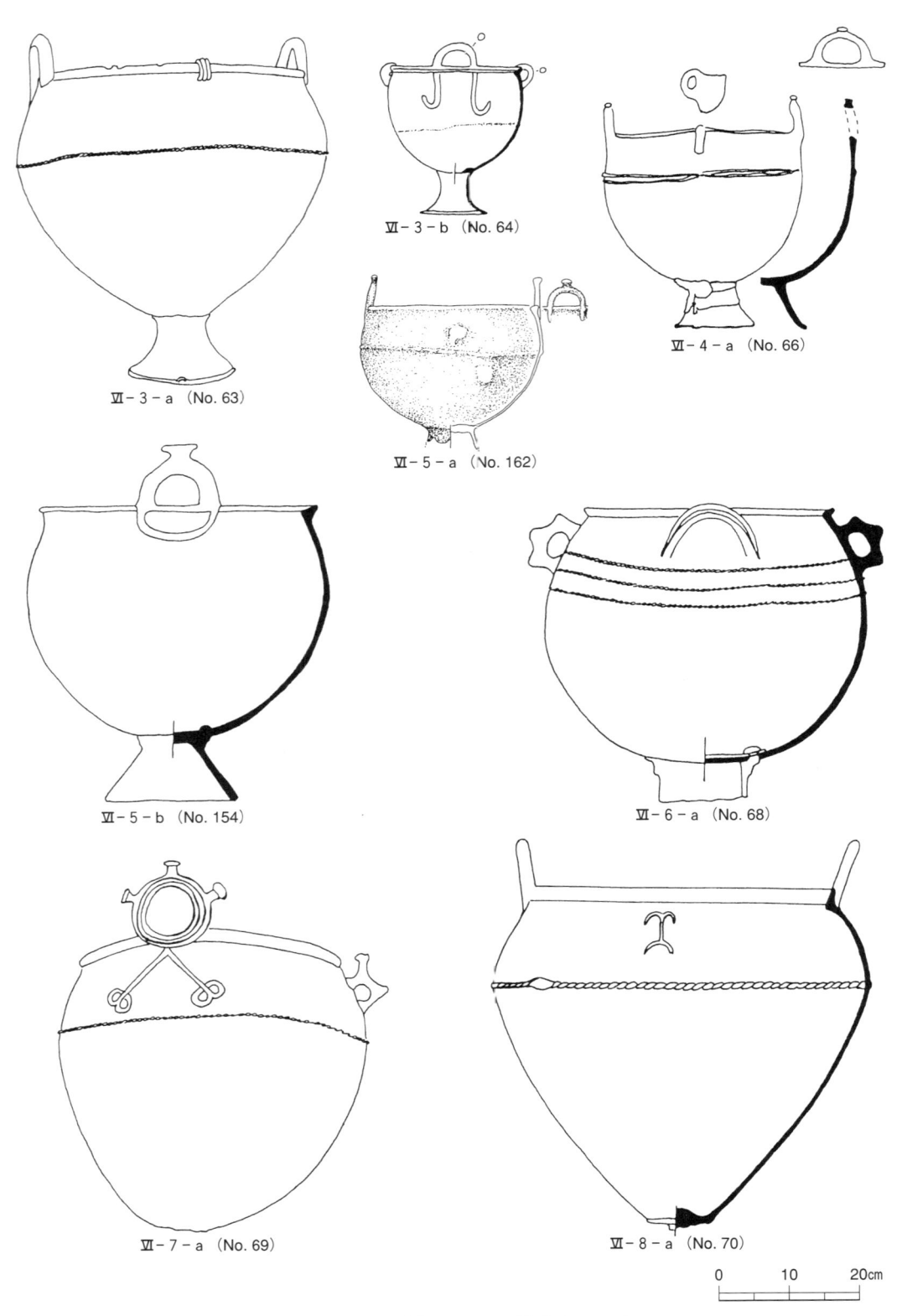

Ⅵ-3-a (No. 63)
Ⅵ-3-b (No. 64)
Ⅵ-4-a (No. 66)
Ⅵ-5-a (No. 162)
Ⅵ-5-b (No. 154)
Ⅵ-6-a (No. 68)
Ⅵ-7-a (No. 69)
Ⅵ-8-a (No. 70)

図7　Ⅵ-3-a型式〜Ⅵ-8-a型式 (S=1/9)

Ⅷ-1　1つ突起のある垂直半円形の把手が2つ付く。

　Ⅷ-1-a　縄状紋。ヴィソチノⅤ墓群27号墳2号墓出土小型鍑（図8：No.73）。この鍑は盗掘された地下横穴墓からスキタイ型式の鍑とともに発見された。前4世紀末～3世紀初［Bespalyi 1986］。

Ⅷ-2　3つ突起のある垂直半円形の把手が2つ付く。

　Ⅷ-2-a　縄状紋。アルト・ヴェイマル墓群D16号墳出土（図8：No.74）、後2世紀末～3世紀前半［Rau 1927, pp.36-40］。クリヴォリマンスキーⅠ墓群19号墳出土（No.75）、後2世紀後半～3世紀前半［Sauchenko, Kazanova 1980］。レベデフカ墓群2号墳出土（No.76）［Bagrikov, Senigova 1968, pp.71-89］、後3世紀前半［Shelov 1983, p.63］。レベデフカⅥ墓群36号墳出土（No.77）、39号墳（No.78）、後2世紀後半～3世紀初［Zhelezchikov, Kriger 1980. pp.432-433］。サレプタ村（No.79）とエレメエフカ村（No.80）で偶然発見された鍑もまた後2世紀後半～3世紀前半。

Ⅷ-3　垂直半円形の把手が2つ、口縁直下に半円形の耳が付く。

　Ⅷ-3-a　縄状紋。コビャコヴォ・ゴロディシチェ（防御集落）の墓地5号墳出土（No.82）、チチェノ・イングーシェチヤ偶然発見（図8：No.84）、後2世紀後半である。

Ⅷ-4　垂直半円形の把手が2つ付く。

　Ⅷ-4-a　縄状紋。シュルツ村B4号墳2号墓出土（No.85）、前2～1世紀。ウサトヴォ村F16号墳出土（No.86）、後2世紀末～3世紀前半［Sinitsyn 1947, pp.50-55］。ナガフスカヤ村の11号墳1号墓出土（No.87）（図9）、後2世紀後半～3世紀前半［Mys'kov, Sergatskov 1994, pp.179-190］。ヴィソチノⅤ墓群18号墳出土（No.88）、ジェルトゥヒン墓群2号墳（No.89）［Sergatskov 2000］、2世紀後半～3世紀前半［Bespalyi 2000］。ボリシェカラガンスキー墓群8号墳出土（No.90）［Botalov 1993, pp.122-142］、後2～3世紀。レベデフカⅥ墓群24号墳出土（図8：No.91）［Zhelezchikov, Kriger 1980, pp.432-433］、後2世紀後半～3世紀初。この他には、偶然発見された例で、前述の鍑同様に後期サルマタイに年代付けられる以下のような鍑がある。ギリヤル村付近発見（No.92）、ノヴォウゼンスク郡発見（No.93）サラトフ県コマロフカ村1886年発見（No.94）、同村1896年発見（No.95）、ヴォルガ川東岸のサラトフ州発見（No.96）、ボリシャヤ＝ドミトリエフカ村の古墳発見（No.97）、ベレゾフスカヤ村発見（No.98）［Maksimov 1966, pp.51-60］、シドル村発見（No.99）［Skripkin 1970, pp.206-209］、アゾフ市発見（No.100）［Korenyako, Gorbenko 1975, p.259］、サレプタ村発見（No.101）、オクチャブリスキー村発見（No.102）、セミョーノフカ村発見（No.160）。

Ⅷ-5　垂直環状把手が2つ付く。

　Ⅷ-5-a　縄状紋。レベデフカⅤ墓群1号墳（図8：No.103）と同49号墳（No.104）出土鍑、後2世紀後半～3世紀初［Zhelezchikov, Kriger 1980, pp.432-433］。

Ⅸ　半楕円形器体とラッパ形圏足をもつ鍑（3点）

Ⅸ-1　器体側面に垂直半円形把手が付き、注口をもつ。

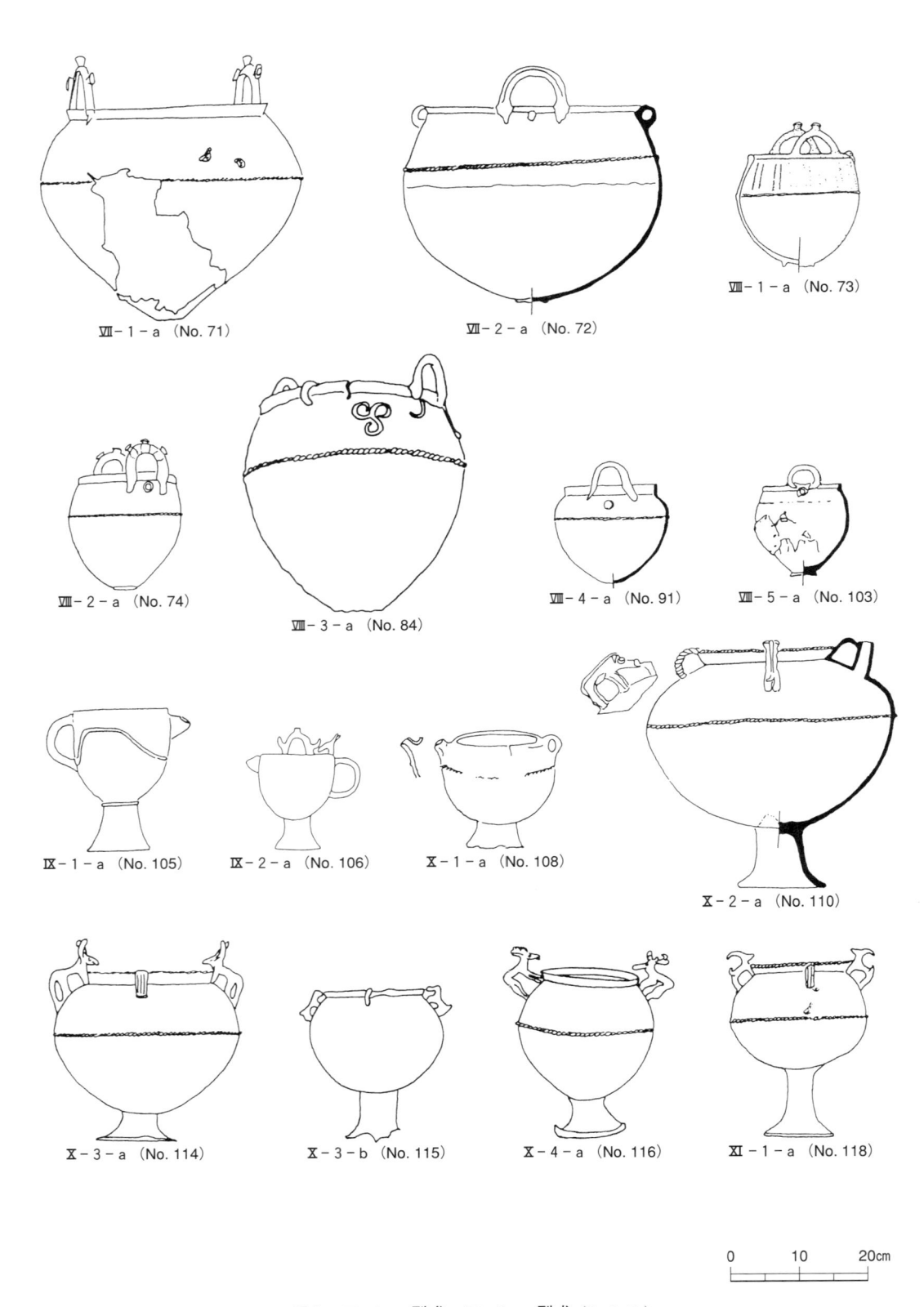

Ⅶ-1-a（No.71） Ⅶ-2-a（No.72） Ⅶ-1-a（No.73）

Ⅷ-2-a（No.74） Ⅷ-3-a（No.84） Ⅷ-4-a（No.91） Ⅷ-5-a（No.103）

Ⅸ-1-a（No.105） Ⅸ-2-a（No.106） Ⅹ-1-a（No.108） Ⅹ-2-a（No.110）

Ⅹ-3-a（No.114） Ⅹ-3-b（No.115） Ⅹ-4-a（No.116） Ⅺ-1-a（No.118）

0　10　20cm

図8　Ⅶ-1-a型式〜Ⅺ-1-a型式（S=1/9）

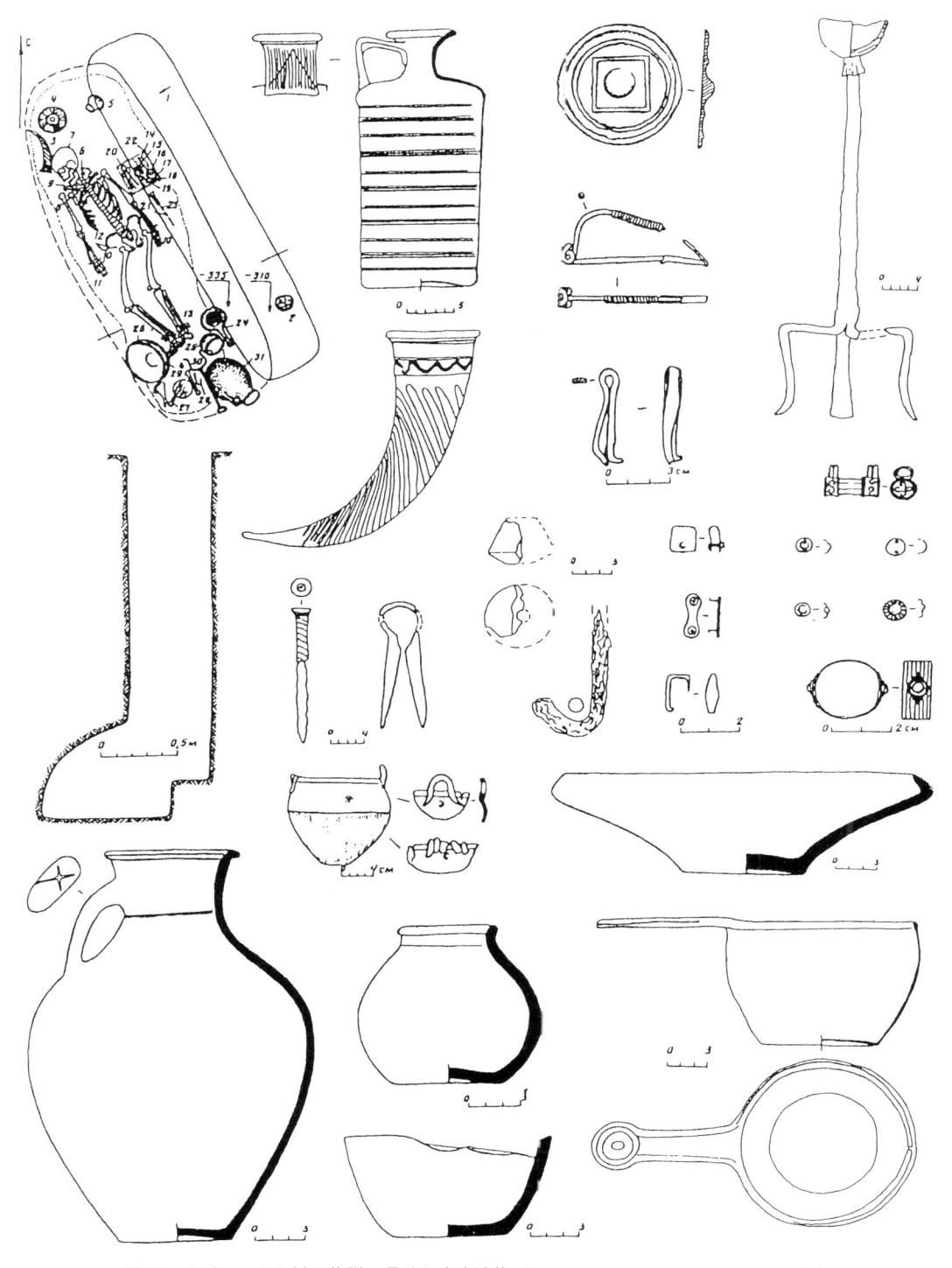

サウロマタイ・サルマタイ青銅製鋳造鍑（セルゲイ・デミデンコ）

図9　ナガフスカヤ村の墓群11号墳と出土遺物（Mys'kov, E. P., Sergatskov, I. V. 1994より）

Ⅸ-1-a　無紋。ソボレフスキー古墳出土2号鍑（図2；図8：No.105）、前5世紀。
Ⅸ-2　器体に垂直半円形の耳が1つ、口縁部に3つ突起のある垂直半円形の把手が2つ付く。注口をもつ。
　Ⅸ-2-a　無紋。ペスチャヌィ村古墳10号墓出土2号鍑（図8：No.106）、前1世紀後半～末期。ヴォズドヴィジェンスカヤ村古墳出土2号鍑（No.107）、紀元前後。

Ⅹ　球形器体、ラッパ形圏足をもつ鍑（9点）
Ⅹ-1　器体側面に半円形把手、注口をもつ。
　Ⅹ-1-a　縄状紋。チョールヌィ・ヤル村3号墳2号墓出土（図8：No.108）［Shnadshtein 1970］、後1世紀前半。
Ⅹ-2　2つの動物形の把手と半円形の耳が付く。注口をもつ。
　Ⅹ-2-a　縄状紋。ヴェルフネ・ヤンチェンコフ村13号墳出土2号鍑（No.109）とベルディヤ墓群3号墳（図6；図8：No.110）、後1世紀後半～2世紀初。後者によく類似した例としてヴァロヴィⅠ墓群9号墳出土鍑（No.111）がある。後2世紀後半［Bespalyi 1987］。
Ⅹ-3　動物形把手2つ、半円形の耳が2つ付く。
　Ⅹ-3-a　縄状紋。トレチヤキ墓群16号墳出土（No.112）、後1世紀末～2世紀初［Medvedev, Yefimov 1986, pp.83-84］。ヴィソチノⅤ墓群26号墳1号墓出土（No.113）、後1世紀後半～2世紀前半［Bespalyi 1986］。ヴァロヴィⅠ墓群33号墳出土（図8：No.114）、後2世紀後半［Bespalyi 1987］。
　Ⅹ-3-b　無紋。ゴルビンスカヤ村モストヴォイ偶然発見（図8：No.115）［Raev 1979, tabl.17.3］、後1世紀後半～2世紀前半。
Ⅹ-4　動物形把手が2つ付く。
　Ⅹ-4-a　縄状紋。スタロベリスク市付近偶然発見（図8：No.116）、後1世紀後半～2世紀前半［Shramko 1962, p.240］。

Ⅺ　球形器体、ゴブレット形圏足をもつ（20点）
Ⅺ-1　動物形把手2つ、半円形の耳が2つ付く。
　Ⅺ-1-a　縄状紋。ベルディヤ墓群8号墳、4号墓出土（No.117）、後1世紀後半～2世紀初［Sergatskov 2000］。ソコロフスキー墓群3号墳出土（図8：No.118）、後1世紀2四半期～2世紀初［Bokovenko 1977, p.229］。ノーヴィ村墓群43号墳出土（No.119）、後1世紀［Ilyukov 1986, pp.79-80］。ノヴォ＝アレクサンドロフカ村45号墳1号墓出土（No.120）［Bespalyi 1986］、カザンスカヤ村の6号墳出土（No.121）［Gushchina, Zasetskaya 1992, p.51］、レビャジェンスキー墓群1号墳出土（No.158）、後1世紀後半～2世紀前半［Sergatskov 2000］。ヤロシェフカ村の破壊された墓出土（No.157）、後1世紀。
　Ⅺ-1-b　小波状紋。アントノフ村5号墳出土第2鍑（No.122）、後1世紀末～2世紀前半［Mamontov 1994, pp.15-46］、オクチャブリスキーⅤ墓群1号墳1号墓出土小型鍑（図10：No.159）、

後1世紀末［Mys'kov 他 1999, pp.149-159］。

　XI-1-c　直角に折れ曲がるジグザグ文。チコフ村8号墳1号墓出土（図10：No.123）、後1世紀［Skripkin 1990, p.153, 172］。

XI-2　3つ突起のある垂直半円形把手が2つ、半円形の耳が2つ付く。

　XI-2-a　縄状紋。セリモフカ村2号墳2号墓出土（図10：No.124）、後1世紀［Gorodtsov 1905］。スラドコフスキー墓群14号墳出土（No.125）、後2世紀中葉［Maksimenko 1998］。

XI-3　3つ突起のある垂直半円形把手が2つ、動物形耳が2つ付く。

　XI-3-a　縄状紋。コムソモルスキー村の破壊された墓出土小型鍑（図10：No.126）、後1世紀後半～2世紀前半。

XI-4　動物形把手が2つ付く。

　XI-4-a　無紋。ヴィソチノⅤ墓群26号墳1号墓出土2鍑（No.127）、後1世紀後半～2世紀前半。キリャコフカ村偶然発見（図10：No.128）［Skripkin 1970, pp.206-208］も同じ年代。

XI-5　垂直環形把手2つ、半円形の耳が2つ付く。

　XI-5-a　無紋。クリヴォリマンスキーⅠ墓群16号墳9号墓出土2号鍑（図10：No.129）、後1世紀後半～2世紀前半。

XI-6　動物形把手と注口をもつ。

　XI-6-a　無紋。ダヴィドフ・ブロド村の古墳出土（図10：No.130）、ロデル村古墳偶然発見（No.131）、後1世紀～2世紀前半［Kostyuk 1975, pp.98-99 ; Simonenko 1993］。

XI-7　器体側面に動物形把手、動物形注口、2体の人物坐像と鳥像の付いた蓋をもつ。

　XI-7-a　無紋。カルミウス河畔で盗掘された小型鍑（No.132）［Sinitsyn 1967, pp.13-44］。類似の小型鍑はバッスィ村で発見されている（図10：No.164）［Skripkin 2000, pp.96-99］。この例では蓋を欠いているが、器体に蓋を取り付ける部分が残されていた。両例が東ヨーロッパの草原にサルマタイに属する新たな諸部族が登場したことと関連することは疑いない。そして、これらは後1世紀後半～2世紀前半に年代付けられる。

　　ユーラシアでは蓋付きの類例は非常に稀である。2点がオムスク州イサコフカ墓群3号墳6墓と4号墳1号墓から出土している。1例目の蓋の上には鹿の像が据えられており、側面の把手は竜の形を呈し、長い注口を有する。2例目の蓋上には図像は見られないが、注口は馬の頭部の形をしている［Pogodin 1989］。

XII　底部に向かってやや径が狭まる半球形の器体、ラッパ形の圏足をもつ鍑（2点）

XII-1　動物型把手が2つ、半円形の耳が2つ付く。

　XII-1-a　縄状紋。ヴェルフキ村1号墳1号墓出土（図10：No.133）。テルヌィ村の4号墳出土鍑（No.134）には鳥の小像がある。後1世紀末～2世紀後半［Mukhopad 1984, pp.136-143］。

XIII　底部にむ向かって径がやや狭まる半球形の器体、ゴブレット形の圏足をもつ鍑（2点）

XIII-1　動物形把手が2つ、半円形の耳が2つ付く。

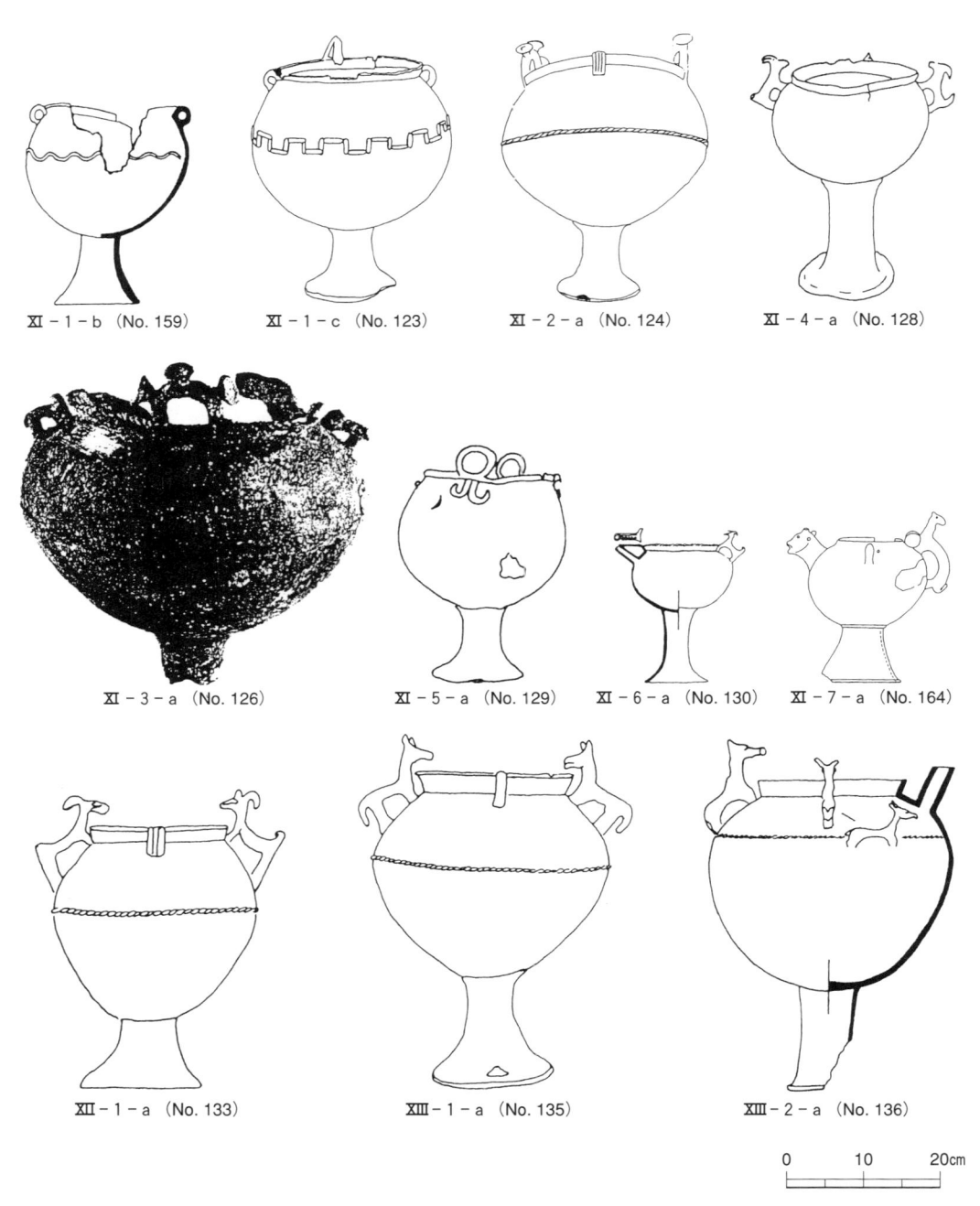

図10 Ⅺ-1-b型式～ⅩⅢ-2-a型式（S=1/9、但しNo.126は縮尺不明）

ⅩⅢ-1-a　縄状紋。トロヤン村偶然発見（図10：No.135）、後1世紀末～2世紀前半［OAK za 1913-1915 gg., 1918］。

ⅩⅢ-2　動物形把手と注口をもつ。

ⅩⅢ-2-a　縄状紋。ヴィソチノⅦ墓群28号墳出土第2号鋲（図10：No.136）、後1世紀末～2世紀前半。

このように、現在サウロマタイ・サルマタイの鍑は主要な13型式に分類することができる。サウロマタイと前期サルマタイにはⅠ～Ⅲ型式がある。それぞれの型式の発展は、Ⅰ型式のゴブレット形器体からⅡ型式の逆ベル形器体へ、さらにⅢ型式の縦長円筒形器体へといった器体形態の一連の変化をたどる。型式の中では、装飾の簡略化と完全な放棄という流れが看取される。Ⅱ型式には、後期サルマタイの墓、レベデフカⅥ墓群37号墳出土の鍑（No.18）がある（後2世紀後半～3世紀初）。しかし、その形態上の特徴は、実際には前5～1世紀の鍑と同じである。また、いくつかのサウロマタイの鍑のように一度の鋳造で製作されているという特徴すらもっている。しかし、このレベデフカの鍑は、加工の面でサウロマタイの鍑とは一線を画す。この鍑（No.18）によく似ているのが、後2世紀に比定されるⅣ型式のミロラドフカ村の1号墳3号墓出土鍑（図3：No.21）である。この鍑もまた、一度の鋳造でつくられている。レベデフカの鍑と同様に、把手、圏足の形態がサウロマタイや前期サルマタイの鍑に類似しているが、全く独特の器体をもつ。

Ⅴ～Ⅷ型式間の発展は器体形態の変化と圏足の消失にという方向に沿ってすすむ。Ⅴ型式の椀形器体にラッパ形圏足をもつ鍑から、Ⅵ型式の口縁部に向かって細くなる半球形器体、ラッパ形圏足をもつ鍑、さらに同様の器体をもつが圏足の消滅するⅦ型式、最後に卵形器体で圏足をもたないⅧ型式へと到達する。同時に若干の例外も存在する。

ヴィソチノⅤ墓群27号墳2号墓出土のあまり大きくない鍑（前4世紀末～3世紀初）（図8：No.73）はⅧ型式に属する。これはまた、スキタイ型式の鍑と共に副葬された一例でもある。しかし、それはサウロマタイの鍑同様の把手を有しており、器体には中～後期サルマタイに特徴的な縄状紋がめぐり、さらに器体の形態は後期サルマタイの鍑に近い。これら全てを考慮すると、この鍑は2世紀後半～3世紀前半の後期サルマタイの鍑と同一の型式に入ると思われる。

シュルツ村B4号墳出土鍑も同様にⅧ型式に属し、前2～前1世紀であるが、粗雑で鋳造がよくない。だが、この鍑もまた圏足なしで製作されて用いられ、器体の形態からは後期サルマタイの鍑と同一の型式に入ることが明らかになった。Ⅷ型式の残りの例は後期サルマタイのものとすることができ、その差異は主に把手の形態に認められる。

Ⅹ～ⅩⅢ型式の間には、なんらかの連続した発展を見出すことはできないだろう。というのも、これらの型式は後1～2世紀後半の間、おおよそ一時期に存在しているためである。これら全ての鍑は多種多様だが、私の考えでは、Ⅸ型式の唯一の鍑に起源をもつ。それは前5世紀の半楕円形器体とラッパ形圏足をもつソボレフスキー古墳出土鍑（図2；図8：No.105）である。前1世紀後半から紀元前後に年代付けられるペスチャヌィ（図8：No.106）やヴォズドヴィジェンカヤ出土鍑（No.107）もこの型式に加えられる。それに続く一群の鍑は、中・下位型式の驚くべき多様さを見せる。ここでは把手や注口、圏足の形に様々な組み合わせの鍑を見ることができる。把手は、しばしば馬・山羊・鹿・猪などの形をとっている。特にカリミウス川出土の鍑（No.132）は独特である。注口は雄牛の頭部を象り、側面の把手は鹿形であり、蓋の上には2人の人物の坐像がついている。人物の1人は手に杯をもち、鍑そのものの側面には鳥像が配されている。類似の容器の祭祀的性格についてはすでに他文献で言及されている［Skripkin 1970, p.203-206；

Bokovenko 1977, p.234；Kosyanenko, Flerov 1978, p.203]。

　鍑の出土分布は次のようになる。Ⅰ～Ⅳ型式はドン川下流域から南ウラルまで一様にみられる。ドン川下流域では、より多く分布する。一例のみクバン川流域より出土している（付図1）。

　Ⅴ型式の鍑は全7例ではあるが、クバン川流域、ドン川下流域、ヴォルガ・ドン河間地帯、西南ウラル地方まで分布がみられる（付図1）。

　Ⅵ型式の鍑は、ドン川下流域、ヴォルガ・ドン河間地帯、クバン川流域、ヴォルガ川東岸一帯で知られており、実質的には西南ウラル地方にはみられない（付図2）。

　Ⅶ・Ⅷ型式の鍑は、ドン川下流では稀れで、クバン川流域には存在せず、ほとんどがヴォルガ・ドン河間地帯の北部、ヴォルガ川東岸、西南ウラル地方から出土する（付図3）。

　Ⅸ～XIII型式は、Ⅵ型式と同様の分布を示す。これらの型式は時期が一部重なり、時には同じ墓にみられることさえある。他にウクライナで発見される例があり、西南ウラル地方では実質的に出土例がない（付図4）。

　全体として、サウロマタイ・サルマタイの鍑が集中して分布している地域は、4つに分けることができる。

　1) 第1は、ドン川下流域。ここではサウロマタイ、前期・中期・後期サルマタイの出土例がある。このように、各時期のきわめて多種多様な鍑が集中しているのは、様々な遊牧民の交易センターとして機能していたタナイスに近かったためであろう。

　2) ヴォルガ・ドン河間地域とヴォルガ川東岸地域もひとつの大きな分布域にまとめることができる。その南部には古い型式の鍑があり、北部には新しい型式の鍑がある。

　3) 西南ウラル地方には、前期、後期の鍑が分布するが、後1世紀から2世紀前半までの資料が欠落している。

　4) 逆にクバン川流域では後期の型式の鍑がなく、前1世紀～後2世紀前半に特徴的な鍑が多くみられる。

4．サウロマタイ・サルマタイの鍑の製作技法

　サウロマタイ・サルマタイの鍑は、1度しか使用できない土製外型に獣脂製原型を用いて製作された。鋳造にあたっては常に鍑の底部を上にした。鋳型の周囲に炉、あるいはかまどをつくり、これによって鍑の獣脂型が焼失した。基本的な差異は鋳型の構造のあり方に限られていた。

（1）サウロマタイの鍑

　すでに前5世紀から、サウロマタイの鋳造方法には2種類あったといえる。1つは、器体・把手部・圏足を一度に鋳造する方法である。もう1つは、最初に器体と把手部を同時に鋳造し、その後圏足を付け加える。この2つの種類は前3世紀まで共存する。

　鋳型の製作過程は次のように復元することができる。

　第1の種類は、まず、真ん中がやや盛り上がった台を準備し、その上にゴブレット形もしくは

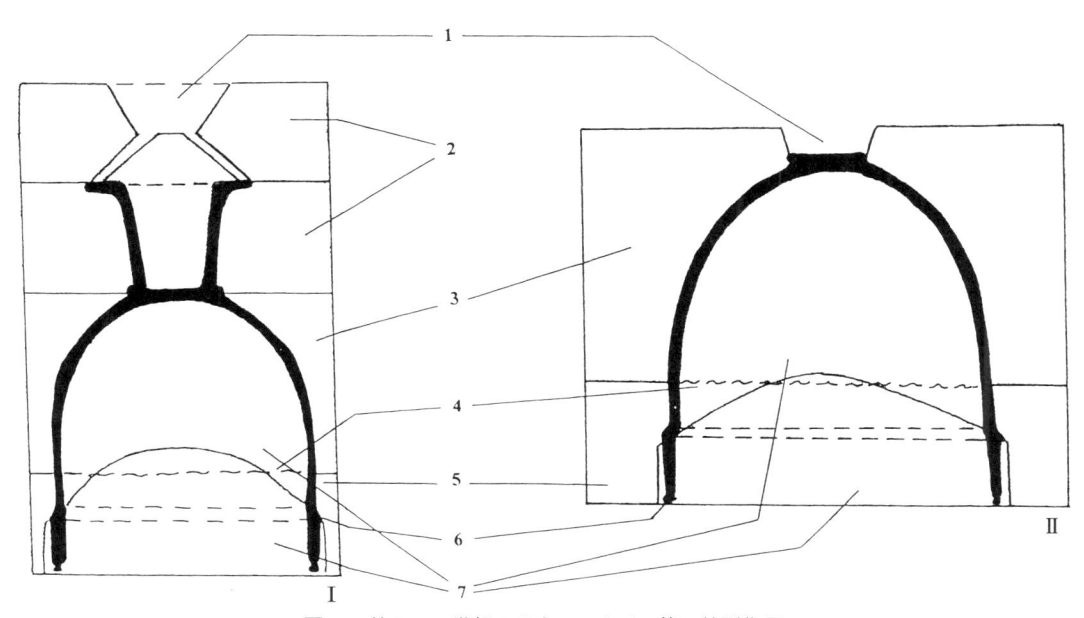

図11　前5～4世紀のサウロマタイの鍑の鋳型復元
1.湯口、2.圏足原型と湯口システムを有する鋳型、3.器体外型の上部、4.鋳型の継ぎ目、5.器体外型の下部、6.原型獣脂部、7.二段構成の中子

逆ベル形の中子を製作する。それから、その上に、後の器体の厚みで獣脂の「被膜」を被せる。この台の下部には隙間が残されていて、そこで鍑の原型の口縁部に、1つ突起の付く半円形把手の原型を接合する。原型の表面を、枝や紐の骨組みで保護することもある。また、原型の外表面に紋様が施されることもある。この後、把手のついた器体原型の全体を2段にわけて、粘土をつけて外型をつくる。最初に下1/3ほど、つまり台の把手の原型のあるところまで粘土で被う。その後、残った原型の底部まで粘土で被う。この原型の底部に、ラッパ形圏足の原型と湯口が接合される。湯口は圏足の径の広い方の端に設けられる（図11-Ⅰ）。

　第2の種類では、器体原型と外型は第一の方法と同様に製作される。けれども、圏足原型は接合されず、金属は直接、器体の底部に流し込まれる（図11-Ⅱ）。器体製作後、底部に1～4箇所の孔を設け、圏足を鋳出す。金属を流すための孔は圏足原型の上側にあたる、径の広い部分に残される。器体の底の数箇所の孔は、内側から半円形の凹みのある丸くて平らな粘土の塊によってふさがれる。この粘土が、「鋲」をつくることになる。金属は、器体にあった湯口の痕跡をつつみこみ、孔に流れ込んで、鍑の内側に「鋲」を鋳出すのである。金属が冷え切った後に、この型は打ち砕かれる（図13）。

（2）サルマタイの鍑

　前期サルマタイ文化の形成された前4世紀（訳者註：p.293に指摘されているように、サウロマタイ・サルマタイ文化各期の開始時代については、地域によりずれがある）の西南ウラル地方では、鍑の製作にあたって若干だが新しい要素が現れ始める。まず、中子の形態が変化する。それは椀形を呈するようになる（Ⅴ型式）。胴の中ほどには、縄状紋が登場する。それは、単に装飾効果と

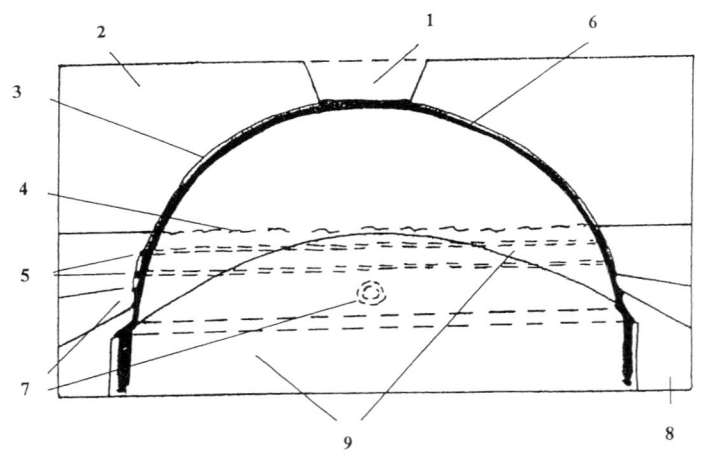

図12　前4〜3世紀におけるサルマタイの鍑の鋳型復元、
　　　3つ突起のあるループ型垂直把手がつく例
1．湯口、2．器体外型の上部、3．植物性骨組、4．鋳型の継ぎ目、5．縄、
6．原型獣脂部、7．溶融した獣脂と燃焼した植物性骨組の残りの排出孔、
8．器体外型の下部、9．二段構成の中子

いうよりは、機能的な意味をもつ縄そのものである。つまり、粘土で外型をつくる際の破損を避けるために、鍑の原型の獣脂層を保護した骨組を縛っていたのである。把手には1つの突起のかわりに3つの突起が付くようになる。鋳型の下1/3には2〜4箇所、孔があけられる。これらを通じて焼失しなかった獣脂の原型の残りが排出される。前4世紀末〜3世紀初にはこのような特徴のある鍑がヴォルガ川下流域とドン川流域に登場する。

　しかし、中子の下にはこれまでのように真ん中がやや盛り上がった台が用いられている。この型式の前期サルマタイの例には、サウロマタイの鍑にみとめられる製作技法との差異も存在する。器体鋳型と圏足鋳型の製造過程は、サウロマタイの鍑の2つのグループの上記製作過程に類似する（図12）。

　前2世紀には、サルマタイの鍑の製作技法に再び若干の変化がある。一度に鋳造する技法が消滅するのである。この時期から、全ての鍑は、器体と圏足が別々に鋳造されるようになる。中子の形も変わり、口縁部へ向かって径が狭まる半球形が登場し、それは後2世紀の後半まで続くことになる。そして、本稿で対象とする地域には、Ⅵ型式の鍑が登場する。前1世紀の後半からは、製作にあたって、主に球形の中子を用いるⅨ〜ⅩⅢ型式の鍑も広まっていく。より小型で、動物を象った把手や注口をもつ点で、Ⅵ型式の鍑と異なる。しかし、それらは1つの墓から同時に見つかることがしばしばあり、また、同一の製作技法を用いている。中子の構造自体も変化する。真ん中がやや盛り上がった台は、円錐形に変わる。この時から、単なる台ではなく、2つの部分が上下に重なる中子となる。

　かくして、Ⅵ・Ⅸ〜ⅩⅢ型式の鍑の鋳造過程は次のようになる。最初に中子の下部にあたる円錐形の部分を用意し、その上に、上部にあたる半球形もしくは球形の部分が被せられる。できた中子に獣脂の膜がつけられ、その上に、今度は中央部を縄で締めた保護用の骨組みが被せられる。鍑の原型口縁部には、3つ突起垂直半円形の把手、下部には半円形の耳、あるいは動物形把手の原型が、接合される。2つの段階を経てつくられたものは、外型となる粘土で覆われる。その上部には湯口の穴が残される。型の周りに炉（一時的もしくは恒常的な）がつくられ、下部の壁に2〜4箇所の孔があけられる。火がおこされ、鋳型が焼かれると、獣脂と可燃性の植物質の骨組と縄の残りは溶出した。その後、これらの孔は粘土の「栓」によって塞がれ、鋳型には金属が注ぎ

図14 後2世紀後半～3世紀におけるサルマタイの鍑の鋳型復元
1．湯口、2．器体外型の上部、3．植物性骨組、4．鋳型の継ぎ目、5．縄、6．原型獣脂部、7．溶融した獣脂と燃焼した植物性骨組の残りの排出孔、8．器体外型の下部、9．二段構成の中子

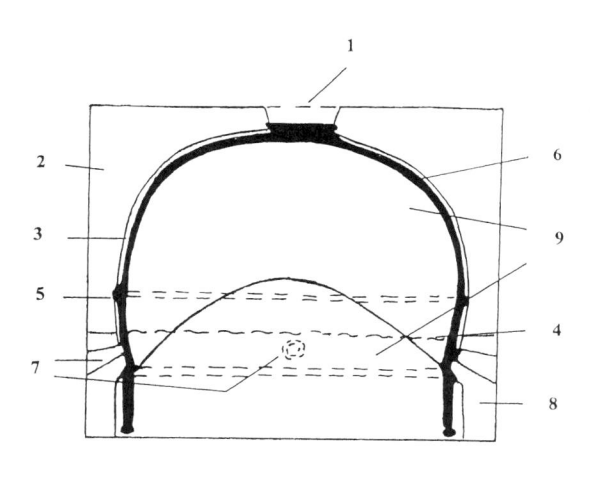

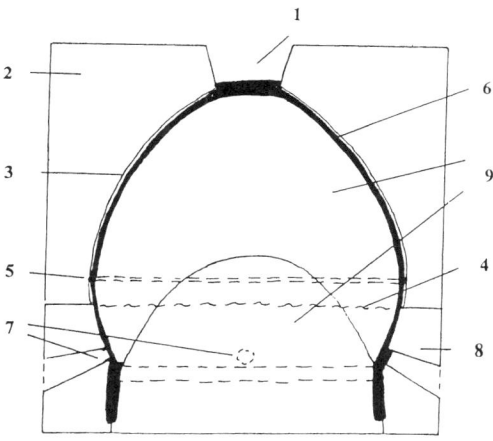

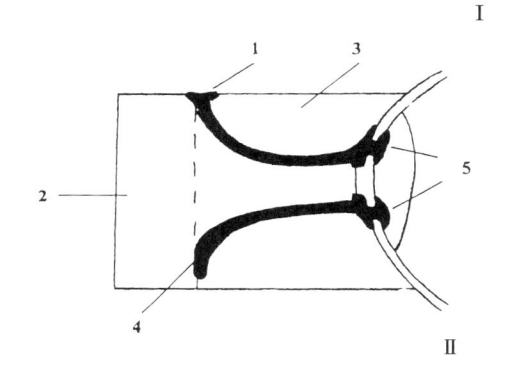

図13 前2、1世紀～後2世紀後半におけるサルマタイの鍑の鋳型復元
Ⅰ 器体鋳型：1．湯口、2．器体外型の上部、3．植物性骨組、4．鋳型の継ぎ目、5．縄、6．原型獣脂部、7．溶融した獣脂と燃焼した植物性骨組の残りの排出孔、8．器体外型の下部、9．二段構成の中子
Ⅱ 圏足鋳型：1．湯口、2．圏足原型、3．圏足外型、4．原型獣脂部、5．鋳造鋲

込まれた（図13-Ⅰ）。

圏足の接合過程は、前期サルマタイの鍑の過程と同様である（図13-Ⅱ）。

前2世紀の後半、鍑の製作技法に再び若干の変化がみられる。Ⅶ・Ⅷ型式の鍑が登場する。これらの基本的な特徴は、圏足の製作をやめたことにある。中子の形態は、卵形が多くなる。しかし、中子の構造や製作工程は、先行する時期と変わらない（図14）。

鋳造鍑の合金の成分の研究により、前5～4世紀のサウロマタイの鍑（Ⅰ～Ⅲ型式）は、ほぼ純銅（Cu 99.7%）であることが判明した。前4～3世紀の前期サルマタイの鍑（Ⅴ型式）は、既に青銅製である。合金の成分としては、主として、錫（Sn 0.04～7%）、鉛（Pb 0.1～11%）が用いられている。同様の合金（Sn 0.03～22%、Pb 0.2～13.6%）が最も広く分布するのは前2世紀からで、Ⅵ、Ⅸ～ⅩⅢ型式の広まりと関連している。最後に、後期サルマタイの鍑の合金は、再び錫（Sn 0.01～0.85%）と鉛（Pb 0.04～4.5%）の配合が低くなるという特徴がある〔Demidenko 2000, PrilozhenieⅡ, tablitsa 17〕。

私の考えでは、これらの事実は、一方ではサウロマタイ・サルマタイの鋳造鍑の発展過程における継承を、他方では新しい要素を明確に描き出している。さらに、サルマタイ諸族の鋳造技術

の発展には、なんらかの長期にわたる断絶がなかったことを証明し、また、「サウロマタイ・サルマタイ文化歴史共有体」の範囲内で、ヴォルガ川下流域、ドン川流域、クバン川流域、ウラル西南地方の初期遊牧民間に統合性があったとする考えが正しかったことを裏付けている。

5．サウロマタイ・サルマタイ諸族の埋葬儀礼における鍑

「サウロマタイ・サルマタイ文化歴史共有体」諸族の埋葬儀礼の中で、どのように鍑を用いているかについて若干述べたい。

私が数え上げたところでは、鋳造鍑は153点、鍛造鍑は32点である[3]。そのうち、38点は偶然発見されたもので、145点は122箇所の埋葬遺跡より出土したものである。埋葬から出土したもののうち、サウロマタイ・サルマタイの埋葬儀礼について充分に情報が示されている92例を抽出した。57例は未盗掘であるが、35例は多かれ少なかれ攪乱を受けたり、部分的な盗掘を受けていた。92例中、埋葬施設の中で鍑の位置が確認されたのは91例である。通常、ほとんどの被葬者（90例）は伸展葬で、ただ1例だけ火葬（Koloniya Roleder, k. 3）がみとめられた。

通例、鍑は完全な埋葬では直接墓室に納められていた。私は、このような例を76例指摘できる。このうち58例では、鍑は墓の床面で被葬者と並んで発見され、2例では、被葬者の上方となる覆土中に、8例では壁龕内、6例では墓室床面中央の被葬者直下に設けられた隠し穴に、2例では、シャフト墓（洞室墓・偏室墓）の竪穴の階段上に出土している。14例では、古墳の盛土と関係があり、4例は盛土中から直接、8例は旧地表面上（もしくは墓の排土）に、2例は墓室の範囲外に設けられた隠し穴から発見された。

49例の鍑は、埋葬施設中に完形で置かれ、30例は器体に穴、圏足の破損、切断具もしくは突く道具による傷みが見受けられ、8例は実質的に完全に壊されており、4例では墓室の床面に鍑の断片が散らばっていた。

墓には、通例、1点の鍑が置かれていた。このような例は73例記録した。埋葬施設中に各2点みられるのは14例、各3点の出土は3例が報告されている。

直接鍑の中に食物の痕跡が発見されたのは11例である。そのうち、3例は大型の有角家畜（牛）、5例は馬、3例は小型の有角家畜（羊や山羊）であった。しかし、ほとんどの例では鍑の中に食物痕跡は確認されていない（80例）。

被葬者の性別の判明している墓（60例）における鍑の出土傾向の観察も興味深い。男性の埋葬中には26例、女性では27例、小児は2例、男女合葬では3例、女性と幼児の合葬では2例の鍑の副葬がみられる。

鍑が出土する全ての古墳は、通例盛土をもつが（86例）、若干の例では、盛土下に木造構築物（3例）や稀れに積石（2例）が観察された。被葬者の数と埋葬中の鍑の数はお互いに関係しない。

（3）輸入された鍛造鍑は、サルマタイの墓葬で前2世紀から登場する。埋葬儀礼では、鍛造鍑も鋳造鍑と同様の役割を果たしていたため、ここでの考察の対象としている。

1人の被葬者に対して、1点の鍑が66例にみられ、2人に対して1点が9例、5人の例が1例である。4例は空墓に発見された（11例は被葬者に関する報告自体が欠けている）。

　サウロマタイ・サルマタイ諸族には、埋葬施設中に一対の鍑（1点は大型、1点は小型）を副葬する伝統があったことも指摘しておかなければならない。まず、この伝統は、サウロマタイ期の前5～4世紀にあったことが知られている。その後、この伝統は影をひそめ、再び、紀元前後の中期サルマタイに出現する。しかし、広く分布するのは、ようやく後1世紀の後半からで、2世紀の中葉まで続く。後期サルマタイには再び姿を消す。

　興味深いのは、ドン川下流域の後1世紀に当たるソニノ古墳群の1基のサルマタイの墓である。ここからは、鍑形土製品［Maksimenko 他 1972］が出土している。サルマタイの墓葬では、実用ではないミニアチュールの青銅鍑も出土している［Rau 1927, pp.34-35；Korenyanko, Naidenko 1977, pp.230-248］。

　このように、鍑は、サウロマタイ・サルマタイ諸族の埋葬儀礼の中で、前5世紀～後4世紀という彼らが存在した全期間にわたって用いられていた。

6．おわりに

　鋳造鍑の総合的な研究から、サウロマタイ・サルマタイ諸族には固有の青銅鋳造技法が存在し、それは、戦争やその他の衝突にもかかわらず、なんら断絶することもなく前5～後4世紀の間に発展していったことが確認される。サウロマタイ・サルマタイの鍑は独自のグループを形成し、ユーラシアの近隣地域の類似遺物とははっきりと区別される。サウロマタイ・サルマタイの鍑の製造技法のそれぞれの発展過程で、その時期にのみ特徴的な新しい要素がみとめられ、その一方で、前時代に特徴的な要素も温存されている。このことは、独特な「過渡的な」鍑の存在によって、よく示されている。

　新しい型式の鍑の出現と分布は、青銅鋳造技法が発展したこと、そしてまたサウロマタイ・サルマタイ諸族の様々な集団が歴史上の様々な時期に移動したことと関連づけられるのである。

参考文献

Bagrikov, Senigova　Багриков Г.И., Сенигова Т.Н.
　1968　Открытие гробниц в Западном Казахстане (II-IV и XIV вв.) *Известия АН Казахской ССР. Серия общественных наук.* No. 2.

Berkhin　Берхин И.П.
　1961　О трех находках позднесарматского времени в Нижнем Поволжье. *АСГЭ.* Вып. 2.

Bespalyi　Беспалый Е.И.
　1985　Курган I в.н.э. у г.Азова. *СА.* No. 4.
　2000　Позднесарматское погребение из могильника Высочино V на водоразделе между Кагальником и Доном. *Материалы и исследования по археологии*

Дона. Вып. 1. Ростов-на-Дону.

Bokovenko   Боковенко Н.А.

   1977   Типология бронзовых котлов сарматского времени в Восточной Европе. *СА*. No. 4.

Botalov   Боталов С.Г.

   1993   Большекараганский могильник II–III вв. н. э. Кочевники Урало-Казахстанских степей. Екатеринбург.

Demidenko   Демиденко С.В.

   1994   Технология изготовления литых котлов и некоторые проблемы сарматской истории. *Проблемы истории и культуры сарматов: Тезисы докладов международной конференции*. Волгоград.

   1997   Типология котлов савромато-сарматского времени с территории Нижнего Поволжья, Подонья и Северного Кавказа. *Древности Евразии*. М.

   2000   *Бронзовые котлы раннего железного века как источник по истории и культуре древних племен Нижнего Поволжья и Южного Приуралья*. Диссертация на соискание ученой степени кандидата исторических наук. М.

Demidenko, Mamontov   Демиденко С.В., Мамонтов В.И.

   1993   Сарматские погребения из кургана 10 могильника Первомайский X. *Древности Волго-Донских степей*. Вып. 3. Волгоград.

   1997   Курганный могильник Первомайский X. Древности Евразии. М.

Demidenko S.V., Zhuravlev D.V.

   1997   《Kruglyj Kurgan》. Eine Gesamtvorlage des Materials aus den Grabungen des Barons V. G. Tuesenhausen. *Eurasia Antiqua*. Band 3.

Demidenko, Zhuravlev, Treister   Демиденко С.В., Журавлев Д.В., Трейстер М.Ю.

   1997   《Круглый курган》 из раскопок В. Г. Тизенгаузена. *Древности Евразии*. М.

Ditler   Дитлер П.А.

   1972   Комплекс из кургана у аула Кунчукохабль. *Сборник материалов по археологии Адыгеи*. Майкоп. Т. 3.

Dudarev, Navrotckii   Дударев С.Л., Навротский Н.И.

   1994   Бронзовый котел из собрания Армавирского музея. *Вторые чтения по археологии Кубани*. Армавир.

Fedorov-Davydov   Федоров-Давыдов Г.А.

   1987   *Статистические методы в археологии*. М.

Gorodtsov   Городцов В.А.

   1905   Материалы археологических исследований на берегах р. Донца Изюмского уезда Харьковской губернии. *Тр. XII АС*. Т. I. М.

Grakov   Граков Б.Н.

   1965   Заметки по скифо-сарматской археологии. *МИА*. No. 130.

Guguev, Bezuglov   Гугуев В.К., Безуглов С.И.

   1990   Всадническое погребение первых веков нашей эры из курганного некрополя Кобякова городища на Дону. *СА*. No. 2.

Gushchina, Zasetskaya   Гущина И.И., Засецкая И.П.

    1989   Погребения Зубовско-Воздвиженского типа из раскопок Н. И. Веселовского в Прикубанье. *Тр. ГИМ.* Вып. 70. М.

    1992   К вопросу о хронологии и происхождении «Золотого кладбища» в Прикубанье. *Проблемы хронологии сарматской культуры.* Саратов.

    1994   *«Золотое кладбище» римской эпохи в Прикубанье.* СПб.

Il'yukov   Ильюков Л.С.

    1986   Grave 43 in the Barrow Cemetry «Novy». Raev *B. A., Roman Imports in the Lower Don Basin. BAR. International Series.* 278. Oxford.

    2001   Курган с погребениями раннесарматского времени. *Материалы по археологии Волго-Донских степей.* Вып. 1. Волгоград.

Il'yukov, Vlaskin   Ильюков Л.В., Власкин М.В.

    1987   Канфары из сарматских погребений левобережья р. Сал. *Античная цивилизация и варварский мир в Подонье-Приазовье (Тезисы докладов к семинару).* Новочеркасск.

    1992   *Сарматы междуречья Сала и Маныча.* Ростов-на-Дону.

Khabdulina   Хабдулина М.К.

    1994   *Степное Приишимье в эпоху раннего железного века.* Челябинск.

Khabdulina, Malyutina   Хабдулина М.К., Малютина Т.С.

    1982   Погребальный комплекс V-IV вв. до н. э. из Челябинской области. *КСИА.* Вып. 170.

Korenyako, Gorbenko   Кореняко В.А., Горбенко А.А.

    1975   Котел сарматского времени в Азовском музее. *СА.* No. 2.

Korenyako, Naidenko   Кореняко В.А., Найденко А.В.

    1977   Погребения раннего железного века на р. Томузловка. *СА.* No. 3.

Kostenko   Костенко В.И.

    1978   Комплекс с фаларами из сарматского погребения у с. Булаховка. *Курганные древности степного Поднепровья III-I тыс. до н. э.* Вып. 2. Днепропетровск.

Kostyuk   Костюк Л.И.

    1975   *Сарматское погребение у с. Давыдов Брод Херсонской области. 150 лет Одесскому музею (Тезисы докладов юбилейной конференции).* Киев.

Kosyanenko, Flerov   Косяненко В.М., Флеров В.С.

    1978   Бронзовые литые котлы Нижнего Подонья (к вопросу о типологии и хронологии). *СА.* No. 1.

Lopatin   Лопатин В.А.

    1997   Позднесарматское захоронение из степного Заволжья. *Археологическое наследие Саратовского края. Охрана и исследования в 1996 году.* Саратов.

Lukashov, Pryamukhin   Лукашов А.В., Прямухин А.Н.

    2002   Савромато-сарматские погребения у с. Белокаменка. *Нижневолжский археологический вестник.* Вып. 5. Волгоград.

Maksimenko   Максименко В.Е.

1983 *Савроматы и сарматы на Нижнем Дону.* Ростов-на-Дону.

1984 *Савроматские кенотафы Сладковского могильника. Древности Евразии в скифо-сарматское время.* М.

Maksimenko, Smirnov, Gorbenko, Luk'yashko Максименко В.Е., Смирнов К.Ф., Горбенко А.А., Лукьяшко С. И.

1984 Курган у пос. Шолоховский. *Смирнов К. Ф., Сарматы и утверждение их политического господства в Скифии.* М.

Maksimov Максимов Е.К.

1966 Сарматские бронзовые котлы и их изготовление. *СА.* No. 1.

Mamontov Мамонтов В.И.

1993 Раннесарматское погребение у пос. Вертячий на Дону. *Древние культуры Подонцовья.* Вып. 1. Луганск.

1994 Курганный могильник Антонов I. *Древности Волго-Донских степей.* Волгоград. Вып. 4.

2000 *Древнее население левобережья Дона (по материалам курганного могильника Первомайский VII).* Волгоград.

Marchenko Марченко И.И.

1984 Впускные сарматские погребения правобережья Кубани (Калининская курганная группа). *Археолого-этнографические исследования Северного Кавказа.* Краснодар.

1996 *Сираки Кубани.* Краснодар.

Medvedev A.P., K.Yu.Yefimov

1986 Sarmatian Barrow with Roman and Chinese Import in the middle Don Region. Raev B. A., *Roman Imports in the Lower Don Basin. BAR.* International Series. 278. Oxford.

Minasyan Минасян Р.С.

1986 Литье бронзовых котлов у народов степей Евразии (VII в. до н. э.–V в. н. э.) *АСГЭ.* No. 27.

Mordvintseva, Sergatskov Мордвинцева В.И., Сергацков И.В.

1995 Богатое сарматское погребение у станции Бердия. *РА.* No. 4.

Moshkova Мошкова М.Г.

1956 *Производство и основной импорт у сарматов Нижнего Поволжья. Диссертация на соискание ученой степени кандидата исторических наук.* М.

1991 Основные проблемы сарматской археологии. *КСИА.* Вып. 204.

Mukhopad Мухопад С.Е.

1984 Сарматские погребения с бронзовыми котлами в Орельско-Самарском междуречье. *Проблемы археологии Поднепровья.* Вып. I. Днепропетровск.

Mys'kov, Sergatskov Мыськов Е.П., Сергацков И.В.

1994 Позднесарматские комплексы на Нижнем Дону. *РА.* No. 2.

Mys'kov, Kiyashko, Skripkin Мыськов Е. П., Кияшко А. В., Скрипкин А. С.

1999 Погребение сарматской знати с Есауловского Аксая. *Нижневолжский археологический вестник.* Вып. 2. Волгоград.

OAK OAK
- 1903 *OAK за 1901 год.* СПб.
- 1918 *OAK за 1913-1915 гг.* Петроград.

Odesskii arkheorogicheskii muzei Одесский археологический музей
- 1983 *Одесский археологический музей АН УССР.* Киев.

Otschir-Goriaeva M.
- 2002 Das sarmatische Grab von Jaškul', Kalmykien. *Eurasia Antiqua.* Band 8. Berlin.

Pazukhin Пазухин В.А.
- 1970 Как все же отливали сарматские котлы. *СА.* No. 4.

Petrichenko, Shramko, Solntsev, Fomin Петриченко О.М., Шрамко Б.А., Солнцев Л.О., Фомин П.Д.
- 1970 Похождення техники лиття бронзових казанів раннього зализного віку. *Нариси з історії природознавства и техніки.* Київ.

Raev Раев Б.А.
- 1972 Богатое сарматское погребение 3-го Соколовского кургана. *Вестник ЛГУ.* No. 4.
- 1979 *Каталог археологических коллекций Музея истории Донского казачества.* Новочеркасск.
- 1986 *Roman Imports in the Lower Don Basin. British Archaeological Reports, International Series* 278, Oxford.

Rau P.
- 1927 *Prähistorische Ausgrabungen auf der Steppenseite des deutschen Wolgagebiets im Jahre 1926.* Pokrowsk.

Sergatskov Сергацков И.В.
- 2000 *Сарматские курганы на Иловле.* Волгоград.
- 1964 *Савроматы.* М.

Shchukin Щукин М.Б.
- 1992 Некоторые замечания к хронологии Зубовско-Воздвиженской группы и проблема ранних алан. *Античная цивилизация и варварский мир.* Ч. I. Новочеркасск.
- 2004 Некоторые замечания о методиках хронологических расчетов эпохи Латена, римского времени и сарматской археологии. *Сарматские культуры Евразии : поблемы региональной хронологии. Доклады к 5 международной конференции «Проблемы сарматской археологии и истории».* Краснодар, 2004.

Shelov, D. B. Шелов Д.Б.
- 1983 Римские кувшины и амфоры в Восточной Европе. *СА.* No. 4.
- 1984 *Танаис и Нижний Дон в первые века нашей эры.* Саратов.

Shelov, V. P. Шилов В.П.
- 1959 Калиновский курганный могильник. *МИА.* No. 60.
- 1961 Раскопки Елизаветинского могильника в 1959 г. *СА.* No. 1.
- 1975 *Очерки по истории древних племен Нижнего Поволжья.* Л.

Shramko Шрамко Б.А.

1962 *Древности Северского Донца*. Харьков.

Shtern Штерн Э.Фон

1911 Несколько античных бронз из коллекции Одесского музея. *ЗООИД*. Т. XXIX.

Simonenko Симоненко А.В.

1993 *Сарматы Таврии*. Киев.

Skripkin Скрипкин А.С.

1970 Случайные находки сарматских котлов на территории Волгоградской области. *СА*. No. 4.

1990 *Азиатская Сарматия*. Саратов.

2000 О китайских традициях в сарматской культуре. *Античная цивилизация и варварский мир*. Краснодар.

Smirnov Смирнов К.Ф.

1964 *Савроматы*. М.

Vinogradov Виноградов В.Б.

1963 *Сарматы Северо-Восточного Кавказа*. Грозный.

Yudin Юдин А.И.

1997 Сарматские погребения из курганов у с. Верхний Еруслан. *Археологическое наследие Саратовского края. Охрана и исследования в 1996 году*. Саратов.

Zhelezchikov, Kriger Железчиков Б.Ф., Кригер В.А.

1980 Раскопки в окрестностях села Лебедевка. *АО 1979 года*. М.

Zasetskaya, Marchenko Засецкая И.П., Марченко И.И.

1995 Классификация стеклянных канфаров позднеэллинистического и раннеримского времени. *АСГЭ*. No. 32.

Zakharov Захаров А.В.

2000 Сарматское погребение в кургане «Крестовый». *Сарматы и их соседи на Дону : Материалы и исследования по археологии Дона*. Вып. 1. Ростов-на-Дону.

Zdanovich, Khabdulina Зданович Г.Б., Хабдулина М.К.

1987 *Курган Темир. Ранний железный век и средневековье Урало-Иртышского междуречья*. Челябинск.

Zhdanovskii Ждановский А.М.

1985 *История племен Среднего Прикубанья во II в. до н. э.-III в. н. э. Диссертация на соискание ученой степени кандидата исторических наук*. М.

1990 Новые погребения кочевников сарматского круга из Закубанья. *Древние памятники Кубани*. Краснодар.

アルヒーフ資料（研究所保管の調査報告書）

Anfimov Анфимов Н.В.

1958 Отчет об археологических работах в Краснодарском крае в 1958 г. // Архив ИА РАН. Р-1, No. 2796.

Bespalyi Беспалый Е.И.

1983　Отчет о работах Приморской археологической экспедиции АКМ за 1983 г. // Архив ИА РАН. Р-1, No. 9887.

1985　Отчет о работе Приморского отряда археологической экспедиции АКМ за 1985 г. // Архив ИА РАН. Р-1, No. 10859.

1986　Отчет о работе Приморского отряда археологической экспедиции АКМ за 1986 г. // Архив ИА РАН. Р-1, No. 11387.

1987　Отчет о работе Приморского отряда археологической экспедиции АКМ за 1987 г. // Архив ИА РАН. Р-1, No. 12382.

Dvornichenko, Plakhov, Fedorov-Davydov　Дворниченко В.В., Плахов В.В., Федоров-Давыдов Г.А.

1984　Отчет о работе Енотаевского отряда Поволжской археологической экспедиции в 1984 г. // Архив ИА РАН. Р-1, No. 10879.

Lisitsin　Лисицын И.В.

1973　Отчет о работах Городищенского отряда в 1973 г. // Архив ИА РАН. Р-1, No. 5117.

Luk'yashko　Лукьяшко С.И.

1978　Отчет о работах Приморской археологической экспедиции в 1978 г. // Архив ИА РАН. Р-1, No. 7322.

Mamontov　Мамонтов В.И.

1974　Отчет о работе Приволжского отряда ЛОИА АН СССР в 1974 г. // Архив ИА РАН. Р-1, No. 5402.

1993　Отчет о работе Приволжского отряда СПб. ИИМК РАН в 1993 г. // Фонды НИС ВГПУ.

Pogodin　Погодин Л.И.

1989　Отчет об археологических исследованиях в Нижнеомском и Горьковском районах Омской области. Архив ИА РАН. Р-1, No. 13932-35.

Savchenko, Kazakova　Савченко Е.И., Казакова Л.М.

1980　Отчет об исследовании археологических памятников в зоне строительства Мартыновской оросительной системы в 1980 г. // Архив ИА РАН. Р-1, No. 8089.

Shilov　Шилов В.П.

1960　Отчет о работе Южно-Донской археологической экспедиции в 1960 г. // Архив ИА РАН. Р-1, No. 2156.

1966　Отчет о раскопках Астраханской археологической экспедиции в 1966 г. // Архив ИА РАН. Р-1, No. 4625.

1975　Отчет о работах Волго-Донской археологической экспедиции в 1975 г. // Архив ИА РАН. Р-1, No. 6470.

1977　Отчет о раскопках Волго-Донской археологической экспедиции в 1977 г. // Архив ИА РАН. Р-1, No. 9530.

Shnadshtein　Шнадштейн Е.В.

1970　Отчет о раскопках Черноярского отряда Астраханской экспедиции ЛОИА АН СССР в 1970 г. // Архив ИА РАН. Р-1, No. 4711.

Uzyanov　Узянов А.А.
　　1975　Отчет Донской экспедиции ИА АН СССР. Ростовская область. Работы Багаевского отряда. Архив ИА РАН. Р-1, No. 8107.

Voronina　Воронина Р.Ф.
　　1973　Отчет о работах Второго Манычского отряда Донской археологической экспедиции за 1973 год. Архив ИА РАН. Р－1, No. 5642.

略号

АО	－ Археологические открытия. М.
АСГЭ	－ Археологический сборник Государственного Эрмитажа. Л.
ВДИ	－ Вестник древней истории. М.
ВГПУ	－ Волгоградский государственный педагогический университет.
ВолГУ	－ Волгоградский государственный университет.
ВОКМ	－ Волгоградский областной краеведческий музей.
ЗООИД	－ Записки Одесского общества истории и древностей. Одесса.
ИАК	－ Известия Императорской археологической комиссии. СПб.
ИА РАН	－ Институт археологии Российской Академии наук
КСИА	－ Краткие сообщения Института археологии. М.
КСИИМК	－ Краткие сообщения Института истории материальной культуры. М.; Л.
ЛОИА АН СССР	－ Ленинградское отделение Института археологии Академии Наук СССР.
МИА	－ Материалы и исследования по археологии СССР. М.; Л.
РА	－ Российская археология. М.
СА	－ Советская археология. М.
САИ	－ Свод археологических источников. М.
Тр. АС	－ Труды Археологического съезда. М.
Тр. ГИМ	－ Труды Государственного Исторического музея. М.
BAR	－ British Archaeological Reports. Oxford.

地名表（先頭番号は分布図・図版と一致）

Ⅰ型式

　No. 1　マズルキ村 s. Mazurki の古墳。ヴォロネジ県 Voronezhskaya gubereniya ノヴォホペルスク郡 Novokhoperskii uezd 。

　No. 2　ソボレフスキー Sobolevskii 古墳、1号鋲。サマラ Samarskaya 県。

　No. 3　ショロホフスキー村 pos. Sholokhovskii の古墳。ロストフ Rostovskaya 州ベロカリトヴェンスク地区 Belokalitvenskii raion 。

　No. 4　スラドコフスキー Sladkovskii 墓群25号墳、1号鋲。ロストフ州タツィンスク Tatsinskii 地区。

　No. 5　スラドコフスキー墓群25号墳、2号鋲。

　No. 6　テミル Temir 古墳、1号鋲。チェリャビンスク Chelyabinskaya 州。

　No. 7　シャガルィ Shagaly 墓、2号墳。

No. 8 オヴシャンカ村 s. Ovsyanka の古墳から偶然発見。サマラ県ブズルク Buzulukskii 郡。

No. 9 ノヴォアクサイスキー Novoaksaiskii 21号墳。ヴォルゴグラド Volgogradskaya 州オクチャブリスク Oktyabr'skii 地区。

No. 10 ベロカメンカ Belokamenka 村 6 号墳 5 号墓。ヴォルゴグラド州スタロポルタフスク Staropoltavskii 地区。

No. 11 コトルバン Kotluban' V 墓群 1 号墳 4 号墓。ヴォルゴグラド州ゴロディシチェンスク Gorodishchenskii 地区。

No. 12 トロイツコエ Troitskoe 村偶然発見。ロストフ州ネクリノフスク Neklinovskii 地区。

No. 13 テミル Temir 古墳、2 号鍑。

No. 14 カリニンスカヤ Kalininskaya 村の 5 号墳10号墓。クラスノダル地方 Krasnodarskii krai。

No. 15 アゾフ市 g. Azov 2 号墳 3 号墓。ロストフ州。

Ⅱ型式

No. 16 ドネツク州 Donetsk 東南部偶然発見。

No. 17 ゾロタヤ・コサ Zolotaya kosa。アゾフ海ミウス Miusskii 半島で偶然発見。

No. 18 レベデフカ Lebedevka Ⅵ墓群37号墳。カザフスタン共和国ウラリスク Ural'sk 州。

No. 151 PKOS1986、2 号墳 9 号墓。クラスノダル地方。(PKOS：Ponuro＝Kalininskaya orositel'naya sistema.)

Ⅲ型式

No. 20 ミアス Mias 川流域 2 号墳。オレンブルク Orenburg 県チェリャビンスク Chelyabinskii 郡。

Ⅳ型式

No. 21 ミロラドフカ Miloradovka 村 1 号墳 3 号墓。ナラトフ Saratov 州クラスノパルティザン Krasnopartizanskii 地区。

Ⅴ型式

No. 22 ベレゾフカ村 s. Berezovka の古墳。チェリャビンスク州。

No. 23 ヴェルテャーチー Vertyachii 村 6 号墳 4 号墓。ヴォルゴグラド州カラチェフスク Kalachevskii 地区。

No. 24 ピャチ・ブラチエフ「5 人兄弟」Pyat'bratev' 墓群 8 号墳。ロストフ州アゾフ Azovskii 地区。

No. 25 クラスノゴルスキー村 pos. Krasnogorskii の古墳。オレンブルク州。

No. 26 ザプラヴノエ s. Zaplavnoe 偶然発見。アストラハン Astrakhan 県ツァレフ Tsarevskii 郡。

No. 149 クレメンスカヤ村 st. Kremenskaya、1917年偶然発見。ドン軍 VoiskaDonskaya 州。

No. 150 アルパチン村 kh. Arpachin 古墳から偶然発見。ロストフ州。

Ⅵ型式

No. 19 アリトゥブ村 kh. Alitub 3 号墳20号墓 (「クレストヴィ Krestovyi」古墳)。ロストフ州アクサイ Aksaiskii 地区。

No. 27 ハタジュカエフスキー・アウル Khatazhukaevskii aul 古墳。クバン Kubanskaya 州。

No. 28 ブラホフカ村 s. Bulakhovka の古墳。ドネプロペトロフスク州パヴログラド地区。

No. 29 ヴェルフニー・エルスラン Verkhnii Eruslan 村 1 号墳 5 号墓。サラトフ州クラスノクトスク Krasnokutskii 地区。

No. 30 モスコフスキー Moskovskii Ⅱ墓群 6 号墳。ロストフ州マルティノフスク Martynovskii 地区。

No. 31 ズボフスキー村 kh. Zubovskii 1 号墳。クバン州。

No. 32 ヴォズドヴィジェンスカヤ村 st. Vozdvizhenskaya の古墳、1 号鍑。クバン州。

No. 33 コシカ村 s. Kosika。アストラハン州エノタエフスク Enotaevskii 地区。

No. 34 カリノフスキー Kalinovskii 墓群55号墳 8 号墓。スタリングラド州スレドニェアフトゥビンスク Sredneakhtubinsk 地区。

No. 35 クルグルイ Kruglyi 古墳、1 号鋲。ドンスク Donskaya 州、ニジニェ・グニロフスカヤ Nizhne Gnilovskaya 村。

No. 36 ジュートヴォ Zhutovo 村67号墳 2 号墓。ヴォルゴグラド州オクチャブリスク地区。

No. 37 ノーヴィ Novyi 古墳88号墳 1 号墓。マトリノフスク Matrynovskii 地区。

No. 38 コルディリ Koldyli 墓群 8 号墳 1 号墓。ロストフ州アゾフ地区。

No. 39 ペルヴォマイスキー Pervomaiskii Ⅹ墓群10号古墳 5 号墓。ヴォルゴグラド州カラチェフスク地区。

No. 40 ピサレフカ村 s. Pisarevka 古墳。ヴォルゴグラド州イロヴリンスク Ilovlinskii 地区。

No. 41 クディノフ Kudinov 村の14号墳、1 号鋲。ロストフ州バガエフスク Bagaevskii 地区。

No. 42 クディノフ Kudinov 村の14号墳、2 号鋲。

No. 43 サドヴィ Sadovyi 古墳。ロストフ州バガエフスク地区。

No. 44 ヴェルフネ・ヤンチェンコフ Verkhne Yanchenkov 村13号墳、1 号鋲。ロストフ州バガエフスク地区。

No. 45 ベルディヤ Berdiya 墓群 3 号墳、1 号鋲。ヴォルゴグラド州イロヴリンスク地区。

No. 46 バラノフカ Baranovka 村 2 号墳。ヴォルゴグラド州カムィシンスク Kamyshinskii 地区。

No. 47 ノーヴィ Novyi 村12号墳 3 号墓、1 号鋲。

No. 48 クリヴォリマンスキー Krivolimanskii Ⅰ墓群16号墳 9 号墓。ロストフ州マルティノフスク地区。

No. 49 ウスチ・ラビンスキー村 st. Ust'Labinskaya 42号墳。クバン州。

No. 50 クンチュコハブリ・アウル Kunchukokhabl'aul の古墳。アディルゲ共和国。

No. 51 ヴラディミルスカヤ村 st. Vladimirskaya の破壊された墓。クラスノダル地方。

No. 52 カリノフカ村 s. Kalinovka 偶然発見。ヴォルゴグラド州スレドニェアフトゥビンスク Sredneakhtubinskii 地区。

No. 53 ツァリツィンスキー郡 Tsaritsinskii uezd 偶然発見。サラトフ県。

No. 54 ヴィソチノ Vysochino Ⅱ墓群 1 号墳。ロストフ州アゾフ地区。

No. 55 ペスチャヌィ村 Kh. Peschanyi 古墳10号墓、1 号鋲。クラスノダル地方トビリシ Tbilisskii 地区。

No. 56 ハリコフカ Khar'kovka 村15号墳。サラトフ州パラソフスク Palassovskii 地区。

No. 57 テルノフスキー Ternovskii 墓群12号墳12号墓。ヴォルゴグラド州オクチャブリスク地区。

No. 58 アントノフ Antonov 村Ⅰ5号墳、1 号鋲。ヴォルゴグラド州オクチャブリスク地区。

No. 59 ヴォルガ下流域偶然発見。ヴォルゴグラド州。

No. 60 ネドヴィゴフスカヤ村 st. Nedvigovskaya 偶然発見。ロストフ州。

No. 61 ヤロスラフスカヤ村 st. Yaroslavskaya「オストルィ Ostryi」古墳再利用墓。クバン州。

No. 62 アルブゾフスキー Arbuzovskii 墓群 8 号墳 2 号墓。ロストフ州マルティノフスク地区。

No. 63 クレピンスキー Krepinskii 墓群11号墳。ロストフ州。

No. 64「クルグルィ Kruglyi」古墳、2 号鋲。ニジニェ・グニロフスカヤ村 st. Nizhne=Gnilovskaya、ドン州。

No. 65 ノーヴィ Novyi 村墓群12号墳 3 号墓、2 号鋲。

No. 66 ノヴォコルスンスカヤ Novokorsunskaya 村 2 号墳 6 号墓。クラスノダル地方ティマシェフスク Timashevskii 地区。

No. 67 ペルヴォマイスキー Pervomaiskii Ⅶ墓群40号墳5号墓。ヴォルゴグラド州 Kalachevskii カラチェフスク地区。
No. 68 ヴィソチノ Vysochino Ⅶ墓群28号墳、1号鍑。ロストフ州アゾフ地区。
No. 68 ヴィソチノ Vysochino Ⅴ墓群4号墳。
No. 70 ロストフ・ナ・ドヌー市 g. Rostov na Donu 偶然発見。
No. 81 アルマヴィル市 g. Armavir 近郊偶然発見。クラスノダル地方。
No. 83 エランスカヤ村 st. Elanskaya 偶然発見。ドンスク州。
No. 152 ヴォドヌィ Vodnyi 墓群1号墳1号墓。クラスノダル地方。
No. 153 バラビンスキー Balabinskii Ⅰ墓群11号墳1号墓、1号鍑。ロストフ州バガエフスク地区。
No. 154 オレンブルク州 Orenburgskaya obl. 偶然発見品、1号鍑。
No. 155 オレンブルク州偶然発見品、2号鍑。
No. 161 ドンスキー Donskii 墓群1号墳21号墓。ロストフ州。
No. 162 ドンスキー Donskii 墓群1号墳3号墓。ロストフ州。
No. 163 ヤシュクリ Yashkul' 墓群37号墳1号墓。カルムィク Kalmyk 共和国。

Ⅶ型式
No. 71 ノルカ村 s. Norka 偶然発見。サラトフ県バラショフスク Balashovskii 郡。
No. 72 ベルディヤ Berdiya 墓群8号墳1号墓。ヴォルゴグラド州イロブリンスク地区。

Ⅷ型式
No. 73 ヴィソチノ Vysochino Ⅴ墓群27号墳2号墓、2号鍑。
No. 74 アルト・ヴェイマル Al't Veimar 墓群D16号墳。ヴォルゴグラド州パラソフスク地区。
No. 75 クリヴォリマンスキー Krivolimanskii Ⅰ墓群19号墳。ロストフ州マルティノフスク地区。
No. 76 レベデフカ Lebedevka 墓群2号墳。西カザフスタン州チンギルラウスク地区。
No. 77 レベデフカⅥ墓群36号墳。カザフスタン共和国ウラリスク州。
No. 77 レベデフカⅥ墓群39号墳。
No. 79 サレプタ村 pos. Sarepta 偶然発見、1号鍑。サラトフ県。
No. 80 エレメエフカ村 s. Eremeevka で偶然発見。サマラ県ノヴォウゼンスク Novouzenskii 郡。
No. 82 コビャコヴォ・ゴロディシチェ Kobyakovo Gorodishche（防御集落）の墓地5号墳。ロストフ・ナ・ドヌ市。
No. 84 チチェノ・イングーシェチヤ Checheno Ingushckaya ASSR 山岳地域で偶然発見。
No. 85 シュルツ Shul'ts 村B4号墳2号墓。ヴォルゴグラド州パラソフスク地区。
No. 86 ウサトヴォ Usatovo 村F16号墳サラトフ州コムソモルスク Komsomol'skii 地区。
No. 87 ナガフスカヤ Nagavskaya 村の11号墳1号墓。ヴォルゴグラド州コテリニコフスク Kotel'nikovskii 地区。
No. 88 ヴィソチノ Vysochino Ⅴ墓群18号墳。
No. 89 ジェルトゥヒン Zheltukhin 墓群2号墳。ヴォルゴグラド州イロブリンスク地区。
No. 90 ボリシェカラガンスキー Bol'shekaraganskii 墓群8号墳。チェリャビンスク州。
No. 91 レベデフカⅥ墓群24号墳。
No. 92 ギリヤル村 pos. Gir'yal 付近偶然発見。オレンブルク州。
No. 93 ノヴォウゼンスク郡偶然発見。サマラ県。
No. 94 コマロフカ村 s. Komarovka 1886年発見、1号鍑。サラトフ県セルドビンスク Serdobinskii 郡。
No. 95 コマロフカ村1896年偶然発見、2号鍑。同上。

No. 96 ヴォルガ川東岸のサラトフ州偶然発見。

No. 97 ボリシャヤ＝ドミトリエフカ村 s. Bol'shaya Dmitrievka の古墳より1887年に偶然発見。サラトフ県アトカルスク Atkarskii 郡。

No. 98 ベレゾフスカヤ村 st. Berezovskaya 1893年偶然発見。ドンスク州ウスチ・メドベディツキー。

No. 99 シドル村 s. Sidory 偶然発見。ヴォルゴグラード州ミハイロフスク Mikhailovskii 地区。

No. 100 アゾフ市 g. Azov 1965年偶然発見。ロストフ州。

No. 101 サレプタ村 pos. Sarepta 偶然発見、2号鐙。

No. 102 オクチャブリスキー村 pos. Oktyabr'skii 1958年偶然発見。ロストフ州ノヴォチェルカッスク Novocherkasskii 地区。

No. 103 レベデフカⅤ墓群1号墳。カザフスタン共和国ウラリスク州。

No. 104 レベデフカⅤ墓群49号墳。同上。

No. 160 セミョーノフカ村 s. Semenovka 偶然発見。ヴォルゴグラード州。

Ⅸ型式

No. 105 ソボレフスキー古墳、2号鐙。

No. 106 ペスチャヌィ村古墳10号墓、2号鐙。

No. 107 ヴォズドヴィジェンスカヤ村古墳、2号鐙。

Ⅹ型式

No. 108 チョールヌィ・ヤル Chernyi Yar 村3号墳2号墓。アストラハン州。

No. 109 ヴェルフネ・ヤンチェンコフ村 Verkhne=Yanchenkov 13号墳、2号鐙。

No. 110 ベルディヤ Berdiya 墓群3号墳、2号鐙。

No. 111 ヴァロヴィ Valovyi Ⅰ墓群9号墳。ロストフ州ミャスニコフスク Myasnikovskii 地区。

No. 112 トレチヤキ Tret'yaki 墓群16号墳。ボロネジ州。

No. 113 ヴィソチノⅤ墓群26号墳1号墓、1号鐙。ロストフ州。

No. 114 ヴァロヴィ Valovyi Ⅰ墓群33号墳。ロストフ州ミャスニコフスク地区。

No. 115 ゴルビンスカヤ村 st. Golubinskaya モストヴォイ kh. Mostovoi の古墳より偶然発見。ドンスク州。

No. 116 スタロベリスク市 g. Starobel'sk 付近偶然発見。ハリコフ州。

Ⅺ型式

No. 117 ベルディヤ Berdiya 墓群8号墳4号墓。ヴォルゴグラード州イロブリンスク地区。

No. 118 ソコロフスキー Sokolovskii 墓群3号墳。ロストフ州ノヴォチェルカッスク地区。

No. 119 ノーヴィ村墓群43号墳ロストフ州マルティノフスキー地区。

No. 120 ノヴォ＝アレクサンドロフカ Novo Aleksandrovka 村45号墳1号墓ロストフ州アゾフ地区。

No. 121 カザンスカヤ村 st. Kazanskaya の6号墳。クバン州。

No. 122 アントノフ Antonov 村5号墳出土、2号鐙。

No. 123 チコフ村 Chikov 8号墳1号墓。ヴォルゴグラード州オクチャブリスク地区。

No. 124 セリモフカ Selimovka 村2号墳2号墓。ハリコフ県イズュム Izyumskii 郡。

No. 125 スラドコフスキー Sladkovskii 墓群14号墳。ロストフ州タツィンスク地区。

No. 126 コムソモルスキー村 pos. Komsomal'skii の破壊された墓より偶然発見。アストラハン州クラスノヤルスク Krasnoyarskii 地区。

No. 127 ヴィソチノⅤ墓群26号墳1号墓出土、2号鐙。

No. 128 キリャコフカ村 s. Kilyakovka 偶然発見。ヴォルゴグラード州スレドニェアフトビンスク地区。

No. 129　クリヴォリマンスキー Krivolimanskii Ⅰ墓群16号墳9号墓出土、2号鏃。
No. 130　ダヴィドフ・ブロド Davydov Brod 村の崩壊した墓。ヘルソン州。
No. 131　ロレデル Roleder 村 P. Veigel の古墳1913年。サラトフ県。
No. 132　カルミウス Kal'mius 河畔で盗掘された小型鏃。1896年偶然発見。ドネック州。
No. 156　バラビンスキー Balabinskii Ⅰ墓群11号墳1号墓、2号鏃。
No. 157　ヤロシェフカ村 s. Yaroshevka の破壊された墓より出土。キエフ州。
No. 158　レビャジェンスキー Lebyazhenskii 墓群1号墳。ヴォルゴグラド州。
No. 159　オクチャブリスキー Oktyabr'skii Ⅴ墓群1号墳1号墓。ヴォルゴグラド州。
No. 164　バッスィ村 s. Bassy で偶然発見。アストラハン州チェルノゼメルスキー Chernozemelskii 地区。

Ⅻ型式
No. 133　ヴェルフキ Verbki 村1号墳1号墓。ドニエプロペトロフスク州。
No. 134　テルヌィ Terny 村の4号墳出土。ドニエプロペトロフスク州。

ⅩⅢ型式
No. 135　トロヤン村 s. Troyany 1914年偶然発見。ポドリスク Podol'skaya 県。
No. 136　ヴィソチノⅦ墓群28号墳出土、2号鏃。

＊　No. 137～148欠番
＊＊　地名は現在の行政地区名と異なるものもある。

付図1　Ⅰ～Ⅴ型式の鏃の分布

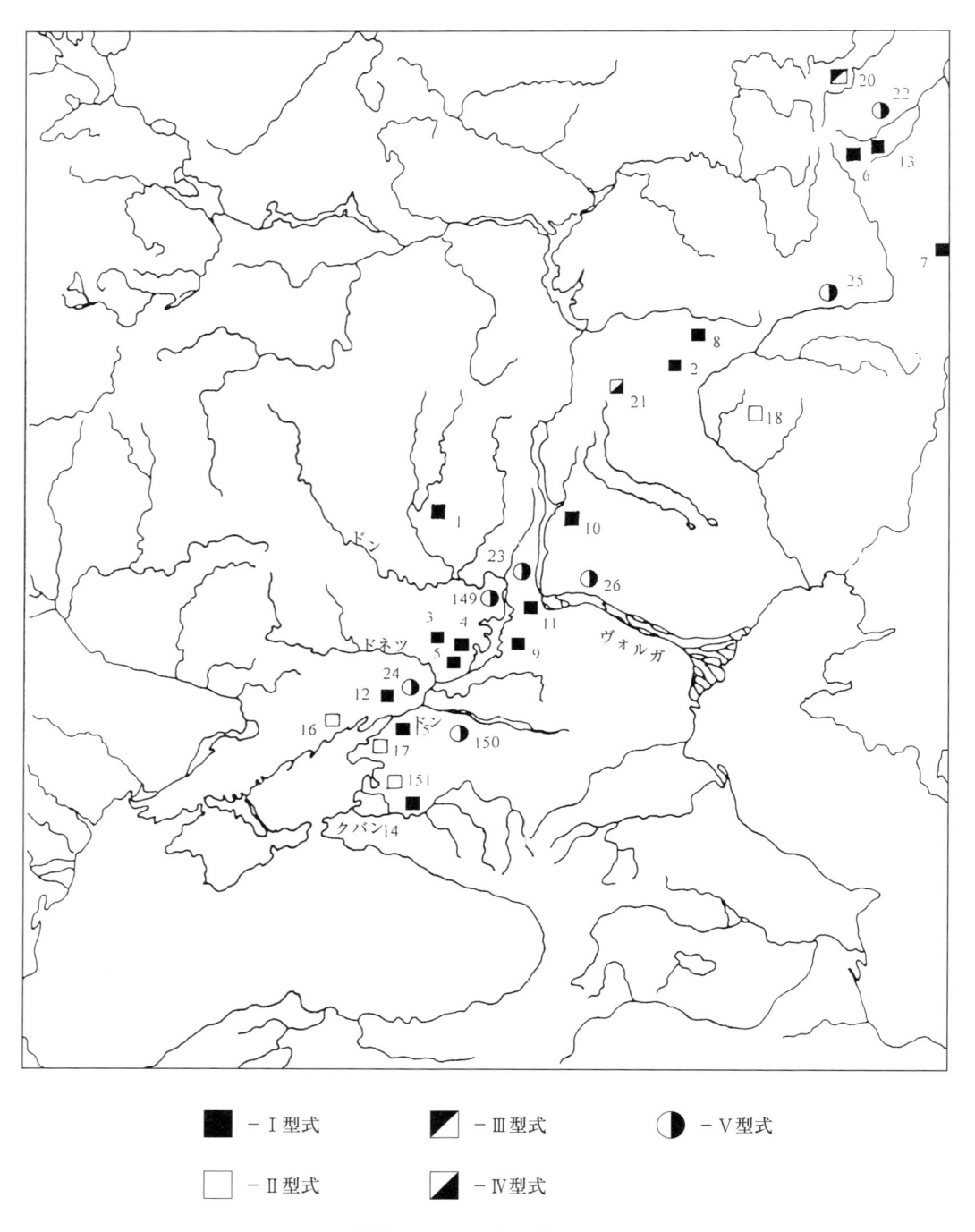

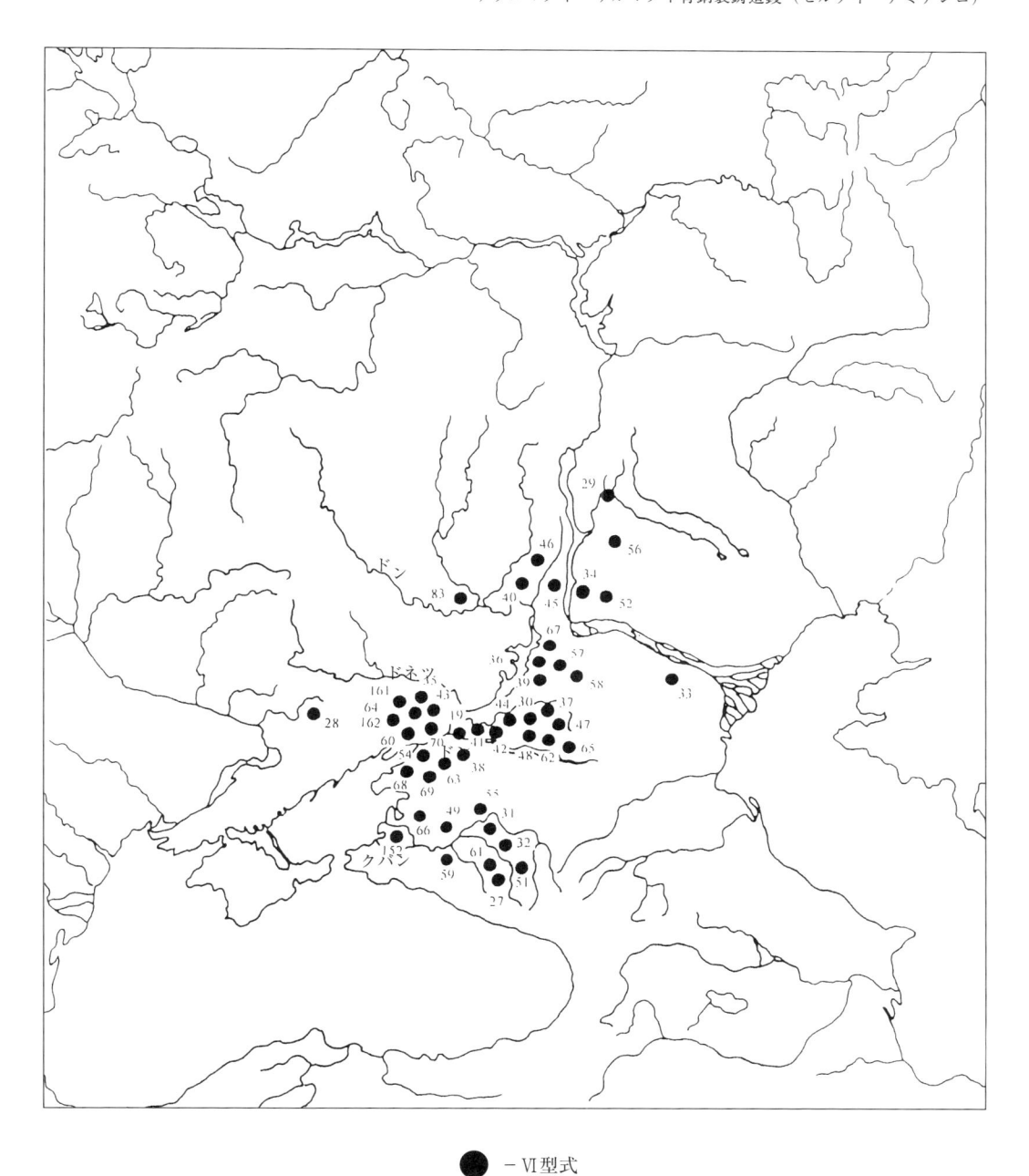

サウロマタイ・サルマタイ青銅製鋳造鏃（セルゲイ・デミデンコ）

● － Ⅵ型式

付図2　Ⅵ型式の鏃の分布

△ － Ⅶ型式　　　▲ － Ⅷ型式

付図3　Ⅶ、Ⅷ型式の鍑の分布

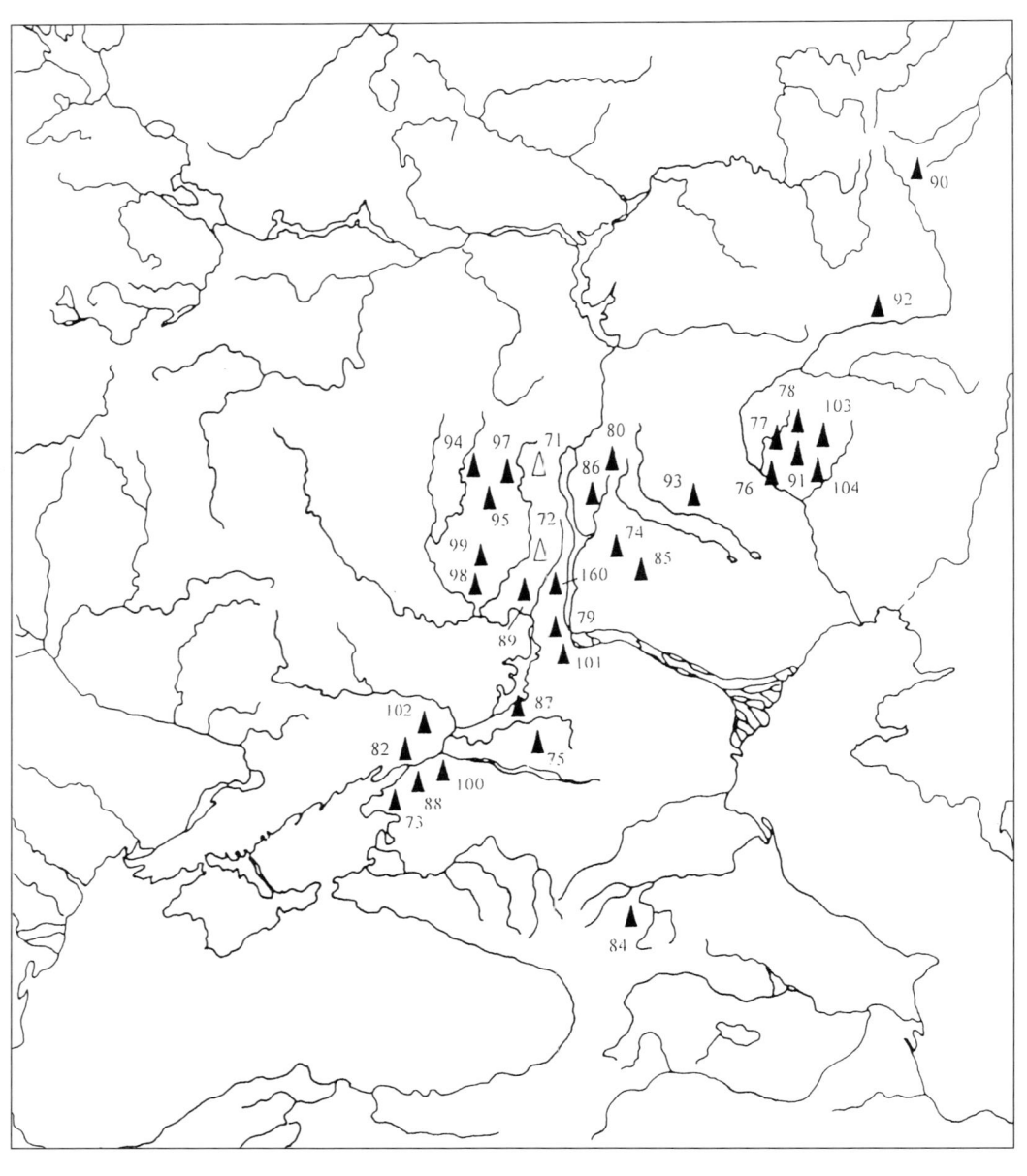

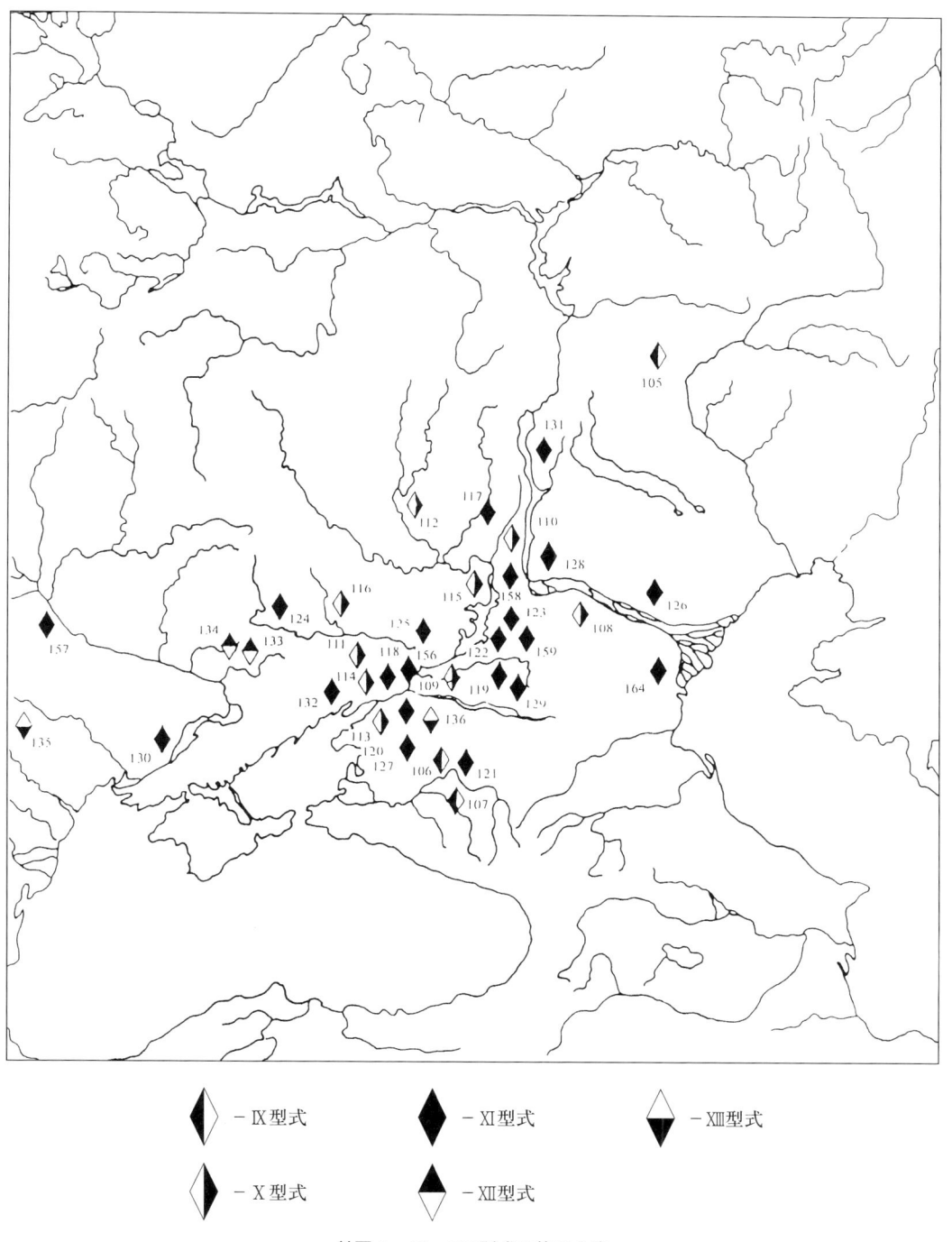

サウロマタイ・サルマタイ青銅製鋳造鏃（セルゲイ・デミデンコ）

付図4　Ⅸ～ⅩⅢ型式の鏃の分布

Sauromatian - Sarmatian cauldrons

DEMIDENKO S.V.

Introduction.

In the 6th B. C. - the 4th A. D. a vast space of the Eurasian steppes from South Ural to North Caucasus and from West Kazakhstan to the Danube was an area of nomadic tribes which are thought to be the Sauromats and Sarmats of the ancient written saucers.

The scholars distinguish four archaeological cultures or four periods in the development of Sauromatian-Sarmatian culture : the Sauromatian period (the 6th - the 4th B. C.), the Early Sarmatian period (the 3th - the 1th B. C.), the Middle Sarmatian period (the 1st - the first half of the 2nd A. D.) and the Late Sarmatian period (the second half of the 2nd - the beginning of the 4th A. D.).

The cast bronze cauldrons were an integral part of the material culture of the Sauromatian-Sarmatian tribes. The peculiarity of this kind of handicrafts consists in being far more informative than other artifacts made of copper and bronze. It determined by the fact that the interior and external surfaces of the cauldrons nearly never got additional mechanical treatment after casting, and so they bear traces of the casting forms now and it enables us to reconstruct the process of cauldron production. At the same time the cauldrons are rather rare artifacts, but nevertheless they were used during the whole period of Sauromatian-Sarmatian culture and it gives us an opportunity to trace back how the methods of production changed and developed.

1. History of the investigation of Sauromatian - Sarmatian cauldrons.

The investigation of Sauromatian-Sarmatian cauldrons as a special category of artifacts began in the 1950 and was carried out in two main directions: typological and technological. Originally specifying the types and the kinds of their classifications the scholars used only visual methods and the main guide for them was their intuition [K. F. Smirnov, 1964 ; V. M. Kosjanenko, V. S. Flerov, 1978]. Later the study of the cauldrons by means of methods of mathematical statistics began [N. A. Bokovenko, 1977 ; S. V. Demidenko, 1997].

The main issues concerning the technology of cauldron producing were studied in the works of E. K. Maksimov [1966], M. G. Moshkova [1956], B. A. Shramko [1965], R. S. Minasjan [1986]. The investigators tried to reconstruct the process of casting and the composition of the cauldron alloy, but they arrived at different conclusion.

2. Typology of Sauromatian - Sarmatian cauldrons.

The main principles of the cast cauldrons typology were worked out by me in 1997 [Demidenko, 1997]. At first the main features of the vessels were studied and their structure was elaborated by means of methods of mathematical statistics. It was established that the features which are characteristic for the shape of the cauldron body and foot define the type of the vessel. Those features which characterize the shape of the hands, beaks and lids define its variant, and those ones which characterize the ornament define its subvariant. After that the cauldrons were classified and their types, variants and subvariant were determined.

On the whole 130 cauldrons from all regions of Sauromatian - Sarmatian world were investigated.

Now 13 main cauldron types can be determined. Types Ⅰ - Ⅲ belong to the Sauromatian and Early Sarmatian periods and the main sign of the development from one type to another is the changing of the body shape : from the goblet - like body (type Ⅰ) to the bell - like body (type Ⅱ) and further on to the long cylindrical body (type Ⅲ). The cauldron ornament of each type also changed : it got simpler and then disappeared.

The development from type Ⅴ to type Ⅷ consists in changing of the body shape and disappearance of the foot : from the bowl-like body and crater - like foot (type Ⅴ) to the hemi-spherical body and crater - like foot (type Ⅵ) ; further on to the same body shape and absence of the foot (type Ⅶ) and at last to the egg like body and absence of the foot (type Ⅷ).

It is doubtful whether it is possible to find any lines of development from type Ⅹ to type ⅩⅢ for they existed nearly at the same time - the 1st - the second half of the 2nd A. D. But all these various vessels, I believe, may be traced back to the single cauldron of type Ⅸ from the Sobolevsky barrow (No. 105) of the 5th B. C.

The map of vessels spreading shows that the cauldrons of types Ⅰ - Ⅳ have a nearly even distribution in an area between the Lower Don and South Ural. One vessel comes from the Kuban region.

The cauldrons of type Ⅴ were also found in the region of the Kuban, the Lower Don, the Volga - Don basin and South Ural.

The cauldrons of type Ⅵ are known in the Lower Don, the Volga - Don basin, the Kuban region, on the left bank of the Volga, but there is nearly none of them in South Ural.

The cauldrons of types Ⅶ and Ⅷ are rather rare in the Lower Don, they are absent in the Kuban region and the main amount of them comes from the north part of the Volga - Don basin, the left bank of the Volga and South Ural.

The cauldrons of types Ⅸ - ⅩⅢ are spread approximately on the same territory as the cauldrons of type Ⅵ as the former are partly synchronous with the latter and they are often found in the same burial places.

In general four large regions of Sauromatian - Sarmatian cauldron clusters can be distinguished. The first of them is the Lower Don region. The cauldrons of the different periods of time - the Sauromatian period, the Early, Middle and Late Sarmatian periods - are found here. It may be explained by the proximity of the town of Tanais which was a trade center for various nomadic tribes.

The second region is a vast area of the Volga - Don basin and the left bank of the Volga. The earlier types of the cauldrons are located in the south part of this territory and the later types - in the north one.

In the third region, that of South Ural, there is a distribution of the early and late types of the cauldrons, but the vessels of the 1st - the first half of the 2nd A. D. are absent here.

On the contrary, in the Kuban region there are no cauldrons of the late types, but the vessels of the 1st B. C. - the first half of the 2nd A. D. were used here.

3. Technology of Sauromatian - Sarmatian cauldron production.

In the process of Sauromatian - Sarmatian cauldron producing a model using animal fat and a disposable form made of clay were in use. While casting the cauldron was always set upside-down. Round the form a hearth or a stove were made to let the model with fat burn down. The main differences between the casting forms consists in the peculiarities of their construction.

From the 5th B. C. onwards there were two kinds of Sauromatian - Sarmatian casting method : 1 - the body, hands and foot were cast simultaneously ; 2 - at first the body and hands were made and after that the foot was attached to the body. Up to the 3rd B. C. both kinds of casting coexisted, but later the foot and body were always made separately.

The investigation of the composition of alloy of the cast cauldrons reveals that Sauromatian vessels of the 5th - the 4th B. C. (types I - III) were made nearly completely of copper (Cu - 99.7%). The Early Sarmatian cauldrons of the 4th - the 3rd B. C. (type V) were made of bronze. The usual additional components were tin (Sn - 0.04 - 7%) and lead (Pb - 0.1 - 11%). The widest distribution of such alloys began in the 2nd B. C. because of spreading of the types VI, IX - XIII in the region. The composition of alloy of the Late Sarmatian cauldrons contains again a low concentration of tin (Sn - 0.01 - 0.85%) and lead (Pb - 0.04 - 4.5%).

4. Cauldrons in the burial rite of the Sauromatian and Sarmatian tribes.

As a rule the cauldrons were set into the burial chamber near the corpse, but they were sometimes placed in secret niches. Usually only one cauldron was put into the grave (73 occasions), but there are 14 burials with two cauldrons in each of them and 3 graves with 3 cauldrons respectively.

11 cauldrons contain remains of cooked food : 3 - that of cow sides, 5 - that of horses, 3 - that of sheep shoulders. But there are no remains of cooked food in most cauldrons.

All barrows in which cauldrons were found had an earthen embankment and some of them contained a wooden structure or stones under it. The number of the buried persons and the number of the cauldrons did not depend on each other. 26 times the vessels were found in the men's graves, 27 - in the women's graves and 2 - in the child's ones.

The Sauromatian and Sarmatian tribes had also a tradition to set into the burial a pair of cauldrons - a big and a little one. This tradition began in the 5th - the 4th B. C., then it vanished and made again its appearance only at the end of the 1st B. C. - the beginning of the 1st A. D. Then it spread widely in the second half of the 1st A. D. and existed up to the middle of the 2nd A. D.

Conclusion.

Thanks to the complex investigation of the cast cauldrons we are able to state that the Sauromatian and Sarmatian tribes possessed their own bronze casting production which was developing since the 5th B. C. till the 4th A. D. These cauldrons build a special group which is distinguished well from the analogous artifacts of the neighbour regions of Eurasia. The origin and distribution of the new cauldron types are a result of the technical development of bronze casting manufacture as well as wanderings of various groups of the Sauromatian and Sarmatian tribes in different periods of their history.

フン型鍑

林　俊雄

はじめに

　ドナウ川中下流域は、ヨーロッパに侵入したフン族の中心地の一つと考えられている。この地域で19世紀中頃から、次々と、独特な器形と装飾に特徴のある鍑が発見されている。それらは、スキタイやサルマタイの一般的な鍑のように胴部がふくらむことはなく、垂直で縦長、つまり寸胴形である。また把手の形も異なり、円形や半円形ではなく、方形である。胴部は、水平と垂直の凸線によって四分割されている。水平の凸線からは、玉のれんのような紋様が付けられていることも多い。

　最大の特徴は、把手が方形であることと、その左右と上に大きな平面的なキノコ形の装飾が付いていることである。スキタイやサルマタイの鍑でも把手の上に小さな突起が付くことはあるが、このように派手な装飾が把手の上ばかりかその両側にまで付くことはない。装飾が過多であるため、実用品ではなく、儀式や祭祀で使われる儀器・祭器であろうと考えられる。

　このようなユニークな特徴をもつ鍑も、当初はスキタイの鍑の一種と考えられていたが、19世紀末になって、それよりは数百年後の「民族大移動時代」のものとする研究者が現れてきた。まずヴォシンスキが、アルタイのテレツコエ湖出土の鍑（Ⅲ-b-2）との類似から、民族大移動時代のものとする説を出した［Wosinsky 1891：430］。さらにライネッケが、シレジア地方のヘックリヒト Höckricht で民族大移動時代に典型的な宝飾品とともにこのタイプの鍑が出土したことから（図Ⅰ-a-1）、鍑もスキタイ時代ではなく民族大移動時代のものであると結論付けた［Reinecke 1896：12-13］。その後、この説を補強する研究が相次ぎ、定説として認められるに至っている。

　民族大移動時代、すなわちフンが活動した時代に、フンの中心地で使われた儀器ということがほぼ明らかになってきたため、この鍑には新たな役割が付与されることになった。匈奴＝フン同族説の証拠の一つとして取り上げられるようになったのである。フン型鍑は匈奴によって東アジアからもたらされたという説は、タカーチによって1913年にトゥラーン Turan という雑誌にはじめて発表されたというが［Takács 1955：145；Bóna 1991：220］、私はまだこれを見たことがない。

　中国北部出土の鍑が型式変化を遂げながらシベリアを通り、ウラルを越えて東欧にまで至ったとする説は、その後も多くの研究者によって継承されている（日本人の研究については、本書高濱論文 p.10参照）。たとえばボコヴェンコとザセツカヤ、エールディ、郭が鍑の研究史をまとめたうえで、かなり幅広く資料を集めて移動ルートを解明しようとしており、私自身も基本的にその説を支持する論文を発表している［Боковенко, Засецкая 1993；Érdy 1995；林 1995；郭 2007］。

フン型鍑のリスト作成も古くから行われている。上記のボコヴェンコ、エールディのほかに、ヴェルナー，メンヒェン＝ヘルフェン、コヴリグ、ハルホユとディアコネスク、ボーナ、コッホの鍑リストがある［Werner 1956；Maenchen-Helfen 1973；Kovrig 1973；Harhoiu, Diaconescu 1984；Bóna 1991；Koch 1997］。またアンケは、包括的な遺跡ごとのカタログの中に鍑も収録している［Anke 1998］。本稿では、これらの先学の研究を参照しつつ、より完全なリストを作成することを目標に、断片や土製鍑も含めてすべてのフン型鍑を、地域別に西から列挙する。

ただし「Ⅲ．中央アジアからモンゴルまで」に掲載した鍑のうち、厳密な意味でのフン型鍑（胴部が膨らみのない縦長で凸線によって四分割され、把手が方形である）はウルムチ南山鍑（Ⅲ-a-6）だけで、その他はフン型鍑の原型と思われる銅鍑や、銅鍑を模した土鍑である。これらのうちの一部は、他の執筆者の章でも触れられているので、参照されたい。

最後に、これまでに提出された諸説を検討し、私なりの結論を出すことにする。

Ⅰ．東ヨーロッパ East Europe

a．ポーランド Poland、チェコ Czech、スロヴァキア Slovakia、オーストリア Austria（図2）

1．イェンヂホヴィッツェ **Jędrzychowice**（ドイツ語名ヘックリヒト Höckricht）鍑（Ⅰ-a-1）

出土地は現ポーランド西南部、シレジア地方、オワヴァ Oława（ドイツ語名オーラウ Ohlau）郡に位置する。鍑が発見された1831年［Krause 1904：46；Takács 1960：121］にはプロシア領であったため、文献では長くドイツ語名で知られていた。畑で耕作中［Krause 1904：46；Takács 1960：121；Anke 1998：（2）51］とも、低い砂丘から発見された［Bóna 1991：140］とも、川床から［Érdy 1995：70］ともいう。少量ながら骨が出土しているため、墓（男性か？）があったと解釈するのが一般的だが［Werner 1956：61；Koch 1997：640；Anke 1998：（2）51］、メンヒェン＝ヘルフェンらは疑問視している［Maenchen-Helfen 1976：328-329］。

高さ55cm。圏足部は欠けている。把手は方形で、キノコ形の装飾はない。口縁の下に2本、水平の凸線が走り、胴部は垂直の凸線によって四分割されている。

発見後に行われた発掘によって、紅玉髄やガラスが象嵌された金製品が出土した（図1参照）。それらは民族大移動時代に典型的な装飾品である。鍑は断片も含めて単独で発見されることがほとんどで、その他

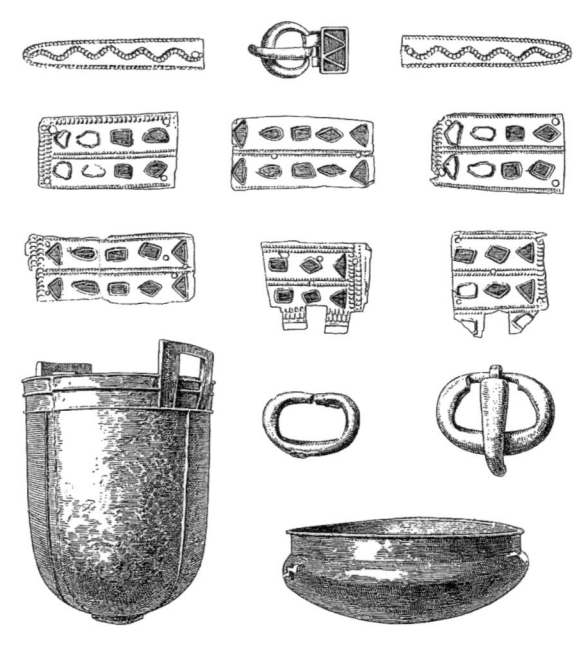

図1　イェンヂホヴィッツェ出土品
紅玉髄と赤いガラスが象嵌され、金粒細工で装飾された金製帯飾り金具と、銅鍑など［Krause 1904］

のものが共伴することはめったにない。その意味で、民族大移動時代の装飾品を伴って発見されたこの鍑は重要である。

同じく現ポーランド領で東南部のクラクフ Kraków から北東へ約50kmにあるヤクショヴィッツェ Jakuszowice で、鍑は出ていないが、同じような金製品と武器が発見された。これと上記の鍑が発見されたことを、401〜406年にフンの指導者ウルディン Uldin がドナウ下流域に進出したことと結びつけ、記録には残されていないがカルパチア山脈の北側に派遣された別働隊がいて、それが残したものとする説があるが［Menghin 2007：103］、想像の域を出ない。

1945年まではベルリンの先史古代史博物館 Museum für Vor- und Frühgeschichte に所蔵されていたが、戦利品としてソ連軍によって持ち去られ、現在はサンクト＝ペテルブルグのエルミタージュ美術館 Эрмитаж に収蔵されている。

2．ラーゾヴァー **Rázová**（ドイツ語名ラーゼ Raase）鍑（Ⅰ-a-2）

出土地はチェコ東北部、シレジア地方、オーデル川源流付近、オパヴァ Opava（ドイツ語名トロッパウ Troppau）郡、ホルニ・ベネショフ Horny Benešov（ドイツ語名ベニシュ Bennisch）にあり、ベネショフ（ベニシュ）鍑の名でも知られる。1907年にベニシュと隣接するフロイデンタル Freudenthal（現ブルンタール Bruntál）との間の森林中に道を建設する作業中に、ほかに何の遺物も伴わずに単独で発見されたという［Nestor et al. 1937：181］。また、「シャンツェンベルク（堡塁山） Schanzenberg」という山の麓で堰堤建設のための土を採取中に出土した［Bóna 1991：241］とも、水のあるところか泥炭地から出土したにちがいないともいう［Koch 2007：114］。また、泥炭地から出土したため、青銅製品には付き物の緑青が付着していなかったとする解釈もある［Maenchen-Helfen 1973：308］。

把手の部分の断片のみで、29×22cm、厚さ1cm。高さ50〜60cmの鍑の一部とする推定もあるが［Nestor et al. 1937：181］、一方、フン型鍑で最大のテルテル鍑並みに大きかったとする推測もある［Bóna 1991：241］。方形把手の上に平面的なキノコ形装飾が3つ付いているが、両側の2つはかなり摩滅している。比較的よく残っている真ん中のキノコは、傘がやや小さめである。口縁の下には3本の凸線が水平に走り、把手の真下から3本の凸線が垂直に下っている。

ネストルらは、この把手がルーマニアのホタラニ鍑（Ⅰ-c-2）の把手に、3本の凸線は同じくルーマニアのデサ鍑（Ⅰ-c-4）と似ているとみなしている［Nestor et al. 1937：181］。たしかにホタラニ鍑のキノコの傘は小さめだが楕円形であり、半円形のラーゾヴァー鍑とは異なる。またデサ鍑は3本の凸線の下に玉のれん形装飾が付いており、その点で異なる。玉のれんの付かない隆起3本線は、ルーマニアのヨネシュティ鍑（Ⅰ-c-7）と、遠く東に離れて南ウラルのクズル＝アドゥル鍑（Ⅱ-c-5）に見られる（ただし後者では水平凸線は2本）。把手の両側のキノコの復元図は、クズル＝アドゥル鍑に基づいている［Bóna 1991：241］。

1916年にオパヴァの博物館に収蔵された。

3．イジャ **Iža**（ハンガリー語名レアーニヴァール Leányvár）鍑？（Ⅰ-a-3）

スロヴァキア東南部、ハンガリーとの国境を流れるドナウ川の北岸、コマールノ Komárno 市から東へ8km（エールディは「西」とするが［Érdy 1995：70］、地図によれば「東」）にある、ローマ

図2　I-a-1～I-a-4（縮尺不同）

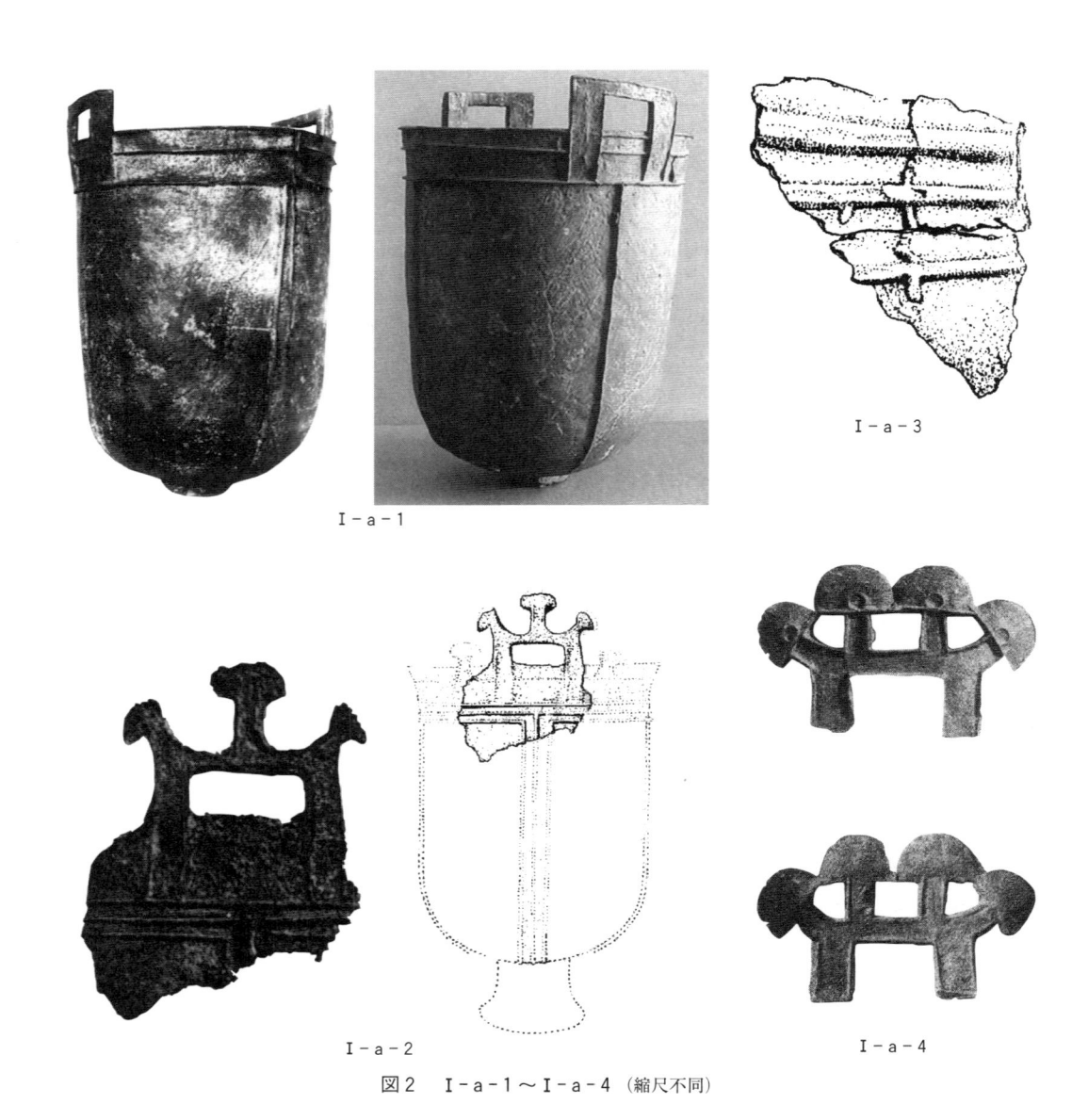

時代の城塞（当時の名称はケラマンティア Celamantia）が廃棄されたあとの4世紀末～5世紀前半に当たる上層のB層から、1983年の発掘調査時に多数の土器片とともに出土した［Kuzmová, Rajtár 1984：138, 140, 141］。

鍑の胴部と思われる断片が3点出土し、接合すると高さ8.5cmになる。図には3本の凸線が見られるが、太さに差があり、さらに平行ではなく一方から他方へやや開いているようである。このような例はほかに見られず、はたしてこれが鍑の断片なのかという疑問も生まれる。同所では1908年に半円形の把手の断片も発見されているというが［Érdy 1995：70］、半円形の把手はフン型鍑にはまったく見られない。

4．ウィーン購入 Vienna purchase 鍑（I-a-4）

1949年、パリ在住の美術品収集家アントニン・ユリツキ Antonin Juritzky が、ウィーンで骨董

商から、「カタラウヌム Catalaunum の古戦場で採集された」と言われている鍑の把手を購入した。翌年、ユリツキは購入の次第をしたためた手紙をハンガリー国立博物館に送った。その翌年、考古学者のラースローが論文の中でこの情報について簡単に触れると [László 1951：102]、興味を持ったタカーチがユリツキに写真を送るよう依頼した。そしてタカーチは、所有者の許可を得て写真を公表した [Takács 1955：144]。

カタラウヌムとは、かの有名なアッティラのフン軍が西ローマ・西ゴート連合軍に一敗地にまみれた古戦場である。北フランスのトロワ Troyes 付近とも、そこより75kmほど北のシャロン＝ザン＝シャンパーニュ Châlons-en-Champagne ではないかとも言われているが、その正確な場所はいまだに不明である [Externbrink 2007：54]。同時代史料にはマウリアクス Mauriacus という地名で記されており、「カタラウヌム」という表記は誤りだという研究すらあるくらいだ [Maenchen-Helfen 1973：131]。したがって、「カタラウヌムから出土した」と言われても、その信憑性はかなり低いと言わざるを得ない。

ユリツキの死後、ユリツカ未亡人をパリに訪ねて実際に話を聴いた考古学者のエルデーイ I. Erdélyi によれば、骨董商から「カタラウヌムの古戦場で溝を掘っているときに発見された」と説明されたという。またそのとき同時に購入されたコレクションをエルデーイが見たところ、いくつかはオーストリアから出土したもので、その他はハンガリーからの出土品であったという [Érdy 1995：17]。骨董商が、フンにゆかりの有名な古戦場の名を持ち出して、フランス在住の収集家の気を惹こうとしたのではないだろうか [Érdy 1995：18]。

断片の大きさは18×12cm。把手の上に4つキノコが付き、キノコの傘の下部には小円の装飾がある。把手の上に付くキノコは3つが一般的だが、4つはめずらしい。ほかにハンガリーのテルテル Törtel 鍑（Ⅰ-b-5）とモルドヴァのシェスタチ Șestaci 鍑（Ⅰ-d-1）があるくらいである。とくに後者はキノコの傘がつながっている点と傘の中に小円がある点まで似ている。

以上のことを考慮すると、この把手はハンガリーかその隣接地域で出土し、その後ウィーンの骨董屋に売られてきたものと考えるのが妥当であろう。ヴェルナーとメンヒェン＝ヘルフェンも、この断片がカタラウヌムの古戦場から出土したという話には懐疑的であり、ロシアかベッサラビア（現モルドヴァ）で発見されたものではないかと考えている [Maenchen-Helfen 1973：318]。

b．ハンガリー Hungary（図3・4）

1．ヴァールパロタ **Várpalota** 鍑（Ⅰ-b-1）

1958年、バラトン Balaton 湖東端から北へ約20kmのヴァールパロタにある金属くず集積所から、ハンガリー国立博物館に連絡が入った。回収した金属くずの中に、高さ9cmの青銅小像と破損した鍑があるというのである。集積所管理人の話では、1人の農夫が袋の中にそれらとさらに青銅製の鉢形容器、銅か青銅製の環、馬具の留め金などを入れて売りに来たのだという。青銅製の鉢が伴うらしいことは前記のイェンヂホヴィッツェ鍑や後述するシェスタチ鍑と共通するが、残念ながら鍑と小像以外は行方不明となり、小像は時代的に関係がないと判断された [Kovrig 1973：95-97]。結局、農夫の身元も確認できず、正確な出土地点もわからないため、ヴァールパロタ付

近出土鍑と名づけるしかない。出土地として「バーンタプスタ Bántapuszta」という地名を採用する文献もあるが［Maenchen-Helfen 1973：310］、コヴリグはそのように限定することはやめた方がよいという［Kovrig 1973：96］。ベールヘヂ Bérhegy という地名を挙げる新説もある［Bóna 1991：275］。

かなり破損がひどく、把手は2つとも欠けている。現状で高さ57.5cm、直径34～35cm、厚さ平均0.65～0.70cm、圏足部の高さ9.1cm、重さ20.15kgである［Kovrig 1973：97］。胴部は2本の平行凸線によって四分割されている。凸線は下部に向かって徐々に低くなる。四分割線の間に、ある程度の幅の空間があるが、このような例はテルテル鍑、ウラルの2例、ウルムチ南山鍑に見られる（Ⅰ-b-5，Ⅱ-c-1，2，Ⅲ-a-6）。四分割線の上に一周する凸線が走り、その線から把手の柄が立ち上がっている。さらに口縁直下にもう1本の凸線が走り、そこから把手の外側に2個のキノコが立ち上がっている。外側に2個のキノコがある例は、今のところこれしか知られていない。把手の上にもキノコが立っていたと思われるが、その数はわからない。

把手と圏足部、胴部の各部をスペクトル半定量分光分析した平均値を見ると、銅を除いて最も多いのは銀 Ag と錫 Sn でともに5.3%、以下、鉛 Pb 4.7%、ビスマス Bi（蒼鉛）4.3%、アンチモン Sb 4%、カドミウム Cd 3.3%、砒素 As 3%、鉄 Fe 2.7%、ニッケル Ni 2.2%、コバルト Co 2%、亜鉛 Zn 1.8%、マンガン Mn 1.7%、クロム Cr 0.7%で、合計41.2%となる［Zimmer, Járó 1973：123］。

2．ラードプスタ Rádpuszta 鍑（Ⅰ-b-2）

2006年、バラトン湖南岸のソモヂ Somogy 郡バラトンレッレ Balatonlelle 村のラードプスタで、道路建設に先立つ緊急発掘中に、深さ1mの穴の底に発見された［Honti 2007：44］。ほかに、銀製と鉄地銀象嵌の2点のセミ形装飾品が発見された。鍑は織物に包まれていたらしい。

鍑は、圏足部がかなり失われているが他はほぼ完形で、高さ60cm、重さ22kgである。胴部は凸線で四分割され、水平の凸線の下に散発的に2つずつ玉のれん装飾が付く。3本の水平凸線の上から把手の柄が立ち上がっている。口縁とそのすぐ下の水平凸線との間は、ジグザグの凸線で装飾されている。把手の上に3つ、両側に1つずつのキノコ形装飾が付く。玉のれんが連続せずに散発的で2つずつである点は、カポシュヴェルヂ鍑（Ⅰ-b-3）と同じである。口縁直下のジグザグ紋様は、ウルムチ南山鍑（Ⅲ-a-6）の把手の下にのみ見られるめずらしい例である。

鍑とともに発見されたセミ形装飾品（あるいはフィブラ）は、民族大移動期の東中欧に広く分布する。この発見は、鍑の年代や正確な埋納状況を知る上できわめて貴重である。早く詳しい報告が出ることが期待される。

3．カポシュヴェルヂ Kapos-vörgy（ドイツ語名カポス谷 Kapos Tal）鍑（Ⅰ-b-3）（口絵4）

バラトン湖から南東へ約50km、トルナ Tolna 郡のヘーヂエース Hőgyész とレゲイ Regöly との間にあるカポシュ川の谷（谷といっても狭い谷間ではなく、川の氾濫原程度）の右岸で、耕作中に発見された［Bóna 1991：275］。クルドチブラーク Kurdcsibrák という鉄道の駅の近くであったという説［Takács 1925：208］が一時流布したが、ボーナによればクルドという青銅器時代の埋納遺跡出土の青銅製容器と混同したことによる誤りで、現在のサカーイ Szakály とレゲイの駅の間だ

フン型鍑（林　俊雄）

図3　Ⅰ-b-1（縮尺不同）

I-b-2

I-b-4

I-b-3

I-b-5

図4　I-b-2〜I-b-5（縮尺不同）

という［Bóna 1991：275］。泥炭地であったともいう［Maenchen-Helfen 1973：309；Anke 1998：（2）57］。1891年に、ハンガリー国立博物館が取得した。

　圏足部が失われているが、他はほぼ完形である。高さ49.5cm（圏足部を復元すると約57cm）、直径30〜33cm、厚さ3〜4mm、重さ16kg。胴部は1本の凸線で四分割されている。1本線による分割の例は、イェンヂホヴィッツェ鍑（Ⅰ-a-1）に見られる程度で、めずらしい。1本の水平凸線の下に散発的に2つずつ玉のれん形装飾が付く。水平凸線の上から把手の柄が立ち上がっている。口縁とそのすぐ下の水平凸線との間は、細かい連続する格子紋様で装飾されている。把手の上に3つ、両側に1つずつのキノコ形装飾が付く。玉のれんが連続せずに散発的で2つずつである点は、ラードプスタ鍑（Ⅰ-b-2）と同じである。ただしキノコの傘がつながっている点は異なる。成分分析の結果を考慮すると、カポシュヴェルヂ鍑とヴァールパロタ鍑（Ⅰ-b-1，3）とは同じ工房で造られたという［Kovrig 1973：114］。

４．ドゥナウーイヴァーロシュ **Dunaújváros**（古名ドゥナペンテレ Dunapentele）鍑（Ⅰ-b-4）

　ドナウ川右岸のフェイェール Fejér 郡にある後期ローマ時代の城塞址インテルキサ Intercisa で、1909年の調査時に城塞の5号建築址のⅢ号室から発見された。3本の凸線が走る鍑の胴部の断片のみで、高さ31.5cm、幅21cm、厚さ3mm［Érdy 1995：69］。同じ建築址のⅠ号室からは、火を受けて損傷した鉄地銀象嵌の後期ローマ時代の兜（15〜20点）が出土した［Anke 1998：（2）35］。エールディはこの兜を4世紀としている［Érdy 1995：17］が5世紀前半の可能性もある。メンヒェン＝ヘルフェンは、住居址から鍑の断片が出土したからといって、フンがローマ軍のキャンプの廃墟に住み着いたということにはならないと考えている。そもそもフンは定住が嫌いであるし、また金属欠乏に悩まされていたフンが近くの部屋に残された多数の兜を見逃すはずはないからである［Maenchen-Helfen 1973：257］。ローマ軍の城塞址からフンの鍑の断片が出土する意味については、ルーマニアのチェレイ Celei 鍑（Ⅰ-c-5）の項目で再び触れる。

５．テルテル **Törtel** 鍑（Ⅰ-b-5）

　首都のブダペシュトから南東へ約80km、ペシュト Pest 郡テルテル Törtel 村の南にあるツァコー丘 Czakóhalom（先史時代の集落址とも古墳ともいう）の裾で、耕作中にあまり深くないところから発見され、1869年にハンガリー国立博物館に寄贈された［Nestor, Nicolaescu-Plopşor 1937：180；Bóna 1991：275；Koch 1997：639］。かりにこの丘が古墳であったとしても、鍑は古墳本体とは関係なく、儀礼用の埋納品と考えられる［Anke 1998：（2）138］。最近では、出土地をテルテル村東方約6kmのケレシュテテートレン Köröstetétlen とする文献もある［Ibid.］。

　圏足部が失われているが、他はほぼ完形である。復元した圏足部を含め、高さは88〜89cm、直径は46〜48cm、厚さ2〜5mm、重さ41kg、現存するフン型鍑としては最大である。胴部は2本の平行凸線によって四分割され、水平の凸線に下に玉のれん形装飾が連続してめぐっている。分割凸線の上をめぐる1本の凸線の上から、把手の柄と真ん中にもう1本の支柱のような細かい分節の入った柄が立ち上がっている。このような支柱の例は、他にない。口縁とそのすぐ下の水平凸線との間は、カポシュヴェルヂ鍑（Ⅰ-b-3）と同じように、細かい連続する格子紋様で装飾されている。把手の上に4つ、両側に1つずつのキノコ形装飾が付く。把手の両側のキノコの下に、

1本の凸線が下に伸びている。キノコの傘は、互いにわずかに接している。

　胴部の中ほどに、水平に鋳造の際の継ぎ目が走っている。通常は2つの鋳型を垂直方向に合わせて鍑を鋳造するが、この例では大型のためさらに上下に分けて、4つの鋳型を使ったことがわかる。下部外側には、煤のあとがある。

　c．ルーマニア Romania（図5）

　1．ヒノヴァ Hinova 鍑（I-c-1）
　1978年、ルーマニア西南部のドナウ川に面したメヘディンツィ Mehedinți 郡トゥルヌ＝セヴェリン Turnu-Severin 市から南東へ約10km、ドナウ川左岸にある後期ローマ時代の城塞址で発見された。口縁部から胴部にかけての断片である。胴部を分割する2本の凸線が直角に曲がるところが、わずかに見られる［Davidescu 1980：84；Harhoiu, Diaconescu 1984：101, 107；Anke 1998：（2）49］。

　2．ホタラニ Hotărani 鍑（I-c-2）
　ヒノヴァ Hinova より少し南、同じくメヘディンツィ Mehedinți 郡のヴンジュ＝マレ Vânju-Mare から南南西に5km、ロゴヴァ Rogova から南へ5.5kmのところにある、ホタラニ Hotărani 村のバルタ＝マレ Balta-Mare という場所の沼の排水溝の泥の中から発見された［Nestor, Nicolaescu-Plopşor 1937：179］。トゥルヌ＝セヴェリン Turnu-Severin の地方博物館に寄贈された。

　キノコ形装飾が3つ付いた把手の部分の断片である。高さ16.2cm、最大幅19.7cm、下部の幅12.7cm。キノコの傘がやや小さめで半円形ではなく、楕円形である点が特徴である。

　3．オルテニア西部 West Oltenia 鍑（I-c-3）
　D．パパズオール Papazoglu 少佐の収集品の中にあった鍑の断片。正確な出土地は不明だが、少佐の話によれば、小ワラキア Kleine Walachei 地方（現ルーマニアではオルテニア Oltenia 地方、ルーマニア西南部）の西部で出土したものだという［Nestor, Nicolaescu-Plopşor 1937：179-180］。把手の両側のどちらかに立っていたキノコ形装飾の1つであろう。高さは8.4cm。ブクレシュティ博物館に収蔵されている。

　4．デサ Desa 鍑（I-c-4）
　ルーマニア西南部ドルジ Dolj 郡、チュペルチェニ Ciuperceni 村とギディチュ Ghidiciu 村との間の、ドナウ川が東に向きを変えるあたりにあるデサ Desa 村に、ドナウ川によって形成された湖があり、そこで漁師の網にかかって発見された［Nestor, Nicolaescu-Plopşor 1937：178］。

　高さ54.1cm、直径29.6cmの、完全無欠の鍑である。把手の高さは11.4cm、圏足部の高さは9.8cm、台部の底の直径は19.6cm、器壁の厚さは0.75cmである［Ibid.］。胴部は3本の凸線で四分割され、水平の凸線からは玉のれん形装飾が連続してめぐっている。分割線の上の水平凸線から把手の柄が立ち上がり、把手の上には3つのキノコ形装飾が付いている。口縁直下の凸線から、把手の両側に1つずつのキノコ形装飾が付いている。キノコの傘は互いに接しており、傘の下辺とキノコの柄には凸線がある。

　5．チェレイ Celei（古名 Sucidava）鍑（I-c-5）
　ルーマニア南部、オルト Olt 郡のドナウ川北岸に面したコラビア Corabia 市から西へ約5kmの

フン型鍑（林　俊雄）

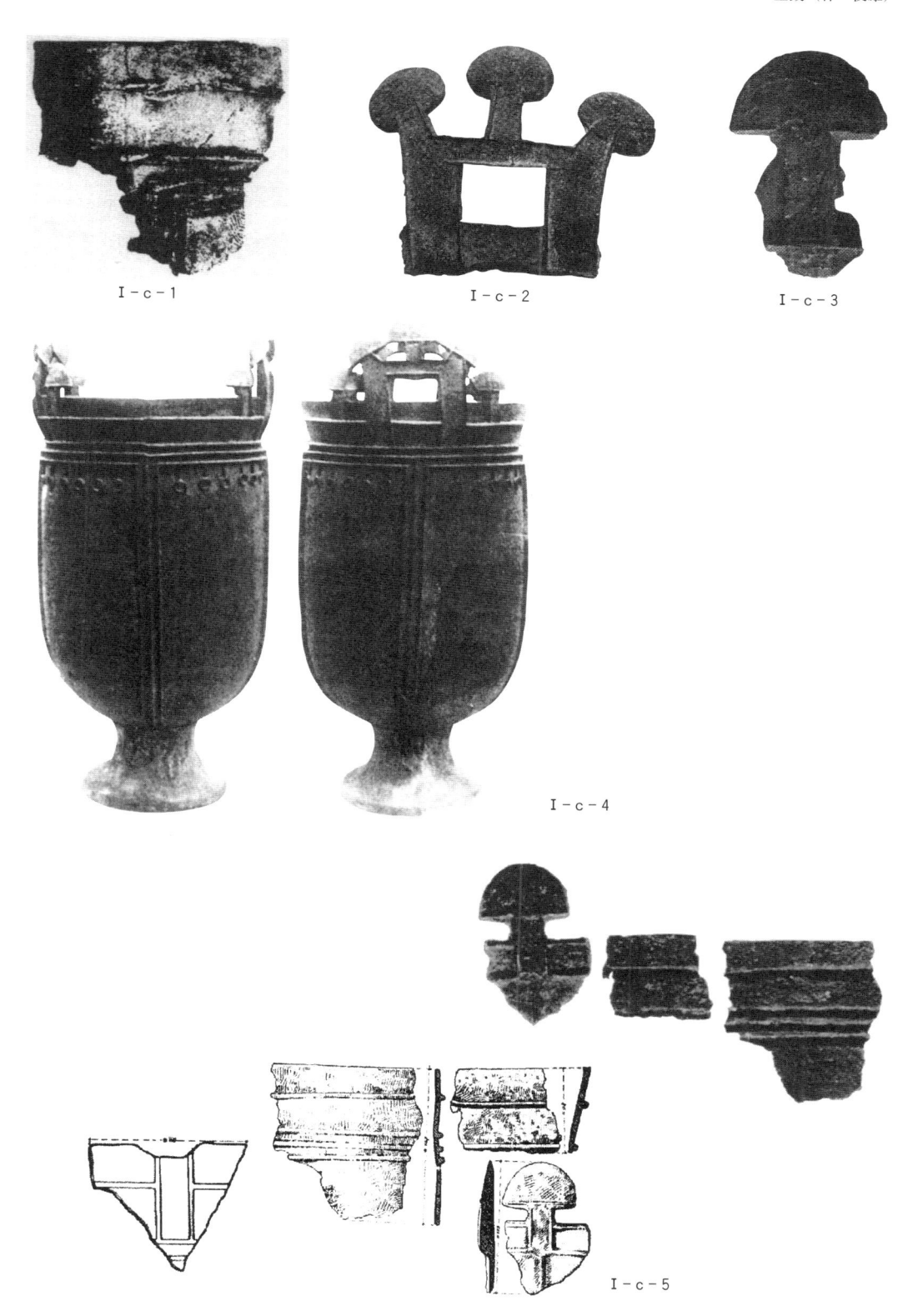

I-c-1

I-c-2

I-c-3

I-c-4

I-c-5

図5　I-c-1～I-c-5（縮尺不同）

チェレイ Celei 村に、後期ローマ時代の城塞址スキダワ Sucidava がある。ここでは1930年代から今日に至るまで、断続的に発掘調査が行われている。そのうち、1937／40年の調査時に出土した三角形状の青銅器断片は、キノコ形装飾の下に続く鍑の口縁の断片と思われる。上辺の長さは11cmである［Tudor 1941：375］。ついで1942／43／45年の調査時には、鍑の口縁部とキノコ形装飾の断片が3点出土した。口縁部の断片は高さがそれぞれ14.7cmと8cm、キノコ形装飾を含む断片は高さが12.5cmである［Tudor 1948：189］。2点かそれ以上の鍑に属する断片と思われる。成分分析の結果によると、銅 Cu 71%、鉛 Pb 4%、酸化銅 Cu_2O 25%だという［Stoicovici 1961：557］。

これらの断片は火災を受けた層から出土したが、同じ層からは後期ローマ時代に特徴的な帯飾り金具などとともに、銅貨がまとまって2箇所から出土した。銅貨の中で最も古いのはコンスタンティウス Constantius 2世（在位337〜361年）で、最も新しいのはテオドシウス Theodosius 2世（在位408〜450年）である［Harhoiu, Diaconescu 1984：109］。この貨幣資料は、鍑の年代を決定する上で重要な資料となる。

なぜフン型鍑の断片がローマ軍の城塞址で発見されたのかという疑問に関して、メンヒェン＝ヘルフェンは以下のように説明している。ローマ人がドナウ河畔の定期市でフンの鍑を購入したなどということは考えにくい。唯一考えられるのは、フンの兵士がローマ軍の中で傭兵として勤務しており、彼らが鍑を所有していたという可能性だけである。この考えは、社会主義時代のルーマニアの公式の歴史書『ルーマニア史 Istoria Romîniei』（筆者未見）の中でネストル J. Nestor が下した解釈と同じであるという［Maenchen-Helfen 1973：257］。

6. ボシュニャグ Boşneagu 鍑（I-c-6）

1956年、ドナウ川北岸のカララシ Călăraşi 市から西へ約30km、ドロバンツ Dorobanţu 町から北へ約3kmのボシュニャグ Boşneagu 村、ドナウ川の氾濫原の中にあるモスティシュテャ Mostiştea 湖の東岸にある農家の敷地内で穴を掘っていたところ、深さ1.50mのところに鍑の把手が2つ発見された。同一個体に属する一対の把手と思われる。その情報は1958年にカララシ市の博物館に達し、1959年に発見箇所とその近くが発掘されたが、新たに取り立てていうほどのものは発見されなかった［Mitrea, Anghelescu 1960：156, 158；Mitrea 1961：550；Anke 1998：(2) 18］。

器壁の一部まで残っている把手は高さ18cm、幅12.7cm、もう1つの把手は高さ15cm、下部での幅12.8cmである。把手の上に3つのキノコ形装飾が付いている。キノコの傘はあまり大きくなく、互いに接してはいない。

7. ヨネシュティ Ioneşti 鍑（I-c-7）

1983年、首都ブクレシュティから北西へ約70km、ドゥンボヴィツァ Dîmboviţa 郡ペトレシュティ Petreşti 町のヨネシュティ Ioneşti 村、鉄道のガイェシュティ Găeşti 駅から南西へ約1km、蛇行するアルゲシュ Argeş 川の分流の川床の近く、「ヨネシュティ砂利採取場」の近くで貯水池造営中に、砂層と礫層の堆積の下の深さ約6mの地下水の中から発見された。発見状況から判断すると、かつて存在した川床からは、深さ1.5mのところにあったと思われる［Harhoiu, Diaconescu 1984：99］。

高さは71.4cm、口縁の直径37.6cm、器壁の厚さ0.5〜1mm。圏足部は高さ13cm、下部の直径

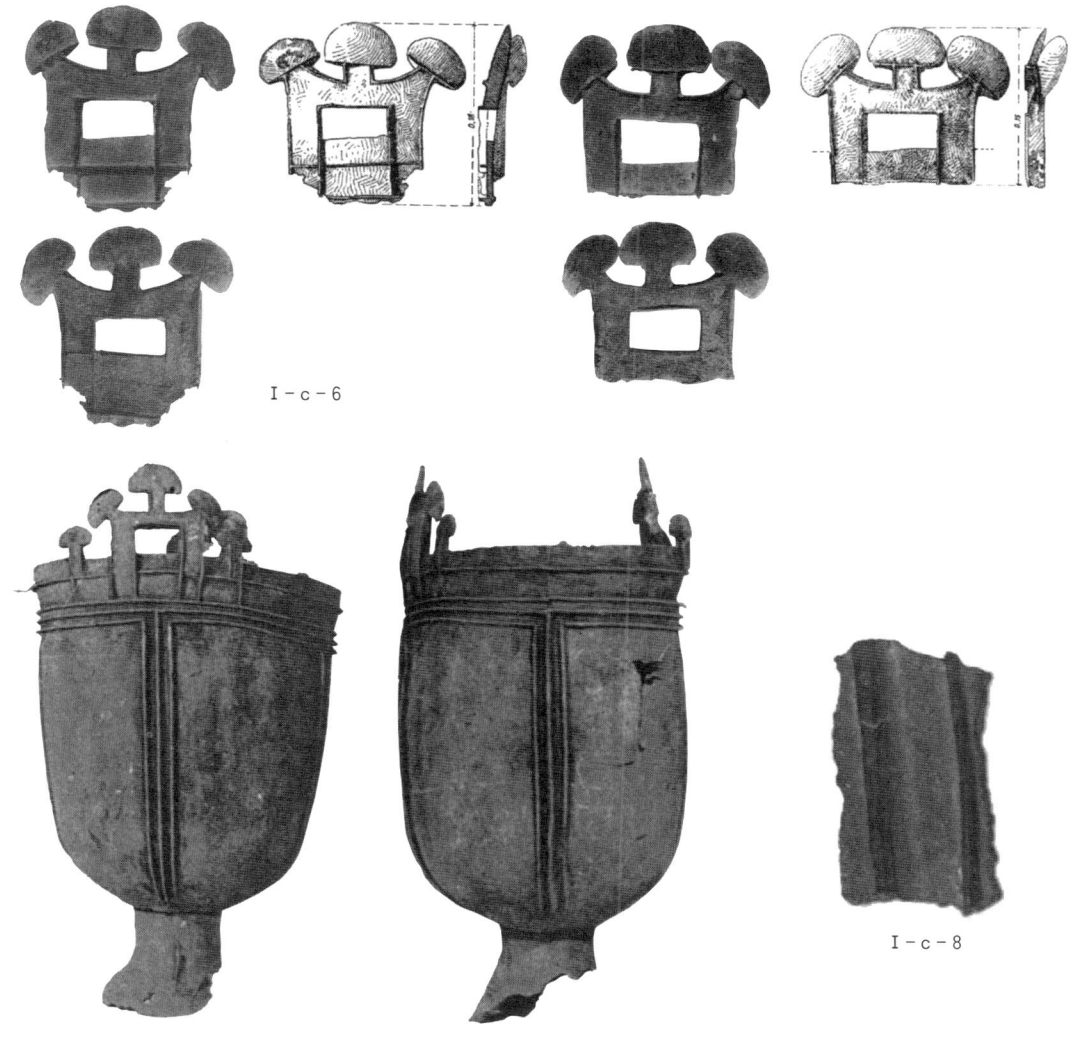

図6 Ⅰ-c-6〜Ⅰ-c-8 （縮尺不同）

20.8cm。把手の大きさは12.4×19cm。胴部は3本の凸線によって四分割されており、凸線は下端に向かって徐々に消滅してゆく。分割線の上の水平凸線から把手の柄が立ち上がり、把手の上には3つのキノコ形装飾が付いている。口縁直下の凸線から、把手の両側に1つずつのキノコ形装飾が付いている。キノコの傘は互いに接しておらず、傘の下辺とキノコの柄には凸線がある。

圏足部と胴部とは別々に鋳造されているため、それぞれについて半定量分光分析したところ、両者の成分はごくわずかの元素を除いて同じであった。銅 Cu 80％以上、鉛 Pb 10〜12％、錫 Sn 7〜8％、アンチモン Sb 0.1〜0.3％、鉄 Fe 0.1〜0.5％、マンガン Mn 0.001％、亜鉛 Zn 0.01％、ニッケル Ni 0.1％、砒素 As 0.7％、コバルト Co 0.01％、クロム Cr 0.008％、ビスマス Bi 0.1％、銀 Ag 0.1％、金 Au 0.001％、以上が同じであった元素である。

一方、違っていた元素は以下の通り。珪素 Si 0.1％（圏足）、1.5％（胴）、アルミニウム Al

0.01％以下（圏足）、1％（胴）、チタン Ti 0％（圏足）、0.05％（胴）、マンガン Mn 0.001％以下（圏足）、0.2％（胴）［Harhoiu, Diaconescu 1984：115］。この4つの元素のみ違っていたことについて、ハルホユらは、鋳型の土が違っていたからだと説明している［Harhoiu, Diaconescu 1984：100］。

8．スディツィ Sudiţi 鍑（Ⅰ-c-8）

ブクレシュティから北東へ約80km、ブザウ Buzău 郡ゲラシェニ Gherăşeni 町スディツィ Sudiţi で、胴部の四分割凸線の一部と思われる断片が発見された。長さ5.2cm、幅2.9cm。プロイェシュティ Ploieşti にある「郡立歴史博物館」に収蔵されている［Harhoiu, Diaconescu 1984：100；Koch 2007：333］。

Ⅱ．黒海西北岸からウラルまで From Northwest Pontic Area to the Ural

a．黒海西北岸 Northwest Pontic Area（図7）

1．シェスタチ Şestaci 鍑（Ⅱ-a-1）

1962年、モルドヴァ共和国北部、ドニェストル川中流域のレズィナ Rezina 郡シェスタチ Şestaci 村の村はずれで、トラクター運転手が耕作中に深さ0.8mの穴の中から発見した。高さ53cm、直径35cm、重さ29kg。圏足部の高さは10.5cm、圏足の下部の直径は20cm、器壁の厚さは1.4cm。鍑の下部に2箇所、使用当時に青銅で修復したあとが見られる［Нудельман 1967：306-307］。

胴部は3本の凸線で四分割され、水平の凸線からは玉のれん形装飾が連続してめぐっている。分割線の上の水平凸線から把手の柄が立ち上がり、把手の上には4つのキノコ形装飾が付いている。口縁直下の凸線から、把手の両側に1つずつのキノコ形装飾が付いている。キノコの傘は互いに接しており、傘の下辺とキノコの柄には凸線がある。キノコの傘の中には小円がある。把手の上のキノコが4つでしかも傘の中に小円があるのは、他にウィーン購入鍑（Ⅰ-a-4）だけである。

鍑の中には、薄い（厚さ1mm）胴の1枚板で鍛造した底部のやや広がった円筒形の容器が発見された。その高さは17cm、口縁の直径16cm、底部の直径21.5cmである。これらとともに、粗製手捏ね土器の破片が発見され、その大部分は壺形土器の器壁の破片であった［Нудельман 1967：307］。

モルドヴァ国立博物館に収蔵されている。

2．ティムコヴォ Timkovo 鍑（Ⅱ-a-2）

1981年、ウクライナ西南部のオデッサ Odesa 州コディマ Kodyma 地区ティムコヴォ Timkovo 村（モルドヴァとの国境近く）で、トリポリエ文化（新石器～銅石器時代）とチェルニャホヴォ文化（初期鉄器時代）にまたがる集落址を発掘している最中に発見された［Редіна，Росохацький 1994：152］。キノコ形装飾の付いた鍑の把手の断片で、寸法は9×10cm、厚さ1cm。

3．オルビア Olbia 鍑（Ⅱ-a-3）

1902年に、南ブグ Bug 川が黒海に注ぐ河口に近い右岸に面した古代の都市遺跡オルビア Olbia

フン型鍑（林　俊雄）

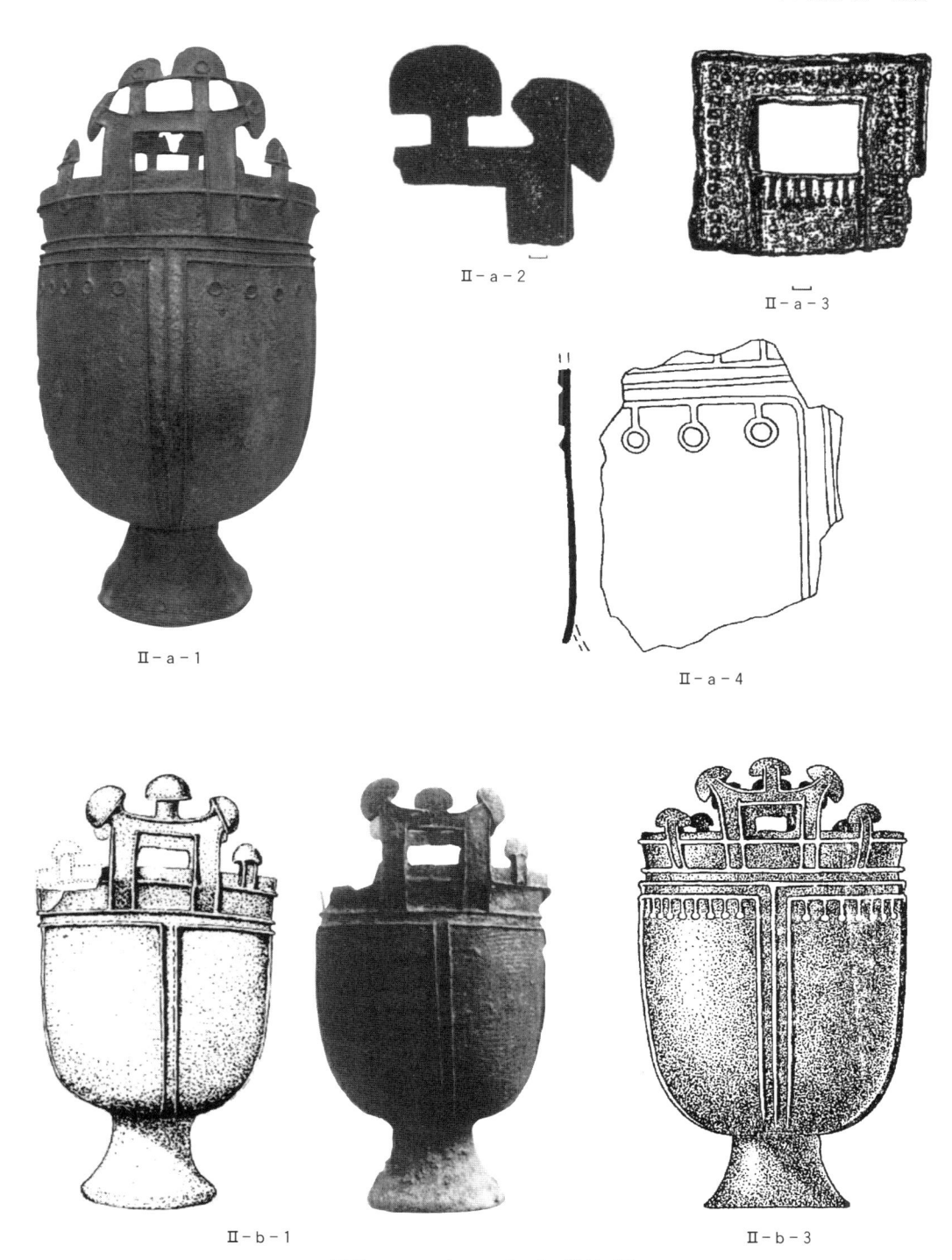

Ⅱ-a-1

Ⅱ-a-2

Ⅱ-a-3

Ⅱ-a-4

Ⅱ-b-1

Ⅱ-b-3

図7　Ⅱ-a-1〜Ⅱ-b-3（縮尺不同）

355

で発見されたといわれており、オデッサ博物館に収蔵されている。把手の断片だが、キノコ形の装飾はない。縁辺にそって列点紋が走っており、把手の方形の孔の下部には玉のれん形装飾が付いている。これとまったく同じ形・紋様の把手を持つ鍑が、北東へ遠く離れたヴォルガ中流のオソカ Osoka で出土している（Ⅱ-c-2）。寸法は12.7×14.3cm［Редіна, Росохацький 1994：152］。

4．シンフェロポリ Simferopol' 鍑（Ⅱ-a-4）

1984年、クリミア半島中央部のシンフェロポリ Simferopol' 市にあるスキタイ・ネアポリス Scythian Neapolis（前3世紀以降クリミア半島に後退したスキタイが定住化して建設した都市）の東南部で発見された［Anke 1998：（2）115］。3本の凸線で四分割された鍑の胴部の断片である。水平凸線から玉のれん形装飾が垂れている。寸法は22×18cm。

b．北カフカス Northern Caucasus（図7）

1．イヴァノフカ Ivanovka 鍑（Ⅱ-b-1）

ドン河口に近いノヴォチェルカッスク Novocherkassk 市の博物館に収蔵されていた鍑。出土地のイヴァノフカについては、ロシア領ロストフ Rostov 州のドン河口付近とも［Anke 1998：（2）54］、またウクライナ領東南端にあるルハンスク Luhans'k（ロシア語名ルガンスク Lugansk）州に属するともいう［Bóna 1991：240-241；Koch 1997：640］。メンヒェン＝ヘルフェンの表現に従えば、この鍑は「パスポートを持っていない」［Maenchen-Helfen 1973：336］。

胴部は2本の凸線によって四分割されている。水平凸線から把手の柄が立ち上がり、その上には3つのキノコ形装飾が付いている。キノコの傘はあまり大きくなく、接してはいない。把手の柄の両側に、口縁直下の水平凸線から1つずつキノコが立ち上がっている（一部欠損）。

当初、その寸法は発表されていなかったが、南ウラルのクズル＝アドゥル Kyzyl-Adyr 鍑（Ⅱ-c-5）が発表されたときに、それよりもイヴァノフカ鍑の方が4.5cm高く、直径は2.5cm小さいと記されたことにより［Гаряинов 1980：261］、後者の寸法が全体の高さ39cm、直径22cmと、かなり小型の鍑であることが知られるようになった。

2．スタヴロポリ Stavropol' 鍑？（Ⅱ-b-2；図なし）

1902年にウヴァロヴァ Уварова П. С. がティフリス Tiflis（現グルジアの首都トビリシ Tbilisi）で刊行した『カフカス博物館収集品 Коллекции кавказскаго музея』の中に、北カフカスのスタヴロポリ Stavropol' 州で出土した鍑についての言及があるが、図は発表されていない。記述によると、形は縦長で低い圏足が付き、把手は孔が開いて高く、ドアの球状の握りのようなものが付いているという。球状の握りとは、キノコの傘のことかもしれない。もしそれがきのこの傘であるならば、フン型の鍑ということになるが、メンヒェン＝ヘルフェンはこれをフン型鍑とは認めていない［Maenchen-Helfen 1973：318］。高さ45cm、圏足部の高さは11cm。

3．ハバズ Khabaz 鍑（Ⅱ-b-3）

北カフカス中央部、カバルダ＝バルカル共和国 Kabardino-Balkariya 北部、首都のナリチク Nal'chik から北西に約60kmの、ゾルカ Zolka 地区マルカ Malka 川上流のハバズ Khabaz 村の西北端にあるシヤック＝コル Shiyakky-Kol 渓谷の山腹に、地下石室を伴う中世初期の墓地がある。

1981年の夏、建設作業によって3基の墓が壊された。残念ながら出土状況などはまったくわからないが、その一部だけがカバルダ=バルカル歴史・言語・経済学研究所の考古学部門に収蔵されることになった［Батчаев 1984：256］。その収蔵品の中に、磨研土器やカットグラス、鋲留め青銅鍋などとともに、フン型鍑がある。

鍑の胴部は3本の凸線によって四分割され、水平の凸線からは玉のれん形装飾が垂れて連続してめぐっている。分割線の上の水平凸線から把手の柄が立ち上がり、その上には3つのキノコ形装飾が付いている。キノコの傘はあまり大きくなく、接してはいない。把手の柄の両側にあるキノコは、通例、把手の柄が立ち上がるのと同じ水平凸線ではなく、それより上の口縁直下の凸線から立ち上がるものだが、この鍑では把手の柄と同じ凸線から立ち上がっている。このような例は、ほかにない。

口縁には青銅の薄片が取り付けられているが、その箇所に損傷のあとは認められないという。当初の圏足部が壊れたあと、その外側に新たに圏足部が取り付けられていた。外側はかなり煤けている。重さは15～20kg、胴部の最大径は31.5cm、全体の高さは57.5cmである。

報告者のバッチャエフは、ハバズ鍑をコヴリグの分類した第2型式に属するものとし、ドナウ流域で造られたと考えた。そこでこの鍑はドナウにいたフンの何らかのグループが北カフカスに現れたことを示す証拠とみなし、そしてその時期を5世紀後半としている［Батчаев 1984：258］。しかしバッチャエフはコヴリグを直接引用しているわけではなく、アンブローズの文章［Амброз 1981：19］から孫引きしているに過ぎない。コヴリグは、把手の部分については、単純な方形の把手、把手の上にキノコが3つ付いたもの、4つ付いたものの3グループにまとめられると言っているだけで、すべての鍑を把手だけで分類しようとしたわけではない。コヴリグのこの分類をアンブローズが利用して、それぞれ第1、第2、第3型式と名づけ、この順序が年代の順番を示すとみなしたのである［Ibid.］。私自身は、この違いが年代差を示すものとは考えていない（後述）。

c．ヴォルガ Volga、ウラル Ural（図8・9）

1．ヴェルフニー=コネツ **Verkhnij-Konets** 鍑（Ⅱ-c-1）

19世紀末に、ウラル西北部、現コミ Komi 共和国の首都スクトゥフカル Syktyvkar（旧名ウスチ=スソリスク Ust'-Sysol'sk）から南西へ約85km、スソリスキー Sysol'skij 地区のヴェルフニー=コネツ Verkhnij-Konets 村で発見された［Maenchen-Helfen 1973：316］。ウスチ=クロム Ust'-Kulom 地区カトゥドポム Katydpom 村で出土したとする文献もあるが［Anke 1998：（2）146］、カトゥドポム村はスソラ Sysola 川沿いにあり、地区名は変更すべきであろう。モスクワ北方のヴォログダ Vologda 州出土とする文献もあるが［Wosinsky 1891：430；Takács 1925：210］、ヴォログダ州にも同名の村があるため、取り違えたのであろう。しかし上記の文献は、ヴォログダの博物館に収蔵されていると表記する［Ibid.］。いずれにしても、鍑の出土地としては最も北方である。

胴部は4本の凸線で四分割されている。水平凸線から方形の把手が立ち上がっている。把手の上にキノコ形装飾はない。把手は縁辺だけでなく真ん中にも凸線が走っているが、このような例はほかにウルムチ南山鍑（Ⅲ-a-6）が知られているだけである。似たような装飾としては、把

Ⅱ-c-1

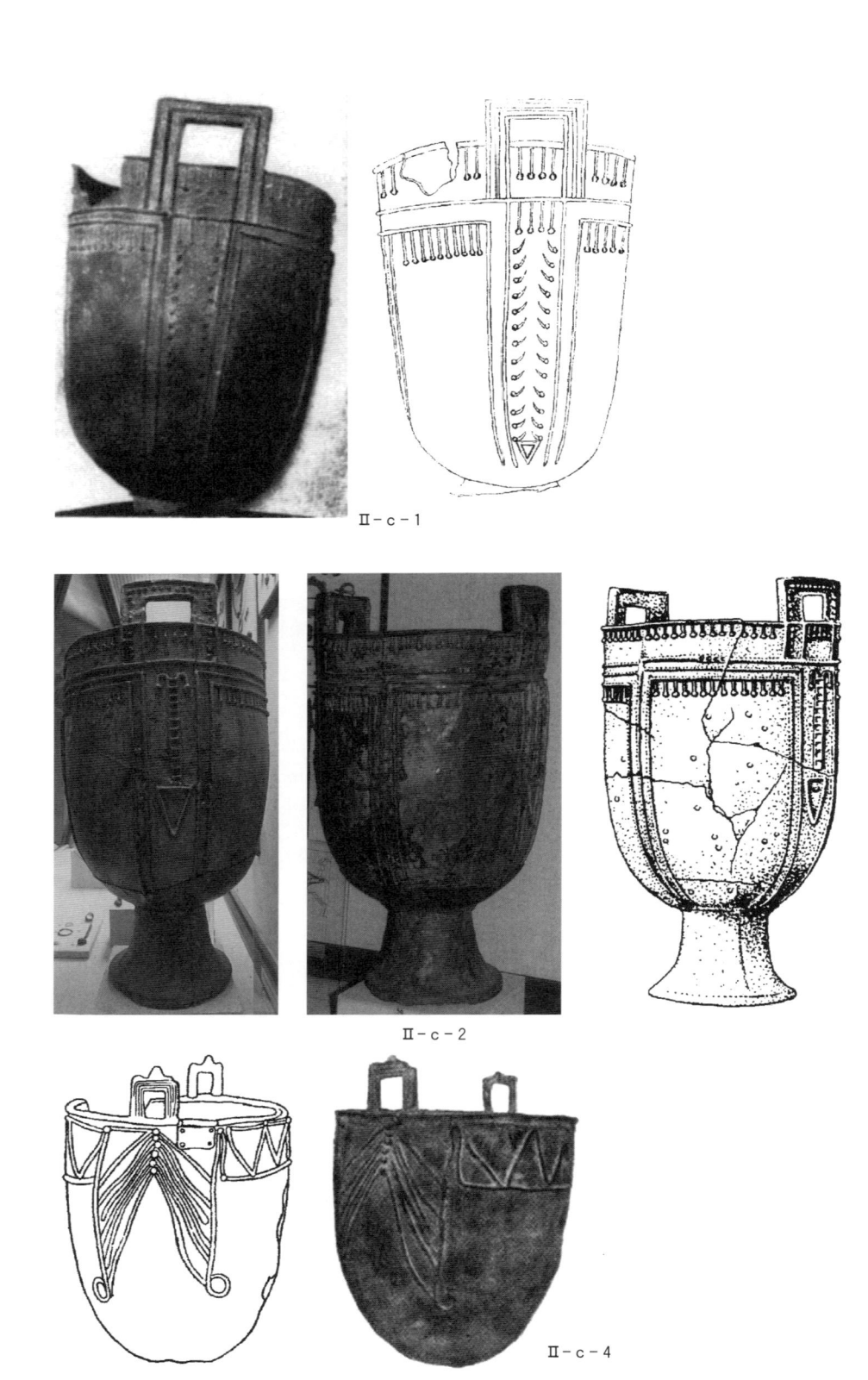

Ⅱ-c-2

Ⅱ-c-4

図8 Ⅱ-c-1〜Ⅱ-c-4 (縮尺不同)

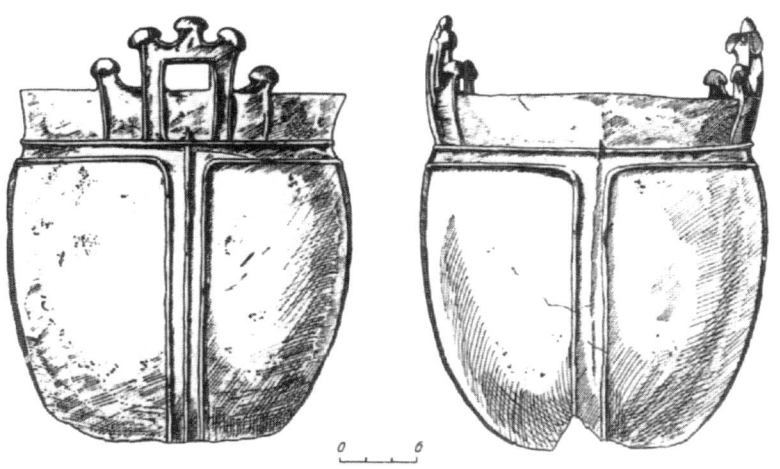

図9　Ⅱ-c-5　（縮尺不同）

　手の柄の中に列点紋が連続するオルビア鍑とオソカ鍑の例がある（Ⅱ-a-3, Ⅱ-c-2）。玉のれん形装飾が、四分割の凸線からだけでなく、口縁の凸線と、把手の下部の水平凸線からも垂れてめぐっている。この装飾も、やはり上記2例に見られる。

　この鍑の最大の特徴は、把手の真下の縦に細長い空間に、コンマ（,）を縦に連ねたような2列の装飾があり、その下端に下向きの三角形紋様があることである。この部分に逆三角形紋様がある鍑は、ほかにオソカ鍑とウルムチ南山鍑があるだけである（Ⅱ-c-2, Ⅲ-a-6）。

　圏足部はほとんど失われており、この状態で高さ約53cm、直径約33cm、重さ10.5kg、あるいは10.25kgである［Anke 1998：(2) 146；Wosinsky 1891：430］。

2．オソカ Osoka（ソカ Soka）鍑（Ⅱ-c-2）

　1884年に、ヴォルガ中流西岸のシンビルスク Simbirsk（現ウリヤノフスク Ul'yanovsk）市から南西に約100kmのオソカ Osoka（あるいはソカ Soka）村とザガリノ Zagarino 村との間を流れるオソカという小川のほとりの砂の中から発見された［Maenchen-Helfen 1973：316；Anke 1998：(2) 100］。

モスクワの国立歴史博物館に収蔵されている。

　胴部は3～4本の凸線で四分割されている。分割凸線と口縁の凸線から、玉のれん形装飾が垂れてめぐっている。方形の把手の上に、キノコ形装飾はない。把手の柄の中に列点紋が走っている。把手の真下の縦に細長い空間に、玉のれんが1つずつ折れ曲がり、そこからはしご状の連続小格子紋が下に伸び、その下に大きな三角形の装飾がある。これらすべての特徴から、オソカ鍑はヴェルフニー=コネツ鍑（Ⅱ-c-1）にきわめて似ているということができる。ちなみにオソカはヴェルフニー=コネツより約850km南方に位置する。

　高さは53.5cm、直径31cm、重さ17.6kg。

3．エンゲルス Engel's（旧名ポクロフスク Pokrovsk）鍑？（Ⅱ-c-3；図なし）

　ヴォルガ下流東岸のエンゲルス Engel's（旧ポクロフスク Pokrovsk）市の博物館に収蔵されている。ヘックリヒト（イェンヂホヴィッツェ）鍑（Ⅰ-a-1）のタイプだというが、詳しいことは不明［Tallgren 1934：40；Anke 1998：（2）37］。メンヒェン=ヘルフェンはこれをフン型鍑とは認めていない［Maenchen-Helfen 1973：318］。

4．ソリカムスク Solikamsk 鍑（Ⅱ-c-4）

　ヴォルガ川左岸の支流カマ川が流れるペルミ Perm' 地区北部のソリカムスク Solikamsk 市で発見され、ペルミ州立博物館に収蔵されている［Takács 1927：146；Прокошев 1948：201；Maenchen-Helfen 1973：315］。出土状況について、詳しいことは何も知られていない。

　胴部は縦長の円筒形に近く、ふくらみはない。方形の把手の上に1つ小さな突起が付いている。描画によれば、把手には凸線が2筋走っているように見える。口縁に沿ってジグザグの凸線のかなり幅広い紋様帯がめぐる。把手の下には、2本の垂直に下って下端が丸くなる線の間に、真ん中から左右に分かれてひげのように斜めに垂下する紋様がある。胴部が円筒形に近いことと把手が方形であることを除くと、フン型鍑と共通する点はない。これにやや似た鍑としては、口縁に沿って交叉格子紋様があり把手の下の凸線が湾曲したアルタイのテレツコエ湖出土の鍑がある。

　メンヒェン=ヘルフェンがこの高さを9cmと表記したため、エールディもそれに従っているが［Maenchen-Helfen 1973：315；Érdy 1995：73］、これだけの紋様が施され、口縁部に修復の跡まである鍑がそんなに小さいはずはない。この鍑の写真を公表したプロコシェフによれば、高さは90cmである[1]［Прокошев 1948：201］。

5．クズル=アドゥル Kyzyl-Adyr 鍑（Ⅱ-c-5）

　1977年、南ウラルのオレンブルグ Orenburg 州南部、ベリャエフスキー Belyaevskij 地区とクヴァンドゥク Kuvandyk 地区との間に広がるクズル=アドゥル Kyzyl-Adyr カルスト平原で洞窟を調査していたサラトフ Saratov 国立大学の地質学者たちが、埋葬を伴う洞窟を発見した。それは「プリウラリヌィ Priural'nyj」ソホーズ第2農場から北西へ約7kmのところにある［Гаряинов 1980：259］。

（1）メンヒェン=ヘルフェンの著書のドイツ語訳では、「高さ約60cm」とされている［Maenchen-Helfen 1978：218］。

洞窟の入口は、南東に向いた石灰岩の急な崖にあいている。入口を入るとすぐに、進入を防ぐように複数の砂岩の板石がやや斜めに（当初はおそらく垂直に）立てられていた。しかしそれでも盗掘を免れることはできなかった。1977年と1979年の再調査の結果、以下のようなことがわかった。埋葬があったと思われるしみの跡と東南壁との間に、盗掘者が投げ捨てたものが集中していた。そこには、複合弓の骨製部品、鉄鉤、三翼鉄鏃、鉄刀の断片、若干の小さな金銀製装飾品、わずかの人骨、大型動物（馬？）の骨などとともに、銅鍑が発見された。

鍑の胴部は、2〜3本の凸線によって四分割されている。ザセツカヤはこの胴部の形を「丸底の円筒形」と形容するが［Засецкая 1982：69］、円筒形ではなく、少しふくらみのある丸みを帯びた形に見える。水平凸線から方形の把手とその両側のキノコが立ち上がっている。キノコの傘はきわめて小さいが、平面的ではなくやや立体的のように見える。把手の両側のキノコは分離しておらず、把手から派生しているように見える。圏足部はまったく失われている。

高さは現状で34.5cm、口縁の直径24.5cm。鍑の内側を覆っている付着物の成分分析を行ったところ、主なものは酸化銅 CuO が40.81%、二酸化珪素 SiO_2 が13.48%、二酸化硫黄 SO_2 が11.96%、酸化アルミニウム Al_2O_3 が3.59%、酸化鉄 Fe_2O_3 が2.52%であった［Гаряинов 1980：261］。

III. 中央アジアからモンゴルまで From Central Asia to Mongolia

a. 中央アジア Central Asia（図10・11）

1, 2. アルトゥン・アサル Altyn Asar（ジェティ・アサル Djety Asar 3）土鍑1, 2（III-a-1, 2）

カザフスタン西部、シル・ダリヤ Syr Darya 下流のクズル＝オルダ Kyzyl-Orda 市の西に広がるジェティ・アサル Djety Asar 遺跡群の中で、同市から約170kmに位置するアルトゥン・アサル Altyn Asar（ジェティ・アサル Djety Asar 3）遺跡は、1948、1949、1951年にトルストフ С. П. Толстов を団長とする調査団によって発掘調査された。同遺跡の通称「大きい家」（集落址）の上層（4〜7世紀に年代付けられている）で、少なくとも2点の土製鍑の断片が発見され、接合・復元されている。レヴィナによれば、明らかに「フン型」金属製鍑を模倣しているという［Левина 1971：17, 20, рис. 3］。

メンヒェン＝ヘルフェンは、これらの土鍑をヴェルフニー＝コネツ鍑（II-c-1）のタイプの銅鍑を模倣したものとみなしている［Maenchen-Helfen 1973：335-336］。把手が方形で凸線のような凹凸があり、口縁直下の列点紋は玉のれん形装飾に似ており、胴部に分割線のような凸線が走っているなどの特徴は、たしかに共通すると言えるだろう。ただしヴェルフニー＝コネツ鍑とは異なって、これらの土鍑は胴部がやや膨らんでいる。紋様はヴェルフニー＝コネツ鍑と同じで、胴部の膨らみがクズル＝アドゥル鍑（II-c-5）のようなタイプの鍑があったのかもしれない。高さはそれぞれ39cmと35cmである。

3, 4. アルトゥン・アサル Altyn Asar 土鍑3, 4（III-a-3, 4；1点は図なし）

アルトゥン・アサル第4墓地、1号墳（5.5×4mの小型方墳）の墓室で発見された数点の土器の中に、貼付帯紋様で装飾された土鍑がある。胴部にまったく膨らみのない点では、前記の土鍑

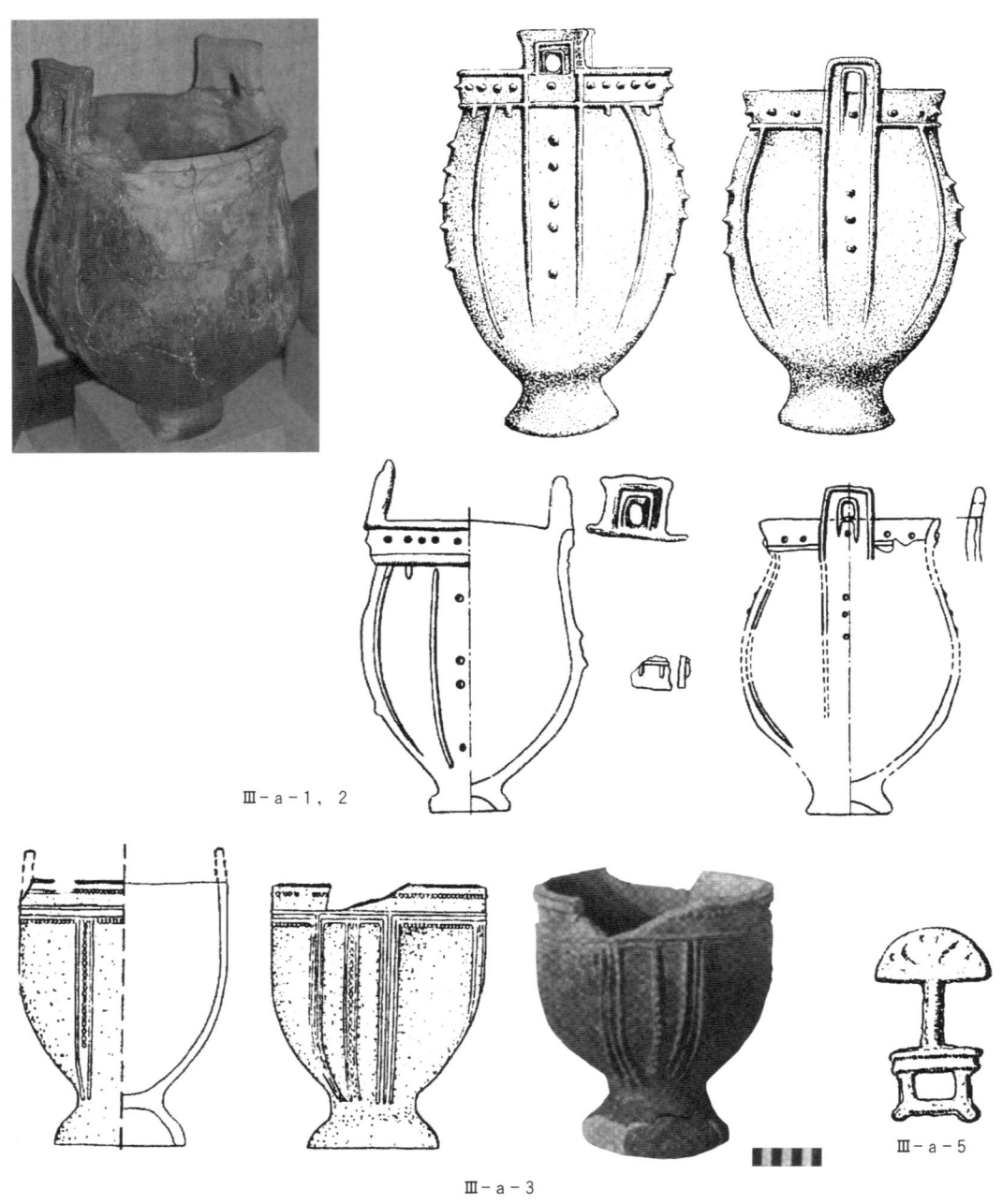

図10 Ⅲ-a-1〜Ⅲ-a-5（縮尺不同）

よりもさらにフン型鍑に近い。高さはそれぞれ約18cmと16cm［Левина 1993：45-47, 156］。

5．ナリンジャン=ババ Narindjan-baba 鍑？（Ⅲ-a-5）

　ウズベキスタンに属するカラカルパク Karakalpakstan 共和国のトゥルトゥクル Turtkul 市近くにあるナリンジャン=ババ Narindjan-baba 遺跡で、キノコの傘のような青銅製品断片が発見された。メンヒェン=ヘルフェンやエールディはこれを鍑の断片とみなす［Maenchen-Helfen 1973：

321；Érdy 1995：21]。さらにエールディは、上記のアルトゥン・アサルも含めて発見地点がエフタルの領域に当たるが、土鍑や鍑断片が発見されることからここもフンの領域であったことがわかり、そうであったからこそエフタルの領域になったのだという [Érdy 1995：21, 52]。彼は匈奴＝フン＝エフタル同族説を信奉しているのであろう。

ところでこの断片はたしかに鍑のキノコの傘に似てはいるものの、柄が細すぎる。また柄の下の方形の空間が、把手にしては小さすぎる。したがって、私はこれを鍑の断片とみなすことには懐疑的にならざるをえない。メンヒェン＝ヘルフェンはこの断片をアルトゥン・アサルの出土品と関係があるだろうと推測するが [Maenchen-Helfen 1973：336]、アルトゥン・アサルの土鍑にはキノコ形装飾はなく、結びつけることはできない[(2)]。

6．ウルムチ南山 Urumqi Nanshan 鍑（Ⅲ-a-6）

1976年に、新疆ウイグル自治区の区都ウルムチから南方、天山山中に入った南山地区で発見されたというが、詳しい状況は不明 [Érdy 1995：32]。1988年に最初に簡単な図だけが発表され [王 1988：12]、1991年にはクズル＝アドゥル鍑（Ⅱ-c-5）と関連付けて5世紀頃とする論文が発表された [張・趙 1991：45]。当初、ウルムチの自治区博物館には「戦国時代」と表記されて展示され、初めて日本に来たときにもやはり「戦国時代」と記されていたが [朝日新聞社 1992：118]、その後の展覧会では「4〜5世紀」と修正されている [東京国立博物館 2002：26]。

圏足部は失われている。胴部は4本の凸線によって四分割されている。把手の真下の縦に細長い空間に、上端が丸く曲がった2本の凸線が伸びている。それが2本の水平凸線によって中断されたあと、さらに下に1本の凸線が続き、最下端には逆三角形がある。これと類似した紋様は、ウラル中北部のヴェルフニー＝コネツとオソカにのみ見られる（Ⅱ-c-1, 2）。把手の上には3つのキノコが付き、両側には1つずつのキノコが生えている。キノコの傘は比較的小さく、左右の柄そのものがやや外側に反り返っている点は、チェコのラーゾヴァー鍑、ルーマニアのホタラニ鍑、北カフカスのハバズ鍑に似ている（Ⅰ-a-2, Ⅰ-c-2, Ⅱ-b-3）。

把手の中に凸線が走っている点は、ヴェルフニー＝コネツ鍑と共通する（Ⅱ-c-1）。把手の両側のキノコは独立しているように見えるが、よく見ると柄の中に凸線が走っていて、その線は把手の柄から出ている。したがって、両側のキノコは非分離から分離に移行する過程にあると思われる。

把手の下の口縁部にはジグザグの凸線が見られるが、これと同じ紋様はハンガリーのラードプスタ鍑にのみ見られる（Ⅰ-b-2）。それ以外の口縁部は、細かい連続する格子紋様で装飾されている。同じ紋様は、ハンガリーのカポシュヴェルヂ鍑、テルテル鍑にのみ見られる（Ⅰ-b-3, 5）。かくして、ウルムチ南山鍑は、チェコ、ハンガリー、ルーマニア、北カフカス、ウラル各地の要素を併せ持つということになる。

（2）エールディはナリンジャン＝ババの断片とアルトゥン＝アサルの土鍑の出土地をその後のエフタルの領域とみなし、これらが出土することはもともとエフタルが匈奴であったことを示すものと解釈している。しかしナリンジャン＝ババの断片を鍑の断片とすることは疑わしく、土鍑だけでエフタルと関係付けるのは無理である。

Ⅲ-a-6

Ⅲ-b-1

Ⅲ-b-2

Ⅲ-b-4

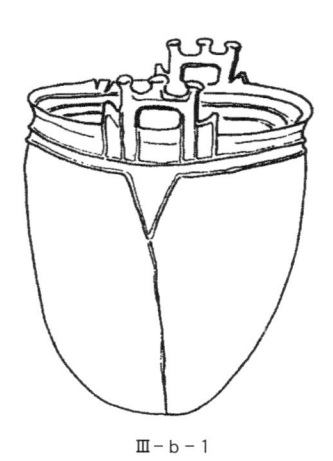

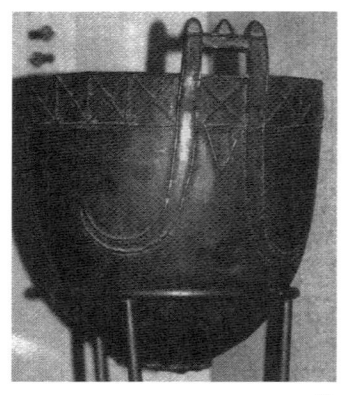

Ⅲ-b-3

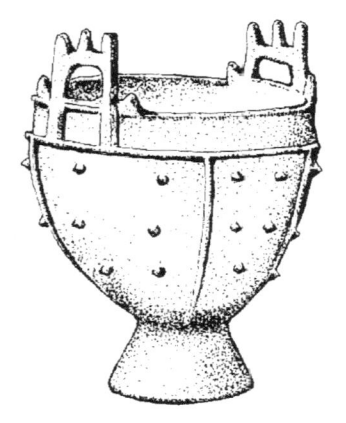

Ⅲ-b-5

図11　Ⅲ-a-6〜Ⅲ-b-5（縮尺不同）

ボコヴェンコとザセツカヤは、この鍑を東方に逆戻りした遊牧民がもたらしたものと考えた［Боковенко, Засецкая 1993：84］。アンケも西から東へ伝えられたと考えている［Anke 1998：（1）54］。コッホも西方で造られたものと考えているが、その範囲はかなり広く、ドナウ中下流域からカスピ海北岸・ウラルに至るまでのどこかとしている［Koch 1997：637］。

一方、エールディは口縁部のジグザグ紋様に注目し、同じような紋様（といっても口縁より少し下で、かなり大きい）がミヌシンスク盆地のタガール文化の鍑に見られることから、ウルムチ南山鍑はヨーロッパからもどってきたものではなく、（ミヌシンスクとウルムチとの中間に位置する）アルタイ付近で2世紀後半から3世紀初め頃に発展したものとみなしている［Érdy 1995：45-46］。しかし前述のように、口縁部の細かいジグザグ紋と連続格子紋は、ハンガリーの鍑に見られる。

また郭は、悦般人が使用した可能性があると指摘している［郭 2007：81］。これは、同じく新疆のイリ南方にある波馬で出土した民族大移動時代の金器を王炳華が悦般のものとした説に影響を受けたものであろうか［王 2004：117］。

この鍑が持つ意味については後述する。

圏足部なしの状態で高さ57cm、圏足部を復元した現状で71cm、直径は39cm、重さ26kgである。成分分析によれば、銅 Cu 94.9％、錫 Sn 2.9％、鉛 Pb 2.3％である［梅・王・李 2005：82］。

b．アルタイ Altay、トゥバ Tuva（図11）

1．チョールナヤ・クリヤ **Chernaya Kur'ya** 鍑（Ⅲ-b-1）

ボコヴェンコとザセツカヤの文献で、初めてその存在が知られるようになった鍑［Боковенко, Засецкая 1993：81］。ロシア連邦、アルタイ地区の中心都市バルナウルから南西へ約180kmのところにチョールナヤ・クリヤ Chernaya Kur'ya という村があるので、そこで発見されたと思われるが、発見年や詳しい出土状況、寸法は不明。

胴部に膨らみがなく、縦長であるところは、フン型鍑に似ている。上の水平凸線から方形の把手が立ち上がり、その上に3つの突起が付いている。それらの上端がボタン状のかたまりになっているが、キノコの傘ほど大きくはない。クズル＝アドゥル鍑（Ⅱ-c-5）のキノコの傘をやや小さくしたように見える。注目すべきは把手両側の突出部である。外側に向かって高く尖っている。その先端がボタン状になれば、ほとんどクズル＝アドゥル鍑に近い。これとまったく同じ形の把手は、モンゴルのムルン市博物館蔵鍑に見られる（Ⅲ-c-1）。下の水平凸線は、把手の真下でV字形に落ち込む。V字の下端から鋳造の際の継ぎ目と思われる線が下に伸びているが、胴部を四分割しているわけではないようだ。圏足部がもともとあったのかどうかはわからない。

2．ビュシュク **Byushk** 鍑（Ⅲ-b-2）

現ロシア連邦のアルタイ Altaj 共和国東部のテレツコエ Teletskoe 湖の近くで鍑が発見されたと、フィンランドの考古学者アスペリン J. R. Aspelin が1877年に発表した［Aspelin 1877：70］。しかしロシアの鍑研究者ボコヴェンコとザセツカヤがこの鍑の出土地をビュシュク Бюшк と表記しているので、それに従う［Боковенко, Засецкая 1993：81］。

胴部は完全な円筒形ではなく、口縁部から徐々にすぼまり始める。口縁部に沿ってかなり大き

目の格子の中に交叉した凸線紋がめぐる。これにやや似た紋様としては、口縁部に沿って幅広のジグザグ凸線がめぐるソリカムスク鍑（Ⅱ-c-4）がある。把手の下の交叉紋に接して、逆三角形の凸線紋がある。ヴェルフニー=コネツ鍑、オソカ鍑、ウルムチ南山鍑（Ⅱ-c-1, 2, Ⅲ-a-6）にも把手の下方に逆三角形紋があるが、これら3例は口縁部からはかなり離れている点がビュシュク鍑と異なる。把手の柄の凸線はそのまま下に伸びて、左右に円弧を描く。ソリカムスク鍑（Ⅱ-c-4）の紋様がややこれに近い。把手は方形で、その上に3つの突起が付いている。

　以上の特徴をまとめると、胴部は円筒形ではないものの膨らんではおらず、把手が方形でその上に3つの突起（キノコ形ではないが）が付き、口縁部に凸線紋、把手の下に逆三角形紋があるという点で、フン型鍑にやや近いものと認めることができよう。

3．コケリ Kokel' 土鍑1（Ⅲ-b-3）

　トゥバ西部、ヘムチク Khemchik 川左岸の支流、アルドゥ=イシュキン Aldy-Ishkin 川とウスチ=イシュキン Ust'-Ishkin 川との間にあるコケリ Kokel' 墓地で、1962年にヴァインシュテインを団長とするトゥバ調査団考古学分団が発掘調査を行い、同墓地の40号墳（直径3mのきわめて低い積石塚）内の土坑墓で、人骨（性別不明）の頭部の先に木皿や木杯とともに、土鍑が発見された。腰骨の付近には鉄製の三翼鏃数点や槍先、鉤も発見された。

　土鍑の胴部は円筒形ではなく、スキタイ時代の鍑に近いが、口縁直下に水平の凸線とそこから下に垂直の凸線が走っている点は、フン型鍑に似ている。胴部の乳頭状突起は、アルトゥン・アサル鍑（Ⅲ-a-1）にも見られる。口縁直下の水平凸線から方形の把手の柄が立ち上がる点も、フン型鍑の特徴である。把手の上には3つの突起があり、把手の両側には小さな山形の突起が接している。

　直径が16.7cmと小さいので（高さの記載なし）、実用品ではなく、墓に入れるための模型と考えられる［Вайнштейн 1970：58, 61；Basilov 1989：44-45］。

4．コケリ Kokel' 土鍑2（Ⅲ-b-4）

　1962年に調査されたコケリ Kokel' 26号墳（46基もの土坑墓を含む低い積石塚）のⅢ号墓には4対の人骨が横たわっていたが、そのうちの1人の頭の先に土鍑が発見された。コケリ土鍑1と同様に、胴部は丸く膨らんでいてスキタイの鍑に近いが、把手は方形で上に山型の3つの突起が付く。高さは約29cmで、墓に入れるための模型と考えられる［Вайнштейн 1970：13, 77］。

5．コケリ Kokel' 土鍑3（Ⅲ-b-5）

　1965年に調査されたコケリ Kokel' 37号墳（33基の土坑墓を含む低い積石塚）のⅧ号墓で、被葬者の頭の先に土鍑が発見された。胴部は丸く膨らんでいるが、口縁直下に水平の凸線のような紋様があり、そこから圏足形の把手が立ち上がっている。把手の中にも凸線のような紋様がある。把手の上には山型の3つの突起が付く。高さは約20cmで、墓に入れるための模型と考えられる［Дьяконова 1970：181, табл. Ⅵ］。

フン型鍑（林　俊雄）

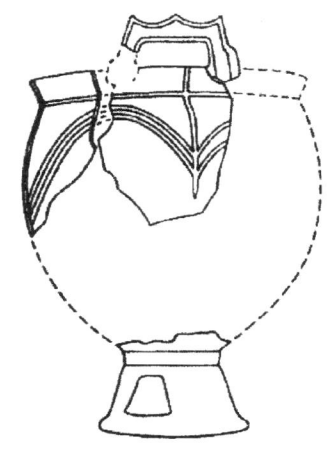

Ⅲ-c-1

Ⅲ-c-2

Ⅲ-c-3　　　　　　　　　Ⅲ-c-4
図12　Ⅲ-c-1〜Ⅲ-c-4（縮尺不同）

c．モンゴル Mongoliya（図12）

1．ムルン **Mörön** 鍑（Ⅲ-c-1）

モンゴル西北部、ムルン県で発見されたという鍑。出土状況は不明。胴の下半分は失われている。胴部は凸線によって四分割されているが、水平の凸線から直角には曲がらずに、100度くらいの角度で曲がり、下に向かって徐々に狭まる。口縁直下の水平凸線から方形の把手が立ち上がり、その上に3つの突起が付いている。突起の上端はボタン状に膨らんでいるほど大きくはない。把手の柄の両側に突出部があり、外側に向かって高く尖っている。把手の部分の形状は、チョールナヤ・クリヤ鍑（Ⅲ-b-1）とまったく同じである。

2．ノヨン・オール **Noyon Uul**（ノイン・ウラ Noin Ula）鍑（Ⅲ-c-2）［髙濱論文 Eb-1］

1924年、コズロフ П. К. Козлов の率いる調査団が、モンゴル北部のノヨン・オール（ノイン・ウラ）山中で古墳群の発掘を行い、そのうち6号墳で鍑の断片を発見した。その推定復元図が、ルデンコの報告書に掲載されている［Руденко 1960：36；Rudenko 1969：135］。その図では、把手の左側の柄の根元が欠けているが、エルミタージュに収蔵されている断片（2010年3月時点では非展示）では、その部分が補われている。その後の整理の過程で小断片が出てきたのであろうか。

胴部には二重の凸線が円弧を描いているが、下まで続いてはおらず、四分割しているわけではない。把手は方形で、上辺は山型に両端と中央が高くなっている。把手の柄の両側に、小さな突出部がある。圏足部に孔が空いているのは、モンゴル・中国北部の匈奴時代の鍑に共通する特徴である。把手の上部の幅は、約6cm。

3．ボルハン・トルゴイ **Bulhan Tolgoi** 鍑（Ⅲ-c-3）［髙濱論文 Eb-5］

1994～1999年にモンゴル北部で調査したモンゴル=フランス合同調査団によって、ボルハン・トルゴイあるいはエギーン=ゴル63号墓で発見された鍑。ボルハン・トルゴイ墓地は、エギーン=ゴル（川）がセレンゲ川に注ぐ地点より20kmさかのぼった地点にある。胴部は丸く膨らみ、圏足部には孔が空いている。胴部は、二重凸線が4つの上向き円弧を描く紋様で装飾されている。口縁直下に二重の水平凸線がある。方形の把手の上辺は山型に両端と中央が高くなっている。把手の柄の両側には小さな突出部があり、少し尖っている。胴部の紋様と把手の形状はノヨン・オール鍑（Ⅲ-c-2）によく似ているが、柄の両側の突出部がやや尖っている点で異なる。

高さ30cm、直径25cm［Dschingis Khan 2005：29］。モンゴル科学アカデミー所蔵。

4．東京藝術大学 **Tokyo University of the Arts and Music** 鍑（Ⅲ-c-4）［髙濱論文 Ed-1］

東京藝術大学の大学美術館 University Museum 所蔵の鍑。中国北部の出土と思われるが、出土状況は不明。圏足部には大きな孔が空いている。胴部はあまり膨らんでおらず、やや縦長である。胴部は凸線で四分割されているが、水平から垂直に移る部分が直角をなさずに円弧を描いている点が注目される。口縁直下に水平凸線があるが、方形の把手はそこからではなく下の四分割凸線から立ち上がっている。把手の上辺は山型に両端と中央が高くなっている。把手の柄の両側に小さな突出部があり、先が尖っている。突出部を区画する凸線は胴部に曲線を描きながら伸びている。

高さ26.5cm、口径15cm［東京国立博物館 1997：135, 186］。

まとめ

(1) 出土点数・出土地

　フン型鍑は、厳密に定義すると、胴部が縦長で膨らみがなく、凸線によって四分割され、把手は方形であり、しばしばその上と両脇にキノコの傘の形をした装飾が付くものということができよう。

　この定義に基づいてこれまでの出土例を計算すると、「Ⅰ. 東ヨーロッパ」には、イジャ鍑（Ⅰ－a－3）のようなやや疑わしいものも含めて、キノコ傘付き完形品が6例、キノコ傘なし完形品が1例、キノコ傘の断片が6例、胴部だけの断片が6例となる。

　「Ⅱ. 黒海西北岸からウラルまで」には、存在のやや疑わしい2例（Ⅱ－b－2, Ⅱ－c－3）も含めて、キノコ傘付き完形品が5例、キノコ傘なし完形品が3例、キノコ傘の断片が1例、キノコ傘なしの把手の断片が1例、胴部の断片が1例である（ソリカムスク鍑は胴部が四分割されていないので、厳密な意味でのフン型鍑からは除く）。

　「Ⅲ. 中央アジアからモンゴルまで」には、キノコ傘付き完形品が1例だけである。ただし土鍑を含めると、キノコ傘なしが数例増える（なおナリンジャン＝ババ鍑の傘断片は相当疑わしいので除く）。

　合計すると、キノコ傘付き完形品が12例、キノコ傘断片が7例、キノコ傘なし完形品が4例、キノコ傘なし断片が1例、胴部だけの断片が7例となり、全部で31例となる。この数は、スキタイ時代やサルマタイ時代の鍑と比べると、ずいぶん少ないと感じられるかもしれない。しかし、このことからフン型鍑の実数も少なかったと結論付けることはできない。というのは、スキタイ時代やサルマタイ時代の鍑が多く墓から出土しているのに対し、フン型鍑で墓から出土したものはほとんどなく、ローマの城塞址から出土したいくつかの断片を除くと、偶然の発見によるものばかりだからである。これでは出土例が大幅に増えることは期待できない[3]。

(2) 用途・意味

　出土地は川岸や水辺が多いため、川や水と関連する儀礼で使われ、そのあと埋納されたと考える研究者が多い［Nestor, Nicokaescu-Plopşor 1937：182；Werner 1956：60；Harhoiu, Diaconescu 1984：106；Anke 1998：(1)51］。中央アジアのサカが残したと思われる鍑もしばしば水辺近くで出土する。この点についてスパッスカヤは、遊牧民が春に高地の夏営地に移動するときと秋に帰るときに、水辺で何らかの儀礼を執り行い、終わるとそこに埋納しておいたと考えた。メンヒェン＝ヘ

---

(3) 墓からの出土であることが確実なのは、北カフカスのハバズ鍑（Ⅱ－b－3）と南ウラルのクズル＝アドゥル鍑（Ⅱ－c－5）だけである（ただしハバズ鍑は出土状況がまったくわからないが）。東欧ではイェンヂホヴィッツェ鍑（Ⅰ－a－1）が、墓からの出土品である可能性があるが、メンヒェン＝ヘルフェンが考証しているように、これはかなり疑わしい［Maenchen-Helfen 1976：328－329］。

図13　キノコ形装飾冠
青銅板に金の薄板を貼り付け、ザクロ石を象嵌、高さ4cm、長さ24cm［林 1999］

ルフェンは、この考えがフン型鍑にも当てはまると考えている［Спасская 1956：166-167；Maenchen-Helfen 1976：330による］。

一方で、イェンヂホヴィッツェ鍑（Ⅰ-a-1）を墓からの出土品とみなすヴェルナーは、それを世俗的目的、すなわち日用に煮沸具として使われた可能性を排除しない［Werner 1956：60］。しかし器形が縦長で、しかも底の中央部に圏足があっては、火が当たる部分が少なく、煮沸具として実用的とは言えない。また縦長では重心が高く、圏足も小さくては不安定であり、この点から見ても非実用的と言わざるを得ない。キノコ形装飾のない鍑でも、イェンヂホヴィッツェ鍑以外はさまざまな装飾があり、すべて儀礼用の祭器とみなすべきであろう。

把手を飾るキノコ形装飾について、ヴェルナーはフン時代のディアデム（鉢巻形王冠）のいくつかに見られるキノコ形装飾と同じであり（図13参照）、これらは世界樹＝聖樹を象徴したものと考えた［Werner 1956：59, 72］。その傍証として彼は、新羅の王冠に象徴的な樹木の装飾が表現されていることを挙げている。もしこの説が正しいとすると、キノコ形の装飾のある鍑も王冠と同様に王権を象徴するものということになる。

しかし鍑の把手を飾るキノコ形は、新羅の王冠の樹とはまったく形が異なっている。またコヴリグは、フン時代の王冠にはキノコ形ではなく鳥の頭が表現されているものもあるので、王冠と世界樹を常に結びつけるわけにはゆかず、キノコ形を世界樹とみなす説はいまだ証拠不十分と批判している［Kovrig 1973：110］。たしかにコヴリグの批判は当たっているであろう。

胴部の四分割については、ボコヴェンコとザセツカヤが、世界に4つの地域があるという考えを匈奴が伝統的にもっていたことと関係づけているが［Боковенко, Засецкая 1993：83；Zaseckaja, Bokovenko 1994：707］、どのような論拠をもってそのような説を出したのか不明である。

（3）起源・伝播・編年

フン型鍑が東方に起源を持つことは、ほとんどすべての研究者が認めている。ただし西方に伝わってきた段階で、サルマタイの鍑の影響を受けたとする研究者もいる。ヴェルナーは、把手の上のキノコ形装飾を、サルマタイの鍑に見られる3つのボタン形突起から発展したものと考えた［Werner 1956：59］。またアンケは、後期サルマタイの鍑がやや胴長で円筒形に近くなる点に注目し、その形状がフン型鍑に影響を与えたと考えている。さらにクズル＝アドゥル鍑（Ⅱ-c-5）のキノコの先端がやや丸くなっている点をサルマタイ的とみなし、ヴェルナーと同様に、サルマタイのボタン形突起からクズル＝アドゥルのキノコを経てフン型の平面的キノコへと変化したと

考えている [Anke 1998：49-50]。

　しかしこのようにサルマタイの影響を重視する見方は少数派で、多くの研究者はサルマタイの鍑とフン型鍑とは関係ないとみなしている [Kovrig 1973：104；Maenchen-Helfen 1973：332；Боковенко，Засецкая 1993：74；Засецкая 1994：107；Érdy 1995]。その最大の根拠は、フン型鍑の最大の特徴である胴部を凸線で四分割する紋様、そして方形の把手、このどちらもがサルマタイの鍑には見られないことである。

　また、キノコ形の装飾についても、東方の山字形把手とその両側の突出部から発達したとする見解が出てきた [Érdy 1995：23, 42]。エールディの考えをまとめると、以下のような順番になる。

1）南シベリアから西シベリアにかけて分布する円形把手の上に3つの立体的キノコ（ボタン形突起）が立つタイプ
2）山字形5突起方形把手→チョールナヤ・クリヤ鍑（Ⅲ-b-1、方形把手の上の3突起はややキノコに近いが両側の突起は単なる尖端）
3）クズル=アドゥル鍑（Ⅱ-c-5、方形把手の上の突起だけでなくその両側の2突起もすべて立体的なこぶ状になるが、まだ完全なキノコ形ではない）
4）平面的なキノコ形が立つタイプ

　この順番は匈奴が西方へ移動してフンになる過程を示しており、匈奴がトゥバ・ミヌシンスクにいたのが前2～後2世紀、トボル・イルティシュ・オビ中流域にいたのが後3世紀、そして4世紀初にウラル山脈をイェカテリンブルグ付近で越えたとする [Érdy 1995：45]。ウルムチ鍑（Ⅲ-a-5）については、西方から戻ってきたものとするボコヴェンコ・ザセツカヤ説に反対し、アルタイ付近で初期に発達したものとし、2世紀後半の後漢代とみなす [Érdy 1995：46]。

　このエールディの説には、2つの大きな問題がある。まず3つの立体的キノコ（ボタン形）突起は南シベリアから西方に多く分布し、北中国・モンゴルではずっと後の北魏時代に編年されている内モンゴルのホリンゴル鍑（高濱論文 Eg-1）を除くと、かろうじてイルクーツク付近に2点知られている程度である。つまり匈奴の本拠地では今のところ1点も発見されていないのである。また、小さな装飾が徐々に肥大化してゆくという発展は考古学上しばしば見られるパターンであるが、3つの立体的キノコから山字形に矮小化するという変化は、常識では考えられない。

　エールディ説には、ウルムチ鍑の編年をそれほどに古くすべきかという問題もある。この点についてはアンケが、西方のフン型鍑との比較から、そんなに古いということはありえないと批判している [Anke 1998：(1)54]。アンケはウルムチ鍑を西方から持ち込まれたものと考えているので、エールディ説には賛成できないであろう。コッホも、4世紀末～5世紀中頃としている [Koch 2007：288]。

　2007年にドイツで開かれた新疆ウイグル自治区新出土品の展覧会カタログでは、ウルムチ鍑の年代を100～400年としているが [Wieczorek, Lind 2007：280]、これではあまりに年代幅が広すぎる。

　エールディの説く匈奴西移説と、中国史料の解釈とに基づいて、ド=ラ=ヴェッシエールは350～370年にアルタイ付近から西へまた南へと遊牧民集団の移動が起こり、その一部は中アジアに

入ってエフタルと呼ばれることになり、別の一部はヴォルガ方面に侵入してフンとなったと説明している［de la Vaissiere 2005：217-18, 22-23］。フンの移動に関しては私も基本的に賛成するが、起源地はアルタイと狭く限定せず、天山北部を含む中央アジア北部、カザフスタンとすべきであろうと考える。

　フン型鍑の起源を漢代の中国北部あるいは匈奴時代のモンゴル高原にもとめる考え方には、高濱が本書の中で重要な指摘を行っている。それは、前漢以降の圏足を持つ鍑（E式）の把手の断面が、凹字形を呈しているという指摘である（髙濱論文 p.29）。この特徴はスキタイやサルマタイの鍑には見られないが、フン型鍑には必ず見られるのである。このこともまた、フン型鍑の東方起源を強く裏付けている。

（4）型式・分類

　フン型鍑の型式分類の試みはこれまでに何人かの研究者によって行われている［Kovrig 1972；Harhoiu, Diaconescu 1984；Боковенко, Засецкая 1993；Érdy 1995］。しかしアンケも指摘しているように、個々の鍑の特徴が重なり合うことが少なく、いくつかのグループにまとめることができないため、いずれの試みも成功しているとは言い難い［Anke 1998：（1）50］。つまり、極端なことを言えば、それぞれの鍑1点が1型式をなすことになってしまうのである。

　出土地ごとにまとめようとしても、なかなかうまくゆかない。たとえば、把手の上にキノコ形装飾がない鍑3点のうち2点（Ⅱ-c-1, 2）はウラル・ヴォルガ地区北部にあり、まとまりそうに思えるが、もう1点（Ⅰ-a-1）は鍑の分布の西端に位置するポーランドにある。またその2点は把手の下方に逆三角形の紋様があるが、これと同じ紋様はフン型鍑の分布の東端にあるウルムチ鍑（Ⅲ-a-5）にしか見られない。オソカ鍑（Ⅱ-c-2）と同じ把手は、黒海北岸のオルビアで発見されている（Ⅱ-a-3）。

　ウルムチ鍑に着目すると、それはキノコの傘が小さいという特徴を持つが、同じように傘が小さいキノコは、北カフカス（Ⅱ-b-1, 3）とルーマニア（Ⅰ-c-2）、チェコ（Ⅰ-a-2）に分散し、特定の地域に集中しているわけではない。同じくウルムチ鍑は把手の下の口縁部にジグザグ紋様が見られるが、これと同じ紋様はハンガリーのラードプスタ鍑（Ⅰ-b-2）にしか見られない。しかし上記のウラル西北部の鍑とのみ共通する特徴があることを考慮すると、ウルムチ鍑を単純に東欧からの里帰り品とみなすわけにはゆかない。

　このように、個々の特徴が各地に分散している状況では、「ドナウ中流型式」とか、「ウラル・ヴォルガ型式」というような分類をすることはできない。従って、大雑把ではあるが、東は天山東北麓から中東欧まで、北はウラル西北部から南は北カフカスまで、ユーラシア草原地帯のほぼ西半分、東西約5,000km、南北約2,000kmの空間を、一つのまとまった地域として捉えざるを得ない。

　これほどに広大な空間を一地域として捉えるなどということは非常識と思われるかもしれないが、実はユーラシア草原地帯ではそれほど突飛な発想ではない。スキタイ時代やサルマタイ時代、このあとのテュルク時代やモンゴル時代にも、同じような傾向が見られるのである。そしてほとんどの研究者が考えているように、ウルムチ鍑とクズル=アドゥル鍑を含めて、フン型鍑はこの

広大な空間で、4世紀後半あるいは末から5世紀前半という、比較的短い年代の中におさまってしまうのである。

（5）結　論

最後に、東方の鍑からフン型鍑への発展の道筋の仮説を提示しておこう。

1) 前1～後1世紀頃、中国北部とモンゴル高原で、胴部に連続円弧紋、口縁部に山字形方形把手（断面凹字形）とその柄の両側に小さな突出部を持つ鍑が現れた（Ⅲ－c－2）。本書の高濱論文のEb、Ec型式に当たる。
2) 後1～2世紀頃、円弧紋はまず上の部分が水平になり、柄の両側の突出部の先端が尖っていった（Ⅲ－c－3）。円弧紋の下る部分が垂直になり、四分割凸線に近くなる（Ⅲ－c－4）。本書の高濱論文のEd、Ee型式に当たる。
3) おそらく2～3世紀、あるいは4世紀前半に、モンゴルからアルタイ方面で、把手の上の山字形突起が発達して3つのボタン形突起になる（Ⅲ－c－1、Ⅲ－b－1）。二重凸線による胴部の四分割も始まる（Ⅲ－c－1）。
4) おそらく4世紀後半、把手の両側突起が分離し始める（Ⅱ－c－5、Ⅲ－a－5）。キノコの傘が平面的になり、口縁部に細かい格子紋やジグザグ紋、把手の下方に逆三角形紋が施されるようになる（Ⅲ－a－5）。
5) 4世紀末～5世紀前半、中央アジア北部から短期間のうちにウラル・ヴォルガ、北カフカス・黒海北岸、ドナウ川流域に広まる。この期間の中で、キノコの傘が小さいものはより早く、傘が大きいものはより後期のものであろう。

上記のようなフン型鍑の発展・伝播の状況は、まさしく匈奴の一部が西方へ移動してフンという名称で知られるようになり、北カフカス、黒海北岸、ドナウ川流域で活動したことを示していると言えるのではないだろうか。

後1～2世紀頃モンゴル高原にいた匈奴の一部が、2～3世紀に中央アジア北部に移動し、しばらくそこに留まっていた。勢力を蓄えていたのかもしれないし、また現地の遊牧民との融合も進んだかもしれない。そして4世紀後半に強大となったその勢力は、一気に草原地帯を西に進んだという構図が描けるのではないだろうか。

ただし、チョールナヤ・クリヤ鍑やムルン鍑（Ⅲ－b－1、Ⅲ－c－1）と、ウルムチ鍑（Ⅲ－a－5）との間には、かなり大きな違いがあることも確かである。鍑以外のこの時代の出土品、紅色の大きめの石を象嵌した金属製装飾品や木製鞍の居木先を飾る金製・銀製薄板などは、アルタイ、中央アジア北部、カザフスタンから始まり、西方に分布する。大きめの紅石を象嵌した金属製品の分布の東端は草原地帯ではカザフスタンと考えられてきたが（朝鮮半島の新羅の遺跡出土品を除く）、2009年に私が参加したアルタイ共和国東南端、モンゴル国境近くのブグズン Buguzun 遺跡の調査で、それを20数点発見した（金製は1点であとは青銅製）。この発見によって、アルタイにはフン型鍑だけでなく、フン時代に特徴的な装飾品も存在することが明らかとなった

［林 2010］。

　これらのことを考慮すると、アルタイ、中央アジア北部、カザフスタンに長期間滞在する間に匈奴は文化的・社会的にかなり大きく変質を遂げていた可能性がある。とすれば、匈奴はそのままフンになったわけではなく、途中で一段落間を置き、その間に大きく変貌してから西方に進出したと言えるであろう。

参考文献

朝日新聞社
　1992　『楼蘭王国と悠久の美女』朝日新聞社。

東京国立博物館
　1997　『大草原の騎馬民族―中国北方の青銅器―』東京国立博物館。
　2002　『シルクロード：絹と黄金の道』NHK。

林俊雄
　1995　「フン族あらわる」、吉野正敏・安田喜憲編『講座［文明と環境］6：歴史と気候』朝倉書店、pp. 78-92。
　1999　「草原遊牧民の美術」、田辺勝美・前田耕作編『世界美術大全集　東洋編　第15巻　中央アジア』小学館、pp. 56-72、336-351。
　2010　「2009年、ロシア領アルタイ、発掘調査事情報告」『オアシス地域研究会報』（総合地球環境学研究所、京都）8（1）：119-124。

郭物
　2007　「第二群青銅（鉄）鍑研究」『考古学報』1：61-96。

梅建軍・王博・李肖
　2005　「新疆出土銅鍑的初歩科学分析」『考古』4：78-84。

王炳華
　1988　「草原絲綢之路」『絲路游』5：10-12。
　2004　「新疆波馬金銀器」『吐魯番学研究』1：109-118。

張玉忠・趙徳栄
　1991　「伊犁河谷新発現的大型銅器及有関問題」『新疆文物』2（21）：42-48。

Ajbabin, A.
　1995　"Les tombes de chefs nomads en Crimée de la fin du IVe siècle au VIe siècle." F. Vallet & M.Kazanski, ed., *La noblesse romaine et les chefs barbares du IIIe au VIIe siècle*. Saint-Germain-en-Laye：Association Française d'Archéologie Mérovingienne-Musée des Antiquités Nationales, pp. 207-216.

Alföldi, A.
　1932　*Funde aus der Hunnenzeit und ihre ethnische Sonderung（Archaeologia Hungarica IX）*. Budapest：Nemzeti Museum.

Амброз А. К.
　1981　《Восточноевропейские и среднеазиатские степи V-первой половины VIII в.》. *Археология СССР. Степи Евразии в эпоху средневековья*. Москва：

"Наука", cc. 10-23.

Anke, B.
1998 *Studien zur Reiternomadischen Kultur des 4. bis 5. Jahrhunderts.* Weissbach : Beier & Beran.

Anke, B., L. Révész & T. Vida
2008 *Reitervölker im Frühmittelalter : Hunnen-Awaren-Ungarn.* Stuttgart : Konrad Theiss.

Aspelin, J. R.
1877 Muinaisjäännöksiä Suomen Suvun Asumus-aloilta I (Antiquités du Nord Finno-Ougrien). Helsingfors.

Basilov, V. N., ed.
1989 *Nomads of Eurasia.* Los Angeles : Natural History Museum of Los Angeles County.

Батчаев В. М.
1984 《Гуннский котел из селения Хабаз》. *Советская Археология* 1：256-258.

Боковенко Н. А. и И. П. Засецкая
1993 《Происхождение котлов 《гуннского типа》 Восточной Европы в свете проблемы хунно-гуннских связей》. *Петербургский археологический вестник* 3：73-88.

Bóna I.
1991 *Das Hunnen-Reich.* Budapest : Corvina.
2002 *Les Huns.* Saint-Germain-du-Puy : Editions Errance.（上記の仏訳。図版がすべて白黒となり、小さくなったが、適切な位置に配置し直された。）

Davidescu, M.
1980 "Săpăturile archeologice din castrul roman de la Hinova" *Drobeta* 4：77-86.

De la Vaissière, E.
2005 "Huns et Xiongnu." *Central Asiatic Journal* 49（1）：3-26.

Dschingis Khan und seine Erben. Das Weltreich der Mongolen. 2005, München : Hirmer Verlag.

Дьяконова В. П.
1970 《Большие курганы-кладбища на могильнике》. *Труды тувинской комплексной археолого-этнографической экспедиции* 3：80-209.

Érdy M.
1994 "An Overview of the Xiongnu Type Cauldron Finds of Eurasia in Three Media, with Historical Observations." B. Genito, ed., *The Archaeology of the Steppes: Methods and Strategies.* Napoli : Istituto Universitario Orientale, pp. 379-445.
1995 "Hun and Xiong-nu Type Cauldron Finds throughout Eurasia." *Eurasian Studies Yearbook* 67：5-94.

Externbrink, H.
2007 "Attila als historische Persönlichkeit." A. Koch（editor in chief）, *Attila und die Hunnen.* Stuttgart : Konrad Theiss, SS. 49-57.

Гаряинов В. А.
1980 《Гуннское погребение в пещере Южного Приуралья》. *Советская Археология* 4：259-262.

Hampel, J.
1905 Rez. : "Schlesiens Vorzeit in Bild und Schrift. NF IV. Band". *Archaeologiai Értesítő* 25：85-88.

Harhoiu, R. & P. Diaconescu
  1984 "Hunnischer Kessel aus Muntenien." *Dacia* N. S. 28：99-116.
Honti, Sz.
  2007 "Une découverte récente : un chaudron hunnique intact en Hongrie." *L'Archéologue* No. 93：44.
Koch, A.
  1997 "Ein hunnischer Kessel aus Westchina." *Archäologisches Korrespondenzblatt* 27：631-643.
  2007 *Attila und die Hunnen*. Stuttgart：Konrad Theiss.
Kovrig I.
  1973 "Hunnischer Kessel aus der Umgebung von Várpalota." *Folia Archaeologica* 23：95-121.
Krause. E.
  1904 "Der Fund von Höckricht, Kreis Ohlau." *Schlesiens Vorzeit in Bild und Schrift*. Neue Folge III：46-50.
Kuzmová, K. & J. Rajtár
  1984 "Šiesta sezóna revízneho výskumu rímskeho kastela v Iži." *Archeologické Výskumy a Nálezy na Slovensku* 1983：135-141.
László Gy.
  1951 "The Significance of the Hun Golden Bow." *Acta Orientalia Academiae Scientiarum Hungaricae* 1：91-106.
Левина Л. М.
  1971 Керамика Нижней и Средней Сырдарьи в I тысячелетии н. э. (Труды Хорезмской археолого-этнографической экспедиции, VII). Москва：《Наука》.
  1993 《Джетыасарские склепы》. Низовья Сырдарьи в древности, выпуск II：Джетыасарская культура, часть I：склепы. Москва：Институт этнологии и антропологии, сс. 33-198.
  1996 Этнокультурная история Восточного Приаралья：I тысячелетие до н. э.-I тысячелетие н. э. Москва：《Восточная Литература》.
Maenchen-Helfen, O.
  1973 *The World of the Huns : Studies in Their History and Culture*. Berkeley：University of California Press.
  1978 *Die Welt der Hunnen: Eine Analyse ihrer historischen Dimension*. Wien-Köln-Graz：Hermann Böhlaus Nachf.（上記の独訳。脚注と挿図がすべて巻末にまとめられてしまったが、図版がアート紙になった。）
Menghin, W. ed.
  1987 *Germanen, Hunnen und Awaren : Schätze der Völkerwanderungszeit*. Nürnberg：Verlag des Germanischen Nationalmuseums.
  2007 *The Merovingian Period: Europe without Borders, Archaeology and History of the 5th to 8th Centuries*. Wolfratshausen：Edition Minerva.
Минасян Р. С.
  1986 《Литье бронзовых котлов у народов степей Евразии (VII в. до н. э.-V в. н. э.)》. Археологический сборник Государственного Эрмитажа 27：61-78.
Mitrea, B.
  1961 "Beiträge zum Studium der hunnischen Altertümer. Zwei neue hunnische Kesselgriffe aus dem

südlichen Muntenien." *Dacia* 5：549-558.

Mitrea, B. & N. Anghelescu
 1960 "Fragmente de cazan hunic descoperite în sud-estul Munteniei." *Studii şi Cercetări de Istorie Veche şi Arheologie* 11：155-158.

Nestor, J. & C. S. Nicolaescu-Plopşor
 1937 "Hunnische Kessel aus der Kleinen Walachei." *Germania* 21：178-182.

Нудельман Г. А.
 1967 《Гуннский котел из Молдавии》. *Советская Археология* 4：306-308.

Pósta, B.
 1905 *Archäologische Studien auf russischem Boden.* Budapset：Hornyánszky Verlag.

Прокошев Н. А.
 1948 《Из материалов по изучению ананьинской эпохи в Прикамье》. *Советская археология* 10：183-202.

Редіна Э. Ф. и О. А. Росохацький
 1994 《До вивчення гунських старожитностей Північно-Західного Причорномор'я》. *Археологія* 3：152-155.

Reinecke, P.
 1896 "Die skythischen Alterthümer im mittleren Europa." *Zeitschrift für Ethnologie* 28：1-43.

Руденко С. И.
 1962 *Культура хуннов и ноинулинские курганы.* Москва-Ленинград：Издательство Академии наук СССР.

Rudenko, S. I.
 1969 *Die Kultur der Hsiung-nu und die Hügelgräber von Noin Ula.* Bonn：Rudolf Habert Verlag.

Спасская Е. Ю.
 1956 《Медные котлы ранних кочевников Казахстана и Киргизии》. *Ученые записки / Алма-Атинский Государственный педагогический институт* 11：155-169.

Stoicovici, E.
 1961 "Befund über chemische Zusammensetzung und Struktur der hunnischen Kesselgriffe." *Dacia* 5：557-558.

Takács（Takáts）Z.
 1925 "Chinesisch-hunnische Kunstformen." *Bulletin de l'Institut Archéologique Bulgare* 3：194-220.
 1927 "Kínai-hunn kapcsolatok. Újabb adalékok." *Archaeologiai Értesítő* 41：146-155.
 1955 "Catalaunischer Hunnenfund und seine ostasiatischen Verbindungen." *Acta Orientalia Academiae Scientiarum Hungaricae* 5（1/2）：143-173.
 1960 "Some Chinese Elements in the Art of the Early Middle Ages of the Carpathian Basin." *East and West* 11（2/3）：121-134.

Tallgren, A. M.
 1934 "Besprechung zu Andreas Alföldi, Funde aus der Hunnenzeit und ihre ethnische Sonderung, Budapest 1932." *Finnisch-Ugrische Forschungen* 22：38-43.

Tudor, D.
 1941 "Sucidava Ⅱ." *Dacia* 7/8：359-400.

1948 "Sucidava Ⅲ." *Dacia* 11 / 12 : 145-208.

Вайнштейн С. И.

1970 《Раскопки могильника Кокэль в 1962 году (погребения казылганской и сыын-чурекской культур)》. *Труды тувинской комплексной археолого-этнографической экспедиции* 3 : 7-79.

Werner, J.

1956 *Beiträge zur Archäologie des Attila-Reiches*. München : Verlag der Bayerischen Akademie der Wissenschaften.

Wieczorek, A. & Ch. Lind

2007 *Ursrpünge der Seidenstrasse : Sensationelle Neufunde aus Xinjiang, China*. Stuttgart: Konrad Theiss.

Wosinsky (Vosinszky), M.

1891 "A kaposvölgyi népvandorláskori üst." *Archaeologiai Értesitő* 11 : 427-431.

Засецкая И. П.

1982 《Погребение у села Кызыл-Адыр в Оренбургской области (к вопросу о гунно-хуннских связях)》. *Древние памятники культуры на территории СССР*. Ленинград : Государственный ордена Ленина Эрмитаж, cc. 54-77, 151-160.

1994 *Культура кочевников южнорусских степей в гуннскую эпоху (конец Ⅳ-Ⅴ вв.)*. Санкт-Петербург : АО 《Эллипс. Лтд》.

Zaseckaja, I. P. & N. A. Bokovenko

1994 "The Origin of Hunnish Cauldrons in East-Europe." B. Genito, ed., *The Archaeology of the Steppes : Methods and Strategies*. Napoli : Istituto Universitario Orientale, pp. 701-724. (Боковенко Н. А. и И. П. Засецкая 1993 の英訳)

Zimmer, K., Járó, M.

1973 "Spektrographische Untersuchungen von hunnischen Kesseln." *Folia Archaeologica* 23 : 122-125.

図版一覧

Ⅰ-a-1　イェンヂホヴィッツェ Jędrzychowice 鍑［Werner 1956 ; Menghin 2007］
Ⅰ-a-2左　ラーゾヴァー Rázová 鍑［Kovrig 1973］
Ⅰ-a-2右　同上鍑［Bóna 1991］
Ⅰ-a-3　イジャ Iža 鍑？［Anke 1998］
Ⅰ-a-4　ウィーン購入 Vienna purchase 鍑、表側（上）と裏側（下）［Maenchen-Helfen 1978］
Ⅰ-b-1　ヴァールパロタ Várpalota 鍑［Kovrig 1973 ; Bóna 1991］
Ⅰ-b-2　ラードプスタ Rádpuszta 鍑［Anke et al. 2008］
Ⅰ-b-3　カポシュヴェルヂ Kapos-vörgy 鍑［Wosinsky 1891 ; Alfoldi 1932 ; Menghin 1987 ; Anke et al. 2008］
Ⅰ-b-4　ドゥナウーイヴァーロシュ Dunaújváros 鍑［Maenchen-Helfen 1978］
Ⅰ-b-5　テルテル Törtel 鍑［Alföldi 1932 ; 林 1999］
Ⅰ-c-1　ヒノヴァ Hinova 鍑［Davidescu 1980］
Ⅰ-c-2　ホタラニ Hotărani 鍑［Maenchen-Helfen 1978］

Ⅰ-c-3　オルテニア西部 West Oltenia 鍑〔Maenchen-Helfen 1978〕
Ⅰ-c-4　デサ Desa 鍑〔Maenchen-Helfen 1978〕
Ⅰ-c-5　チェレイ Celei 鍑〔Tudor 1941；Tudor 1948；Kovrig 1973〕
Ⅰ-c-6　ボシュニャグ Boşneagu 鍑〔Mitrea 1961〕、把手1：外側（上左、上右）と内側（下左）；把手2：外側（上左、上右）と内側（下左）
Ⅰ-c-7　ヨネシュティ Ioneşti 鍑〔Harhoiu, Diaconescu 1984〕
Ⅰ-c-8　スディツィ Sudiţi 鍑〔Koch 2007〕
Ⅱ-a-1　シェスタチ Şestaçi 鍑〔Anke et al. 2008〕
Ⅱ-a-2　ティムコヴォ Timkovo 鍑〔Редіна, Росохацький 1994〕
Ⅱ-a-3　オルビア Olbia 鍑〔Редіна, Росохацький 1994〕
Ⅱ-a-4　シンフェロポリ Simferopol' 鍑〔Ajbabin 1995〕
Ⅱ-b-1　イヴァノフカ Ivanovka 鍑〔Bóna 1991；Maenchen-Helfen 1978〕
Ⅱ-b-3　ハバズ Khabaz 鍑〔Батчаев 1984〕
Ⅱ-c-1　ヴェルフニー＝コネツ Verkhnij Konets 鍑〔Takáts 1955；Wosinsky 1891〕
Ⅱ-c-2　オソカ Osoka 鍑〔筆者撮影、The Hermitage, St. Petersburg 蔵；Koch 1997〕
Ⅱ-c-4　ソリカムスク Solikamsk 鍑〔Takács 1927；N. Fettich の描画；Прокошев 1948〕
Ⅱ-c-5　クズル＝アドゥル Kyzyl-Adyr 鍑〔Гаряинов 1980；Минасян 1986；Засецкая 1982〕
Ⅲ-a-1, 2　アルトゥン・アサル Altyn Asar 土鍑 1, 2〔筆者撮影；The Hermitage 蔵；Bóna 1991；Maenchen-Helfen 1973〕
Ⅲ-a-3, 4　アルトゥン・アサル Altyn Asar 土鍑 3, 4〔Левина 1993；1996〕
Ⅲ-a-5　ナリンジャン＝ババ Narindjan-baba 鍑？〔Maenchen-Helfen 1973〕
Ⅲ-a-6　ウルムチ南山 Urumqi Nanshan 鍑〔筆者撮影；朝日新聞社 1992；新疆維吾爾自治区博物館蔵〕
Ⅲ-b-1　チョールナヤ・クリヤ Chernaya Kur'ya 鍑〔Боковенко, Засецкая 1993〕
Ⅲ-b-2　ビュシュク Byushk 鍑〔筆者撮影；The State Historical Museum in Moscow 蔵〕
Ⅲ-b-3　コケリ Kokel' 土鍑 1〔Basilov 1989；Bóna 1991〕
Ⅲ-b-4　コケリ Kokel' 土鍑 2〔Вайнштейн 1970〕
Ⅲ-b-5　コケリ Kokel' 土鍑 3〔Дьяконова 1970〕
Ⅲ-c-1　ムルン Mörön 鍑〔D. Erdenebaatar 氏撮影〕
Ⅲ-c-2　ノヨン・オール Noyon Uul 鍑〔Rudenko 1969；筆者撮影；The Hermitage 蔵〕
Ⅲ-c-3　ボルハン・トルゴイ Bulhan Tolgoi 鍑〔*Dschingis Khan* 2005〕
Ⅲ-c-4　東京藝術大学 Tokyo University of the Arts and Music 鍑〔東京国立博物館 1997〕

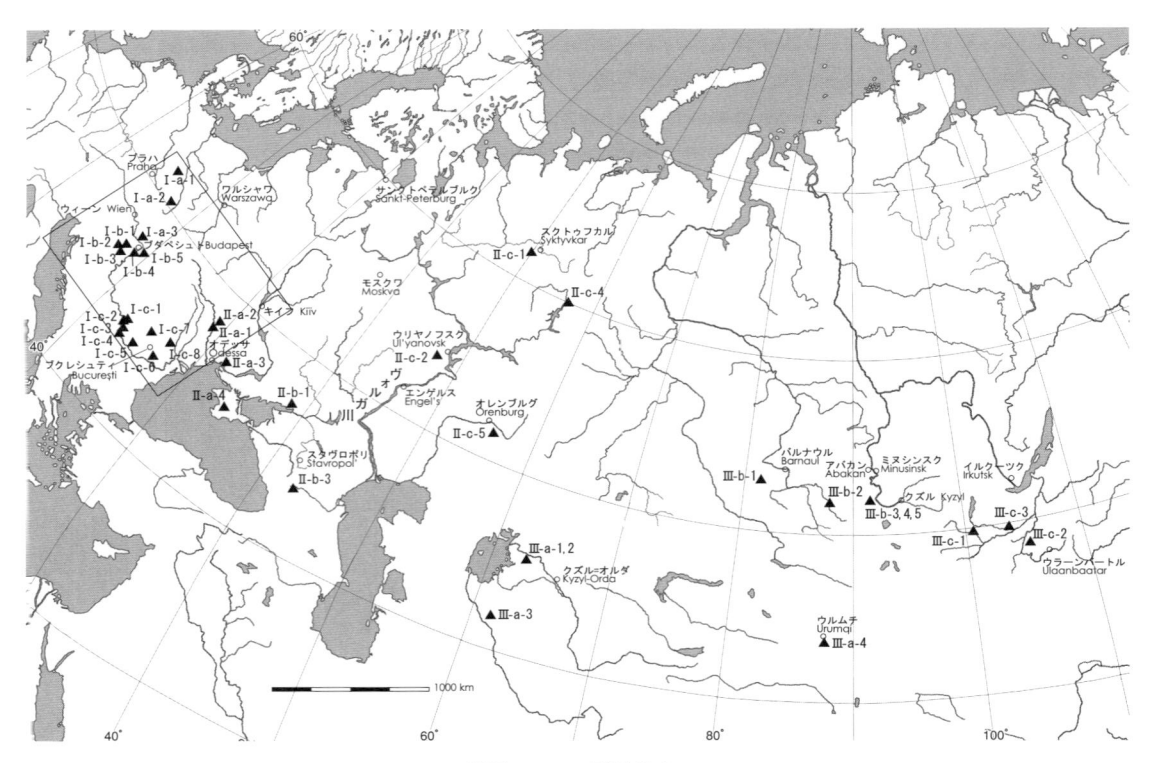

地図1　フン型鍑分布

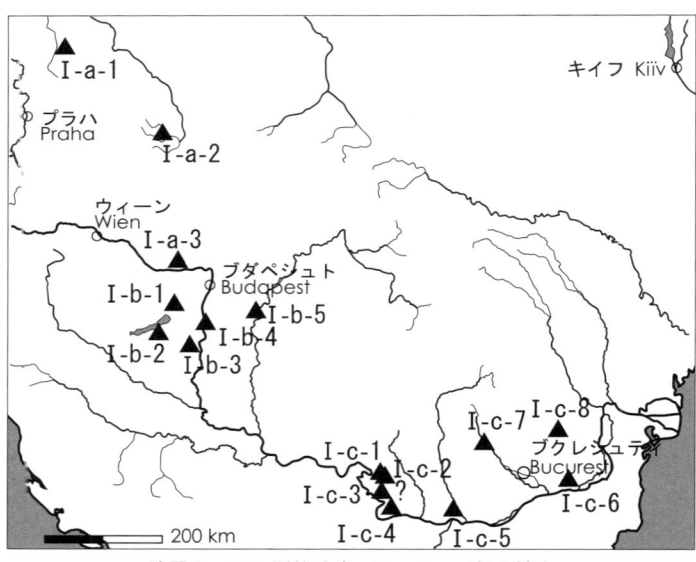

地図2　フン型鍑分布-ヨーロッパ部分拡大

Hunnic Cauldrons

HAYASHI Toshio

The Middle and Lower Danube was one of the centers of the Huns who invaded Europe. In this region the cauldrons with a unique shape and ornaments have been found since the middle of the 19th century. The handles are rectangular, while the ones of Scythian and Sarmatian cauldrons are circular or semicircular. The body has an elongated cylindrical shape, which is quite different from a bellied body of Scythian and Sarmatian cauldrons. The body is divided into four compartments by horizontal and vertical relief lines. "Pendants" in a row are often attached from a horizontal line. The most characteristic elements are big flat "mushrooms" on and by the rectangular handles. Because of such gaudy ornamentations, Hunnic cauldrons might have been not articles of utility, but ritual vessels used in a cult.

The author proposes an hypothesis of development course from the Eastern cauldrons to the Hunnic ones.

1) In the 1st century B. C. - 1st century A. D., in Mongolia and Northern China there appeared the following type of cauldrons: the bellied body with convex lines in round arches and with rectangular handles, which on its upper surface has two shallow concave arches forming points and on its both sides has two small projections (Ⅲ- c - 2). The cross-section of a handle shows a concave shape. These are the types of Eb and Ec of Takahama's typology of this book.

2) In the 1st - 2nd centuries A.D., the upper part of convex lines became nearly horizontal and the small projections on both sides of the handles from peaks (Ⅲ- c - 3). And then the convex lines became rectangular nearly to the four compartments (Ⅲ- c - 4). These are the types of Ed and Ee of Takahama's typology.

3) Probably in the 2nd century - the first half of the 4th century, in Mogolia and the Altay three points on the handles were developed into three "buttons" (Ⅲ- c - 1, Ⅲ- b - 1). The body was clearly divided into four compartments by two convex lines (Ⅲ- c - 1).

4) Probably in the second half of the 4th century, two side projections began to be detached from the handles (Ⅱ- c - 5, Ⅲ- a - 4). Three "buttons" were developed into flat "mushrooms" (Ⅲ- a - 4). Zigzag and small grids patterns are on the edge of body and upside-down triangle pattern under handles (Ⅲ- a - 4).

5) In the late 4th century - the first half of the 5th century, Hunnic cauldrons were disseminated from North Central Asia to the Ural, the Volga, North Caucasus, North Pontic, the Danube regions. The smaller "mushrooms" belonged to the earlier cauldrons and the bigger ones to the later.

The course of development and dissemination of the Hunnic cauldrons may indicate the route of migration of the Hunnic tribes. From this comparison we can imagine the Xiongnu (Hsiung-nu) - Huns identity theory. Some groups of the Xiongnu who inhabited Mongolia might have migrated to North Central Asia in the 2nd - 3rd centuries and remained there for a century to prepare for their future, amalgamating with local tribes. And then they might have expanded westward in bursts during the second half of the 4th century.

However, there is a large gap between the Chernaya Kur'ya cauldron (Ⅲ- c - 1) and the Urumqi cauldron (Ⅲ- a - 4). Except cauldrons we have the characteristic findings of the same age: various gold ornaments inlaid with large red stones, gold and silver plates attached to wooden saddle panels. These were originated in North Central Asia and Kazakhstan, including the Altai, and disseminated to the west. Given these situations, the Xiongnu might have been largely transformed in cultural and social aspects during a long stay in North Central Asia and Kazakhstan, and then expanded westward.

後　　記

　　　　　　　　　　　　　　　　　　　　　　　　　　　　　　草原考古研究会

　本書執筆のいきさつを少々記すことをお許しねがいたい。
　われわれが中央ユーラシア草原地帯騎馬遊牧民の歴史を考古学的に勉強しようと志して集まり、主にはロシア語文献講読会としての、あるいは関係展覧会や放送番組への協力などの活動を開始したのは三十年以上前のことであった。本書の執筆者では、髙濱・林・雪嶋が当初からのメンバーである。

　髙濱・林・雪嶋の三人にやがて藤川繁彦さん（早稲田大学）が加わり、組織があるわけではないものの藤川さんが会の代表者という形になった。そして現在まで、参加者は、ロシア・中国など外国からの来訪者も含め出入りはあったが、六十名をこえる。その出身大学や勤務先、在学大学、年齢、性別は多様である。一方、定例会合会場は、最初のころ古代オリエント博物館で、その後メンバーの勤務先その他の事情により、ユーラシア文化センター、早稲田大学考古学資料室、国士舘大学鶴川キャンパス、早稲田大学中央図書館、と遊牧民よろしく移動して、現在は主に横浜ユーラシア文化館である。

　会では、講読を主とする中で、各自の研究を発表しあい、また共同研究も行うようになった。初期騎馬遊牧民の活動を知るため、スキタイ以前からフンまで時間上長く、また東ヨーロッパから東アジアまで地域上もひろく分布する遺物として、本書の主題である鍑の集成を始めたのは二十年以上前のことになる。途中出版予定もあったが中止になった。他に剣や馬具、鹿石の集成なども試みた。
　はじめ、会の名は特には無かったのであるが、"草原考古研究会"と決め、『草原考古通信』なる会誌を発行した（1993年に第1号発行）。これに鍑の記事を掲載したこともある（第3・4・6・13号）。
　また、メンバーは各自草原地帯関係の論文や著書を発表してきたが、共同で執筆した単行書には『世界の考古学　6　中央ユーラシアの考古学』（藤川繁彦編、同成社刊　1999年）がある。さらに現地調査も実施することになり、モンゴル西部の踏査次いでオラーン＝オーシグ遺跡発掘調査を開始したのは1997年のことである（『草原考古通信』第9・10・11・14・15・16号；『金沢大学考古学紀要』第28号）。残念ながらその間に、会の代表であり、鍑研究の中心であった藤川さんは病のため道山に帰された。オラーン＝オーシグ調査開始時、病をおして参加された御姿を想いだす。

　その中で、ようやく鍑の集成として本書を雄山閣の御協力を得て出版にこぎつけることができた。本書出版は草原考古研究会の活動三十周年記念ともいえよう。

末尾ながら、株式会社雄山閣とその担当者羽佐田真一さんに感謝を捧げる。

　2011年正月

(『草原考古通信』は草原考古研究会ホームページ参照 http://www.f.waseda.jp/yukis/sougen/index.html)

著者・訳者所属（掲載順）

川又 正智（かわまた まさのり）　　国士舘大学文学部

髙濱　 秀（たかはま しゅう）　　　金沢大学歴史言語文化学系

諫早 直人（いさはや なおと）　　　奈良文化財研究所都城発掘調査部

畠山　 禎（はたけやま てい）　　　横浜ユーラシア文化館

柳生 俊樹（やぎゅう としき）　　　長野市埋蔵文化財センター

雪嶋 宏一（ゆきしま こういち）　　早稲田大学教育・総合科学学術院

Sergey Demidenko　　　　　　　　ロシア科学アカデミー考古学研究所スキタ
　（セルゲイ・デミデンコ）　　　　イ・サルマタイ考古学部門

近藤 さおり（こんどう さおり）　　カリフォルニア大学バークレー校 スラブ・
　　　　　　　　　　　　　　　　　東欧・ユーラシア研究所　元客員研究員

林　 俊雄（はやし としお）　　　　創価大学文学部

2011年10月20日　初版発行　　　　　　　　　　　　　　《検印省略》

●ユーラシア考古学選書●
鍑の研究――ユーラシア草原の祭器・什器――

編　者　草原考古研究会
発行者　宮田哲男
発行所　株式会社 雄山閣
　　　　〒102-0071　東京都千代田区富士見2-6-9
　　　　ＴＥＬ　03-3262-3231㈹／ＦＡＸ　03-3262-6938
　　　　ＵＲＬ　http://www.yuzankaku.co.jp
　　　　e-mail　info@yuzankaku.co.jp
　　　　振　替：00130-5-1685
印　刷　株式会社日本制作センター
製　本　協栄製本株式会社

© Steppe Archaeology Society　2011　　　　　　　Printed in Japan
ISBN978-4-639-02174-2 C3022　　　　　　N.D.C.229　384p　27cm

● ユーラシア考古学選書 ●

林 俊雄 著
ユーラシアの石人

A5判・248頁／定価3,675円

中央ユーラシアの草原地帯に分布する石人は、いつ・誰が・何のために立てたのか？古代遊牧民テュルク（突厥）の残した石人をはじめ中央ユーラシアとそこに隣接するヨーロッパ・西アジア北部・中国北部に及ぶ石人の調査研究をとおして、遊牧民の石像文化と文化交流の実態を解き明かす。

林 俊雄 著
グリフィンの飛翔
―聖獣からみた文化交流―

A5判・284頁／定価3,990円

「グリフィン」と呼ばれるライオンと鷲の合成獣は、いつ・どこで生まれ、どんなルートでユーラシア各地へと伝播していったか？古代西アジア・ギリシア世界でのグリフィン図像の誕生と展開から、ヨーロッパ・東アジア地域への伝播と変容の跡を追う。

川又 正智 著
漢代以前のシルクロード
―運ばれた馬とラピスラズリ―

A5判・168頁／定価3,360円

距離を隔てた地域間交渉は、なぜ・どのように生まれたか？宝貝やラピスラズリのような物資だけでなく、馬・車や去勢の風といった事物の伝播を事例に、漢代以前の東西交渉の跡を追い、各地域が孤立することなく補完しあいながら歴史を重ねてきた事実を浮き彫りにする。

雪嶋 宏一 著
スキタイ騎馬遊牧国家の歴史と考古

A5判・280頁／定価3,990円

ヘロドトスの『歴史』第4巻「スキティア誌」に詳述された騎馬遊牧民スキタイとは？紀元前8世紀末より約千年にわたるスキタイ王国の興亡を、アッシリア・ギリシア史料と考古学資料から描き出す。

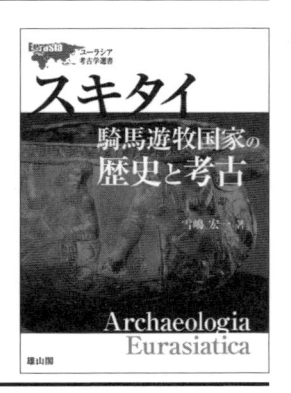